編集復刻版

木村淳 編・解説

明治漢文教科書集成

第9巻

補集Ⅰ 明治初期の「小学」編②

不二出版

〈復刻にあたって〉

一、資料8『漢文読本』は国立教育政策研究所教育図書館所蔵資料を底本とさせていただきました。記して感謝申し上げます。
一、収録した資料は適宜縮小し、四面付としました。
一、原本の表紙は収録しませんでした。
一、原本の白頁は適宜割愛しました。
一、印刷不明瞭な箇所がありますが、原本の状態によるものです。

（不二出版）

〈補集Ⅰ　明治初期の「小学」編　収録資料〉

松本豊多編纂

初巻

漢文中學讀本

東京　吉川半七藏版

凡例

一此書。擇前人之文。義有相關。若相類者。遞次謄錄。以成一編。務令意義貫徹。首尾相應。是纂輯之大體也。

一授第一學年。第二學年兩級生徒者。專取邦人之文。至第三學年以上。始取漢人之文。自內及外。自易進難也。

一編中有就一章。裁為數節者。有合數節為一章者。有抄錄刪定者。以從授業之便。非肆為割裂也。

一第一第二兩年級一時間所授。定為一葉。若一葉半。第三年級以上。則為一葉半。若二葉。以立一學年之計。各卷紙數有多寡不齊者。以是也。

一凡施傍訓。務遵邦語正則。其初詳而後畧者。欲獲魚忘筌也。

編者識

漢文中學讀本初卷

目次

漢文中學讀本初卷目次終

漢文中學讀本初卷

第一　重盛忠孝　　　賴襄

權大納言成親與西光謀。饗藏人源行綱。密語之曰。平氏專恣。子所目也。吾受院勅。陰圖之。而未得將率焉。子源氏冑也。盍爲我將。成殊功。取顯位。行綱諾之。已而自度事竟不成。不若自首。乃夜赴福原。告清盛。清盛大駭。直歸京師。悉召子弟宗族。遣撿非違使阿部資成。就院中奏曰。有凶徒。圖滅臣宗。臣且執而鞫之。然事必有源。是以敢奏。法皇失色。不知所答。乃縛西光至。痛掠治之。得實。命裂其口。又使人召成親。囚於小室。將待昏殺之。久之。重盛至。衆迎而謂之曰。有大事。公來何晩。重盛曰。是私事。何言大事。入謂清盛曰。聞欲殺大納言。願再思之。兒豈以姻戚云爾哉。彼爲名族。受君寵。未可以私怨殺也。往時少納言信西與行死刑。發惡左府之墳。未二歲。信西之墓亦爲藤原信頼所發。善惡之應。殃慶立至。願再思之。乃歸。於是清盛被甲。執長刀而出。召平貞能曰。亟戒將士。淨海勤勞非一日也。數冒大難。無非爲官家者。官家恩宥。

法皇後白河法皇。

雖窮子孫可也。今乃輕信讒言。欲見族滅。卽毋告者。豈不危殆。異日細人有再進言。則下宣討我。目我爲賊。不可悔也。吾欲先發。移之鳥羽宮。否者請幸於此耳。北面奴輩或且扞我。亟戒將士。有主馬盛國者。馳告重盛。重盛大驚。急命駕赴之。入第門。族人皆擐甲鞍馬。旗幟成列。將起。重盛烏帽直衣而入。宗盛叩其袖曰。公何以不被甲。重盛睨曰。汝等何以被甲。敵人何在乎。吾爲大臣大將。自非有寇賊犯闕。則不宜被甲也。清盛望見之。遽起。表黑衣而出。數正襟。襟呿甲覼。謂重盛曰。吾察西光狀。如成親等。乃其枝葉耳。間群小彙進。覬覦不已。而御以輕躁之君。何所不至。我欲且請幸一邊。以待事定。

第二　重盛忠孝二　　　賴襄

語未畢。重盛泣數行下。久之。言曰。重盛熟視尊貌。知家門已屬衰運也。重盛聞之。世有四恩。皇恩爲最。抑我門雖辱桓武葛原之胤。而降爲人臣。中微不顯。以平將軍之功。而不過國守刑部卿。聽內昇殿。萬人反脣。及至大人。乃陞太政大臣。以兒之不肖。且辱大臣大將。宗族駢植朝廷。田園半於天下。叨恩極矣。爲官家所疾。誰謂不宜。而運命未艾。讒人既獲。宜論罪。所當退陳事由則公家豈有不霽威何必草草爲也兒又聞之以王事辭家事不以家事辭王事況善惡較著者乎重盛自六位至三公沐浴君恩不可勝擧嚮背之決自有在焉素所撫循士願爲重盛死者二百餘人保元之亂源下野守以敕命斬六條判官兒在當時以爲大逆無道不忍言者也此非大人所親睹乎欲忠則不孝欲孝則不忠重盛進退窮於此矣生覲是感不若死也大人必欲遂今日之擧先刎重盛首然後發且言且泣擧坐感動清盛曰淨海以衰老爲此擧非爲一身計徒慮子孫耳乃以爲不可汝好計之乃起入內重盛顧讓諸弟曰今日之事縱令公老耄發事子等何不匡救乃慫慂之也出敕將士曰欲從公赴院者見重盛剄首然後行也乃還小松第既夜憂慮弗能措於是出令徵兵曰有大事速來會衆相告曰沈重人出如此令必有由也於是爭赴之一夕二萬餘騎而西八條無復一人重盛乃令家貞貞能往護清盛清盛問曰小松第何由徵兵二人對曰院宣內府曰汝父忘君恩欲亂國家命汝討伐之內府慮君自急也令臣等來護曰君安之重盛在焉當以身請清盛惶懼曰爲我語內府吾前途已迫不

復事事唯卿令之二人還報重盛漣然曰使父爲此語吾罪大矣乃親臨勞兵曰汝等應召卽來眞不負平生而事出謬傳宜亟罷去後有緩急幸毋狃焉因盡罷去法皇聞之泣曰重盛報怨以恩使人慚愧

第三　蒲生賢秀勇武

飯田忠彥

蒲生賢秀稱右兵衛大夫世住日野城氏鄉之父也天正十年右府信長之如京師也使津田信盛爲安土留守賢秀副之及聞變城中震駭賢秀晏然不搖顓議死守說義勵激士衆及夜闔境傳呼寇至留後將士護衛兵卒逃者相踵衆乃勸賢秀奉夫人生駒氏避銳於日野賢秀知不可爲令氏鄉以輿馬赴迎或謂收幣焚城賢秀曰乘亂營私人其謂我何土木悉先君所竭心我不忍燬之賊一旦據此豈能久有乎乃一無所取盡記錄託守者而去急募兵謀討逆徒光秀赴安土遣人招賢秀不聽罵辱其人光秀發兵將來攻會織田信雄率師陣鈴鹿議討光秀賢秀遣少女以爲質乞救於信雄將赴伐會光秀伏誅秀吉褒賢秀父子勇武予近江田五千石

第四　蒲生君平傳一

蒲生重章

蒲生君平名秀實字君藏君平其一字稱伊三郎下

野宇都宮人。其先出自會津參議蒲生氏鄉。初氏鄉有庶子。稱帶刀。及蒲生氏徙宇都宮。帶刀食秩三千石。納邑豪福田氏女為妾。有身。會蒲生氏復封於會津。帶刀從之。留妾外家。生男。妾父母不忍遠違之於會津。佯稱女子。鞠于福田氏。因冒其姓。為宇都宮編戶之民。帶刀玄孫曰正榮。有五子。君平其末男也。幼而穎悟。一旦聽祖母語其家系。慨然發憤。誓欲興祖先之名聲。自復氏蒲生。折節讀書。不事生產。嘗寓于下野鹿沼鈴木石橋家。會歲暮掃煤塵。舉家匆忙。而君平不在。索之遍乎堂室廚廁而弗得。見屋上。君平端坐閱書。如始不知其忙者。衆升屋引下之。君平悠然手不釋卷。既長益好讀書史。然不甚研究章句。特通忠孝大義。景仰千古英雄豪傑而已。常慨然謂其友曰。吾生也晚矣。前之弗能出大化大寶之世。而遇大職冠淡海二先公相業之盛。後之弗能際天慶天正之亂。而觀秀鄉氏鄉兩先君將略之雄。今昇平二百年矣。草莽布衣何所施設。願多著書。以裨補於世道人心。庶幾乎不忝為名族之苗裔矣。其患天下蒼生。疲乎姦臣俗吏也。乃作革弊賦役諸篇。號曰今書。其患制度律令之不復古也。乃作職官神祇姓族等

志。其患山陵之荒廢而不修也。乃作山陵志。其患夷醜之跋扈而不之攘也。乃作不恤緯。嘗上山陵不恤緯二書於幕府。有司謂其皆非布衣所宜言。却之。且議處之重法。會一鉅儒為權貴所重者。辨解其無他。得免焉。君平自此不復言。號默默齋。以自警。益專力著述。題其讀書之齋曰修靜。曰此吾之所以修身而成名也。常自以關東布衣稱。終身不筮仕。晚娶紅葉山伶人多氏女。無子。文化十年癸酉七月五日。以疾歿于江戶僑居。享年四十六。其疾革也。自作修靜齋大人墓碑銘。文極恠奇。而其三寶之說。皆愛君憂國之正言也。

第五　蒲生君平傳二　　蒲生重章

君平為人。真率不修邊幅。故人多輕之。嘗聞仙臺林子平有奇士之名。訪之。行裝敝惡。窶如一野人。子平心鄙之。曰。咄。野翁不能自修。而何能弗禮。君平亦忿曰。吁。山澤腐儒。何自尊大至此耶。廼去。平素忠孝慷慨之氣。發乎肝肺。不能自抑。過嘗航佐渡。拜順德帝陵。見其荒蕪頹廢。而悲泣。欲告之鈴木石橋。直歸路遇一川暴張。乃解衣屬之。直走行。不覺其為躶體也。行路皆指而笑之。大竹與五者自京師來。說朝廷近

者贈役小角神變大菩薩之號君平聞輙泣曰歷世天皇山陵荒蕪且有未上謚號者矣而如彼小角則異端左道之徒何賜追號爲號哭展轉殆墜地嘗路過東寺見足利尊氏像不堪忿忿大聲數其罪鞭之數百迺去又途見朋友之讐輙欲報爲人所扼讐得間而逃在下野古河夏夜與客飲酒酣君平起之厠聚蚊如雷君平揮厠中團扇拂麾驅之不知其涂不潔也既而聞談及楠公事一人曰公之死早矣不念全生扶持王室乃潔己售名豈得爲眞忠臣哉坐客皆雷同君平不能平卒出厠揮團扇而辯駁一坐異其臭甚掩鼻而作行酒者指君平所揮團扇曰是厠中物也視之涂不潔而坐上杯盤君平衣袴亦皆莫不汚坐客惘然君平至性居祖母喪盡哀骨立

第六　林子平傳一

齋藤　馨

仙臺有奇士曰林子平父源五兵衛名良通仕幕府有故削籍而姉既聘爲本藩側室故子平及兄嘉膳皆受藩俸然子平倜儻有大志常見人之酣豢於富貴飽暖自安者以爲是遭變故則不堪其用也於是寒素自紿雖藍縷糲食不厭自視猶在兵陣間性健步好遊四方靡遠弗至行輙躡屐如往來隣里者人

不知其行千里之遠也所過風土之美惡地勢之利害政刑民俗之得失皆諳知之尤注心於邊防前是寓藩醫工藤球卿家球卿素有邊防之議子平論與之合於是從鎭臺再游長崎接異邦人咨訪海外諸國情狀益知邊防之爲急適淸商在館者激事忤命鎭臺命子平及諸士勦之子平奮鬪先衆生虜數人曰吾知西人之技倆矣既東歸遂著海國兵談若干卷大意以爲西北諸蕃概以奪地拓疆爲務威力日强必且朶頤於我而彼長航海洪波大濤視如坦途我環國皆海近自日本橋至鄂羅斯阿蘭陀同一水路無有阻隔彼欲來卽來而我拱手無備亦已危矣必也節國用修兵備瀕海要地設臺置砲數年而沿岸皆壘儼然成一大長城矣然後一旦有變以逸待勞庶可無患而尤可慮者我南北諸島委而不顧彼或據之是異日之大患也因著三國通覽以論諸島之形勢二書既上梓海内未嘗知外寇之如此也咸謂諸蕃之來商舶耳漁船耳曷有他志彼張皇無根之事不過爲釣名計幕議亦以爲然命毀梓且禁錮于仙臺時寬政壬子五月十六日也

第七　林子平傳二

齋藤　馨

先是閑院宮贈諡未決。物議騷然。子平見樂翁公。公談及其事。子平笑曰。天朝之於幕府。是一家事。縱令有變。亦猶夫妻衽席之爭耳。不至失家也。若夷虜則是在外之大盜。苟不爲處。必至併家奪之。安可不憂哉。蓋其以邊防爲憂也如此。至是子平作六無歌。自號六無齋主人。實以寓逍遙自適之意焉。時輙爲子弟談兵。罵世之講兵。主一家曰甲曰越者。曰彼何適用。苟欲適用。不若讀古戰記録。而察其勝敗之由。爲有得也。又見子弟之讀書者。曰讀書可也。然足迹遍天下者。然後讀書。亦足以爲用。卿輩足未嘗出里閈。何足爲用哉。歲嘗饑。爲藩老佐藤伊賀。著富國策。以爲東海多鯨。苟能捕之。亦足以助國用。其他陳省費濟財之術。雖不行。識者知其可用焉。又著父兄訓。蓋謂前是童蒙有訓。然今之世。父兄亦不可無訓也。隨筆雜記有數卷。皆居常聞見所得。巨細盡載。亦多裨人者。同時高山正之。蒲生秀實。皆以奇士稱。然不與子平合。初子平在京師。謁中山亞相。亞相盛稱正之慷慨論時事。涕隨言下狀。子平曰。彼有泣癖耳。今時昇平。奚以泣爲。卽可憂者。唯邊防。而彼一泣外。計無所出。公亦以彼爲善。不知一旦外寇之變。坐風浪子

萬一耶。秀實亦嘗訪子平。行裝甚野。子平一見罵曰。何物措大鄙野乃爾。秀實亦忿曰。田舍翁之慢人。亦至此耶。不交他語而去。子平既廢閟。歲沒。其後十餘年。東陸果有鄂虜之變。秀實服其先見。上閣老書曰。祭子平之墓。而謝其靈可也。及幕議修邊防。蓋亦有取於其言。追賜赦。姪某始封其墓。事在天保壬寅。距其死凡五十年。子平名友直。子平其字也。

第八　高山仲繩祠堂記一　　川田剛

今上登極之元年。幕府奉還政權。二年。王師戡亂于伏水。于甲野越奧。五年秋。列侯納封土。乃廢二百六十二藩。更置三府七十二縣。是冬。前岡山藩大隊長水原君久雄爲三潴縣參事。初下車。首訪高山仲繩墓。曰。國家中興。雖由君明臣良。諸藩効力。抑亦草莽義徒。講明名分。振起士氣之功居多。而仲繩實爲首唱。向者官餼其子孫。旌表其閭。今此藏魄之地。而無所表勵崇飾可乎。於是君與其僚屬及管內好義者。捐財鳩工。前久留米藩知事有馬侯亦出金若干圓。資其費。以建祠堂於旗埼。介權少史金井君。請余文記之。夫仲繩曠世偉人。而先儒録其事者。前則淇園栗山石梁茶山。後則幽谷復堂山陽拙堂。有序有

傳。有祭文碑銘。多且備矣。顧獨未推究其所以死。或目為病風喪心之所致。余竊憾焉。蓋仲繩忠義根乎天性。而其先又殉節南朝。嘗讀太平記。大有所感憤。當是時。光格天皇在位。妙齡英發。佐以九條中山諸公。而幕府則大將軍浚明公。寵任田沼意次。羣小弄柄。綱紀大紊。仲繩謂此可以復王權矣。乃託名文事。周游四方。觀地形。察民情。每遇人。輒論正閏王霸。以陰募同志者。既而公薨。文恭公繼立。黜意次。用松平定信。衆賢茅茹。百弊頓革。德川氏之業復興。於是仲繩自知其時機未至。殺身以滅其跡。昔者後鳥羽上皇遣善走者押松。歷説東國。後醍醐帝時。藏人頭藤原俊基佯為修驗者。巡察諸州。今仲繩之所為。殆有類焉。向使其遲疑偸生。為幕吏所逮捕。則承久元弘之變。可立而待。何其見幾之早且明也。

第九　高山仲繩祠堂記二　川田剛

或議其不受勅而妄動。是亦過矣。何者。事成則功歸朝廷。不成亦害止一身。又安問乎其受勅與否焉。且夫九重深嚴。尊卑懸隔。而仲繩以東鄙一匹夫。納交公卿。嘗得竊窺天顏。則其奉密旨。以募義。故亦未可知。不然。其將死。寸裂手記。以投水中者何也。其東向

遙拜　帝都者何也。其寄語海內豪傑。好在者何也。嗚呼仲繩之死。上救公卿流竄之禍於當時。下啓志士勤王之端於後日。其忠不愧藤原公。而其智勇果決。萬非押松輩之所企及也。記不云乎。以死勤事則祀之。余既題仲繩之功。又喜是擧之合乎禮。故據其跡。推其心。以表章其成仁取義之美。如此三潴縣者舊久留米藩。而旗埼在縣治東一里。先是有馬侯祀仲繩於此。又築招魂場。以合祀癸丑以降其藩士死王事者三十八人。吁此三十八人。東西馳驅。踏白刃。冒銃丸。知有國而不知有身。亦安知非聞仲繩之風而興起也。明治八年九月。一等修撰正六位川田剛撰。

第十　松平定信執政　角田簡

松平定信。田安中納言宗武第三子。實有德大君之孫也。幼而穎異。好讀書。及入白川邸。益治實學。天明六年。俊明大君薨。儲君承統。七年。儲君册拜征夷大將軍。召見定信。命曰。孤幼沖。即位未能親政。卿居首相之位。以料理百事。定信乃往執政署。徑坐上班。初老中田沼意次。專大政十有餘年。紀綱淆亂。賄賂公行。世趨華侈。文武道廢。加之饑饉荐臻。天下騷動。定

信爲執政。改紀大政。而復舊法。興學政而勵風化。抑奢侈而制節儉。以定江都。不期月。都下一變。相望中興。九月。井伊直幸罷大老。十月。田沼意次封除見錮。八年三月。 天皇使烏丸大納言詔定信曰。丙午以來。天下騷擾。萬民不安。汝治以爲泰平。朕懿汝忠勤。以汝爲大樹輔佐。職勵之勿怠。五月。定信發江都。巡視京師。見於 天皇。定信以內府之孫。故不待勅許。得昇殿。世以爲特例。留京大阪。不過數日。而還江都。定信執大政七年。黜汚吏。薦賢良。官得其人。百職擧。務開言路。聽察無蔽。不便於諸侯。害於民俗者。悉發令禁之。大將軍傾心委仗。定信亦知無不爲。是以天下喁喁焉。稱賢相。皆頌中興。

第十一　毀相良城

源照矩

天明六年九月。大將軍薨。十月。賜諡曰。俊明院。閏十一月。主殿頭田沼意次。以罪削封。尋病卒。年六十餘。意次歷事惇信公俊明公。甚得寵幸。自秉政以來。侈用窮奢。專聚歛。是秋。俊明公由病稍知其不臣。意次不自安。乃以疾辭老中。公聽之。既遺命褫封夷城。七年十二月。幕府遣美濃守岡部長備。收故田沼意次相良城。河內守井上正甫。伯耆守本多正溫。隱岐守

西尾忠移毀之。各督處分。正甫正溫。令工卒解隳。不傷之。月餘不竣。忠移購求漁網數張。以懸樓櫓轆轤。引倒之。一日而畢。大將軍聞。稱其機。警責正甫正溫之遲。

第十二　橫須賀侯正議

續三王外記

寶曆十年三月。橫須賀侯西尾忠尚卒。侯爲人小心愼密。有德公之時。爲參政。其季年爲相。出入府內二十有七年。未嘗有過。在相位忘其勢。盛岡侯嘗使行人貢方物。故事列相見其使者。親受其貢。時列相有政。使謁者見之。行人曰。不見相公。弗獻之。監叱之。行人固執不可。終不貢而退。監告其不敬。而請罰之。列相將聽之。獨橫須賀侯曰。夫行人爲其君。不畏死爭之。夫秉國鈞者。將納民於軌物者也。而罪忠於君者。何以勸人臣見危授命乎。自今以往。天下皆諂諛而將不忠。如何罪之。衆議卽定。其正議皆此類也。

第十三　四河記

林長孺

河之大於參者二。曰吉田。曰矢矧。大於遠者亦二。曰大猪。曰天龍。吾審視四河形勢。敻然不同矣。矢矧吉田沙多石寡。川身深而水流靜。常水寬緩。不迫優遊無波。秋霖河肥。亦不爲激怒。其或暴漲。致橋堤之敗

者數十年間僅僅有一二耳。若夫大猪與天龍則不然也。水淺而流急、泥沙渙散、石皆尖尖露頭角、雖常水湍悍迅疾、激石若吼。及其溢溢也、波浪騰躍、奔放馳騁、小漲則毀橋梁、決堤防、大漲則傷及數十村。其害民蠹國也、尤甚若此者、或一年數次、或數年一次。是以治河之吏、無歲不至築修之役。前後相繼、而水害不能息矣。是四河之大概也。嗟呼、二州接壤隣界、而四河不同若此、何也。癸丑歲、余補參遠代官。友人鹽谷世弘來別。因曰、聞子所轄多在天龍河邊。河邊民風險惡、其布政必不易矣。其勿忽諸。當時余未知其言信否。及到任數年、徐考之、二州民風、其險夷淺深、亦猶四河之不同、而天龍河邊民風尤險惡。於是乎始知世弘之言果不虛矣。古人云、民性因風土而變。爲民牧者、豈可不留心于此乎。

第十四　三形原之戰一

中井積善

元龜三年壬申冬十月、甲侯料北地雪深、上杉不出、大擧來寇、陷建良、飯田、分次袋井、見附。大君遣内藤信成覘師。甲人圍之。乃命本多忠勝、大窪忠世馳救之。潰圍拔之而出、且戰且退、至一言阪。甲人益蹙忠勝殿焉。玄甲唐首、刺擊如飛、兩軍屬目。又撤民舍、縱

火阪頭、敵鋒遂沮。乃得全兵而還。大君懌曰、微平八、我兵殲焉。甲人亦歌而美之云。甲侯令武田信豐、穴山信良攻二股。馬場氏勝以卒四千備濱松。大君親將救二股。甲陣嚴整。我師引退。甲人結筏於天龍河、斷二股汲道。二股遂陷。於是東鄙多畔應甲。獨菅沼定盈固守野田。信玄使山縣昌景、秋山晴近徇我地。大君乞師於濃。十一月、濃侯令作間信盛、瀧川一益、平手汎秀赴援。曰、信玄善用兵。若來挑戰、請堅壁勿出。大君從之。閱月相持。十二月、甲師三萬五千次三形原、燔濱松郭、挑戰。大君怒、欲出。信盛牽衣止之曰、甲未可敵矣。寡君有命。請俯就之。大君曰、鄰甲師入相摩其城門、而相人不出、至今爲嗤。今敵蹂躙城下、一矢不加、非夫也。我卽不出、當圓頂方袍。已衆固爭而止。二十二日、信玄退入井谿、公子勝賴及馬場氏勝、山縣昌景殿。我兵出而觀之。或投石。甲人反投。城兵相踵而出者數百。甲使輕卒致師、佯走。我衆逐之、爭騁。大君與濃師遂出軍于三形原。氏勝、昌景馳人中軍曰、主人追躡墮我計中。請疾反旆。上原能登謂小山田昌行曰、遠人陣單、濃師簷動。我勝必矣。昌行以告。信玄使室賀行俊視焉。報曰、信遂反師布陣。

第十五　三形原之戰二

中井積善

我師八千。分爲九隊。鳥居忠廣監軍使。視師報曰。兵盛陣整。不可當矣。不若收兵。大君叱之曰。女往勇而今怯。忠廣曰。勇怯臣所不知。輸贏君所不辨。大君使渡邊守綱往。亦曰。忠廣言是也。大窪忠佐。柴田康忠請復往。守綱止之。弗聽而馳。守綱追至。則前鋒既交兵。酒井忠次。石川數正。本多忠勝。擊小山田昌行。榊原康政。擊山縣昌景。皆走之。師亂。次追尾。勝賴氏勝以奇兵擊橫我師。退。數正反擊。復卻之。昌行整衆更進。忠次康政與大窪忠世逆之。勝賴與氏勝昌景合兵衝突。左馬頭信豐與諸將繼之。甲侯鼓衆整陣。徐進。兵勢甚銳。我師大敗績。死傷亡算。大君怒。以麾下反擊數四。兵疲不支。將校力戰多死。濃師畏懦不進。遂潰。平手汎秀死之。甲人乃萃於我麾下。旗司安藤基能死之。大君且戰且退。本多三彌反擊者七。被數創。本多忠眞殿而死。内藤信成代之。疾戰。其屬皆死。鳥居忠廣與土屋直村格鬬而死。甲人益薄。大君度不脫。反之。左右馬斃。多步從。夏目正吉在濱松聞事。急馳至。執轡諫曰。勝敗兵家之常。君第疾走。臣請詐易以誑敵。乃挽回大君馬首。驅以矛鐓。遂與其屬健鬭

皆死。大君因得達濱松城中。聞敗驚擾。高木廣正獲一髮首而還。大君命貫鋒馳而徇曰。獲信玄矣。衆頗定。時日已暮。鳥居元忠請闔門。大君曰。門已闔則敗卒安歸。且戰敗示弱。敵必爭登。命大啓四門。設燎。遂入。呼飧。畢而臥。鼻息如雷。本多重次後。馬斃。敵數騎追之。重次奮擊。殪一人。以其馬還。初重次嚴設守備。蓄糧仗。及是役。衆皆賴之。大窪忠世建章旗于犀崖。以聚散卒。甲人以爲大君。爭赴之。相擠隕崖。忠世又發銃手。卻之。甲人轉逼濱松。見門闢。將入。馬場氏勝曰。敵新敗而啓門。自如。恐有伏兵。乃止。鳥居元忠渡邊守綱秀綱等率兵三百出門。接戰敗兵還者。自後鼓譟。甲師乃退而舍。

第十六　信玄勝賴死亡

角田簡

天正元年。武田信玄卒。問至。重臣咸賀。大君曰。信玄少嫺兵法。三軍頤指。所向無敵。孤常欽慕。信玄我師也。今也溘然就木。良可惜焉。蓋人無敵國外患則驕奢淫佚。酒於沈。色於耽。法令敗亂。親携民畔。國恒亡。苟有外患則惴然唯懼。法令或弛。爲隣國所併。是以國恒興。由是觀之。敵將死。豈可悅也哉。十年。大君及織田信長擊甲平之。織田信忠函武田勝賴元以

獻焉。信長啓函罵曰、汝狂悖不量而力。自取覆亡。爭衡之志今日如何。乃傳之大君。大君則愀然下胡床、迎揖曰、公特血氣勇、良可惜矣。

第十七　小宮山友信赴難　賴襄

勝賴走入天目山。兵僅四十人。土屋昌恒・秋山光次牽其馬。阿部忠高・溫井常陸擔槍從之。小宮山友信單騎來從。友信初數諫勝賴、請除二嬖。又與小山田將監者爭事、並訴將監。厚結二嬖。勝賴遂廢錮友信。友信於是赴難、追及於田野。就昌恒言曰、君嘗擯我。而我赴君難、是傷君明也。然不赴、缺我義。與缺我義寧傷君明耳。因問調閑何在。曰、昨逃矣。問勝資。曰、亦逃。問將監。曰、逃已十日矣。友信曰、唉。吾知有今日久矣。勝賴俛頭而已。已而山僧與村民謀、導敵索勝賴。敵兵奄至。衆飢不能起。勝賴拔刀親戰、爲敵刺喉及腋死。昌恒・友信・光次等皆死之。

第十八　峽中紀行一　荻生徂徠

勝沼驛東行、有大橋。橫吹川也。至鶴瀨關。吏迎謁、擇店之可宿、留一傔看裝。還出關、由橋前左山行一里許、有諏訪祠。始則與都道但隔一川、行人之語驛竪之歌、往往相聞。衣皁白尚可辨識。漸行所隔之川又

隔、山其水聲漸不聞。寥寂甚。土人指語云、後主之棄新府東遁也、鶴縣違順。迺不得已、將固天目山。時猶莫有是路。冒翳排薈、緣前山以進。鄉豪土兵處處屯結助逆。盜賊蠭生、聲勢相扇。將校扈從士、日日減竈。夫人侍姬、徒跣荊棘中。路草爲之色變。父老目擊其事者傳言、至今尚爲潸然。予與省吾不覺歔欷久之。山徑忽東忽北、足指稍稍向上。過水岱村。時有陟降。右沿一溪。則龍門下流也。率行五六里而至景德院。山門南向。入門謁後主廟。後主・郎君・夫人影像、皆新造者。太俗不可觀。廟前有後主所踞自栽者石二。竹落其外。謁畢詣壽室、與住持僧語。似有道骨者。問遺墳所在、則云、後主兵解時、闔州麻亂。莫爲修後事者。僧拈橋者、在廣嚴院。聞之來赴。既過七日、屍血淋漓。君臣不辨。迺同葬一壙。即今建廟處。以故別無窀穸所。一二年後、神祖命伊奈熊三者、建寺奉祀、特賜六七里地、供香火。而猶且草創。寺莫有所名之。州檄郡符、但以田野精舍爲稱。七八年後、始得成寺云。

第十九　峽中紀行二　荻生徂徠

未暮、至所擇宿鶴瀨人家。宿家雖隘、而主人頗能話。問之勝國間事。今景德院門前處、其時有二三人家。

後主之走至此追者既逼則納夫人衆姬妾一民家其人名清右其子孫見在尚語其時事時會積茅于庭塲命搬以擁塞其門口呼一炬火之侍女輩或有走出者皆斫投諸燄烟中南牟聲與哭泣俱聞後主曰今而心頭無罣碍其烈可知廼覓地稍高者得搆廟處出寶甲盾無者衣郎君土屋宗藏爲之師顚沛間其執禮不苟者如是後主則提偃月刀欲出奮戰宗藏諫曰主君則新羅三郎宗統所在承二十八世社稷之重上天之不弔一旦運移業已至是而豈可傚匹夫之勇授首奴子輩哉後主抑憤解甲端坐石上使宗藏奉刃取終或云使小原丹後也從行將校皆耦互刺以死最後宗藏及僧麟岳在岳謂弓刀之士方其運狘自屠力或不足欲死而不能呼吸緩存是豈不大不可欲事哉僧則亡害也廼使宗藏先審視其克襄事而後岳以口伏刀鋒貫其背死世謂後主殞於攅戟下者傳聞之誤也予始拜後主影像猶如不拜然至是不勝悚然

第二十　木曾紀行　齋藤馨

九日過鄉原平野無際所謂桔梗原爲武田氏戰塲至洗馬始與中山道合櫻澤有橋爲木曾之界屬尾

侯之封境烏居嶺甚險二水自嶺頂分流一東爲犀川經越入海一西爲木曾河經勢注海過巴淵有八幡祠木曾義仲之墟在其上不及往宿宮越十日福島有關山村氏世司管籥爲尾之附庸二里有小板橋標曰棧道遺跡昔者此地山斷成壑飛棧以架之爲木曾最險之地慶安中尾侯大興徒役疊石築岸脩爲板橋不復甚危險而此間皆山峭樹邃木曾河沿路而下兩壁千仭水觸石而怒震蕩雷吼令人寒骨抵上松臨泉寺枕溪崖其下萬石森聳水爲之束湛碧不動有一石平如牀榻謂之寢醒牀相傳浦島太郎垂釣處宿御殿十一日妻籠有竹林蓋木曾不生竹而此地獨有之也凡木曾水冽故少魚地高寒故人家皆板壁不塗堅之竹故以檜代桶箍其與他境異如此類者不少踰馬籠嶺爲木曾之盡頭至落合濃信以此爲界以二州之水流而合一故名從大井至大湫三里以多坂路乍登乍降曰十三嶺地皆石礫鞋底爲穿十二日渡太田川卽木曾河與飛驛河合處勢愈宏壯乘流而下可以至於勢其間石奇水幻皆足駭人目

第二十一　犬山新川　齋藤謙

尾濃二州、在木曾河左右。左決犯尾、右決犯濃。二州交被其害。自古而然。寛政中尾藩郡官人見彌右衛門建請於犬山境内別鑿一川、南導達之於海、則水勢不至暴漲。庶幾封内之民、免昏墊之苦矣。衙議然之。衆畏成瀬氏、無敢主之者。成瀬氏尾藩權臣、食犬山。意不便之。諷人見止之。人見爲不察其意者、益言其便。成瀬不能奪。乃約刻日往撿察地勢。使人宣言地方之民不便之。且密誘土民、俟巡撿之日、訴之於馬前。人見豫知有之。至期備卒數十人、往親爲成瀬先導。既而望見農民數百、披簑笠候道上。遣卒問之。曰、何物村民、敢冒相君馬前。衆對曰、犬山之民有所訴而來。人見叱曰、小民無禮、敢爾。把扇麾卒。卒皆露刄叫喊、馳之。衆大駭、奔潰。成瀬不能如之何。聽其所爲。功遂成。川廣可五十歩、長七八里。名曰新川。至今五十餘年、濃之水害如舊、而尾獨免之。土人甚德人見、立祠祀之。人見本微者。好學有材幹。累官至執政、食祿千石。余聞於尾人如此。

第二十二　野火止鑿渠　　大槻清崇

酒井氏移封之後、伊豆守松平信綱代領川越。領内有野火止者。土瘠水匱。田里蕭條。代官安松金右衛

門建議曰、宜鑿新渠、以引玉川、則水利疏通、稻田可以開矣。信綱問其所費。曰、當用三千金。信綱曰、顧吾亦非久于此者。然以三千金利乎後人、亦吾之職耳。乃命督其事。安松於是募役夫數百人、鑿渠十有六里。自小川村達新河岸。既成而源水不至。渠中唯沮洳。信綱怪而詰之。安松曰、雖臣未解其理。且待明年。至明年水尚不至。信綱殊不平。讓安松曰、汝特不察地勢高低耳。安松曰、否。臣今而有所悟。古云、河潤九里。蓋川越之爲地、在武藏曠漠之中。土燥風多。人家皆吹塵滿座。有客至、必掃席而後延之。而今年獨不然。加之蘿蔔諸菜、肥饒皆異平日。是知河潤入地數尺、而十六里之渠、有以暗助之耳。至其明年、果一夜大雨、有聲如雷。俄而奔流衝決。香魚躍上地。十六里間、一時皆盈、以達新河岸。信綱憮然曰、安松經三年之久、不挫其志。洵有足感歎者。增之以祿若干石。後遂至顯職。

第二十三　止引水役　　大槻清崇

太公欲引安部川入城中、以灌園池。下吏議之。吏經理水道、表以小榜。偶太公還自放鷹、見其道當一小寺。不悦。從臣或獻説曰、宜賜地於他處、以移其寺。而

後起役。太公曰。否否。假使此役爲國爲民而相謀。雖大寺巨刹。亦不得不移之。今日之舉。特老夫一時娛樂之計耳。娛樂之計。而毀古來所置佛寺。吾所不欲也。遂命止其役。寧靜子曰。昔豐太閤築伏水第。移其神廟於他處。而造離亭。至伐山陵之材以充之。何其暴也。我照公不爲一小役毀佛寺。又何其愼也。愼與暴之際。興亡之機所由伏。余嘗謂有天下氣像。在翼翼而不在落落矣。後之爲人君者。亦可以鑒於二公之事云。

第二十四　吾妻橋　　東條耕

吉桃樹。號雨岡道人。吉田氏。自修爲吉。江戸人。給仕于幕府。明和中。有獻謀使造長橋於花川渡之津。衆議皆言水底有楷石。不便於植柱。且以其費巨劇。遂不果。安永中。再有旨使諸曹衆議之。雨岡使善泳潛者撿之。能得按址法。斷然建言上策。官許容之。竟能造作往來庶人。官仕者外。不論農工及商。每人以錢二文爲税。用費雖巨。不糜官帑。得速成之。既成之後數日。會江東吾妻神祠賽祭。都人士女始歩新架。不煩舟楫濟于此。呼曰吾妻橋。公私至今皆便之。按江戸郭外東渡之水。皆隅陀川下流。一曰永代。二曰大

橋。三曰兩國。皆長橋也。四曰廐渡。五曰花川渡。皆官津也。花川渡造營。獨在最後。而貴賤遠邇。須臾不止。所以便於遞解兌運等。其舉全成于雨岡之所建言云。天明丙午之歲。關東諸州洚水。利根川溢殊甚。隅陀瀨溝合吾妻橋。以在下流。忽將壞墮。雨岡時住居于本所南割溝。聞之不及以聞。命役徒數十人。斷橋中間數丈。水勢猛激最所衝突。橋賴得不全壞墮矣。朝野之人。皆歎服其捷敏。

第二十五　流燈會之碑　　成島弘

墨之水。浩蕩數十里。經武總南注於海。我東京之地。往昔屬莽蒼。徳川氏未開府之前數百年。墨水之名。業已見於書傳詞句。而今人舉東京之勝。先僂指墨水矣。春花之艶。秋月之美。毋論也。納涼乎夏。觀梅於冬。游客之跡。四時不斷。凡賣酒鬻肉。培花種樹之徒。亦多卜居。而物之産於此。最舊而其名最鳴者。都鳥也。元慶中。左近衛權中將兼相模守在原業平。遊此地。賦都鳥歌。世傳爲絶唱。中將既逝。後人欽其風藻。建祠於加茂叢本而祀焉。明治十年丁丑。實爲中將一千年忌辰。墨上須崎村言問亭主人。欲爲修法會。適有薩隅之亂而不果。乃以十一年戊寅七月。請官

行流燈會於墨上紙製燈籠形擬都鳥點火中心其數無慮千百箇夜放之水上閃閃隨流而下寔爲奇觀矣往時牛島弘福寺僧每歲孟秋例行流燈會於此而近世則絕斯舉蓋有所據也都鄙士女來觀者陸續接踵始自七月一日終於八月二十八日燈日加多而觀客倍衆主人又請三緣山僧侶誦經舟中大修法會一切費用捐貲辦之其尚古追遠之志洵可嘉也今茲十二年己卯二月主人卜築田園數畝造一宇祀中將以擬巖本祠名其處曰言問岡將建碑以記流燈之事請余撰文余也昔生於墨之西

瀕今又隱於墨之東岸凡墨之遊事景物一無所不關也況於平素仰慕中將文藻而與主人相親善乎乃不辭謭劣以記顚末主人名佐吉姓外山以種樹爲業世家於墨上其亭曰言問者蓋取於中將都鳥歌中之語云

第二十六　紙鳶利用　菊池純

天和中江戶大風雨拔樹倒屋淺草本願寺本堂亦爲之所壞墜其鬼瓦使匠修理之曰須人千口經日百日費亦不貲令他工計議之復如前言寺僧大窘乃召川村瑞軒詢之曰是易事明日當修之耳翌日瑞軒手製紙鳶放之堂下紙鳶駕風翰飛戾天縱其所之越堂而北旣而線弛鳶下乃解紙鳶結綆其線端從堂南引之植椿其南北約之架桴子於檐薦包墜瓦攀綆而登置諸其屋上泥工修理不終日竣工解綆拔椿一揮而去其役夫併瑞軒僅五人而已瑞軒東武人初稱十右衞門後改瑞軒

第二十七　垂松鷲　安井衡

飫肥之南五里曰垂松地枕于海而江匯其內衆鳥聚焉有鴟鳩每日出扇海攫浮魚沖空悲鳴須臾有鷲來盤于下鴟鳩候其至于下投所攫魚仰受之以

去率以爲常鷲或不能承誤墜之海鴟鳩直下擊之鷲不敢校甘受一擊䰲然而往矣鷲鷙鳥之至猛者也當其下擊之時非力不能與之校蓋彼盡其心力忍朝飢以供我而我則誤墜之其曲在我若又恃力以卻之彼將奮翰遠舉以滅其蹤安所朝朝享其利哉故寧忍小辱以伸其氣使彼畏不敢懼懷不敢狎以効其功於我嗚呼智矣而道寓焉而鴟鳩亦能忘鷲之勢敢規其過不再獻以啓貪不違命以貫罪雖受制於鷲而因其威以自尊於衆鳥之間小蟲之矯矯者也

第二十八　殺鶴之獄

大槻清崇

國家有禁殺鶴者刑蓋重仙禽也水戸黄門義公時有人銃鶴於禁獵所縣吏捕以獻焉公怒下之獄久而不問歳亦云暮明年春正月公招致封内八巨刹住僧自饋享之例也禪話之次及殺生事公因謂僧徒曰日有犯禁殺鶴者寡人嘗學斷此獄僧等觀焉乃引出囚人於庭縛之松樹大聲喝曰汝犯國家大禁其罪不可赦抜刀擬之而故躊躇七僧觀之瞠若不出一語公於是投刀罵曰咄鈍僧輩我豈以人替禽者乎特法律之不可曲欲待沙門一哀以宥之今

乃七僧駢首呆然視其危而莫之救慈悲之道安在哉夫僧而無慈悲之心亦安用浮屠哉命盡逐七僧而宥殺鶴者

第二十九　石谷十藏

大槻清崇

石谷將監初名十藏致仕號土入嘗爲歩隊長其部下之庭有鶴下來家奴戯以斧投之卽死部頭以下驚愕奔走不知所措先幽其奴與主人告之石谷氏會不在待至暮夜石谷乃歸問曰部中得無有事故乎部頭促席低語曰今暮某家有鶴自空際下奴誤投斧卽死百方無救且爲之若何石谷大聲言曰子云有鶴自天落而死乎是暴死也犬馬猶有暴死鶴獨無之乎蓋食毒蟲之所致耳子歸其以此説傳之部中明日載鶴以登于朝啓閣老諸公曰昨暮僕部中之庭有鶴自天落而死犬馬猶有暴死鶴獨無暴死乎蓋食毒蟲之所致其奈之何閣老首肯曰既已暴死矣當不必問石谷曰諾但中毒之鶴不可納之太官請拜受而歸乃退歸則呼部頭舉鶴付之曰昨來部下奔走心身亦勞矣以此慰之可也

第三十　酒井金三郎

大槻清崇

關東誌曰千葉之原原之酒井蓋原者千葉氏之宰

而酒井者又其臣隸也並以威權凌其主故有此語云關白之滅小田原也千葉氏亦從而亡八州皆歸於我當是時千葉遺臣往往有來入仕籍者及照公西上如伏見原吉丸酒井金三等扈從焉公俄起出庭吉丸捧刀不及著履徒跣從之時天暑砌熱金三走往授之履儕輩相詬曰同僚雖親豈堪爲執履之役渠行之稠人中何不知恥之甚物論騒然有司以訴公召金三詰之金三答曰吉丸臣舊主之子臣不忍視其炎天徒跣故執履以授之耳豈有他故公嘆曰金三雖年少不忘舊主之恩其情可憐其事洵足

嘉尚也因增祿若干。衆訟乃熄。

第三十一　鈴木清助殉難碑一　佐倉孫三

君諱直義稱清助鈴木氏千葉縣佐倉人父稱羽右衛門母片岡氏以萬延元年四月二十八日生兄弟八人君其第四子也明治十五年爲巡查後轉看守未幾復爲巡查在佐倉警察署二十三年四月四日受官金護衛之命赴千葉先是有強賊掠奪官金於途爾來輸送之際必附護衛午牌發署過千代田村有一男子尾來其狀可異試問所之應答不明君疑其賊心窃戒焉比踰千葉郡夫婦坂日已暮四顧寂寥。忽轟然一聲飛丸射君臂君拔劍顧叱之賊逡巡猶彈者三。一丸傷左腕君猛進薄之揮刀擊左肩將直兩斷之。忽自謂令殺之則何賴得其狀乃捨刀格搏伏而縛左手將及右手右手猶持銃發所殘二丸中腹君三負重傷鮮血淋漓痛苦徹骨猶鼓勇不撓賊亦決死抗拒索將絶乃解褌緊縛之時賊力窮紿曰奴未知君膽勇誤犯虎威萬死所甘唯奴有所志苟免則謝以千金矣君啞不應引賊抵民家先是傳丁見君難奔報千葉警察署衆馳至則君按劍端坐神色不變衆護君入千葉病院縣知事石田公警部

長渡邊君等親臨尋訪狀君肅然改容徐陳遭難顚末詳悉不遺一事公以下皆感泣賜褒狀及金若干。又進一級爲巡查部長蓋特典也

第三十二　鈴木清助殉難碑二　佐倉孫三

君在醫院也國手究術而毒丸之深入臀腹者牢不可脫去遂以月之八日歿年三十有一即日輿歸佐倉翌葬於延覺寺會者凡一千餘人道路觀者無識與不識皆泣而稱其義勇配古川氏會病聞之悲哀不禁尋又歿有一男猶幼君幼精悍有膽氣常指揮群兒爲戰鬪之狀人呼曰英雄兒既長好武學游泳於笹沼氏擊劍於夏見氏後受拳法於戸塚氏得秘術君雖不甚讀書善知順逆有臨事斷乎不動之識。性豪宕澹泊不修邊幅交人重然諾好趨人急是以僚友畏而愛焉臨終謂人曰吾講武以待變今日聊試之死猶無憾焉嗚呼平時嘵嘵唱節義一旦瀕危逡巡顧望者人情之常也獨君抵死不撓以奏捕獲之功其忠肝義膽足以爲警士之龜鑑矣況其臨死言。從容不迫以明平生之節雖古烈丈夫何以遠過焉頃朝野有志之士相謀欲錄其功於石以傳不朽徵余文余不敢辭記其梗概云

第三十三　千葉佐倉紀行

細川　潤

千葉街古千葉氏所居常將以來子孫相承歷三十世七百餘年之久爲阪東名門街中舊有一萬二千家千葉氏亡後戸口頓減不及什一近年縣署新建官人移家而商賈之來者亦衆過縣署學校及養病院上千葉氏墟墟在小邱上稱豬鼻土人墾而種紫芋惟有疎松或是千葉氏舊物耳謁千葉神社爲縣社之一祭天御中主尊配享經津主命日本武尊係長保二年創建其旁有妙見寺香火甚盛神社之名殆爲之掩矣明治七年寺罹災而神社則免又有大日寺墓域中石塔纍纍曰千葉常兼至胤將十六世皆葬于此予見之其塔非不古而瑩小如匹夫墓不似諸侯之墓或曰千葉氏之墳故在他處而大日寺僧竊移于此蓋或然也十九日馬車發千葉街東北入林叢中越岡阜四里半餘至佐倉佐倉在一山支之上西南臨印幡湖故堀田侯所城今有兵營營之東街衢修整士第與商鄽相連爲一都會入郡署而憩將渡印幡湖郡長命艤舟且具酒飯既告備乃出街盡下坂入舟而去舩首西北向繞一山嘴眼界漸濶湖上山巒環繞沙嘴參差蒲葦獵獵風帆與之相

掩映遠近小舟如風中之葉西見一岡斗入湖中上有枯樹同舟人指之曰是臼井村山王社古樟樹也今枯矣既而舩首稍東更覺曠濶抵柏木捨舟而上村吏具車以待乃馳里許抵公津臺方村值宗五祠賽會士女麕至祠傍有陳舊物觀衆處入而閲之大抵傍近社寺及故家所藏書畫文券器具金石之類奇古者皆集不遑詳觀出祠而行未半里而與孔道合

第三十四　鴻臺之戰

賴　襄

永祿六年里見義弘出兵下總與太田資正合欲襲江戸城城將遠山某諜知之急修守備而馳使報氏康氏康氏政將兵發小田原與義弘夾鴻臺而陣其夜候騎報曰義弘兵卻我先鋒遠山某富永某進濟搦木瀬平旦引兵上臺上敵將正木某伏臺傍二里許卒起要擊我兵大敗二將力戰死餘兵大走敵追至氏政陣氏政麾兵橫擊卻之氏康已濟水得敗聞召諸將曰吾欲爲二將雪恥何如氏政曰曩者遣一卒雜敵入其陣還報曰義弘在臺上撿二將首意色甚驕曰敵喪其良度已退去吾且日濟水追北殲之乃釋甲休兵是可襲也氏康曰然乃勒二軍氏康氏

政自爲先鋒。會日且暮。大霧咫尺不可辨。二軍自臺南北鼓譟而登。聲震天地。義弘軍大驚潰走。氏康乗愛馬名賀美。提白柲薙刀手斫三十騎。氏政等擒正木以下十八將。斬首五千級。義弘資正僅以身免。於是上總安房諸城。多望風降。

第三十五　小田原之役　　大槻清崇

天正十八年三月朔。關白豐公自將歩騎十七萬東征北條氏。前隊諸將先發在駿河。内府信雄軍於三枚橋。東照公軍於長窪。二十六日。關白率諸軍至駿河。内府照公與諸將士迎之浮島原。關白被緋甲。戴唐冠。帶金粧太刀二口。執形弓。騎金甲馬而來。扈從士皆異様式装。鮮麗奪目。而茶筅背旗。皤叟裝束。尤奇異可駭云。既而關白過二公前。瞥然下馬。撫刀揖二公曰。聞卿等異志。有一角鬪耳。疾起決雌雄。信雄赧然無言。慚汗浹背。照公則徐進。颺言於衆曰。當出師之初。先擬一刀於此。實是行之大慶。敬賀敬賀。諸將士同聲拜賀。關白乃超乗而上。揚揚擧鞭以馳。衆莫弗感歎照公勇智。

第三十六　雛僧三條　　大槻清崇

太公與諸老臣話。問曰。汝等聞雛僧三條之話乎。皆曰。未也。昔有山衲。迎雛僧於里。晨夕以供使役。一日雛僧逃歸。泣訴其父曰。兒既出家。艱苦固其所甘。但師之遇我。甚無狀。殆有不可堪者。其一。師每使余剃其頭。偶一誤刀見血。則鞭撻直下。其二。每晨起擂鼓。師瞋研法不精。呵責無不至。其三。余每内逼而起。師冷眼送之曰。汝又復上厠乎。父聞而怒。走往見山衲曰。賤兒久辱師恩。今有不得已之事。敢請受兒以歸。山衲察其辭色。徐叩以故。乃曰。兒告吾云云。山衲曰。是不可不辨。其剃頭。則渠既圓其頂。薙髮之勞。不可委諸人。故我借吾頭。以爲學刀之地。今則至自剃其頭矣。獨及剃余頭。故意誤刀。創痕縱横。其擂鼓。則凡不問緇素家。擂鼓必以研槌。渠獨以木杓。故隨研隨折。每晨不下二三折。其上厠。則本寺新造一圊。獨以需縣吏來宿之用。渠利其近且淨。每便輙往。禁之不止。言未畢。父拜謝伏地曰。小人不知師之厚誨如此。徒聽兒言。以疑之。慚愧之極。無穴可入耳。是雖一塲話説。然自諸老奉行。以至監察諸有司。苟有治人之責者。皆不可不留意於此。否則偏聽誤人。忠邪易地。不爲雛僧之父者幾希。汝等其牢記勿忘。寧靜子曰。板倉宗重之代父爲京尹也。請教於勝重。勝重擧此

話以答之則其說流傳已久矣斷獄者最不可無此慮也

第三十七　板倉重宗　　鹽谷世弘

京兆尹板倉重宗朝于江戶重宗手捆茅鞋獻之曰是先臣所教臣東照公在參河時所御也願以念祖業艱難重宗明決善治訟二婦爭子重宗曰官何知所出援得者卽是乃使二婦援女左右手女不堪痛泣一婦援得悅甚將抱去重宗厲聲曰彼非力不足方爭之恐傷子不敢强援也汝則反之汝非兒之母也二寺寶藏古硯皆名松陰傳言平重衡遺物爭其眞贋重宗曰重衡貴公子硯名松陰者何必一二僧乃服婦人言夫爲賊所殺刀有血痕賊必病創使吏搜之不得徧問瘍醫一人曰不知何人請臣載簾輿行可二三里掩覆使無所見輿中杌隉如上下山暮至其家屋宇宏壯主人憑几而坐云爲賊所斫傷臣與之藥留十餘日送歸家重宗曰汝在其家何所聞見曰無何也但歸途聞異鳥鳴擔夫曰所謂呼佛法僧者也臣聞高野日光獨有此鳥然二山非一日程臣意怪之而不敢問焉重宗笑曰汝不記俊成之歌耶乃遣吏松尾山搜求卽得賊人以爲神嘗出行市

兒指輿連呼周防意如有所憎怨者重宗駐輿問得父名明日召問汝有何寃對曰小人有叔父侵財訴之不得直重宗使屬吏檢前後按牘因謂其人曰吾謬矣然事已經年不可覆按因出私財償之矣

第三十八　兄弟止訟　　林長孺

備前州有富民兄弟爭家貲者黨各百餘人獄官推訊累年不能斷熊澤助八代爲獄官乃召兄弟二人同坐一堂時冬日嚴寒置一火爐于堂中央終日無所問及日暮出盤飧給二人並喫如此者三日而助八每隔屛障而坐命其二兒執事膝下二兒友愛如壎如篪暗令二人聽之。二人心曉其諭已愧心自然縈胸初二人入堂各分坐一偏至是相謂寒甚可近火邊既近不覺相與執手號哭宿怨頓消乃退告黨援止訟云。噫夫數年疑獄。不勞寸舌而一朝息之可謂善聽訟者矣。然非其履行有素取信於人豈至如此乎。世之爲刑官者。其思之矣。

第三十九　熊澤伯繼　　鹽谷世弘

正保二年。備前國主池田光政聘熊澤伯繼伯繼平安人先是年十六釋褐備前食祿七百石伯繼體貌豐肥自以爲肥笨不便武事雖由稟受亦或安佚所致從是攻苦茹淡。日夜講武技。間輒驅逐山野。獵獸射禽宿直。日藏木刀。裯囊僚友就寢後。獨竊出空庭。演擊刺法。如是數年。軀體稍痩削。爲人聰明。有大志。光政將登庸之。而辭以學未優。去游京師。求師。偶聞共投宿者語曰。僕爲主翁。齎二百金遠行。途跨驛馬。擊金於鞍而忘收之。投宿始覺。求之未。道將縊死。夜半馬夫來還僕。驚喜以十六金謝之。不受曰。還遺物耳。何報之有。但冒夜來。得二百錢足矣。强之。弗聽曰。吾里有中江先生。平居訓誨吾輩。若受所賜。則爲負先生。言畢去。噫。澆世安得有斯人乎。伯繼傾聞良久曰。化及賤隷。中江氏之德可想見。此眞吾師也。乃如近江。訪中江原。原固辭不見。伯繼曰。弟子固不足教也。然釋官百里趨庭。縱先生竟不教。弟子幸得一望見顏色。吾願足矣。原許見。因請從受業。居數年。學大進。至是光政因京極高通招焉。原亦薦之。遂再還備前。光政延相見。伯繼不言政事得失。以格君心爲任。光政曰。吾爲政未善。然比隣國。似差長。伯繼曰。此所謂五十步笑百步者。君何其志之小也。光政大悟。益鋭意求治。旬月之間。委以國政。食三千石。伯繼時年二十七。

第四十　池田光政

角田簡

光政爲人器識朗拔。有弘濟之志。寛永九年。徙封備前。乃欲得英傑而任政。旁求諸四方。聞近州中江原道德卲高。厚禮聘之。原謝病不就。使其子及諸弟子仕。光政渴仰益甚。遥稱弟子。音問相望。每朝江都。來往宿于大津驛。使人邀之。待遇優渥。咨經義及時務。及死。設神主。春秋親祭之。光政憂俗趨奢侈。禮義難行。大會衆士。諭之曰。汝衆士。以儉節爲吝嗇而賤之。以奢侈爲快活而貴之。是無他焉。由不知眞也。夫不愛家奴。不拊邑民。廢朋友之交。絶慶弔之禮。軍役公役。咸乏其具。而常以聚貨爲意。是之謂吝也。儉云者。剗一已之奢。撿妻子之奉。而交際有禮。子視家奴。拊卹邑民。軍役公役。咸有其備之謂也。汝衆士。絶無廉恥之心。復無忼慨之氣。一年穀禄。盡供一已之奢與妻子之奉耳。是以家奴邑民。雖飢寒不肯拊愛。軍役之具。公役之備。共闕乏無有。然而居恒妄誇道學。不公清奉公。頑愚之甚。謂之何要之。奢與吝。跡異心同。共出于慾。

第四十一　因幡伯耆紀行

青山延壽

八日晴。發長瀨。買車西馳二里半。田野稍開。道路平坦可喜至油良驛蓋古郷也又馳里許渡加勢多川爲大塚村川別爲一派曰御幸川傳云後醍醐帝出隱岐幸伯耆至此轉舵赴逢坂海中有一礁云返岩卽轉柁地因爲名云又馳里餘至赤崎居民二千半係漁戸渡一水爲箆津村古郷也田野稍開然從此以西南山亦稍逼剗山開道者往往有之然比之長瀨以東殆有若亡也至下市驛舍車而步時海濱脩治道路乃取間道又出海濱行里餘有地名逢坂者後醍醐帝還幸名和長年迎拜之地行十餘町至御來屋驛卽長年所居名和港也雖有彎港海淺不便停船驛南十町有名和村古奈和郷也有名和社近年所新建在高岡上剗治岡崖新開社道明治十一年爲別格官幣社名和公二十餘世裔孫某爲宮司昨年命爲華族云

漢文中學讀本初卷終

(初　步)明治廿八年三月十日印刷　三月廿二日發行
(初　卷)明治廿六年四月八日印刷　四月十一日發行
(壹　卷)明治廿六年十月十一日(訂正)印刷　十月十五日(三版)發行
(貳卷上)明治廿六年三月十日印刷　三月十三日發行
(貳卷下)明治廿六年五月九日印刷　五月十五日發行
(三卷上)明治廿六年三月十日印刷　三月十三日發行
(三卷下)明治廿六年六月十日印刷　六月十三日發行

編纂者　松本豐多
東京市牛込區市ヶ谷田町三丁目十九番地

發行兼印刷者　吉川半七
東京市京橋區南傳馬町一丁目十二番地

松本豊多編纂

漢文中學讀本

壹巻

東京 吉川半七蔵版

凡例

一此書。擇前人之文義有相關若相類者。遞次謄錄以成一編。務令意義貫徹首尾相應。是纂輯之大體也。

一授第一學年第二學年兩級生徒者。專取邦人之文。至第三學年以上。始取漢人之文。自內及外自易進難也。

一編中。有就一章截為數節者。有合數節為一章者。有抄錄刪定者。以從授業之便。非肆為割裂也。

一第一第二兩年級。一時間所授。定為一葉若一葉半。第三年級以上。則為一葉半若二葉。以立一學年之計。各巻紙數有多寡不齊者。以是也。

一凡施傍訓。務遵邦語正則。其初詳而後畧者。欲獲魚忘筌也。

編者識

漢文中學讀本卷一

目次

漢文中學讀本卷一目次終

漢文中學讀本卷一

第一　名和長年勤王　賴襄

名和氏。本村上氏。世居伯耆名和。承久之役。有名和行秋者。焉與孫行髙。從官軍。事敗。奪邑。行髙。四子長髙。長重。長生。氏髙。皆有武幹。後醍醐帝至名和港。令源忠顯登岸。問塗人豪族可倚者。答以長髙。忠顯乃踵其家。家方宴。忠顯直入傳詔。長髙未答。長重進曰。人之所重名而已矣。今忝受帝者自托。事無成否。皆足以揚大名於天下。長髙乃決意。計奉帝于船上山。令長重等五人擐甲走迎。帝跪御舟傍。帝欣然。長重被薦于甲背負帝上山。藉木葉進食。長髙欲移倉粟于山。募村民能運一擔者。賞錢五百。一日致五千餘石。乃盡燒其宅。率五百騎以護行在。因樹植柵。列扉為垣。氏髙造布旗數百。煤印近國諸豪章識。張之山上。明日。佐佐木清髙以兵三千。自山前後來攻。望見旗章。不敢進。我兵蔽林而射。射殺一將。敵八百騎乃來降。清髙在山後。未之知也。更兵急攻。會日且入。大雷雨。長重。長生。乘而疾擊。擠賊于谷。鏖千餘人。清髙單舸逃去帝授長高左衛門尉兼伯耆守賜名長年子弟拜官有差富士名義綱鹽谷高貞以千餘騎至山陰山陽豪族來屬數十姓而兒島高德從備前往

第二　兒島高德書櫻樹　　賴　襄

兒島氏本三宅氏世居備前兒島兒島範長者為備後守子高德稱備後三郎帝之在笠置也範長高德欲赴援聞笠置陷楠氏敗乃止已而聞帝西遷高德謂其衆曰吾聞志士仁人有殺身以為仁見義不為無勇也盍要奪駕以舉義衆奮從之伏舟阪山而待久之不至遣人候之曰駕向山陰道乃間道至杉阪則已過矣衆乃散去高德悵恨不能去乃變服尾駕而行數日欲一見帝有所言而不得間於是夜入帝館白櫻樹而書之曰天莫空勾踐時非無范蠡旦日護兵聚視不能讀也乃奏之帝熟視之欣然心知有勤王者也

第三　櫻花問答　　稻　宣義

正德辛卯韓使來聘時宣義筆語於客館與彼學士書記等質問物産宣義曰此樹我土名櫻花樹高二三丈葉與垂絲海棠一樣惟枝條不柔軟為異也三月初生葉開花略似薔薇長春花形其色有白有紅

又有重瓣單瓣之異蒂長三四寸於葉間或三蕚至五六蕚為叢而生一如海棠花而蒂差長單瓣者結實形似郁李子而小生青熟紫赤味甘其葉穉者淺紫色大者縹緑色至霜後葉丹可愛花品甚多至數十百品其最可觀者有都勝粉紅重瓣花頭甚豐特極嬌麗有御愛單瓣粉紅比常花差大有美人紅重瓣嬌紅開早有緋櫻千葉初綻深紅及開色漸衰有香櫻芬郁特甚又有一叢中開花重單相間者衆花攢為毬者繁密綴枝作花如千葉郁李花者豐腴艷美群芳皆在下風徧查古今載籍率收垂絲海棠不言有此花豈以中原之地所稀有而不及見耶貴國與弊邦相鄰地氣當不甚遠或有此花名字亦以何稱之也學士李東郭答曰俺始到馬島得見貴邦所謂白櫻桃其枝葉之奇信如書中所眎而第恨已後花時不得見其花色爛熳耳俺國櫻桃樹高不至一二丈不過鬱密叢生其實有紅白兩種而花色亦零碎婆娑不甚美好故種之者只為其食實而已與貴邦之櫻絕不相類矣

第四　鶯說　　齋藤　馨

漢土無櫻又無鶯非無櫻也無我櫻也鶯亦然彼之

有鶯。其形大。其色殊。其聲不若我鶯之美也。其或來于肥筑之地。我稱之為高麗鶯。至於我鶯則曰黃頭鳥也。柴鶺鴒也。皆以其近似者比擬之云爾。其實我鶯聲之美。既過彼鶯。而使彼有之。則誰舍此而不稱耶。而吾未見黃頭鳥。柴鶺鴒之詠於詩也。舍繞梁遏雲之巧。而愛鬧巷無節之謡。是豈人之情也哉。故知其果無我鶯也。嗚呼。櫻而不若我花之麗。鶯而不若我聲之美。謂之無櫻無鶯可矣。人而不得為人之道。孰謂之有人乎。苟生於我而為人者。修其德音。勿使鶯獨擅其聲之美。

第五　本邦七美說一

貝原篤信

漢史稱。東方有君子國。文武帝時。粟田眞人入唐。唐人謂我使曰。亟聞海東有大倭國。謂之君子國。人民豐樂。禮義敦行。今看使人。儀容大淨。豈不信乎。然則吾邦人指我國。而為君子國者。固有證驗哉。蓋我邦風俗。淳美。逾于群國。故稱之為君子國。不亦宜乎。竊謂本邦。豈唯風俗之淳美而已耶。抑亦風土之美。逾異邦者七焉。故人民之居是邦也。亦有七幸焉。請述其目。一曰。時氣正。二曰。穀食美。三曰。器服備。四曰。民俗淳。五曰。法律嚴。六曰。無外侮。七曰。通文字。請又詳

述其所以然。一曰。時氣正者。凡異邦之地。偏南北者。居多矣。故其氣寒燠偏正之不同。亦甚矣。有恒冬而無夏者。其地常大寒。是僻在極北者也。有恒夏而無冬者。其地常大暑。是僻在極南者也。有晝長而夜短者。有夜長而晝短者。或有一歲之中。二冬二夏者焉。有半歲晝。而半歲夜者焉。是以往往四時之運不備。偏勝之氣常多矣。而本邦之土。正在南北之中而不偏。故四時平分。而全備寒燠順時。而和調。是吾邦之風氣。所以勝于異邦也。二曰。穀食美者。異邦往往有五穀不生。唯菜蔬生之地。如本邦地。無南北無東西。無不宜於五穀。至于菜蔬菓蓏海藻鳥獸魚介。凡可于人口者。亦無不畢蕃殖矣。是以民食豐美。雖時值凶年。黎民阻饑者常寡矣。

第六　本邦七美說二

貝原篤信

三曰。器服備者。如本邦諸州。皆產於桑麻。棉漆。楮竹。松柏。檜桐。凡有資于民生日用者。無不生。而且碩茂。且吾邦古來所製之器物布帛。其精巧勝于異邦者亦多矣。足以供闔國之服器。不特此耳。異舶所齎來之衆貨。輻湊于長崎而交易者。盡西南之美。是以兼并於群國之名產。而畢在吾邦。彼是合集。如此是以百

爾衣服器械。無有不備。而無一物之或闕乏。可謂天府之國也。四曰風俗美者。外國諸邦。亂賊相踵。無罪而兄弟相賊。無過而親族相仇。冤殺忠良。讒斥賢能。其視殺人也。如獵狐兎。好食人肉也。如虎狼。城中糧盡。則殺婦女幼稚食之矣。及亂臣之奪立也。必弑其君。盡滅其宗。其殘忍慘刻。大逆無道。犬豕之不如也。其他君臣無分。上下亂雜。父子聚麀。兄弟合婚。飲食以手。行歩徒跣者。往往皆然。如本邦民俗。有禮而不亂。質直而好義。親親愛人。無殘忍之行。其在城壘之中也。雖糧盡而飢餓瀕死。不食同類。婚姻有禮。飲食有法。忠臣節義之士。不世絶。親戚朋友憐恤。而不棄捐。可謂風俗淳美之國也。稱之為君子國。不亦宜乎。且皇統歴百世。而不絶于上。神器到後代。而不移于下。其君臣有義如此。是吾邦之所以獨長外人之稱嘆於吾邦者。以此也。

第七　本邦七美說三　　貝原篤信

五曰法律嚴者。異邦之中。無酋長者多矣。或雖有之。然政令不嚴。是以國俗强暴放恣。而黎民不能安居。如本邦法制嚴正。禁令遂行。故庶民無爭奪之患。所以與外國不同也。六曰無外侮者。本邦古來國家有

武備士氣驍勇。其勢震耀于異域。向前胡元之賊兵屢來。而覬覦於我邦。最後來兵十萬。高麗王之援兵亦來加戰于筑州博多。然賊兵敗死。蹭蹬不能存歸。是吾邦之驍武雄偉。逾於諸夷。而所以無外患也。七曰通文字者。吾邦古來與漢土相通接。故經傳群書。咸來而無不通曉。歷世皆然。凡此七者。外夷之所不及。而本邦之所以獨逾諸蕃也。然則所生乎吾邦之衆民。豈非咸有七幸乎。亶可喜樂也。加之以昭代賢主繼興。故海內安裕。干戈不起。黎民娛樂者。伊誰之力。所希感戴於蒙國恩。浴洪化。而不可忘。

第八　北條時宗殲元寇一　　賴襄

文永七年。時宗執權。當是時。宋氏為胡元所滅。諸隣國皆服於元。獨我邦不通使聘。元主忽必烈。令韓人致書於我曰。不服則尋兵。朝廷欲答之。下鎌倉議。時宗以其書辭無禮。執為不可。元主復遣使者趙良弼來。時宗令太宰府逐之。凡元使至前後六反。皆拒不納。十一年十月。元兵可一萬。來攻對馬。地頭宗助國死之。轉至壹岐。守護代平景隆死之。事報。六波羅令鎮西諸將赴拒。少貳景資力戰。射殪虜將劉復亨。虜兵亂奔。而元主必欲遂初志。後宇多天皇建治元年。

元使者杜世忠何文著等九輩至長門留不去欲必得我報時宗致之鎌倉斬于龍口以上總介北條實政為鎮西探題遣東兵衛京師西兵衛者悉從實政益築太宰府水城省冗費充兵備

第九　北條時宗殲元寇二　　賴襄

弘安二年元使周福等復至太宰府復斬之元主聞我再誅使者則憤恚大發舟師合漢胡韓兵凡十餘萬人以范文虎將之入寇四年七月抵水城舳艫相銜實政將草野七郎潛以兵艦二艘邀擊于志駕島斬首虜二十餘級虜列大艦鐵鎖聯之彀弩其上我兵不得近河野通有奮前矢中其左肘通有益前作檣架虜艦登之擒虜將王冠者安達次郎大友藏人踵進虜終不能上岸收據鷹島時宗遣宇都宮貞綱將兵援實政未到閏月大風雷虜艦敗壞少貳景資等因奮擊鏖虜兵伏屍蔽海海可步而行虜兵十萬脫歸者纔三人元不復窺我邊時宗之力也

第十　北條時賴　　青山延宇

弘長三年冬十一月前相模守北條時賴卒時賴用意政事及解職慮遐荒僻壤吏不奉教下有寃枉親自羸服陽為行脚僧周巡四方觀省風俗訪民疾苦

如有寃枉者切問事情作書與之以為證驗一夕至攝津難波浦投宿人家屋壁傾頹有老尼獨居詰朝親自爨炊進飯時賴視尼不慣賤役怪而問之尼潸然垂泣曰我家世食釆斯邑不幸失夫喪子門戶殄瘁遂為人所奪無所告訴艱苦至此財保餘年而已時賴詳悉事情及歸復其舊其餘所歷之地察問辨覈隨其善惡以行賞罰由是郡國守宰人思自勵風化大行時賴竭心輔導賴嗣嘗上書勸其兼習文武簡士通文武者置其左右以備顧問寫貞觀政要一部裝而進之初泰時卒後綱紀廢弛獄訟滋興時賴在職一守貞永式目遵鎌倉舊制士庶翕然悅服天下稱治矣及卒將士無親疏悲慕慟哭薙髮者甚衆至下令諸國禁薙髮者其得人心如此

第十一　儒者蓄髮　　青山延光

延寶四年二月水戶參議命儒臣盡蓄髮編之隊伍自足利氏之衰武人率皆不識字令僧徒掌文墨及海內既平儒者承其弊風皆不蓄髮人亦以方外之徒待之故林氏累世受知幕府而皆任僧官人莫之怪參議嘗曰學道者君臣皆儒也奈何以異流待之乃有是命儒者蓄髮始此元祿元年十一月將軍謁

忍岡聖廟、即法印林春常別墅也。四年正月、命法印林春常信篤蓄髮、任大學頭、尋命儒官悉蓄髮。二月、遷忍岡聖像於新廟。將軍親書大成殿三字揭之。

第十二　琉璃殿　　青山延光

元祿十一年九月三日、寬永寺中堂文殊樓、二王門成。毀門外商家、以為大逵。命設法會。將軍臨焉。主殿頭石川義孝帥衆守寺門。士女闐咽、俄而衆流言。婦女有禁。一如比叡山。於是士女駭亂、互相蹈藉、有死傷者。義孝不能禁。將軍譴之。屏居六日。天皇親書琉璃殿三字賜之。從將軍請也。將軍命揭之中堂。觀者

雲集。會南風揚沙、數寄屋街失火。煙塵蔽天。東踰兩國橋、至本莊、南至八町溝、北延燒湯島淺草、至千住。寬永寺坊舍蕩盡。唯中堂文珠樓僅完。明曆已後所未有也。時人謂之中堂之火。

第十三　明曆之火一　　青山延光

明曆三年正月二日、四谷火。十八日、風霾蔽天。本鄉火。延燒神田駿河臺、至鐵砲洲。夜半始滅。死者數百人。十九日、又大風。小石川火。適麴町亦火。風益猛。煙燄四合、延及府城。殿守將軍避之西城。火不滅者一晝夜。諸橋皆斷。焚溺無算。海濱士庶航海而逃。風濤

暴急。舟皆覆沒。衆或逃至郭門。門閉。風燄將及、爭緣石壁擲下。死者相枕。二十日、火始滅。大城蕩盡。西城僅完。府下悉為焦土。萬石已上罹災者、一百六十家。

松平信綱建議、欲使之悉就國。議者或慮其有異圖。諮之酒井忠勝。忠勝贊成之議。乃決。紀伊大納言聞之大怒。信綱往謁大納言曰、今日之變、諸侯在國者亦當召之。奈之何使之就國。且天下大議、何為不謀於我。信綱曰、今府下焚蕩、米穀掃地。令諸侯留府下、府下何以糊口。是上下皆飢、不可得收也。公憂其叛耶。孰若叛於國。今府下有變、何策禦之。若叛於國、我徐

為之備。此信綱之所以不謀於公也。且今日豈緩議之日乎。大納言稱善。將軍命有司給粥。市人皆無食器。至拾瓦片受粥。初酒井忠勝聞火作、遣人近郊買米穀。已而米價騰踴。忠勝賑贍多所全濟。信綱建議、以金代穀、給麾下陪其價。諸國聞之、爭輸米於江戶。米價稍平。紀伊大納言素有重名。至是府下流言。紀伊殿乘災謀不軌。適紀伊漕船以穀三千斛至。大納言悉獻之。流言乃熄。

第十四　明曆之火二　　青山延光

二月八日。停諸侯在國者今年參府。時土功並起。木

價踊貴。是日令曰、大城營築、必待來年。諸藩第宅士庶廬舍、務從質樸。於是諸侯皆取材於國、木價頓賤。九日、賜麾下士罹災者銀、十日、賦諸侯罹災者銀、十五日、頒賜金十六萬兩於江戶市人。二十九日、先是將軍使源正之詣增正寺。正之途見焚尸成丘。慨之謂執政曰、方今海內人民、輻湊府下。而一旦焚死。投尸溝壍、任其漂去。何慘也。宜收瘞焉。執政然之。是日瘞焚尸於本莊牛島。凡九千六百五十三人。創一寺。號回向院。初大城之災、諸有司多惶擾失措。執政欲論其功罪。正之曰、自東照宮徙江戶、已七十年。未有大災如今日者。故救火之制甚踈。今日功罪不必論。唯當定其制、以備他日之災耳。三月更賜諸侯第地。是後、三藩宗室、多賜邸第於郭外。又許萬石已上賜別墅。慶長中、諸藩始賜第地於江戶、土木殫極技巧。彫鏤精絕、金碧晃耀。加藤清正剏五犀於門。大如馬。市人或造三層樓。窻牖塗以黑漆。其豪侈如此。至是土木稍從儉樸云。五月九日、經始本城。執政欲先營殿守。源正之曰、殿守非古制也。不宜以屈民力。議遂止。

第十五　與家溪琴報震災書一　菊池純

辱知生純、倉皇走筆、呈家溪琴先輩足下。本月初二夜、都下震災、壓死者相枕藉。其慘刻猛烈、開府以還、所未曾有焉。爾後人心恟恟、終夜不交睫。上下皆席於地露宿者三晝夜。定知先輩傳聞、以為高慮。故今縷述其所見者、如左。當夜子牌、暗雲四合、仰不見一星。四隣人定、弊家亦將就寢。忽然坤軸震蕩、如巨熕震地、如波濤撼屋。家人狼狽、不遑排戶而出。走屏倒燭滅、門牆戶樞、皆潰裂傾倒。唯聞柱之挫聲、梁之壓聲、瓦之潰聲、壁之崩聲、爆然砉然、硼硼然。僕亦幾為其所壓、輾轉匍匐、纔以身免。全家相見、五色無主。未及接一語、四面火起。其東南炖勢皇張、不可撲滅者、為和田倉、為日比谷、為露月街、為京橋。其東北紅光焰焰焦天者、為小川巷、為下谷、為今戶、為千住。一時出火者三十餘處。火光騰上、終夜如白日。人畜壓死、號哭悲鳴之聲、塡咽道路。凡郭內侯伯藩邸、宏壯偉麗、驚人目者、一朝震倒、盡罹火災。老弱號呼、妻子離散。其幸而免命於東牆之下者、忽壓死于西壁之外。其避煙焰於南衖者、反為北街火坑之鬼。其偶脫千百人中、全生命者、亦焦頭爛手、體無完膚。一家十口、保其全者、僅不過三數人也。明日傭丁奮鐵鉤鑿出爛骸焦屍于灰燼中者、累累山積、是以棺槨不給、裹之藁席、車載搬運斂葬其墟墓者、項背相望。此皆郭門以内所目撃。

第十六　與家溪琴報震災書二　菊池　純

如其郭外、則屋比傾頽、絶不留片瓦。如城西四谷街則平地拆裂、陷為巨坑、玉川閘水、坌涌道路。其城北則浅草大悲閣、東本願寺、諸巨刹堂塔樓閣、悉頽圯。其他富盛鬧熱之地、一炬掃蕩、悉為烏有。惟見敗瓦斷礎、堆積于焦土間焉耳。人世變換、桑滄不啻也。闔都人民、死傷者、凡二十萬人矣。震後屢與人語、毛骨

森竪、未嘗不悲其慘楚之狀也。僕幸而免其虎口、明日存問遠近故舊、奔走于市街、間路上來往、如織輿病而赴於醫家者、裹創而呻唫于路旁者、荷死馬者、哭亡兒者、賀者吾知其全家無恙、弔者吾知其親姻死亡、糾紛絡繹、不可名狀也。或曰、火精一團、大如車輪、光恠閃爍、自西而東、未幾有此災。或曰、此夜初更、黑雲一道、蔽天而走、其疾如飛、蓋地氣所騰上云。震後日色慘澹、時霽時陰、三日通晝夜、其震者大小十四五次、四日亦不降七八次。日漸遠、震漸疎、猶震者終日二三次、今日午前少震、午後亦震一二次、至夜

小雨。意者從是二氣相和、其偶震亦弗至前日之甚也。敝屋老幼無異、請放慮。降念聞南紀客歳海嘯地震、先輩亦具更其事者、他日備地震意、當有奇策、願書其説、被示幸甚。乙卯十月十一日、純再拜。

第十七　藤田東湖先生一　青山延光

君諱彪、字斌卿、稱虎之介、後更誠之進、號東湖。君幼而奇穎、稍長嗜武藝、不甚喜讀書。年踰弱冠、慨然自奮、刻苦讀書。尋喪父、襲二百石、補進物番、為彰考館編脩、攝總裁事。哀公病篤、繼嗣未定、當路頗有異論、物議沸騰。一國寒心、君奮激、與諸同志馳至江戸、謁

支藩守山侯、論繼嗣事、言甚切至。侯許諾。數日、公薨。有遺命傳國景山公。君聞之、即時上途、還水戸。景山公既襲封、知君有異才、擢郡奉行、三遷至側用人。班馬廻番頭。公方網羅一國人材、布列内外、皆號為稱職。而至於通古今、達事體、則君蓋為之冠。故公眷遇尤渥。入則參預機密、出則應對四方、議論風生、事無留滯。公毎出新令、君一秉筆、頃刻而成、辭理明暢。他人精思、不能及。當時謀議之臣、不為乏人、而至於氣魄之大、智慮之明、遇盤錯而不挫、處紛擾而不亂、則不得不推君為全才。凡公之施為、光明正大、一新天

下之耳目者君尤有力焉。

第十八　藤田東湖先生二　　青山延光

君容貌魁岸眼光射人。人一見服其聰明而愛才容衆人有寸長推奬不措。雖在劇職常延異能之士酣暢談論盡其欣歡時或詩賦唱酬詞彩煥發其餘事亦使人屈服。當此時海內之士論人才者必屈指於君而聲名震於天下矣。弘化元年幕府俄命公傳國世子南山公君亦獲罪屏居小梅別墅數歲聽還鄉里遠近來請教者日塡門嘉永七年。公受命幕府議防海之政乃召君至江戸復原職天下想望風采而

君所持論或與時牴牾君慨然賦詩讀者扼腕而其報國之誠則確然不撓南山公親書誠之進三字賜之以換前稱云公又以君才兼文武命總督學政食六百石無何江戸地大震君以是日沒享年五十葬於水戸城西常磐原先人墓側所著有回天詩史常陸帶館記述義。

第十九　登駿河臺望富岳　　藤田彪

駿臺西指玉芙蓉爛爛朝暉豁雪峰丈夫心事須如此不效紅粉作冶粧。

第二十　登富士山記一　　澤元愷

維昔地涌而山出焉遂匯爲淡海屹者富士淡海之大千里富士跨四國山高四十里海之最深處耶自沙走村至回馬夷陵十有二里阪有衡門過此可三里遂窮北折而六里抵中宮祠登者受杖於此雜樹茂草欝然森布是爲山腰徑蹊邐迤以登又十里許曰沙篩坂自坂已上所謂四十里削成而四方者也望之兀然壁峭無草樹無正路沙石處處見山骨可踰者不可踰者羊腸萬折但守先導之武以轉趾鬆脆之石或泐而碎於脚底步步輪退將僵而杖扶焉仰之三峯在顚上一跳而可至矣余神先飛足之不

進十弓幾十里爾日夕入石室而息導者出纊衣以授服時維七月尚寒於十月矣余適出室而瞰雲間煜煜然正是玉兔浴海之時也不覺大呼稱快須臾三竿世界變爲銀地是不知白雲停而不動但見積素三尺萬有爲白玉已而此山孤立于太虛眞如一朶芙蓉湧出大銀海中也豈又有如是觀哉又登五六里愈寒愈疑積雪耳乃宿第七合之室合猶言級也四十里爲一升十折爲合每合置室室大丈許高五六尺板屋四柱塼石固封所置遠近倚巖勢之可倚登者以息以宿以辟風雨云

第二十一 登富士山記二　　澤元凱

夜半飦畢乃發。山愈壁而曲愈逼。前者後者頂踵不能尺也。八合九合。峻極傴僂匍匐。且登且息。悚然凝立。反顧東方。初如發丹竈。比至絶頂。丹流不知幾千萬里。非烟非雲。盖海影與顥氣相映也。喘定神王。振衣瞪然。以縱觀焉。意亦何壯。乃入室以憩頂上之室。十餘連。簷皆小於路傍者。記曰。貞觀十一年。冣頂建祠。今唯存衡門。導者告報曰。曦車將出暘谷。急起望之。紫赤之中。顥氣煇煇。金縷萬條。倒射余衣。熟眎之。輪轉如飛。金縷棼亂。眼睛將薰。實一大奇觀也。漸升。大如盤盂。而下界猶且朏明。縹緲之際。海色淡黃。始知古人登岱詩有黃海句。遂行八葉。此山一名芙蓉。故有此稱。三峯隆起。正中陷為池。乃傍池而行也。相傳初有水。而竹木蓊蔚。寶永焰發之後水涸。今唯窩窅而已。約徑二十餘丈。深數十仞。一覽意盡。三峯最高為中臺。又名雷電巖。不可攀也。巖下南轉而行數百步。巉巖相連。又不可攀者。名曰駒峯。有石龕置金馬。余詑曰。聖德太子騎甲斐驪。始登此山。故事畮守者茫莫以答焉。懸梯以登。下則銚子口也。池缺而沙流。故名。

第廿二　登富士山記三　　澤元凱

東南之角。寶永峰在脚下。寶永年。陽焰噴發。雨沙石於千里外。歇則山之瘤。見云俯臨咫尺傍有發焰之穴。問之。曰。距此六里。嶮甚。未嘗聞有至者。以沮人意。故不果往也。西南絶險。有劍峰。手捫石坎。而踵半外垂者。二十餘步。過此平坦。蹈凍雪而行。嗚呼。萬古雪尚存耶。身在水晶宮裏。詎知人間苦熱。池邊處處置金人。又構小堂。堂側有玉井。僅僅盆大。不竭不溢。人以為靈。乃破堅氷而飲。冽甚。寒氣徹骨。不得久留。欲下復驁眸。四面猶且銀海。唯甲之二山。見其巔如島嶼然。問之不知。盖聞黑駒白嶺之椒。眡富士於正南。是耶。下而二三合。雲間覩函根之湖。尚在扉履之間。下路嶮急。足之使目。不遑應接。時一回首。田塍維衆山。如線者酒川。導者出所齎草鞋以授。厚可二寸。大如盤。着之似杻矣。若或一蹶。挺走數十丈。欲止不止。僵而後止。六合已下。繩路一條。直下十有餘里。曰沙拂坂。卽沙篩南也。植杖以瞰前行人。一瞬十里。忽如嬰兒。杳如鏡中之象。疾於走盤之丸。比下回馬坂。日正晡時。適昨躋坂之時也。擡頭回顧。三峰崚嶒而立天表。未嘗不怳然自失也。聞之羣嶽之長為岱宗。其記云、自下至巔几四十里、日觀峰觀日、於雞鳴此山中宮而上四十里、睇顯於半夜、何況容貌絕美、其孰企及、蓋天地間獨我　天皇、萬古一姓、莫有革命者、是其無疆之鎮、亦有與于茲哉、特立于天下而無比倫、不亦宜乎。

第廿三　望琵琶湖

齋藤正謙

七日、早發過勢多橋、望琵琶湖、渺瀰粘天、適大風、驚濤洶洶、如海、抵石山寺、山以石為體、突怒偃蹇、奇恠萬狀、得磴而上、上有佛堂、堂中有源氏室、傳是紫姬草源語處、寺藏其影像及硯云、又有觀月亭、臨湖、風概無比、尤宜於秋夜觀月、故名八景中所謂石山秋月是也、反出官路、過粟津、訪今井兼平墓、墓在野田中、兼平雖不能諫止義仲之叛、奮鬪致死、不負所事、其志可哀、過膳所、道傍有義仲寺、門閉、固不甚欲入、不叩而去、抵三井寺、躡磴而上、數百級、佛殿壯閎、俯臨湖水、唐崎、竹生島諸勝、一覽在掌、取路古關、入京。

第廿四　遊宇治

齋藤正謙

八日、遊宇治、由東洞院取路、竹田、抵伏水、豐後橋、川廣可二町、水駛急、其東有大浸、如湖、所謂巨椋池也、渉隄五十町許、達宇治橋、見郡吏髙木知周、我葭莩

也、不見三四年、對飲歡甚、遂宿、九日、朝喫茶、香美殊勝、蓋宇治茶甲天下、而豐太閤品天下水、又以宇治橋第三柱間為第一、宜其美也、陸羽茶經謂、山水為上、江水次之、驗之於吾邦、殆不然、飯已、知周導余遊黃檗山萬福寺、明僧隱元禪師所創、堂室皆倣明制、雅潔可喜、上朝日山、有稚郎皇子墳、稚郎與仁德帝讓位、至於貢魚爛腐無收者、遂不立而薨、帝不得已即位、是千古盛德、比之夷齊、有加焉、但其墳冢未知是否、恐出後人之僞造耳、山上西望浪華淡島之間、歷歷可辨、風概絕佳、宜其入古歌之多也、遊興聖寺、道元禪師之所創、有永井信州碑、係林羅山撰、又有鐘銘、抵平等院、有鳳凰堂、按永承六年、關白賴道創建此寺、距今殆八百年、彫畫煥然、當時之華麗可知矣、出寺過橋姬祠、日已傾、復宿知周宅、十日、辭知周、下宇治川、舟行如箭、頃刻達豐後橋。

第廿五　稚郎子讓位

巖垣松苗

應神帝、嘗問大鷦鷯尊、汝等愛子耶、對曰、甚愛之、又問長與少孰最愛、曰長者多經寒暑、既為成人、更無憂矣、唯少者未知成不、故甚憐之、帝悅尊性孝、知帝欲立稚郎子為太子、故對如是、帝遂立稚郎子為皇

太子使大鷦鷯輔之。太子之兄也。帝崩。皇太子稚郎子避之菟道。讓位于大鷦鷯曰。大王仁孝遠聞。宜為天下之君矣。且兄上而弟下。聖君而愚臣。古今之常典也。大王勿疑。大鷦鷯曰。先帝謂天位不可一日空。故預選明德。立王為貳。我雖不敏。何違先帝之命。敢從弟王之志乎。固辭弗嗣。互相讓。空位垂三年。民之貢獻者。不知所適歸。大鷦鷯執心益確。皇太子知其不可奪。遂慨然自殺。大鷦鷯驚馳至菟道慟哭。

第廿六　高津宮　　山縣禎

仁德天皇都攝津難波。謂之高津宮。宮室不堊。務從節儉。一日帝登臺遠望。人烟不起。以為百姓窮乏。家無炊者。詔除課役三年。宮垣頽敗。無所營作。比及三年。五穀豐穰。百姓殷富。歡聲盈路。其後帝復登臺遠望。見炊烟盛起。謂皇后曰。朕既富矣。復何憂乎。后曰。今宮室朽壞。不免暴露。何謂富乎。帝曰。君以民為本。民貧則朕貧也。民富則朕富也。未有民富而君貧者矣。今炊烟盛起。富庶可知也。諸國請輸稅調以修宮室。不聽。後數年。始科課役。造宮室。百姓扶老攜幼。爭先來赴。運材負簣。日夜營作。未幾宮室悉成。

第廿七　平安京　　巖垣松苗

延暦十三年。遷山背宇多新京。前年遣大納言小黒麻呂。左大辨紀古佐美等相宅。尋車駕巡覽之。奉幣賀茂伊勢等神廟。以告定都。詔曰。山背為國。山河襟帶。自然作城。宜改作山城。又曰。子來之民。謳歌之輩。異口同辭。號曰平安京。今宜從之。於是造土偶人。長八尺。着甲冑。佩太刀。西面埋諸東山。誓為鎮護神。號曰將軍塚。松苗曰。皇祖神武天皇都橿原。厥後屢遷徙。長者百餘年。短者二三年而已。自橿原至平城。在大和者。前後凡三十所。歷一千二百四十餘年也。其他在近江志賀及保良。長門豐浦。攝津難波。河內丹比。山背綴喜。乙訓。恭仁。長岡等十餘所。其間凡二百二十餘年。且通計四十餘所。一千四百六十四年也。自帝定鼎于此。以為萬世不遷之都矣。

第廿八　織田信秀獻大内修繕費　作者不詳

天文中。彈正忠織田信秀蒙内旨。獻大内修繕費。遣平手政秀致之。朝廷嘉之。特欲遣使賞之。而聞戰事方殷。猶豫未果。有宗牧者。以善連歌。出入縉紳家。會有病。浴于東國温泉。朝廷因使宗牧齎書物賜諸信秀。宗牧行到伊勢。先使人報之政秀。政秀曰。濃州之戰。我軍失利。彈正忠僅免而還。雖屬憂憤之時而勿介意請速見臨宗牧到那呉野政秀迎導見信秀宗牧授内旨及古今集等信秀感激曰頃日之敗不死而還則為此也今日寵賜何榮如之一雪濃州之恥得達其志願重蒙修繕旨子歸之日請朝紳内奏之毫無沮喪之色

第廿九　信長營皇宮神宮　飯田忠彦

永祿五年十月正親町天皇發中使立入賴滿詔奉幣于熱田祠密詔信長曰朕聞卿威名為日多矣今朝廷衰絀姦宄縱横卿幸養威力以圖王室若能肅清輦下修整宮闕興廢滯振之絶使庶尹百司各得其所以策不世之勳則予一人以懌因賜奇香暨衣一稱信長再拜稽首答曰今也大國雄藩不為少焉特賚寶命于小邦臣信長何榮加之臣請先平濃江然後弭節京畿謹扣天閣以拜命辱十一月享天使厚其贈贐遣歸十二年五月信長病京師耗廢朝儀衰歇念所答往歳勅命首欲修造皇宮令村井盛持董役以民力凋瘵日久故寛其期元龜二年禁城成信長欲置供御之田而恐寇賊侵奪乃權借金於輦轂收息以奉大内舉缺典續常職頒品流振滯淹衣冠流落者往往復舊紀綱頗張所以終朝命也天正

十年正月信長奏修伊勢両太神宮賜錢三千緡於神職使行正遷宮之儀也兵革相尋王室衰絀神宮頽圯典故不舉者殆數百年於是信長興其廢悉復舊制

第三十　柳澤吉保請修山陵　飯田忠彦

元祿十一年柳澤吉保家臣細井知慎謂吉保曰昔朝廷之衰海内大亂累聖山陵率皆蕪没或失其地或為農夫所發掘識者深悲之今海内無事主君何不白幕府修山陵吉保然之乃請之將軍將軍許之遣使捜其塋域新設周垣耕牧者不得侵其廢毀不可識者訪之父老考史傳必取其有證左者然後因其故丘修築之歳餘畢功吉保把握權柄聘招一時名士知慎及荻生茂卿最著知慎字公謹號廣澤初少好書迹學於村山雪山致仕隱居東府下青山益自刻大倡文衡山之法列侯往往延致大見貴重焉後遭幕府登庸治程朱學又悦王陽明之説通貫百家淹雅博聞旁自射馭劍鎗之技至天文算數之法莫不兼綜人許以國器而咸被書名掩焉享保二十年歿年七十九

第三十一　荻生徂徠　原善

物茂卿。名雙松。荻生氏。號徂徠。江戸人。仕柳澤侯。父方菴以醫仕於大府。延寶中。坐事竄上總。時徂徠年幼。從父共往焉。自著譯文筌蹄題言曰。予十四流落南總。二十五値赦還東都。中間十有三年。日與田父野老偶處。獨賴先大夫篋中藏有大學諺解一本。實先大父仲山府君手澤。予獲此研究。用力之久。遂得不藉講說。遍通羣書也。又與都三近書曰。始自不佞茂卿。幼讀書海上。甑戸醯丁之錯處。雖有疑義。其孰從問決焉。迨乎得先生所爲諸標註者。以讀之。廼曰。吁是恵人哉。由此而觀。其居上總也。既乏書籍。又無師友。唯其警敏不羣。自幼即有遠志。是以比其還江戸。業殆大成。終至海內仰爲此邦未曾有人。徂徠看書。向暮則出。就簷際。簷際亦不可辨字。則入對齋中燈火。故自旦及深夜。手無釋卷之時。其平生惜分陰者。率此類也。

第三十二　峽中紀行

荻生徂徠

踰狗目嶺。有新田一名戀冢。以至烏澤驛。皆山路也。日暮。僕從疲甚。民家遠無炬火。前導轎夫。脚探巖稜以進。時或蹈虛。而蹶轎輙跳。其肩上不已。杌隉欲墜者數。遂下轎。冥行以及所謂猿橋者。處前行者還報。

橋版穿且梁撓。如不支。不可行。躊躇久之。會一傔採店者探炬來。店主人亦來。迎相語。是猿王所架。長十一丈。達水際三十三尋。而水深亦三十三尋。則命傔跳身欄外。而左手據欄。右手垂炬倒照。從旁下瞰。黑深。火力短不及。傔益俛伸其臂。遂致火燄逆上。欲燒手。輙遽棄墜。至水際廼滅。予緣是得目送及其未滅。而覩彷彿也。皆如其言。橋下無一柱。從兩岸累鉅材架起上者。必出下者外尺許。愈累愈出。以得相近。而橋之。誠神造也。崖光滑無縫罅。如削立然。土人云。崖腹有釜神蛇穴焉。歳旱。民聚汲竭其釜中水。蛇見則雨驚。問何以得至釜處。廼云。土人生于土。長于水。雖束其手足。投橋下不死。聞者皆吐舌。又問崖石如無縫。豈苔滑使然歟。云。連一驛百家。在一片石上。則是川亦一大石渠耳。益駭異聞。

第三十三　川中島之戰

中井積德

天文川中之役。武田信玄以牙軍擊越。牙軍于原町。越師卻守佐美定行。以偏師横衝甲師。甲師崩入御幣川。信玄立馬于崖上以殿焉。上杉謙信單騎馳入索信玄。白纏裹頭。綠渾脫乘驄馬。揮刀長三尺。呼曰。信玄安在。甲人或罵之曰。信玄將軍何在于此。奮矟斫之不中。於是信玄馳赴水。謙信追及焉。斫之三刀。信玄惶急。擧麾扇禦之。一刀斷扇柄入腕。一刀中肩。時水急而淺。甲人環視不能相救。有二人擧矟擊謙信。中馬。馬驚而逸。信玄。馬躍沒于瀨水。人救之。乃脫。

第三十四　題不識庵擊機山圖　賴　襄

鞭聲肅肅夜過河。曉見千兵擁大牙。遺恨十年磨一劍。流星光底逸長蛇。

第三十五　鳥居勝高死節　賴　襄

武田勝賴。大擧攻長篠。築壘于鳶巢山。分兵絕其饟道。奧平信昌。與松平伊昌。厲衆堅守。侍從使小栗大六乞援於信長。信長不果出。奧平貞能。自往岡崎請信長許之。未至。信昌出戰卻敵。焚其竹栅。勝賴攻奪其甕城。益修攻具。鑿地道。環塹柵攻擊。連晝夜。信昌謂其衆曰。孰能出促援兵者。鳥居勝高素倔強稱強右衞門。進曰。臣請往矣。信昌許之。夜縋而出。至侍從營。致信昌命曰。城兵未疲。鉛硝亦具。所缺者糧耳。不急救之。則信昌自殺以免士卒。侍從召見慰勞之曰。信長既在途。吾亦將以明日出。因留勝高。自從辭曰。城中延頸遲報。臣不忍留也。即夜馳歸。將踰柵入城。為敵邏兵所執。勝賴命解縛。諭之曰。汝往語城兵。信長

家康不能來。宜速出降也。則吾厚賞汝矣。勝高曰。諾。乃使甲士十餘人露刃擁之。至于城下。勝高仰城大呼曰。諸君努力。大兵來援。不出三日。言未畢。刃叢而死。

第三十六　谷村計介碑　谷　干城

嗚呼。一卒一下士耳。而忠勇義烈。巍然炳然。足以為軍人龜鑑。如谷村計介者。可勝悼歎。計介日向諸縣郡倉岡之士族也。父曰坂元利右衞門。計介其第二子。出嗣谷村平兵衞家。明治五年。熊本鎭臺徵為步卒。七年二月。佐賀人作亂。臺發步兵一大隊。分為二。水陸並進。計介從大隊長心得大尉和田勇馬。由海路入佐賀城。賊遽然來攻。鎗砲交發。城中無糧儲彈藥。缺乏之勢不可支。分三梯陣。欲潰圍以合陸路兵。計介屬中陣。開門突出。賊四面夾擊。我兵殊死戰。賊軍披靡。遂得破一方。然隊伍混亂。又分為三。計介屬大尉奧保鞏。且戰且走。至繩取村。有小川賊伏兵前岸。我腹背受敵。少尉三木一。率小部隊。葦堤放銃擊賊右翼。計介挺身奮鬪。遂破之。涉川抵江見村。見田夫疾走。衆謂彼必報我動靜於賊也。計介進曰。我不諳地理。屢迷岐路。所以致賊追擊。顧此距住吉津不遠。

我請離隊到河津艤船沿途有賊必發銃射我諸君聞銃聲則更取他路我一死為諸君嚮導衆感歎許之計介乃單身前行衆皆傾耳而尾之及達河津計介既艤船待乃急渡賊兵追至無船可濟我兵遂得會陸兵於府中驛是役也微計介則一部兵盡為河上鬼亦未可知噫危哉已而大坂軍來援諸道並進攻佐賀計介每戰甚力人稱其膽勇六月任陸軍伍長八月屬第十一大隊從臺灣之役

第三十七　谷村計介碑二　谷干城

九年神風黨之襲鎮臺也參謀大尉大迫尚敏以事在小倉聞變卽還聯隊長心得少佐乃木希典使計介隨行蓋知其可倚也計介已到熊本將復赴小倉報臺下形勢會山口秋月亂人並起諸縣繹騷變在不測乃使計介便道探偵柳川若有異狀速還報計介變形為車夫以窺動靜以其無異狀遂至小倉十年薩人反大舉圍熊本城內外阻絕聲聞不通時余領城兵欲報守城方畧於征討軍營難其人計介屬十三聯隊在城中聯隊長心得少佐川上操六與衆議舉計介密諭其意計介曰一身輕使命重計介一下士豈能辨之哉申諭再三計介沈思久之曰謹聽

命矣既已聽命事保必成但復命曰難期耳與少佐偕來請余命乃授教令計介俯聽退取煙煤塗全身再三摩去黑質如自然因著鶉衣笑曰可以欺賊輩矣乘夜出城將赴南關為賊所縛百方解諭不聽伺守卒眠以爪斷繩而逃潛行吉次山中再就捕計介佯為懦夫狀股栗垂淚賊憫之解縛為擔夫得間復逃遂達第一旅團時二月二十八日也

第三十八　谷村計介碑三　谷干城

其就縛也拷掠暴横飲食共絕比達官軍顏色盡變遇哨兵告以實不信縛致之本營團長少將野津鎮雄召見計介歔欷不能言蓋脫苦楚終使命喜極不能自禁也既而徐述命令說戰狀悲壯慷慨聽者皆感歎云少將厚遇令在營休止三月四日官軍攻田原坂計介請列戰隊慰諭不許堅請不已乃命以傳令之事適官軍不利計介怒氣勃勃不能自抑蹶起奪他人銃單身叱咤突入賊壘中銃彈而斃年二十有五葬肥後玉名郡木葉町字蘇浦計至舉臺皆嘆惜焉計介為人忠實寡言事上官恭敬有禮然眼無一丁字人未之奇後發憤讀書習字非復呉下阿蒙矣嗚呼計介前以一兵卒勇奮挺身脫一部六十餘

人於危難之中後以一下士堅忍不撓克達使命而終奮戰殞命勇氣凛凛使人感動謂之軍人龜鑑非溢美也計介從征役四次例當受勲章況其功如此設令其猶在則固當有特異之奬賞而今如此可不重悼歟頃者同志相謀建碑於靖國神社境內以傳不朽自將校迄兵卒皆欣然捐貲助之事聞勅賞其忠烈賜金若干圓計介之功於是乎炳然著聞一下士而蒙此恩寵其為榮莫以加焉於虖盛矣哉諸子屬碑文於余余承乏熊本鎮臺者兩次識計介尤熟不得辭以不文遂援筆記其顛末如此

第三十九　題臺灣凱旋圖後

江馬欽

曩者我藩琉球人漂著臺灣南部土人殺其人奪其貨南部曰牡丹種教化未敷人無倫理不可以言語諭故廟議一決出兵問罪戰及數合彼皆敗衂酋長叩頭降於轅門蓋臺灣係清國所轄猶我之於琉球也因遣一二大臣議其曲直彼遂以金若干為琉人憑弔之資又以若干贖我軍費我軍於是戢兵凱旋焉頃工畫者寫其狀題曰臺灣凱旋圖披而觀之輪船排列直截波濤旌旗飄瞥於黑烟之間士女羣聚沿岸相望似歡呼者可謂筆下無逃境矣嗚呼我邦武威之振海外者上古姑舍焉近豐太閤朝鮮之役至今說之猶使人有起舞呼快欲立功萬里外之念況於生際盛世親觀此圖乎時明治八年一月念有六日也

第四十　濱田彌兵衛

齋藤正謙

臺灣在支那東南海中古無聞焉明天啓初海澄人顏振泉聚衆據之招我邦邊民入其黨因自稱日本甲螺甲螺猶謂頭目我日本謂頭目為加志羅音近甲螺故遂訛稱耳先是泉州人鄭芝龍少流落往來我邦因入振泉之黨及振泉死衆推芝龍為甲螺雄視海上後受明將之撫去移閩中我邊民代之為甲螺而紅毛夷來借地約歲輸鹿皮三萬既而築城郭據之役使土人如奴隸不復輸幣且我商舶往印度者過其近海為被殺掠甲螺不能如之何適本邦商人濱田某至衆交訴之圖報復某許之某字彌兵衛長崎人也勇而有謀弟某字小左衛門子某字新藏並有膽畧力兼數人乃與甲螺之黨二十人還請之大府大府允之檄長崎代官末次平藏備船募卒附之於彌兵彌兵盡裝其從兵數百為農丁被蓑笠持鍬钁行到臺灣海口請守吏曰日本之氓聞臺地土

廣人寡中多萊蕪欲移住以開墾之守吏以告甲必丹弗信以哨船圍之數重不還許上陸使人來言曰汝之來決非好意不然何從人之多也彌兵曰唉公何疑人之甚邪假使日本欲畧海外之國當遣猛將精兵來日本素不乏其人奚使我儕小民之為守吏撿舟中僅有數十副防身刀其他唯有耕耨之具而已還備告甲必丹甲必丹意稍解乃許衆登陸

第四十一　濱田彌兵衛二　齋藤正謙

彌兵得入城謁見甲必丹請受璽為氐弗許請還本邦亦弗許留數月屢入請之甲必丹依違不答彌兵謂衆曰甲必丹不許我去留其意不可測也大丈夫入不測之地當死中求活耳衆憤然欲死之一日昧爽彌兵父子三人入城衆從之留於門外三人挺身排闥而進甲必丹猶寢在牀驚起叱曰汝等入人閨闥何無禮也彌兵咆哮奮前擒甲必丹於牀自懷出匕首擬其喉曰汝有死罪尚何咎人之無禮耶左右欲刄之小左新藏拔刀遮立瞋目叱之左右披靡不敢迫甲必丹惶急乞饒命甚哀彌兵曰汝欲生何不停城上放礮甲必丹曰謹奉命曰汝嚮所掠之貨倍數還之甲必丹曰唯命之從從兵聞變走入闘於庭

其後入者為礮被傷彌兵乃左手扼甲必丹之臂右手執匕首俱起小左新藏擁其前後而出夷卒不敢動甲必丹傳命停放礮令其卒艤蠻舶一隻及日本船二隻裝貨山積彌兵入而撿之乃欲拉甲必丹去甲必丹曰島民皆仰某指揮某去則倀倀乎無所歸焉某有一兒年十二歲願代某從去公幸垂愛憐使其全父子之情非敢所望也彌兵許之乃質其子及頭目數人歸報於鎮臺鎮臺稟大府厚賞之於是彌兵之名震一時時寛永五年也

第四十二　鄭成功一　作者未詳

成功初名森村父芝龍泉州南安縣人兄弟四人仲芝虎叔鴻逵季芝豹伯為芝龍芝龍嘗失愛于父父怒逐之乃往海外遂來我邦居肥前平戸娶平戸士人田川氏生成功及弟七左衞門先是南海盜起海澂人顏振泉爲魁占臺灣地於是芝龍與弟芝虎往入振泉黨及振泉死衆推芝龍爲魁縱橫海上明兵莫能抗寛永五年芝龍率諸部降于福建左布政司熊文燦七年以功任都督是歳芝龍請迎取妻子於我邦而妻及七左猶留不往成功生而風儀整秀倜儻有大志讀書穎敏不治章句王觀光一見謂芝龍

曰。是兒英物。非爾所及。正保二年。明主福王降清。唐王立。封芝龍爲平西侯。芝龍見成功于明主。明主偉而撫其背曰。惜無一女配卿。卿當盡忠吾家。無相忘。賜姓朱。改今名。拜御營中軍都督。賜尚方劍。儀同駙馬。自是中外稱國姓爺。不名。尋封忠孝伯。而芝龍日與文臣忤。且與清人通。聲聞。成功知而患之。一日見明主愁悶而坐。泣奏曰。陛下鬱鬱不樂。得無以臣父故耶。臣受厚恩。義無反顧。以死扞陛下矣。

第四十三　鄭成功二　作者未詳

三年。明主爲清兵所執。死於福州。芝龍妻至自本邦。在泉州城中。清兵來圍。是時芝龍在安平。妻歎曰。遁在異域。事既至此。今惜一死。何面目復見人耶。登城樓自殺。投河水。清兵吐舌曰。婦女尚爾。倭人之勇可知也。芝龍遂降清。清兵挾而北。召成功。不往。鴻逵等率所部入海。芝豹獨奉母居安平。成功雖遇主列爵。未嘗豫兵事。意氣容貌。猶儒生也。既遭國難。諫父不聽。且痛母死非命。慷慨激烈。謀起義兵。詣孔廟。焚所著儒服。拜辭而去。所善陳輝。張進等。願從者九十餘人。乘一巨艦。斷纜行。收兵南澳。得數千人。文移稱忠孝伯招討大將軍罪臣國姓。永明王監國四年。成功

攻海澄。不克。慶安元年。入島贈書于長崎譯者。曰。大明龍興三百年。治平日久。人忘亂。韃靼乘虛破兩京。神州悉污腥膻。成功深荷國恩。故將喋血以報讎。徘徊浙閩間。感義頗有樂從者。然孤軍懸絕。千苦萬辛。中心未遂。日月其邁。成功生于貴國。故深慕貴國。今艱難之時。貴國憐我。假數萬兵。感義無限矣。有故不報。三年。潮人導成功入潮。敗清兵。成功抵廈門。海寇皆屬焉。鄭氏兵興以來。軍律肅然。兵士無淫畧。故至孺子婦人。與軍行爭道。

第四十四　鄭成功三　作者未詳

承應三年。清主諭成功。遣人招撫。不從。遂幽芝龍。後棄市之。清主命世子濟度。統大兵來討成功。時成功兵勢大盛。分所部爲七十二鎮。奉監國魯王。居金門。明暦元年。清庶子王入閩。成功避之島。萬治元年。永明王遣使進成功延平郡王。成功決意議大舉。先取金陵。甲士十七萬。習流五萬。揚帆北上。連陷諸州縣。二年。攻三叉河口。爲清兵被敗。將士多死。成功還島。地蹙軍孤。將遷地。謀恢復。寛文元年。日本甲螺何斌來廈門爲成功。盛陳臺地沃野千里。霸王之區。且言其可取狀。成功大喜。戰艦銜尾而進。登陸攻赤嵌城。

降之。改臺灣爲安平鎭。土酋皆受約束。於是制法律、興學校、計丁庸、養老幼。臺人大安。二年四月、吳三桂令人絞永明王及太子。五月成功病死于臺灣。年三十九。子經嗣。猶奉明正朔。凡十九年而死。子克塽嗣。二年降清。清主優待之。封漢軍公。自成功始起、迄此凡三世。三十八年。而明正朔始盡。天壤間矣。清主嘗謂成功明室遺臣。而非吾亂臣賊子也。特命令成功及子經。喪歸葬南安。

第四十五　山田長正一　　齋藤正謙

長正字仁左衞門。或曰伊勢祠官之隸。或曰尾張人。自稱織田右府之孫。少而磊落有大志。不事商販。作業好譚兵。雄傑自喜。流落寓於駿府。元和初、天下始定。士之求仕者、皆干侯伯。長正弗屑。曰、此間無立功名處。唯游海外、或可以展吾志耳。時下海無禁。府有經商二人。曰瀧。曰太田。將航海回易臺灣。艤舟於大坂。長正請附乘之。二人弗許。長正乃先到大坂。求二人之舟。入而匿焉。既而二人至。揚帆而發。長正乃從艙間出。申前請。二人大驚。不能如之何。許之。既到臺灣。商事畢。將俱還。長正曰、某在鄉國。殆不能自存。姑欲留此土。覓喫飯處。二人方患長正之狂。心私喜。委而去之。方此之時、支那姦民稱日本甲螺。誘我邦邊民。占據臺地。長正通覽地方、蕞爾一島。且已有主。不可有爲也。又附蠻舶。西游暹羅。會邦內騷亂。四隣交侵。而六昆最强。暹羅國主出師禦之。長正見其行軍無紀律。私言其必敗。既而果然。人或傳其語。聞於國主。國主奇之。召見長正。詢方畧。長正指畫陳策。鑿鑿可用。國主大喜。擢長正爲上將軍。往禦六昆。時本邦人流寓暹羅者衆。長正糾合數百人。雜以土兵。亡慮萬餘人。皆爲日本裝。聲言日本援兵大至。六昆軍沮。因縱兵奮擊。大破之。六昆王憤甚。傾國來寇。兵數十萬。長正曰、敵衆强盛。難與爭鋒。唯以謀撓之。破之易易耳。乃分軍爲三。一伏山陰。一艤海澨。長正親率其一。出於海陸之間。進挑戰。兵既交。佯敗走。六昆兵追之。將及。號砲俄發。海陸二軍吶喊齊進。火鎗亂發。長正視機反之。夾敵軍前後擊之。大破六昆兵。殺數萬人。遂追北長驅入其都。擒六昆王以歸。威震遠近。四隣爭送款於暹羅。

第四十六　山田長正二　　齋藤正謙

於是國主大賞長正。妻以其女。封六昆及匹皮留之地。號曰唵普良唵普良。蓋諸侯王之謂也。久之國主年既高。頗倦勤。使長正攝行國事。於是唵普良之名噪於印度諸國。而本邦地隔遠。未聞知也。數歲。瀧太田復回易海外。行到暹羅。既入其界。迓勞之使沓至。相迎入館。少焉有吏來。戒王召見二人。二人初不知其故。心頗疑懼。且從吏入見。王冠服在交椅上。金珠粲目。義衛甚盛。二人俯伏膝行。不敢仰視。及退就館。飲食供御。如待貴客者。意益不安。既夜。復有吏傳呼至。曰王來。二人驚出迎。王便服入坐。笑拍二人之肩曰。故人無恙。二人愕眙仰視。乃長正也。長正自備說其發跡之由。二人叩頭謝曰。鄙人愚矇。嘗相從於塵埃中。無禮獲罪多矣。不意大王能自致於寥廓之上也。長正曰。予之有今日。實由二子之賜。抑人有德於我。可不報哉。既罷。厚賜遣之。本邦商旅聞之。多游暹羅。長正皆善遇之。長正雖富貴。而常懷桑梓不置。每臨戰。遙禱於駿府淺間之神。軍輒勝。至是命工摹繪當時戰鬪之狀。爲扁。附商舶。獻於淺間廟。以報賽焉。又屢牒執政。納方物於大府。不失恭順之意。頃之。國主殂。世子代立。長正退就封。先是國主之妃與其近臣姦亂。謀除國主。畏長正而不發。及長正去。遂弑之。長正聞之。則謀興兵討之。二姦大懼。募人潛往毒之。

長正死。時寛永十年也。長正無子。有一女。名阿因。勇武有父風。親將其衆。欲復父讎。屢敗暹羅之兵。通國震恐。盡發屬國之兵來戰。衆寡不敵。阿因遂敗亡。其下逃歸於本邦。長正之弟某在江戶。聞長正獲志。欲往從之。適有人傳長正死。乃止。

第四十七　駿相紀行一

齋藤馨

廿三日。金谷驛。西望岳蓮。堰河一碧。曳帶其下。心目爲之敞豁。過驛則沙磧平曠。即堰河也。河。南風則漲。西風則退。泅夫渡人。貴者輦。賤者肩。其慣視水之漲退。而低昂之。先輩或以此爲甚勞。因有架橋之說。或謂宜舟。然廷議蓋在因險爲固。舟橋皆不可用也。廿四日。攀宇津嶺。古所稱蔦細道者。嶺下之路即是也。羽倉縣令碑文。紀之詳悉。渡安部川。入駿府。訪戶冢柳齋。廿五日。駿府城市整修。百貨咸集。初今川氏數世據之。今稱其遺地爲屋形坊。然無復隻瓦可認。柳齋云。淺間祠。每賽日。薦朝比奈餅。是爲遺事。朝比奈今川氏之功臣也。製餅法。燒山茶樹作炭。漬水淅米舂餅。皆用其水。餅成色淡赤。經數年一納湯中。則軟如新製。可以資軍糧也。廿六日。登淸見寺。瞰三保松原。蒼翠欲滴。蓮峯朗出于其左。實一佳境。經興津上薩陀山地高爽。與富嶽相對。俯則海波如玦。岳影落水。上下相映。自此至蒲原。稱田子浦。信東道第一之勝也。過此則富士川。水勢急駛。舟渡極力。始達。駿中諸水。皆泅夫駕人。而獨此有舟。以其急流不可用泅夫也。

第四十八　駿相紀行二　齋藤　馨

廿七日早發。路行嶽下。秀氣津津逼人。巖形玲瓏。自四面觀之。皆無不宜。而此間支峯複嶺。左右羅列。作拱揖狀。可以為正面之觀。三島以東。嶽麓已盡。函嶺又起。愈上愈險。宿箱根驛。驛在嶺頂。又瀕湖水。夜寒甚。廿八日。闢門。誰何極嚴。是為海內諸關之最。四里小田原。北條氏五世所據。今為大久保侯治城。北條氏因函嶺之險。以抗豐公。而舊臣宿將。既有送款於敵者。彼獨恃形勝。而不知人心之不可恃。亦可悲矣。經大磯。有寺。為鴫立澤。或云是伊勢豪賈某隱栖之地。謂西行遺跡誤也。渡馬乳川。宿藤澤。廿九日。南轉至畫島。灣迴沙平。島屹立海中。有天妃祠。上下二祠。西又有一祠。從其背降。削崖巉巇。海水拍激。得巨窟。安天妃像其中。深黑。導把燭而進。乃出取路腰越。過七里濱。沙路前却。至鎌倉。上長谷大悲閣。海島之觀

頗曠。其下人家鱗列。為雪下里。拜鶴岡八幡廟。殿閣輝煥。亦大祠也。廟東白田彌望。皆源二位及諸公邸址。其北林樹蔽虧。有二位墓。石塔一區。苔蘚剝蝕。有石燈。薩侯所獻。蓋以其為遠孫也。二位貽謀不善。骨肉相屠戮。三世即亡。而孫支據有西偏。至今不墜。亦意外之幸耳。有大江廣元島津忠久二公墓。修理改營。皆薩長二公之所造。東行山勢逼隘。如東曰朝比奈切通。蓋古時郭門之迹。四里入武為金澤。

第四十九　記二宮謹次事　農業雜誌

二宮謹次。相模國小田原人。以經濟聞。竟徵為幕府普請役。而平生所讀書。不出大學一本之外云。余所聞三則。姑記概畧。以備遺忘。如其詳則待異日矣。

一豪農某破產。無如之何。招謹次謀之。謹次曰。子家今所在田產。限十年間。與之佃戶。無督責。則可以興舊業。某愕然曰。今所在田產。尚且不足。與之佃戶。安得衣食。謹次曰。不然。合家人人憤發。男則為人奴。女則為人紡績。自為身計而已。如此數年。所得田產。全歸子有。是治生計之方矣。某感歎服從。十數年後。果得復舊業云。謹次應相馬家徵。客寓日。某里有惰農。其每年及時不耕穫。不蓄畜。謹次召其五保或親族。

共助成之。翌年某懶惰如故。謹次不呵責之。復令五保親族助之。如此三四年。某後慚服。至恪勤農事云。

一諸侯。國計大窮。召謹次計之。謹次不速應。請與其老臣議。侯令謹次與家老及司計議。僉曰。今現不得三千金處分之則無如之何。謹次曰。侯家今急如此。諸君堅任謹次。則得金處分之易易而已。僉曰。一任汝所言。謹次曰。典内廷長物。可得千金。請一年借之。又典老臣長物與侯家重器。亦可得二千金。請借之。僉不得止而諾焉。於是國計為條理。可與者與之。可取者取之。且課貧民失業者。與鍬鎌。與衣食。開荒墾

發。竟至富有國云。

第五十　平賀源内　片山　達

平賀源内。名國倫。字士彝。號鳩溪。我讃志度浦人也。其先曰平賀入道源心。係信之豪族。而為武田晴信所滅。後裔自信徙讃。居數世。出仕高松藩。為小吏。實源内之父也。源内為人。聰敏奇傑。少好本艸楮鞭之學。源穆公聞之。辟掌藥方。賜俸四口。銀十錠。公多聚和漢西洋動植諸物。辨其名。寫其形。以備參考。源内與有力焉。寶曆十一年。時年三十致仕。僑居江門。師官醫田村元雄。專精物產。頗得出藍之稱矣。其行事類游俠。食客滿家。性好奇功。明和改元甲申。手織火浣布。獻之府朝。七年庚寅。遊瓊浦。主大通詞吉雄某。學喝蘭本草。先是製電理器。寒暖計。諸器。其他發明出人意表者甚多。不遑枚舉。又傳人參培養之術。大利國用。而我讃之製砂糖。亦其所嚆矢矣。源内在江門。屢轉其居。最後有一凶宅。人不敢住。源内故買之。朋輩或止之。乃曰。世傳恠物。而吾未經驗。儻幸得見之乎。既而半歲。果不得良死也。蓋源内為某侯營築別業。與一商人共之。風波忽起。遂殺其人。而事出註誤。源内亦自裁。未殊也。隣保救之。即日下獄。未盈三旬。病

傷而死。實安永八年乙亥。十二月十八日也。享年四十八。賜屍。從弟某。葬于橋場總泉寺門内之左。其友杉田玄伯。捐私財。建墓碣。題曰智見露雄。所著物類品隲。火浣布畧說。及傳奇院本。合二十餘部。多傳於世者。

第五十一　火浣布　東條　耕

平賀鳩溪。屢探藥於上野信濃諸名山。始識石蠶。石綿產于此。先是。中川淳庵。於武之秩父山中。得石麻。土人呼名伊悉窟答。認為石綿之種類。欲以製火浣布。思其造法。考披多端。搜索羣籍。遂不能知。一日談

及之。鳩溪業已留志於此數年。覃思精慮而始能成就。然其所織整不能纖緻。故尚博綜衆說。及西洋諸蕃橫文之書。益究其製。遂能得成就之。蓋其創意出自講究物產之緒餘。機軸裁制之巧。運用縝密之技。我土實所未曾有之工夫。而非炫燿乎時目虛誇於世人之事矣。夫火浣布之名。相傳既舊。傳言。此布垢汙則投之烈火燒之。垢盡汙滅。粲然潔白。恰如以灰汁浣濯之。聞者猶以為架空構虛之談。不信。而鳩溪獨造。初得如意。織成隔火數片。大如銅錢。遂經大府電矚。命傳致之崎嶴。使舶來清商視之。南京船主。汪繩武等。皆盡感服。呈狀云。蒙賜觀火浣布隔火。儞等俱已公同領觀。但此物從古徒傳名。遂所未睹。今貴國有此名人博綜廣識。秘製精奇。實為希有。筆難盡述。儞等幸在崎嶴。得叨異遇見此珍。公同賞嘆。又欲通知在唐山之人。天壤之間現有此物。然惟空言若無實據。諒難取信。今欲給領數枚。帶回俾鄉土博物之人一同賞鑑。敢請為此具單謹覆。官允其請。使鳩溪再製造之。以應其所懇索矣。

第五十二　川智翁祠銘　中村兼志

川智翁。大島大和濱方人也。以農為業。慶長中欲航

于琉球。偶遭颶漂流于支那。居歲餘。造次不忘農事。注意耕耘。習得甘蔗栽培及製糖之術。而攜蔗苗歸于鄉里。栽之。能適土宜。蕃熟矣。試製黑糖。頗為良品焉。此為產糖之始矣。自大島。施於喜界島。德之島等南海諸島。至今無家不製糖。為著名之產品。歲計殆貳千萬斤。諸島素乏米穀。然而四方之賈舶。載米穀及雜品來。爭換糖。其價百萬金。徭租賦出其中。又以充衣食之資矣。微翁。絕海島嶼。不能開資財之道。其功偉矣。如翁者。可謂福神矣。明治十三年。春。政府開全國綿糖共進會於大阪。當此時。內務大藏兩卿。聞翁事蹟。追賞其功。賜百金。經數百歲。翁名聲始顯于世。靈魂應感佩於地下。兩卿之此舉。獎勵後人。可謂希世之盛事也。古來島人無姓氏。故翁止名。稱川智。其後以直為姓。今之嘉和誠者。即其裔孫也。是以島士基俊良。其他有志者。共議。欲建翁祠。以奉祀。請諸朝。以醵金。始構一祠而奠焉。號開饒神社。曩南海諸島。屬大隅國。置大島郡。兼志來長此郡。俊良等請書翁事于石。因為之銘曰。

偉哉功績。山高水深。不種米粟。長養島黔。

第五十三　大谷休伯紀功碑　楫取素彥

今上卽位之十有四年。置農商務省。尋設山林局。大張林政。明年。舉山林共進會。令國內有功於森林者。不問其人生死。盡錄上焉。於是故大谷休泊贈三等。賞賜金星銀盃於裔孫熊倉某。以旌其功。嗟夫休泊死而不死也。抑休泊者。族籍鄕貫。無記傳可徵。或謂天文中。上杉憲政居上州平井城。休泊事之。憂州多不毛地。而居民亦寡。按水理。通溝渠。以便灌漑。於是。得水田數百町矣。又相土性。藉其尤粗惡不適菜穀者。以殖林。而州內之松樹。獨太田金山松樹蕃茂。乃抽穉松數十萬株。於金山栽之曠野。俶於永祿元年。經二十年。荊棘之地。化爲茂林。卽今大谷官林是也。夫天文永祿閒。天下擾亂。羣雄割據。使休泊効力於兵馬乎。割據一方。亦非所難也。乃舍彼取此。意其人儁偉。非胸中別有所見者。安能如此乎。余嘗過平井村。視其城墟。荒烟野草。僅認廢濠。到邑樂郡。經所謂大谷原。則喬松森立。蒼翠亘數里。其西有休泊渠者。引渡瀨川。縱橫分流。每播種之候。溪湛汪漾。至今數十村。賴其利焉。蓋方憲政襲父祖遺業。號令關東。可謂盛矣。然而後世子孫。歸於湮滅。至今日。則平井村人民。猶無稱說憲政者。如休泊在當時。雖無封爵之

可記。數百歲之下。士人猶懷其德。朝廷追賞其功。則視之上杉氏。得失果何如哉。余益信威力之不可恃。而德惠之不可忽也。館林之地。接大谷原。松林中有休泊墳。頃者謀修之。且卜地於躑躅岡。記其事于石。以傳不朽。介郡長村山具瞻。乞余文。休泊。余所嘗欽。故不辭而書之。

第五十四　躑躅岡　細川潤

五日。發館林。館林嘗爲秋元侯治城。街衢猶整。百貨畧備。按邑誌。曰邑樂郡。人赤井法蓮。世居青柳城。屬上杉氏。後移大袋。弘治二年。再移館林。法蓮死時。子文六尚幼。爲家臣諸野因幡所逼。出奔宇都宮。赤井氏亡。長尾顯長據之。屬北條氏。天正十八年。與北條氏俱亡。德川氏以此地。賜榊原康政。後屢易主。最後屬秋元氏。至中興後。而城全廢矣。街中有善導寺。寺有榊原氏墓域。左折出街。隴畝中。多種桃。穿桃林而行里許。一阜隆起。上多躑躅。此爲躑躅岡。初新田義貞嘗別業於南田島鄕。與夫人共居。夫人卽勾當內侍。植躑躅於庭。稱之花見山。義貞薨後。夫人薙髮爲尼。以終其身。其地後屬宮下氏。寬永中。榊原氏封于此。乞躑躅於宮下氏。而悉移植於此岡。云岡之下。瀦

水縈廻多蒲葦蓮芡之屬。其上一帶榛莽與岡相向者為城址。其右則遠疇連天。烟樹參差。固是一勝地第憾此行非躑躅之花時。而沼中蓮花亦既飄零。而已。顧盼之間雨至。急上車而去。

第五十五　新田義貞平鎌倉　青山延于

義貞源義家十世之孫也。世食上野新田郡世良田。

楠正成之據千劍破也。義貞從東軍攻之。竊懷歸順之志。與其臣舟田義昌共謀。欲得護良親王令旨以舉義。義昌以計請而得之。義貞大悅。明日遂稱疾還鄉里。日會宗族子弟謀誅高時。及六波羅兵失利。高時益發大兵。徵糧郡縣。以世良田素多豪富。特課以錢六千萬。限五日辦。遣吏催督。義貞執而梟之。高時大怒。將移兵來討。義貞乃與弟義助率大館宗氏。堀口貞滿。巖松經家。里見義胤等百五十人。至生品祠前舉義旗。其日薄暮。越後甲斐信濃諸源相繼來會。比至武藏。衆至二萬餘。聲勢大振。與高時將櫻田貞國。北條泰家。戰累破之。進至關戶。分軍三道並進。大館宗氏攻極樂寺坂敗死。義貞乃率精兵二萬。夜從間道赴之。敵兵數萬固守坂上。柵。多列戰艦于海岸。軍不得輙過。義貞乃下馬。面海禱潮退。解佩刀投之

海。及曉潮退四五里。戰艦皆隨而漂去。義貞大喜。麾衆直入府中。守坂敵兵駭愕。不得赴拒。江田行義。堀口貞滿。諸軍繼進。所在縱火。適風怒甚。煙焰蔽空。府第悉焚。衆乘勢掩擊。殺獲無算。高時遂逃葛西谷。舉族自殺。

漢文中學讀本卷一終

(初　步)明治廿八年三月十日印刷 三月廿二日發行
(初　卷)明治廿六年四月八日印刷 四月十一日發行
(壹　卷)明治廿六年十月十一日印刷 十月十五日(訂正三版)發行
(貳卷上)明治廿六年三月十日印刷 三月十三日發行
(貳卷下)明治廿六年五月九日印刷 五月十五日發行
(三卷上)明治廿六年三月十日印刷 三月十三日發行
(三卷下)明治廿六年六月十日印刷 六月十三日發行

編纂者　松本豐多
東京市牛込區市ヶ谷田町三丁目十九番地

發行兼印刷者　吉川半七
東京市京橋區南傳馬町一丁目十二番地

漢文中學讀本初步　全一册　定價金貳拾錢
漢文中學讀本　全六册　各册定價金貳拾錢
漢文中學讀本參考書　全一册　定價金三拾錢

漢文
中學讀本
松本豐多編纂
貳卷上
東京　吉川半七藏版

凡例

一此書擇前人之文義有相關若相類者遞次謄錄以成一編務令意義貫徹首尾相應是纂輯之大體也

一授第一學年第二學年兩級生徒者專取邦人之文至第三學年以上始取漢人之文自內及外自易進難也

一編中有就一章裁為數節者有合數節為一章者有抄錄刪定者以從授業之便非肆為割裂也

一第一第二兩年級一時間所授定為一葉若一葉半第三年級以上則為一葉半若二葉以立一學年之計各卷紙數有多寡不齊者以是也

一凡施傍訓務遵邦語正則其初詳而後畧者欲獲魚忘筌也

編者識

漢文中學讀本卷二上

目次

漢文中學讀本卷二上目次終

第一　進學三喻　錄一

柴野邦彦

甲午春。予省親南國。以未知攝播勝概。欲因以窮之。乃陸路直赴室津。中路偶有感。得進學之方。書以自警。且以喻二三友人。

三月廿二日。詰旦。輕裝取路。東寺。南暮春天氣風日和煦。加以西山吉峰大士像啓龕。都人士女相將行。香輿者。騎者。步者。負者。抱者。絡繹載路。吾以獨行心孤謾與路人問語相勞。乞火吹煙。分果醫渴。行相訴謔以自慰。但予以前途遼遠。心遽脚忙。不能與近郊遊人差池逍遙。與一人言未了。又及前者語。如此數人之後。顧初與言者。既在數里之後。不復可辨眉目也。半日後則山轉林蔽。杳不見影響也。吾思與嚮數人。舉足進步。挍之一步之間。其所爭雖多。不能以寸。惟積數分之多。漸進而先也。初其數十百步之相前後。亦便旋佇立之頃。猶可一蹶而及焉。半日後。非復一蹶之可庶幾矣。如此而至乎十日之後。則雖有輕車駿馬。將無所可企望也。我羸弱難於步。而彼非皆老幼婦女也。然而吾所以能漸先彼而進者何也。此無他。彼之所期。在十數里之內矣。故其心怠也。吾之所期。在數百里之外矣。故其心勤也。我於是曉學之方焉。請諸君期於數百里之外。而無忽一步之功也可。

第二　三計塾記

安井衡

三計者何。一日之計在朝。一年之計在春。一生之計在少壯之時也。何以名吾塾。慮諸生之晏起。與春嬉也。凡遊吾塾。皆有志於此道者也。何為過慮其晏起。與春嬉也。人少則恃於年。氣盛則動於物。恃於年而動於物。惰嬉之所由生也。惰嬉既生。則一生之計亦荒矣。物之生於天地間。唯人為貴。而我得為人。人以男為貴。而我得為男。男以士為貴。而我得為士。天之與我厚矣。而君父資我使我學。至大至高之道。則又士中之最厚者也。而終不能自標異於世。蠢蠢乎遊嬉於走尸行肉之中。以為得計。與虱棲褌何擇。故入吾塾者。不可不思三者之計也。思之有術焉。一生之計在一年。一年之計。在一日。日復一日。心與習化。見夫惰嬉者。遡焉不接于心。然後天與君父之恩皆可得而報。而我之所以為貴者。伸矣。此三計之本也。

第三 習說 尾藤孝肇

攀絶壁、蹈懸厓而眩焉。乃人之情、而山中之民不眩也。涉狂濤、歷驚瀾而慴焉。乃人之情、而海上之民不慴也。夫絶壁懸厓、衝天、且欲顚。狂濤驚瀾、捲地、且忽倒。彼奚爲而不眩慴也。習使之然也。故習而熟之、山海之險猶可夷視。況事之近於人情者乎。然世之爲學者孜孜矻矻、非不勤焉。而言行才藝百職之務、終不能充其志者、何也。是豈非以習之不熟邪。嗚呼、山中之民善其事、而吾不能也。海上之民善其事、而吾不能也。即其孜孜矻矻、惡在其爲習也。是以君子、其考也、洽其思也、精循循不已、繹繹其達、無不明焉。無不察焉。而言行才藝、百職之務、凡其所習、無之而不自得焉。乃可以攀絶壁、可以蹈懸厓、可以涉狂濤、可以歷驚瀾。天下之事、何不可爲之有。此君子之所以爲習也歟。抑君子之所以不器也哉。

第四 捕鯨 齋藤正謙

今茲天保辛卯夏初、玉井生自南紀來、盛談熊野捕鯨事。曰、鯨之來、每在冬春間。群漁預具走舸、以候聞螺鳴、輙發。疾如電。各載三人。一人操櫓、一人持鏢。一人瞻旄。旄長三丈。漁長執之、立高岡上、麾之。右衆舸

從而右。麾之左、亦從而左。進退分合、惟旄是瞻。往逆鯨於洋中。鯨來若山嶽之移。噴沫成雨、不可嚮邇。乃轉出於其背。鼓譟怖之、驅入灣内。衆舸從之、爭擲鏢、攢於鯨背。及鯨創重將斃、募一壯夫入水、刀屠其腹、貫索而出。繫之以兩大船、邪許曳之、比至沙際、金鳴舸散。乃置酒、饗衆、賞先登及入水者、各與十金餘有差云。

第五 熊野 北圃恭

牟婁者、紀之南陲。邇睨四島、遐瞠八東。掖勢負和、炎壤以窮。名山大川、錯繚乎其間。土毛水產、殷充於其中。上古、未立郡、稱爲熊野。孝德帝時、定爲牟婁郡。有三山。曰本宮也、新宮也、那智也。是曰三熊野。實鎭南方。平城帝而降、龍駕之幸相繼、六世而尤著焉。水最大而出自金峰、流其下者、特稱熊野川。其餘山川村落、一被以熊野、而不以牟婁。蓋以熊野之名起乎太古也。今皆在于紀之封内。以故紀公世一拜云。本宮者在熊野川上游。東南七里而至那智。又五里至新宮。新宮者在熊野川口、臨于海焉。自紀北循海、至新宮、曰大邊地。自田邊城折而左、至本宮、曰中邊地。自高野曰無果越。自伊勢、曰八鬼越。險咸相若。自余鄉

遊焉中邊地爲便五日程而近第苦乎其險耳往年庚辰之春余與從兄文祐遊焉道之東都會太室井先生讀名山記謂余曰熊野之奇而未有記焉子不得不任其責時已在數年後茫乎無所記徒謝不敏而已已復還鄉隣鄉之僧積門離梁者親鸞徒也今茲丁巳之秋旅裝過余曰適之熊野請子偕行余復興發卒爾諾之明日黎明雨俱着油衣出實八月十二日也

第六　那智瀑

北圃恭

詣渚宮右轉峽中三十町至市野村雲間覩一條之雪練乃那智山上之懸川也距尚數里而氷肌婥妁於咫尺僅轉則失二十町有橋當華表即那智山口橋下數尺活活鳴躋磴左右老杉每一町立一石標標六而得樓門題曰日本第一過門而右傍澗曲上駢杉陰凄蒙籠晝晦意短景之向沈也初過華表聞聲之發乎杳冥際澗滂似風之廻洞乍止乍起漸上則轆轆若車之過砯砯似遙雷冉冉而闐矣未知其爲瀑布而心爲之駭焉至此則聲轉洪矣三標道下仰左峻磴行若干有小堂奉空海像左舍主祀僧也磴滑而濡唯足之謹既杉漸白聲益洪而凄滄凛栗

道與澗俱窮焉而得瀑布矣那智瀑大者三而是爲魁土人稱曰一瀑布上者爲二又上者爲三二三其次第也實敻然不能伯仲於一瀑布餘雖有數尋者亦不齒焉昔在白河帝沈璧而祭曰日本第一響忽過曰天下第一即鳴泉上之蟠松若攝絕壁成笕吐爲三咽爲一矯矯乎龍排絳霄訇訇乎雷擊壘岩雪蜚玉碎洶湧變轉山谷皆動噫夫布引箕面攝之所盛誇者猶河伯之於秋水耳諺曰山則富士瀑則那智今而知其至言矣違二十町許不動堂前有一亭命以觀泉余乃倚杖賦詩激水霧散衣袂盡濕時一僧來訶曰申鐘鳴客速去反卻三町右折上磴亦有石標六級投僧房而宿

第七　游箕面山遂入京記

齋藤正謙

余在攝既浹旬遂將入京久聞箕面之勝冠於畿甸謀迂路過觀復與子信俱二十七日下午發大阪東北渡長柄川行五里至山下盤廻而上則淨境別開清溪奔駛紅欄橋架焉此間竹經松緯一徑幽折心甚樂之但日昏黑寺門閉矣投宿門前茶店背即溪終夜有聲琅然到枕明旦門開至觀音堂稍前左右有磴左爲行者堂右爲辨天宮並宏麗合名之曰瀧

安寺滿山皆楓。爛然飽霜色。如渥丹綺錯水巖之間。時有墜錦點波。杳然流去。談者多言其勝在高雄之上。意然出後門。沿徑而行。楓盡松來。水窮石出。有巨巖竦峙。大如夏屋。曰唐人戾。戾之爲言反也。相傳昔有外國人來游至此。畏險反去。故名。更進。聞大聲鞺鞳震山谷。徑轉。望見瀑布掛絕壁。長可二百尺。噴珠飛空。跳擲而下。至潭底。復逆上。輒轟然雷動。有一佛堂面瀑。余與子信登觀焉。凛然魄悸。不能久留而去。聞近畿瀑布。以那智爲第一。此瀑亞之。想當然。且此瀑直下。畧不遲回。比之曳布瀑曲折而下者。其勝各異。曲者委蛇著態。小品之文也。直者奔放駕勢。大篇之文也。或謂文貴曲而賤直。非通論也。余觀二瀑。而知文有大小之別矣。自堂右躡磴而上。出瀑頂。頂凹蓄碧。方三丈。上流灌注。底深不測。蓋瀑之源也。從後門至此。凡十八町。又一里許。至勝尾寺。中堂安觀音大士。爲西國三十三所之一。出門前下坂五十町。至郡山。遂北上入京。數日往遊高雄及東福寺。兩地之楓冠於都下。號稱勝區。然余終不能忘箕面之勝矣。

第八　遊天王山記

市村　謙

吾高槻。四面皆山也。其最近而著者。爲天王山。山屬

城州。即豐臣公討叛賊明智光秀之地也。歲己巳春二月初七日。余偶登遊。昧爽出家。東北行里餘。至櫻井驛址。實楠公父子所訣別之處。路傍有一大松樹。盤鬱老蒼。見千古之色。余乃徘徊松下。緬懷當時。欽慕感嘆。殆不能去也。既而北行里許。抵山崎。是爲天王山麓。遂登于寶寺。由堂後左折。攀磴者數十步。得一華表。側有枯松。號曰太閤懸旗松。朽幹中折。其高丈餘。疊石護根株。尚有虬龍拏攫雲中之勢。又上數百武。抵八王子祠。側有小院。院主邀余進茶款晤。如舊相識。爲導余至山頂。指一故墟語曰。某丘則豐公所陣也。某山則光秀所營也。曰此某址也。曰彼某蹟也。余隨而縱覽。形勝歷歷。如覩其當時對壘布陣之狀。松風颼颼。若聞其昔日叱咤鼓譟之聲。慨然者久之。既而還院。乃出所携瓢酒。貽院主。以報嚮導之勞。時日方晡。山氣冷峭。不可久留。乃辭院下山。復至懸旗松下。而小憩。回顧前所見諸峯。奔青走碧。氣象萬千。而男山隔河屹立。笠置川自東。桂川自西。北皆與淀河合流。滾滾滔滔。南入浪華。而沿川有堊壁一帶。隱見於翠松間。即淀城也。北望京師。南望浪華。宛然若一村落然。余屢往來京坂間。觀都會之盛。人家之

稠而今反如此此尼山之所以有東山小督之歎也歟於是予將賦詩紀遊適山雨霎至匆匆下山至觀音寺寺頗宏敞無復可記者余購一硯形圓如月挈而歸遂用其硯以記一日之遊云

第九　秀吉誅光秀

中井積善

天正十年六月播侯秀吉灌喬松累月城中困蹙守將清水宗治自殺出其民藝侯輝元聞江侯大舉且至也懼行成秀吉許之盟有期而京師凶問至秀吉故不動徐出巡師翌日藝侯遣人請詰旦結盟送質五日秀吉與輝元盟乞騎一隊旌旗三十弓銃各五百而發十一日秀吉將衆四萬至尼崎使人報大阪信孝大悅與丹羽長秀池田信輝往會之初細川忠興中川清秀等同光秀受西討命皆已就封治兵於是亦以其甲從焉光秀聞之以兵萬五千西上次洞嶺十二日秀吉軍山崎光秀度分兵上天王山臨陣叢射不足敗耳十三日昧爽令偏將率步騎七百弓銃手三百往秀吉謂堀秀政堀尾吉晴曰賊脫據天王山非吾利也二子其往吉晴為人勇決令其部下曰皆疾驅乃揚策而前騎能屬者十五弓銃手二十至山腹則賊既先吉晴從後蹙之弓銃無虛發賊弓

銃在前不能拒後騎與秀政軍亦皆至縱擊殲之秀吉遂與賊戰于山崎高山友祥為先鋒中川清秀池田信輝張左右翼鼓噪健闘大破之賊偏師冒信孝陣殊死戰信孝挫衂清秀麾衆擊橫賊遂敗走信孝把清秀手而謝秀吉自輿中呼曰瀨兵勞矣清秀作色曰筑州驕傲其覬覦既形賊率餘衆走保青龍城衆潰光秀惶怖將奔阪基夜與左右數騎過小栗栖土寇遮道築以竹槍洞腋而死十四日秀吉次三井寺或獻光秀首秀吉大悅梟之本能寺

第十　元就誅晴賢一

賴襄

天文十八年陶晴賢反攻山口大內義隆出走自殺臨終遺書囑元就曰吾不幸為賊臣所弑吞恨入地非卿誰能復我仇元就覽書流涕曰吾受大貳恩眷雖無所囑猶欲為復仇況有之乎二十二年元就會諸族屬議討晴賢之計小早川隆景進曰宜請之天子仗大義討之則人心所嚮無不克矣元就曰善乃上書曰大宰大貳義隆承父祖遺業存心於王室而為賊臣晴賢者所弑臣元就奮微力圖討伐未得成其功伏冀得討晴賢一行詔糾合徒屬以靖西陲朝廷即制可之元就得詔感喜弘治元年城于嚴島之

有浦諸宿將皆諫其不可元就弗聽六月城成命己斐新里二氏以兵數百守之使草津櫻尾仁保諸城互爲策應既而聲言吾悔不聽老將言嚴島地形難守難援即爲敵有諸城從陷吾計莫失於此晴賢聞而信之乃攻嚴島十月建牙塔岡燒民舍布陣舟艦櫛比喊聲震海城兵嬰壁堅守賊有鳥銃七口櫓楯不支積土豚扞之

第十一　元就誅晴賢二　賴襄

晴賢遣書元就曰公爲先大貳欲見加誅不敢逃避聊以水陸軍三萬陣于嚴島公能來乎元就褒將士

示之將士皆有懼色元就笑曰使賊所言信則吾大克矣衆問故曰其地迫狹彼側肩躡足不便進退兵愈衆而鋒愈鈍我以死士數千衝之克可必也乃使宍戸隆家留守吉田而自率精兵三千餘人南行至草津與晴賢隔海而陣國内諸豪意其必敗多稱病不從元就移陣火立山晦日盡返老弱輜重于草津累累不絶賊望見以爲我收兵也於是元就令諸將士人以二條布約袖佩一日糧約暗號比暮上船會大風雨士卒震怖請俟風定元就曰天助我也令皆滅篝火揭一燈于牙船諸軍認之破浪而渡既濟返

舟北岸以示必死遂上博尾崎直出塔岡背隆景別率伊豫船兵出其面賊恃風雨無警邏者穿賊艦而入稍稍上岸兩隊皆陣天將明矣元就命吹螺鼓譟乘高下擊賊諸軍大驚爭萃其牙營營塡咽自相擊刺元就大呼曰進諸將士破柵而入賊兵終大潰晴賢咄嗟遏走者不能遏也賊爭舟而遁溺死數千人晴賢肥大不便行步從者扶掖至海岸求船不復覩一隻遂自殺已而獲晴賢首元就嚴建旗鼓奮鞭指其首曰弑逆之報乃嬰天誅今何如也諸軍揚凱

第十二　大江匡房　巖垣松苗

鳥羽天皇天永二年前權中納言正二位大江匡房薨壽七十一其祖擧周其父匡衡世有儒名匡房自幼穎悟八歲能讀史漢而文辭不及父祖至於才學優長博識古今非獨江家諸氏蓋無若者最留意國家典章傍通兵學後三條帝爲太子時導以修德治國之要及其即位薦革弊政天下大治白河帝亦獨擢用匡房而出任太宰權帥者二後歸京謂人曰余在鎭西所得雜賄密識其貨當受與不分載二艘渡海覆沒一艘非理貨船無事而到世已澆季神亦無靈及薨中納言宗忠歎惜曰斯人八葉儒家三世侍

讀朝之樞要文之燈燭也。國家失良臣。天下亡明鏡。所著有江家次第江談江都督集等。

第十三　後三條天皇　青山延于

後三條天皇諱尊仁。後朱雀帝第二子也。母陽明門院。寬德二年。立爲皇太子。治曆四年。卽位於太政官廳。延久元年。始置記錄所於太政官朝所。帝久在儲宮。經歷世故。雅好文學。博通古今。及卽位。總攬權綱。時權貴多占莊園。爲民蠹害。帝患之。至是置記錄所。撿覈虛實。四年。定斗升法。帝欲審量制。命新作器。使藏人頭藤原資仲督之。帝親抽簾竹。截爲之準。及成。資仲等率藏人出納小舍人。量殿庭沙。試之。而取穀倉院米量之。後世遵用。謂之宣旨升。冬。帝不豫。讓位皇太子。初帝在東宮。見藤原氏擅權。心甚不平。又數緣事積怨賴通。而含忍不發。及卽位。痛抑其權。奪之政柄。教通雖居台輔。備員而已。教通嘗作南圓堂。時禁國司再任。教通請再任如故。帝奮髯震怒曰。攝關之可憚者。唯國之外祖而已。朕則無所畏。峻拒其奏。教通艴然拂衣而起。大呼曰。藤原氏卿相悉罷。春日神威。今日盡矣。於是諸藤咸起。隨教通而出。帝不得已召還許之。帝躬行節儉。御扇用檜柄藍紙。炙青魚

頭。塗胡椒以充御膳。一條帝以來。政歸外戚。朝憲稍弛。帝剛健嚴明。不受牽制。勵精圖治。紀綱大張。帝欲傳位東宮。居院決政。然去位未幾而崩。賴通嘆曰。我邦不幸。莫甚於斯。大江匡房謂。教化被世。可比隆於承和延喜也。

第十四　延喜之治　青山延于

醍醐天皇。昌泰二年。以大納言藤原時平爲左大臣。權大納言菅原道眞爲右大臣。延喜元年。貶道眞爲太宰權帥。秋。時平等上三代實錄。七年。上延喜格。九年。定天下常平倉穀價外直三錢。十四年。詔求直言。式部大輔三善清行。條陳便宜十二。延長五年。左大臣藤原忠平等上延喜式。先是詔左大臣藤原時平。大納言藤原定國等。撰格式。未成。而時平等薨。其後詔忠平等。編集之。至是成。八年。帝崩。壽四十六。帝臨御日久。勵精圖治。延喜中。新立格制。而風俗奢侈。多犯者。帝患之。一日藤原時平。盛飾而入。帝見而大怒。使職事讓之曰。今者嚴立格制。左大臣身長百僚。首犯國禁。大臣舉動。豈宜如此。時平惶懼歸第。屏居月餘。自是奢侈頓改。帝性慈仁。愛民。寒夜親脫御衣。以省民間凍餒。每見群臣。假以顏色。嘗曰。持己嚴恪。人

難盡言。故朕常溫顏色、以來諫者。

第十五　菅原道真

青山延于

菅原道真、是善之子也。幼而穎悟。年甫十一、是善命賦詩。立成。是善歎異。後從都良香游。貞觀中。擧文章生。對策及第。陽成天皇元慶六年。勃海使裴頲來。以道眞權行治部大輔事。與島田惟臣接伴之。裴頲稱道眞詩以爲近白居易體。宇多天皇寛平三年。爲遣唐大使。會唐亂。不果行。九年。帝禪位於皇太子。詔道眞及藤原時平。輔少主。參決機務。醍醐天皇昌泰二年。道眞爲右大臣。時平爲左大臣。道眞權勢甚盛。文章博士、三善清行。勸之退避。道眞不從。延喜元年。貶道眞爲太宰權帥。初時平與道眞執政。道眞以碩儒宿德。有時望。而時平年少。才亦不及。以故道眞眷注、日厚。時平意甚不平。會宇多法皇與帝議。欲以道眞爲關白。因召道眞。密諭其意。道眞固辭。時平聞而益不悅。遂與源光、藤原菅根等。誣構道眞。帝信之。竟貶黜。法皇聞之。欲見帝申理。菅根遏絕不通。道眞男女二十三人。皆坐配流。三年。春二月。道眞薨于貶所。年五十九。道眞歷事五朝。爲宇多帝所親任。帝嘗好游獵。道眞諫止之。隨事獻替。多所匡救。及被配。閉門不出。託文墨、自遣。雖謫居無憀。未嘗忘忠愛之意。一日、遇重陽。賦詩曰。去年今夜侍清涼。秋思詩篇獨斷腸。恩賜御衣今在此。捧持每日拜餘香。聞者莫不感歎。至是薨。天曆初。建祠於右近馬場以祀之。號北野社。

第十六　鏡背輿圖記

賴襄

北野菅神廟、龕前大鏡相傳。加藤肥州所獻。蓋在慶長庚子之後。未詳其年月。鏡背鑄輿圖。好事者慫之。廟祝搨以爲珍玩。六十六國。國署其名。旁及諸島畧備。以波紋周之。而四角有桐花。章其下。各以桔梗三花。爲品字者。承之。隱起代鏡鼻。故所搨紙微破焉。桔梗、其家號。桐、豐家所賜也。源金吾、孟仲。得一本示我。而言曰。子謂肥州何如人也。當時英雄人有爭心。肥州莫乃亦然乎。否則鏡背豈無他圖可畫。而摸此大物。以己徽號。四維之。何哉。安諸神廟。以當禱詛。其志不可測也。余曰。不然。假使肥州有異志。庚子之亂。何所不爲。物情既定。乃規非望。禱祠而求之。是庸人所不爲。曾謂肥州聰明英雄。而爲之乎。而菅神、忠臣之靈。而受之也。孟仲曰。或云。肥州忠於豐氏。桐花、爲豐氏號。是祈其主恢復舊物也。是亦不然。豐家之不可再興。亦不待智者而知之。愛而禍之。肥州必不爲也。肥州佐豐臣氏。耀武海外。既而天下有所歸。則去逆就順。佐其撥亂之功。其於功名。可謂成矣。銘之金石。寘於神廟。謀不朽焉耳。豈有他哉。吾想當日工成撿視。必指其畫與對曰。彼我少時所艦而度也。指其豐與筑曰。彼吾中年所騎而横行也。既而自鑑於其面曰。吾老矣。蓋如此而已。孟仲笑曰。子猶親見肥州也。遂屬我爲之記。因書其所問答於圖下返之。

第十七　清正守蔚山一　川口長孺

慶長二年十二月。明軍將大擧攻蔚山。加藤清正時在機張。淺野幸長使來告蔚山危急。清正乃令部下速具舩。二十六日黎明。纔率五百騎。乘輕舸。著銀帽子兜鍪。挾眉尖刀。立舟頭。指揮兵士。意氣凛然。舟馳如飛。明兵素恐清正。望見而不能遮。清正直入蔚山城。加藤安政謂清正曰。敵新至而圍未合。先擊之。令彼不侮。且我衆心無所懼。不然。敵兵衆而我兵寡。生恐懼情。戰必不利。清正可之。安政率兵五百。開門。俄突戰。敵兵披靡。我兵果無所懼。敵兵謂我兵雖寡。不易侮。遂得保城焉。明軍蟻附城壁。我軍得清正。倍勇氣防戰極力。明軍屢攻屢敗。我軍遂閉城不出。堅守以待援兵。明軍四面圍之。地涼且時際窮冬。風雪裂膚。明軍無固志。我兵日夜發礮。用藥煮。中者輙死。明兵攻圍十日。我兵敗解生軍。一日黎明。敵火楯悉退。城兵競將追擊。清正曰。勿追。彼誘我耳。從城上臨觀。及薄暮。樹陰崖間。所伏兵皆出。合圍如舊。兵士曰。將軍何以知其僞退。清正曰。大軍悉退。無一殿後。豈眞退乎哉。且火楯故令知其退。是所以知其僞也。

第十八　清正守蔚山二　川口長孺

明將謂楊鎬曰。此城水道甚難。糧運難繼。圍守絶水路。彼可不戰而縛也。鎬以爲然。列營分屯。周匝圍繞。於是城中汲餉路絶矣。夜汲濠水。濠多屍。水混血。飲之。以救渴。嚼紙或煮壁土而食。或食牛馬。牛馬亦盡。竊出城外。取戰死者腰間糧。以充食。將帥供一飯分數箸。以與兵士。與之共艱苦。然守牆兵士凍餒枯腊。無能興。清正患之。欲以謀緩師。誘楊鎬曰。師連旬日。不忍多殺人。與子相會。通吾意共休兵如何。楊鎬信之。疏報云。倭將清正勢逼乞降。臣不許之。必當生擒以獻闕下。聞者無不喜躍。吳惟忠獨言於鎬曰。圍師必缺。今山城未破。當缺其一隅。俟逸出伏兵擒之。鎬不聽。及期。清正將出會。幸長尼之。曰。楊鎬之意。不可測也。既入敵營。君之勇無所施矣。君欲必往。予代君。

往諸將亦止之。於是清正不往。遣人謝。楊鎬鎬大怒。欲急發兵陷城。兵士不悅從。無幾我援兵至。楊鎬之事敗矣。

第十九　錦山神祠改建記一　　安井衡

天地之間。至大至剛。物莫能屈之。經千載而愈盛者。其唯忠正之氣乎。當其磅礴觸物也。山岳失其高。江海失其深。凡橫目之民。神之靈之。畏之敬之。而莫知其所以然。猗歟盛矣。自天下力爭。名將英士。世不乏人。而其能當是德者。漢有關羽。我有清正公。公揚武於海外。餘威所壓。至以止兒啼。誠一世之傑也。然是猶未足為公道。當慶長之季。關左之威。如虎負嵎。誰敢觸之。而公輔幼主。與之會於京師。不懾不激。逍遙就事。終全兩家之交而還。既而出匕首於懷曰。今日之事。聊以報豐公萬分之德矣。蓋公操至剛之德。出之以柔。是以勇者不敢怒。智者不敢謀。浩然申於萬物之上。嗚呼。使公不死。姦豎斂跡。而又能折衝於千里。天命雖有歸。豐臣氏社。未必遽屋也。而天奪之年。豈不惜哉。夫羽仕三分之國。一敗就擒。其事不足言。然後世尊之。至稱為帝。唯非以忠正之氣死而不熄邪。況公德所成如此。宜矣其廟食百世。而人益尊之也。

第二十　錦山神祠改建記二　　安井衡

初祠在本妙寺。緇徒奉之。明治四年。廢藩為縣。知事細川公曰。神佛混淆。非朝廷之意也。遷祠城中。商賈從而徙者數十家。行香者日夜雲聚。是歲冬。鎮兵入城。陸軍省議曰。軍容貴肅。令民兵雜居。非所以嚴國威也。乃命出民於外。凡拜公廟者。月許二日入城。其餘不得行香。民心未厭。乃又議遷祠於外。事久不行。六年冬。令到任。聞之曰。神人不和。非國之福。且功德如公。廟兆不定。何以勸人。明年冬。縣事粗就緒。乃卜地於城北。面巽位而立。遠望蘇岳。近接江津。優攬形勢之勝。命下之日。官民踴躍。捐貲助役。規摸之宏。丹雘之美。不日成功。又環之以華樹。為士女游息之所。以表其景慕之意。於是乎。公德益顯矣。八年七月。令以事來東京。介人請予記其事。予以老疾辭。令曰。我所以乞子文。正以其老。其文。任他人為之。請假子名。以遂衆望。予嘉其誠。乃不復辭。謹次其事。以答盛意。令姓某。名某。土州人。予與令。無半面之識。安能知其賢否。然今日之令。事大任重。其名雖令。其劇倍守。而速能及是事。使其民知所向。則其施於政者可想矣。

第廿一　觀不知火記一　　菊池　純

昔者。稱肥謂之前火後火之國。後世忌火。改以肥字宜矣。其火之變幻起滅。不易測知也。火以每歲七月三十日現焉。遠近蟻集。喧傳以爲奇觀矣。南溪子西游。欲觀其所謂不知火者。以七月中旬發崎嶼。遂登雲仙嶽。將航赴于島原。詢邑人曰。觀火孰地最奇。曰。宇土、八代。凡沿海一帶地方。無適不奇。而其最壯觀者。獨在天草島。乃拏船而渡焉。此日。天氣開霽。海面如席。其背面依依若送其行者。則雲仙嶽也。其東南黛色遠近若迓其船者。則爲天草島。船進島移。一瞬數里。蚤已抵天草。乃轉棹入浦。潡灣曲之間。山水清淑。眺矚絕佳。白沙翠竹。與漁家蜑戶相連綴。頗有平遠山水畫致。凝眸久之。回棹抵愁象。乃倩導者登高埠。埠高七八町。地勢壞墱。前接于大洋。俯而眺之。則宇土、熊本、八代諸邑。皆攢簇其脚下。其東南。則天水一碧。不見其際涯。島嶼無數。點綴其間。曰鼠島。曰大島。曰其。曰其。不遑悉舉也。

第廿二　觀不知火記二　　菊池　純

既而日落烟合。四顧曛黑。不辨人影。四方來觀火者。蜂屯蟻集。爭點松明。歌舞吹彈。不問交之生熟。而獻酬交錯。荒陬之地。變爲鬧熱世界。今歲秋暑。比例最劇。此夜。沿海地方。天霽氣爽。風露凄凉。頓忘炎威。可畏也。夜半海面茫洋。絕不覩一火影。故初來觀者。或疑以爲虛妄矣。少焉洋心有物。閃爍離波。熟視之。則火光也。忽然一火分爲兩火。兩火分爲三四點。先後現出。連亘於數里外。明而欲燃者。幽而欲滅者。高者如翔。低者如走。或雙或隻。或合或離。旁午來往。不可方物。喻諸祇園祭會萬燈映射。燦然照波。終夜煌煌。不啻白日。大抵觀火。其地形高則觀亦隨奇矣。土人號曰龍神火。此夜嚴禁漁獵。止航海。往歲熊本藩士。泛舟赴火所。到則火已遠在數里外。至天明。則火光星散滅沒波上。遂不知其所在也。

第廿三　肥前紀行　　齋藤　馨

廿一日。舟中望一山。蒼翠萬狀。當舷而立。爲雲仙嶽。聞山中多奇勝。爲之神往。達諫早。西轉。巒巘稠疊。日見嶺尤險。下此。則長崎已在一矚。其爲地約一里。人煙稠密。不留寸地。而三圍皆山。西面海水斗入。清船蘭舶。停泊其內。兩旁巒嶺相連。如屏牆。是其大勢也。

廿二日。過春德寺。住持僧善畫。時在病褥。不深語而去。寺在長崎。爲古刹。寺北墳墓纍纍。上有東海墓。東海漸江人。萬曆中。歸化住崎。貲産甚富。作墳墓極巧。疊石爲垣。彫刻文字。雜以花鳥。其中有碑。碑面文字。皆據西土制。不用浮屠贈號。下午。買舟丁波戶。泛海。山水秀麗。逈非尋常面目。乃知瓊浦之名不虛矣。行一里。兩岸見粉堞。所謂千人戍。佐賀福岡二藩。更番以監外船往來。戍傍置砲臺。警備甚至。過此地脈漸斷。西南天水無際。蘭舶繫在港口。帆柱三檣。繫繩數百條。船身銅色涅黑。穿數孔。內設巨礮。船首舟長所居。窻壁皆成青紅色。其堅牢宏偉。所以凌濤萬里而無患也。晚歸過福濟淨福二寺。堂宇皆唐木營構。亦用彼土制。土人謂之唐寺。唐商客死。葬埋于此。故爾。

廿八日。神崎拜櫛田宮。菊池武時擧義兵。騎過祠前。馬不進。武時怒射龕。始進。即此地也。自中原左轉。經陶山。人戶數十。竈煙縷縷。成雲。南穿細逕。盤旋而下。得筑後河。兩崖浩渺。不辨牛馬。天下大河。利根爲最。此水次之。故有西國次郎之號。以配坂東太郎。菊池武光嘗與少貳賴尚戰河上大破之。忠烈之氣。覺與河水同激。

第廿四　過筑後河詩　　賴襄

文政之元十一月。吾下筑水。僦舟筏。水流如箭萬雷吼。過之使人竪毛髮。居民何記正平際。行客長思己亥歲。當時國賊擅鴟張。七道望風助豺狼。勤王諸將前後沒。西陲僅存臣武光。遺詔哀痛猶在耳。擁護龍種同生死。大擧來犯彼何人。誓剪滅之報天子。河亂軍聲代銜枚。刀戟相摩八千師。馬傷胄破氣益奮。斬敵取胄奪馬騎。被箭如蝟目眥裂。六萬賊軍終挫折。歸來河水笑洗刀。血迸奔湍噴紅雪。四世全節誰儔侶。九國逡巡征西府。棣萼未有向北風。殉國劍傳自乃父。嘗卻明使壯本朝。豈與恭獻同日語。丈夫要貴知順逆。少貳大友何狗鼠。河流滔滔去不還。遙望肥嶺鬱南雲。千載姦黨骨亦朽。獨有苦節傳芳芬。聊吊鬼雄歌長句。猶覺河聲激餘怒。

第廿五　菊池氏　　東條耕

菊池氏。出自藤關白道隆。道隆之玄孫左近將監則隆。初食采於肥後菊池郡。子孫襲封。遂以地名爲氏焉。自則隆十二世至武時。武時敍從五位上。任肥後守。後入道。曰眞空寂阿。蓋自元弘至明德四十餘年。天下多事。南北分爭。干戈相尋。　皇統之有正閏。神器之有去就。雖非臣子所敢議。然其君子小人之分。賢愚正邪之別。則世有公論。人有明智。不可得而掩。

矣。當是時、忠義之士不爲不多。然至一門無二心、闔族全臣節者、特菊池氏暨楠氏焉耳矣。楠氏殺身成仁、子孫三世克遵遺訓。自菊池氏寂阿首唱大義、死於王事、其子孫累葉武重・武光・武士・武政相繼興起。兄弟支屬無不同心協力、以勤王師矣。其英謀雄畧、縱橫不屈、三復九州、欲併呑四海、而一匡於天下、廓清中原也。南風不競、海西獨震、拓土傳至二十六世。及足利氏之季、相終忠精義烈、無異於楠氏。功則有加於此、眞希世之人傑也。及其式微、遺族散亡。天文中有寓于相模川西邑者、曰七兵衞。武宗自晦蹤跡、不陽言之。北條氏康認知望族、待以賓禮。遂遊事此。其子武茂、以氏政爲豐太閤所陷落小田原失守。世子氏直逃入於高野山、從行。沈淪氏直卒、保護其孤、潛到京師、託其遺臣而去、寓居嵯峨、薙髮號安枕。其子武方、生於嵯峨、始爲儒醫、稱元春。有志于仕、漫遊參之西尾、勢之龜山、諸鎮皆遇以賓禮。

第廿六　楠子國政一　冢田　虎

楠廷尉以元弘中興之勳、天子封之河攝泉三州。然而楠子不挾寵利、無伐功勳、恭儉自處、懷保人民。

惠恤困窮。邦之賦稅免十之二、以振荒亂之餘。辟不辟之野、毛不毛之壤、新鑿溝洫、而居民數、貸之種穀。以勸樹藝、至于秋成、乃使之唯收其所貸焉。作之二年則稅三十分之一、迄於新田三年不徭役其民。植木於山澤、樹桑於邑里、皆能盡地利、以利國民。又穿池於山麓數處、曰、歲雖或旱暵也、天非敢災田疇也。所以害稼穡者、人愚而棄雨也。今所以穿焉者、庶幾以貯雨露也。而舊池難潴者、留以爲田。當是時乎、他邦之民、襁負而至焉。其戶口日加焉。云有司或有告上之益者、楠子乃曰、吾苟主乎三州、而牧養民人、斯之以爲任矣。何爲更求自益焉。而今而後、有益於下者、可以告也。有益於上者、不可以告也。又嘗有告措新法者。楠子乃曰、如斯之法、將使人民安乎、將使人民疾乎。其以爲奚若。其以爲何若。必歷問羣臣、以參考衆議、而後可措、則措焉。可止、則止焉。未有敢專斷焉者也。當時令諸臣曰、政事必可先循舊制也。新法雖則善也、苟變舊移新、則民心不安焉。或以爲患苦也。如不得已而措新法、則宜簡鍊其義、而後措之也。

第廿七　楠子國政二　冢田　虎

嘗新敷一法曰、貧乏者、可以告訴焉。而或有告訴之、則撿其所以至貧焉。若其奢侈非度而以至貧者。大責之曰。僭上無禮。國之賊也。而不毫救助焉。若其事不細。則流放之。曰。以除民之蠧也。或不圖而損於事。或以父母兄弟親族故。或以躬疾痾故。而乃至貧者。隨而與之錢穀。各稱其分。復誨之世營術。使之以懲既往。貧若夫工匠之屬。或怠惰以貧者。則懲戒之曰。凡生於斯世者。未有無用於斯世者也。凡有用於斯世者。必自得生育焉。是則天地之所以與焉也。爾怠惰乎汝產業。而不供乎世之用。乃以至貧。是天地之所以不育也。我何爲扶助焉乎。初河內平岡郡。有攘馬者。吏執盜來。楠子乃召其鄰民。問其所以攘焉。鄰民皆曰。斯夫有老母在焉。能致孝養矣。頃日母病。請醫治之。醫曰。得米二石。而能療治焉。夫即諾之。而服其藥。乃覺病小瘉。然斯夫太貧。難乎償二石米。醫頻責之。其疾未瘳。不復與之藥。夫也憂之。以謀諸親友。其友乃助一石米。以遺之醫。醫猶責之曰。汝將乖約乎。不具二石米。則我未可復與藥也。夫也惑焉。然而不忍母之病。於是乎不得已。潛行其近村。攘馬一匹。以鬻諸平野市。而獲米三石。償一石醫。歸一石其友。一石以爲母之養也。而後歷數月。彼馬主見其馬於

途。撿而訟之。是以爲吏所執也。楠子即召彼醫問之。果如其言也。而夫之母悲之。其病將益殆矣。

第廿八　楠子國政三　　冢田虎

楠子乃謂其里正曰。攘馬之罪。固不可宥也。然吾既免賦稅十二也。則民皆將足矣。而斯夫之貧獨如是何也。里正對曰。夫也固畝數少。朝夕不給。售魚鹽以爲食也。而去歲疾足七八月。故如是其貧也。楠子曰。宜矣。乃謂馬主曰。汝既得馬。將於汝乎足矣。盜當授乎予焉。然汝有數月無馬之損乎。我當與米二石。以償於汝也。又與買馬者米三石。曰。反汝馬價而已。而數醫曰。夫醫不仁術乎。若治貧民之疾。雖無報禮也。猶當投與其藥也。以汝不仁之甚矣。而教愿民盜也。如汝者實國賊也。乃令吏放逐之三州外。而屬攘馬者有司曰。盜則可罰也。當沒收彼之室。而逐其郡邑。孝則可賞也。當移彼於新里。而與之一夫田宅。乃更賜米十石。曰。當益孝養焉。而後謂平岡宰宇佐美五郎曰。吾今聽攘馬之訟。而知爾之怠乎政也。蓋宰者以撫毓民爲職。民無飢色。則所以爲善政也。故當使下吏日省其民。而扶疾救急也。今有孝民。而不能振其不足。有貪醫而不能懲其非道。使良民窮厄而至

于盜也。則不汝之怠乎政故乎。民之有罪則爾之罪也。爾之有罪則正成之罪也。今以汝怠乎政故使正成有罪也。曩者我知汝之不怠。故使汝宰焉。今而怠者。斯爾生驕侈之心也。五郎深恥之。懼而數日不出焉。於斯時也。新措貧乏者。可以告訴之法。云凡其爲政。無親無疎。正直者勸之。迂回者戒之。人之有善如己有之。視民如傷。故百姓愛敬之。猶父母也。詩曰。愷悌君子。民之父母。楠子有焉。

第廿九 楠公墓記

貝原篤信

楠公者。本朝之忠良。而振古之豪傑也。吾邦歷代名士。出乎其右者。蓋罕見其比。其忠義勇智。拔之異域之英俊。恐毫無所恥也。若夫愛君憂世之心。足以動天地感鬼神貫人心。燿古今。聞公之風者。百世之下。莫不感激而仰慕。非公之忠誠。豈能如此乎。今茲暮春。余發自京師。將歸于故里。偶阻西風泊舟於攝津兵庫。攝衣下船。陸行到湊川北。而見公之墓。墓在平田之中。榛莽蕪穢。無塋隧無墳封。又無碑碣。塋上唯有松梅二株。悲風蕭蕭。春草青青。余歔欷良久。低回不能去。忽謂。今無碑石如此。恐後世或不認爲公之墓。古墓犂爲田。松梅摧爲薪。亦未可知也。於是託兵

庫館人繪屋氏。欲建小石碑於其塋上。頗與彼爲營計而去焉。予歸鄉自顧念。公之偉烈洪名。不待區區之揄揚而明矣。若今欲稱述彼德業。勒之石碑。非老于文學者則不能也。且吾儕微賤而立石碑於他邦。恐不能逃僭率之罪。終改悔而廢其事。且送書於兵庫館人。令輟彫刻。然感歎之餘。不能默止。聊記其所懷云爾。

第三十 湊河

齋藤馨

十一月朔。至湊河。沙土乾於無涓水。大抵中國至畿甸。河高於平地。常時無水。雨則溢。皆然。河北田間有楠廷尉墓。其地湮沒二百年。水府義公。始立石表之。然貝原篤信嘗過此地。欲建一碑。自恐僭分而止。作文記之。則事雖未成。實在義公前。尤可尚矣。初余未識墓地。途問一農夫。曰。楠氏墓安在。農夫作色曰。嘻子無禮。何不稱楠公也。余爲之赧汗。因歎公德入人之深也。生田祠。見箙梅。即梶原景季插箙之遺種其北得曳布瀑。上下有二瀑。上者大。下者半之。一名源平瀑。以地有事于源平故耳。一谷生躑躅花。紅白二種。亦以源平分名。然若此瀑。則源平以前既著於世。若瀨尾太郎探水底。亦可見也。宿西宮。有蛭子祠。

二日。經尼崎城、枕水舟渡雜沓五里。入大坂。四日。如和泉。矮松亂生沙中。姿態横出。翠鱗欲躍。七里岸和田。訪西村貞美宿焉。五日。東北峯嶺迴合。最高者爲金剛山。其中多楠家遺跡。是日。欲往探。雨至不果。

第三十一　義經襲一谷　清　絢

壽永二年。平氏既復南海山陽。收十四州兵十餘萬。城一谷。爲行在。城東起生田。西至一谷。就山造宮。矣舟於海。兵粟充備。指月以復京師。於是。源頼朝使其二弟範頼、義經。率兵往攻之。範頼以兵五萬。自攝津。進攻其東。義經以兵一萬。自丹波繞攻其西。宗盛聞

源氏兵腹背來侵。使其族某率三千人。要義經於丹攝之界。營于三草山。義經夜撃而破之。宗盛聞三草敗。使其族通盛、教經兄弟。陣城北之山趾。而備之。義經既勝三草。乃分其兵爲二。授七千人於土肥實平。直趨一谷。義經親以精騎三千。間道掩之。渉無人之境者二十里。義經親兵辨慶者。探山中。得一老人。引而見之。義經命先導。曰。臣耄矣。以其子見。義經奇其状貌。收爲麾下士。賜名義久。使之先導。範頼兵攻生田。平氏兵戮力死守。互有殺傷。義經既到鐵拐峯。沓俯城中。乃先下散馬數十。試之。不斃者過半。義經乃揚言曰。既入死地。有前而死耳。率親兵三十人先下。衆皆下。沙礫所轢。勢不能自止。直下百餘歩。得地稍坦處。以俯。下則大石壁立者二百尺餘。乃魚貫而下。甲冑相戛。馬之頭尾相銜。秩父重忠年二十一。帶束馬於其背而下。曰。平日藉爾力。今日聊報爾。衆半下。乃乘風縱火。鼓譟響振山谷。北風益勁。昏昧如夜。須臾火滿城中。平氏兵大駭。爭赴舟。自相蹂躪。及焚溺而死者甚多。生田、一谷之兵。亦皆登城。縱横斬虜。平氏之族。部將十數人戰死。宗盛挾帝及大后。航海而走于屋島。

第三十二　壇浦之戰　中井積德

文治元年二月。源義經既破平氏於八島。平氏趨引島。義經會其兄範頼于周防。倶追之。熊野湛增以戰艦二百。河野四郎以戰艦百五十。皆來屬焉。於是。源軍愈益振。戰艦凡三千。而平氏艦不滿千。戰有期日。梶原景時以後焉無功。固請先鋒。義經弗許。景時竊罵義經。義經怒把刀而起。景時亦撫刀。諸子露刃隨其後。義經辨慶等環逼梶原氏。諸將救之而解。然景時之憾義經也益深。三月廿四日。大舟戰壇浦。知盛、猜阿波重能有異志。請斬之。宗盛弗聽。重能果以其

衆降源軍。曰、平之良在兵艦。華鷁、輜重已於是。大軍四萃其兵艦。平軍大敗績。知盛度不免、走而促終。二位尼抱安德帝蹈海而殂。平太后及大納言時忠溺而不死、並獲焉。教盛、經盛、資盛、有盛、行盛皆負碇相携而沈。獨宗盛、其子清宗不能自決、仰天而立。人或擠宗盛墜於水。清宗從之。然身輕弗沈、相顧而游。義盛飛舸鉤之、并虜之。及內藏頭信基、左中將時實、兵部少輔尹明、僧全眞、忠快、祐圓皆獲焉。教經射殺敵數十百人。箭竭、抽長刀奮戰、奪舟而前。所向披靡。知盛使謂之曰、無敵乎哉。多殺何爲。教經曰、諾。乃輕甲短刀索義經。義經急挺身超舟而走。教經不能從焉。戟手罵曰、孰能虜我者。我且與賴朝語。安藝太郎、其弟二郎暨其卒皆力人也。走就之。教經蹴卒墜於水、雙挾兩人、跳入于海。時年二十八。知盛掃除舟中。其故紙、褻衣、器皿悉投之海。曰、吾事畢矣。負重甲自投而死。平氏亡。源軍凱旋。

第三十三　那須宗高射扇一　柴野邦彥

旣而阿波、讃岐叛平氏、而待源氏者、所在山洞往往十騎、二十騎相將而來歸。判官兵及三百餘。當日日向暮、不可決勝。源平交收兵而退。海上艷裝一小舟

望岸搖來。距岸七八段、轉而横舳而止。源軍疑而視焉。舟中出宮娃。年可十八九。綠衣、紅袴。開純紅扇畫旭曦者、插竿樹之舷頭、向岸而招。判官召後藤實基問曰、彼欲何爲。對曰、是應使我射也。臣意或者將軍進當箭道、而觀翫姬妓、則欲巧狙而射落也。但扇則似可使射者焉。判官曰、我軍可能射者爲誰。對曰、巧射固多。就中下野國人那須太郎資高之子與市宗高者、力雖稍劣、而手則巧利矣。判官曰、有徵乎。曰、諾。其賭射禽鳥、三必二得矣。乃命召之。與市尚二十左右之男子也。披茶褐戰袍、紅錦飾襟袂、擐青絡甲、佩白帶刀、背負一箙二十四枚班羽箭、加插鷹羽鳴鏑一枚、腋繳纏漆弓、脫鍪繫鎧紐、進而跪馬前。判官曰、宗高汝射扇正中、令敵軍寓目、則如何。辭曰、臣自料不知其可能也。若誤射、則永爲我軍弓矢之辱矣。請更命定能者。判官大怒曰、此行發鎌倉、赴西國者、其豈可違義經之令。若毫存枝梧者、須速歸鎌倉也。

第三十四　那須宗高射扇二　柴野邦彥

與市私謂、若再辭、恐成惡意。乃曰、然則其逸、則臣不敢知也。旣有命矣。請嘗試之。乃起鐵驪肥健、駕金稜鞍、以跨之、整頓弓在手、促轡向汀而步。我兵目送久

之言曰此壯夫定能者判官亦視似以爲委得人焉既的道較遠驅馬入海一段許距扇猶有七段遠近時二月十有八日日已加酉會北風頗烈高浪打岸船乍湧乍陷而漂泛扇亦不安竿而閃曜海面則平軍一行列舳而注目岸上則源軍並轡而凝視極爲顯場盛事矣與市閉目黙禱曰南無八幡大菩薩殊我國日光權現宇都宮那須湯泉大明神請令射夫扇正中也若誤事者折弓自裁面不可再向人也神欲使一歸本國者此矢勿使逸焉既開目風粗恬扇如容射者乃取鳴鏑架上引滿而發雖然劣力而十二拳飛鏑響浦長鳴射斷扇眼上寸許餘力遠去入海扇則揚而舞空被春風翻弄一再颯然散落海中純紅之扇夕日映發委白波浮沉泛泛舟師擊舷而賞贊陸軍鼓箙而讙呼

第三十五　高綱宇治川先登一　賴　襄

元曆元年正月賴朝檄八州將士西討義仲徵兵衆者六萬乃盡委之於範賴義經因令曰木曾阻我兵必於宇治河皆具善馬可以騎渡賴朝有駿馬二曰池月曰磨墨梶原景時有寵其子景季年少銳勇於是請得池月以先登賴朝曰乞焉者多吾不與也顧

範賴等戰不能克吾且親往此吾乘也乃賜磨墨諸將士皆發明日佐佐木高綱自近江來謁賴朝問曰聞汝在近江盍直從軍入京乎高綱對曰臣如從軍不敢期生欲一見君訣別且奉指揮也馳三日乃達臣唯一馬罷不可用故後期在此賴朝喜因謂之曰汝能爲我先登於宇治乎曰能臣居河上識其淺深也於是遂出池月賜之高綱感喜謝曰君聞高綱未戰而死則不能先登也聞未死而戰則先登者高綱也拜舞而出賴朝呼返戒之曰景季等乞焉而不與汝記之對曰諾時大軍陣于浮島原景季視群馬無過磨墨者牽而上高丘誇示於衆已而有大嘶聲畠山重忠曰池月聲也何以至此已而高綱僕牽池月至過丘下景季問曰誰乘僕對曰佐佐木氏之乘景季大愠曰不圖公之視彼踰我我寧與彼死使公喪二良郎扣刀要路而待

第三十六　高綱宇治川先登二　賴　襄

高綱望見之謂其騎曰彼非梶原邪公之囑我殆爲是也漸近景季呼曰四郎久潤彼乘公所賜乎高綱哂曰否吾患無善馬欲就公廐借之聞磨墨已賜於子矣池月不得命矣子且然況於高綱乎然君事方

急不遑顧慮。遂誘廐人竊之矣。後有責問子。卒救解之。景季色解。笑曰、悔我不竊也。乃與俱西。範頼向勢多。義經向宇治。義仲聞之。議戰守。見兵千騎。乃遣今井兼平。山木義弘。拒勢多。根井行親。楯親忠拒宇治。撤橋板。樹柵張繩於水中。守之。二十日、義經以騎二萬五千。至東岸。戒居民避軍。而火其廬舍。以布陣焉。起檣自登。具筆硯。書將士功最。曰、將以報鎌倉也。將士皆奮欲戰。義經又發令。而軍囂然不聞令。乃取平等院鼓。撾於檣下。一軍屬耳。義經乃令。二萬人中必有善泅者。直前嘗之。我勇士緣橋架防敵。勿使敵射我泅者。泅者爭釋甲而沒。刀截其繩。平山季重。澁谷重助。熊谷直實等。上架而射。射戰良久。有二騎鞭馬亂流而進。先者景季。後者高綱。高綱自後紿景季曰、子之馬條慢矣。景季駐馬約條。高綱則超乘而過。上岸自名。景季踵上。義經上功簿。高綱為先登第一。景季為第二。畠山重忠以手兵繼渡。行親射之。中其馬。重忠泅而達岸。揮刀而進。北兵辟易。義經乃以全軍渡。擊大破之。

第三十七　佐野了伯聽平語　作者未詳

佐野了伯者、佐野城守、隼人正豐綱、次子也。嘗召琵

琶法師。曰、我好哀音。女其擇焉。法師歌佐佐木高綱宇治川先登之條。了伯淚下數行。良久復求一曲。乃歌那須宗高射扇之條。及半。淚潸潸下。不能自已。後數日。侍臣問曰、過日所歌。皆壯雄可喜。而君何悲哀之甚也。了伯驚且訝曰、我嘗謂汝輩可賴。今聞此言。大失望矣。汝等試代高綱宗高思之。夫蒲冠者右大將弟。而梶原源太其寵臣也。二人者皆乞池月。而右府不與。賜之高綱。是其欲使高綱先登者。不言而明矣。宗高擇於萬卒之中。稱阪東第一善射。單騎立渚。對扇於海中。若使此二人不得其志。何面目再見人乎。我想像之。悲哀將斷腸。我每赴戰。未嘗有生還之心也。故於二人之事。專意而聞之。而汝等疑之。可謂薄於武志矣。言畢。淚復潸潸下。

第三十八　阿部忠秋逸事一　菊池純

豐後守阿部忠秋。仕將軍家光。擢為侍臣。時家光尚少壯。酷好擊劍。暇則與侍臣較伎倆。侍臣皆佯屈之。家光自負以為天下善劍者。無復出己上者。大久保彥左衛門聞之。嚬蹙曰、驕心易長。吾當以事折之也。乃令忠秋角技挫之。忠秋與家光試技。一喝擊其額。家光委頓眩而仆。左右失色。扶而入內。從是家光深

銜忠秋。忠秋憂惶。怏怏卒歲。明年。旱魃為虐。既而霖雨彌月。河水暴漲。泛濫于墨田川。比屋漂沒。人將為魚。於是官發輕舸。以濟溺者。家光遂欲親往指揮吏卒。鞭馬馳抵淺草門。當是時。水勢滔滔。愈激愈壯。家光馬上顧板倉內膳曰。壯哉斯水。較諸宇治川急流。其險易優劣。汝以為何如。對曰。宇治之為水。發源琵琶湖。水勢奔注。能漂大石。以彼比此。其險易懸隔。固不待言也。曰。宇治之急流。果如汝所言。而佐佐木梶原二士。能驅馬競渡。先登而為之主者。僅不過八州之牧。吾雖不肖。身辱閫外之寄。總管六十餘州。而可無如佐佐木梶原者乎。因揮策麾左右。左右失色。無能應命者。家光怒。厲聲曰。群臣不能濟。吾當親濟。徑驅而前。內膳等扣馬而諫。家光不聽。諫諍移晷。

第三十九　阿部忠秋逸事二　菊池純

忽見上游。突有一騎。白衣而黑馬。揚策亂流。出沒于激浪駭波間。家光凝矚。顧左右曰。黑馬而亂流者為誰。語未訖。又有一騎。青衣而白馬。與前騎聲相應。後先而進。家光嗟賞。急使候騎問其姓名。反命曰。白衣而黑馬者。阿部忠秋也。青衣而白馬者。不知其何人也。初忠秋扈從在衆中。欲先衆濟。令人召其宰平田

彈右衛門。托以後事。以示必死。彈右奮曰。主公而死。臣不可以後也。二人遂約俱死。其青衣而白馬者。則彈右衛門也。既而二人驅馬上前岸。家光命船將向井將監。小濱民部。發輕舸救之。且令壯士呼曰。毋復濟。毋復濟。搖扇止之。岸遠而聲不達。忠秋以謂此促再濟也。按轡而立。馬亦振鬣長鳴。彈右謂忠秋曰。主公出萬死。獲一生。馬病人疲。今而再濟。安得不溺死乎。雖然。幸而運命未艾。以得再濟。亦足以垂聲名於竹帛也。佐佐木梶原。何足道乎。忠秋欣然曰。吾意也。乃聯馬首復濟焉。家光踞胡床。遙望之。令曰。勿令二人餒江魚。更放輕舸援之。二人不顧而亂。終得無恙。家光令侍臣急召忠秋。曰。今日之事。可謂絕類離群矣。還城乃召諸老臣。語以忠秋偉舉。遂賜壐田五萬石。後累遷為老中。封武之忍城。世食十萬石。

第四十　游國府臺記　芳野世育

國府臺之勝。茅柴藜糗耳。雖然。府下之地。瓦屋魚麗。紅塵跐跋。人皆渇青山白水。則所以染指于此也。丁酉冬。小倉伊藤生等。官學期滿。將歸。謂曰。子儕亦飢渇山水者。予將茅柴藜糗。以為餞。何如。曰。幸矣。十月之望。拉三生。及塾子數輩。背郭東行。障袂遠望之。青

山巒蒼揭、聳于村落間、類乎人之顧盻招儕者。載欣載奔、稍近則赤壁峭絕。睍長流曠野、而左傲然軒然。如拒手而却之者、乃亂流經崖自伽藍而左城復隍草埋、徑此古戰場也。披蒙茸穿荊棘、出没達南岸、俯瞰涯險、流駛老松偃蹇、鱗激根怒、猶狻猊出谷、虬龍騰淵、股栗齒戰。起身而東、瞰百武地坦、望豁始可放眸、數十里外焉。其崇嶽亂嶂、屼然相競者、甲信之山也。鏡淨滉瀁、水天相粘者、相房之海也。一脉汚如紆田轉折、劃武藏而朝宗于海者、刀禰之流也。其間沙村之靄、鹽竈之煙、楓林騰輝、蘆汀雪飛、鵠唳雁陣、舟筏點綴、漁樵唱和、須臾之間、變態萬狀、生而收之一覩。於是乎、心目豁朗、意甚樂矣。三生亦喜曰、縱喫水光山色、枵腹忽覺果然。尚何云茅柴藜糗。此足以充盛饌矣。相顧而笑。予又謂之曰、勝槪不改、而其聞人不知其幾也。況天文、永祿之間、里見氏據而居之、是其朝歌夜絃之場也。而今黄茅白葦、徒與狐兎而遊。求其當時物、泯然無跡。要亦半肱之夢矣。顧往年與目黒自琢二葉立仙、曾來游、事在三十年前、皆即世。今三生、四百里外人、塾子亦萍聚蓬轉、欲再飽茅柴藜糗、豈可得哉。衆皆悵然、俄而遠山潛容、川谷震動、

淒風苦雨、颯爾至。乃倉皇魚貫下山而還。

第四十一　刀根川

安積信

刀根川、導源上州、刀根郡、東南逕武總之野、衆水灌注、渺成巨浸、漕運之利甚鉅。至關宿、釃爲二股、一逕堺村、歷銚子入海、經流也。一過關宿城西、歷行德入海、枝流也。遊筑波之明日、抵關宿、西岸艤舟。時已昏黒、北風獵獵、寒透肌骨。同載者十餘人、皆羈旅、所談惟淫褻貨利、喧嚷可厭。夜參半、衆瞌睡、唯聞櫓聲。試揭蓬而眺、不知爲何地。平流渺瀰、寒星涵影。見村燈數點於水木間、時有鐘聲度江而來。宿雁磔磔驚起。羈思爲之悽愴。篙師云、是流山驛也。復掩篷而臥。陰風自篷隙入、冷類刀戟、竟夕不能交睫。又行數里、有棹小舟而賣酒麪者。篙師呼曰、諸客盍起而飧歟。皆群起爭買、飲歡之聲如雨、喧聒更劇、使人憤懣。又行可二里、天始明。視蓬背霜白如雪。夜間寒烈可知矣。西岸翠松白沙、茅屋參差。富士峯已受旭光、如紅芙蓉。東岸赤壁劃立、老松偃垂、是爲國府臺。永祿中、里見氏與北條氏戰敗績、即此地也。聞江都草創之初、山中榛莽没人、有枯髏及折戟之屬。又有銅錢蓋陣亡者腰間物云。今則祇林精廬、爲都人升眺之地。不

翅斯民脫塗炭而山水亦免震撼之懼草木無風恬流不波我輩得以托輕舟而夷猶非至幸耶入中川逕本所至二洲橋捨舟

第四十二　吾嬬國

巖垣松苗

景行天皇四十年東夷叛拜皇子小碓征夷大將軍征之帝親授斧鉞令吉備武彥大伴武日副之皇子先到伊勢拜皇太神宮往抵駿河浮島原虜乃僞降誘皇子令獵焚原圍攻之皇子抽叢雲寶劍剪伐草莽爾後更名草薙又鑽燧縱火會大風起烟焰反掩賊軍衆乃乘勢奮擊虜大敗奔散自相模泛海而東

風濤大作船殆將覆沒寵姬橘媛曰恐是龍神爲祟也請妾當之言訖自投于海暴風即止得濟至上總轉入陸奧至蝦夷境兵勢甚熾虜畏怖請服俘酋長餘皆釋復其所邊境乃安皇子還至碓日嶺東望懷橘媛嘆曰吾嬬已矣後人因號東陲曰吾嬬國也

第四十三　蝦夷志序

新井君美

蝦夷一曰毛人古北倭也夷多種落曰渡島蝦夷其在東北海中者曰北蝦夷曰東蝦夷其徙居于內地者北謂越國東謂陸奧國曰齶田曰渟代曰柵養曰津刈皆東北之別也宋書曰毛人五十五國唐書曰倭國東北限大山其外即毛人總言其內外種落也夷種分居內地其始不可得詳景行天皇征東詔曰東夷犯邊界以畧人民往古以來未染王化由是觀之其侵犯內地蓋由來既久矣而叛服亦屢矣齊明天皇四年遣阿部臣率船師伐蝦夷齶田渟代酋帥迎降渡島蝦夷亦來會乃定渟代津輕二郡郡領而還五年復遣阿部臣率飽田渟代津輕膽振鉏等酋帥以伐蝦夷乃徇其地遂置治於後方羊蹄而還天平寶字六年東海東山節度使藤原惠美朝臣朝獦刻石於鎭守府門以誌四方道里相距近遠曰去蝦

夷國界一百二十里其石於今見在府城舊址則知宮城郡北方數百里盡沒于夷地也至其驅之荒徼悉收東山地因海爲塞則征東將軍坂上大宿禰田村麻呂之功蓋以爲大也矣史闕不傳其事可勝嘆哉厥後六百五十六年若狹守源信廣越海入于夷中遂取其南界以定北地是歲嘉吉三年也自此以降子孫世世據守其地而迄于今東顧之憂久絕矣因輯舊聞以爲蝦夷志焉

第四十四　田村麻呂平蝦夷

巖垣松苗

延曆二十年坂上田村麻呂討蝦夷平之進從三位

初陸奥所住蝦夷酋高麻呂及惡路王。起自達谷窟。侵暴邊境。遂西至清見關。聞坂將軍東征。畏怖引去。追至陸奥。大戰神樂岡。射殺其酋。斬惡路王。餘賊多降。東陲乃安。二十一年。遣田村麻呂城陸奥膽澤。配東國丁壯四千人戍之。尋夷酋大墓公阿氐利爲盤具公母禮等率其衆五百餘人來降。田村左京大夫苅田麻呂之子也。身長五尺八寸。有膂力。目如鷹隼。鬚如金線。平居談笑。老幼親狎。怒目惡視。猛獸慴伏。圖贊曰。委任梱外。機密爰整。其旅東征。薄伐以斥蝦夷。旋奏奥羽清平。

第四十五　日本武尊平熊襲　青山延宇

熊襲復反。命皇子日本武尊討之。日本武尊時年十六。將發曰。我欲得善射者與之共行。或薦美濃弟彦公。日本武尊遣人召之。弟彦乃率其國人石占橫立及尾張田子稻置。乳近稻置偕來。日本武尊進至熊襲國。察其形勢。賊魁名取石鹿文。適宴其親族。日本武尊被髮爲童女裝。置劍裀中。入居婢妾之中。賊魁見而悅之。延置座側。舉杯戲狎。夜闌衆散。賊魁被酒而臥。日本武尊拔劍刺之。未殊。曰。汝爲誰。曰。我是大足彥天皇之子。名日本童男。賊魁曰。吾嘗見强勇者。

未有若皇子者。吾雖賤陋。願上嘉號。曰日本武尊。言訖。遂刺殺之。自是稱日本武尊。既而分遣弟彥等。討滅醜類。熊襲悉平。

第四十六　日本刀　坂田丈

日本刀之利。赫然於萬國矣。然懦夫執焉。嬰兒狎之。弱將執焉。敵國易之。庸君執焉。夷狄侮之。而亂臣得以弑其君。賊子得以弑其父。執非其人。果不可歟。曰。恃刀不如恃人。磨日本刀不如磨日本膽。余視今世之士或不然。人之不恃。膽之不磨。毀譽榮辱來襲而不知拒。聲色貨利來侵而不知防。揚揚然橫三尺秋水。一妄人當前焉。强者則悍然抗之。怯者則戰栗避之。其何問敵國哉。其何問夷狄哉。所謂日本膽何也。曰仁。曰義。曰忠。曰孝。四者人之固有。而似天特厚之我邦人。善磨之。則其光芒威靈。足以寒姦賊之心。而禦腥膻之侮矣。故藤原氏磨之以誅入鹿。北條氏磨之以攘蒙古。名和楠諸將磨之以復王室。而寶祚之隆與天壤無窮者。亦唯賴此而已。嗚呼。恃刀不如恃人。磨日本刀不如磨日本膽。不然赫赫寶刀。惡乎知不爲亂臣賊子之用。

第四十七　勸諭子弟　藪弘篤

巍巍乎皇和。海氣所蒸。物多精英。保而無害。人必得上壽矣。謂之海上仙山者。是耶非耶。正直儉素。崇德慕古。是吾國之風。謂之君子國者。是耶非耶。鐵劍之利。神威不殺。何虞之有。天下固稱之而已。方今堯君舜臣。治具大備。君君臣臣。父父子子。物各止其所。無陵忽侵奪之患。人皆高枕。浴無爲之化。嗚呼生斯國。逢斯時。幸矣哉。夫三代之盛。尚有徭戍之苦。則後世焉得肖似之。吾士人輩。老死田野。尚有餘矣。亦何待之有。然今之士人。世承朝恩。各食田賦。以是不足以樂者。昏矣。爲有不慊者。妄矣。務去昏與妄。蓋可以爲

士人也。如其不然。猶不生斯國。逢斯時也。因惟今之士人。間暇安逸。亦復無比者也。無所謀爲。遂爲天地一蠹賊矣。宜退而平心整慮。思念所以上順天道。下明人倫者。而各養孝順忠義之心。以保身有家。傳之子孫百世。此爲翼無爲於冥冥者。夫天運而無息。時移而不居。然則持萬世太平之治者。其亦不在乎此耶。苟爲名爲利者。於天道也忤。於民義也悖。雖多亦終孤而已。豈足以翼無爲語太平也哉。謹書此以自勵。又以諭子弟之屬云。

第四十八　靜思精舍記一　　松崎復

余年十二三。始好讀書。讀之而不能解。漠然如赤子於東西也。苦之而不能通。闇然如瞽者於五采也。大人常謂余曰。汝才駑下。雖然好之甚篤。不怠有成。唯惜窮鄉僻邑。無師友之助。余亦常恨焉。天明丙午年甫成童。辭親負笈。滄海長途。險阻艱難。于躓于痛。其秋始得達江戸。而三千里外。渺渺孑身。誰就誰因。遑遑乎若喪家之狗。光澤玄公憐其窮。收置左右。常挨之書。而其始之不能解。愈不解。不能通。益不通。加之鄙野之質。進退周旋。失其節。語默動止。喪其宜。是以自恨。進則背光澤玄公之賜。退則貽鄉里友子之責。

思之甦之中夜以泣。庚戌春。始入昌平學院。優游禮儀。翺翔翰墨。既數年矣。而其學不加。分寸之進。又且進退周旋之失節。而語默動止之喪宜者。遂無異于前時。退而省其私。有日于茲。然後忽然自悟夫學之不進。爲不思也。進退周旋語默動止之失節宜。爲其躁也。是以思焉。其思也。欲去煩而就簡也。當思之時。群慮雜然。好惡並進。茫茫乎不知其所嚮也。是以靜焉。其靜也。欲合節宜也。而當其靜之際。百事俱廢。閑居終日。鬱鬱若有心疾者也。思之不得。靜之亦不得。於是復自恨材之駑下。質之尤陋。終無之化與庸人

澌盡埋沒而無之稱也。

第四十九　靜思精舍記二

松崎　復

一日見農夫同畝而耕。其一人曰、某甲有田瘠而硬。種之稻粱而不生。播之菽麥而不登。廢爲草萊幾數年矣。我請得之。治隴畝、去蕪穢、深耕概種、培之糞之。有莠則去、非種則鉏。及其收穫也、沃土無異也。余聞之赧然曰、嗚呼田固瘠也。爲彼易其主、非變而爲沃土。農夫之力能使然耳矣。余雖不肖、心少知德義、口少言忠信。而獨得無慙於無知之農父乎。夫爲學之方、非思則不成。其思也、非靜則不得。其思也以有得焉、其靜也以合節宜焉。夫進退周旋失之身、語默動止喪之心。自幼至今習爲之性。則安知今之思與靜、習之不置、則復不爲之性乎哉。此何異于農夫之於田焉。若然則進不背光澤玄公之賜、退免鄉里友于之責。又庶幾以少報父母所生之恩歟。於是扁其舍曰靜思、書之楣下、朝夕自警。

漢文 中學讀本卷二上終

(初　步)明治廿八年三月十日印刷 三月廿二日發行
(初　卷)明治廿六年四月八日印刷 四月十一日發行
(壹　卷)明治廿六年十月十一日(訂正)印刷 十月十五日(三版)發行
(貳卷上)明治廿六年三月十日印刷 三月十三日發行
(貳卷下)明治廿六年五月九日印刷 五月十五日發行
(三卷上)明治廿六年三月十日印刷 三月十三日發行
(三卷下)明治廿六年六月十日印刷 六月十三日發行

編纂者　松本豐多　東京市牛込區市ヶ谷田町三丁目十九番地

發行兼印刷者　吉川半七　東京市京橋區南傳馬町一丁目十二番地

松本豊多編纂

貳巻下

漢文中學讀本

東京 吉川半七蔵版

漢文中學讀本巻二下

目次

漢文中學讀本卷二下目次終

漢文中學讀本卷二下

第一　忠孝无二

藤田彪

人道無急於五倫。五倫莫重於君父。然則忠孝者。名教之根本。臣子之大節。而忠之與孝。異途同歸。於父曰孝。於君曰忠。至於所以盡吾誠。則一也。昔者孔子之教曾參也。曰夫孝始於事親。中於事君。終於立身。言一孝而忠寓其中焉。由是觀之。忠孝之無二也亦明矣。而後儒或以爲忠不可廢於國。孝不可廢於家。

孝既有經。忠則猶缺。乃述仲尼之意。作忠經焉。則不曉忠孝之一本。叨摸聖經。添蛇足耳。此皆所謂經師良史。而其謬妄猶或如是。其弊遂有忠孝不兩全之說。果然則孔子之教不足信也。不可以不辯焉。夫孝子之敬身。身體髮膚猶不敢毀傷。況大義之在我者。豈獨可虧乎。然則進而事君。全其大義。乃所以孝於親也。君子之事君。委吏乘田不敢苟且。況風教之關治者。豈獨可忽乎。然則退而養親。助其風教。乃所以忠於君也。忠之與孝。不二其本。在所處何如耳。而立忠孝不全之說者。則曰家居養親。則不能致身於君。是徒知夙夜在公之爲忠。而不知扶植綱常之爲大忠也。又曰以死殉國。則不得竭力於父母。是徒知冬溫夏凊之爲孝。而不知殺身成仁之爲大孝也。善乎歐陽脩論臣子之處變曰。身從其居。志從其義。其於忠孝一本之旨。可謂得矣。

第二　戶田忠眞忠正

青山延光

元祿十二年九月十日。老中戶田忠昌卒。年六十八。子能登守忠眞嗣。先是忠眞爲奏者兼寺社奉行。別賜第宅。食一萬石。父子貴顯。時人榮之。柳澤保明氏與鄰境爭地。保明民不直。忠眞欲決訟。以保明權寵

無比。恐禍及父。密謂曰。兒欲決訟。不出於正則不忠。欲出於正則恐不利大人。如何。忠昌曰。處事者唯當持正。卽父子取禍。亦所甘心。若懼禍我。剖決不正。不孝孰甚焉。忠眞大悅。一日將軍臨保明第。聽訟。忠眞判決曲直。無所回避。保明失色。一坐駭慄。忠眞尋辭職云。忠昌爲老中。勘定奉行荻原重秀建議言。罷吏士五百石以上廩俸。而與之采邑。甚便。其意欲因而疆理土地。轉徙采邑。剔抉寸餘尺贏。以利公家。忠昌獨言其弊。數折其說。

第三　川井正直純孝一

藤田一正

川井正直稱與左衛門京師人家世業賈年垂五十始志於學受讀小學之書於山崎嘉乃悟往日之薄於奉親赧然恥悔謹身節用務致父母之樂正直自少耽酒父母憂之至是絶不復飲凡平生所為違父母意者靡不自禁止父母大悅正保丁亥春父有疾正直日夜不離其側衣不解帶湯藥必親嘗饋饌必自執中帬側牏必躬浣滌起坐出入扶持之如奉盈不欲人之代己更歷寒暑未嘗有懈後二年父遂死正直哀戚踰節饘粥絶口喪紀遵朱子家禮斟酌而行之既十有九月而母又死其禮皆不降於前喪哀痛毀瘠殊甚比隣感化皆知尊其親嘗有一男子不順於其父來訴其父不慈正直聞而不答泫然涕下男子驚問故正直曰汝言似梟鳴甚不祥可速去曰噫願示喩曰汝造敝廬足也汝足孰得而運之告訴不慈舌也汝舌孰得而轉之無一非爾親之遺體也以枝傷本骨肉相噬官府之所弃市天地之所不容不祥莫大焉語畢復泣

第四　川井正直純孝二　藤田一正

男子憮然自失叩頭謝罪歸家即日改行其父大悅見正直拜曰殆失吾兒今而有兒是枝者之賜也正

直曰可人也徒不學之過耳古人有言遺子黃金滿籯不如一經宜念之後十餘年厭逐末之業遯于東山鶉衣躬耕環堵蕭然日以誦經講學為業友人稱為東村翁時年六十餘其慕父母益切嘗語同志曰吾平生無他工夫凡動靜語黙取舍予奪一欲遺體無受汙辱之名爾所以寡大過也又曰知人固難然觀其愛父母否則可以知其大略也或有不祀父母者正直責之其人曰吾非不欲祭家貧不能備物正直曰人各有分小人之祭何必備物苟知所敬雖以菽三粒可也豈不賢乎已哉子弟來謁必先説之以事父兄之目曰如此然後可以為人之子弟也其與人語及其父母必流涕學者皆曰是眞錫類之孝也

第五　山崎闇齋拒往教　原　善

山崎闇齋幼桀驁不可制父為托諸妙心寺剔髪名絶藏主乃一意修禪無解怠土佐公子某居妙心寺公子聰明有藻鑑歎曰此兒神姿非常後當有為乃遣之學于土佐吸江寺時土佐有鴻儒小倉三省野中兼山共見闇齋亦深器之而惜其陷異端示之四子及程朱書則大悅遂畜髪歸於儒後來江戸時寒窶無擔石故鄰書商賃居以借閲其書當是時井上

侯好學下士。書商亦數謁見。一日、侯謂商曰、寡人將學。爾之所知、有足爲人師者、請爲介。商曰、近有一儒生山崎嘉右衞者。自京師來住小人東家。視其所以、度越尋常。閣下而召之、其得不虞之幸福也。豈不感奮思答恩乎。侯大喜、乃延致。商歸告闇齋。闇齋毅然曰、侯欲問道、則先來見。商憮然以爲措大不通時勢。若薦若人、必陵上無法、累自及。不若不薦也。佗日、侯復問曰、曩昔所告山崎生如何。商曰、小人非惰也。前日既傳命於渠。渠曰、侯先來見。余是非頑愚不可曉。卽狂率邀名也。請別選通儒。侯咨嗟良久曰、方今自稱師儒者、多無意行道。東奔西走、欲其技易售。而寡人聞之。禮聞來學、不聞往教。山崎生能守之。此乃眞儒也。卽日命駕訪其居。

第六　野中兼山　藤田一正

野中止、字良繼、號兼山、稱傳右衞門。土佐人。父祖皆貴顯、食本山鄕六千石。止以國主一豐之甥、爲上大夫執國政。勸農通賈、闢田野、興水利、富國强兵、治績甚著。益賜釆地、通前爲萬石。又賜鄕士百騎。止天資英邁、果敢明察、進退依禮、容止儼然。晩以無爭友頗失放縱、而參佐紕漏、與同列有隙。寛文三年癸卯正月、稱疾乞骸骨、隱於中野別業。自是日誦楚辭以自娛。冬十二月己酉夜、遽沒。年四十九。遠近驚惜焉。止、嘗信宋儒之學。以谷素有小倉克爲師友、講習切磋、研極精微。政事餘暇、會聚諸生、講小學近思錄諸書。最愛通鑑綱目、每歲遣人於長崎、買海舶所齎經史。其有益於人者、剞劂以貺學者。素好禮、謂教訓正俗、非禮不備。事事必遵禮誼。國風一變、禮俗至今猶存。近時有土佐人至江都者。觀都人投柩於火者、大駭異之。都人問曰、子鄕無火化者乎。曰、然。是蓋先大夫野中子之遺化云。

第七　有待樓記一　安井衡

土佐之州、負山而抱海、犬牙交錯、無處不可畫。而谷伯趾隈村之居最勝。伯趾舊學於余、志氣卓然。萬慶間、海内漸多事。伯趾奉其君命、西奔東走、不遑寧居。及王師東下、率其旅以啓行。功名倶顯。明治已巳、天下既平。乃築廈屋於隈村、將以隱焉。既落、乃又奉朝命、四年辛未、挈家來于此都。官事稍暇、輒訪予廬。一日取小圖於懷以示之曰、此某隈山之居也。居始成、而某去來於此、未有以名。請名而記之。案圖、其地處北山之麓、隆然而起、水流於前、曰隈溪。合鏡川、朝海。

滙為巨浸溪南水田萬頃中開康莊蟻馬豆人絡驛不絶又南巨城巍然而闤闠繞之鬱為雄嶺南山擁其外邐迤東走而三峯並起東曰鷲尾中曰烏帽西曰柏尾烏帽最秀若丈人鵠立而子弟侍於左右其東則巨浸露半面丘阜起伏洲渚斷續互相映發而漁舸釣艇如秋葉點於池外則巨海渤澥蠻舶所出没鯨鯢所浮沈與天無際而樓皆收之一矚況又粧之以雪月文之以花楓雨奇晴好又何足言美哉樓乎請字之曰有待

第八　有待樓記二

安井衡

或曰伯赳奮於陪臣爵昇五等官掌六師又何所待予笑曰伯赳非有待於世乃此樓之有待伯赳也伯赳之營此樓也非將以隱邪而際會明時虚之而不居夫大丈夫之處世固當展力於軍國以置天下於泰山之安況伯赳旅力方剛安得遠絶物避世區區守一室之勝哉然物各喜得其主自樓言之恐不能不待伯赳之歸也伯赳他日官爵益進功名蓋世海内稱願之曰幸哉有臣如此然後辭官乞身歌歸歟而還延文人墨客觴咏於此樓一丘一壑將增其光則不唯此樓待伯赳之歸山靈水伯亦將有待之果能如此雖則伯赳其能無少待於心邪是有待之説也伯赳曰某不敢當請書之為弦韋之佩矣

第九　土佐日記新解序一

賴襄

承平中紀土佐守任滿歸京以文紀行傳至于今多箋釋者今文政己丑香川長門介新作之解而安藝民賴襄序之曰嗚呼此當時平常言語耳方土佐守之紀之豈料後世有作之注解者而吾與長門介皆生八百年後何知其解之果能得其意與否也雖然所紀者人事也寧不可推知按史土佐守以善歌稱其為人不可概見然當是時南海盜賊方起而得任

此國在任五六年矣則其間勦賊護民功績豈少觀記所叙吏屬依戀之状可以知之矣而歸裝中無物可以答其意焉則其清廉不營私又可知矣數言賊之欲相報無佗嘗被勦討故待解官權而報復之也道途艱虞如此而纔到京郊停山崎累日者舊宅荒廢自經理之乃能得歸亦可見廉者之効矣而其後官終於木工頭位屢得進一階蓋政在私家俗貴門地彼以儒流孤立坎軻其抑鬱為何如哉而玩其文詞優游恬易出以諧謔託之婦人作自晦其功勞而世故人情每躍然於短詞之間吾是以知其人物才

量不特善歌。

第十　土佐日記新解序二　　賴　襄

抑唯其人如此。故其歌如此。世之歌人。人自人。歌自歌。歌與人事。視爲兩途。土佐守不然也。故此記以常語紀常事。往往擧婢女童子。柁師棹郎矢口諷謠。長短不齊。而音節之諧自然成。歌者豈非以警世之士大夫以歌爲歌。刻意飾詞。失其本旨也耶。其嘗撰古今集。猶束於官命。不免有礙。故於家乘暢叙之。而集序所論。歌本性情。詞成萬殊。鳥語蛙聲。誰爲非歌者。已與此旨合焉。今長門介亦以善歌名震一世。吾察知其心所嚮。乃在於此。所以眷眷於注解焉。而作解大旨。葢亦不外於此。前注者之所或未知。而其實所謂萬世旦暮。不難知其解者。則八百年何足言哉。襄。儒者也。不知歌者。然土佐守亦儒者。不可專以歌人目之。而長門介亦非以歌爲歌者。所以徵序而不辭也。

第十一　歌聖堂記　　賴　襄

歌聖堂者。藤井機園所以祭人丸也。初機園過所識家。見其祭蛭子。覺其像有異。拂塵煤。諦視之。葢人丸也。以示鑒古者。以爲昔者頓阿上人手刻人丸像百副。散落人間。是其一云。機園懇請獲之。安諸堂中。而吟咏其下。遂額以此名。請余記之。夫人丸。永言娛情。忘其形骸。寧料後世有頓阿者。雕其面目鬚眉。至百副之多哉。頓阿刻像自寄景慕。寧亦料後世有機園者。收而祭之。以名其堂哉。然機園適獲其一而已。其九十九。不知各在誰家。恐皆錯認以爲蛭子三郎耳。物之遇合。出於自然。而有數存其間焉。噫亦奇矣。或曰。機園善和歌。喜古雅澹秀之致。葢沿草庵之流。而溯古今萬葉之源。其夢寐歌聖非一日。故有此奇遇焉。爾在機園固爲欣幸矣。而在像。不可知其爲幸與否也。夫其巾而坐。手有所執。肖矣。而歌聖所執。摛藻之筆。而蛭子所執。釣利之鉤也。故蛭子濁。歌聖清。蛭子俗。歌聖雅。雖然。較其氣焰勢力。則歌聖不能及蛭子之万一。何者。祭蛭子則致貲巨万。則世不絶祭。歌聖則不過善哦三十一字。終身學爲蛙鳴蟲啼之聲。故横目之民。莫不知蛭子之可祭。而祭歌聖者。千万人中一二人而已。使此像終冒稱蛭子。則酒肉羞奠。隨在不乏。一經機園之鑒。呼曰歌聖也。當其在機園之堂。則享一瓣香之供矣。苟離其手。誰保其不餒哉。賴襄曰。然雖然。使像有知。寧餒而歌聖。不飽而蛭子也。遂書爲記。

第十二　惠美子堂記　　山縣孝孺

海爲萬寶藏。萬貨出焉。而惠美子所資。不過一釣竿之利。然世則有福神之名。是何說乎。古之善處富者。陶朱爲首。而猶不保其子。富之難處也哉。故厚積若坻。出焉若泉。可謂之富。未足以爲福者。人各自適。所居自樂其天。則身寧而壽考矣。苟緣斯道也。富貴有以行。貧賤有以處。天下無不可者。是可以爲福矣。余覩惠美子像。豐肥寬裕。猶然而笑。蒙叟曰。除病瘦憂患。開口而笑者。一月之中。不過四五日而已矣。夫笑也者。人身之和氣祥風也。惠美子身有祥風和氣。雖有憂患疾病。莫之能侵。故能終日開口而笑。眞福神哉。或曰。惠美子之笑也。則有焉。笑世之剸心壹力。唯富是務。不復知財物之累己已。

第十三　釣鯉說　　市村謙

吾家瀕漢江。江有一漁者。工釣鯉。他人不能及焉。吾嘗問其術。漁者曰。無他。在專與精耳。初余之學釣鯉也。終日不獲一。如是者類十日。退而思之。曰。是餌之不香也。器之不良也。乃香其餌。良其鉤與竿。往而釣焉。又無所獲。如是者數十日。退而再思。曰。是徒餌之香耳。器之良耳。未獲其方也。於是晨起到江。左視右顧。測水之深淺。窺鯉之游泳。而釣焉。須臾有大鯉魚。潑剌上鉤。從是無復虛餌矣。世之釣江者。釣鯉不獲。輒去釣鯽。不獲鯽。輒去釣鯊。終不能獲一。是豈拙於釣魚哉。其心不專而思不精也。吾聞之有所感。世之學藝者。學書不成。輒去學文。學文不成。輒去學詩。學畫。其心不專。思不精。如是宜乎其無所成也。藝且然。而況道乎。古人有言。精神一到。何事不成。漁者之謂也。書以自戒。

第十四　記良秀事　　伊藤仁齋

昔日畫工有良秀者。善畫佛像。一日。隣家忽失火。延及其家。秀不顧家財器物。倉惶趍出門外。皆以爲驚怖失措置。秀觀火。嘉嘆者久之。乃頷首揮手。左右瞻視。歡喜踊躍而不已。見者驚怪。以爲狂。秀曰。吾自幼至今。繪不動尊像。不知其幾千百幅。然當其畫火焰。筆澀氣餒。卒不能如意。今我忽得畫法三昧。不自知手之舞之足之蹈之耳。我豈不愛資財。意不能以彼而易此耳。世傳其畫以爲至寶。畫學小藝耳。然非專心致志。唯畫之耽。不恤其他。若此則自不能致其妙矣。學者。聖人之道。如存如亡。或作或輟。悠悠歲月。卒不能造其藩閾。況於入室與乎。亦秀之罪人也。予適讀俗間所傳物語者。得良秀事。乃不勝慨歎。因爲學者表而出之。

第十五　雪舟傳

山縣孝孺

雪舟。本姓小田氏。備中州赤濱人也。名等楊。雪舟其號。又稱備溪齋。或稱米元山主。又嘗作漁樵齋記。而自託焉。十二三歲時。其父攜投於列井山寶福寺。爲僧。及壯。爲相國寺洪德禪師弟子。後又從建長寺主隱禪師。寛正六年（或曰應仁元年）託海舶而游明國。爲四明天童寺禪班第一座。爲明憲宗成化元年。居五年。至文明元年。始歸國矣。歸居周州山口。築室天花山下。號雲谷菴。後去山口。居石州益田乙吉村大喜菴（或曰梅木村。或曰梅月村）。文龜二年壬戌遷化。壽八十三歲。墓在大喜菴云。雪舟生好繪事。其命名也。蓋亦慕揚補之之逃禪。已補之姓揚。或從手作揚。雪舟亦爾。其在明也。畫名稱於四方。明帝畫禮部院壁。嘗爲人寫富士三保清見三絕景。名儒詹僖爲作讚（僖字仲和。號鐵冠道人。書法有名）。相傳。大內侯義興購畫于明國。明國酬以雪舟所畫。而託名華工。雪舟一見。曰。是老衲在明所作已。大內侯以爲欺罔售名。而大怒。雪舟翛然去適石州。後因

畫絹爲物汚翳。命工洗清。雪舟名識隱隱而見。大內侯方始知不欺己。慙悔召舟。而舟已死矣。舟爲明人作畫。題曰扶桑紫陽等楊。意者其游明之時。先既在筑紫久矣。遂稱筑紫已。是時豐筑前州。爲大內氏之邦域。其歸居山口。亦自筑紫者可知也。舟所作西湖金山寺等圖。不唯筆力高古。形勢氣象皆其所目覩。一展覽則若身親翺翔餘抗門。登妙高臺。評者以爲神品者固有焉。

第十六　瓢簞

安積覺

太宰大貳大內義隆。雄據周防長門。承父祖之餘烈。蠶食日久。驕汰不恤軍政。珍器重貨。山積雲屯。其最所寶愛。曰瓢簞者。乃貯抹茶矮小磁器也。既而其臣陶晴賢殺之大寧寺。遣使豐後。立大友宗麟之弟八郎爲主帥。嗣多多良氏。所謂大內義長是也。右馬頭毛利元就聲晴賢之罪。攻殺之。義長勢蹙乞援于豐後。宗麟方與隣境相攻擊。不能出兵。義長走長福寺。元就圍之。遣使宗麟。曰。八郎命在旦夕。友于之情。想當不忍聞其死。可遣人來取我。即紓圍退兵。宗麟曰。我素惡義長不弟。殺之誠快。聞彼家有茶器名瓢簞者。願得之。元就殺義長。而畀瓢簞宗麟。得之甚悅。天

正中宗麟與島津義久戰屢敗疆域朘削太閤秀吉公將兵征義久鎭西諸將望風款附宗麟獻瓢簞以媚之遂爲太閤之物澹泊齋曰瓢簞一小壺也係宗社之盛衰元就視等瓦礫宗麟重於骨肉一興一衰亦可以觀方是時元就志在併呑山陽不暇與宗麟爭衡故遣使告之我欲活之彼欲殺之則曲在彼而我不與焉彼欲與我無以爲辭可謂深于兵者也宗麟殺弟而奪其器不讐元就而反德之無事則誇之以天下重器危急則輸之以爲納款之資取郜之鼎不足爲比不義孰甚焉

第十七　豐臣太閤論一

青山延光

天下不可無強弱國家不能無盛衰而英雄豪傑將大有爲於積衰積弱之餘必也踔厲風發一新天下之耳目然後能變衰弱爲強盛譬之暴雷猛雨飄忽震蕩萬物殆爲之摧碎然後天地開霽日月如新故英雄事跡不可以常理論也我神國嘗強矣殊域震慴朝貢相屬而彼一叛則王師出征故神后征韓之後在應神朝則二伐新羅在仁德朝則一伐新羅在雄略朝則一伐新羅二伐高麗在欽明朝則二伐新羅一伐高麗在推古朝一伐新羅在齊明朝則一伐肅愼當此時視絶域如四境視海濤如坦途故徵兵四方萬里濟海而天下不以爲勞其強盛蓋如此中古以降王室稍衰一變而天下之政出於相門再變而兵馬之權歸武人四海之內猶有不畏皇威者何問海外鬼界一小島耳源右將欲伐之而公卿難之夫以彈丸黒子之地武人欲伐之而廷議難之又何怪武人之跋扈哉其衰弱蓋如此源氏亡而王室困於北條北條亡而又制於足利於是積衰積弱有不可勝言者矣

第十八　豐臣太閤論二

青山延光

南北一統而足利氏之横日甚彼傲然以爲天子我家所立廢立唯吾所欲則其有無固不足爲之輕重而明國之大彼亦嘗聞之乃謂彼土廣國富我已不能及則籍其力以濟我貧弱此亦良策於是修使於明得其爵號以誇天下得其錢以布天下吁亦甚矣當是時明國視我猶藩國足利氏之視明主猶君上而天朝之尊則天下不敢復問衰弱之極至此祖宗之憤固將有所待而發焉故織田右府興而天下復知尊王室豐臣太閤興而王室之尊殆復於古至征韓一役益將振皇威於積衰積弱之餘祖宗之靈實

有賴焉。顧其所以謀之者、未必無私意。然而天將一振皇威、則太閤之舉、不可謂非天下之公也。十万之師一渡海而八道瓦解、不可謂不伸國之威也。而明主猶欲以一王號解兵。此亦以足利氏視太閤。而太閤一怒、明國震駭。不可謂不雪祖宗之恥也。皇威於是乎赫然震於絶域矣。異日、愛新覺羅氏之幷吞明國、威毒亦甚。彼豈不垂涎於我也。然畏懾斂手、不敢噬嚙者、太閤之力也。孰謂征韓一役無功於神國乎。

第十九　狩虎記一

鹽谷世弘

征韓之役、豐公下命薩侯曰、欲得虎肉以資藥。須獵以貢之。書以文祿四年正月。至軍時、積雪埋山、不可得而獵焉。三月八日、薩侯與世子乘船於唐島、至昌原。明日、勒隊圍山。終日無所見。其翌、披荆棘、躡險阻、深入數里、列卒數千、分曹呐喊、峰巒爲震。俄而雨降。煙霧濛密、有虎走出、將突圍。安田次郎兵衛者、島津守右衛門尉彰久之臣也。舞刀逐之。虎還顧迎噉。安田刺其口、殪之。須臾二虎跳躍飛走、直逼麾下。世子恐其迫父也、將身當之。舍人上野權右衛門揮刃邀擊。虎蜚騰、啀之。牙投可五步、負嵎大嗥。帖佐六七急驚斫頭。刀三下。虎怒噬其股。側有老松。枝條下垂。福永助十郎、捽尾纏枝、極力逆曳。永野助七郎進擊斃之。其一遂遁。六七亦病瘡死。於是薩侯狀其事、獻獲于肥前行臺。豐公大悅、下手書褒賞。世傳之、以爲虎狩。

第二十　狩虎記二

鹽谷世弘

夫暴虎馮河、夫子以警子路。袒裼暴虎、詩人以危共叔。皆戒其誇力冒危也。若薩士奉君命以狩、與敵愾赴戰、無以異焉。其猛毅蹻捷、足立懦振怠者、千古豈有偉於此者哉。舊有薩人所作虎狩文。余更歌之以詩曰、

豐公眼孔宇宙高、旌旗十萬蹴壯濤。欲吞朝鮮噬明國。汝王我犬虎是貓。就中薩軍尤精悍、投石超距氣麃麃。時惟三月雪方釋、圍山三匝隊幾曹。鼓鼙動天、天欲坼、老虎驚駴循谷逃。逐之者誰安田氏、一閃忽見鮮血澆。須臾雙虎踴躍出、鳴牙來迫中軍旄。以身敵君其名權。泰山一擲、輕鴻毛。三士繼之、相掎角。一攫虎尾、一相邀。無是常山長蛇勢。一正一奇、狩兵蹈。驍武兼見忠與智。何比馮婦鄉曲豪。吾讀虎狩文、拔劒起呼號。當時奇勇人人是。四夷八蠻視如猱。萬里横行無抗敵。天地那邊留氛妖。嗚呼、大陽攸初照。生

氣何時不熇熇。勿謂世降兵鋒鈍。千秋不磨日本刀。

第二十一　島津家久征琉球

中井積善

慶長十四年三月。初太大君命薩侯家久征琉球。琉球在薩摩直南海上三百五十里。其先爲天孫氏。傳世甚久。保元中。源爲朝配于大島。爲朝有勇力。畏服島民。永萬中。攻略諸島。遂入琉球。時天孫氏既衰。國中亂。爲朝略一方。有之。娶王族。生子舜天。居數年。留舜天而返。舜天長而不凡。會國人作亂。滅天孫氏。推舜天爲王。其姓爲尚氏。七傳至王城。而衰。其族分國。爲中山山南山北。皆始受明封冊。王城裔實爲中山王。永享中。中山始通於我。足利氏命附庸于薩。自王城四傳至巴志。復併山南山北。天正中。屢修朝貢。請互市。及征韓議興。中山王寧。失太閤旨。懼而不來。太大君以海內無事。蠻夷賓服也。令薩侯屢招之。而不復至。家久請伐之。故有是命也。是月。薩侯遣新納一氏等伐琉球。樺山久高以習流三千。先發。抵德島。獲琉球戍三百人。大衆繼之。夏四月。薩師至琉球。攻那霸津。琉球設鐵鎖于津口。架巨銃。薩人不能上岸。海瀕有山。險而多毒蛇。琉球恃而不置戍。薩人縱火頳山而入。取要溪灘。進攻千里山。不利。轉攻虎竹城。疾戰拔之。中山王寧使弟具志驰䌹乞降。不許焉。五月。薩師五戰。及國都。王寧面縛出降。薩人前後禽諸王子及三司官按司親方等數十人。下令禁劫掠。所在標榜。以安集種人。置戍而還。出師六旬。而琉球悉平。秋七月。大君賞薩侯功。以琉球予之。永爲臣屬。

第二十二　沖繩志後序

重野安繹

沖繩志何以作。志琉球也。何不曰琉球。而曰沖繩。從土人所稱也。土人何稱沖繩。沖繩邦語也。本土之名也。琉球漢字也。漢人之所名也。沖繩自通漢土。受其封爵。服其衣冠。髻簪髭鬚。盡擬漢裝。而獨其稱國名。用邦語者。何也。語言文字。同我邦俗。故國土之名稱。舉皆邦語也。觀乎國土名稱之用邦語。而其爲我種類。爲我版圖也審矣。世之說琉球者。曰源爲朝航海。而子孫始王。島津氏出師。而朝貢乃通。殊不知彼以天孫氏爲開國祖。實爲我皇孫。爲朝特承其餘烈而已。南島朝貢。見于古昔簡策者。比比不絕。島津氏舉其廢典而已。乃至土人。則其惑亦甚矣。自以天孫序世系。而不問其種族同異。自以沖繩冒國名。而不察其語言所由。又欲與殊方異族之漢人。昵比。抑又何心哉。試把此書觀之。漢人之來通。果在何代。受彼封爵服彼衣冠果在何時乎其未與彼通之前所屬何國所服何服而語言文字之傳至今者果類何國乎。語言文字與衣冠封爵孰舊孰新焉。古雖無藩名而其國藩屬也古雖無族稱而其王華胄也則今之建爲外藩班爲華族者爲復古乎爲創制乎。嗚呼本土之人讀此書其内嚮歸本之心得不油然生乎哉而内地人讀之其恤同類字藩屬之心得不藹然興乎哉。名曰沖繩志者不獨從其本稱併以繫内外人之心云爾此則恒庵氏著撰之本旨也夫。

第二十三　蹲鴟子一　　賴　襄

蹲鴟子者琉球人也。姓甘氏。名諸。其先曰芋氏。出于荊蠻芋氏之族有數種其在蜀者最富居岷山之下。楚漢之際有卓氏者因其力以致鉅萬其後微无聞至魏晉家聲復著晉秘書郎左太沖列舉蜀之材賢芋氏與焉唐宋以來益著其種類遂周九州施及海外諸國而琉球尤著焉蹲鴟子生而魁偉重厚有才力爲族人所推烏喙而巨腹如鴟之蹲踞故稱蹲鴟子云。或曰其致富類鴟夷子故云慶長中島津氏率兵五千騎南略地至琉球降其王悉收其貨寶子女而北返當是時國内稱文釆瑰奇者自炫以蘄其釆取而蹲鴟子獨自晦匿島津氏聞其有濟民之才。同舟而皈曰吾爲政此土豈可使野有遺賢乎蹲鴟子自是爲薩摩著姓後漸歷遊諸道無所遇。

第二十四　蹲鴟子二　　賴　襄

明暦初池田氏鋭意國政。諮訪材能。一日召老農數人問之曰。古之用材。求諸畎畝。女輩所知豈有用之簡而奏功廣者乎。答曰蹲鴟子其人也。池田氏曰然寡人亦謂爾乃使人聘之曰寡人惜子之才而辱在泥土也今外子於廊廟之上尊俎之間以議民事蹲鴟子曰羈旅之臣慣於野不慣於朝君必欲用臣不

若因臣之舊用之池田氏乃從之五年大饑而獨備前備中民免餓莩蹲鴟子與有力焉事聞征夷府遂下教天下郡國皆用蹲鴟子子弟以備凶荒於是乎以籃輿席蓐聘其子弟而其種類遂播于六十州當是時宿門舊族曼倩萊服牛旁胡羅蔔諸人見蹲鴟子家道蔓延皆嫉之相謂曰彼以新進淩駕吾輩何也乃相與謀置之醜地蹲鴟子處之晏如也曰居之美者不便我也居久之其地望益高蹲鴟子性樸素不飾而黄徳内潤其平居必率其子弟累累相引未曾相疎其濟人也不避湯鑊水火焦毛髮嬰金鐵剝

皮膚而不顧也然喜與田夫野人交不自貴重是以聲價頗賤王公貴人或不識其面而權衡人物者猶重之云

第二十五　甘藷先生　原　善

青木敦書小字文藏號昆陽武藏人仕大府昆陽出伊藤東涯門其學壹志有用於經義文章不必究思嘗歎曰凡有罪非死刑者遠放之島嶼要在使其終天年耳然諸島少五穀常以海產木實給食是以往往不能免餓死豈不亦痛哉卽雖種藝之地遇歲歉則民不能無菜色意者百穀之外可以當穀者莫如蕃薯也乃陳官求種子于薩摩試種之官藥苑中則極蕃衍於是以國字著蕃薯考一卷而演其培殖之法官鏤版併種子行下諸島及諸州未數年無處不種至今上下便之雖歲不登民不遑餓者實昆陽之惠及無窮矣題其墓門之碑曰甘藷先生之墓有以哉當昆陽時未有講和蘭之學者昆陽獨以爲於其說必有可收用者而和蘭之字蚊脚蠏行未易通解於是或之長崎質譯者或博攷其書遂粗獲了會近此學漸闢而皆不得不本昆陽云

第二十六　採藥筆記序　青木敦書

夫人之得失也徵之於其所守用舍也驗之於其所操余之論人常持以爲法而不少違矣嘗聞都下神田有阿部將翁軒先生者家世奧之南部人蚤隱於醫少壯好遊足遍天下耳順之後卸鞍于此餬口方技多識鳥獸草木之名其人敦篤質實絕無浮華氣留志民彝有用之學講習農桑樹藝物產培殖之說都尹大岡君屢稱其爲人以爲河村瑞賢之流亞矣瑞賢以漕運之功策名於明時先蒙拔擢先生以博物之聲顯跡于今世既受徵用余以君之紹介初謁先生深服其守操之堅確矣先生知命之後漫游關西寓于熊本三年熊本侯將賜月俸廿人糧以爲問客薩摩侯以壤接于近時時延先生質問本草學又將賜卅人糧以爲賓師優待甚渥熊本侯聞之加卅人糧欲留以爲醫員薩摩侯亦聞之招致以五百石采地爲其藩制之中士兩侯相互競不已先生兩皆辭之去之長崎窮迫殊甚不敢易守操置榮辱於度外專以講習名物爲己之任後復東到于此而無希世取容之意頃出其所著採藥筆記十卷被示謂曰物產之學本邦猶未闡從事之者徒信紙上空論賴爲依據不知求之於實際目擊之上故余欲細大取

驗於此。眞僞試徵於彼。而得其確信著明者。研覈品類焉。非毫修飾一言成其辨説者。於本邦物產之一事。未嘗無裨益乎後學也。其言深切諄諄不已。余受而讀之。雖未學物產説。抑亦不可不奉而崇之。然則不啻遐陬遠鄙之人。於斯學因知其所嚮。足以知我土產殖之多。不讓海外之諸國也矣。余抒其所見而叙焉。享保二十年乙卯春二月。後學青木敦書。

第二十七　阿部將翁　　東條耕

阿部將翁名輝任。奧州盛岡人。延寶中。嘗欲乘漕運貨物之船。再到大阪。南部八戸洋颶風大作。漂流海中。殆七閱月。艱苦萬狀。不可殫言。柁裂桅碎。薪水皆盡。自分必死。無知所向。飄搖出沒。遂着阿馬港。其地近廣東。卽海外諸州商船所輻湊也。土人憐之。傳送廣東。竟到兩浙間。後托之互市商舶。護送長崎。得還焉。將翁在於杭州。始學醫術。專心本草。歸鄕之後。益講習之。辨別物品。凡係藥餌者。精覈研究。莫不盡意。設有未詳之者。則到崎嶴。質諸於清客蘭人之有識者。不得其肯則不措。故其所講習。皆得之實驗矣。享保中。往來江戸。專試物產種藝。會幕府博徵海内俊傑之士。有一技能者各充其選。將翁以本草學被召。

乃上言。甄別物類。採擇產殖之學。亦經濟之一端。而不可廢棄者也。官納其議。使之按驗。於是奉命採藥於安房上總伊豆相摸駿河遠江三河大和河内二丹三越信濃上野甲斐飛驒奧羽諸州。暨松前蝦夷等諸島。深山幽谷。人跡所未通。博搜弘索。不遺餘力。其所往訪。必有獲焉。數年之閒。其所齎得。草木八百五十八種。金石五十二品。吾邦古今未嘗聞見者也。而無苟益於世用者。雖珍希物不屑意。嘗入蝦夷。三次獲龍涎於海足。得附子於山頂。此二物切於民用。醫家之所不可闕。先是皆待之海外。自將翁搜之。官命種之吹上田安園圃。培養蕃生。後試功驗。咸有明徵。不讓於舶來物。使之益監其事。數年而果能暢茂。遂植之奧羽之海濱。至今繁衍諸州。永爲世用。

第二十八　吉田了以　　林　道春

了以姓源氏。其先佐佐木支族。世住江州。五代祖德春來城州嵯峨。因家焉。其所居乃角倉地也。德春子宗林。宗林子宗忠。皆潤屋也。而仕室町將軍家。宗忠子宗桂。薙髮遊天龍蘭若。嘗學醫術。一旦從僧良策彥。逾溟渤。赴大明。還于本邦。其業益進。娶中村氏。以天文二十三年甲寅某月某日。生了以。諱光好。

小字與七。後改名了以。性嗜工役。慶長九年甲辰。往作州和計川。見舼船以爲凡百川皆可以通船。乃歸嵯峨。泝大井川至丹波保津。見其道自謂雖多湍石。而可行舟。翌年乙巳。遣其子玄之于東武。以請之。台命謂自古所未通舟。今欲開通是二州之幸也。宜早爲之。丙午春三月。了以初浚大井川。其所有大石。以轆轤索牽之。石在水中構浮樓。以鐵棒銳頭三尺。周三尺柄長二丈許。繫繩使數十餘人挽扛而徑投下之。石悉碎散。石出水面則烈火燒碎焉。河廣而淺者。帖石而狹其河。深其水。又所有瀑者。鑿其上與下流。準平之。逮秋八月役功成。先是編筏纔流而已。於是自丹波世喜邑到嵯峨舟初通。五穀鹽鐵材石等多載漕民得其利。因造宅河邊居焉。玄之嗣焉。子巖昭受傳之。玄之能書。且問儒風於惺窩先生。有年矣。一旦招先生。遡遊于河上。奇石激湍甚多。請先生多改舊号。世傳邃古之世。丹波國皆湖也。其水赤。故曰丹波。大山咋神穿浮田決其湖。於是丹波水枯爲土。乃建祠而祭之。以鋤爲神之主。此神卽是松尾大神也。下。此則愛宕龜山在左。嵐山在右。其勝區不可枚舉。

第二十九　吉田了以二　　林　道春

十二年春。了以奉鈞命通舼於富士川。自駿州岩淵。挽舟到甲府。山峽洞民未嘗見有舟。皆驚曰。非魚而走水。怪哉怪哉。此川最嶮。其於嵯峨。然漕舼通行。州民大悦。十三年又命了以。試自信州諏訪到遠州掛塚。可通舟天龍河否。了以雖卽漕溯。然無所用。故至今舟少。方是之時。營大佛殿于洛東。大木巨材甚勞挽牽。了以請循河而運之。乃聽之。於是自伏見里。浮之河。泝而挐焉。了以見伏見地卑於大佛殿基。可六尺。卽壞其高爲是。於卑處若河曲處置轆轤。引起復浮水。水平如地。先是呼許呼邪者五丁。憂之萬牛難之。於是水運不勞力。不日材木悉達。人皆奇之。十六年。了以請行舟鴨河。乃聽之。因自伏見河漕舼遡上流。達二條。至今有數百艘。遂構家河傍。使玄之居之。玄之男玄德嗣焉。十九年富士河壅嶮。舟不能行。鈞命召了以。有病。玄之代行治水。又能通舟。三月始役。七月成之。聞了以病急。告假。玄之未入洛。先二日。了以歿。實慶長十九年秋七月十二日也。時六十一歲。此年夏。營大悲閣于嵐山。山高二十丈許。壁立谷深。右有瀑布。前有龜山。而直視洛中。河水流於龜嵐之際。舟舼之來去居然可見矣。其疾病時謂曰。須作我肖像置閣側捲巨綱爲坐藜爲杖而建石誌玄之等從其遺教玄之錄其事以寄余請之記件件如左了以疏大井河淪鴨水決富士川凡其所排通釃開則舟能行不臭其載人皆利之余與玄之執交久矣故應其請書焉

第三十　伊能忠敬一

佐藤坦

君諱忠敬字子齊伊能氏號東河稱三郎右衛門晩稱勘解由北總香取郡佐原村人本姓神保氏南總武射郡小堤村神保貞恒之第三子出冒伊能氏伊能氏世爲閭右族其先出於大和高市郡西田鄕大同中有諱景能者知北總香取郡大須賀莊居伊能村因以氏焉子孫蟬聯占其地至永祿中有諱景久者始徙佐原天正中爲居民開肆廛貿易實君九世祖也高祖諱景利曾祖諱昌雄祖諱景慶考諱長由長由無子其配神保氏君之從祖姑也因丐君爲嗣長由不幸蚤歿產頗荒君既來嗣慨然以幹蠱爲志昕夕黽勉務儉素禁奢靡家衆百口以躬率先之天明三年關東大饑君爲發私儲賑貸鄕里施及旁近村落多所全活六年又饑救之如初地頭津田日州君並優賞之君好星曆至寛政六年委家事於子景

敬躬獨來江都耑從事曆學當時所傳曆法君疑其有所不合偏就曆家質之猶未釋然既而官會有改曆之舉召高橋東岡者新自浪速來君執贄往見始聞西洋曆法理精數密宿疑乃解遂棄舊學學之推步測量之精東岡之門獨推君云

第三十一　伊能忠敬二

佐藤坦

寛政十二年閏四月官命君測量北陸道及蝦夷地方東南沿海以定地度明年正月官賜君父子銀各十錠許佩刀稱姓氏賞其於天明年内兩救窮民也享和元年三月又命測量伊豆相摸二總常陸陸奥沿海六月又命測量出羽三越佐渡能登駿河遠江參河尾張沿海至文化紀元集地方各圖成一大圖進呈其九月官賞賜廩米擢爲小普請組屬天文方既而又命測量山陽山陰西海南海四道壹岐對馬二島官道及沿海十二年又命測量伊豆七島及箱根湖既竣事測量江都府内十四年四月府内圖成進呈自蝦夷測量之初至此閲十有八年五畿七道無地不涉遐陬僻壤盡測量而圖之最後有命集成寓内沿海輿地全圖及度數譜行程記至文政元年齡七十有四罹病其四月十三日劇殆不起至四年

七月輿地全圖等成進呈以其九月四日歿官追賞其功賜廩米宅地於孫忠誨以旌之君為人眞率不修邊幅精力絶人每測量命下輒喜見顏色不日而發乃躬歷險阻凌海濤奔走數十百里風雨寒暑未嘗少沮喪何其氣之邁而事之勤也哉所著有國郡晝夜時刻考對數表紀源術幷用法割圓八線表紀源法地球測遠術問答凡若干卷皆藏於家君先配長由之女繼配桑原氏皆先歿得三男二女昆季並殤仲子景敬嗣亦先歿孫忠誨嗣君之葬在城北淺草源空寺東岡君之塋域從遺囑也

第三十二　廣輿圖記

尾藤孝肇

四方之國以萬數而大小强弱蓋莫不相凌相奪焉吾大八洲獨立乎天地之間萬古一統異類不雜是以五畿七道六十六州建置一定其名號不復易也獨柰中古多事秘府典籍多罹乎災輿地舊圖不可復見慶元建櫜文明之理由此以起迄今二百年所教化益盛於是博雅之士相踵而興互有所考乃國史令格乃百家之書復行焉間有善言地理者其圖又先後並出而稱為精覈者亦不尠然至于山川鄉曲之小名則未遑周舉也客歲余從稻葉侯邸偶見

一圖卽侯之所玩也裝在于一大屛徐而覽之山川鄉曲及邪徑小灣皆可指點而知舊圖之詳恐無踰焉余進告侯曰吾大八洲環以大海幅員如是其廣萬古一統不受外夷之侵寔天地間神明之邦也侯以斯圖為朝夕之玩其意何為也無乃思一統之所以然邪夫推斯所思也以事上則忠義之心凜然乎立以莅民則仁愛之情油然乎生斯圖之玩豈無所益於侯之德哉某也不敏敢以是為祝侯莞爾曰為我記之與圖置諸左右時觀時省以味博士之言於是退綴其語貽之若夫壤地廣狹之分道里遠近之差圖既粲然余復何贅

第三十三　倚軨小玩序

木下業廣

自武相至攝播道程二百里為州居三分天下之一而古今之事變形勢可歷覽而考也蓋源氏之所造霸小田原英豪之所割據興亡之跡隱然在目三河遠江當時腹背强國如肉在群虎間苟非天錫智勇則旦夕而裂矣考其濟險之蹟既足以卜糾合無窮之運也尾張則中原膏腴英雄用武之地西及勢江織田氏遺烈與湖光岳色並存焉而皇畿之山秀而其水清亦非神武不殺之象邪順流而下北望長岡

林巒鬱蒼、如有神物相應答者。三千貫之田、三十騎之衆、以致今日之昌大。後之人何嘗可一日忘其艱虞哉。惟亡國之主、則不能然。故如大坂、地據天塹、海控万國、金城湯池。二世而壊焉。乃至平氏諸君、紈袴燕安、吹笛而投元、則須磨之月、一谷之雲、皆足悲也。嘗聞之、大人君子之用心、雖行路游観之地、未嘗忘人牧之職。故覧乎山河、知其形勢、観乎事蹟、審其得失、民物徴之風土、考之論討品評、或發于吟咏、無非所以積之於中者矣。癸卯之秋、世子將適國、謹摭道上山川城邑祠廟、似有關係者、略記其事蹟、以備

輪中之披玩。但聞淺識小、辭無體要、就淺以造深、推小而致大、在英明所爲而已。雖然書止於播州所載、事多主乎古矣。至其舟濟西海而達鶴崎、右提九重、左挈阿蘇、旻望飽田託摩之野、則其山河城邑民物之盛、一非他人家物。是不特古將今之間顧問之間所以造深致大者有司備焉。是非采輯之所能盡也。六月下浣臣業廣識。

第三十四　桶峽之役　中井積善

永禄三年五月、駿侯義元大擧伐尾。歩騎四萬、次池鯉鮒。我大君時次岡崎、以其甲會之十九日、進攻丸根。佐間盛重邀戰、我師奮撃走之、獲盛重、追亡薄塞、縦火抜之。駿先鋒朝比奈泰能抜鷲津、焚之、斬飯尾定宗。義元謂左右曰、大高當尾衝、而守備罷弊。我欲代之、孰可者。僉曰、松平藏人威武亡前。乃馳使命之。義元益驕、親巡敵塞曰、是蟻封之地、我當一踢平夷焉。遂移麾下于桶峽。尾侯信長聞丸根警、曰、大學不可失矣。投袂而起。左右能屬者十餘騎矣。歩騎千餘、及于熱田、行合諸砦兵、得三千。先鋒佐佐隼人等馳駿師而死。駿人獻其首。義元笑曰、尾人當殲於是役。乃張宴酣飲。信長望丸根鷲津之煙、令軍中曰、轉取

山路、偃旗鼓、直衝中堅。時風沙撲面、雷雨暴至。諸將或諫止。弗聽。梁田出羽呼曰、奇策必有奇勝。師竟攀山踰巓、則扯卽桶峽矣。皆鼓譟而下。駿麾下驚擾。駿侯親出帳叱之。尾士服部小平太望見而輅之。駿侯抜刀斫其膝。毛利秀高鎗刺駿侯、獲其首。駿師大敗。績尾師追擊、斬首二千五百級。駿宿將大臣咸死。

第三十五　石川文山論信長秀吉　原　善

凡秀吉之所長者、克乘臨機應變之勢、間不容髮、不使敵獲窺惰氣、幷吞四海、指揮三軍、寘敵國於掌握之中、運籌決勝者、匪諸將之所能及。信長之所長者、

不拘土地之嶮難。不辨兵卒之多寡。出於不意。擊於無備。十戰十勝。能獲其全者也。如挫敵拔國。則源平已還。靡以可準擬於信長者。只與義經在伯仲之間邪。何者亡今川於桶峽。討武田於長篠。攻佐佐木。一朝落數城。其餘奇策秘計。可稱而言哉。是皆奇戰。非正戰。至其行軍用兵。則如風之發。如雷之過。進退動靜。千態萬狀。人莫得而圖。是以屬信之麾下者。雖老將軍監。未嘗聞出師有號令云。由是觀之。秀頗用正戰。信常用奇戰。有形于秀之軍。無形于信之兵。豈有以有形擊無形。以正戰勝奇戰哉。惟理之所未盡。而又予之所不曉也。方今遣信與秀以同軍同運戰于一時。則什之八九。信克可得勝乎。未知所以秀之可戰勝者云。

第三十六　信長焚叡山　中井積善

元龜二年八月。濃侯伐江。焚餘吾。九月。取新村小川。三日。取金森。初甲侯欲窺京畿。密納款於足利氏。與越江及叡嶽僧徒結。將以圖濃。濃侯聞之。益憎嶽僧。十三日。進攻叡嶽。下令曰。此行夷滅延曆寺。使無噍類矣。延曆遷都之初。創斯寺。以鎭王城。故諸將僉懷疑懼。信長曰。我倡勤王之師。風纚露沐。殆無虛日。鄉

越江作慝。我棲之於嶽。髡豎黨之。破律亂政。是國賊。非私讐。且其盤据猖獗。旣非一日。今不誅夷。必貽天下之患。遂分兵四面合圍。縱火燔伽藍。悉捕僧侶。併其所蓄婦女童幼。皆斬之。山谷爲空。乃籍其田。封明智光秀。使城于阪基而還。

第三十七　遊比叡山　齋藤正謙

十九日。遊比叡山。山在京師東北隅。爲王城之鎭。故稱艮嶽。巳牌出都門。由今出川。行三里所。抵八瀨。地僻。在山麓。風俗醇朴。男子不去頭髮。婦女戴薪材。諸物往賣都下。憩一茶肆。主人道村民皆以供事王府。免一村租稅。並受領云。出村數十步。卽入山。險甚。詰曲而上。五步一立。十步一息。喉中喘喘作聲。凡行十八町。抵元黑谷。路漸平夷。過淨土院。佛堂前置大銅盤。其上設一圓珠。泉滃然仰出。掬飲之。清冷慰齒。觀相輪塔。高數十尺。飾以銷金。輝映山谷。過釋迦堂戒壇講塔。遂抵中堂。尤爲雄深。堂下有殘雪。山之深。堂之大。可知矣。周覽而反。時日過午。腹汩汩告飢。望一茅店赴之。陋甚。供脫粟飯豆腐湯。饌具臭穢。不可下箸。忽謂我輩武夫。一旦緩急。率夫曠野。欲食草根馬汁不可得。況脫粟乎。黽勉盡二椀而出。上四明峯。得

一大石登焉。高出諸山上。豁然一望。石顧京城。粉墻丹樓。窈窕綠樹中。左則大湖紺碧萬頃。如展西洋畫。其前有物。如車蓋者。蓋辛崎松也。相距數十町。歷歷在目。其大可知矣。久之遂去。取路雲母阪。髙屋建瓴。飛下不能自止。食頃達一乘寺村。抵詩仙堂。石川丈山先生舊宅也。林泉甚佳。壁板畫晉唐詩家三十六人。探幽筆也。先生又就畫像上。各書其一詩。古雅可喜。其餘手澤琴書諸物。儼然猶存。先生以麾下士。從伐大坂。有殊功。勇名高於當時。老而卜築於此。誓不蹈市朝。風流文雅。爲海内之唱。使後之人想象歎息。

可謂一代偉人矣。

第三十八　將門之反　　賴　襄

將門性桀黠。倚攝政藤原忠平。求爲撿非違使。忠平不省。將門怒去之東國。據相馬里。劫掠常陸下總。時國香爲常陸大掾。良兼爲下總介。皆與將門有隙。承平中。將門終攻殺國香。將門之在京師也。嘗詣敦實親王。從兵可五六騎。適貞盛亦來謁。會將門出門。貞盛謂人曰。將門必生事天下者。今日恨不率士卒。即率士卒者。當擊殺之。至是貞盛棄官而東。欲復父仇。與良兼及從弟良正。共攻將門。不利。貞盛謂是私鬭也。不若受勅討之。將還京師。有所請。將門要擊之信濃。貞盛大敗。脫身入京師。已而良兼卒。將門乃據下總。遂襲執常陸介藤原維幾。取常陸。武藏守與世王兇險喜亂。往說將門曰。關東八州沃饒而四塞。可據以霸天下。夫取一州誅。取八州亦誅。誅一耳。顧公安所決。將門大悅。延爲謀主。遂攻下野上總武藏相摸。悉下之。弟將平諫曰。帝王有命。不可妄冀。願熟圖之。將門曰。天縱我以武。吾取帝位。孰能拒之。乃建僞宮於下總猿島。置文武百官。初將門與藤原純友者友善。嘗同登比叡山。俯瞰皇城曰。壯哉。大丈夫不當宅

此邪。遂與謀反。謂純友曰。他日得志。吾王族。當爲天子。公藤原氏。能爲我關白乎。至是純友爲伊豫掾。任滿不還。據海島爲盜。以遙應將門。潛遣人入京師。行火坊市。京師戒嚴。時天慶二年也。

第三十九　秀鄉事實考　　野中　準

公先出大織冠藤原鎌足。鎌足曾孫魚名。歷上總守。寳龜中累遷任内大臣。天應元年。轉左大臣。延曆元年。坐事免。初領地于上野下野等國。居上野河邊赤岩城。因稱河邊大臣云。魚名子藤成。爲伊勢守。藤成子豐澤。爲下野權守。備前守豐澤子邨雄。爲下野大

掾河内守公。即邨雄之子。自魚名至公。世居赤岩。公稱田原藤太。為人驍武有籌略。為下野掾押領使。叙六位。築唐澤蓮山二城于下野安蘇郡佐野莊。天慶中平將門反。侵略東國。逆威太熾。公陽應之。造其營。將門聞之大喜出迎。公見將門舉止輕佻。知其易討也。遂與平貞盛戮力。以誅滅之。以殊勳叙從四位下。賜功田。世傳子孫。任下野武藏兩國守。拜鎮守府將軍。後修築武藏上野下野陸奥諸城。分其族守之。而自居唐澤。以鎮撫東國。正暦二年九月廿五日卒。壽一百一歲。葬於下野安蘇郡清水郷東明寺。公有弟七人。曰宗郷高郷永郷與郷友郷時郷春郷。有男六人。曰千時千春千國千種千常千方。千時千常千方。孫公修。曾孫兼光。玄孫頼行。凡五世七人。皆拜鎮守府將軍。世因稱五代將軍。公常敬神。東國神社多公所創建云。明治十六年贈正三位。

第四十　唐澤山記

大森惟中

二毛之山。最著者日光。其次赤城榛名唐澤。則不甚見稱焉。唐澤山在下野國安蘇郡。距東京三十許里。險而富於眺覽。上有田原公祠。公始城於此。佐野氏世守之者七百年。後人因建公祠於其址。朝廷追賞公忠績。列于官幣社。格與東照宮侔。山高若干尺。崒然拔地。登而望。則磐信甲武相豆房總之諸山。不逃乎一矚。攢青族白。歷歷如畫。其南則嶽蓮嶷立天半。秀色可餐。東則筑波雙峯。蒼翠欲滴。而岩船三毳二山。駢峙於目睫間。嚴如溫如。各效其奇。夫斯山之勝。雖不若日光之壯偉深奧。比之赤城榛名。夐出其上矣。古記云。田原公之築城在天慶之前。蓋公之積計備亂。非一日。故能殪元兇於一舉焉。佐野氏以公冑裔居此城。經源平足利之爭亂。介在諸强族間。而閉關自守。不失寸壤。元龜中北條氏康上杉謙信來攻。

皆喪師而退。當此時。唐澤實為關東名城。降至德川氏。害其險固命墮之。尋收其封。而佐野氏竟亡。嗚呼。前之所以存。後之所以亡。均此險也。險足恃邪。抑不足恃邪。余屢謁田原公祠。周覽其城址。偉公之深謀遠籌能建殊勳。又悲佐野氏以七百年名族。一朝忽諸。而惜斯山之不甚著於世也。雖然以公之忠誠。世徒稱其勇武而已。待朝廷旌賞。然後其心蹟始白於天下矣。公之名之不著者。久而大顯。則知斯山之顯。果能與日光比其隆也。

第四十一　日光山一

佐藤坦

十八日。雨間止。欲觀中禪湖。約伴若干人。既定不敢爲雨廢。沿大谷川。可半里。抵大日堂。土人嘖嘖稱其園池。及過觀。則盆景不足賞。余笑曰。巖棲人狎視名山。不知其爲美。反以人工小園爲佳耶。匆匆去。行半里。得清瀧祠。祠背巖懸小泉。又一里。面前崔嵬。曰馬曲。山險如名。過棧道者五。度略彴者三。山愈深。景愈奇。見兩巖對峙屹然者。過則得一磴。曰劍峯。架棧下臨不測。棧北有二瀑。谷出巖頂。斜相對。在右而遠者。曰方等瀑。在左而近者。曰般若瀑。山皆霜葉。如行彩雲中。而男體戴雪。巋然高更一層。如寶白根。又峙其側。雨方霽。殘雲來往於紅樹間。殆如與我相後先者。過橋。右躋石路。遙聞隱隱有響。知是華嚴瀑不遠。左入側徑。愈近愈轟。既至。薛崖峭絕處。乃見一巨瀑。直下五十餘丈。勢躍玉龍。響奔鐵騎。使人目眩氣奪。瞰之窈然。雲深。底竟不可得見。遂攀援樹根。至瀑口。則流不甚急。掬飲極清。別自一幽境也。

第四十二　日光山二　佐藤　坦

復前路。左折數十百步。濶然得大湖。湖壖有梵剎。卽中禪寺。一境之勝萃焉。湖大。南北餘三里。東西半之。男體聳在寺背。如寶白根諸山。高低環擁。倒影鏡中。

有嶼鬱然。曰上野島。寺背有華表。卽男體麓。不許人常登。側有勝道上人碑。釋空海文。繚石欄。不得近。一境靜寂。人籟都絕。聞山鳥與梵磬。使人怳然。如造異境。徙倚耽戀。不能回踵。及晡時乃去。北抵劍峯。則雲絲縷縷出谷。須臾膚合。鞋下皆白。嚮者紅葉化爲煙海。雨驟至。疾走下山。稍霽。聞阿含瀑不遠。欲過觀之。既黃昏。衆皆有難色。余作氣先之。抵荒澤。則日沒。爇炬。認瀑聲爲導。竭蹷行。此瀑以觀背得名。絕壁架棧。直瀑背。乃躡亂石。下窄蹊。上則巖溜滴下。則雨水注。惴惴乎惟懼足踣。而炬滅。遂造棧。掀炬觀之。但見一片大玉簾而已。既而簾中欻現一巨大夫。勢欲攫人。衆皆怖。徐而察之。炬火在背後。丈夫卽我耳。可謂奇絕矣。蓋至奇絕處。卽至危險處也。夜半。歸寓。憊甚。

第四十三　筑波山　佐藤　坦

念四。朝雨開霽。自下館至筑波。四里而遠。有間道由此。則可三里。到椎尾。椎尾阪寄。皆筑波支山。在北麓。山成三層。下爲椎尾。次爲阪寄。上卽筑波陽峯。乃從間道。登椎尾。有藥師堂。山多獼猴。進登阪寄。皆石。無樹無水。純鍔峻絕。不能目導。而脚從。登者往往摩突額鼻。或呼曰額摩。渴輒嚼草。以取潤耳。頂稍平。可踞息。又進登陽峯。多老樹。可攀援。既極最高頂。雲鳥皆在眼下。累石安男體權現祠。東下數百步。有坦夷處。寘二三小店。鬻餌以待客。稍南有泉竅。潺潺流注。即美那濃川發源處。清冽可掬飲。又登陰峯。亦累石安女體權現祠。眺觀益豁。近則足尾加波皆可俯撮其髻。遠則高原日光秩父諸山聯延綿亘。高低起伏。而不二山獨巍巍然坐於坤位。大山箱根。如趨聽使令者。當不二之麓。見一泓如盆池。則浦賀內洋也。加納山鋸山亦如培塿蟻垤。而外洋一白曳練。摩房總諸山頂。東趨連於注子水戶。其間殘山剩水。重抹輕掃。烟雲縹渺。丹碧點綴。可謂關左八大州一幅活全圖也哉。乃一周下南麓。石間無路。有竇穴。可出入者三處。絕壁峭立。有棧梯。可上下者一處。石滑趾不能駐。有鐵索下垂。下援以外降者七八處。山腹有古鐘。不知何世鑄造。何人移置。此山雖不比日光之靈淑奧深。而危險則不啻十倍。至於眺觀。亦關以東無出此右者矣。

第四十四　瑞龍山

安井衡

十四日晴。將入助川驛。右阜上有山部氏之城。小而麗。亦水戶老。采地一萬石。為公壻修築之費。皆出於

公云。至抽繩子。取捷於瑞龍山。其道新闢。三村嶺以西。折山骨而通之。表淡黃色。鑿處潔如凝雪。奇品也。遐矚亦勝。至瑞龍山。守者導焉。先拜肅公塋。壘石為壁。繚柵再重。公與夫人同兆而殊門。公墳馬鬣封。夫人夏屋。皆塋之前有碑。龜趺而平頭。高五尺許。碑面題某官某位水戶源某謚公墓。夫人亦有別謚。曰某謚夫人某氏墓。諸公皆同。惟義公塋在山頂。遺命作原兆於麓。以受藩士拜。故兆惟一門。中為小堂。方丈許。牆宇樸素。照其儉也。自浮屠氏擅喪祭之權。人無尊卑。死則舉而委之。易名追遠。惟其所為。甚者薙其髮火其體。習慣成性。雖孝子慈孫。恬不知怪。間有識者。欲粗從禮制。而大法所在。亦不敢違。痛心疾首。以聽其所為者。天下皆是也。獨水戶以宗藩之尊。又有義公之賢。故能排群議而行之喪祭之典。雖不可得而聞。然徵之墓制。亦必有與世相徑庭者矣。予疎於禮。其合古制與否。則不敢知。而比之世俗所為。顧不遠哉。下謁朱之瑜墓。墳如夫人而小。碑嵌於前無趺。面題明徵士子朱子墓。義公筆也。亦繚柵。碑陰字小。可望而不可辨焉。

第四十五　水戶義公一

藤田一正

水戸義公諱光國威公第三子也生而岐嶷六歳立爲世子寛文元年辛丑秋七月威公在藩疾病公請省覲十六日大將軍許之卽日上途晝夜兼行翌日至水戸二十九日威公遂薨公慟哭哀痛飲食不入口八月朔公未視水漿群臣患之公曰吾欲強食而如其不下喉何諸老皆涕泣而退二日公始進粥僅一溢米三日歠饘稍加於昨四日發引士人蒙威公譴責杜門屛居者皆被沛宥得列路側拜靈輀是日葬于瑞龍山奉諡曰威公葬儀一遵禮制近臣有欲自殺殉葬者數人公奉遺命親就其家教諭懇惻以

止之時四方侯伯襲戰國餘習至以多殉死者相誇於是幕府嚴設禁令以革其弊公實爲之首倡也九日台命召公詣江戸初公仲兄龜丸夭超伯兄英侯爲嗣居常不安於心十八歳適讀伯夷傳有感遂欲傳茅土於英侯之子九日台使傳命襲封食常陸五郡二十八萬石前一日公與英侯及諸弟坐威公神位前謂賴重曰明日台使至邸意者使我紹封我以弟爲世子負心舊矣然以先君在世晦迹去位則衆將以爲父子有隙所以隱忍至今也願伯兄以松千代賜我我以爲嗣不然台使至邸不敢奉命直遁世

矣英侯固執不可諸弟勸英侯曰吾兄宜允諾否則事將不測英侯不得已許之公大悦松千代卽靖伯小名也

第四十六　水戸義公二

藤田一止

既而襲封例當朔望朝謁公稱疾不出終五十日朝夕奉奠臨哭不惰建威公廟於府城祭祀以禮公在江戸則使公族或大夫攝之以爲永制九月割封內墾田爲諸弟食邑器財寶貨頒諸公族不敢自有焉十一月十四日所生谷氏薨奉諡曰靖定夫人葬于久昌寺公有至性頻失怙恃荼毒辛楚哀戚備至自

是至追遠忌辰盛設法會以薦冥福從先妣之志也寛文三年癸卯秋七月公始就國九月十五日命定士大夫二十七人職掌威公薨後至此三年公嘗曰三年無改於父之道不唯孝子不能忍至三年之久賢否得失察之既熟舉錯黜陟可以無大過矣大抵老成更事後輩欲輕動搖之其爲害甚矣先是英侯既封讚岐冬十二月台命許立靖伯爲世子公之素志至是遂矣靖伯弟諱綱條時稱釆女亦請英侯而子養之孝慈一如所生公子賴常之生公不以爲子英侯私養之明年台命使英侯以賴常爲子後襲其

封寛文六年丙午夏四月新賜上人墳墓地於常磐及坂戸公嘗歎世俗委葬祭於浮屠據朱子家禮畧解其儀以頒之

第四十七　彰考館記　田　犀

夫史者所以記治亂陳善惡用備勸懲之典者故在異朝則班馬以來作者不乏世世繩繩歴史成堆本邦自上古及中葉猶有正史實録而昌泰以後寥寥無聞可以慽焉我公嘗嘆之構館於別墅命諸儒臣廣蒐載籍上自神武下迄近世作記立傳倣班馬之遺風以選述國史有年於此其欲記治亂陳善惡用

備勸懲之典之志可以見焉是歳彌欲遂其志成其功移史館於本邸自擇館名曰彰考且自書之揭爲扁額使傳常矩帆仙效順犀及筆生十許輩間日入館以勤其事加警辭止爭論禁詈談敬書策起怠惰又有守館者有監館事者有供使令者有役厮養者前書庫以便出納後湯室以設沐浴運行厨以賜飲食一月六日別設講筵使群臣無貴賤來聽焉可謂嚴而有恵養而且教如公則君師之道其庶幾乎嗚呼修史者勤而勿懈則可以終編聽講者信而不倦則可以入德然則勸懲之典傳萬世而公之名聲及

無窮聖賢之道溢一家而群臣之風俗可以化不亦賀乎於是公命臣傳等涓吉日開新館賜盛饌曰日已吉矣館亦新矣汝等各燕飲而盡歡以賀有操觚之初以視有絶筆之終僉拜謝舞蹈曰詩云既醉以酒既飽以德其臣等之謂乎書云爲山九仞功虧一簣自今而後彌竭精力無虧其功則今日開館之雅會爲他年竟宴之清遊者必矣時寛文十二年壬申仲夏初三日備員史臣田犀再拜稽首謹記

第四十八　藤田幽谷先生　會澤　安

幽谷藤田先生常陸人諱一正字子定稱與介後改

次郎左衛門考諱言德稱與右衛門娶根本氏生先生於下谷之宅先生生而穎悟少有大志刻苦勤學欲明忠孝之大節以振起末俗扶正氣會東里立原先生操一國之文柄誘掖奬勵薦擧尤力文公拔之閭閻補彰考館生員幕府執政白河源侯聞之求觀其文辭先生爲著正名論以道君臣之大義明年十八亡幾丁親憂世俗喪親者五旬乃從吉雖有服期徒存空名先生俯從國制在家則寢苫枕塊避吉從凶私持心制不御酒肉者三年讀禮之餘論著古人居喪之事以述父子之大倫當此時虜舶數至蝦夷

地方。幕府令諸國設備。然外平日久。文恬武熙。無復知有外患。先生於是有所論建。言涉忌諱。坐不敬。廢黜。乃退。與賢豪奇傑之士交游。上下其議論。如高山正之・蒲生秀實之徒。相驩最深。居三歲。復舊職。時文公崇尚文學。纘義公之緒。欲必終編纂之業。先生論述修史之始末。以明義公深意之所在。及武公襲封。與高橋廣備同為總裁。鉛槧之餘。出入風議。頗得盡其言。

第四十九　藤田幽谷先生二　會澤　安

既而廣備入為政府吏。先生則出為濱田郡奉行。時同列多一時名士。相勉以忠義。不敢少自貶以求苟合也。先生嘗講究治民之策。固有所持論。大約以去煩擾。除横斂。均力役。破兼併。禁侈惰。為勸農之要。然其言開來大體。不得施之一郡一邑。遂陳情辭職。後再為史館總裁。而其一時共事者。亦相尋罷職。亡幾。公薨。哀公之時。進班通事。先生久在史局。商確古今治本亂幾。審其所由。其大自神聖經世之迹。而細至地理譜牒之類。考據明確。發前人所未發。刋修之業。其料既備。年踰知命。所學不行。迺欲託諸文章。而胸中所蘊。未及吐露一斑。享年五十有三。文政九年。十

二月朔。以病終。嗚乎痛哉。配丹氏。有二男五女。長子熊太郎早夭。次彪。字斌卿。葬先生於常磐之原。先生為人。狀貌奇偉。志氣豪邁。平生恥以儒自名。而經史及百家之學。莫不兼綜。絀異端。排左道。指迷辨惑。皆砭其膏肓。說經則歸於仁孝一本之義。言治則主於政教一致之說。至論國體。則謂有天地。然後有君臣。天朝自開闢以來。擁神器。踐天位。皇統綿綿。傳之無窮。民仰天朝。與天一矣。以奉戴天孫天皇之尊。宇內無二。是豈夷狄邪氣之所得而干犯哉。其教育子弟。砥礪名節。振起士氣為務。居常履禮守規。治家嚴肅。而時或對客命酒。擊節高歌。以洩其幽鬱之氣。齡僅強仕。白髮滿頭。嘗竊憂哀公春秋鼎盛。未有儲嗣。論所以固國本者。晚欲復有所言。未果。一朝溘焉。嗚呼。先生所以焦思腐心者。毫無所施。半塗而廢。天道是非果何如也。

漢文中學讀本卷二下終

（初　步）明治廿八年三月十日印刷　三月廿二日發行
（初　卷）明治廿六年四月八日印刷　四月十一日發行
（壹　卷）明治廿六年十月十一日（訂正）印刷　十月十五日（三版）發行
（貳卷上）明治廿六年三月十日印刷　三月十三日發行
（貳卷下）明治廿六年五月九日印刷　五月十五日發行
（三卷上）明治廿六年三月十日印刷　三月十三日發行
（三卷下）明治廿六年六月十日印刷　六月十三日發行

版權所有

編纂者　松本豐多
東京市牛込區市ヶ谷田町三丁目十九番地

發行兼印刷者　吉川半七
東京市京橋區南傳馬町一丁目十二番地

漢文中學讀本初步　全一册　定價金貳拾錢
漢文中學讀本　全六册　各册定價金貳拾錢
漢文中學讀本參考書　全一册　定價金三拾錢

漢文中學讀本卷三上

第一　故河攝泉三州守贈正三位近衛中將楠公贊

朱之瑜

[illegible]
蒐聚也。
幾微也。此言先事微而難知時。而能審强弱之勢也。

忠孝著乎天下。日月麗乎天。天地無日月。則晦蒙否塞。人心廢忠孝。則亂賊相尋。乾坤反覆。余聞楠公諱正成者。忠勇節烈。國士無雙。蒐其行事。不可槩見。大抵公之用兵。審强弱之勢於幾先。決成敗之機於呼吸。知人善任。體士推誠。是以謀無不中。而戰無不尅。誓心天地。金石不渝。不為利回。不為害怵。故能興復王室。還於舊都。諺曰。前門拒狼。後門進虎。廟謨不臧。元兇接踵。構殺國儲。傾移鍾簴。功垂成而震主。策雖善而弗庸。自古未有元帥妬前。庸臣專斷。而大將能立功於外者。卒之以身許國。之死靡他。觀其臨終訓子。從容就義。託孤寄命。言不及私。自非精忠貫日。能如是整而暇乎。父子兄弟。世篤忠貞。節孝萃於一門。盛矣哉。至今王公大人。以及里巷之士。交口而誦說之。不衰。其必有大過人者。惜乎載筆之者。無所考信。不能發揚其盛美大德耳。

回、邪也。曲也。管樂也。
簴音虛。管樂也。
之死、適死也。
託孤寄命、出於論語。

劾、推劾也。
交趾、安南。並同支那西南夷也。

第二　朱之瑜　　原善

朱之瑜。字魯璵。號舜水。諡文恭。明國、浙江餘姚人。家世宦于明。父正。字存之。號定寰。爲總督漕運軍門。卒後、贈光祿大夫、上柱國。舜水、生明萬曆二十八年。早喪父。及漸長。從朱永祐、張肯堂、呉鍾巒學。遂擢恩貢生。尋累徵不就。以故被劾。乃避之舟山。而始來此邦。移交趾。復還舟山。是時國祚既蹙。舜水、知事不可爲。將之安南。而風利不便。再來此邦。不久、又還舟山。其意素在得海外援兵以擧義旗。乃三來此邦。而援兵不可得。去復至安南。欲尋歸故國。以察民情。時、清既

詬、罵辱也。

混壹四方。義不食其粟。四來此邦。終不復還。明、萬治二年也。舜水、冒難而輾轉落魄者、十數年。其來居此邦。初、窮困不能支。柳河、安東省菴、師事之。贈祿一半。久之。水戸義公、聘爲賓師。寵待甚厚。歲致饒裕。然儉節自奉。無所費。至人或詬笑其嗇也。遂儲三千餘金。臨終盡納之水戸庫内。嘗謂曰。中國乏黄金。若用此于彼。一以當百矣。新井白石、謂舜水縮節積餘財。非苟而然矣。其意、蓋在充擧義兵、以圖恢復之用也。然時不至而終。可慨哉。舜水有二男一女。長大成。字集之。次大咸。字咸一。共殉節、不事清。而先舜水卒。大成、

戰戰、恐懼。兢兢、戒慎也。

亦擧二男。曰毓仁。曰毓德。延寶六年。毓仁慕舜水。而來長崎。義公遣今井弘濟、往通消息。然終不得與舜水相見而歸。舜水文集二十八卷。義公與世子、共所編輯也。每卷署名。冠以門人二字。安東省菴稱。以公侯之尊。尊師如此。眞百世之美事。誠然。

第三　壽藏碑陰銘　　德川光圀

元祿三年。光圀、告老還國。退居西山。自稱西山隱士。建壽藏於瑞龍山。自書碑陰銘云。先生、常州水戸産也。其伯疾。其仲夭。先生、夙夜陪膝下。戰戰兢兢。其爲人也。不滯物。不著事。尊神儒。而駁神儒。崇佛老。而排

市于門、賓客來聚于門如市也。
遴、謹選也。謂相比而選之也。
正閏皇統。神功皇后入于皇后紀。大友皇子。入于天皇紀。陟南朝。黜北朝等。皆其特筆也。
攸、音由。所也。
載、則也。

佛老。常喜賓客。殆市于門。每有暇讀書。不求必解。歡不歡歡。憂不憂憂。月之夕。花之朝。斟酒適意。吟詩放情。聲色飮食。不好其美。第宅器物。不要其奇。有則隨有而樂胥。無則任無而晏如。自蚤有志于編史。然罕書可徵。爰搜爰購。求之得之。微遴以稗官小說。摭實闕疑。正閏皇統。是非人臣。輯成一家之言。元祿庚午之冬。累乞骸骨致仕。養兄之子爲嗣。遂立之以襲封。先生之宿志。於是乎足矣。既而還鄕。即日相攸於瑞龍山先塋之側。瘞歷任之衣冠魚帶。載封載碑。自題曰梅里先生墓。先生之靈。永在於此矣。嗚呼。骨肉委

劉伶字伯倫。性好酒。常攜酒自隨。使人荷鍤從之。云死便埋我。

六國史、日本紀。續日本紀。日本後紀。續日本後紀。文德實錄。三代實錄。

徵、證也。

天命所終之處。水則施魚鼈、山則飽禽獸。何用劉伶之鍤乎哉。其銘曰、月雖隱、瑞龍雲光暫留西山峰。建碑勒銘者、源光國。字子龍云。

第四　讀日本史

松崎　復

予嘗讀異朝歷代之史、而知其文獻之盛矣。獨怪我東方　聖神建極之地、風俗敦尨之域、賢人達士之藪。而六國史外、上而無史官之設、下而野史之文散而不收。終使文獻湮沒、後世無徵。豈不東方一大欠事哉。元祿中、水戶相公有慨于此、探名山之藏、討金石之秘。至夫稗官野史之書、澄而汰之、簸而揚之、凡二百五十卷。名曰大日本史。起神武帝元年、至後小松天皇應永三年。歷世一百、積年二千有餘。搜羅博綜、顯晦不漏。紀終而傳繼、文簡而事詳。可謂東方未曾有之盛典。嗚呼、王威墜而史官廢矣。六國史外、世不覩文獻之盛久矣。此書一出、而後知東方文獻之盛、不為異朝遜一等矣。嗚呼盛哉。嗚呼盛哉。

第五　與會澤恒藏書

林　長孺

十一月三日。林長孺白會澤恒藏足下。夫修史之典、所以鼓吹善良、懲創姦凶、以供人主之龜鑑、以示億兆之勸戒。不可一日而闕焉者也。在昔王室之隆、上

蓋有間矣、言優劣有間也。

宮皇子舊事、舍人親王書紀而下、歷世勅撰之書、雖其體裁史法、未為完備、亦可以觀當時政治之大槩矣。其後宸極弛綱、亂離相踵、史喪厥人、修史之典蓋蔑如也。逮我東照公之勃興、殺戮鯨鯢、洗蕩夭氛、偃武修文、四海廓清。於是有儒者之召焉、有群書之輯焉。而尚未及夫修史之舉者、蓋將俟其人於異日也。伏惟西山義公識見遠大、學問淵博、延聘碩儒、講究討論、以撰成一書。名曰大日本史。以遠繼朝廷之廢典。其議論之正、文章之美、搜羅之博、體例之嚴、較諸舊事書紀諸書、蓋有間矣。於是乎嚮者東照公之所俟焉者、至義公而成。義公之功、可謂偉矣。想東照公在天之靈、亦應欣然揚眉於冥漠之中矣。但其書訖于南北一統而止、詳于前而畧于後。諺所謂造佛不開眼者非耶。天下議者不能無遺憾于茲。何者、自應仁之大亂、降及天正之季、天下治亂興亡之跡、繁矣。是皆不可無紀者。況東照公止戈肇治之功、光于前古、而範于後代、是最不可無紀也。以故貴藩安積覺著烈祖成蹟、大阪中井積善著逸史。然皆止於公之一世。自公而上、畧而不詳。且二人之書、皆編年之體、而非紀傳之體。與大日本史異。然則後史之撰、非貴

彬彬然。文質備貌。

藩而誰任之者。貴藩之以史學聞於天下也、尚矣。鴻儒碩學。巧文妙筆。今尚彬彬然。天下無敢與貴藩抗者。而恒藏爲其魁焉。聞恒藏、今職居史館總裁。則修史之任。於恒藏爲最重。恒藏固當日夜淬勵。率先同列。以早就其功也。果然則不獨上之繼東照公及義公之遺意。而下之可以釋天下議者之遺憾也。嗚呼。以恒藏之才學。當修史之重任。而徒稽延歲月。不能成功。僕恐、怠弛逋慢之誹。恒藏其無所辭歟。昔唐韓愈居史館不作史。柳宗元貽書切責之。天下後世以爲公論。僕雖未辱恒藏之交誼。然今倣宗元之爲。作

一書以呈瞽言。會貴藩菊地十全、來訪。乃以書附之。若以愚言、爲不當。請教以啓蒙之諭。幸甚。幸甚。匆匆不備。

第六　與韓愈論史書一

唐　柳宗元

前獲書言史事。云具與劉秀才書。及今乃見書藁。私心甚不喜。與退之往年言史事甚大謬。若書中言。退之、不宜一日在館下。安有探宰相意。以爲苟以史筆榮一韓退之邪。若果爾退之、豈宜虛受宰相榮己。而冒居館下近密地。食奉養。役使掌故。利紙筆。爲私書。取以供子弟費。古之志於道者。不宜若是。且退之以

刑、天刑。禍、人禍。此韓書中言。

韓書引孔子以下至宋孝王等。以爲作史受天刑之証。

爲紀錄者有刑禍。避不肯就。尤非也。史以名爲褒貶。猶且恐懼不敢爲。設使退之爲御史中丞大夫。其褒貶成敗人愈益顯。其宜恐懼尤大也。則又將揚揚入臺府。美食安坐。行呼唱於朝廷而已邪。在御史猶爾。設使退之爲宰相。生殺出入升黜天下士。其敵益衆。則又將揚揚入政事堂。美食安坐。行呼唱於內庭外衢而已邪。則何以異不爲史而榮其號利其祿者也。又言不有人禍。則有天刑。若以罪夫前古之爲史者然。亦甚惑。凡居其位。思直其道。道苟直。雖死不可回也。如回之。莫若亟去其位。孔子之困於魯、衞、陳、宋、蔡、

檢、歛束。下謂退。

齊、楚者。其時暗。諸侯不能以也。其不遇而死。不以作春秋故也。當其時。雖不作春秋。孔子猶不遇而死也。若周公、史佚。雖紀言書事。猶遇且顯也。又不得以春秋、爲孔子累。范曄悖亂。雖不爲史。其族亦誅。司馬遷觸天子喜怒。班固、不檢下。崔浩沽其直。以鬭暴虜。皆非中道。左丘明以疾盲。出於不幸。子夏、不爲史亦盲。不可以爲戒。其餘皆不出此。是退之、宜守中道。不忘其直。無以他事自恐。退之之恐。惟在不直不得中道。刑禍非所恐也。

第七　與韓愈論史書二

柳　宗元

磊磊軒天地一句。亦韓書中語。言最顯著者。雖未沈沒。但信人口傳。將必致亂雜不一。恣、縱其自然也。韓書云。草草作傳記。若有鬼神。將不福人。

凡言二百年文武士多。有誠如此者。今退之、曰我一人也、何能明。則同職者又所云若是。後來繼今者又所云若是。人人皆曰我一人。則卒誰能紀傳之邪。如退之。但以所聞知孜孜不敢怠。同職者、後來繼今者。亦各以所聞知孜孜不敢怠。則庶幾不墜。使卒有明也。不然、徒信人口語。每每異辭。日以滋久。則所云磊磊軒天地者。未必不沈沒。且亂雜無可考。非有志者所忍恣也。果有志。豈當待人督責迫蹙。然後爲官守邪。又凡鬼神事渺茫荒惑。無可准。明者所不道。退之之智。而猶懼如此。今學如退之。辭如退之。好言論。如

春秋之法。在褒貶。後世之史、記事而無褒貶。千古史法。已瞭然。

退之。慷慨自謂正直行行焉。如退之。猶所云若是。則唐之史述其卒無可託乎。明天子賢宰相得史才如此。而又不果。甚可痛哉。退之宜更思。可爲速爲。果卒以爲恐懼不敢。則一日可引去。又何以云行且謀也。今人當爲而不爲。又誘館中他人及後生者。此大惑已。不勉己。而欲勉人。難矣哉。

第八　答劉秀才論史書

唐　韓愈

愈白秀才辱問見愛。教勉以所宜務。敢不拜賜。愚以爲、凡史氏褒貶大法。春秋已備之矣。後之作者。在據事跡實錄。則善惡自見。然此尚非淺陋偷惰者所能

就。況褒貶邪。孔子聖人。作春秋。辱於魯衞陳宋齊楚。卒不遇而死。齊太史氏兄弟幾盡。左丘明紀春秋時事以失明。司馬遷作史記。刑誅。班固瘦死。陳壽起又廢。卒亦無所至。王隱謗退死家。習鑿齒無一足。崔浩范曄亦誅。魏收夭絕。宋孝王誅死。足下所稱吳兢。亦不聞身貴而今其後有聞也。夫爲史者。不有人禍。則有天刑。豈可不畏懼而輕爲之哉。唐有天下二百年矣。聖君賢相相踵。其餘文武之士。立功名跨越前後者。不可勝數。豈一人卒卒能紀而傳之邪。僕年志已就衰退。不可自敦率。宰相知其無他才能。不足用。哀

戚戚憂貌。

其老窮齟齬無所合。不欲令四海內有戚戚者。猥言之上。苟加一職榮之耳。非必督責迫蹙。令就功役也。賤不敢逆盛指。行且謀引去。且傳聞不同。善惡隨人所見。甚者附黨憎愛不同。巧造語言。鑿空構立善惡事迹。於今何所承受取信。而可草草作傳記令傳萬世乎。若無鬼神。豈可不自心慙愧。若有鬼神。將不福人。僕雖騃。亦粗知自愛。實不敢率爾爲也。夫聖唐鉅跡。及賢士大夫事。皆磊磊軒天地。決不沈沒。今館中非無人。將必有作者勤而纂之。後生可畏。安知不在足下。亦宜勉之。

故書。猶言古書。
楊劉。楊億劉筠。

第九　記舊本韓文後　　宋　歐陽修

予少家漢東。漢東僻陋無學者。吾家又貧無藏書。州南有大姓李氏者。其子堯輔頗好學。予爲兒童時。多遊其家。見其敝筐貯故書在壁間。發而視之。得唐昌黎先生文集六卷。脱落顚倒無次序。因乞李氏以歸。讀之見其言深厚而雄博。然予猶少。未能悉究其義。徒見其浩然無涯若可愛。是時天下學者。楊劉之作。號爲時文。能者取科第擅名聲。以誇榮當世。未嘗有道韓文者。予亦方舉進士。以禮部詩賦爲事。年十有七試於州。爲有司所黜。因取所藏韓氏之文復閲之。

則喟然歎曰。學者當至于是而止耳。因怪時人之不道。而顧已亦未暇學。時時獨念于予心。以謂方從進士干祿以養親。苟得祿矣。當盡力於斯文。以償其素志。後七年。舉進士及第。官於洛陽。而尹師魯之徒皆在。遂相與作爲古文。因出所藏昌黎集而補綴之。求人家所有舊本而校定之。其後天下學者亦漸趨於古。而韓文遂行於世。至於今蓋三十餘年矣。學者非韓不學也。可謂盛矣。嗚呼。道固有行於遠而止於近。有忽於往而貴於今者。非惟世俗好惡之使然。亦其理有當然者。昔孔孟惶惶於一時。而師法於千萬世。

干。求也。

韓氏之文。沒而不見者二百年。而後大施於今。此又非特好惡之所上下。蓋其久而愈明。不可磨滅。雖蔽於暫。而終耀於無窮者。其道當然也。予之始得於韓也。當其沈沒棄廢之時。予固知其不足以追時好而取勢利。於是就而學之。則予之所爲者。豈所以急名利而干勢利之用哉。亦志乎久而已矣。故予之仕於進不爲喜。退不爲懼者。蓋其志先定。而所學者宜然也。集本出於蜀。文字刻畫頗精。於今世俗本。而脱繆猶多。此三十年間。聞人有善本者。必求而改正之。其最後卷帙不足。今不復補者。重增其故也。予家藏書

瑰琦。珍奇也。

萬卷。獨昌黎先生集爲舊物也。嗚呼。韓氏之文之道。萬世所共尊。天下所共傳而有也。予於此本。特以其舊物而尤惜之。

祭歐陽文忠公文　　宋　王安石

夫事有人力之所致。猶不可期。況乎天理之溟溟。又安可得而推。惟公生有聞於當時。死有傳於後世。苟能如此足矣。而亦又何悲。如公器質之深厚。智識之高遠。而輔學術之精微。故充於文章。見於議論。豪健俊偉。怪巧瑰琦。其積於中者。浩如江河之停蓄。其發於外者。爛如日星之光輝。其清音幽韻。淒如飄風急

崎嶇。山路不平也。迍邅。難行不進貌。

雨之驟至。其雄辭閎辨。快如輕車駿馬之奔馳。世之學者。無問乎識與不識。而讀其文。則其人可知。嗚呼。自公仕官四十年。上下往復。感世路之崎嶇。雖迍邅困躓。竄斥流離。而終不可掩者。以其公議之是非。旣壓復起。遂顯於世。果敢之氣。剛正之節。至晚而不衰。方仁宗皇帝臨朝之末年。顧念後事。謂如公者。可寄以社稷之安危。及夫發謀決策。從容指顧。立定大計。謂千載而一時。功名成就。不居而去。其出處進退。又庶乎英魄靈氣。不隨異物腐散。而長在乎箕山之側。與潁水之湄。然天下之無賢不肖。且猶爲涕泣而歔

史記正義曰。孟軻字子輿。直養無害。養之以直。不以邪事干害之也。配。配偶也。集義

欷。而況朝士大夫。平昔遊從。又予心之所嚮慕而瞻依。嗚呼。盛衰興廢之理。自古如此。而臨風想望。不能忘情者。念公之不可復見。而其誰與歸。

重刻歐陽文忠公全集序　清　李振裕

盈天地之間。其氣乎。然有正氣。有奇氣。有戾氣。其賦於人也。固聖賢豪傑之所由分。君子小人之所由判。推之古今治亂得失之故。政教風俗之原。於是乎繫。嗚呼。此子輿氏所以重言氣也。其言曰。至大至剛。直養無害。又曰。配義與道。集義所生。蓋非直養無以充剛大之體。非集義無以善剛大之用。今吾人幸秉天

多行道義也。兩間。天地間也。陶。養也。淑。善也。泰山梁木。出於禮記檀弓。班班。有秩序貌。

地之正氣而生。根於心。發於身。氣則兩間之正氣。人則兩間之正人。以之擔荷世道。陶淑人心。經百折而不回。逢非常而不懼。此豈徒一往而不可遏者乎。要必益之以學。深之以養。貞之以識與量。於是天下後世讀其書。想其人。屹然如泰山梁木之不可卽也。昭然若日星河漢之不可窮也。知此者。可以讀歐陽文忠之文矣。文忠公。吉產也。吾吉固多君子。文章氣節。與夫理學經濟。炳炳烺烺。垂之宇宙。載之史冊者。班班可考。而鄕先輩劉三吾先生所集吉州正氣一書。則斷自歐陽文忠始。某不敏。生公之鄕。而先君子生

平無他嗜好。惟喜書。尤喜誦公文章。每訓小子某。曰。汝知讀歐文之法乎。歐公奮乎百世之上。而使百世之下。賢知者仰而企。頑懦者慚而懼。此其中有樞機焉。名位不能使之榮。擯斥不能使之辱。功業不能使之樂。禍患不能使之憂。邪正是非。不能使之惑。凡若此者何也。存乎中者。不動心。以爲之本。而後浩然剛大之氣。貫注乎古今。充塞乎天地。維繫乎天下後世之人心。不則天下之能文章者多矣。而純忠大節。何不少概見也。後二百四十餘年。文文山起而振之。至今讀正氣歌。未嘗不慷慨流涕。而益信直養無害之

兩先生。歐陽修。文天祥。
惄音溺。憂也。
簏。竹篋也。
戕戕。憂貌。

說爲不誣。盧陵舊有兩先生全集。版毀於兵。先君子惄然傷之。從敗簏殘楮中。搜得文山全集。手訂而先授之梓。復購公集善本。將重校鏤版以行。不幸遽從兩先生遊。而余以讀禮戕戕。未遑考訂。以竟先人表章之志。吾鄉曾旅菴。乃毅然以校刊歐公全集。爲已任。今閱三年。剞劂告成。屬余序。所以校刊之意。余烏足以知。此惟舉平日得於庭訓者。約述之。以告來茲。則公雖往。而公之正氣。常凜凜乎宇宙間。若夫仰慕而私淑者。固千萬世猶一日也。嗚呼。使人人皆知所養。而無害於浩然剛大之體。本之爲忠孝之原。存之

嶧山。一名鄒山。鄒。孟子生國。
栗主。神牌也。

爲性情之正。擴之於綱常名教之間。發之於文章事業之際。明理集義。以深求乎不動心之所存。將不獨洞貫乎歐公一家之學。而深有得乎嶧山浩然之傳矣。讀斯集者。愼毋徒讀其書。而致歎絕學之難續。此則旅菴校刊之力也。抑卽先君子與其誦法之志也夫。

第十　眞賞樓記

明　朱彝尊

平山之堂既成。越明年。中書舍人、汪君季角。拓堂後地。爲樓五楹。設栗主。以祀歐陽永叔、劉仲原父、蘇子瞻諸君子。名曰眞賞之樓。蓋取諸永叔寄仲原父詩

表。外也。

中語也。君既爲文勤堂隅。識落成之歲月。請予作斯樓記。於是樓成。又逾年矣。方山陰金公將知揚州府事。實期予適館。既而予不果往。及聞堂成之日。四方知名士會者百人。多予舊好。咸賦詩記其事。顧予獨客二千里外。不獲與。私心竊悔且憾。回憶曩時客揚州。登堂之故址。草深數尺。求頹垣斷砌所在。不能辨識。慨然長謠。謂茲堂之勝。殆不可復覩。曾幾何時。而晴闌畫檻。忽涌三城之表。且有飛樓峙其後。既感廢興之相尋。復歎賢者之必有其助也。當永叔築堂時。特出一時興會所寄。然春風楊柳。蓋別久而不忘。子

瞻三過其下。悵仙翁之不見。至題詞快哉亭。尚吟思此堂未已。卽永叔亦感仲原父能留其游賞之地。賦詩遠寄。是當時諸君子。未嘗一日忘茲堂可知已。肇祀焉。庶其馮依而不去者與。堂之廢。自世人視爲游觀之所。可以有無。守是邦者。或不爲葺治。至于日圮。理固然也。試登是樓。見永叔以下凡官此土。有澤于民者。皆得置主以祀。後之君子。必能師金公之遺意。克修前賢之蹟。則是斯樓成。而平山之堂。始可歷久不廢。足以見汪君之用意深且遠也。予雖不獲觀堂落成。與諸名士賦詩之末。猶幸勒名樓下。附汪君之

湘沅漢沔。皆水名。
赤壁山名。在武昌府蒲圻縣西北。
一舍三十里。
倏亦忽也。

文並傳于後。亦可以勿憾矣夫。

第十一　黃州快哉亭記　宋　蘇轍

江出西陵。始得平地。其流奔放肆大。南合湘沅。北合漢沔。其勢益張。至於赤壁之下。波流浸灌。與海相若。清河張君夢得。謫居齊安。卽其廬之西南爲亭。以覽觀江流之勝。而余兄子瞻。名之曰快哉。蓋亭之所見。南北百里。東西一舍。濤瀾洶涌。風雲開闔。晝則舟楫出沒於其前。夜則魚龍悲嘯於其下。變化倏忽。動心駭目。不可久視。今乃得玩之几席之上。舉目而足。西望武昌諸山。岡陵起伏。草木行列。煙消日出。漁夫樵

孟德曹操字。仲謀孫權字。
獸獨同。

父之舍。皆可指數。此其所以爲快哉者也。至於長洲之濱。故城之墟。曹孟德、孫仲謀之所睥睨。周瑜陸遜之所馳騖。其流風遺跡。亦足以稱快世俗。昔楚襄王、從宋玉、景差於蘭臺之宮。有風颯然至者。王披襟當之。曰快哉此風。寡人所與庶人共者耶。宋玉曰。此獸大王之雄風耳。庶人安得共之。玉之言蓋有諷焉。夫風無雄雌之異。而人有遇不遇之變。楚王之所以爲樂。與庶人之所以爲憂。此則人之變也。而風何與焉。士生於世。使其中不自得。將何往而非病。使其中坦然。不以物傷性。將何適而非快。今張君不以謫爲患。

會稽卽會計。指簿書錢穀言。
蓬戶編蓬爲戶。甕牖以敗甕口爲牖也。
挹酌也。

收會計之餘功。而自放山水之間。此其中宜有以過人者。將蓬戶甕牖、無所不快。而況乎濯長江之清流。挹西山之白雲。窮耳目之勝。以自適也哉。不然連山絕壑。長林古木。振之以清風。照之以明月。此皆騷人思士之所以悲傷憔悴、而不能勝者。烏覩其爲快哉也哉。

第十二　赤壁之戰　三國志

建安十三年。九月。曹公入荊州。劉琮舉衆降。曹公得其水軍船。步兵數十萬。吳將士聞之、皆恐懼。延見羣下。問以計策。議者咸曰。曹公、豺虎也。然託名漢相。挾

船狹而長曰蒙衝。以衝突敵船者也。
父兄。父堅兄策。

天子以征四方。動以朝廷爲辭。今日拒之。事更不順。且將軍大勢。可以拒操者。長江也。今操得荊州。奄有其地。劉表治水軍。蒙衝鬭艦。乃以千數。操悉浮以沿江。兼有步兵。水陸俱下。此爲長江之險。已與我共之矣。而勢力衆寡。又不可論。愚謂大計、不如迎之。周瑜曰。不然。操雖託名漢相。其實漢賊也。將軍以神武雄才。兼杖父兄之烈。割據江東。地方數千里。兵精足用。英雄樂業。尚當橫行天下。爲漢家除殘去穢。況操自送死。而可迎之邪。請爲將軍籌之。今使北土已安。操無內憂。能曠日持久。來爭疆場。又能與我校勝負於

二袁。袁紹、袁術。
魯肅。孫權將。

船楫可乎。今北土既未平安。加馬超、韓遂尚在關西。為操後患。且舍鞍馬。杖舟楫。與吳越爭衡。本非中國所長。又今盛寒。馬無藁草。驅中國士衆。遠涉江湖之間。不習水土。必生疾病。此數四者。用兵之患也。而操皆冒行之。將軍禽操。宜在今日。瑜請得精兵三萬人。進住夏口。保為將軍破之。孫權曰。老賊欲廢漢自立矣。徒忌二袁、呂布、劉表與孤耳。今數雄已滅。惟孤尚存。孤與老賊勢不兩立。君言當擊。甚與孤合。此天以君授孤也。時劉備為曹公所破。欲引南渡江。與魯肅遇於當陽。遂共圖計。因進住夏口。遣諸葛亮詣權。權

裹。包也。

遂遣瑜及程普等。與備并力逆曹公。遇於赤壁。時曹公軍衆已有疾病。初一交戰。公軍敗退。引次江北。瑜等在南岸。瑜部將黃蓋曰。今寇衆我寡。難與持久。然觀操軍。方連船艦。首尾相接。可燒而走也。乃取蒙衝鬭艦數十艘。實以薪草。膏油灌其中。裹以帷幕。上建牙旗。先書報曹公。欺以欲降。又豫備走舸。各繫大船後。因引次俱前。曹公軍吏士。皆延頸觀望。指言蓋降。蓋放諸船。同時發火。時風盛猛。悉延燒岸上營落。頃之。煙炎張天。人馬燒溺。死者甚衆。軍遂敗退。還保南郡。備與瑜等復共追。曹公留曹仁等。守江陵城。徑自

壬戌之秋。宋元豐五年。
既望。望後。
明月之詩。詩月出篇。誦之歌之、以待月也。
秋水清見底。月在水中。謂之空明。月光與波俱動。謂之流光。揺

北歸。

第十三　前赤壁賦

宋　蘇軾

壬戌之秋。七月既望。蘇子與客泛舟。遊於赤壁之下。清風徐來。水波不興。舉酒屬客。誦明月之詩。歌窈窕之章。少焉。月出於東山之上。徘徊於斗牛之間。白露橫江。水光接天。縱一葦之所如。凌萬頃之茫然。浩浩乎如馮虛御風。而不知其所止。飄飄乎如遺世獨立。羽化而登仙。於是飲酒樂甚。扣舷而歌之。歌曰。桂櫂兮蘭槳。擊空明兮泝流光。渺渺兮予懷。望美人兮天一方。客有吹洞簫者。倚歌而和之。其聲嗚嗚然。如怨

逆水而上曰泝。
周喻吳人呼為周郎。
赤壁猶是也。而英雄如彼。亦不能長存。可勝慨然。
蜉蝣。小蟲名。朝生暮死。

如慕。如泣如訴。餘音嫋嫋。不絕如縷。舞幽壑之潛蛟。泣孤舟之嫠婦。蘇子愀然。正襟危坐。而問客曰。何為其然也。客曰。月明星稀。烏鵲南飛。此非曹孟德之詩乎。西望夏口。東望武昌。山川相繆。鬱乎蒼蒼。此非孟德之困於周郎者乎。方其破荊州。下江陵。順流而東也。舳艫千里。旌旗蔽空。釃酒臨江。橫槊賦詩。固一世之雄也。而今安在哉。況吾與子。漁樵於江渚之上。侶魚鰕而友麋鹿。駕一葉之扁舟。舉匏樽以相屬。寄蜉蝣於天地。渺滄海之一粟。哀吾生之須臾。羨長江之無窮。挾飛仙以遨遊。抱明月而長終。知不可乎驟得。

無盡藏出佛典。言性體也。風月任人取用。乃造物之無盡藏。我生可以受用不窮。

託遺響於悲風。蘇子曰。客亦知夫水與月乎。逝者如斯。而未嘗往也。盈虛者如彼。而卒莫消長也。蓋將自其變者而觀之。則天地曾不能以一瞬。自其不變者而觀之。則物與我皆無盡也。而又何羨乎。且夫天地之間。物各有主。苟非吾之所有。雖一毫而莫取。惟江上之清風。與山間之明月。耳得之而為聲。目遇之而成色。取之無禁。用之不竭。是造物者之無盡藏也。而吾與子之所共適。客喜而笑。洗盞更酌。肴核既盡。杯盤狼藉。相與枕藉乎舟中。不知東方之既白。

第十四　後赤壁賦　蘇軾

因葉脫而行路見影。因見影而舉頭見月。

隋唐佳話。吳郡獻松江鱸魚膾。煬帝曰。所謂金虀玉膾。東南之佳味。

識認也。言距前遊僅三月耳。而前遊之江山。不相識認也。

馮夷。華陰人。服八石得水仙。是為河伯。

是歲十月之望。步自雪堂。將歸于臨皋。二客從予。過黃泥之坂。霜露既降。木葉盡脫。人影在地。仰見明月。顧而樂之。行歌相答。已而歎曰。有客無酒。有酒無肴。月白風清。如此良夜何。客曰。今旦薄暮。舉網得魚。巨口細鱗。狀如松江之鱸。顧安所得酒乎。歸而謀諸婦。婦曰。我有斗酒。藏之久矣。以待子不時之需。於是攜酒與魚。復遊於赤壁之下。江流有聲。斷岸千尺。山高月小。水落石出。曾日月之幾何。而江山不可復識矣。予乃攝衣而上。履巉岩。披蒙茸。踞虎豹。登虬龍。攀棲鶻之危巢。俯馮夷之幽宮。蓋二客不能從焉。劃然長

嘯。艸木震動。山鳴谷應。風起水涌。予亦悄然而悲。肅然而恐。凜乎其不可留也。反而登舟。放乎中流。聽其所止而休焉。時夜將半。四顧寂寥。適有孤鶴。橫江東來。翅如車輪。玄裳縞衣。戛然長鳴。掠予舟而西也。須臾客去。予亦就睡。夢一道士。羽衣翩躚。過臨皋之下。揖予而言曰。赤壁之遊。樂乎。問其姓名。俛而不答。嗚呼噫嘻。我知之矣。疇昔之夜。飛鳴而過我者。非子也耶。道士顧笑。予亦驚悟。開戶視之。不見其處。

第十五　小赤壁石記　佐藤坦

白川田内子友藏一塊石。名小赤壁者。求余記。䫆也。

不長曰么。細小曰麽。

尸神象也。祝祭主也。

先是諸名家咏讚揄揚其美者。不下數十人。顧夫黃州之壁。斷崖千尺。且不過前後二賦。而此么麽之塊。乃累數十篇。未已。何以邪。其意或者以其不在於物之耽戀。而在於人之繾綣。乃爾也歟。夫後人之尸祝先哲。作肖像以奉之。至其肖不肖。實不必論。而一惟以吾心肖之而已。今此一塊石。吾不知其狀之與彼崖果相肖乎不也。然而蘇公壁遊。夢想難覓。必求其彷彿焉者。以致繾綣。亦惟以吾心肖之。則此無乃為赤壁之肖像乎。聞之石舊係粟山柴君所藏。柴君文采風流高一時。常欽慕蘇公。每歲十月之望。置酒會

玩物喪志。出書旅獒。

客。以擬壁遊。時有客。袖此石來示。柴君一見激賞。名之曰小赤壁。既而柴君頹然醉。援筆賦小赤壁古調一篇。醉墨縱橫。一座竦動。客以爲贈己者而拜之。柴君亦拜其石。曰此是吾家之物也。遂收之。客乃嗒然。蓋其雅逸豪宕之風。謂之今時一蘇公可也。柴君既沒。而石歸於子友。子友之欽慕柴君。猶柴君之於蘇公。則此物乃遺愛珍寶。不獨爲赤壁之肖像。而謂之柴君之肖像可也。是則其所以纏綿無已爾矣。若徒以塊然形似而已。則玩物喪志。吾不取也。

第十六　小赤壁記　　賴襄

小赤壁者。白河侯近臣、田内月堂、藏石也。舊爲柴栗山先生物。先生嘗以享和壬戌十月望。置酒賞月。尾藤博士以下諸名士盡集。白河侯貽鱸魚、以佐酒。蓋盛擧也。會中津文學、倉成翁至自羽州。獲一石於其五色洞。聳拔嵯牙。峰巒盡具。是夜齎示先生。先生詫曰。是小赤壁也。來臨吾會。宜爲吾有。就手奪之。遂作長句歌之。坐客皆和。一時傳以爲佳話。其後先生與博士諸公。前後卽世。而此石併卽夜詩卷。皆歸月堂。月堂珍愛篤至。又募賦詠於四方。而徵余爲之記。夫余未得見其石也。而奪石之人。與傍觀之人。則嘗得

元祐、宋哲宗年號。

見之矣。且當時之會。吾先人亦與焉。故聞其事甚熟。今又按圖讀詩。諸賢聲容。宛在心目。竊幸得挂名其末也。不能不欣然援筆。以爲月堂所以愛此石。亦以其人焉耳。非必於石也。余嘗讀蘇子賦。以爲巉巖蒙茸。何地無有。而黃州之山。一經其遊。後人過焉者。蓋莫不低回顧戀也。而斷岸千尺。不可挈歸。先生、今蘇子也。而此石、先生之赤壁也。置之几間。恍陪嘯歌。月堂愛之。亦宜矣。且夫赤壁之從遊者。二客而已。而不載其姓名。蓋不足載耳。何如小赤壁之盛哉。假使蘇子與元祐羣賢。相攜遊敖焉。則其起後人之思。當又

文正、司馬光諡。

司馬光居洛十五年。兒童走卒。皆知司馬君實。

何如歟。而此石何以異此。抑昔人稱。天地秀異之氣之所鍾。或爲石焉。或爲人焉。栗山先生諸公。人之秀拔奇特者也。而白河侯、實採掇裒聚之。猶元祐羣賢之有司馬文正焉。氣類之所召。此石亦至諸公之側。固其理也。今諸公皆逝矣。而侯猶巍然繫朝野之望。所謂兒童走卒。皆知識之者。而月堂日侍其左右。則石之歸焉。吾以爲非偶然也。月堂其敬而拜之。勿徒愛而玩之。既爲作記。又依先生原韻。爲短歌贈之。其韻不敢順押。而倒步者。所以見攀援溯回之意也。黃岡山、待蘇公樂。虬龍虎豹、供筵席。胡風吹折、江南

嚇、許嫁反、怒声也。泓下深貌。崢嶸也。崢嶸山峻貌。米癖、米元章有好奇石之癖。故云。酧俗酬字。

韓琦、封魏國公。故称韓魏公。

水。江山雖在面目失。山靈寧樂入版籍。千載應念長嘯客。東海自有小赤壁。精華依然映東壁。潔質樂就白河白。不容塵垢來相逼。俗手欲觸石曰嚇。長向君家甘潛伏。欲擬風月寄蘇魄。非學泓崢惹米癖。每逢孟冬望之夕。月底酧酒尚來格。神格不度矧可射。牽招羣仙聚君宅。君不見石之所歸、其上自有仙伯涵蓄偉人潤養奇石。白河之水是靈液。

第十七　上樂翁公書一　　賴襄

布衣賴襄謹再拜。白少將、樂翁公閤下。襄、嘗讀宋蘇轍、上韓魏公書。愛之。以爲自昔進言於當世王侯者。

大抵有求而自售。識者所醜。獨轍、偉魏公人物。比之名山大川。欲接其言貌。以養己作文之氣。言雖近狂。其澹泊無求。可知也。雖然。魏公是時、猶當路秉權。人將疑轍之有求焉。閤下、今代之魏公也。而勇退高踏。久處閒地。使襄學轍所爲。可以無嫌矣。特貴賤懸絕。不啻如轍於魏公。則徒仰而心嚮之而已。今茲。尊嫡君侯。膺幕命入朝。謝大拜之恩。襄、伏在草莽。側聞盛事。而不圖邸吏帶閤下之命。來就襄家。取所著私史。欲賜覽觀。禮意殷勤。愧悚交至。夫襄、不敢求於閤下。而閤下求於襄。襄之榮、大矣。復何所嫌而辭避乎。雖

謦欬言笑也。史遷、太史司馬遷。

晰明也。

未接謦欬。聞其詞命。亦可以自壯。於是。忘其蕪穢。出以納下執事。又敢有所瀆告。轍書稱。史遷文有奇氣。他日、自作古史。則論遷之疎畧輕信。淺陋無識。夫遷、官太史。總領天下文籍。猶不免疎畧之譏。況如襄、以寒陋一書生。獨力罔羅古今。其不自揣。而招大方嗤笑。必也。然少小嗜讀國乘。每病常藩史之浩穰。又恨其有闕。至近代之事、與夫隆治之所由。非無先輩撰著。又未有晰其端緒。綜各家終始者。於是。私倣遷史世家而加詳備。斷自源平氏。至於今代。間、以中興諸將。及劃據羣雄。關係治亂者。家別紀之。或錯而合之。

要覽其成敗盛衰之狀。與臣屬謀戰忠邪之跡。取其大體最明確者。若夫博引旁搜。辨析錙銖。世自有其人。以爲非襄輩所及也。

第十八　上樂翁公書二　　賴襄

至其義例。蓋亦有貽淺陋之嘲者。事繫一姓之下。而不有統紀以總之。列將家。而雜以雄長。舉今代而稱謂論說。如欠尊崇者。是自有說焉。夫右族迭興。甲起乙仆。以成海宇之沿革。而事不必關於王室者。我中世以還之國勢也。故依實創體。以形世變。而其中貫以帝系年號。以表條理。至大義所繫。必用特書。雖厠

黷汚濁也。

權豪於元帥。隨成敗次第。而因署題以見總屬。而載之事實。名分截然。讀者自能見之。至若今代稱謂。則謹據奕葉名爵。天下公行之稱。名實輕重。按跡可知。不敢私撰名號。以黷今代。而眛後世耳目。閱首至尾。睹其得失之相形。明其分裂統合之所漸。則今日無前之功德。有不待言者。又不敢喋喋頌贊。使人疑其諛與溢。自謂敬之至也。凡是襄區區撰述之本意。不可不爲閣下一言之。野人朴直。以所謂無求之心著書。取其簡約自便省覽。始非諆公之世也。所以引据翦裁。皆成一家私乘之體。至寫錄體貌。又一倣古史。

縟繁采色也。

不肖學覯近之文縟。是以拮据二十餘年。藏之筐笥。未嘗示人。今乃得閣下之寓目。以取信於天下後世。眞意外之幸也。襄雖無求於今日。而不無求於千百載。非經大賢之鑒識。不足以保其傳也。然苟得流傳。不別今與後。其損益於世道人心。尤不可不加謹。襄也病羸。不能効力父母之邦。況敢望有益於世。然生遭此極盛之運。以其庸陋之筆墨。裨補萬一焉。則不負爲太平之民也。蘇轍謂魏公苟以爲可教而教之。則幸矣。閣下其亦有以教襄焉。冒瀆尊嚴。惶懼無已。

第十九　上樞密韓太尉書　蘇轍

我能自養育我之所有浩然之大氣也。
太史公云云　見史記太史公自序。
疎蕩　疎通豪蕩也。

太尉執事。轍生好爲文。思之至深。以爲文者氣之所形。然文不可以學而能。氣可以養而致。孟子曰。我善養吾浩然之氣。今觀其文章。寬厚宏博。充乎天地之間。稱其氣之小大。太史公行天下。周覽四海名山大川。與燕趙間豪俊交游。故其文疎蕩。頗有奇氣。此二子者。豈嘗執筆學爲如此之文哉。其氣充乎其中。而溢乎其貌。動乎其言。而見乎其文。而不自知也。轍生十有九年矣。其居家所與游者。不過其鄰里鄉黨之人。所見不過數百里之間。無高山大野可登覽以自廣。百氏之書。雖無所不讀。然皆古人之陳迹。不足以

汩音骨。亦沒也。
終南山。嵩山華山。
方叔召虎　周宣王政卿。召虎出平淮夷。方叔南征荊蠻。

激發其志氣。恐遂汩沒。故決然捨去。求天下奇聞壯觀。以知天地之廣大。過秦漢之故都。恣觀終南嵩華之高。北顧黃河之奔流。慨然想見古之豪傑。至京師。仰觀天子宮闕之壯。與倉廩府庫城池苑囿之富且大也。而後知天下之巨麗。見翰林歐陽公。聽其議論之宏辨。觀其容貌之秀偉。與其門人賢士大夫游。而後知天下之文章聚乎此也。太尉以才略冠天下。天下之所恃以無憂。四夷之所憚以不敢發。入則周公召公。出則方叔召虎。而轍也未之見焉。且夫人之學也。不志其大。雖多而何爲。轍之來也。於山見終南嵩

三朝、仁宗。英宗。神宗。二帝、英宗。神宗。兩宮、大后英宗。

華之高。於水見黃河之大且深。於人見歐陽公。而猶以爲未見太尉也。故願得觀賢人之光耀。聞一言以自壯。然後可以盡天下之大觀、而無憾矣。轍年少未能通習吏事。嚮之來。非有取於斗升之祿。偶然得之。非其所樂。然幸得賜歸待選。使得優游數年之間。將歸益治其文。且學爲政。太尉苟以爲可教而辱教之。又幸矣。

韓琦

清　黃永年

宋史贊曰。韓琦相三朝。立二帝。厥功大矣。當治平危疑之際。兩宮幾成嫌隙。琦處之裕如。卒安社稷。人服

一个、一箇也。斷斷、誠一之貌。無他技、無有他技藝。休休、寬容貌。

其量。歐陽修謂其臨大事。決大疑。垂紳正笏。不動聲色。措天下於泰山之安。其論美矣。夫所謂量者何也。斗之量、足以受升。以斗受升。其跡泯然。斛之量、足以受斗。以斛受斗。其跡泯然。推此而上。量愈大。其所受愈無跡。天下、大物也。惟其量、足以相容。而後可以治。今夫天下有知。而吾欲用其明。則知者退。天下有才。而吾欲用其能。則才者退。天下有力。而吾欲用其強。則力者退。是其於事也。必無措。其於功也。必無成。其量不足以相受也。秦誓曰。若有一个臣。斷斷兮無他技。其心休休焉。其如有容焉。商容觀周師之入。而知

其如有容、極形容其德量寬大。人不能測。前漢律曆志。陽氣動物。於時爲春。春、蠢也。物蠢生。迺動運。

周王。曰見善不喜。聞惡不怒。顏色相副。是以知之。人有遇猛虎當前而不動色。被蜂蠆之螫而失其度者。其神明莫能自鎮定故也。琦於此、度越諸子遠矣。吾嘗論。琦在朝廷。似泊然不見其功。而包容吐納。春乎如元氣之運。曖乎如春氣之生。及物而不形其迹。若喬嶽之雲雨。河海之潤澤。一時之賢能。掌故文學。皆囿於範圍之內。故其成功巍巍。當天下之大任。居天下之令名。受天下之大福。而無殞也。琦遺事。史傳多未備。在政府。嘗與范仲淹論事。有不合。仲淹至拂衣起。忿形於色。琦徐把其袂曰。希文、不容更商耶。和氣

河圖、八卦也。絜、度也。上、猶凌也。

滿容。仲淹亦釋然。歐陽修不信河圖。琦與修輔政。未嘗一言及易。其平居寮寀。造次語言之間。從容涵濡。潛移補救。有入人於不覺者。況於朝廷之上乎。或有謂琦相業無媿古人。獨文學不逮。琦曰吾爲相。歐陽永叔爲學士。天下文章。莫大于是。琦經緯天地。用修潤色鴻業。修之文、琦之文也。斯言尤可以見其所存矣。賢者與賢者處。時多異同。其流遂至於分門異路紛爭而不已。而較短絜長。欲上人之心。君子不免噫。觀於琦。人亦何所用其忿嫉。何爲而不休容也哉。此相臣之則也夫。

季子蘇秦字。秦從鬼谷先生游。憔悴而歸。妻不下機。嫂不爲炊。
朱買臣家貧。史薪樵賣以給食。妻羞之求去。買臣不能留。

第二十　晝錦堂記

宋　歐陽修

仕宦而至將相。富貴而歸故鄉。此人情之所榮。而今昔之所同也。蓋士方窮時。困阨閭里。庸人孺子。皆得易而侮之。若季子不禮於其嫂。買臣見棄於其妻。一旦高車駟馬。旗旄導前。而騎卒擁後。夾道之人。相與駢肩累迹。瞻望咨嗟。而所謂庸夫愚婦者。奔走駭汗。羞愧俯伏。以自悔罪於車塵馬足之間。此一介之士。得志當時。而意氣之盛。昔人比之衣錦之榮者也。惟大丞相衞國公則不然。公相人也。世有令德。爲時名卿。自公少時。已擢高科。登顯仕。海內之士。聞下風而

牙者車輪輻牙也。纛者車上羽葆幢也。
桓圭三公所執。衮裳三公所服。
以武康節度來知相州。爲歸故鄉。

望餘光者。蓋亦有年矣。所謂將相而富貴。皆公所宜素有。非如窮阨之人。僥倖得志於一時。出於庸夫愚婦之不意。以驚駭而夸耀之也。然則高牙大纛。不足爲公榮。桓圭衮裳。不足爲公貴。惟德被生民。而功施社稷。勒之金石。播之聲詩。以耀後世。而垂無窮。此公之志。而士亦以此望於公也。豈止夸一時。榮一鄉哉。公在至和中。嘗以武康之節。來治於相。乃作晝錦之堂于後圃。既又刻詩於石。以遺相人。其言以快恩讎。矜名譽爲可薄。蓋不以昔人所夸者爲榮。而以爲戒。於此見公之視富貴爲何如。而其志豈易量哉。故能

六藝禮樂射御書數。

出入將相。勤勞王家。而夷險一節。至於臨大事。決大議。垂紳正笏。不動聲色。而措天下於泰山之安。可謂社稷之臣矣。其豐功盛烈。所以銘彝鼎。而被絃歌者。乃邦家之光。非閭里之榮也。余雖不獲登公之堂。幸嘗竊誦公之詩。樂公之志有成。而喜爲天下道也。於是乎書。

第二十一　耕讀堂記一

木下業廣

學者在於成己。其成物。蓋隨所遇耳矣。故古之學者耕且養。不出鄉黨之中。畎畝之外。身通六藝。行周人倫。其爲道。始無待於仕也。而主者有賓興之典。攷其

孤注博者輸錢欲盡。乃罄所有出之謂之孤注。
輸贏猶言勝負。

德行道藝。重材以投官。而士之出畎畝。而立廟堂。亦措之於彼而已。出處雖殊。其所自修者。無變於始。是以。其學約而全矣。隋唐以來。科目取士。朝廷擄一場技藝。以收天下之才。而士亦胥率離鄉土。孤注生業。卜輸贏於一日。於是耕者不得學。學者不得耕。人之出處。如分其轍。而其爲學益裂而益卑。譬之游騎遠出。歸宿無所。糧粟芻薪。仰之於所至。日夜唯取一城舉一縣。是急。是以。其動不能不妄。其學不能不輕也。故後之論者。有土著修飾之說。有逐路取人之議。皆有見於古者。鄉舉里選之遺意。而舊弊終不可回也。

外城曰郭。

本朝封建爲治。科舉非其所用。學者各自得勇力於其所志。可謂幸矣。然而爲吾儒者。僅得以藝業資食祿。則亦不能食力修經。如古之人。通邑大都。游于學者。恒幾千人。而退而有負郭二頃。以是志於中者。不知有幾。是以雖無制義之學。程式之文。人人既在舉場中。而不自覺。君子蓋有慨也。

第二十二　耕讀堂記二　木下業廣

辛丑之夏。薩東良輔。游于江戶。其人體健而質樸。好研經義。作文章。予與之相得而喜。一日語及其平素。良輔曰。其耕田之暇。讀書於艸堂。名其堂。曰耕讀。子

春生夏長秋收冬藏。

仰養父母。俯育妻子。

襏襫。雨衣。

矜敬也。式取法也。孟子。使諸大夫國人。皆有所矜式。

爲我記之。余聞而嘆曰。子其行古之道也。夫耕之爲事。生長收藏。與四時同化。足以養氣體。仰養俯育。相恤相助。足以樂志行。君子優游。講道於其間。求之往聖之訓。足踐其所知。耕亦讀也。耨亦讀也。茅蒲襏襫。櫛風沐雨。無非吾讀書之事者矣。且子、世仕大國。出輔貴族。家有常祿。身任矜式。其爲耕也。固與彼編氓窮戶。以豐歉爲生死者、異矣。則古所謂計年而修經。求志成己者乎。自得之於一室之中。而其成物。不復待賓興之典也。抑子出其北門。試觀於肥之野。東北萬山重疊連天。其最遠者、爲馬鞍箭筈之山。其間林

謔謔。調戲也。詩衛風。善戲謔兮。不爲虐兮。

巒。鬱勃烟雲起滅中。有薄瘠數畝。足以托生業。叱牛之聲。猶尚在耳。而體膚肥軟。叨糜倉粟。一旦歸臥。與編氓窮戶。相從於豐生歉死之中。余力恐不能任於是乎。余又恐子之以余爲無根游騎也。

第二十三　送木下士勤序一　安井衡

予接於天下之士、多矣。獲友二人。曰濱松鹽谷毅侯。曰熊本、木下士勤。自予之友是二人也。目日加明。耳日加聰。而二人者。亦不予鄙棄也。每暇日相聚。談經論文。究其底蘊。醉焉、則盤礴於一室。善謔互發。歌呼嗚嗚。自謂天下之樂、莫以加焉。既歸。家人輩必逆謂

倜音惕。倜儻不羈也。

趑趄。行止之礙也。齟齬。急促局陿貌。

曰。君亦自鹽木二子來耶。何其喜氣之多也。其親好蓋如此。然我三人者之志行。亦各不同。士勤、恭遜直諒。不敢激論放言。其學純守宋儒。其文典麗而雅潔。毅侯、倜儻有大志。秉心允塞。其學時溢於洛閩。其文遒勁明快。皆非予所能企及也。迂踈狂戇。不能與世俯仰。則取於士勤、以飭之。趑趄齟齬。不能有所施爲。則取於毅侯、以達之。騁於稽古。忽於內省。則視其純而察其所溢。文最拙、曾不能爲二子之役。然典麗以削我蕪。明快以慰我澁。彷彿乎若望其影。凡剸行修辭。無所不資焉。則予之惓惓於二子。固其宜已。然則

玷缺也。

二子何取於予也。詩云、他山之石、可以攻玉。其唯疎礦如石、然後可以攻玉。是以迂疎狂戇者、二子亦不得不資以磨其玷焉爾。

第二十四　送木下士勤序二　安井衡

予嘗戲二子曰、我三人者百不同也。然亦有同者焉。不幸是已。士勤五六年間、連喪其父祖妻子。所餘唯一幼兒。又託於人、以來此都。毅侯一貧如洗。殆使婦無褌、而盛名所在、謗亦從而起矣。予亦以狂妄遠其墳墓親戚。吾儕所爲、得無非神人所惡乎哉。毅侯輒然曰、是仲平不知足之過也。士勤奮於農握爲世子

侍讀。其幸勿論耳。子雖客居、近亦參藩政、而世弘去醫而儒。又增其俸與階。譬之紙鳶既已冲天矣。其綱於疾風、羅於喬木、乃其常耳。不絲斷而墜於溝、未可目以不幸。而子以爲不幸乎。予無以難焉。然心知其爲不情之言也。既而熊本世子又捐館。士勤慟哭、將治任歸其國。嗚呼、遭遇不足道也。獨死生離合之際、仁人君子所傷悼不能捨。毅侯之言、亦爲士勤而發。今其不幸不可得而慰、而我亦并所以磨勵吾志行而失之。雖以毅侯之達、亦必悲之。而況於予因二子以成事者乎。然予與二子生乎數百里之遠、各長其

土、各事其君、而聚首於一都之中者、十餘年。經史乎切劘、文酒乎周旋、則是十餘年者、天之所以貺吾儕也。我亦不能不謂之至幸。然則今茲之別、固其宜耳。獨奈一別之後、海山千里、再逢不可復期。予與毅侯經史相問難、而能折其衷者誰歟。文酒相招聚、而能助其歡者誰歟。與言及此、殆難爲情。嗚呼、幸之與不幸、予不敢言焉。大丈夫處世、當成其所志、以表見後世。我三人者之所同、非同於此耶。果能是道矣、雖索居千里、猶之比肩而立耳。何必若女子小人、終身麋鹿聚而後爲意得歡洽然哉。往矣士勤、子能成其志

與否、我將徵之他日書疏。

第二十五　送安井仲平東游序　鹽谷世弘

嘗觀於當今之學徒、其在庠校、孜孜勤苦者有矣。及退庠則倦焉。退庠而不倦者有矣。及畜妻子則衰焉。畜妻子而不衰者有矣。及獲祿位則廢焉。獲祿位而不廢者有矣。逢一患嬰一災則挫焉。蓋其退庠而倦者、其志小者也。畜妻子而衰者、其器狹者也。獲祿位而廢者、其意滿者也。逢一患嬰一災而挫者、其氣不剛者也。吾觀於當今之學徒、衆矣。其能退庠而不倦、畜妻子而不衰、獲祿位而不廢、逢災患而不沮不挫。

艱、遇見也。
甲申、文政七年。
湫、下也。
戊戌、天保九年。

若我安井仲平者、未多覯也。仲平飫肥人、眇然小丈夫、狀寢陋甚。歲之甲申、來入昌平學、居三年、矻矻不少懈。讀書眼透紙背、識慮高卓、議論出人意表。予深畏事之。歸鄉後、歲數次、必有書至、大率激憤忼慨、以僻壤之師友爲言。其藩士之來于東者、僉云、仲平少時孤介、短於容人。今則直而平、方而恕、接衆諧和、事長有禮、闔藩敬信。至參預國事、致身奉公。所建白皆切時務、有著績可傳述。而講學則益勤矣。間從其君祗役江戶、所居舍湫隘樸陋、塵埃滿席、而讀書之燈常烱烱、時從師友出其新得、輒卽驚人。戊戌歲遂辭

桑梓、出詩小雅。猶言故鄉。
突、煙筒也。黔、黑也。
格知、格物致知。
躋、登也。

官、挈家來就學於江戶、居無幾、而逢火、貲財蕩盡、未踰年、季女又病痘夭。仲平自降祿爵、離桑梓、孑然僑居乎三千里外、竈突未黔、累逢不虞之難、人倫之變、皆人所不能堪。而志氣不少撓、讀書日必盈寸、作文年可以囊計。齡垂五十、俛焉刻厲、不知頭之將蒼。此豈今世之士哉。仲平巧心計、自言、吾於數術不學而能焉。以予觀之、其稟於天者、於智特深。古人云、性敏者多不好學。仲平以穎敏之質、嗜學甚於酒色。故格致日新、識度日躋、治家善審出入之計、不虞之變、待之有備。推而至邦國天下、其於利病得失、確有成算。

瞢、暗也。
栖栖、猶遑遑也。
軼、過也。

咸可施行。謂之非今世之士、非過譽也。予賦性鈍、百事皆拙、而於算最瞢。以故治產無撿、終歲栖栖、精神殆乎耗。自有妻孥、業覺日退。而事君無狀、未能涓埃益乎國。居恒覲於仲平、以自勵。然惟恐其終身不能及也。今玆季夏、仲平欲濟刀禰河、登日光山、還軼北總、游于水府、觀名公賢佐之所經綸。然後東入陸奧、縱覽金華、松洲之勝、與衣川高館之陳蹟、壯其意氣、以益爲進學之資。其驚人者、將滋不可測也。嗚呼可畏也哉。

第二十六　游松島一

安井衡

山銳而高曰嶠。又陵絕水曰嶠。
舁、擧也。

未牌、乘舟於鹽灶之浦。天亦適晴。轝面六七町、兩山起伏、灣巒互出、赤松生焉。海風所盪、皆爲異體。隨東隨闊、境亦隨益奇。凡半里、左得籬島。鹽灶至此、所謂千賀浦也。左太臣源融之謫與也。設宴於籬島、以賞月。以故其名特顯。島以東、爲松島。右嶠始斷、遙見外洋。爲羽柴崎。其東則靑海島、外洋諸島、走於其間。巨者、小者、長者、聳者、穹隆者、凹而廣者、凸而狹者、雙相提攜者、倏忽轉換。如觀過門之客。凡十有五。舟子一一指名之。而陋不與文人、可恨也。舟益進、外島皆伏、而不見。前面忽得一奇島、如白犬昂首而顧。曰櫟島。

偃臥、仰臥也。

盱眙、擧眉揚目也。

凡松島東西五里。南北半之。有三大島。以限外洋。其內小島。八十有八。其處外者。幾倍之。皆石身而松衣。獨是島不生寸草。故冒是名。遂有不孝為裸之謠。可笑也。又一奇島偃臥于石。有巨孔、朗如團月。其上穹隆為輪者。宛然架橋。曰架橋島。青海島亦斷。復見外島前者居半。而勢面又變。或先見而後伏。或後出而先退。遠近交錯。紛如弄丸。眞一大活畫哉。衆島復伏。海面益闊。無足觀者。名曰海原。時應接既繁。目饑欲食。傍人絕叫。曰奇島出於左矣。盱眙而視。前第一島。為箕輪。形如其名。石特怪麗。次為冑島。高而平。乃石

矢、陳也。魚漁同。言陳漁者於此、觀捕魚也。

白、酒名。

簇簇乎、群聚貌。

猊、獅子屬。

山戴土者。淺草上、松樹扶疎。邦君游覽。矢魚於此。次、則鞍架。次、則鐙。皆因冑得名。形亦粗肖。既而衆島羣湧。不可名狀。左右互出。前後相映。乃礐中最勝處也。一轉達岸。投扇氏。時日將沒。遽呼白登樓。至瞑無所見而後休。夜海嘯。雨兆也。

第二十七　游松島二　安井　衡

松島赴富山。舟行尤便。是日陰。慮蓬底無所見。遂取旱路。行一里餘。右折而達于麓。寺在山胸。入門南面。羣島聚於下。長者龍臥。高者虎踞。簇簇乎羣羊之相將。奮乎兩猊之相鬪。或父坐而兒拜。或主顧而奴走。

玦、玉佩也。如環而有缺。

遜、遠也。

其與有幾、倒裝法。與其有幾與同。

昨日所視以為一巨島者。渙然四散。峙為數島。奇態異狀。不可勝數。而山嘴斗入於礐者。分為數枝。水灣其間。如鏡如玦。如菱截其半。布置之妙。有巧畫不能狀者。既而乍晴。則甲滅而乙生。丙濃而丁淡。呼吸之間。變幻萬狀。少焉風、蓬然而起。濕雲離飛。則全然復出。松島之勝蓋盡於此矣。雨之功亦偉哉。或曰。月更勝。乃又曰。未如雪之為最可賞。是二者固不能無望焉。然予遜矣。西土之人。求之吾州。其能與是觀者。其與有幾。予獨何人。冒此盛寵。而雨奇晴好。又兩收之。則雪月之念。亦可以已矣。忽憶先君子性好游。尤眷

昊天罔極。出詩蓼莪篇。云昊天乎。我心無極。

眷於松島。然少孤貧。既長。為微官所羈。嘗一役江戶。一學京師。療目於筑。而洗痾於隅。此外未嘗出州境。凡有事涉松島者。陋記俗乘。必終讀之。暇則撒米於盆。聚為島形。曰此為某島。此為某灣。未知能相肖否。今也。天幸得畧窮其勝。筆雖不能文。而心能記之。手畫口陳。盡其梗概。其歡必有如目覩者。而皇天罔極。無所歸訴。悽然久之。

第廿八　陸奧國盤水天工橋記　松崎　復

奧中盤水之勝概。曰五串之溪。溪中之石。拔地為崖壁。為磴谷。為坻。為礁。為巖洞。殊形異態。奇詭、歷落。布

淙、水聲也。

置之妙。雖有能者。殆不可狀。而盤水之來。淙流箭疾。顚蹶而入。悍然而瀑。泊然而潭。沈碧拋白。層疊而下。力能擘萬石以出。東西三百步。南北居十之一。此余老友大槻翁之所甚樂而自號。而其族子汝弼君。實肇而橋之。其水出州之栗駒山。東流爲是溪。又東行與北上之川合。巓委凡六七十里。獨官道之當一關治者嘗橋焉。其他則湍激險澀。雖有梁舟。一遇潦漲奔會。漂蕩盡矣。是以。沿河之民。迂途往來。自古病涉焉。君之繼爲郡正也。陰相黙度久之。以爲是溪下距一關。十有三里。峽高而水窄。可架飛橋而濟之。亦恤

胥、相也。

枘、音芮。刻木耑。所以入鑿。

弓、儀禮鄉射禮。侯道五十弓。疏六尺爲步。弓之古制六尺。與步相應。而云弓者。侯之所取數。宜於射器也。

匹、四丈也。

民之急務也。乃與漢南、猪岡里正、佐藤時茂。聚里民商議。里民皆踊躍。各出財力。伐木於山。召匠他郡。胥處崖岍。鑿孔兩峽之巓。枘大木而梁之。憑虛而起。架桶駢版翼。以欄楯。其長二十餘弓。出水匹有半。下無隻柱。以利暴漲。肇工文化紀元。告成於三年十二月。於是昔之病涉者。馬牛負擔。如行坦途。雖有滔潦。萬不可犯。而水石之奇。大小高深。無有遯隱。悉聚一矚之內。民皆額其手。曰此豈神之所營邪。遂名曰天工之橋。君之理行。久服郡中。而便民之功。歷歷可數。其見於橋梁者。殆百數。或木易草。或石易木。皆期於悠

晤、遇也。

久。而斯橋之造。最其大者。猶未有記也。後十餘年。余始東遊。與晤君之弟子繩於仙臺府。因觀松島。樂其大而偉麗。遂北訪君於盤井之中里。偕遊是溪。又喜其小而奇壯。而惜未甚顯於世也。爲叙其造橋始末。與翁之所甚樂。以附里正時茂。令刻之溪水上。又藉以告夫世之樂松島之偉麗者。併獲津逮焉。如其奇壯。則遊者自領之。余固不能狀已。五串舊名嚴美。栗駒山。蓋有嚴美之神。溪與村因名。後訛爲五串。以其國語同。故吏牘獨用五串。今從之。大槻氏。盤井郡舊族。君名清臣。稱文作。以族之宗子。世襲盤井郡正。好

曾臣、左傳注。猶末臣。與曾祖曾孫之曾同。爲重義。即倍臣也。

學有古循吏風。翁名茂質。字子煥。號盤水。爲本藩侍醫。今居仙府。精歐邏巴之學。事聞朝。奉旨翻譯其書。遂得以曾臣奉朝請。講其說者。皆從受業。學者稱曰玄澤先生。子繩名清準。稱民治。少與余同學昌平國庠。亦以名儒擢任其府學學頭。異才續學。同時咸萃一門。又可尚也。仍獲聯綴而書。

第二十九　嚴島　　齋藤　馨

嚴島周廻七里。至絕頂半里餘。曲磴盤旋。如煙繞樹。見泉淙淙下。爲白絲瀑。有一堂。衆人雜沓。曰僧空海闢山所置神燈。至今不滅。此日分其火。炊飯。以供神。

敞、平治高上、可以遠望也。

澨、埤增水邊土、人所止者。

瀲灔、水動貌。

人食其餘。每歲爲例。自此以上、巨石層沓。詭形爭出。名皆陋。或託神異。不足紀。但頂上、南眺豫山讃嶂。東至三備。洲渚歷落。縹渺無際。頗爲宏敞之觀。然此島與天橋松島稱三勝。而天橋吾未之見。若松島則兼遒麗雄奇之致。此地既欠遒麗。而雄奇亦不足比。獨堂廟幽美爲愈耳。世稱嚴島以人力勝。信然。堂祀天女。在山下海澨。潮滿則堂浮水上。長廊百八間左右懸燈。夜點火。影與波映。瀲灔生色。是日伶人奏舞。笛聲嘹喨。海魚欲出。天文中毛利元就、討陶全姜。營壘即在島中。戰國之時。何國無戰。而求其義戰。如毛利氏者甚罕。宜其餘慶流于後昆也。島人甚惡死。又以婦人產子爲穢。皆移諸外地。是風俗之異者。夜乘舟至小形。

昆亦後也。後昆猶言後世子孫。

第三十　毛利元就論　青山延光

毛利元就、攻出雲。七年而舉之。可謂久矣。然兵鋒不挫。財用不匱。糧米不竭。國人不苦。古今奇之。夫七年之久。戰不能無利鈍。年不能無豐凶。元就何術而如此也。尼子氏雖衰弱哉。然藉累世之儲蓄。城守七年亦已壯矣。則攻之者、安保士氣之不耗竭。而敵人之不乘釁。元就又何術而如此也。豐太閤、帥天下之兵。

以圍小田原。不拔者數月。而兵鋒頗衰。元就子隆景。進休兵鼓勇之說。然後能克之。隆景之策。蓋出於元就。則元就之取出雲。果用此術歟。抑亦有奇謀秘策。不可得而測者歟。曰不然。元就蓋有一術。而當時不知。其術非他。以寬惠收人心耳。方尼子氏之城守也。其所憂者。非士卒之不精。則城壘之不堅也。非糧食之不多。則器械之不利也。而元就、務撫恤降附。以求其民心。民心日離尼子氏。而七年之久。愈益問其疾苦。恤其孤窮。故尼子氏之於元就。防禦非不力。謀慮非不深。唯其民日離。而國日孤。所以不免淪滅。尼子氏非至愚者。淪滅而不悟。亦有由矣。應仁以來。天下幅裂。何年無兵。何地無戰。亦唯以力相轢。以譎相傾。而未有能收民心者。能收民心者。東有早雲。西有元就耳。尼子氏之不悟亦宜矣。何以知其然也。元就嘗從大內氏攻出雲。進策曰、宜先撫納而後力攻。大內不從。敗而還。夫佗人之攻出雲。元就猶欲試是策。即其自用之於佗日、亦明矣。人心苟歸我。則兵鋒何繇而挫。財用何繇而匱。糧食何繇而竭。國人何繇而苦。故取人之國。莫善於先收其民心。元就晚年。出雲當亂矣。尼子勝久。以驍武之姿。據其故土。而輔以山中

淪、沒也。

融、河原左大臣也。
大官令廣元。因賴朝請。下鎌倉爲執權兼政所別當。故云爾。
洞春公元就法名日賴。號洞春寺。

幸盛之雄猛。宜其盤結不拔。而毛利氏之兵一出。則所向無前。勝久曾不能保立錐之地。此可以見民心之不復思尼子氏也。其所以不復思尼子氏者。豈偶然哉。

第卅一　渡邊淨忠府君功德碑　山縣孝孺

左丞相源融五世孫綱。邑于攝州渡邊。於是乎有渡邊氏。我長國之有渡邊氏。自鎌倉大官令時。世爲紀綱之臣。簪諸國牒文獻。頗足於徵矣。長門守勝及洞春公。而爲將。是時雲侯爲盟主。而不恤與國。洞春公將絕雲歸周。而勝、潛通雲。事發見族滅。時子太郎左

山内氏、山内隆通。
班、位次也。
注、附著也。
雋、俊英也。
周侯、大内義隆。
郡山、安藝高田郡。

衛門尉通、猶少。奔於備後州。因山内氏。山内氏、業已內屬。因爲通謝罪。且進其賢可庸。乃復渡邊氏班。通賢而勇。恥乃父之不終。於是欲建功以掩焉。其臨戰陣乎。每殊死爭勇。進則居前。退則爲殿。膂力善槍。嘗一日十三合。獲十三級。戰國時軍制。善用槍得首級。滿數者。賜鈴注槍。以表勇傑。謂之鈴槍。通獲雋者五十二。名聞四方。當鈴槍之選。時人號曰鈴槍通。天文十二年。周侯以與國伐雲。洞春公諫曰。雲未可伐焉。石藝諸城。歸之久矣。自郡山之衂也。雲不競矣。且密邇乎我。是以姑率服已。豈其實。攜貳疆場之人。何常

紀信、楚急圍漢王時。乘漢王車出。項羽燒殺之。漢王因得脫圍。
微、無也。
幾及、殆及於戰死也。
矢、誓也。

之有。圍雲數旬。不克敵作乎後。是必敗之道也。不聽。遂進圍雲不克。石藝諸城叛絕。後周軍大潰。世子死矣。周侯僅免。洞春公爲殿。走石州。及降露坂。追騎急至薄嶮。通、進曰。事急。閒道馳入西備山內。臣雖微矣。爲公之紀信。戴公胄。建公幟。與從騎七人、留死之。公既脫歸。進通兒長。撫之曰。微通也。余幾及矣。乃矢曰。有江氏。則有渡邊氏。渡邊氏、舊爲從臣之長。長、有文武之才。立爲大夫。渡邊氏益昌大矣。至今侯室年首啓行。渡邊氏從焉。猶尚以通之故云。通、謚曰淨忠。墓在石州降露坂。今此樹石誌功德。以表先勳。六世孫

乾化、梁太祖年號。
莊宗、姓李。名存勗。小字亞子。父克用封晉王。存勗嗣。滅梁稱帝。國號唐。

渡邊君某。謁余求文。爲其列如此。

第三十二　王彥章畫像記一　歐陽修

太師王公。諱彥章。字子明。鄆州、壽張人也。事梁爲宣義軍節度使。以身死國。葬於鄭州之管城。晉天福二年。始贈太師。公在梁。以智勇聞。梁晉之爭數百戰。其爲勇將多矣。而晉人獨畏彥章。自乾化後。常與晉戰。屢困莊宗於河上。及梁末年。小人趙巖等用事。梁之大臣老將。多以讒不見信。皆怒而有怠心。而梁亦盡失河北。事勢已去。諸將多懷顧望。獨公奮然自必。不少屈懈。志雖不就。卒死以忠。公既死而梁亦亡矣。悲

五代後梁後唐後晉後漢後周。

笏音忽。公及士所搢也。凡有指畫于君前用笏。造受命于君前則書于笏。

夫五代終始纔五十年。而更十有三君。五易國。而八姓。士之不幸而出乎其時。能不汚其身。得全其節者鮮矣。公本武人。不知書。其語質。平生嘗謂人曰。豹死留皮。人死留名。蓋其義勇忠信。出於天性而然。予於五代書。竊有善善惡惡之志。至於公傳。未嘗不感憤歎息。惜乎舊史殘略。不能備公之事。康定元年。予以節度判官。來此。求於滑人。得公之孫睿所錄家傳。頗多於舊史。其記德勝之戰尤詳。又言。敬翔怒末帝不肯用公。欲自經於帝前。公因用笏畫山川。爲御史彈而見廢。又言。公五子。其二同公死節。此皆舊史無之。又云。公在滑以讒自歸於京師。而史云召之。是時梁兵盡屬段凝。京師羸兵不滿數千。公得保鑾五百人之鄆州。以力寡敗於中都。而史云將五十以往者。亦皆非也。

元昊反。宋仁宗時。趙元昊叛據有夏銀等十四州之地。居興州。阻賀蘭山爲固。僭號大夏皇帝。

第三十三　王彥章畫像記二　歐陽修

公之攻德勝也。初受命於帝前。期以三日破敵。梁之將相聞者。皆竊笑。及破南城果三日。是時莊宗在魏。聞公復用。料公必速攻。自魏馳馬來救。已不及矣。莊宗之善料。公之善出奇。何其神哉。今國家罷兵四十年。一旦元昊反。敗軍殺將。連四五年。而攻守之計。至今未決。予嘗獨持用奇取勝之議。而歎邊將屢失其機。時人聞予說者。或笑以爲狂。或忽若不聞。雖予亦惑。不能自信。及讀公家傳。至於德勝之捷。乃知古之名將必出於奇。然後能勝。然非審於爲計者。不能出奇。奇在速。速在果。此天下偉男子之所爲。非拘牽常算之士可到也。每讀其傳。未嘗不想見其人。後二年。予復來通判州事。歲之正月。過俗所謂鐵槍寺者。又得公畫像而拜焉。歲久磨滅。隱隱可見。亟命工完理之。而不敢有加焉。懼失其眞也。公尤善用槍。當時號王鐵槍。公死已百年。至今俗猶以名其寺。童兒牧豎。皆知王鐵槍之爲良將也。一槍之勇。同時豈無。而公獨不朽者。豈其忠義之節使然歟。畫已百餘年矣。完之復可百年。然公之不泯者。不繫乎畫之存不存也。而予尤區區如此者。蓋其希慕之至焉耳。讀其書。尚想乎其人。況得拜其像。識其面目。不忍見其壞也。畫既完。因書予所得者于後。而歸其人使藏之。

第三十四　名和公畫像記　森田益

均是武夫也。生於漢土文明之邦。而有不讀書暗於大義者。生於本邦文運未開之時。而有讀書明於大義者。梁王彥章我名和公是也。彥章爲梁猛將。功蓋朱温、梁太祖也。少無賴。從黄巢為盜。降唐。賜名全忠。後劫遷唐都於洛。遂簒唐。

一世勇冠三軍。然其所事。逆賊朱温之朝也。所為死。逆賊之子孫也。事逆賊之朝。死逆賊之子孫。雖功蓋一世。勇冠三軍。亦一逆賊耳。然彦章亦天資絶人。使其讀書。必知講義理矣。唯其不讀書。所以不能明義理也。清湯來加、論彦章。為殺身成不仁。當矣。是豈非不讀書暗於大義者邪。名和公、方元弘之時。與新、楠諸公。共討滅逆賊。成中興之業。及天下再亂。遂殉節。公、忠義固出於天性。然其能全節。蓋有所由來矣。聞作州眞島郡宇南寺。有公所戯書宋詩。余嘗覩其摹本。道勁高邁。頗有晉唐之風。公、文采風流如此。是其

平生讀書講義理也、必矣。唯其讀書講義理。所以全節也。所謂殺身成仁。公有焉。是豈非讀書明於大義者邪。夫彦章、事逆賊。為逆賊死。其肖像可不必記。而歐陽修記之。嘆賞不措。公之精忠大義。赫赫如是。而莫記之者。豈非千古之缺典乎。伯耆、名和莊氏殿神祠。公木像在焉。因幡人赤石必摹一本。來請記余。余展觀之。英采四射。使人不覺起敬。乃焚香盥漱而記之。抑余記公像。有所深望於方今之士焉。蓋自洋夷窺邊。和戰之論興。天下殆成分裂割據之勢。方此時。士能辨順逆則為公。不能辨順逆則為彦章。苟欲辨

順逆。在讀書明大義而已矣。是余之所以望於方今之士也。元治元年五月十日。大和處士森田益謹撰。

第三十五　千種氏古幟記　安井衡

幟昌志切。音熾。

恢復舊物。言政權復於朝廷也。貔貅。禮注。兵車旌画貔貅形象威猛。使衆知警備。此以為軍號。亦取其威猛也。

古幟一事。紺質。栖蝶為號。下圖一圓相。承之以横畫。卽世所稱一引龍也。皆白章染成。豫人、千種氏世傳之。其祖、民部丞隆通所載以戰云。據千種氏狀。隆通祖、曰頭中將忠顯。後醍醐帝之恢復舊物也。中將首預其謀。入參帷幄。出統貔貅。推為中興名臣。有三木一草之稱。三木謂楠廷尉。及結城親光。伯耆守長年。一草卽中將也。既而豔妻煽於內。奸相濫於朝。足利

城者邦讀並與木同。種邦讀與草同。

岸然、雄傑貌。

犄角、紲其後曰犄。紲其前曰角。左傳云。譬如捕鹿。晉人角之。諸戎犄之。

高氏乘釁而反。於是。廷尉殉節於湊川。中將守死於西阪。親光、長年、亦相尋戰没。帝竄於芳野。天下分為南北朝矣。中將子曰通治。為芳野侍從臣。隆通其子也。氣宇岸然。有乃祖風。築城於勢之西山。與北畠氏相犄角。以擁護行宮。雖功業不甚顯乎。祖孫三世。與南朝終始。未嘗變其節。楠氏之外。僅有斯人焉。是幟、乃當時所以鼓厲軍氣以抗彊賊。而義勇之士、所注目未散者。可不貴且敬乎哉。但、一引龍。乃新田氏之章。非其家徽號也。蓋新田氏為南朝上將。而高氏擁立

干城。詩周南。公侯干城。疏。干城者。言以武夫自固。為防守如城然。

北帝。以成其奸。其章為二引龍。故將士隸南北者。各著二家旗號。以標向背。是以當時反覆之徒。有朝二引龍。而暮塗其間為一引。墨痕宛然。尚可辨識。遂為天下嘲笑者。然則是幟。著一引龍者。亦以標為南朝干城也。千種氏名某。世仕西條藩。嘗謂其所善三浦敬甫曰。昔者唐馬璘讀後漢書馬援傳。至大丈夫當死邊。慨然曰。使吾祖恐勳業墜地乎。卒為中興名將。是幟為吾家馬援傳。庶幾吾子孫見之者。亦能起慨然死邊之志也。但史乘闕畧。事載口碑。恐久而失之。吾子幸圖之。癸丑四月。敬甫將歸其國。為予語之甚

讐。當也。

暴悍無忌者。蓋斥平清盛。雄猜匪測者。蓋斥源頼朝。

悉。且請記之。夫顯其祖功。而欲使子孫慕倣之。志士之事也。我以此知君必為忼慨有為之士矣。於是乎記。

第三十六　楠氏論贊一　頼襄

外史氏曰。予修將門之史。至於平治承久之際。未嘗不舍筆而歎也。嗚呼。世道之變。名實之不相讐。一至於此歟。古之所謂武臣者。勤王云爾。如源氏平氏。莫不皆然。至於平治之後。乘綱維之弛。以逞鴟梟之欲。有暴悍無忌者焉。有雄猜匪測者焉。雖所為不同。而其蔑王憲。營私利一耳。然猶有可言。曰。王族也。將家

較音覺。比較也。

豢亦養也。以穀圈養豕也。

嗾音叟。使犬曰嗾。

趨蹌。詩齊風。巧趨蹌兮。傳。蹌巧趨貌。

也。至於北條氏。以將門屬隸。而坐制朝廷。天下之事。不復忍言也。且夫承久之事。孰曲孰直。筆而傳之者。皆出北條氏盛時。今安考信焉。況君臣之際。寧可較曲直也。乃指斥憑怒。極其凌辱。視萬乘之尊。不啻如孤豚。嗚呼。八州生民。誰不被先生之遺澤。當時所謂武士者。狃其豢養。供其使嗾。雖名位族望。遠出其右者。奔走驅馳。甘為之役之不暇。氣類所召。習以為常。豈可勝言哉。即稱為公卿者。平時趨蹌朝廷之上。取天子之爵秩。以驕天下。而及於此際。未嘗畫一策。以救危難。袖手傍觀。以聽其所為。是曷尤於武人邪。雖

父子三帝云云。北條義時遷後鳥羽上皇於隱岐。土御門上皇於土佐。順德上皇於佐渡。

時勢有所未可。君德有所未洽。以致乎此禍。而亦臣子之罪矣。自是以來。百餘年間。廢立黜陟。一仰其處分。而朝廷蹙蹙。如被束縛。至於窺其顏色。以為憂喜。何其甚也。

第三十七　楠氏論贊二　頼襄

余聞。後鳥羽上皇之徙隱岐也。因石窟縛屋。纔庇風雨。十有九年乃崩。蓋父子三帝。隔絶千里。各居窮海。終天不得相見。是其心何嘗一日忘北條氏哉。則元弘之事。萬不可已也。而其勤王之功。余以楠氏為第一。微楠氏。則西狩之駕。吾見其與承久歸一轍而止

而已。何哉。彼北條氏。雖失於政。其權力有更甚焉。藉累世之威。而加積弱之餘。百萬虎狼。隨其指呼。炰咻中國。莫之或攖。天下方以承久爲戒。重踵屛息。莫敢言勤王之事。而楠公獨以眇眇之軀。唱義其間。當其衝路。挫其爪牙。以鼓舞四方義士之氣。使之一時踵起。殄戮元惡於斧鉞之下。報列聖之深仇。雪累朝之大恥。天下萬姓。再得仰日月之光。雖曰屬皇運之泰。而非公爲之唱。焉能至此。是焉知非天生斯人。以匡濟世道哉。後之論者。或有比之唐張巡者。巡戴全盛之唐室。拒狂胡之偏師。有二顏爲之先。有許遠爲之助。而不過遮蔽江淮。守城致死。以公視之。勢之難易。功之大小。豈可同日而語也。要之位不滿其器。莫能展其才。而終能以躬殉國。靖獻先王。餘烈所及。不獨其子孫。自公卿。自將士。各執弓箭。以勤王事。概皆聞楠氏之風。而起者也。嗚呼。如楠氏者。眞可謂不愧武臣之名矣。余故叙楠氏之事。以繼源平氏云。

炰咻、自矜氣健貌。

元惡、北條高時也。

泰、通也。

狂胡偏師。賊將尹子奇。

二顏、顏眞卿。顏杲卿。

張巡先守雍丘。既而入睢陽。與許遠共守。屢却賊。食盡。或欲棄城。巡遠謀曰。睢陽江淮之保障。若棄之。賊長驅。是無江淮也。城陷。巡遠皆被殺。

靖獻出書微子。自靖。人自獻于先王。

漢文中學讀本卷三上　終

明治廿六年三月十日印刷
同　廿六年三月十三日出版

（三卷上）

編纂者　松本豐多
府下牛込區市谷田町三丁目十九番地

發行兼印刷者　吉川半七
府下京橋區南傳馬町一丁目十二番地

漢文 中學讀本卷之三下

目次

漢文 中學讀本卷之三下目次畢

漢文中學讀本卷三下

第一　張巡守雍丘　資治通鑑

天寶十四載二月。眞源令張巡起兵討賊。吏民樂從者數千人。巡選精兵千人。西至雍丘。與賈賁合。賊將令狐潮引精兵攻雍丘。賁出戰敗死。巡力戰却賊。因兼領賁衆。自稱吳王先鋒使。三月。潮復與賊將李懷仙楊朝宗謝元同等四萬餘衆至城下。衆懼莫有固志。巡曰。賊兵精銳。有輕我心。今出其不意擊之。彼必

驚潰。賊勢小折。然後城可守也。乃使千人乘城。自帥千人分數隊。開門突出。巡身先士卒。直衝賊陳。人馬辟易。賊遂退。明日進攻城。設百礮環城。樓堞皆盡。巡於城上立木柵以拒之。賊蟻附而登。巡束蒿灌脂。焚而投之。賊不得上。時伺賊隙。出兵擊之。或夜縋斫營。積六十餘日。大小三百餘戰。帶甲而食。裹瘡復戰。賊遂敗走。巡乘勝追之。獲胡兵二千人而還。軍聲大振。至德元載。五月。潮復引兵攻雍丘。潮與巡有舊。於城下相勞苦如平生。潮因說巡曰。天下事去矣。足下堅守危城。欲誰爲乎。巡曰。足下平生以忠義自許。今日

之舉。忠義何在。潮慙而退。秋七月。潮圍巡於雍丘。相守四十餘日。朝廷聲聞不通。潮聞玄宗已幸蜀。復以書招巡。有大將六人。官皆開府特進。白巡以兵勢不敵。且上存亡不可知。不如降賊。巡陽許諾。明日。堂上設天子畫像。帥將士朝之。人人皆泣。巡引六將於前。責以大義。斬之。士心益勸。城中矢盡。巡縛藁爲人千餘。被以黑衣。夜縋城下。潮兵爭射之。久乃知其藁人。得矢數十萬。其後復夜縋人。賊笑不設備。乃以死士五百。斫潮營。潮軍大亂。焚壘而遁。追走十餘里。潮慙。益兵圍之。巡使郎將雷萬春於城上與潮相聞。賊弩

射之。面中六矢而不動。潮疑其木人。使諜問之。乃大驚。遙謂巡曰。向見雷將軍。方知足下軍令矣。然其如天道何。巡謂之曰。君未識人倫。焉知天道。未幾。出戰。擒賊將十四人。斬首百餘級。賊乃夜遁。收兵入陳留。不敢復出。頃之。賊步騎七千餘衆屯白沙渦。巡夜襲擊。大破之。還至桃陵。遇賊救兵四百餘人。悉擒之。分別其衆。嬀檀及胡兵。悉斬之。滎陽陳留脅從兵。皆散令歸業。旬日間。民去賊來歸者萬餘戶。十二月。賊將楊朝宗帥馬步二萬。將襲寧陵。斷巡後。巡遂拔雍丘。東守寧陵以待之。始與睢陽太守許遠相見。是日。楊

朝宗至寧陵城西北。巡遠與戰。晝夜數十合。大破之。斬首萬餘級。流尸塞汴而下。賊收兵夜遁。敕以巡爲河南節度副。二載春正月。尹子奇以嬀檀及同羅奚兵十三萬。趣睢陽。遠告急于巡。巡自寧陵引兵入睢陽。

第二　張中丞傳後序一　韓　愈

元和二年四月十三日。夜愈與吳郡張籍閱家中舊書。得李翰所爲張巡傳。翰以文章自名。爲此傳頗詳密。然尚恨有闕者。不爲許遠立傳。又不載雷萬春事首尾。遠雖材若不及巡者。開門納巡。位本在巡上。授之柄。而處其下。無所疑忌。竟與巡俱守死。成功名。城陷而虜。與巡死先後異耳。兩家子弟材智下。不能通知二父志。以爲巡死而遠就虜。疑畏死而辭服於賊。遠誠畏死。何苦守尺寸之地。食其所愛之肉。以與賊抗而不降乎。當其圍守時。外無蚍蜉蟻子之援。所欲忠者。國與主耳。而賊語以國亡主滅。遠見救援不至。而賊來益衆。必以其言爲信。外無待而猶死守。人相食且盡。雖愚人亦能數日而知死處矣。遠之不畏死亦明矣。烏有城壞其徒俱死。獨蒙媿恥求活。雖至愚者不忍爲。嗚呼。而謂遠之賢而爲之耶。說者又謂遠

與巡分城而守。城之陷。自遠所分始。以此詬遠。此而與兒童之見無異。人之將死。其臟腑必有先受其病者。引繩而絕之。其絕必有處。觀者見其然。從而尤之。其亦不達於理矣。小人之好議論。不樂成人之美。如是哉。如巡遠之所成就。如此卓卓。猶不得免。其他則又何說。當二公之初守也。寧能知人之卒不救。棄城而逆遁。苟此不能守。雖避之他處何益。及其無救而且窮也。將其創殘餓羸之餘。雖欲去。必不達。二公之賢。其講之精矣。守一城。捍天下。以千百就盡之卒。戰百萬日滋之師。蔽遮江淮。沮遏其勢。天下之不亡。其誰之功也。當是時。棄城而圖存者。不可一二數。擅强兵坐而觀者相環也。不追議此。而責二公以死守。亦見其自比於逆亂。設淫辭而助之攻也。

第三　張中丞傳後序二　韓　愈

愈嘗從事於汴徐二府。屢道於兩府間。親祭於其所謂雙廟者。其老人往往說巡遠時事云。南霽雲之乞救於賀蘭也。賀蘭嫉巡遠之聲威功績出己上。不肯出師救。愛霽雲之勇且壯。不聽其語。强留之。具食與樂。延霽雲坐。霽雲慷慨語曰。雲來時。睢陽之人不食月餘日矣。雲雖欲獨食。義不忍。雖食且不下咽。因拔

所佩刀。斷一指。血淋漓。以示賀蘭。一座大驚。皆感激爲雲泣下。雲知賀蘭終無爲雲出師意。卽馳去。將出城。抽矢射佛寺浮圖。矢著其上甎半箭。曰。吾歸破賊。必滅賀蘭。此矢所以志也。愈貞元中。過泗州。船上人猶指以相語。城陷。賊以刃脅降巡。巡不屈。卽牽去。將斬之。又降霽雲。雲未應。巡呼雲曰。南八。男兒死耳。不可爲不義屈。雲笑曰。欲將以有爲也。公有言。雲敢不死。卽不屈。張籍曰。有于嵩者。少依於巡。及巡起事。嵩常在圍中。籍大歷中。於和州烏江縣見嵩。嵩時年六十餘矣。以巡初嘗得臨渙縣尉。好學無所不讀。籍時尚小。粗問巡遠事。不能細也。云。巡長七尺餘。鬚髯若神。嘗見嵩讀漢書。謂嵩曰。何爲久讀此。嵩曰。未熟也。巡曰。吾於書讀不過三遍。終身不忘也。因誦嵩所讀書。盡卷不錯一字。嵩驚。以爲巡偶熟此卷。因亂抽他帙以試。無不盡然。嵩又取架上諸書。試以問巡。巡應口誦無疑。嵩從巡久。亦不見巡常讀書也。爲文章。操紙筆立書。未嘗起草。初守睢陽時。士卒僅萬人。城中居人。戶亦且數萬。巡因一見問姓名。其後無不識者。巡怒。鬚髯輒張。及城陷。賊縛巡等數十人坐。且將戮。巡起旋。其衆見巡起。或起或泣。巡曰。汝勿怖。死命也。

衆泣。不能仰見。巡就戮時。顏色不亂。陽陽如平常。遠寬厚長者。貌如其心。與巡同年生。月日後於巡。呼巡爲兄。死時年四十九。嵩貞元初。死於亳宋間。或傳嵩有田在亳宋間。武人奪而有之。嵩將詣州訟理。爲所殺。嵩無子。張籍云。

第四　段太尉逸事狀一　　　柳宗元

太尉始爲涇州刺史時。汾陽王以副元帥居蒲。王子晞爲尚書。領行營節度使。寓軍邠州。縱士卒無賴。邠人偸嗜暴惡者。率以貨竄名軍伍中。則肆志。吏不得問。日羣行丐取于市。不嗛。輒奮擊折人手足。椎釜鬲甕盎盈道上。袒臂徐去。至撞殺孕婦人。邠寧節度使白孝德以王故。戚不敢言。太尉自州以狀白府。願計事。至則曰。天子以生人付公理。公見人被暴害。因恬然。且大亂。若何。孝德曰。願奉教。太尉曰。某爲涇州。甚適少事。今不忍人無寇暴死。以亂天子邊事。公誠以都虞候命某者。能爲公已亂。使公之人不得害。孝德曰。幸甚。如太尉請。既署一月。晞軍士十七人入市取酒。又以刃刺酒翁。壞釀器。酒流溝中。太尉列卒取十七人。皆斷頭注槊上。植市門外。晞一營大譟。盡甲。孝德震恐。召太尉曰。將奈何。太尉曰。無傷也。請辭於軍。

孝德使數十人從太尉。太尉盡辭去。解佩刀。選老躄者一人持馬至晞門下。甲者出。太尉笑且入曰。殺一老卒。何甲也。吾戴吾頭來矣。甲者愕。因諭曰。尚書固負若屬耶。副元帥固負若屬耶。柰何欲以亂敗郭氏。爲白尚書。出聽我言。晞出見太尉。太尉曰。副元帥勳塞天地。當務始終。今尚書恣卒爲暴。暴且亂。亂天子邊。欲誰歸罪。罪且及副元帥。今邠人惡子弟以貨竄名軍籍中。殺害人。如是不止。幾日不大亂。大亂由尚書出。人皆曰尚書倚副元帥不戢士。然則郭氏功名。其與存者幾何。言未畢。晞再拜曰。公幸教晞以道。恩

甚大。願奉軍以從。顧叱左右曰。皆解甲散還大伍中。敢譁者死。太尉曰。吾未晡食。請假設草具。既食曰。吾疾作。願留宿門下。命持馬者去。旦日來。遂臥軍中。晞不解衣。戒候卒擊柝衞太尉。旦俱至孝德所。謝不能。請改過。邠州由是無禍。

第五　段太尉逸事狀二　　柳宗元

先是太尉在涇州爲營田官。涇太將焦令諶取人田。自占數十頃。給與農曰。且熟歸我半。是歲大旱。野無草。農以告諶。諶曰。我知入數而已。不知旱也。督責益急。且飢死無以償。卽告太尉。太尉判狀辭甚巽。使人

來諭諶。諶盛怒召農者曰。我畏段某耶。何敢言我。取判鋪背上。以大杖擊二十。垂死輿來庭中。太尉大泣曰。乃我困汝。卽自取水洗去血。裂裳衣瘡。手注善藥。旦夕自哺農者。然後食。取騎馬賣。市穀代償。使勿知。淮西寓軍帥尹少榮。剛直士也。入見諶大罵曰。汝誠人耶。涇州野如赭。人且飢死。而必得穀。又用大杖擊無罪者。段公仁信大人也。而汝不知敬。今段公唯一馬賤賣市穀入汝。汝又取不恥。凡爲人傲天災犯大人擊無罪者。又取仁者穀。使主人出無馬。汝將何以對天地。尚不媿奴隸耶。諶雖暴抗。然聞言則大媿流

汗不能食。曰我終不可以見段公。一夕自恨死。及太尉自涇州以司農徵。戒其族。過岐。朱泚幸致貨幣。愼勿納。及過。泚固致大綾三百疋。太尉壻韋晤堅拒。不得命。至都。太尉怒曰。果不用吾言。晤謝曰。處賤無以拒也。太尉曰。然終不以在吾第。以如司農治事堂。棲之梁木上。泚反。太尉終。吏以告泚。泚取視。其故封識具存。元和九年月日。永州司馬員外置同正員柳宗元。謹上史館。今之稱太尉大節者。出入以爲武人。一時奮不慮死。以取名天下。不知太尉之所立如是。宗元嘗出入岐周邠斄閒。過眞定。北上馬嶺。歷亭鄣堡

戊。竊好問老挍退卒。能言其事。太尉爲人姁姁常低首拱手行步。言氣卑弱。未嘗以色待物。人視之儒者也。遇不可。必達其志。決非偶然者。會州刺史崔公來。言信行直。備得太尉遺事。覆挍無疑。或恐尚逸墜未集太史氏。敢以狀私於執事。謹狀。

第六　文天祥一　　清　陳宏緒

景炎二年。元宣慰使李恒。將兵攻天祥于興國。天祥不意恒兵猝至。迺走卽鄒㵪于永豐。㵪兵敗。恒窮追天祥。至空坑。軍士皆潰。天祥妻妾子女皆見執。趙時賞坐肩輿。元兵問爲誰。時賞曰。我姓文。衆以爲天祥。擒之。天祥得逸去。收殘兵奔循州。祥興元年。春進屯麗江浦。六月。入船澳。端宗崩。衞王繼立。天祥上表自劾。乞入朝。張世傑自以迎候宜中爲辭。不許。八月。加天祥少保信國公。軍中疫且起。天祥惟一子。與其母皆死。十一月。進潮陽縣。已遂有陳懿之變。天祥被執于五坡嶺。陳懿者。潮州劇盜。其黨劉興數叛附爲害。天祥執興誅之。懿乃潛導元師張弘範兵濟潮陽。天祥方飯五坡嶺。弘範奄至。衆不及戰。天祥倉皇出走。千戶王惟義前執之。一時官屬士卒死者甚衆。天祥見弘範于潮陽。不拜。踴踊請就死。弘範驅之前。與俱

至厓山。使爲書招張世傑。天祥曰。吾不能扞父母。迺教人叛父母乎。索之急。迺書過零丁洋一詩與之。其末云。人生自古誰無死。留取丹心照汗青。弘範笑而置之。二年二月。厓山破。陸秀夫沉其妻孥。冠裳抱帝赴海。從而死者數十萬人。弘範置酒軍中。大會。從容謂天祥曰。國亡。丞相忠孝盡矣。能以事宋者事元。將不失作宰相。天祥泫然出涕曰。國亡不能救。爲人臣者死有餘罪。敢逃死而二其心乎。弘範義之。遣使護天祥至燕。

第七　文天祥二　　陳宏緒

初天祥被執。取懷中腦子盡服之。不死。已在道不食八日。又不死。既至燕。丞相孛羅命盛供帳。天祥義不寢處。坐達旦。迺移至兵馬司。設卒守之。孛羅召見。使跪。天祥曰。南人不能跪。左右或牽頭。或拏手。或按足。或以膝倚其背。卒不跪。孛羅曰。自古有以宗廟土地與人。又適去者。否。天祥曰。奉國與人。是賣國之臣也。賣國者必不去。去者必不賣國。前被拘留時。國亡當死。徒以度宗二子在浙東。老母在廣。故去之耳。問德祐非君乎。曰。吾君也。曰。棄嗣君而立二王。忠乎。曰。當此之時。社稷爲重。君爲輕。忠臣但爲宗廟社稷計。故

從懷愍而北非忠。從元帝爲忠。從徽欽而北非忠。從高宗爲忠。孛羅不能詰。呼獄吏引去。自是囚兵馬司。四年。未嘗一食官飯。坐一土室。廣八尺。深可四尋。日放意文墨。以洩悲憤。其爲詩有指南錄三卷。後錄五卷。集杜句二百首。又自譜生平行事一卷。曰紀年錄。天下爭傳誦之。宋故臣王積翁。謝昌元等十人。謀請釋天祥爲黃冠師。元世祖素知天祥賢。將付以大任。積翁昌元。以書諭意。天祥復書云。諸公義同鮑叔。天祥事異管仲。管仲不死。而功在天下。天祥不死。而盡棄生平。請勿復言。會參知政事麥朮丁。親見天祥出師震動。每倡言不如殺之便。又閩僧妙曦言土星犯帝座疑有變。未幾中山狂人薛寶住。自稱宋主。有兵千人。欲取文丞相。京城亦有匿名書。言某日燒蓑城葦。率兩翼兵爲變。丞相無憂。疑丞相者天祥也。于是召入諭之曰。汝何願。天祥曰。願賜之一死足矣。世祖猶不忍。遽麾之退。麥朮丁力贊如天祥請。從之。至元十九年。十二月。天祥臨刑。當過市時。意氣揚揚自若。觀者如堵。天祥從容謂吏曰。吾事畢矣。問市人孰爲南北。南向再拜。遂死。年四十七。于是連日大風揚沙。天地盡晦。城門晝閉。宮中皆秉燭行。羣臣入朝。亦爇

炬前導。世祖悔之。贈公太保中書平章政事廬陵郡公。謚忠武。

第八　正氣歌

宋　文天祥

天地有正氣。雜然賦流形。下則爲河瀆。上則爲日星。
於人曰浩然。沛乎塞蒼冥。皇路當清夷。含和吐朝廷。
時窮節乃見。一一垂丹青。在齊大史簡。在晉董狐筆。
在秦張良椎。在漢蘇武節。爲嚴將軍頭。爲嵇侍中血。
爲張睢陽齒。爲顏常山舌。或爲遼東帽。清操厲冰雪。
或爲出師表。鬼神泣壯烈。或爲渡江楫。慷慨吞胡羯。
或爲擊賊笏。逆豎頭破裂。是氣所磅礴。凜冽萬古存。
當其貫日月。生死安足論。地維賴以立。天柱賴以尊。
三綱實繫命。道義爲之根。嗟予遘陽九。隷也實不力。
楚囚纓其冠。傳車送窮北。鼎鑊甘如飴。求之不可得。
陰房闃鬼火。春院閟天黑。牛驥同一皁。鷄棲鳳凰食。
一朝蒙霧露。分作溝中瘠。如此再寒暑。百沴自辟易。
哀哉沮洳場。爲我安樂國。豈有他繆巧。陰陽不能賊。
顧此耿耿在。仰視浮雲白。悠悠我心憂。蒼天曷有極。
哲人日已遠。典刑在宿昔。風簷展書讀。古道照顏色。

第九　和文天祥正氣歌　有序

藤田　彪

彪年八九歲。受文天祥正氣歌於先君子。先君子。

每誦之。引盃擊節。慷慨奮發。談說正氣之所以塞乎天地。必推本之於忠孝大節。然後止。距今三十餘年。凡古人詩文。少時所誦。十忘七八。至於天祥歌。則歷歷暗記。不遺一字。而先君子言容宛然。猶在心目。彪性善病。去歲從公駕而來也。方患感冒。力疾上途。及公獲罪。彪亦就禁錮。風窓雨室。濕邪交侵。菲衣疏食。飢寒並至。其辛楚艱苦。常人所難堪。而宿痾頓愈。體氣頗佳。睥睨宇宙。叨與古人相期者。蓋資於天祥歌爲多。夫天祥値宋社之傾覆。身囚於胡虜。實臣子之至變。若彪被幽。則特一時之奇禍。其事與跡。皆大不同。然古人有云。死生亦大矣。今彪之困阨。既已若此。而人猶或不以慊於意。曰何不遂賜死。曰何不早自裁。彪之所以出入於死生間。亦復若此。而頑乎不變。自信愈厚者。未始不與天祥同也。嗚呼。彪之生死。固不足道。至於公之進退。則正氣之屈伸。神州之汚隆繫焉。豈特一時奇禍之云乎哉。天祥曰。浩然者。天地之正氣也。余廣其說曰。正氣者。道義之所積。忠孝之所發。然彼所謂正氣者。秦漢唐宋。變易不一。我所謂正氣者。亘萬世而不變者也。極天地而不易者也。因

誦天祥歌。又和之。以自歌。歌曰。

天地正大氣。粹然鍾神州。秀爲不二嶽。巍巍聳千秋。
注爲大瀛水。洋洋環八洲。發爲萬朶櫻。衆芳難與儔。
凝爲百鍊鐵。鋭利可斷鍪。藎臣皆熊羆。武夫盡好仇。
神州誰君臨。萬古仰天皇。皇風洽六合。明德侔大陽。
不世無汚隆。正氣時放光。乃參大連議。侃侃排瞿曇。
乃助明主斷。燄燄焚伽藍。中郎嘗用之。宗社磐石安。
清丸嘗用之。妖僧肝膽寒。忽揮龍口劍。虜使頭足分。
忽起西海颶。怒濤殲妖氛。志賀月明夜。陽爲鳳輦巡。
芳野戰酣日。又代帝子屯。或投鎌倉窟。憂憤正悁悁。
或伴櫻井驛。遺訓何慇懃。或徇天目山。幽囚不忘君。
或守伏見城。一身當萬軍。承平二百歲。斯氣常獲伸。
然當其鬱屈。生四十七人。乃知人雖亡。英靈未嘗泯。
長在天地間。凜然敘彝倫。誰能扶持之。卓立東海濱。
忠誠尊皇室。孝敬事天神。修文兼奮武。誓欲清胡塵。
一朝天步艱。邦君身先淪。頑鈍不知機。罪戾及孤臣。
孤臣困葛藟。君冤向誰陳。孤子遠墳墓。何以報先親。
荏苒二周星。獨有斯氣隨。嗟予雖萬死。豈忍與汝離。
屈伸付天地。生死又何疑。生當雪君冤。復見張四維。
死爲忠義鬼。極天護皇基。

第十　東湖遺稿序　　林　長孺

水戶藤田君東湖。學識高邁。才畧卓拔。遇忠孝大義事。輒感奮激勵。常欽諸葛武侯・岳武穆之爲人。烈公奇君才。擢用勿貳。其明良相遇。世稱蛟龍之得雲雨也。旣而烈公以嫌疑得罪。君坐此幽囚。雖再起復職。不得大施以終。可謂不幸矣。天之報善人何如耶。頃者。令嗣疆卿。鈔君遺文。將繡梓公於世。以余與君交誼最厚。來徵敘言。固辭不可。乃曰。士之幸不幸。天也。然天與之而復奪之。或奪之而復與之。其剝復乘除。皆有成數。而幸不幸之運。一定不易者。天實命之。人莫能得而前知焉。抑先主於武侯。委國託孤。孝宗於武穆。寢閤召命。若二公者。皆可謂遭遇希匹。然武侯中道不得志而沒。武穆寃死於莫須有之獄。不能無疑於天報之嗇也。則於東湖亦何恠之。雖然天之命二公。豈偶然哉。昔人云。武侯出師表。與伊訓說命相表裏。武穆奏表諸文。亦與出師表相上下。由是觀之。其文與聖經並。而有功人心世道。赫奕於千萬世之下。可謂幸矣。其抑鬱於一代者。是天欲與之而先奪之耳。孰謂天命出偶然哉。今東湖之文章。雖未知果與伊訓說命相表裡乎否。然忠義之心。與浩然之義。

相觸成文。淩厲雄健。悲壯淋漓。所謂龍蛇虎豹。變現而出沒者。使人一讀。感奮興起。視之二公之文。豈有慙色。然則天之所以報東湖者。可謂厚且幸矣。其志雖屈乎當時。其文章垂乎不朽者。卽一時之奪。而萬世之與。天算無違。人皆不能前知也。予以其遭遇終始。與二公相似也。併論以爲序。明治十年。丁丑五月。

第十一　乞出師劄　　宋　岳　飛

臣伏白。國家變故以來。起於白屋。實懷捐軀報國。復讐雪恥之心。幸憑社稷威靈。前後粗立溥効。而陛下錄臣微勞。擢自布衣。曾未十年。官至太尉。品秩比三公。恩數視二府。又增重使名。宣撫諸路。臣一介賤微。寵榮超躐。有踰涯分。今者又蒙益臣軍馬。使濟恢圖。臣實何人。誤辱神聖之知。如此敢不晝度夜思。以圖報稱。臣揣敵情。所以立劉豫於河南。而付之齊秦之地。蓋欲荼毒中原生靈。以中原而攻中原。粘罕因得休兵養馬。觀釁乘隙。包藏不淺。臣不及此時。稟陛下睿算妙畧。以伐其謀。使劉豫父子隔絕。五路叛將還歸。兩河故地漸復。則金賊詭計日生。它時浸益難圖。臣愚欲望陛下假臣日月。勿復拘臣淹速。使敵莫測。臣擧措萬一得便可入。則提兵直趨京洛。據河陽陝府潼關。以號召五路叛將。則劉豫必捨汴都。而走河北。京畿陝右。可以盡復。至京東諸郡。陛下付之韓世忠張俊。亦可便下。臣然後分兵濬滑。經畧兩河。劉豫父子。斷可成擒。如此。則金賊有破滅之理。爲陛下社稷長久無窮之計。實在此舉。假令汝潁陳蔡。堅壁清野。商於虢洛。分屯要害。進或無糧可因。攻或難於餽運。臣須斂兵還保上流。賊定追襲而南。臣俟其來。當率諸將。或挫其銳。或待其疲。賊利速戰。不得所欲。勢必復還。臣當設伏。邀其歸路。小入則小勝。大入則大勝。然後徐謀再舉。設若賊見上流進兵。併力來侵淮上。或分兵攻犯四川。臣即長驅擣其巢穴。賊困於奔命。勢窮力殫。縱今年未盡平殄。來歲必得所欲。亦不過二三年間。可以盡復故地。陛下還歸舊京。或進都襄陽關中。惟陛下所擇也。臣聞興師十萬。日費千金。邦內騷動。七十萬家。此豈細事。然古者命將出師。民不再役。糧不再籍。蓋慮周而用足也。今臣部曲。遠在上流。去朝廷數千里。平時每有糧食不足之憂。是以去秋臣兵深入陝洛。而在寨卒伍。有飢餓閃走。故臣急還。不遂前功。致使戰地陷僞。忠義之人。旋被屠殺。皆臣之罪。今日唯賴陛下戒勅有司。廣爲儲備。俾臣

得一意靜慮。不爲兵食亂其方寸。則謀定計審。仰遵陛下成算。必能濟此大事也。異時迎還太上皇帝、崇德皇后梓宮。奉邀天眷。歸國使宗廟再安。萬姓同歡。陛下高枕。無北顧憂。臣之志願畢矣。然後乞身還田里。此臣夙昔所自許者。伏惟陛下恕臣狂易。臣無任戰汗取進取。

第十二　岳忠武王小傳

明　單恂

岳飛字鵬舉。相州湯陰人。少負氣節。家貧力學。尤好左氏春秋、孫吳兵法。生有神力。未冠。挽弓三百斤。弩八石。宋建炎、紹興間。奉詔。討金虜平流賊。用兵如神。所向無前。中原響應。浸浸乎、有恢復之勢。時秦檜爲相。專主講和。欲畫淮以北棄之。金將兀朮遺檜書曰。汝朝夕以和請。而岳飛方爲河北圖。必殺飛。始可和。檜亦以飛不死。終梗和議。已必及禍。百方誣陷。遂逮飛下獄死。年三十九。官至少保樞密副使。淳熙六年。諡武穆。後追封鄂王。飛初隷留守宗澤。澤大奇之曰。爾勇智才藝。古良將不能過。然好野戰。非萬全計。因授以陣圖。飛曰。陣而後戰。兵法之常。運用之妙。存乎一心。事親孝。家無姬侍。吳玠素服飛。願與交驩。飾名姝遺之。飛曰。主上宵旰。豈大將安樂時邪。却不受。玠益

敬服。帝欲爲飛營第。飛辭曰。金虜未滅。何以家爲。或問天下何時太平。飛曰。文臣不愛錢。武臣不惜死。天下太平矣。卒有取民一縷以束芻者。立斬以徇。卒夜宿。民開門願納。無敢入者。軍號凍死不拆屋。餓死不鹵掠。卒有疾。飛爲調藥。凡有犒賞。秋毫不私。善以少擊衆。嘗以八百人。破羣盜王善等五十萬衆於南薰門。以八千人。破曹成十萬衆於桂嶺。其戰兀朮於順昌。則以背嵬八百。於朱仙鎭。則以五百。皆破其衆十餘萬。凡有所擧。盡召諸統制與謀。謀定而後戰。故有勝無敗。猝遇敵不動。故敵爲之語曰。撼山易。撼岳家軍難。張俊嘗問用兵之術。飛曰。仁信智勇嚴。闕一不可。飛好賢禮士。覽經史。雅歌投壺。恂恂如書生。每辭官必曰。將士效力。飛何功之有。然忠憤激烈。議論持正。不挫於人。卒以此得禍。

第十三　洞庭之戰　　南宋書

紹興五年。命岳飛捕湖寇楊么。飛部、皆西北人。不習水戰。飛曰。兵何常。顧用之如何耳。先遣使招諭之。賊黨黃佐曰。岳節使號令如山。與戰必不勝。不如降之。節使誠信。必善遇我。遂降。飛表授佐官。單騎按部。拊佐曰。子知逆順者。封侯豈足道。子能至湖中。視可乘

者擒之。可勸者招之。佐誓以死報。張浚以軍事至潭。參政席益疑飛玩寇。欲奏之。浚曰。岳侯忠孝人也。兵有深機。何可易言。益慙而止。佐襲殺周倫。擒陳貴。飛上其功。遷武功大夫。會召浚還防秋。飛袖小圖示浚曰。都督能少留八日。可破賊。浚曰。何言之易。飛曰。王四廂以王師攻水寇則難。飛以水寇攻水寇則易。若因敵用敵。奪其手足。離其腹心。八日內必獻俘。浚許之。飛如鼎州。佐招楊欽來降。飛喜曰。欽驍悍。旣降。賊腹心潰矣。表授武義大夫。禮遇甚厚。復遣歸湖中。以降者來。飛詭罵曰。賊不盡降。何來也。杖而遣之。是夜掩賊營。降衆數萬。么方浮舟湖中。以輪激水。行旁置撞竿。官舟迎之輒碎。飛伐木爲巨筏。塞諸港。以亂草浮上流。遣善罵者挑之。賊怒來追。則草木壅積。輪礙不行。官軍乘筏張牛革。以蔽矢石。擧巨木撞其舟。舟盡壞。么投水。牛皐擒斬之。飛親行諸砦慰撫之。縱老弱歸田。果八日而平。浚歎曰。岳侯神算也。初賊恃險曰。犯我者除是飛來。人以爲讖云。

第十四　西湖　　清　孫嘉淦

錢塘西湖之盛。自幼耳熟。旣見江急。欲至湖上。居人曰。遊西湖者。陸轎而水船。予曰。不然。江山之觀。一入

轎船則不能見其大且異境多在人跡罕至之處轎輿船又不能到也因步行登萬松山而望西湖一片空明千峯紫翠冠山爲寺架水作亭樓臺烟雨綺麗清幽向觀畫圖恐西湖不如畫今乃知畫不足以盡西湖也過松嶺度長橋至南屏怪山攢列下有古寺所謂南屏晩鐘也北曰雷峯有塔高而色紫所謂雷峯夕照也西曰蘇隄從南抵北作六橋以通舟植梅柳於其上所謂蘇隄春曉也隄西有園亭擁湖爲沼以蓄魚所謂花港觀魚也隄東有州旁有三塔影入洲所謂三潭印月也潭北有亭翼然水面者湖心亭

也亭北突起而秀者孤山也山上紫垣繚繞者行宮也其東直抵杭城者白隄也蘇隄縱而白堤横孤山介兩隄之間焉其西有岳武穆廟廟外鐵鑄秦檜夫婦而其首爲人擊碎嘗讀史至國家興亡之際不能無疑於天也當武穆提兵北伐山東河朔豪傑響應韓常内附烏珠外奔使其予秦檜以暴疾假武穆以遐年復神州而返二聖至易易耳而顧不然待其人之云亡邦國殄瘁易代而後乃復祀武穆而擊檜豈天心悔過而假手於人以蓋前愆耶抑天終不悔而人奮其力與天爭也人之言曰善惡之報不於其身

必於其子孫今聞秦氏盛而岳武式微此又何説焉使天不好善而惡惡人之好惡之心何由而生天之好惡旣與人同胡爲誤於其身復誤於其子孫而終不悔耶嗚呼此其故聖人知之矣昔者聖人之作易也君子長而小人消曰泰小人長而君子消曰否運之有否泰數也天之所不能違也非小人得志而害君子則運不成故萬世之人心好君子而惡小人者天之理之常一時之氣運福小人而禍君子者天之數之變萬物之於天猶子之於父臣之於君也龍逢比干其君不以爲忠申生伯奇其父不以爲孝孝子

不敢非其親忠臣不敢懟其君而於天又何怨焉

第十五　過南昌　孫嘉淦

西至玉山復登舟至於廣信爲江西界山形粗猛突兀横亘直竪緣河羅列者皆一石特起方圓平直各自爲象西至弋陽有龜峯山衆峯直起如笋有青山頭峯頂皆圓有如人首或冠或冕或螓或頎或光如僧或髽如妓寺隱叢篁泉出古洞棕櫚芭蕉延滿巖谷奇險幽秀兼而有之西北至貴溪見天然橋一石横兩峯之間下空若洞亦奇境也西至安仁地平曠南至瑞洪遂入鄱陽自安仁以西四望不見山至瑞

洪以南。四望并不見樹。短草黃沙。烟水雲天而已。湖水甚濁。波濤皆紅。出湖入章江。至南昌。登滕王閣。章江南來。渺瀰極目。彭蠡北滙。烟波萬頃。東望平湖。天垂野濶。連峯千里。西列屏嶂。所謂西山暮雨。南浦朝雲。霞鶩齊飛。水天一色。蓋實録也。南昌阻風。泊舟於生米渡。趂早渡江。幾至不測。語曰。安不忘危。又曰。千金之子。坐不垂堂。余自維揚登舟。過揚子。泛呉淞。渉錢塘。溯桐溪。經鄱陽。在舟數月。僥倖無恙。習而安焉。設非遭此。遂安其危而忘垂堂之戒也。豈可哉。

第十六　下岐蘇川記　　齋藤謙

天保丁酉四月。余竣役。與兩藩士俱自江戶還。取路東山。舍輿步行。旁探名勝。五月四日。下十三嶺。晩宿伏見驛。連日崎嶇。經渉山間頗疲。至奴輩把槍荷鎧者。或瘏痛不能起。且聞水路之勝熟矣。因謀賃舟下岐蘇川。至桑名。殆二十里。不一日而達。乃召舟人戒之。翌日。夙起。趨水濵。求舟。舟人家在前岸樹林中。閉戶未起。阻以灘聲喧豗。累呼不達。唇焦舌爆。久之。乃應。與其兒艤舟來迎。日已加辰。乃發。舟狹長。薄版爲之。呼爲鸕飼。兒纔十二歲耳。父在舳。兒在艫。各持櫓操縱甚習。灘急舟走。兩崖巒巘。一時皆揺。當前所見。

倏忽在後。唯見岸行山走。而不覺舟移。山皆石身戴土。松爲之髮。而紅杜鵑粧點於其間。腥血如滴。又處處有水簾懸焉。緌緌灑灑墜於潭石上。石皆奇狀。羅列兩岸。或特立若柱。或拆裂若門。或若渇驥飮澗。或若卧牛横道。五色陸離。相間皴率。作大小斧劈。有作荷葉披麻者。濯波浪以出。交替去來。不暇應接。蓋譎詭變幻中帶清秀深穩之態。非荊關之筆。倪黃之手不能狀也。雖僕隷輩不解山水之趣者。皆連呼奇不絶聲。忽過一大巖屹立水中。舟殆觸之。少誤則齏粉矣。衆懼而黙。舟人笑挨拕避之。輒掠巖角過。如此者

數處。未嘗差絲毫。但經巖際。波激舟舞。飛沫撲人。衣袂盡濕。回視僕從。各握兩把汗。殆無人色。舟人甚閒暇。從容吹煙而坐。視上流船併力挽上者。難易懸絶。已而離峽。漸平遠。犬山城露於翠微上。粉壁鮮明。衆望見歡然。比至城下。又有暗礁齧舟。砉然欲裂。衆復相顧瞿然。過此以往。漁舟相望。歌唱互答。衆心始降矣。蓋始發抵此。爲陸行半日之程。不一餉時而至。其快可知矣。嘗讀盛廣之酈道元所記。誇稱江水迅急之狀。至唐李白述其意云。千里江陵一日還。平生竊疑以爲文人虛談。今過此際。始知其不誣也。但舟行

甚迅。不能徐翫峽中之勝。爲可恨已。又三里抵笠松。
鳴鐘方報已。登憩岸上店。目猶眩。仰見屋椽。動搖不
定。瞑坐良久乃止。進鱒。脆美媚口。此行跋涉山谷。蔬
食彌旬。獲之以解菜。飯已。復入舟。岸愈濶。水愈緩。險
阻已遠。無復可觀。枕籍而卧。風方逆。舟人用力。搰搰
甚勞。櫓聲喧聒。使人煩寃。午下。稍得風便。揚帆復走。
衆乃睡熟。比醒。達於桑名。日尚高。謝遣舟人。登陸而
行。至四日市宿焉。自伏見至此。殆爲二日半路程。道
上行見家家插菖蒲。彩旗翩然飄風。衆在行旅。倥傯
涉日。殆忘月日。至是乃知屬端午節。不圖今日舟行

爲弔屈之擧。抑亦奇矣。且舟凌危險。布帆無恙。免爲
汨羅之鬼。不亦厚幸乎。蓋天下之至奇至美者。每在
於艱難危險之地。不獨山水之勝也。求之者比於入
虎穴探龍頷。危而後有所獲矣。余於是乎有感焉。未
可以語千金之子也。姑記之以示苦學勵行之人。

第十七　鏡說　山田　球

岐蘇深谷中。有村焉。其民未曾知有鏡矣。有好事者。
齎一大玻瓈而往。欲戶戶而示之。造一戶。其主翁與
兄友愛篤摯。而兄新歿。乃鑒視己影。以爲兄之靈現
形也。擁鏡大哭。絮語縷縷不止。鏡主大笑。急取鏡去。

又造一戶。其主強暴壯夫。與兄相仇視。久絕往來。亦
一鑒以爲兄至。大怒。戟手向之。則鏡中之影亦戟焉。
益怒。極力一擊。鏡立片碎矣。嗚呼。亦愚矣。抑茫茫天
地。一大鏡也。森羅萬象。一影子也。則人之處世接物。
恩讐順逆。親疎從違。千境萬界。現乎目前者。豈非吾
心身之影子也。然而喜恩怒讐。樂順憂逆。愛親憎疎。
好從惡違。惱亂心身。無所底止。非岐蘇村民之愚而
何。何以免其愚。曰。自反以求心身而已矣。作鏡說。

第十八　魏徵薨　唐書

貞觀十七年。魏徵疾甚。帝親問疾。流涕問所欲。對曰。

嫠不恤緯。而憂宗周之亡。帝將以衡山公主降其子
叔玉。時主亦從。帝曰。公彊視新婦。徵不能謝。是夕帝
夢徵若平生。及旦薨。帝臨哭。爲之慟。罷朝五日。詔內
外百官朝集使皆赴喪。贈司空相州都督。謚曰文貞。
帝登苑西樓。望哭盡哀。晉王奉詔致祭。帝作文于碑。
遂書之。又賜家封戶九百。帝後臨朝歎曰。以銅爲鑑。
可正衣冠。以古爲鑑。可知興替。以人爲鑑。可知得失。
朕嘗保此三鑑。內防己過。今魏徵逝。一鑑亡矣。朕比
使人至其家。得書一紙。始半藁。其可識者。曰天下之
事。有善有惡。任善人則國安。用惡人則國弊。公卿之

內情有愛憎。憎者惟見其惡，愛者止見其善。愛憎之間，所宜詳愼。若愛而知其惡，憎而知其善，去邪勿疑，任賢勿猜，可以興矣。其大畧如此。朕顧思之，恐不免斯過。公卿侍臣，可書之於笏，知而必諫也。徵狀貌不逾中人，有志膽。每犯顏進諫，雖逢帝甚怒，神色不徙。而天子亦爲霽威。議者謂賁育不能過。嘗上冢還，奏曰：向聞陛下有關南之行。既辦而止，何也。帝曰：畏卿遂停耳。始喪亂後，典章湮散。徵奏引諸儒，校集祕書。國家圖籍，粲然完整。嘗以小戴禮，綜彙不倫，更作類禮二十篇。數年而成。帝美其書，錄寘內府。帝本以兵定天下。雖已治，不忘經畧四夷也。故徵侍宴，奏破陣武德舞，則俛首不顧。至慶善樂，則諦玩無斁。舉有所諷切如此。徵亡，帝思不已。登凌烟閣，觀畫像，賦詩悼痛。聞者媢之，毀短百爲。徵嘗薦杜正倫侯君集才任宰相。及正倫以罪黜，君集坐逆誅，孅人遂指爲阿黨。又言：徵嘗錄前後諫爭語，示史官褚遂良。帝滋不悅。乃停叔玉昏，而仆所爲碑。顧其家衰矣。遼東之役，高麗靺鞨犯陣。李勣等力戰破之。軍還，悵然曰：魏徵若在，吾有此行邪。卽召其家，到行在，賜勞妻子。以少牢祠其墓，復立碑，恩禮加焉。

第十九　房玄齡諫伐高麗疏　唐書

上古所不臣者，陛下皆臣之。所不制者，陛下皆制之矣。爲中國患，無如突厥。而大小可汗，相次束手，弛辮握刀，分典禁衞。延陀鐵勒，披置州縣。高昌吐渾，偏師掃除。惟高麗歷代逋命，莫克窮討。陛下責其弑逆，身自將六軍，征荒裔，不旬日，拔遼東。虜獲數十萬，殘衆孽君，縮氣不敢息。可謂功倍前世矣。易曰：知進退存亡，不失其正者，其惟聖人乎。蓋進有退之義，存有亡之機，得有喪之理。爲陛下惜者，此也。傳曰：知足不辱，知止不殆。陛下威名功烈，旣云足矣。拓地開疆，亦可止矣。邊夷醜種，不足待以仁義，責以常禮。古者以禽魚畜之。必絕其類，恐獸窮則搏。苟救其死，且陛下每決死罪，必三覆五奏，進疏食，停音樂。以人命之重，爲感動也。今士無一罪，驅之行陣之閒，委之鋒鏑之下，使肝腦塗地，老父孤子，寡妻慈母，望轊車，抱枯骨，摧心一泣。其所以變動陰陽，害傷和氣，實天下之痛也。使高麗違失臣節，誅之可也。侵擾百姓，滅之可也。能爲後世患，夷之可也。今無是三者，而坐敝中國，爲舊王雪恥，新羅報仇，非所存小，所損大乎。臣願下沛然之詔，許高麗自新，焚陵波之船，罷應募之衆，卽臣死骨不朽。

第二十、淺野長政諫太閤親征朝鮮　中井積善

文祿元年。秋七月。明師救朝鮮。大兵且至。交章荐告急。太閤益發漕運。日會諸將。議方畧。黑田如水在其署語旁人曰。出師之要。在乎選將。今可能統大兵定殊域者。莫若德川氏。其佗則前田氏。與我而已。浮田氏。匪其器。故加藤、小西負勇相讎。以私忘公。吾聞之。小西置法。加藤沮之。加藤布令。小西格之。所向唯務攻伐。而無綏御之方。故種人皆悔懼逃竄。我所得諸道。不生寸草。如此而欲平定。豈不難乎。太閤側耳戶

外。聽而頷之。一日會列侯大臣曰。征韓諸將。皆不勝任。我當親往。留而統大政。源亞相其人也。亞相一人在焉。我無內顧憂。我以兵十萬將中軍。加賀宰相。以十萬將左。會津宰相。以十萬將右。一戰舉韓。鼓行覆明巢。正帝號。撫華域。實千歲一時。卿等亟具舟艦。大君弗懌曰。某自幼事武。未嘗以恇怯自撓。今殿下與名公巨藩。航海。某獨遺落在後。何恥若之。彈正長政離次言於大君曰。太閤狐憑矣。狂言則然。公勿以爲意。太閤彪怒蹶起。援刀擬長政。利家氏鄉。牽裾諫曰。不須殿下下手。不敬之罪。請議正典刑。長政神色自

若。曰死而有益於國家。闔門寸斬。唯命。曩日喪亂之久。天下靡沸。以殿下戡定。億兆欲息肩。乃猝興遠役。玩武黷兵。瘡痍之民。忍痛荷戈。老弱復瘁於漕挽。加以國計乏匱。徵斂亡度。愁怨之聲。都鄙相接。今而殿下一航海。則雄鎮大藩。無所統御。羣盜乘虛蠭起。四方反側子。將響應而雲合。上有瓦解之心。下有土崩之勢。天下危機敗症。一朝而駢至。源納言獨留。亦未如之何。願及今疾罷征韓之師。振旅於京師。縮凶器。布寬典。與民休息。可以興頌聲。可以祈永年。實天下幸甚。太閤滋怒。利家氏鄉。麾長政退。長政還舍待罪。

居數日。肥後急警至。初薩人梅北宮內在肥。聚羣盜。時加藤氏不在。襲佐敷取之。郡邑多畔而應之。太閤聞警大愕。急召長政曰。彈正吾甚慙焉。遣汝兒如肥後援勦。顧大君曰。幸長猶少。請假本多中書。大君命忠勝從焉。既而肥人堺與西。以計紿斬宮內。佐敷人爭與助與西。遂擊餘黨平之。幸長、忠勝途歸。太閤遣長政如肥綏撫焉。召與西祿之。

逸史氏曰。善夫彈正之爭也。雖其言不悉行也。一時狂謀。爲之沮敗。所補不淺淺也矣。自是役之興。中外明知其非。又知豐公之憢悍不可攖也。故與其言出

而禍随也。寧結舌以遠害耳。彈正忠憤之氣。有積而後發。張壯膽批逆鱗。非有肥之兵變以齎其威。殆矣哉。當時豐公之門。猛將謀士。如林徒知致死於鋒鏑之下。爭功於智力之末。至於國家大計。蓋闕如也。乃彈正氏蹇蹇匪躬之節。其所關係。尤大且重。實可嘉尚焉爾矣。

第二十一　太閤遊醍醐　中井積善

慶長三年。太閤從容。謂篠山侯玄以曰。貴賤誰無死。雲於月。風於花。人說來茲。鬼爲抵掌。孤欲以三月賞花於醍醐山。令婦女不出閨閣者。遊騁乎山間。供帳華盛。飲饌豐侈。以窮娛樂於一日。乃命玄以及甲侯長政。郡山侯長盛。佐和山侯三成。水口侯正家。大膳三寶院。飭山谷。開林麓。起臺榭。鑿池沼。列廬舍。鏟道路。務使資用充牣。無所闕焉。三月。太閤遊醍醐山。世子秀頼。及元妃諸姬皆從焉。輿馬服飾。競爲華麗新奇。令京極宰相高次。福島左衛門大夫正則。增田右衛門尉長盛等。護衛四郊。羣臣或於山門。設茶房酒亭。殫巧以伺候顏色。上皇使使者慰問。公卿爭贈遺。列侯守令。以至畿甸富戶。饋獻闐咽。以水陸珍奇相高。奇技淫巧。眩耀人目。以市恩寵。太閤雖甚伎樂徹

夜。供游賞賜之費。累鉅萬。讌飲之隆。前代無比。愚民駭悅。傳爲盛事。

逸史氏曰。君人者。顧戀富貴。縱慾如此。而以克永世。非攸聞也。世傳當時或榜於道傍曰。奢者不久。太閤見之。令大署其傍曰。不奢者亦不久。嗟乎是亦不幾乎一言而喪邦乎哉。

第二十二　暮春南亞相山庄尚齒會詩序　菅原是善

大唐會昌五年。刑部尚書白樂天。於履道坊閑宅。招盧胡六叟。宴集。名爲七叟尚齒會。唐家愛憐此會。希有圖寫障子。不離座右。有人傳送。呈我聖廟。即得此障。遍覽諸相。朱紫接袖。鬢眉皓白。或歌或舞。傲然自得。誰謂圖畫昭昭在眼。爰南相公感歎顧告云。吾黨五六人。年齒雖衰邁。頗覺吟詩。未難酣樂。尚齒高會。何必盧白。請集山宅。續彼舊蹤。山泉足以感閑遊。琴酒可以寬老志。言畢相期。暮春之時。花未落盡。月宜及晚。漸驅下澤。詠歌將歸。此即生前樂事。足傳子孫。是善官號同白氏。年齒校盧公。忝侍南氏之席。慙動北山之移。聊述六韻。貽之千載云爾。

第三十三　題護園讌集圖　佐藤坦

蘐園讌集圖。環卓而座者凡八人。其白首皓眉。色愉而骨癯。讙然若有所容者。爲物茂卿。卽蘐園主人也。右側。手紙筆而顧。若推敲詩句者。縣孝孺次公。左側。齡最少。眉目清秀。丰采瀟洒者。滕煥圖東壁。祝髮禪衣。體貌肥大者。釋原資萬菴。脱外套。舉大爵。右座左跪。若醉而顚者。平玄中子和。與子和拉坐。從容醞藉。若相獻酬者。服元喬子遷。在次公之側。凝然端坐。腰刀手箑。熟視子和。而顰蹙者。太宰純德夫。在子遷之後。剃豁而鬢矮。躬俯而面仰。若與萬菴隔卓而語者。宇惠子迪也。自次公而下七人。皆以詞藝名一時。蓋

於茂卿之門。爲翹翹者。此圖不知誰所作。必出於其徒在當時親睹之者。不然。恐不能肖其眞寫其態。殫其風流文雅之概如此之詳也。在昔宋熙寧中。王晉卿會一時名流於西園。自東坡而下十六人。李伯時圖。而米元章敍之。藝苑傳以爲佳話。如我享保中。亦才子輩出。以蘐園爲最盛。而此集適與西園相彷彿。則圖而傳之。固其宜。且今對此圖。想像當時。使吾如身躋其堂。相周旋於文酒之間。亦一快事也。乃重摸之。録各人姓氏於顚。俾後之攬者有所考。

第二十四　錦里文集序　柴邦彦

盛矣哉、錦里先生門之得人也。參謀大政。則源君美在中。室直清師禮。應對外國。則雨森東伯陽。松浦儀禎卿。文章。則祇園瑜伯玉。西山順泰健甫。南部景衡思聰。博該。則榊原玄輔希翊。皆瑰奇絶倫之材矣。其岡島達之至性。岡田文之謹厚。堀山輔之志操。向井三省之氣節。石原學魯之靜退。亦不易得者。而師禮之經術。在中之典刑。實曠古之偉器。一代之通儒也。夫以若數子之資。而終身奉遵服膺先生之訓。不敢一辭有異同焉。則先生之德與學可想矣。而先生無一卷述作。今雖欲聞其所以訓導成就數子之方。而

私淑。其何以哉。先輩蘭林中村深藏之學。出於室師禮。邦彦少時從其問經。屢就叩先生之事。亦舉大學修身說。外佗不能道其詳焉。則似先生之事終不可以得聞也。辛卯歲。邦彦罷藩役。徙住于京。先生遠孫靜字正直。來遊邦彦之門。一日出一束書策而泣焉。曰是靜遠祖之遺文。靜之祖上則參贊幕籌。下則教育羣材。其於道與國。不爲無小補焉。今其門人著述文集皆盛行。而此獨埋沒塵笥。是靜等之罪也。將節食約衣以爲此集圖不朽。何如。邦彦聞而喜出意外。取而讀之。卒業。其文典雅而博。汪洋以核。雖或出一

時戲謔之餘者。亦皆歸于爲己及物之學。宜乎其陶鑄數子。而成偉器矣。邦彥既得詳數子淵源之自。而樂成正直追孝之美。因償歷年景慕之萬一。而又得附託編端。以不朽。則亦望外之幸矣。是所以不以譾劣而辭序言之請也。

第二十五　觀雷亭記　　祇園瑜

予湘雲居方一亭。遠望得寸碧螺黛煙鬟依稀雲際者藤白也。藤白之山西枕海磯。東連大嶺。迤邐數百里。夏月雷雨之過。大率從此方。其暑氣坱鬱。烈火鑠金。殷其之聲。杳起東隅。及景申。狂飈捲沙。崩雲如潑。

暴雨翻河。襟以冰雹。乖龍怳惚反戰。金蛇萬道。掣電劃壁。俄而霹靂破山。瞬息千里。香車轆轆。南走于海。於是開軒倚柱。坐以觀望。遠者八九里。近者二三里。我膽氣爲之鼓舞。飛興揚揚。飄騰天外。其壯也。雖觀戰於涿鹿之野。望湖於浙江之津。洞庭張樂。雲夢挍獵。何能過焉。可謂宇宙第一奇觀矣。須臾雨止雲散。長霓飮海。涼蟾在天。爽籟吹鬢。洗慮濯魄。亦雷之賜也。因榜之曰觀雷。客有過覽而訝者。曰。吁異哉子之名亭。吾聞雷天怒也。故聞之莫不怖而避也。聖人猶且爲之變。今子反以爲奇觀。無乃異於人情者耶。予

笑而答曰。客亦所謂知其一。而不知其二者耳。雷本非天怒。古人既辨之。聖人戰兢之至。其戒愼豈惟雷耳哉。其既謂疾風迅雨亦必變。風雨豈是亦天怒也哉。夫雷也天地間一物。與夫日月星辰。風雲雨雪同是造化之使令。日月也。星辰也。風雲也。雨雪也。未聞有疑怪者也。獨至雷也。則疑以爲異物。怪以怖之。何其惑也。至後世腐譚之士。千言萬語。以理說雷。亦是癡人語夢耳。吾觀古人文辭。有觀日之壇。有觀星之臺。有謂玩月者。有謂望雲者。有謂賞雪者。雷豈獨不可觀乎哉。抑亦謂月雲可愛。故以玩望。雷也徒可怖耳

歟。天下可怖者亦甚多矣。外則功名利祿。內則智術忿爭。旁至酒色佚遊。鰐海舟船。羊腸車馬。一失其常。禍不旋踵。其疾過於震雷。子乃不顧其禍於必然。反而怖震雷於萬一。不亦惑乎。客不答而去。書以爲記云。

第二十六　樂論　　宋　蘇洵

禮之始作也難而易行。既行也易而難久。天下未知君之爲君。父之爲父。兄之爲兄。而聖人爲之君父兄。天下未有以異其君父兄。而聖人爲之拜起坐立。天下未肯靡然以從我拜起坐立。而聖人身先之以恥。

嗚呼其亦難矣。天下惡夫死也久矣。聖人招之曰來吾生爾。既而其法果可以生天下之人。天下之人視其嚮也如此之危。而今也如此之安。則宜何從。故當其時。雖難而易行。既行也。天下之人。視君父兄。如頭足之不待別白而後識。視拜起坐立。如寢食之不待告語而後從事。雖然百人從之。一人不從。則其勢不得遂至乎死。天下之人不知其初之無禮而死。而見其今之無禮而不至乎死也。則曰聖人欺我。故當其時。雖易而難久。嗚呼。聖人之所恃以勝天下之勞逸者。獨有死生之說耳。死生之說不信於天下。則勞逸之說將出而勝之。勞逸之說勝。則聖人之權去矣。酒有鴆。肉有菫。然後人不敢飲食。藥可以生死。然後人不以苦口爲諱。去其鴆徹其菫。則酒肉之權固勝於藥。聖人之始作禮也。其亦逆知其勢之將必如此也。曰告人以誠。而後人信之。幸今之時。吾之所以告人者。其理誠然。而其事亦然。故人以爲信。吾知其理。而天下之人知其事。事有不必然者。則吾之理不足以折天下之口。此告語之所不及也。告語之所不及。必有以陰驅而潛率之。於是觀之天地之間。得其至神之機。而竊之以爲樂。雨吾見其所以濕萬物也。日吾

見其所以燥萬物也。風吾見其所以動萬物也。隱隱谹谹而謂之雷者。彼何用也。陰凝而不散。物蹙而不遂。雨之所不能濕。日之所不能燥。風之所不能動。雷一震焉而凝者散。蹙者遂。曰雨者。曰日者。曰風者。以形用。曰雷者以神用。用莫神於聲。故聖人因聲以爲樂。爲之君臣父子兄弟者禮也。禮之所不及。而樂及焉。正聲入乎耳。而人皆有事君事父事兄之心。則禮者固吾心之所有也。而聖人之說又何從而不信乎。

第二十七　伶官傳敍論　　五代史

嗚呼。盛衰之理。雖曰天命。豈非人事哉。原莊宗之所以得天下。與其所以失之者。可以知之矣。世言晉王之將終也。以三矢賜莊宗。而告之曰。梁吾仇也。燕王吾所立。契丹與吾約爲兄弟。而皆背晉以歸梁。此三者吾遺恨也。與爾三矢。爾其無忘乃父之志。莊宗受而藏之于廟。其後用兵。則遣從事以一少牢告廟。請其矢。盛以錦囊。負而前驅。及凱旋而納之。方其係燕父子以組。函梁君臣之首。入於大廟。還矢先王。而告以成功。其意氣之盛。可謂壯哉。及仇讎已滅。天下已定。一夫夜呼。亂者四應。倉皇東出。未及見賊而士卒離散。君臣相顧。不知所歸。至於誓天斷髮。泣下沾襟

何其衰也。豈得之難而失之易歟。抑本其成敗之迹。而皆自於人歟。書曰滿招損謙得益。憂勞可以興國。逸豫可以亡身。自然之理也。故方其盛也。舉天下之豪傑。莫能與之爭。及其衰也。數十伶人困之。而身死國滅。為天下笑。夫禍患常積於忽微。而智勇多困於所溺。豈獨伶人也哉。作伶官傳。

第二十八　一行傳敘論　五代史

嗚呼。五代之亂極矣。傳所謂天地閉。賢人隱之時歟。當此之時。臣弑其君。子弑其父。而縉紳之士。安其祿而立其朝。充然無復廉恥之色者。皆是也。吾以謂自古忠臣義士多出於亂世。而怪當時可道者何少也。豈果無其人哉。雖曰干戈興。學校廢。而禮義衰。風俗隳壞至於如此。然自古天下未嘗無人也。吾意必有潔身自負之士。嫉世遠去而不可見者。自古材賢有韞於中而不見於外。或窮居陋巷。委身草莽。雖顏子之行。不遇仲尼而名不彰。況世變多故。而君子道消之時乎。吾又以謂必有負材能。脩節義。而沈淪於下泯汲而無聞者。求之傳記。而亂世崩離。文字殘缺。不可復得。然僅得者四五人而已。處乎山林。而羣麋鹿。雖不足以為中道。然與其食人之祿。俛首而包羞。孰

若無愧於心。放身而自得。吾得二人焉。曰鄭遨、張薦明。勢利不屈其心。去就不違其義。吾得一人焉。曰石昂。苟利於君。以忠獲罪。何必自明。有至死而不言者。此古之義士也。吾得一人焉。曰程福贇。五代之亂。君不君。臣不臣。父不父。子不子。至於兄弟夫婦人倫之際。無不大壞。而天理幾乎其滅。於此之時。能以孝悌自修於一鄉。而風行於天下者。猶或有之。然其事迹不著。而無可紀次。獨其名氏或因見於書者。吾亦不敢沒。而其略可錄者。吾得一人焉。曰李自倫。作一行傳。

第二十九　鄭遨張薦明傳　五代史

鄭遨字雲叟。滑州白馬人也。唐明宗祖廟諱遨。故世行其字。遨少好學。敏於文辭。唐昭宗時。舉進士不中。見天下已亂。有拂衣遠去之意。欲攜其妻子與俱隱。其妻不從。遨乃入少室山為道士。其妻數以書勸遨還家。輒投之於火。後聞其妻子卒。一慟而止。遨與李振故善。振後事梁貴顯。欲以祿遨。遨不顧。後振得罪南竄。遨徒步千里往視之。由是聞者益高其行。其後遨聞華山有五粒松。脂淪入地。千歲化為藥。能去三尸。因徙居華陰。欲求之。與道士李道殷羅隱之友善。

世目以爲三高士。遨種田、隱之賣藥以自給。道殷有釣魚術、鉤而不餌。又能化石爲金。遨嘗驗其信。然而不之求也。節度使劉遂疑數以寶貨遺之。遨一不受。唐明宗時、以左拾遺、晉高祖時、以諫議大夫召之、皆不起。即賜號爲逍遙先生。天福四年卒、年七十四。遨之節高矣。遭亂世、不汚於榮利、至棄妻子不顧而去。豈非與世相絶、而篤愛其身者歟。然遨好飲酒奕棊、時時爲詩章、落人間。人間多寫以縑素相贈遺、以爲寶。至或圖寫其形、翫于屋壁。其迹雖遠、而其名逾彰。與乎石門荷蓧之徒異矣。與遨同時有張薦明。燕人

也。少以儒學遊河朔、後去爲道士、通老子莊周之說。高祖召見、問道家可以治國乎。對曰、道也者、妙萬物而爲言。得其極者、尸居袵席之間、可以治天地也。高祖大其言、延入内殿、講道德經、拜以爲師。薦明聞宮中奏時鼓、曰、陛下聞鼓乎。其聲一而已。五音十二律、鼓無焉。然和之者鼓也。夫一、萬事之本也。能守一者、可以治天下。高祖善之。賜號通玄先生。後不知其所終。

第三十　送廖道士序　　韓　愈

五岳於中州、衡山最遠。南方之山、巍然高而大者以

百數。獨衡爲宗。最遠而獨爲宗。其神必靈。衡之南八九百里、地益高、山益峻、水清而益駛。其最高而横絶南北者嶺。郴之爲州、在嶺之上。測其高下、得三之二焉。中州清淑之氣、於是焉窮。氣之所窮、盛而不過。必蜿蟺扶輿、磅礴而鬱積。衡山之神既靈、而郴之爲州、又當中州清淑之氣、蜿蟺扶輿、磅礴而鬱積。其水土之所生、神氣之所感、白金、水銀、丹砂、石英、鍾乳、橘柚之包、竹箭之美、千尋之名材、不能獨當也。意必有魁奇忠信材德之民生其間。吾又未見也。其無乃迷惑溺沒於佛老之學而不出邪。廖師郴人、而學於衡山

氣專而容寂、多藝而善遊。豈吾所謂魁奇而迷溺者邪。廖師善知人。若不在其身、必在其所與遊。訪之而不吾告、何也。於其別、申以問之。

第三十一　謁南嶽　　孫　嘉淦

南至衡州、謁南嶽。凡嶽非獨形偉、其氣盛也。向登泰山、鬱鬱蔥蔥、靈光煥發。渡江以來、名山無數、神采少減焉。茲見南嶽、乃復如覩泰山。連峯爭出、而不可止。複嶺互藏、厚不可窮。石壁揷青、流泉界白、氣勃如蒸。嵐深似黛、頂在雲中。有若神龍、其首不見、而爪舒鱗躍。光怪陸離。火維地荒、天假神柄、應不誣也。衡山七

十二峯。其最大者五。芙蓉、紫蓋、石廩、天柱、祝融。南嶽廟在祝融峯下。謁廟後望五峯。其頂皆在雲中。登舟南行數日。無時不矯首。古語云。帆隨湘轉望衡九面。余九面望。而卒未嘗見其頂。始嘆衡山之雲之難開也。西次祁陽。見唐亭。元次山之所建。西至於永州。自江右至衡陽。數千里間。土石多赤。一望紅原綠草碧樹丹崖爛若繪絢。至零陵。山黑而石白。天地之氣一變。城下瀟江。北合於湘。瀟西之山。皆幽奇。柳子厚多記之。

第三十二　游黃溪記　柳宗元

北之晉。西適豳。東極吳。南至楚越之交。其間名山水而州者以百數。永最善。環永之治百里。北至於浯溪。西至於湘之源。南至於瀧泉。東至於黃溪東屯。其間名山水而村者以百數。黃溪最善。黃溪距州治七十里。由東屯而行六百步。至黃神祠。祠之上。兩山牆立。丹碧之華葉。駢植與山升降。其缺者為崖峭巖窟。水之中皆小石平布。黃神之上。揭水八十步。至初潭。最奇麗。殆不可狀。其略若剖大甕。側立千尺。溪水卽焉。黛蓄膏渟。來若白虹。沈沈無聲。有魚數百尾。方來會石下。南去又行百步。至第二潭。石皆巍然。臨峻流。若

頦頷斷齶。其下大石離列。可坐飲食。有鳥赤首烏翼。大如鵠。方東嚮立。自是又南數里。地皆一狀。樹益壯。石益瘦。水鳴皆鏘然。又南一里。至大冥之川。山舒水緩。有土田。始黃神為人時。居其地。傳者曰。黃神王姓。莽之世也。莽既死。神更號黃氏。逃來擇其深峭者潛焉。始莽嘗曰。余黃虞之後也。故號其女曰黃皇室主。黃與王聲相邇。而又有本。其所以傳言者益驗。神既居。是民咸安焉。以為有道。死乃俎豆之。為立祠。後稍徙近乎民。今祠在山陰溪水上。元和八年五月十六日。既歸為記。以啓後之好遊者。

第三十三　始得西山宴游記　柳宗元

自余為僇人。居是州。恒惴惴。其隟也。則施施而行。漫漫而游。日與其徒上高山。入深林。窮迴溪。幽泉怪石。無遠不到。到則披草而坐。傾壺而醉。醉則更相枕以臥。意有所極。夢亦同趣。覺而起。起而歸。以為凡是州之山。有異態者。皆我有也。而未始知西山之怪特。今年九月二十八日。因坐法華西亭。望西山。始指異之。遂命僕過湘江。緣染溪。斫榛莽。焚茅茷。窮山之高而止。攀援而登。箕踞而遨。則凡數州之土壤。皆在衽席之下。其高下之勢。岈然洼然。若垤若穴。尺寸千里。攢

蹙累積莫得遯隱。縈青繚白。外與天際。四望如一。然後知是山之特出。不與培塿為類。悠悠乎與灝氣俱。而莫得其涯。洋洋乎與造物者遊。而不知其所窮。引觴滿酌。頹然就醉。不知日之入。蒼然暮色。自遠而至。至無所見。而猶不欲歸。心凝形釋。與萬化冥合。然後知吾嚮之未始遊。遊於是乎始。故為之文以志。是歲元和四年也。

第三十四　鈷鉧潭西小邱記　柳　宗元

得西山後八日。尋山口西北道二百步。又得鈷鉧潭。西二十五步。當湍而浚者為魚梁。梁之上有邱焉。生竹樹。其石之突怒偃蹇。負土而出。爭為奇狀者。殆不可數。其嶔然相累而下者。若牛馬之飲於溪。其衝然角列而上者。若熊羆之登於山。邱之小不能一畝。可以籠而有之。問其主。曰唐氏之棄地。貨而不售。問其價。曰止四百。余憐而售之。李深源元克己時同遊。皆大喜出自意外。即更取器用。剷刈穢草。伐去惡木。烈火而焚之。嘉木立。美竹露。奇石顯。由其中以望。則山之高。雲之浮。溪之流。鳥獸魚之遨遊。舉熙熙然迴巧獻技。以效茲邱之下。枕席而臥。則清冷之狀與目謀。瀯瀯之聲與耳謀。悠然而虛者與神謀。淵然而靜者與心謀。不匝旬而得異地者二。雖古好事之士。或未能至焉。噫以茲邱之勝。致之灃鎬鄠杜。則貴游之士。爭買者日增千金。而愈不可得。今棄是州也。農夫漁父。過而陋之。賈四百。連歲不能售。而我與深源克己。獨喜得之。是其果有遭乎。書於石。所以賀茲邱之遭也。

第三十五　道州毀鼻亭神記　柳　宗元

鼻亭神。象祠也。不知何自始立。因而勿除。完而恒新。相傳且千歲。元和九年。河東薛公由刑部郎中刺道州。除穢革邪。敷和於下。州之罷人。去亂即治。變呻為謠。若痿而起。若矇而瞭。騰蹈相視。讙言克順。既底於理。公乃考民風。披地圖。得是祠。駭曰。象之道。以為子則傲。以為弟則賊。君有鼻而天子之吏實理。以惡德而專世祀。殆非化吾人之意哉。命亟去之。於是撤其屋。墟其地。沉其主於江。公又懼楚俗之尚鬼而難諭也。乃徧告於人曰。吾聞鬼神不歆非類。又曰。淫祀無福。凡天子命刺史於下。非以專土疆。督貨賄而已也。蓋將教孝悌。去奇邪。俾斯人敦忠睦友。祗肅信讓。以順於道。吾之斥是祠也。以明教也。苟離於正。雖千載之違。吾得而更之。況今茲乎。苟有不善。雖累代之鬼。

吾得而擾之。況斯人乎。州民既諭。相與歌曰。我有耇老。公燠其肌。我有病癃。公起其羸。髫童之囂。公實智之。鰥孤孔艱。公實遂之。孰尊惡德。遠矣自古。孰羨淫昏。俾我斯瞽。千歲之冥。公闢其戶。我子洎孫。延世有慕。宗元時謫永州。邇公之邦。聞其歌詩。以為古道罕用。賴公而存。斥一祠。而二教興焉。明罰行於鬼神。愷悌達於蠻夷。不惟禁淫祠。黜非類而已。願為記以刻山石。俾知教之首。

第三十六　象祠記　明　王守仁

靈博之山。有象祠焉。其下諸苗夷之居者。咸神而祠之。宣慰安君。因諸苗夷之請。新其祠屋。而請記於予。予曰。毀之乎。其新之也。曰。新之。新之也。何居乎。曰。斯祠之肇也。蓋莫知其原。然吾諸蠻夷之居是者。自吾父吾祖。遡曾高而上。皆尊奉而禋祀焉。舉之而不敢廢也。予曰。胡然乎。有鼻之祀。唐之人蓋嘗毀之。象之道。以為子則不孝。以為弟則傲。斥於唐。而猶存於今。毀於有鼻。而猶盛於茲土也。胡然乎。我知之矣。君子之愛若人也。推及於其屋之烏。而況於聖人之弟乎哉。然則祠者。為舜非為象也。意象之死。其在干羽既格之後乎。不然。古之驁桀者。豈少哉。而象之祠。獨延

於世。吾於是益有以見舜德之至。入人之深。而流澤之遠且久也。象之不仁。蓋其始焉爾。又烏知其終之不見化於舜也。書不云乎。克諧以孝。烝烝乂。不格姦。瞽瞍亦允若。瞍已化而為慈父。象猶不弟。不可以為諧。進治於善。則不至於惡。不抵於姦。則必入於善。信乎。象蓋已化於舜矣。孟子曰。天子使吏治其國。象不得以有為也。斯蓋舜愛象之深。而慮之詳。所以扶持輔導之者之周也。不然。周公之聖。而管蔡不免焉。斯可以見象之既化於舜。故能任賢使能。而安於其位。澤加於其民。既死而人懷之也。諸侯之卿。命於天子。蓋周官之制。其殆倣於舜之封象歟。吾於是益有以信人性之善。天下無不可化之人也。然則唐人之毀之也。據象之始也。今之諸苗之奉之也。承象之終也。斯義也。吾將以表於世。使知人之不善。雖若象焉。猶可以改。而君子之修德。及其至也。雖若象之不仁。而猶可以化之也。

第三十七　鼻亭辨　清　姜宸英

柳子厚為薛道州作毀鼻亭記。謂象以惡德而專世祀。不可。至明王文成為靈博山象祠記。以象為已化於舜。故其名至今廟祀之。其識似勝子厚。而兩公皆

未及象封邑所在。按靈博山。在今貴州境。非象所封邑。孟子舜封象于有庳。即今湖廣永州府之零陵縣。一統志云。在道永二州之間。窮崖絕徼。非人踪可歷。愚嘗考之。舜罪四凶。其所誅流竄殛。皆不出今中國之治。幽州、在密雲。其地有共城。崇山、今澧之慈利。即岳州境。比零陵尤近。三危、在沙州。漢燉煌縣東南三十里。羽山、在萊州即墨古不其縣南。所謂投之四裔者。以其爲東西南北之界也。其實皆中國版圖所隸。當時舜都安邑。若封象在今零陵縣地。則陸踰大行。水絕長江。延迤三四千里。然後得至。又有洞庭不測

之險。俗與椎髻爲伍。而驅其愛弟。使披菁篁。涉風濤。犯瘴癘於此地。此與四凶之放何異。而猶以爲仁人之親愛其弟。吾不信也。漢文帝弟淮南王長廢徙蜀。袁盎諫。以爲淮南王素驕。而暴摧抑之。帝必受殺弟之名。後淮南王果道死。而帝悔不用盎言。象之凶傲。甚於淮南。有庳之險遠。不啻巴蜀。使舜避放弟之名。而封之以險遠必死之地。是何漢文之所終悔者。而舜行之不疑也。孟子曰。欲常常而見之。而源源而來。越湖絕江。踰河陟嶺。以至京師。比歲一至。則往返萬里。其勞已甚。數歲而數至。則曰奔走于道路之中。且

時有登頓之憂。風波之患。若三年五年。一朝見于天子。如周之制。又不可謂之常常而見。源源而來也。以此推之。則零陵、必非象所封地。象所封地。必近帝都。而今不可考矣。柳與王之說、雖善。然祠廟之建毀。均于象無與。史記注引括地志。曰帝葬九疑。象來至此。後人立祠。名曰鼻亭神。此爲近之。然世俗之附會古蹟。名似而實非者多矣。予誠不敢穿鑿以求之也。

第三十八　洞庭　孫嘉淦

過江入洞庭。浩浩蕩蕩。而無涯涘。晚見紅日落於水內。次早、見炬火燃灼水面。漸望漸高。乃明星也。吾遊

行天下。山、吾皆以爲卑。水、吾皆以爲狹。非果卑且狹也。目能窮其所至。則小之矣。物何大何小。因其所大、而大之。則莫不大。因其所小、而小之。則莫不小。蘇子瞻曰。覆杯水於地。芥浮於水。蟻附於芥。茫然、不知其所濟。少焉水涸。蟻即徑去見其類。出涕曰幾不復與子相見。豈知俯仰之間。有方軌八達之路乎。計四海之在天地之間也。猶杯也。舟猶芥也。人猶蟻也。吾烏知蟻之附芥。不以爲是乘槎浮海耶。其水涸而去、不以爲是海變桑田耶。四海雖廣。應亦有涯。目力不至。則望洋而嘆。因所大而大之耳。今在洞庭。吾目力窮

焉。即以洞庭為吾之海可也。自桑陰泊於磊石。又泊於鹿角。又泊於井崗。皆在湖中。時近中秋。天朗氣清。所謂長煙一空。皓月千里。浮光耀金。靜影沉璧者。吾見之焉。北至巴陵。岳陽樓在巴陵城上。而今不存矣。余登其址而望焉。見君山秀出。其東曰扁山。又東曰九龜山。皆在湖中。城南曰白鶴山。其側有天岳嶺。上有品仙亭。亭前有岳武穆廟。昔武穆克期八日。平楊么於洞庭。居人德而祀之。廟貌巍然。據湖山之勝。夫岳陽為純陽三過之所。宋滕子京重修之。范文正公作記。蘇子美書。邵竦篆額。當其盛時。仙靈之所往來。

賢士大夫所歌詠。今皆為荒榛蔓草頹垣。文墨之士無論已。純陽有仙術。亦不能留其所愛。武穆蹇蹇匪懼。於羅。徒以忠義之性。結於人心。而遺迹獨存。然則人之不死。固自有道矣。在巴陵阻風五日。所謂陰風怒號。濁浪排空。薄暮冥冥。虎嘯猿啼者。吾又見之焉。

第三十九　岳陽樓記　宋　范仲淹

慶曆四年春。滕子京謫守巴陵郡。越明年。政通人和。百廢具興。乃重修岳陽樓。增其舊制。刻唐賢今人詩賦于其上。屬予作文以記之。予觀夫巴陵勝狀。在洞庭一湖。銜遠山。吞長江。浩浩湯湯。橫無際涯。朝暉夕

陰。氣象萬千。此則岳陽樓之大觀也。前人之述備矣。然則北通巫峽。南極瀟湘。遷客騷人。多會於此。覽物之情。得無異乎。若夫霪雨霏霏。連月不開。陰風怒號。濁浪排空。日星隱曜。山岳潛形。商旅不行。檣傾楫摧。薄暮冥冥。虎嘯猿啼。登斯樓也。則有去國懷鄉。憂讒畏譏。滿目蕭然。感極而悲者矣。至若春和景明。波瀾不驚。上下天光。一碧萬頃。沙鷗翔集。錦鱗游泳。岸芷汀蘭。郁郁青青。而或長煙一空。皓月千里。浮光躍金。靜影沉璧。漁歌互答。此樂何極。登斯樓也。則有心曠神怡。寵辱皆忘。把酒臨風。其喜洋洋者矣。嗟夫。予嘗

求古仁人之心。或異二者之為。何哉。不以物喜。不以己悲。居廟堂之高。則憂其民。處江湖之遠。則憂其君。是進亦憂。退亦憂。然則何時而樂耶。其必曰。先天下之憂而憂。後天下之樂而樂歟。噫。微斯人。吾誰與歸。

漢文中學讀本卷之三下終

明治廿六年六月十日印刷
同　廿六年六月十三日發行

版權登録

版權所有

編纂者　松本豊多
府下牛込區市谷田町三丁目十九番地

發行兼印刷者　吉川半七
府下京橋區南傳馬町一丁目十二番地

定價金八拾錢

明治二十七年十月二十日
文部省檢定濟

鈴木榮次郎編纂

漢文讀本

卷之一

東京書肆 集英堂藏版

漢文讀本序

東京二三鴻碩胥謀欲使高等小學卒業生徒知作文之階梯撰輯和漢古今文可爲法者爲八卷命曰漢文讀本頃日都下書肆集英堂主人將請而繡梓以公于世寄書徵序於予予雖未觀其書而略聞其梗概曰欲使子弟學文者自易入難故自首卷至第二卷先多載國朝文十居八九中華文僅其一二耳記事論說序跋以及上書之類明大小段落三四二卷指示主眼及抑揚照應等五六二卷詳論文章法則七八二卷就左國史漢中抄其尤者以極文章之變化焉嗚呼著者之用意可謂精且密矣其有裨益於世豈其尠少哉是子弟必讀之書而謝選文章軌範等亞之可也初學子弟反覆熟讀而玩味之則將入作者之門墻而窺見室家之好其所得果幾多也當其按文援筆益思過半焉

明治二十六年春二月

美作桐陽老人大郷斐夫撰

漢文讀本

例言

一此編爲初學漢文之讀本。故專撰平易簡直之文、編之。庶幾入門之初。夫易自領得。

一此編之作。爲黄小計。故所撰之文。以有補世教者。蓋誦讀之餘。有亦所以補益。

一此編所載。凡古賢之文。間雜以拙作、雖不免玉石混淆之誚。聊欲有所以著編者微旨也。

一此編、體裁次序。別無義例。第首卷務簡夷。故主載記事體之文。間挿序説題跋之類、裝綴其隙。然二卷以上不傚此例。將進而蒐集論賛上書表奏之類。

一毎章題下。擧作者姓名、其亘二章以上者、略之。若夫引用書。以無要於初學。亦隨闕如。

一文中有改原題、或更命題者。不必仍舊。蓋文中有節略又拔萃者也。然唯所無害於義理者。要不失其本體耳。

一文中事有關係者。與字句難解者。別註之、於章末。題意文法、批語、揭之格上。使兩相參證以便講讀。

一此、編所載之文。概簡夷平單。雖不有難易精粗之別。不能自無長短之差。故長編分數章。章又分數段。使長短相均以便課修。蓋此編之名。所以因起也。

一首卷、特主簡略。第示句讀訓點段落而已。二卷以上漸傚諸家文集、之例。

批點用例

一佳境用 、

一主意用 ○

一大段用 ∟

一小段用 ━

明治廿五年七月　編者識

目録終

漢文讀本巻之一

鈴木榮次郎編纂

第一 神武天皇即位 菅亨

神武天皇、諱彦火火出見、號神日本磐余彦尊、天照大神五世孫、辛酉歳天皇年五十一即位、

是一小段

神武天皇、鸕鷀尊第四子。母曰玉依姫。天皇生而明達。意確如也。年十有五。立爲太子。方帝初年。有諸凶賊。同惡相扇。不肯来庭。帝乃率諸軍親伐。雖餘妖尚梗。而中州之地。無復風塵。三月丁卯。下令曰。自我東征。於茲六年。頼皇天威。凶徒就戮。當披拂山林。經營宮室。而恭臨寶位。以鎮元元。觀夫畝傍山東南。橿原地。蓋國之墺區

乎。可治之。是月。即命有司。經始帝宅。明年春正月庚辰朔。即帝位於橿原宮。

摘註。餘妖 謂餘土賊、 梗 音更、塞也 元元 衆民也、

第二 石巻山記 林鶴梁

石巻山、在三河東境、

是一小段

三河無奇山。唯有一石巻山。其爲山。半腹以上全骨無肉。特立數千仞。蓋造物者。收拾一州之奇石。以示此技巧歟。某歳某月某日。余過崇山。即山下村也。時天色溟濛。煙雲往来于山之四面。變幻出沒。更加一層奇觀也。竚立久之。不能去。

摘註。數千仞 仞八尺也、數千仞謂山之高、 溟濛 暗貌、

宣和天皇即位之年、修諸國郷倉、

第三　宣和天皇積穀　菅亨

宣和天皇繼體天皇第二子。安閑天皇母弟也。安閑崩無嗣。帝乃履祚。帝爲人。器宇清通。神襟朗邁。不以才地矜人。嘗語曰。食者天下之本也。黄金萬貫。不可療飢。白玉千箱。何能救凍。乃命麁鹿火等諸臣。造倉諸國。貯積穀米。以備凶年之災。

摘註。器宇清通　才清者、臨不通世態、清通謂才清而能通、　神襟朗邁　邁過、神情朗而過衆、　造倉　修造諸國郷倉也、

第四　坂上田村麻呂　同

坂上田村麻呂苅田麻呂之子。桓武帝延暦十年。以大伴弟麻呂爲征東大使。田村麻呂爲副使。赴東奥。十六年。爲征夷將軍。久居奥州。多軍功。二十年。陸奥之賊。高丸起。於達谷窟。結聚無賴。来寇于駿河清見關。於是。上賜節刀於田村。詔令進發。高丸敗戰。退而據奥州。田村又進而攻之。射殺高丸及惡路王。輙於膽澤郡。營建八幡神祠。藏其弓矢。田村歸京師。帝詔曰。近頃凶賊數亂奥州。田村征之。其功居多也。叙從三位。嵯峨帝弘仁元年。進大納言。任大將。二年五月卒。齢五十四。田村身長五尺八寸。眼如蒼鷹。鬚如金線。怒則鳥獸恐之。戯笑則兒女狎之。

是一段落

孝子名源丞内、美濃當耆郡人、

是一小段

摘註。節刀　大將臨軍時、天子賜刀爲符節、謂之節刀、　高丸　蝦夷酋長名、　惡路王　亦酋長名、　蒼鷹　鷹之大者、

第五　孝子酌醴泉　同

元正天皇時。濃州有一樵夫。賣柴養父。父嗜酒。樵夫毎腰一大瓢。以過酒家。沽之以與父。一日又採柴於山。欲踏滑石。失足而顛墜。乃有酒香發於石罅。以手鑿之。醴泉迸出。因嘗之。其味勝於麴酒。樵夫喜而貯之於瓢。以饋父。日々以爲務也。帝聽之。以靈龜三年九月。臨御見之。感激甚矣。輙遣中使。降爵於樵夫。爲濃州刺史。又改元養老。至令倡優之徒。作養老曲。以歌之。聆者皆起孝心矣。

摘註。石罅　岩石之隙、　饋　音貴、送也、　聆　聞也、　刺史　謂國司也、

第六　保昌雅量　服部元喬

袴垂京都大盗。夜見藤保昌。吹笛獨行。欲劫奪之衣。踵行里許。數欲發心。坐畏難。既乃抽刄逼從。保昌徐停吹。顧問其名。袴垂不覺屈伏自首。作劫袴垂者也。保昌曰。奴久聞之。叱使從後。復吹笛徐行到家。取一袴與之曰。奴不足殺。後乏求我。勿復作爾。

摘註。踵行　踵音鍾、追跡也、

第七　遊攝津　伊藤仁齋

是一段落

庚午四月六日。赴攝津。晝午。詣高津神祠、及四天王寺。觀其規制。四天王寺。堂宇門廊。最爲巨麗。龍楹蛟桷。金碧焜燿。極天下之壯觀。寺下居民。輻湊殆千餘家矣。而高津神祠。甚隘陋纔四五宇而已。蓋仁德天皇吾國之聖主。而厩戸皇子。縱蘇我馬子逆崇峻棄人倫之教。其可識者固多矣。然高津神祠其衰如此。而四天王寺其盛如彼。崇否顚倒。隆替易地。悲矣哉。攝人誇人必以天王寺壯麗、雖京師諸大刹無有。故聊書之。以解其惑云。

摘註。高津神祠在大坂城東南。　四天王寺、在高津神祠南。　龍楹蛟桷 楹柱也、桷方椽也、雕以蛟龍象。　隆替 謂盛衰。

是一段落

第八　仁德天皇　編者

仁德天皇應神天皇第四子。母皇后仲姫。都攝津難波。曰高津宮。即位四年。帝登高臺。望見炊烟不起。察人民困敝。乃詔曰。朕聞古聖王之世。歲豐民安。歌謡四起。朕莅位三年于茲。恩澤有塞。頌聲莫聞。五穀不登。百姓窮乏。畿内如此。況諸國乎。自今三載。其悉除課役。於是天皇躬自省儉以賑民。宮垣破而不修。屋簷穿而不葺。既三年。年熟民豐。天皇復登高。望見炊烟盛起。喜曰。朕今乃富。皇后曰。今屋墻不禦風雨。何謂富乎。天皇曰。君待百姓立。百姓不富。朕孰與富。百姓富朕孰與不富。未有百姓富而君貧者也。諸國交請課役如故。天皇不聽。復除三年。十年冬。始徵課役修宮室。百姓扶老攜幼。四來蟻集。不日成功。

摘註。頌聲 詠德聲、　課役 謂租稅賦役。

第九　清少納言　菅亨

清少納言清原元輔之女也。元輔父曰泰光。泰光父曰深養父。舍人親王之孽孫也。以倭歌世其家。清女天資俊爽。才名稱於朝。一條帝時。官仕于上東皇后。帝嘗臨御紫閤。時偶朝雪大積。

是一小段

帝顧群卿曰。香爐峯雪如何也。諸卿皆不能答。清女侍傍。立而捲御簾。上大感悅之。蓋思白居易香爐峯雪撥簾看之句也。其才之敏速如是。時清女春秋猶富之時也。

摘註。孽孫 庶孫也、　紫閤 謂紫宸殿、　撥 發揚貌、　展 此也、

第十　紫式部　同

紫式部。父堤中納言爲時閑院左府冬嗣之裔也。母名堅子。常陸介爲信女也。式部嘗爲一條左府源雅信女倫子侍女。倫子嫁于道長。式部從之。倫子生上東皇后。后之入後宮也。式部又從而侍之。後嫁左衛門權佐宣孝。生大貳三位

有國、一條帝時人、官為參議、

式部才藝過人。著源氏物語若干編。初號藤式部。以其若紫卷、詞言特卓絕。故改名。或云。式部姓藤。而藤花色紫。故稱美呼紫式部云。

摘註。冬嗣 仕淳和帝為左大臣、號閑院大臣、 雅信 寬平帝皇孫、號一條、

第十一 藤原有國 服部元喬

藤公道隆怨有國。及執相權。乃奪其官祿。至御堂公為政。得復官爵。道隆之子伊周。以罪左遷太宰帥。時有國為府大貳。聞伊周遠流。慨然曰。伊父公之橫。我嘗無罪見削奪。爾時自為大辱。今帥公以相門后族。投竄遠裔。想亦自思其辱。比我昔時殆倍。乃使其子迎謂曰。屬有局守。不能候迎。今此遠移。下情宿志奉公之時也。承乏之役。唯公所命。帥公感慚其厚。殊相親善。

摘註。道隆 攝政內大臣、號中關白、 伊周 永延后兄、內大臣、 御堂公 謂道長、 遠裔 裔音曳、邊陲之地、

是一小段

第十二 義家學兵法 同

源義家從父將軍。東征十二年。平奥而還。詣宇治公。話征戰事。江帥側聞之。先退出私自言。渠有將才。惜未知兵道。時義家從者。聽得而恚。待其主出而告之。義家曰。此公必有教。追及謹請。遂執弟子禮受兵書。後寬治中。拜將征奥武衡。方攻金澤城。行見雁正將下。忽復亂過。曰。是江公所教。必當有伏。令軍避過。果賊數百在其野。

摘註。父將軍 鎮守府將軍陸奥守、源賴義、 東征 討夷會安倍賴時、及其子貞任、 寬治 堀河帝年號、

第十三 義光授笙 同

源義光學笙豊時元。時元卒時。其子時秋尚幼。秘曲未可授。乃授義光大食入調。後義光憂其兄東征賊未平。乞朝欲赴戮力。不許。乃解官獨發。日夜兼行。時秋逐驛馳至。乃請與俱。義光頗怪。數告駐行。及足柄山。辭喻再三。猶不肯。義光忽復悟其意。路傍班荊布二楯分座。乃胡簶中出時元所書與大食入調譜示之。問有齎笙邪。時秋乃出笙義光曰。子所追想必此事。我今赴戰。生歸難期。子即豊氏世守也。殉我無益。若信吾志歸全其道。悉傳秘曲畢。各別去。

摘註。大食入調 樂譜名、 賊 指清原武衡、及家衡、 胡簶 音室也、

源齋賴、賴義再從兄弟、為出羽國司、

是一小段

第十四 齋賴術解 岸鳳質

源齋賴者駿河守忠隆之子也。好獵愛鷹多養飼之。老後失明。不能復自摯。猶居家日居臂上。手拳為樂。客携信鷹來詐云。頃得自西州。齋賴欣然卧起。乃攝拳上撫其毛羽。良久曰。是信山腹。白巣鷹爾。不幸喪明。殆將見欺。客乃驚服。

摘註。摯 音制、與也、制使之意、 攝 引持也、

第十五　正家機敏　同

承保帝即位初。宮中火。帝倉卒出南殿。從官未至。有人走入。直赴火所。急移御寶。亦赴衛所。引出輦車。進於階前。上問其名。便應曰。左少辨正家。上曰。若是辨言宜備近側。正家素與江匡房並稱。而江以侍東宮朝夕諷議。上未聞有正家。乃造次具官上謁。當時稱其機警。

摘註。承保帝 謂白河天皇。造次 急遽也。

第十六　高倉天皇　編者

帝天資仁孝。愠不見色。年甫十歲。庭有楓樹。帝特愛之。使藤原信成守焉。一日仕丁剪枝為薪。

是一小段

是一段落

以煖酒。信成見而愕。將罪仕丁。帝聞之。誦唐詩曰。林間煖酒燒紅葉。誰使仕丁作此風流乎。無役所問。嘗夜聞女哭聲。使人問之。曰。盜奪主婦新服。主婦貧困不能再製。妾無辭役命。是以哭。帝惻然。賜以中宮御衣。其寬恵如此。然常憤平氏専横。法皇被幽。欲救不得。欝々得疾。遂崩。朝野莫不歎惜。

摘註。仕丁 為職役者。法皇 後白河法皇。

第十七　僧但馬　同

但馬者園城寺之僧也。稱後中院。善武技。治承四年。以仁親王之舉兵也。源頼政奉王。將奔南

都。到菟道。王落馬疾起。不能達。乃駐軍於平等院。既而平知盛重衡等。帥兵二萬八千来攻。頼政兵僅千餘。撤橋板以障。平軍隔水而射。僧明春驍勇善戰。單身上橋桁。手殺二十八人。其從一来後至。謂明春曰。少讓戰路。不顧。乃跳踰明春頭上先之。平軍益射。飛矢如雨。時但馬左右執刀而進。箭左下則左截。右下則右截。輕捷無比。兩軍駭視。

摘註。以仁親王 後白河法皇第二子。明春 園城寺僧。

第十八　源頼朝大度　服部元喬

石橋之敗。源公從七騎逃。既入總。兵復来集。然

猶未満五千。上總介平弘常。是總豪族。懼向不速應。分兵為撃不服者。遂統萬餘騎。詣幕謁。公未即出見。令土肥詰譲其遅滞曰。姑且在後軍待指麾從事。弘常退謂人曰。公敗後兵猶寡。今吾率萬餘騎来會。若凡庸人必當咄々喜迎。不遑好言。今爾責譲不宥。公誠天授也。他日為天下大將軍必矣。

摘註。咄々 怪驚貌。

第十九　菟道川戰　中井積德

元暦元年正月。頼朝使其弟範頼義經。率師討義仲。二十日。範頼軍于瀬田。義經軍于菟道。秩

是一段落

父重忠。以其軍先登。渉菟道川。初賴朝有駿馬。曰池月。梶原景季臨發。固請焉。賴朝曰。吾之乘也。賜之磨墨。磨墨亦逸足也。及佐々木高綱入辭。賜之池月。曰。請馬者衆。我特以賚汝。高綱拜曰。師之渉菟道川。請以是馬爲第一。君聞高綱而未死。即不食言也。至是二人離軍。先渉。景季先高綱數十歩。高綱紿之曰。水急而渡。子之纜寛。景季捨轡約纜。高綱乃踰而赴水。景季知見賣。亦呼曰。水中有索。高綱拔刀。且斫水。絕流而前。上岸大呼。是爲先登第一。景季隨之。是爲第二。重忠軍繼之。

摘註。纜 音襄、馬腹帶也、

第二十　一谷戰　清　絢

壽永二年。平氏既復南海山陽。收十四州兵十餘萬。城一谷。爲行在。城東起生田。西至一谷。就山造宮。矢舟於海。兵衆充備。指月收復京師。於是源賴朝。使其二弟範賴義經。率兵往攻之。範賴以兵五萬。自攝津進攻其東。義經以兵一萬。自丹波繞攻其西。宗盛聞源氏兵腹背來侵。使其族某。率三千人。要義經於丹攝之界。營于三草山。義經夜擊而破之。宗盛聞三草敗。使其族通盛教盛兄弟。陣城北之山趾而備之。義經既

是一段落

勝三草。乃分其兵爲二。授七千人於土肥實平。直趨一谷。義經親以精騎三千。間道掩之。渉無人之境。義經親兵辨慶者。探山中。得一老人。引而見之。義經命先導。曰。臣老矣。以其子見。義經奇其狀貌。收爲麾下士。使之先導。範賴兵攻生田。平氏兵戮力死守。互有殺傷。義經既到鐵拐峯。俯城中。乃先下散馬數十試之。不斃者過半。義經乃揚言曰。既入死地。有前而死耳。率親兵三十人先下。衆皆下。沙礫所轢。勢不能自止。直下百餘歩。得地稍坦處。以俯下。則大石壁立者。二百尺餘。乃魚貫而下。甲冑相戛。馬之頭尾

相啣。秩父重忠。年二十一。帶束馬於其背而下。曰。平日藉爾力。今日聊報爾。衆半下。乃乘風縱火。鼓譟響振山谷。北風益勁。昏昧如夜。須臾火滿城中。平氏兵大駭。爭赴舟。自相蹂躪。及焚溺而死者甚多。生田一谷之兵。亦皆登城。縱橫斬禽。平氏之族部將十數人戰死。宗盛挾帝及太后。航海而走。

摘註。矢舟 連舟也、 其族某 平資盛、 間道 鵯越也、 杳 逡同、 甲冑相戛 甲鎧也、冑兜也、相戛謂有聲、 平日藉爾力云々 先濟菟道川時、馬中矢而僵、故云爾、

第二十一　那須宗高射扇轂

菅　亨

那須與一宗高者、野之下州人也。父曰資高。宗高少而能射。從源義經討平氏。到讚州。平氏破而浮海。義經臨海而戰。及昏而止。平氏橫舩。使艷女歌舞。且挾紅扇。高擎之舩上。義經望之。俾宗高射之。宗高承命。乘馬携弓臨海。時疾風揚波。浩蕩簸舟。兩軍士卒。觀者如堵牆。宗高心裏祈八幡神。彎轂發弦。鏑矢長鳴。直中紅扇。高風吹之。飛揚空中。翻而浮波上。光映夕暉。二陣人。甚感其精。

摘註。紅扇 畫旭曦扇也、擎 音掲、義同、浩蕩簸舟 激浪動舟如簸物也、轂 弓持滿謂轂、鏑矢 鳴鏑也、

第二十二　壇浦戰

中井積德

文治元年二月。源義經既破平氏於八島。平氏趨引島。義經會其兄範賴于周防。俱追之。熊野湛增以戰艦二百。河野四郞以戰艦百五十。皆來屬焉。源軍愈益振。戰艦凡三千。而平氏艦不滿千。戰有期日。

三月廿四日。大舟戰壇浦。知盛猜阿波重能有異志。請斬之。宗盛弗聽。重能果以其衆降源軍。曰。平之良在兵艦。華鷁輜重已。於是大軍四萃

其兵艦。平軍大敗績。知盛度不免。走而促祭。二位尼抱安德帝。蹈海而殂。平太后及大納言時忠。溺而不死。並獲焉。教盛、經盛、資盛、有盛、行盛皆負碇。相携而死。獨宗盛其子清宗。不能自決。仰天而立。人有擠宗盛墜於水。清宗從之。然身輕帶沈。相顧而游。義盛飛舸鉤之。幷虜之。及內藏頭信基、左中將時實、兵部少輔尹明、僧全眞、忠快、祐圓等。皆獲焉。

教經射殺敵數十百人。箭竭。抽長刀。奮戰奪舟而前。所向披靡。知盛使謂之曰。無敵乎哉。多殺何爲。教經曰。諾。乃輕甲短刀。索義經。義經急。迮

身超舟而走。教經不能從焉。戟手罵曰。孰能虜我者。我且與賴朝語。安藝太郞其弟二郞。暨其卒。皆力人也。走就之。教經蹴卒墜於水。雙挾兩人。跳入于海。時年二十八。知盛掃除舟中。其故紙褻衣器皿。悉投之海。曰。吾事畢矣。負重甲。自投而死。平氏亡。源軍凱旋。

摘註。八島 屬讚岐、猜 疑也、華鷁 鷁水鳥也、刻鷁象於舩頭、或曰文鷁、褻衣 私居服也、

第二十三　平重衡

菅　亨

三位中將重衡。平清盛之四子也。及平族敗。重衡爲虜。賴朝甚憐之。能遇之。使妓千壽。彈琴瑟。

而慰其愁情。重衡亦能彈琵琶。時時遣悶。一夕重衡憂鬱於邑。以不自禁。遂自謳橘相公燈暗數行虞氏淚之句。頼朝聞之。深歎曰。平氏甲冑弓矢之外。復有如此之風流乎。齋院次官親義侍坐。曰。平氏有歌才者不爲少。曾以此族喩百花。則比重衡於牡丹。其優閑如此。

摘註。於邑 謂氣鬱結不解。猶悒悒。 橘相公 橘諸兄也、

第二十四　書源平戰爭圖後　齋藤馨

嘗聞。新田總兵見楠廷尉。問曰。子之於兵焉學。曰學諸源九郎。總兵笑曰。子亦戲乎。子非古人

東叡山故徳川氏之廟所也、有寺謂寛永寺、以櫻花著、今時改爲公園、稱上野公園、

也。安得直受諸古人。廷尉曰。九郎鐵楞襲虛擣浦冒風。用兵之機盡矣。吾每戰以此爲師耳。總兵擊節稱善。夫九郎之用兵。孰不知之。但少善學如廷尉者耳。此圖鐵楞擣浦。諸戰歷々在目。使善學者見之。便一幅兵訣秘圖也。

摘註。擣浦冒風 義經襲八島、將發船、會大風不能纜船、義經強解纜、直達八島、擊其無備而破之、

第二十五　遊東叡山記　青山延于

都下之地。以花著者有四焉。東有墨陀。河南有御殿山。北有飛鳥山。而其最近而最盛者。爲東叡山。其地在闤闠之中。隆然突起。花木幽邃。石

古。山深。都下遊賞之地。蓋以此爲第一云。自余來東武。每佳辰美景。莫不常來游賞。今茲乙丑之春三月。携次子延昌來遊于此。從湯島過不忍池。至大逵。入自黑門。登石磴數十級。至山王社。憩樹下少頃。至清水閣。于時前後櫻樹數百株。一時亂發。埋山繞谷。錦疊繡錯。凭欄迴顧。則池水鏡潔。花光相映。峯如濯錦。是日也。天暖風和。都人士女遊者如雲。羅綺粉黛。隨群逐隊。往來繽紛。有藉草而坐者。有踞石而唫者。有歌者。有舞者。笑者。語者。行者。憩者。被酒而槃散者。觧衣而盤礴者。皆莫不欣々自得。都下歡游之盛。

於是可知也。

降階而西行。櫻樹中數十步。逶迤而下。至文珠樓前。層甍及宇。飛檐凌空。金碧照耀。五彩奪目。遠而望之。蔚如霞起。又行數十步。至廟門前。左有石階數級。是爲神祖廟。余肅然斂容。佝僂而過。顧謂延昌曰。慶元已降。海內昇平。二百有餘載於茲。擊壤鼓腹。人不知兵。今吾與汝幸而生于太平之時。得肆觀游之樂。此皆非神祖之賜哉。雖然。一治一亂。循環無端。異日如不幸而有風塵之警。安得享今日之樂乎。然則遊觀亦不可常焉。可不記乎。延昌曰唯々。遂爲之記。

此文作係江戸開府之始、故非今時淺草寺之景、

是一段落

摘註。闤闠。市垣曰闤、市門曰闠、凭　同凴、繽紛　盛貌、槃散　槃樂盤礴也、箕坐、佝僂　謂禮拜之恭、慶元　慶長、元和、

第二十六　淺草寺　藤原肅

違武之江戸城里許。地曰淺草。有寺亦乃曰淺草。嘗聞。觀音大士堅坐之妙境也。一日呼杖屨。携家僮。放目信脚。遊歴漸入此境。則四顧闃爾。不聽群籟。老屋蕭條。三十二宇。隱映竹林蓬蒿之間。而檐半傾。垣漸頹。突兀其中間者大士之宮也。左畔右畔。層塔高廟。屹立者鬱乎者。大小若干。皆其附庸也。時野僧三二枚。于茅索綯以補葺祠堂之罅漏。予就渠讀口碑。曰。寺之揷草。遡推之。則遠在推古天皇統御之日。嘗此濱有漁民。曰濱成。曰竹成。二漁一時下網捕魚。網裡稍動而如有物。擧之則數寸之觀音像也。拜以奉祠焉。靈異不可縷數。遂成一方勝區。始寺僧學法相。慈覺師寓于此。後改而成天台。今掌寺事者。是彼二漁之裔也。來由粗如斯。予愈問愈不答。劍首之一吷而去矣。

摘註。違　距也、闃爾　寂寥貌、信　任也、附庸　末寺也、劍首之一吷　莊子云、夫吹管也、猶有嗃也、吹劍首者吷而已、註嗃管聲、劍首劍環首也、林希逸曰、管猶有竅、比之簫管、雖無音節、其吹之者、猶有嗃然之聲、若以劍首而吹、則吷々然如風過也、以喩野僧不答而去、猶吹劍首無聲

也、

第二十七　角田川　同

淺草之東畔。跬歩而有角田川。輕舟短棹浩歌一望有鳥。翩々可愛。所謂觜與脚之赤者、而昭昭乎倭歌集中。不問其名。亦知爲都鳥。蓋名者實之賓也。故其鳴如有京都聲。予不覺發鄕思。南巢北嘶。物尚然。況人乎。

摘註。跬歩　凡人一擧足曰跬、跬三尺也、兩擧足曰歩、歩六尺也、浩歌　浩然歌也、

第二十八　題楠公訓子圖　中井積德

訓子勗其忠。父之慈也。繼父忠其君。子之孝也。

禪林僧正、名深覺、九條右府師賢之子、爲東寺法務大僧正、

一忠而孝慈倂焉。大哉忠乎。及其和於家、睦於族、撫士恤民。莫非忠也。亦莫非孝也。然千載之下。無不墮淚乎斯圖者。蓋公之訓子。非特訓其子也。亦所以訓萬世爲人臣者。

摘註。勗　音極、勉也、墮　音多、落也、

第二十九　禪林僧正　服部元喬

禪林僧正使人請時相法藏壞矣。願得擅越修理之力。相公素敬僧正。即日令家吏率衆工至。便請命。僧正色不怡。謂其人曰。歸語爾相公。如此小事即不解。何以爲天下事。衆反命。相公思其旨未得。頃。側有老女侍。曰。僧正正是以腹爲

法藏。公乃調美食饋之。僧正果悅。謝答曰。得見施材。法藏已修矣。

摘註。時相 謂關白賴通、三條帝時人、號宇治公、 饋 音貴、謂歸食、

是一小段

第三十　僧意戒　藤澤甫

讃僧意戒嘗夜過深山。一巨男帶長劍者突出。遮路曰。老禿盍卸背裝去。意戒曰。此裝在余千金不換。然而非綠林家所用。巨男按劍曰。不須喃々。唯遄發裝。意戒振橐示之。有書畫數百幅已。巨男頓首曰。吾過矣。上人奇僧也。雅僧也。肉眼不能辨之。敬謝其罪。遂誘意戒更上山四五町。至盤石上。鑽燧點火。一々品其書畫。某工某拙。某不脫俗氣。某風致最高。鑑識確當。意戒曰。子亦非常人。奚爲鄙事也。巨男愀然曰。上人之言。針吾頂門。余豈生而爲賊者哉。少仕一藩。左文右武。旁嘗風流之味。有故免官。窮匱狼狽以于此。今遇上人。觀書畫而顧往事。恍復乎故吾。實上人之賜也。前路山脈猶長。與吾同事者亦不鮮矣。恐肉眼之謬有殘尊體。宜待曉天而去。乃向意戒求空紙。借墨斗。描山水貽之。其畫不乏風趣。意戒珍愛不放裝中。平常口此事不已。

摘註。盍 音更、何不也、 綠林家 盜賊之異稱、 遄 速也、 橐 無底曰橐、 鑑識 鑑定識別也、 描 摸寫也、

是一小段

是一段落

第三十一　保元之亂上　中井積德

崇德上皇鳥羽法皇之長子。初受禪不相協。美福寵於法皇。法皇以其所生子。擬崇德之子。立爲皇太子。時甫三月。越三年受禪。是爲近衛天皇。上皇初不欲立之。且無倦勤意。然不能有違。及帝崩無子。而上皇之子重仁。長輿誦焉。美福謂上皇挾術蠱帝。故并深憎重仁。因勸法皇立雅仁。是爲後白河天皇。於是上皇怨望特深。關白忠通者。太政大臣忠實之子。忠實愛季子左大臣賴長。是以賴長得擅事。而關白拱手。法皇病之。賴長大恚。遂力贊上皇。圖復祚。

是一小段

第二段落

保元元年七月二日。法皇崩于鳥羽宮。上皇潛徵諸道兵。時大喪未三日。都下大擾。帝勅下野守義朝、安藝守清盛、兵庫頭賴政、陸奧掾義康。各督軍衞大內。別分兵五關。捕挾兵入京者。是時上皇居鳥羽宮。八日設大齋于鳥羽宮。上皇弗臨。潛如白河宮。初法皇慮難。遺詔有武備者。於是勅召武士。一依遺詔。獨清盛以皇子重仁乳母子也。不在詔目。美福畏其多士也。特矯遺詔召之。又召義朝之父爲義。以病辭焉。上皇招之。亦不應。上皇更遣左京大夫孝長。就喩之。爲義曰。賤息

義朝。少長關東。鍊習戰陣。麾下亦選足用。然應勅在內。餘子唯爲朝可也。請召任之。臣老矣。孝長讓之曰。大命方下。焉得辭於家。爲義不得已。率其六子賴賢賴仲爲宗爲成爲朝爲仲。隨孝長詣焉。上皇大悅。即行封邑。先之以寶劍。爲義知弗得辭。乃與諸子分寶鎧。矢以死。源氏有寶鎧八。於是人各服一。其一送予義朝。獨爲朝軀長大。不能服也。

摘註。蠱 呪詛也、 誥 告也、陳上曰告、發下曰誥、 矢 誓也、

第三十二　保元之亂中　同

白河宮有四門。右馬助忠正。藏人賴憲。以兵二

是一小段

是一段落

百守南面東門。爲義與五子。以兵百守南面西門。左衛門尉家弘。以兵百五十守北門。爲朝以手下二十八騎。守西門。爲朝年十九。身長七尺。目眥倒裂。左手更長數寸。初年十三。材力超人。強悍不馴。爲父逐奔豐。自號九國總追捕使。略幷九國。時人稱爲鎭西八郎。天子屢敕方面討之。皆弗克。是年也。爲義賚坐此褫官。爲朝聞而悲之。躬歸于京。請罪。適與是擧會也」

上皇引見詢策。爲朝對曰。臣在西國。大戰數十。小戰數百。但碎堅挫銳。莫若夜攻。臣請乘夜襲擊。放火其三面。要之一路。則避火者死於箭。逃

箭者焚於火。禁軍雖衆。唯有臣之兄義朝而已矣。然臣一矢可殪。至如清盛等。則臣鐵袖一揮。皆自倒。乘輿必出。臣則一矢加於其夫。奉而來。易如反掌。是臣之射。不俟於二發三發。大事既集矣。辭氣雄烈。聽者壯之。賴長曰。兩帝爭統。宜張堂々之陣。豈傚閭閻私鬪乎。今兵雖寡。南都芳野僧軍。旦日且來會也。何苦夜攻之爲。弗從。爲朝退謂人曰。縉紳者知揖讓進退而已。恐了兵機。阿兄有略。今宵必來。何遑竢外援。

摘註。奔豐 奔豐後、 詢 諮詢也、 堂々之陣 正兵也、 閭閻 里門也、 縉紳 縉同搢。插也、紳大帶、帶紳插笏、 竢 待也、

第三十三　保元之亂下　同

義朝獻策。請襲白河宮。帝使左右可其奏。且諭竢事捷賜昇殿。義朝曰。將臨軍。不敢期生。臣請拜賜而死矣。歷階而外。帝大悅。遂命與清盛賴政等襲白河宮。兵凡七千。牒報。賴長恐爲朝不爲用。俄奏授藏人。爲朝益怒焉曰。死亡之不遑。尚何以藏人爲。身是鎭西八郎足矣。弗拜。清盛攻西門。伊東五伊東六門焉。爲朝抽巨鏃射之。洞五之胸。而樹于六之袖。五即死。六負箭而走。清盛覩之色沮。曰。我受命。不必茲門。馳而違之。其子重盛奮曰。奉詔臨軍。唯敵是求。復何所避。

是一段落

單騎反之。清盛怖甚。且走且哭。令騎擁盛而去。不得門焉。

山田小三郎死于門。馬逸入義朝軍。鏃嵌于鞍。恰如巨鑿。鎌田兵衛取而獻焉曰。八郎君如鬼神而已。義朝曰。渠年少。故以嚇人耳。汝往試之。正清與百騎赴之。射穿爲朝之兜。爲朝大怒。闢門突出。戟手叱咤。逆正清。正清人馬辟易以逃。義朝麾師從之。鬪于門。互進迭退。相持不決。義朝立馬莊嚴寺門。爲朝覘之。援弓且射。俄擲箭曰。父在于此。子在于彼。國事未可知。已復注鳴鏑。顧其騎曰。吾且一發嚇之。騎曰。得無愆邪。爲

第二段落

朝笑曰。第觀吾所爲。遂射。箭飛成聲。鑿兜臍而貫門扉。義朝大愕。乃呼曰。汝唯未精爾。爲朝應曰。以兄弟故也。即獲命兜額鎧心。何所不可。乃復注。深巢七郎躍馬蔽義朝。應弦而斃。

初爲朝所發。莫不中。中莫不死。乃自喜不輙射。其騎二十八人。驍勇善鬪。無不一當百。於是義朝之軍。死傷尤衆。爲義忠正等。亦殊死防戰。禁軍皆不能破之。義朝令放火。晨風方烈。焰烟覆宮。即敗績。殲人信實。累騎挾上皇。與諸將出走。

摘註。詖經也、諜與謀通、愆過也、累騎累乘也、

第三十四　精思　室鳩巣

是一小段

能察天下之色者存於目。能辨天下之聲者存於耳。而能通天下之志。能窮萬物之理者存於心。何則各有所職。不可易也。蓋目司視。而視之精者爲明。明則目之善其職者也。耳司聽。而聽之精者爲聰。聰則耳之善其職者也。心司思。而思之精者爲睿。睿則心之善其職者也。是故文采組繡以窮五色之變。而目之明者則察之。筦絃鐘鼓以窮五聲之變。而耳之聰者則辨之。至於天地萬物之理、鬼神禮樂之說、變化錯綜有不可勝既者。惟天下之精於思者則得之。

摘註。睿音鋭、思通於精微者、筦同管、笛笙之類、五聲宮、商、角、徵、羽、錯綜織縷

是一段落

曰綜、錯綜錯雜也、既盡也、

第三十五　快字說　篠崎小竹

好快惡不快。人之常情也。何謂快。所聽適耳。所視適目。所嗅且食適鼻與口。四體百骸莫所不適。謂之快也。然是身之快。非心之快。何謂心之快。惡惡如惡臭。心則快矣。好善如好色。心則快矣。心苟不快。則身所以爲快者。必歸於不快矣。然則快之本在心而不在身。故快字從心。君子先心之快。而後身之快。故心常快焉而終身不失身之快矣。小人肆身之快。而不顧心之快否。故心益不快。而身之快亦隨亡矣。君子小人之

大和伊賀之境上梅林多、其尤著者月瀬尾山、皆臨溪流而居、山在北崖、其梅以谷呼、有八谷、一曰敵谷、二曰鹿谷、三曰捜窪、四曰祝谷、五曰菖蒲谷、六曰杉谷、七曰一目千本、八曰大谷、是也、

辨。在決其所快之先後而已。故快字亦從夬。

摘註。肆 放縱也、 夬 音會、分決也、

第三十六 梅谿遊記 一目千本

齋藤拙堂

一目千本尾山八谷之一也。花最饒。故有此名。蓋比芳野櫻谷云。余與同人出院。下前崖。覺山水與梅花皆已佳絶。任意而行。至一大谷。徑詰曲而上。花夾之。步出其間。如簾白雲而行。數百步達嶺。下顧彌望皜然。與谿山相輝映。日已斂昏。花隱淡煙中。千樹依約不見其所極。暗香翳勃襲人。聞溪聲益近。且大至咫尺不辨色。而後去。

摘註。饒 多也、簾 同篇、依約 望不窮貌也、

第三十七 梅谿遊記 杉谷 同

天發晴。過杉谷。尾山之第六谷也。岡阜陂陁。得徑而上。俯見花堆積谷中。疑為殘雪。土人為導者曰。雪若不消。花凍瘁獲實不饒。幸消釋盡。今年必豐矣。余因詳問一歲之入。曰。尾山一村。上熟得乾梅二百馱。每馱壹斛伍斗。重貳百斤。併此間十餘村。中熟大抵得千四百馱、上熟二千馱。每馱價銀玖什錢。或佰錢云。蓋地既磽确。不可耕。以此當穀。及賣熟採乾送京都。涂肆。獲錢不減萬石之入。亦山中經濟也。聞備後三原有大梅林。未知與此如何。同游某曰。吾遊三原者再。為地平遠。與此間異趣。花之饒或可相頡頏。地之勝則不及遠矣。愈上則一目千本見於左。又前望南岸之花。不減月瀬之觀。適斜日射之。花光煥發。芳霧噴山谷。殆使人目眩不能正視。亦一奇觀也。

是一段落

又一小段

摘註。岡阜陂陁 陂陁音坡陀、謂岡陂遞々而有延也、瘁 音萃、病勞貌、 頡頏 匹敵也、煥 明也、

第三十八 松下禪尼 編者

松下禪尼者安達景盛之女也。嫁北條時氏。生經時時賴。禪尼貞秀清儉。晩節愈堅。嘗為時賴設食。兄義景來助治具。禪尼手繕補障子破紙。義景曰。賢妹何執鄙事。我家有糊工。請命之。禪尼不顧。義景又曰。補之不如新之。省勞且美觀。禪尼乃歎曰。我豈為無人。而不知新之為美哉。我之為之。將以視兒輩勸儉也。且物補小破。則不至大壞。天下之事皆然。時人稱時賴克脩身以保天下。禪尼之敎居多。

摘註。晩節 謂晩年之節操、治具 整理饗禮之具也、

第三十九 青砥藤綱 編者

青砥藤綱。藤滿之季子也。五世祖曰大場近衞。

是一小段

承久年中。宇治之役有功。賜上總青砥田。改氏青砥。後遷伊豆。藤綱幼爲僧入密寺。及冠歲還俗。遭歲旱。北條時賴詣三島神祠。設齋會施僧。藤綱往見。適有負官物之牛。渡于片瀨河中。藤綱朝笑曰。汝亦傚平公之作善乎。傍人詰其語。藤綱答曰。是歲旱歉。穀蔬乾枯。今牛不渡田圃。而渡水中。平公亦不恵民。而施僧。豈不相似乎。且受施之僧。多汚而不清者。將何益之有。時賴聞之。召見與語。大悅。擢爲引付衆。奏授左衞門尉。時賴有禱於鶴岡祠。夢神告曰。欲善治唯任藤綱。明日時賴召藤綱告之。增其祿。藤綱辭曰。夢不可信也。如神言斬臣頸。則君斬之乎。不敢受。他日時賴問爲邦之道。藤綱曰。上有仁心而下不沾其澤。中有奸吏蔽塞之也。乃陳鎌倉及諸州官吏姦狀。時賴然之。於是罰其尤姦者。四方肅然姦究屏息。

摘註。渡音叟、溺也、旱歉歉音兼、不足曰歉、蔬蔬菜也、引付衆補佐評定衆沙汰訟獄、

第四十 村上義光忠死　中井積德

道蘊攻芳野城。七日不休。前導巖菊選精兵万餘。冒攀金峯以入城中。城中恃嶮。初不置守。故莫之覺也。詰朝戰酣。巖菊兵放火。火起城中。城中擾多死。敵逼中軍。親王護良在藏王堂。觀之率左右手刄奮戰。賊徹走下谷。王負七矢。被二創。流血淋漓。褰帳飲酒庭中。木寺相摸刀插串馘以舞。義光自前門至。受箭如蓑。跪曰。前門方急。臣聽中軍讙呼聲。故來爾。迫敵未密。請穿圍一走。以爲後圖。敵則爾爲臣願假君之衣甲。冒名字而名焉。王方引大杯。聞之笑曰。同死耳。義光慍曰。昔漢高祖滎陽之圍。紀信爲高祖而死。高祖弗之許邪。君乃以孱孱之度而擧大事與。徑前釋王之帶。悉易其服。王乃出走。義光登城樓而目送。形影既滅。乃斫牆露軀。自呼爲王。脫緋甲投壁下。素衣錦裳屠腹出腸。啣鋒而伏。賊以爲眞。諸軍聚爭首。王以故脫走。

摘註。道蘊二階堂貞藤、號入道道蘊、詰朝詰音吉、平旦也、褰音差、躡踏跡也、漢高祖滎陽之圍楚項羽圍漢高祖於滎陽、甚急、紀信詐稱高祖出降、高祖得間、潛脫走、孱々音潺、懦弱也、徑直也、

第四十一 本間資氏射鷗　同

義貞二萬五千騎。義助五千騎。大館氏明三千騎。軍和田經島間。以迓尊氏舟師。兩軍鼓譟未戰。有一人。緋甲黄馬。臨崖呼曰。將軍遠勞。敢獻珍。助酒注。響箭而竢。有鷗掠水擲大魚而高擧。

乃馳馬射之。截其左翼。鶻以魚落舟中。兩軍喝采不息。舟軍問其名字。對曰以箭識之。復放一矢。軼三百步。穿中軍之甲。尊氏取視之。長十五扶半。題曰相摸人本間孫四郎資氏。命士射反之。適舟中有一人。大呼放矢。不達于岸。大為笑罵。

摘註。迓音牙、迎也、鶻水鳥也、鷙擊之鳥、鷹鶻之屬、一名魚鷹、搦音若、捉也、扶鋪四指曰扶、

第四十二　題小金原捉馬圖　佐藤坦

總之野。曰小金。曠衍數十里。渺茫無際。官放牧

是一段落

龍種。年以蕃息。今不知幾千百群也。每歲十月。牧長率其屬。驅而捉之。年有定額。捉捕之所。四面起壘。高二丈餘。區為內外。內小外大。皆缺前面。先期數日。所在發丁。自數里外而驅之。橫斷莽路。使其可獨入而不可外逸。迨期牧長秉麾而騎。其屬亦皆騎從。遙見馬之所聚。則雖有林莽之鬱密、藪澤之深阻。無不縱橫出沒、疾呼而從之。丁夫數百人作聲。欻手應指麾而驅之。初馬之為群。不過五六若七八。而見驅迫。欻成數十百。奔騰驚逸。響動萬雷。使其避之無地。皆入外壘。有一人持竿索。二人徒手從之。擇其可捉

是一段落

者。驅諸內壘。突入索約其頸。駭懼之際。一扼頸一掣尾。合勢踣之。直以大索絡之。其可留以為種者。即印烙放去。蓋捉捕之術。在於脅制其氣。使蹄囓之不暇也。嗚呼可謂巧且熟矣。錄海世子。以壬戌之十月往觀。歸而作圖。寄余索字。余亦嘗觀之。今二十餘年。尚記在懷。乃題於卷首。

摘註。龍種駿馬之種、林莽莽音毛、榛蕪也、掀手以手高舉曰掀、掣制牽也、

踣音朴、僵也、印烙燒銅印印之、

第四十三　藤原保則　一編者

藤原保則。右大臣繼繩曾孫。左兵衛佐貞雄子也。為人清寬明識。練達事體。清和天皇貞觀中。

是一小段

是一段落

補備中權介。後遷備前權守。治清明。吏民稱神明。不可冒。嘗有盜。劫奪備後調絹四十匹。亡至於備前國。投於一逆旅。問國司治績。主人曰。府君以仁義化民。恩信通神明。苟有為奸者。神立降誅罰。盜聞之。瞿然色變。終夜不寢。明旦馳詣府門。自白曰。小民無狀。劫略官絹。既改過服罪。願賜生命。保則召見之曰。汝知悔過。亦非惡人也。遠可輸贓物。謝其罪。乃給糧食。封絹付盜。移送備後。僚吏皆曰。恐不達。保則曰。彼有改心。豈有變哉。盜得移文。遂齎還備後。國守得之。大喜。即釋盜罪。自詣備前厚謝。」

又有僚下爲奸贓者。不輒擿發。諭之曰。士宜勉廉節而計榮進也。豈可滯此小官。然子久疲學官。始得此官矣。若夫上奉下給之資。不足則求于我。我有薄俸。任子資用。謹勿犯官物。乃分與其俸。其以德化人。皆此類也。是以風化大行。吏民畏愛。號曰父母。後秩滿將歸京。兩備之民。悲泣遮路。戴白者或捧肴酒。拜伏道側。保則謂父老之志不可背。爲留飲數日。國中傳聞。競至。保則乃潛乘小舟而去。至和氣郡。郡司聞其無糧儲。送穀二百石。保則受之。請僧來。祈舟路平穩。即以穀悉與之。夜揚帆去。

摘註。瞿然（驚恐貌、）移文（謂官廳行文、）上奉下給（謂上養父母、下給妻孥、）秩滿（國司年限滿也、）

第四十四　藤原保則二　同

保則才不翅長於州治。又有將帥之略。陽成天皇元慶二年。出羽夷俘反。燒秋田城。朝廷令上野下野陸奧諸國。發兵救之。賊勢頗猖獗。不能降。攝政藤原基經召保則。問計。保則曰。夷俘內附久。畏朝威。不敢叛。適州吏貪暴虐之耳。若赦其窮。可自服也。基經曰。善。煩子一行。保則曰。得一將帥有威望者。與之俱。乃薦小野春風。春風時遭讒家居。基經悅。乃奏以春風爲鎭守府將

軍。拜保則出羽權守。與往討之。保則受敕。即從十餘騎而發。日夜兼行。至出羽。時夷衆充斥。城堡失守。城下十五邑。不和賊者三邑而已。從騎皆震懾褫魄。保則從容視事。發郡穀。給三村俘囚。俘囚大悅。相率討賊。或招降之。保則亦請朝致穀帛。班給俘囚降者。是以降者相踵。既而春風率大軍而至。宣恩詔。面諭夷酋。約降。夷酋叩頭拜謝曰。曩者秋田城目。貪婪虐我輩。我輩相聚乞生耳。今將軍以優恩活我輩。不唯命是聽。春風乃帥夷酋數十人至國府。保則召見慰勞之。於是餘囚臨風盡內附。

通基、相國通光孫、通忠子也、爲右大臣、號愛宕、貞時後還鎌倉、上奏爲訟其冤、遂復其爵祿、

摘註。充斥（充塡也、）春風（春風少遊邊塞、能曉夷語、乃脫甲釋兵、單騎入虜軍、面諭虜酋、）婪（貪也、）國府（出羽國司府、）

第四十五　源通基德行　服部元喬

平貞時隱身爲僧。行腳遠地。其實伺察政事得失。至京城南。有茅屋人出沒者。雖極貧窶。其容不鄙。乃入乞投宿。終夕語次。因問其舊。主人悽然曰。昔嘗仕朝。遭讒除名。乃今如是。問其曲悉。即久我源內府通基也。客曰。何不訟讒白其無罪乎。主人曰。白無罪則不得不辨讒慝。辨讒慝則不得不顯君過。我不忍也。不德之身。祚衰家亡。亦天命已。又將誰咎。

摘註。行脚 禪語也、梵語頭陀、僧之行食露宿而修行者、 顇 同悴、困弊也、 慺然 悲貌、 除名 被削名籍也、 曲悉 詳悉也、 譏慝 慝惡也、譏姦邪惡 祚衰家亡 謂家運衰弊、爲亡滅、

第四十六　鄕花樓記　室鳩巢

有客来、告余曰。春將半而花向盛。吾子無意於觀花乎。若欲待爛熳之時。則其後開者獨盛而先開者將半謝枝矣。況寇雨賊風有不可量者乎。請與子出遊。以取一日之樂。不亦可乎。余曰諾。遂與客游歷鄕曲。觀人家花。殆乎遍矣。既而與客造一茅屋而登其樓。則四鄕之花猶在庭

是一段落

中。自樓上而下見之。其美而艷也。如少年之人、頭著縞巾、飄揚乎春風之中。曳々如雲。皎々如雪。於是酌酒賦詩而樂之久。乃知造化之妙。使人忘勢利消鄙吝、悠然優游自得乎塵世之外。雖所謂春風沂水之樂。亦庶幾乎。因名其樓曰鄕花之樓。夫以四鄕之花爲家庭之花。鄕花之花則我花矣。其在彼與在我亦何擇乎。苟推此義而充之。則君子取人之善以爲己之善者。如此爾。吾於是得大益矣。斯義也。吾將表而出之、以附大舜取善於人之遺意。豈惟一時名樓云爾哉。遂爲之記。

摘註。鄕曲 邑里也、 縞巾 白繒之巾、 春風沂水之樂 論語曰、莫春者春服既成、冠者五六人、童子六七人、浴乎沂、風乎舞雩、詠而歸、

第四十七　糕土記　小橋勲

羽州平手山有土。可以制糕。名曰糕土。初天保四五年間。海内薦飢。與羽特甚。餌此土以免死者多云。余始聞之不信。謂使與羽人如螻蟻蚯蚓乎。可食土而生也。苟亦横目隆鼻。立行卧寢。則豈容有此理哉。既而聞會津五疊敷山亦出焉。舂爲末以水湛之。和粳糯而蒸焉。雖無佳味足以療飢。緻而埴。色帶微黄。與下品茯苓相似。嘗之味亦然。蓋茯苓補元氣。則此土亦或有其

效乎。又聞漆工以此爲糊。可以代粳糯之用。果然則其功或反在療飢之右也。

摘註。糕 音羔、糜也、 粳糯 不黏曰粳、有黏曰糯、 埴 黏土也、 茯苓 藥草名也、

第四十八　犀川之戰　中井積德

天文川中之役。武田信玄以牙軍撃越牙軍于原町。越師却。宇佐美定行以偏師横衝甲師。甲師崩入御幣川。信玄立馬于岸上以殿焉。上杉謙信單騎馳入索信玄。白毾裹頭。緑渾脱乘驄馬。揮刀長三尺。呼曰信玄安在。甲人或罵之曰。信玄將軍何在于此。奮矟刺之。不中。於是信玄馳赴水。謙信追及焉。斫之三刀。信玄惶急。擧麾

扇欒之。一刀斷扇柄入腕。一刀中肩。時水急而浚。甲人環視不能相救。有一人擧鞘擊謙信。中馬。馬驚而逸。信玄馬躍沒于深水。人救之乃脫。

摘註。偏師 小隊也、 白氈 音牒、白細毛布也、 綠渾脫 綠袍也、一曰襖、 驄馬 青白雜毛馬也、 鞘 槍也、 浚 音峻深也

第四十九 柳瀨之戰 同

天正十一年三月。佐久間盛政破中川氏。奪其砦。使人報捷於柴田勝家。且曰。衆甚疲。當竢明而退。勝家謂使者曰。便道財里許。夫何疲之有。宜亟還。奇捷之利在收威養銳。克而懈殃弗可測矣。頻遣騎趣之。項背相望。盛政傲然曰。全勝

是一段落

第二段落

之威。孰敢敵者。舅氏老而憒々耳。日既暮。勝家頓足曰。豎子敗乃公事。播侯秀吉欲攻岐阜。會甚雨。祿川暴漲不得濟。命頓軍水岸。是日午時。賤嶽飛報至大垣。秀吉大笑揮刀距躍曰。敵在吾術中。不圖我獲大捷如此之速。乃撰健步五十人。命曰。若等走至長濱。半趣土人。具酒餉芻豆。交道以待。喻以倍償其價。半驅沿道民持炬上山。自長濱達賤嶽。勗以厚賞。遂下令軍中曰。有大利在柳瀨。皆輕裝疾發。留堀尾吉晴氏家行廣備岐阜。晡時親將而發。鼓鐙舞纛。步騎萬五千。飈擊而馳。及暮。炬火彌

天。篳壺咽路。士氣益奮揚。初更抵賤嶽。使謂諸砦曰。大兵既至。黎明各以弓銃逼敵。佐久間盛政望炬光大愕。士卒困卧莫能興。盛政叱急收軍。時月弦既閉。諸砦視之。弓銃爭威。盛政戰且走。至嶽北據岨隘。柴田勝政將兵三千在嶽址。廿一日平明。盛政招之。勝政將退。秀吉自嶽南逼之。矢丸雨下。勝政軍擾。秀吉顧左右曰。可矣。皆離次收功。扈從加藤清正。福島正則。加藤嘉明。平野長泰。脇坂安治。片桐且元。糟谷武則。提槍跳進。所向無前。大破之于清水山。獲勝政。世傳之稱柳瀨七槍云。南師追亡逐北。逼盛政軍。

是一小段

盛政大敗績。追擊斬首五千餘級。

摘註。財 少也、 項背相望 謂使者往復之頻也、 憒々 音會、心亂貌、 頓足 怒踏地貌、 頓軍 頓次也、 芻豆 馬糧也、 飈 風疾貌、 柴田勝政 盛政之弟、 扈從 扈音戶、隨從將校、

第五十 藤說 齋藤馨

草木之生。區以別矣。然皆根爲之本。而枝由以茂。各隨天性而足一也。若夫根有所依。枝有所附。一立一仆不能自主。而求助於外者。唯藤爲然。藤之爲物。性柔體弱。垂蔓裊娜。攀松纒栢而生。維暮之春。紫葩艷發。嬌姿欲舞。清芬馥々襲

是一段落

人。觀之儼然一佳卉也。而所攀之柯折。則從之而折。所纏之幹仆。則從之而仆。究竟假物為命。將與夫無名野草比肩。亦不可得也。余由悲。世之立脚進歩莫能自主。往々假人以成立。一旦失所託。則敗亡立至。嗚呼謂之人中之藤也亦宜。

摘註。裊娜 婀娜貌、紫葩艷發 紫華發艷色也、柯 柄也、假物為命 與物同生死也、

第五十一　守門生說　尾藤二州

余少時。嘗以春初之伏水訪叔氏。既下舟。有氣韻郁倏來倏歇。回視久之。而無所見。余怳然弗

是一段落

能知其所以也。以問叔氏。叔氏曰然。邑東數里有梅谿。梅殆千株。一入山香涤人衣。數日不去。亦一大勝區也。余聞之歎曰。若是乎誠之不可揜也。苟非有諸己之充盛。何以至乎此乎。叔氏顧笑。余乃勃窣去。頃門人高橋暢乞命字。余因表以誠中。語之曰。夫梅之有香也。誠之不充丘陵。則猶不能聞數里。況人之於德。非誠積中。胡得攄發於外耶。易云。美在其中。而暢於四肢。發於事業。是吾字暢以誠中之由也。暢其顧而念之。

摘註。倏歇 忽止也、勃窣 行緩也、胡 何也、攄發 舒發也、

是一段落

第五十二　畑六郎左衛門略傳　安積艮齋

精忠峻節。可以動天地。可以感鬼神。可以皷舞萬世之人心。故雖其身陷患難以歿。必流慶於子孫。此理昭然不可誣。當元弘建武之際。新田羽林公揭義旗。滅北條氏。又與足利氏戰。而麾下有熊羆之士。不貳心之臣。相與翊贊勲業。及公遂為國家授命。則亦皆致忠節以死。若畑君其尤傑出者矣。君諱時能。姓丹治。畑其氏。稱六郎左衛門。世為武藏名族。姿貌魁岸。有神力。夙好角觝。八州壯士莫能抗。及長遷信濃。後仕羽林公。大小百餘戰。所向莫不披靡。其搴旗斬將之功。不可勝計。羽林公戰歿。弟義助使君守越前湊城。是年稟義助命。攻金澤長崎諸城。皆陷之。斬首八百餘級。退而守鷹巢城。敵將斯波高經以三千餘人圍之。是時南朝益不振。北國官軍皆敗亡。獨君以區々之衆守孤城。內無斗糧之儲。外無蚍蜉蟻子之援。徒以忠義激士卒。屢乘夜斫營。殺傷無算。敵軍震慴。呼曰畑將軍。各潛賂遣諜。勿襲我營。遂力戰走高經。而君亦中流矢歿。實曆應元年十二月二十五日也。其精忠峻節。可以動天地感鬼神。嗚呼不亦偉哉。

是一小段

摘註。翊賛 翊音翼、輔翼也、魁岸 謂岸然魁偉之貌、寨 拔取也、鷹巣城在越前、蚍蜉 大蟻也、

第五十三　浪華烈女　安井衡

浪華商賈之藪。風俗柔軟。匪徒夜提刀劫人家。謂之躍入。躍入來於前。則擧家逃於後。縱擄而去。以故劫盜益横。嘉永戊申。賊竊一商家而入。偶不覺。擧家被縛。剸刀於主人之胸。責問金貨所藏。有妹年九歳。以幼不縛。見之泣進拜賊。哀訴曰。金貨所藏兒盡指示之。恣君所取。若必欲殺人。寧殺兒。兄若死。一家之人盡乞於路。可悲也。言辭辨晳。情貌哀惻。賊爲感動。捨而去之。後

數月。賊爲邏騎所捕。市尹詰問舊犯。賊盡首實。因及其女。曰。爲賊而來十餘年。未嘗見伊女者也。賛歎不止。市尹賀之其家及隣近。信矣。乃召而奬之。賜錠銀十枚。

摘註。匪徒 匪音非、義同、爲非法凶徒、剸 同傳、刺也、辨晳 晳明晣也、邏騎 謂巡邏騎、錠銀 額銀也、舊時貨幣、

第五十四　讀烈士報讐錄　小橋勳

記四十七士事者。莫詳於義人錄。莫備於烈士報讐錄。報讐錄觀瀾三宅氏之所著也。敍事識論。能得史法。比之義人錄。或有過焉無不及也。

是一段案

而義人錄獨顯於世。知報讐錄者甚少。何也。此書以寺坂信行爲遁盟者。曰至十四夜不知所之。乃義人錄則詳記其顚末。以入義人之列矣。夫信行以宅隸之微。與士大夫同報所天之讐。則其間關崎嶇。宜有更甚焉者。以此爲不忠人。其不满於人心者可知也。然則二書之顯晦。固不由文辭之工拙。而由考據之精粗。嗚呼後之立言。圖不朽者。可以鑑矣。

余之在浪華也。嘗聞之於藤澤氏。藤澤氏聞之於仙臺管井梅關。梅關父某少在江戶。與一老尼相識。其人瀟洒脫塵。病且死。某往省之。見其

掌有刀痕。怪問之。羞而不言。強之則曰。我爲間光興女弟。元祿中。大石氏等將復讐於吉良氏。期匿二子於牀下。候讐醉出報。遽把其手而入。誤觸刃。此其痕也。我之於兄能奉其命。然以身委讐。讐亦主也。我之於主則不忠矣。乃披剃事佛。祈讐及諸士冥福。以自贖其罪云。此說諸書之所不載。若可怪者。然而理不可謂必無也。且夫四十六士。雖勇且健。以暗襲人。一失其機。再擧無期。以大石氏之智。必不踐此危道矣。則老尼之言。或可信已。今併記以備考據之一。

鷹山公、謂米澤藩主上杉治憲、

摘註。皂隷 左氏傳云、士臣皂、皂臣輿、輿臣隷、 間竊 也、 披剝 落飾也、

第五十五　紀鷹山公事　齋藤馨

米澤藩老。涖戸九郎兵衛。精勤國務。老而不倦。鷹山公憲其耗精生疾。使紀平州勸其遊息自養。平州即至其家曰。今日奉公命至。子慎聽之。九郎謝曰。某有酒癖。公豈禁之耶。自今日慎不飮矣。平州曰。否。子年老務劇。恐生疾病。子少自養之。是公命也。九郎駭曰。甚矣公之不思也。公以爲今如何時耶。國用不足。民庶不定。某任老職。夙夜精勤。猶恐其不至。乃務自息。將措一國民庶于何地。因泫然泣。平州復命誦之。公曰。九

郎老且如此。九郎而疾。明日誰當代九郎者。亦泫然泣。平州出語人曰。米澤君臣相遇如此。治績安得不著耶。

摘註。老 謂執政之臣、 耗 同損、 恐其不至 謂政治不至、

第五十六　角觝者玉垣傳　横山正郎

玉垣者我島原人。天資勇悍好義。初名曰連。同邑人某遊江戸。從角觝長玉垣學技。落魄困苦。然其名稍稍著於世。時阿波侯好角觝。厚稟招之。某謂吾儕二人窮困徹骨。而吾藩不之恤。不如應其招。強連。連不可曰。阿波稍不若島原粱

是一小段

是一段落

也。蓋邦俗貴稍賤粱。故云。於是某獨仕阿波。後數年連至浪華。垢面鶉衣困苦益甚。某見之曰。甚矣子之羸也。嚮從余言。寧有今日乎。連惡其背故國而仕他國。挾冨以凌己。欲與角伎以屈辱之。至角觝長家。請與某對。時某階級大進。上連數等。例不得與對。長義其志。百方周旋遂許與之對。將對前夕。長恐連之或不能勝。中夜呼起連曰。彼以其技來。汝何以應之。連曰。以其術。問再三。應答如響。長曰吾可以甘寢矣。彼不足復患。

及期遠近爭來觀。場之中央墺土二尺。外繞以

土豚。中容八席。是爲演技之所。某自東進。連自西進。某軀幹傀偉。俯視連頂。直欲擠之出豚外。連不屈。攫其褌。振身一踢。投之地。地爲凹。衆皆嗟賞。呼聲如雷。某身痛不能起。連提其耳言之曰。阿波稍竟何如島原粱。某怒請復之。乃許。投之如始。於是連之名聞於天下。其師玉垣聞之。慫推其號讓之。使代己執天下角觝柄。我麗商公聞之。賜五人餼。班列歩士隊。玉垣感喜不止。公之薨。玉垣與其徒舁棺[illegible]至參州本光寺。距江戸七十里。時人稱其厚義云。

摘註。稟招 給以祿招致也、 墺土 音宣、砂土也、 土豚 土嚢也、

是一段落

第五十七　鐵坊主傳　安井息軒

鐵坊主江戸馬越里富商之子也。父早死。獨與母居。年八九歲。近隣失火烟焰漲入屋。母急入室。取一袱包於巾箱中出。授鐵曰。謹守勿失。鐵問何。母曰。精金百枚。火後性命所係。鐵曰。此何所用。投於牆外。不顧而走。後母沒。遂削髮捨家而去。性簡默。與人坐。言及則應。飲食至則饌。未嘗妄交言。或背衆而坐。察其色怡々如也。嘗造友人宅。衆客正酣飲。鐵飲二三爵。隅坐而瞑。或人呼問其名。開目以應曰諾。又問。搔首良久曰。幼時則稱鐵矣。蓋無名也。因號曰鐵坊主。

弘化丙午六月。索斯遯軍艦來浦賀。沿海諸侯。出師備之。鐵時在房州。觀一小侯命其大夫出師。百姓仰觀唯謹。鐵笑於群。傍人肘之、不為止。軍帥果見而怪之。命吏召之。衆皆為危。鐵昂然而行。帥問其所以笑。鐵曰。大夫出兵將以戰乎。抑且擧舊典以塞責而已乎。帥曰。亦戰耳。何以問為。鐵曰。此衲所以笑也。凡戰以馬為重。馬性喜寒而怖暑。今曝馬於熱沙中。如此三日。疲病不可用。一可笑也。屯軍當占山林川澤之形。否則全形皆露。進退不便。奇正失宜。今兵既少而又營於斥鹵曠寞之地。使賊明知我衆寡動靜。

幸不戰已。苟戰賊連礮擊我。整隊上陸則全軍必沒。二可笑也。以此二可笑。衲安得而不笑。遂捧腹絕倒。帥喟然歎曰。我職辱一隊將。而其所見則不及一乞丐浮屠。豈非可羞之甚乎。乃依其言而營焉。鐵是年五十有四。其健不衰云。

摘註。焰炎也、袱包裹物者、簡默簡清簡也、清簡而沈默貌、饌音撰、食也、
肘之以肘警之也、昂然意氣不屈貌、斥鹵地鹹砂原也、衲音答、僧衣也、

第五十八　高山正之傳　鹽谷世弘

高山正之者上野人也。字仲繩。又字彥九郞。為人精悍有奇節。好擊劍。使氣凌人。不拘小節。而事親至篤。母喪盧於冢側三年。哀毀骨立。事聞

是一小段

是一段落

官。欲旌表之。上毛之官俗素驁。喜博奕健訟。常嫉正之所為。誣告繫之於獄。獄胥給食弗肯食。既而得出。即杖劍周遊四方。正之雖武弁。而旁嗜書史。好論古今治亂、人事中失。至此觀土風察國政。尋古城戰跡。求豪俊奇傑之士見之。聞有孝子友弟義奴烈婦。雖迂其道必往問之。既而轉述之人。欷歔流涕不能自已。倉成善次者豊前儒士也。常語人以正之有不孝之事。正之聞之大怒。直往請狀。不得則斬之。善次知其意。徐去授席。諭之以其理。正之始悟。攬涕謝之。蓋其天資戇直。故好義服善。大率類此。

自霸府之立。天子讓威福於關東。南面恭己。而武人俗吏或昧理勢。視天朝如無有。甚焉者俗儒。從慕唐山。蔑視邦制。弄筆亂名分。顛是非。動世人。正之慨然曰。環海萬國。唯我邦皇統萬古不革。眞神州也。豈可與彼朝秦暮漢腥膻之邦同日而語哉。蓋深有志於尊崇王室也。嘗過京郊。問足利尊氏墓。聲其大逆而數之曰。而何物。敢害忠良。戕皇子。虐萬乘之君。罵且鞭者三百。然後已。每入平安。先至三條橋上。遙望皇闕。跪地振董曰。艸莽臣高山彥九郎。途人怪顧譏笑。弗以爲意。至其與同志語。慷慨淋漓。聲淚俱墜。

第二段落

其音足感木石」。嘗至一士人家。見案上有室師禮駿臺雜話。披而讀之。至併論楠公與諸葛亮、謂孔明待三顧而出、其進重、故受任專、楠公則不然、所以委任不重而自速戰死也。怒髮逆衝。直擲書於庭前。主人驚問故。正之曰。腐儒不解事矣。亮之於劉備。素非有君臣之分也。則其重也宜。我延元帝則萬代一統之主。不幸有出狩之變。此天下之人。苟食此土者。將疾奔勤王之不暇。況楠氏邑在封圻之內。其待王命而出。吾尚以爲晩。若之何其可與諸葛亮同出處哉。聞者服其至論。

是一小段

摘註。哀毀 哀極身體瘦瘁也、 旌表 周禮天官掌舍註、樹旌以表門、謂表識也、 獄胥 獄吏也、 欷歔 悲泣氣咽逆貌、 恭己 謂守其謙德、 戕 害也 振董 董讀爲動、振動以兩手相擊爲禮也、 孔明 諸葛亮字、 封圻 畿內、

第五十九　高山正之傳二　同

吾嘗漫遊天下。問名士耆宿。時々聞正之事。其人身短而皙。双目有紫稜。爛々射人。聲如雷震。人或求試其叱咤。正之命列陶器于棚。倚柱一呼。陶器盡振。過野遇群盜。正之瞋目叱之曰。喝。賊震慴卻退。無半影隻跡。自言。鄉貫係新田郡細谷村。祖先屬南朝者。則其好義不無所由。嗚

是一段落

呼。使此人生元弘建武之際乎。必能輕死樂傷。搴旗斬將。尊氏直義之首。或可頸而致也。然當其時。謀臣猛將不爲無其人。而終不能。然則時勢之不可爲。有一正之亦未如之何耶。乃幸而出寬政享和至平之世。會文明之運。令折節學道。刻苦以克其嫪。則或大適世用。不能然而嘗辛食苦。徒撫髀肉。以至强死。亦可憐也已」。南筑有奇士。曰宮川嘉膳。踈快好客。正之在東不得志。西遊到筑。舍嘉膳氏。一夕歸舍自刺腹。嘉膳驚問故。不答。視其已決死而意不可移也。曰。吾告官驗視。子且勿殊。以待諸。正之曰諾。神

漢文讀本卷之一終

是一段幕

色如常。談笑移時。夜半吏來、驗問其所以。不答。又問。曰、狂矣。乃執刀自刎其脰而死。臨死嘉膳問所欲言。正之豁然瞠視曰。爲我好寄語天下豪傑耳。既死。人莫知所以死者。正之同時有蒲生秀實者。其志趣亦與正之相肖。二人有志於王室。皆昉於少時讀源平盛衰記。而始不相識也。秀實久聞正之名。必欲見之。天明季年。正之在奥。踪之追尋。竟不得相遇。以爲終身之憾云。

摘註。皙（色白也、）　稜稜（稜威也）　隻影（鳥一羽曰隻、二羽曰雙、故謂單影、）　頸（謂刎首也）　哮（音岸、粗俗也、）　疎快（疎放快豁也、）　殊（死也、）　脰（頸也、）　昉（始也、）

明治二十六年八月廿八日印刷
同　年八月卅一日發行
版權所有
定價金十七錢
著者　東京府平民　鈴木榮次郎　東京市本所區緑町二丁目三番地
發行者　東京府平民　小林八郎　東京市日本橋區通旅籠町十一番地
印刷者　東京府平民　小林清一郎　東京市日本橋區通旅籠町十一番地
發賣所　集英堂本店　東京市日本橋區通旅籠町十一番地
印刷所　集英堂活版所　東京市京橋區山城町六番地

漢文讀本一、二之巻

鈴木榮次郎編纂

漢文讀本

卷之二

東京書肆　集英堂藏版

漢文讀本卷之二目錄

目錄終

漢文讀本卷之二

鈴木榮次郎編纂

第一　神功皇后征三韓　菅亨

是一小段

神功皇后開化天皇之曾孫。氣長宿禰王之女也。仲哀天皇二年。立爲皇后。幼而聰明叡智。容貌壯麗。父異焉。初仲哀天皇。以熊襲叛。師親伐之。中賊矢而崩于筑紫。終喪後。皇后遣軍討平之。皇后亦躬欲西征三韓。詣橿日浦。解髮臨海曰。吾被神祇之教。賴皇祖之靈。今濯頭海水。若有驗者髮自分爲兩。即入海洗之。髮自分。皇

是此章之要旨

又一小段

后便結分髮而爲髻。因謂群臣曰。夫興師動衆。國之大事。安危成敗必在於斯。吾婦女之身。加以不肖。暫假男裝強起雄略。上蒙神祇之靈。下賴群臣之助。振兵甲而度嶮浪。整艫船以求財土。若事就者群臣有功。事不就者獨有罪。集軍卒到新羅。新羅王遙望之曰。吾聞東有神國。謂日本。亦有聖王。謂天皇。必其國之神兵也。豈可舉兵以拒乎。素組面縛以降於王船之前。叩頭曰。自今後。每年貢男女之調。於是高麗百濟二國王。聞新羅降。而自來叩頭曰。自今後。永稱西藩。不絕朝貢。此所謂三韓也。

是此章之主意

摘註。結分髮而爲髻 謂結兩髻爲男裝、 素組面縛 謂以素組繫頸、素組縛手於後、惟見其面也、

第二　愛日　貝原篤信

人之講學勤業。皆以時日之力。故志士惜日短。嗚呼此日難再得。今年不重來。是以學者最要惜時日。豈可廢時曠日乎哉。古語。天地有萬古。此身不再得。人生只百年。此日最易過。幸生其間者。不可不知有生之樂。亦不可不懷虛生之憂。此六句可時吟玩。

第三　藤原在衡　服部元喬

藤原在衡中納言山蔭之孫。但馬守有賴之子。

是此章之要旨

是一小段

西行本佐藤氏、名憲清、鎭守府將軍秀郷七世之孫、

仕天慶時及圓融帝至左大臣。號曰粟田公。才學不必博廣。而前識過人。每有帝問。應對明詳。覈據與故。未嘗有窮。每朝上車中行。且披覽一書。及入承顧問。必其書事也。又恪勤見稱。一日風雨甚。衛士相謂。設是在衡。恐不可參。言未畢。雨衣淋灑。衡冒乃至。

摘註。天慶 村上天皇年號也、 覈據 覈音革、參考得實曰覈、驗也、 恪勤 恪謹也、謂精勤於務、 淋灑 雨滴没泥下降貌、

第四　僧西行　同

鎌倉公出遊。見一老頭陀風韻頗高。使人問之。即西行也。公素欽行名。乃大喜。延請行。乃至府。

官武衛、後遁世爲僧、名圓位、後改西行、

結末是要旨

引用孟子之語、爲主意

行本將家子孫。少壯練習武事。公因請問其略。行曰。自棄以來。家世所傳亦已散亡。今乃風月之外。都無所記。然亦不甚拒。爲公談兵。一夕及旦。將出。公苦留不可。乃出銀猫爲贈。行受而出門。前見兒嬉。便與之去。

摘註。老頭陀 老僧也、 欽 慕也、 自棄 謂捨身於佛道遁世、 苦 懇切也、 嬉 遊戲也、

第五　五倫談序　柴野邦彥

孟子曰。道在爾而求諸遠。夫五倫者。君臣父子夫婦昆弟朋友。人所以爲人。萬國共由之大道。縱然博覽古今。究論天地。苟有疵瑕於是五者。

不可謂之全人矣。中所先生著此書。要在茲不復求諸遠。讀者念哉。

摘註。孟子曰道在爾而求諸遠 孟子離婁上篇曰、道在爾而求諸遠、事在易而求諸難、人人親其親長其長而天下平、註、親親敬長、在人爲邇且易、而道初不外是也、舍此而他求、則道益遠且難、而反失之、道謂人所以爲人之道、 縱然 猶縱令也、

第六　南北朝　菅亨

建武間。後醍醐帝潛出京都。幸南方。以吉野爲皇居。既而崩。第七之皇子義良踐祚於吉野宮。謂之後村上天皇。天皇崩。其子寬成即位。號長慶院。帝辭位而讓其弟熙成。謂之後龜山天皇。

是一小段
是此章之要旨

三品神器皆在南方云尊氏亦以後伏見院之皇子豊仁即位于京都謂之光明院當此時土有二帝稱吉野曰南朝稱京都曰北朝南北相分而各建紀元

摘註。南朝 自後醍醐帝南遷至後龜山天皇五十七年而終 北朝 光明帝襌位崇光帝崇光帝傳後光嚴帝後光嚴帝傳後圓融帝後圓融帝傳後小松帝帝與後龜山帝議和承神器於南朝然後兩統歸混一

第七 應仁文明之亂 同

方慈照相公義政之時山名持豊剃髮改名宗全以其女嫁于細川右京兆勝元勝元初無嗣

是此章之要旨
是一小段

子養宗全幼子以爲己子後及勝元生子令嚮所育宗全之子出而爲僧宗全含恨自茲二人相惡山名細川二氏之黨各爭驍勇充盈京師東西割據分爲兩陣諸士群卒各吹非主日夜攻擊昏戰不息其所部軍在東營者謂之東陣在西營者謂之西陣洛之中外王室民屋神祠佛宇悉莫不罹于兵燹無賴姦賊多入民舍僧廬侵掠其財貨器物不可勝而紀滔天之禍莫大於此矣後世言爲應仁文明之亂是也

摘註。義政 號慈照院 滔天之禍 滔漫也

第八 京遊別志序 清 勲

是一段落

京師勝概莫過于菟道嵯峨山其山水明麗蓋亡論耳奇跡名蹤櫛比於左右而春花穠色秋月揚輝琳宮梵宇掩映于雲林之際津橋渡航隱見于水竹之間而酒樓茶房亦足資考槃之興以故不啻都下人士游賞無間而他邦游人到京師者僅有藻思則必盤桓于此地詩之歌之者古今何限亦唯玉石相混未知山川神靈爲之點頭乎否辛丑之秋浪華合麗王到京師遊于嵯峨山于菟道其間所得詩文若干首輯爲一卷名曰京游別誌徵序于余麗王固雄詩文者其所咏言刊行于世者無慮幾集豈假山川之

應前段完結主意

助者也但兩地之勝概因麗王詩文發眞面目則謂山水反假麗王之助不亦可乎即其神靈始點頭者乃何疑焉此擧也予爲神靈記其喜云

摘註。琳宮 琳美玉也謂宮殿之美 考槃之興 詩衛風云考槃在澗註考成也槃樂而盤桓之意 盤桓 踌躇貌

第九 送木南不忘序 篠崎小竹

木南生備之世醫而移住浪華其遊江戸也會遠藤侯爲副鎭華城生筮仕從而來焉今歳辛丑九月侯任滿東歸生將復從移家於府姻親

是一段落

是此章之主意

故舊皆惜別。或私誘致仕。生斷然不顧曰。君恩重矣。豈可以遠移而負焉哉。且吾既去父母之邦。浪華江府皆客居也。與其飄泊于此而無常產也。孰若安堵于彼而祿雖微祖先不絕祀也。余與生相識三十年。曾字之曰不忘。其說曰。人當不忘其不宜忘者矣。其宜忘者忘而可也。今聞生言。知其能不負余所以命之意也。夫姻親故舊之留生。是人情之姑息。宜忘者。至於君恩與祖先。則人道之大綱。不可一日忘者。生能忘宜忘。而不忘不宜忘。則生之終身自省於其字。而能樹立也可知矣。乃雖隔千里心交不渝所

是一小段

謂旦暮過之也。何恨遠別抑醫之要在治人病然官醫往々以獲於君爲悅。而不以病之不治爲憂。是亦忘不宜忘而不忘宜忘者。生豈然哉。生其行矣。

摘註。華城 浪華城、 筮仕 擇君而仕官、 府 江戸府、 渝 易也、 獲於君 謂得君寵眷、

第十　藤原道長　服部元喬

寛和帝時。藤道長與二兄少同爲郎。一夕雨暗。皆在上前。譚及怪事。移時。坐懷畏怖。上曰。誰冒此黑闇。能詣無人處者耶。道長曰。臣可詣。上壯之。乃命兄弟三人曰。道隆宜往豐樂院。還道兼

是此章之要旨

是一小段

仁壽殿。道長大極殿。各宜出其某門。時已三更。二兄畏縮。不得已而起。道長曰。臣固獨往。願假左右小剪刀。當取證來。乃去。俄頃二兄各走歸曰。途已見怪。不可得前。股栗不定。面色如土。上大拍笑之。良久道長徐還。即上小木柹爲信。曰。是所削取大極殿御牀南面下柱片也。上遣人令驗。果爾。二兄大慚。

摘註。寛和帝 謂華山天皇、 三更 謂深夜、 小木柹 柹同栟、伐木片也、

第十一　保昌鑑識　同

丹後太守藤保昌還任。與佐山中遇白髮武人

是此章之要旨

是一小段

乘匹馬者。狀頗矍鑠。見太守來。引避樹後。傾笠駐立。導騎尤其不下乃欲訶之。保昌止之曰。第往。此翁非凡。其駐馬之形甚有舊將風。既過。復過故衛尉平致經。多率徒屬行。致經乃迎揖且問曰。先有一老當過田舍翁寧復無失禮於太守邪。是僕父耳。乃別。保昌顧從者曰。向翁即平致賴也。汝曹殆且失誤致賴與保昌、平維衡、源賴信。時稱四雄。皆數著武功。

摘註。與佐 在丹後、 矍鑠 老壯貌、 尤 咎也、 訶 音呵、呵責也、

第十二　平宗清　同

平治之亂。池家士宗清。生獲源義朝之子賴朝。

是一小段

宗清語是此章要旨

憫其年少。悉意保護。乃令所事池太夫人泣請之。遂得宥死而竄豆州。年後。頼朝討平氏覇主鎌倉。以書邀池亞相暨宗清。亞相乃語宗清欲與俱。宗清曰。今乃執殳爲公前驅。固不敢辭。但此見邀。料爲報舊耳。方今平氏殲亡。宗清雖懦。若挾舊恩而東遊受榮。有何面目見鎌倉公乎。不赴避去西州。

摘註。池亞相 平頼盛官大納言、清盛異母弟、池夫人所生、稱池家、 殳 戈戟之屬、詩衞風云、伯也執殳爲王前驅、

第十三　習說一　尾藤二州

兩兒相嬉在于閭巷之中。跨竹而走。驅犬而鬭。

是一小段

是一段落

是此章之主意

其所爲莫不相似也。稍長各異趨舍。日疎月遠。其所爲莫不相反也。近其壯也。乃一龍一豬。奚翅韓子所言而已哉。嗚呼此何故也。豈非習使之然也歟。是故可以成智。可以成愚。可以成賢。可以成不肖也。習之於人所係不其大乎。吾視馬之習于火者。聞哭即嘶。見焰即馳。與常馬慓而却走者。殆如殊其類。故君子愼乎習。習而弗懈。何憂于其無成焉。夫子曰。性相近也。習相遠也。習之於人。其可不愼哉。

摘註。嬉 音喜、遊戲也、 韓子 韓愈字退之、號昌黎、唐人也、

第十四　習說二　同

是一段落

是一小段

住于屠坊者不知觳觫可隱。役于法場者不知梟磔可慘。彼豈獨無惻怛之性乎。沃土之民多安逸。喪業而不悔也。豐家之子多淫蕩。亡身而不覺也。彼豈獨無是非之性乎。乃習之移人焉爾也。方今昇平之久。人心驕惰。風俗奢靡。日汚一日。於是有賤吏而服擬顯貴者。有武人而貌擬婦女者。醜然自安而無恥焉。人亦視以爲常而莫之異也。習之爲蔽也。其可不察乎哉。然是下流之汚耳。苟渫其源矣。於澄之乎何有。是故讀漢文紀而知其恭儉。讀隋煬紀而知其民沃亂。又何責之在下者耶。獨恠世之爲學者。手執

第二段落

是此章之主意

經口談道。而亦驕惰奢靡。顯貴其服。婦女其貌。醜然無恥者滔々乎衆也。吁是何所習哉。手執經口談道。父兄所命。師友所誘。亦皆在于斯。而其心之所嚮乃如彼。吾不能知其故也。嗚呼民庶之習可變也。俗吏之習可更也。唯學者而不自察焉。吾未如之何也已矣。

摘註。屠坊 屠殺牛羊處、 觳觫 音斛速、恐懼貌、 梟磔 縣首木上曰梟、張尸曰磔、 惻怛 怛音旦、悲痛貌、 異 怪也、 渫 易井卦云、井渫不食、註渫不渟泥也、 漢文 漢文帝躬自省儉、以率天下、專以德化民、是以海内安寧、淳美之風起、 隋煬 隋煬帝苛政[illegible]殘虐其民、窮驕肆欲、日以燕樂爲事、是以天下瓦解、國祀滅絶、 沃亂 沃飽也、 滔々 論語曰、滔々天

是此章之要旨

是一小段

下皆是、滔々水浸々無匡貌、

第十五　北條泰時　菅亨

北條泰時義時之子也。性廉有慈。常好聞理義。有人來而語一理、則必悅感之。雙眸帶淚。曾與叔父時房偕議定五十條式目。使大外記清原教隆記焉。其政事無容私。是故海內安寧。軍國無虞也。初其父義時愛泰時弟朝時。重時。而義時頓歿。無有遺占。泰時追憶父志。乃以其采地多與朝時等。而自取其少也。人皆美之。仁治元年卒。時年六十。

摘註。遺占 遺言也、

是一段落

第十六　藤原國光復父讎　同

藤原國光小字阿新。日野黃門資朝之子也。資朝事後醍醐帝而有寵。時北條高時據勢位弄威權。驕奢淫溢日甚。元亨二年。帝憤其暴慢。密與近臣圖之。資朝亦與焉。正中二年。事覺。高時乃執資朝遷之佐渡。使本間山城守幽縶焉。元德二年五月。高時命本間氏令誅殺資朝。時國光年纔十三。與母屛息于洛西矣。聞父當見殺。涕泣請母以自往見父。母泣而止之。國光固請再三。母遂許焉。國光乃出洛。數日至佐渡。使一

是一小段

是此章之要旨

老僧告本間氏以其所由來。且乞矜愍一見其父。本間不允之。無何資朝竟被殺。國光竊謂爲父復讎。一夕風雨晦冥。國光乘暗直入本間寢室以覘其便。此夜本間假寢于外。其族子三郎者獨臥斯室。是則手親殺資朝之人也。顧眄室中。傍無侍人。唯有明燈耿々而已。少而有飛蛾擾々集其西窗。國光潛開其戶。蛾便驚飛撲滅其燈。國光大喜。乃進近以足蹴枕。三郎驚寤。國光直刺殺之。走出遂適歸京師。

摘註。淫溢 謂淫縱無度、　幽縶 謂囚繫獄、　蛾 火蟲也　擾々 亂飛貌

第十七　藤原貞子　同

是此章之要旨

是一小段

貞子藤內府秀房女也。嫁于九州大內左京大夫義隆。貞順不妒。有賢女之譽。義隆別室貯妾。眷眄殊深。後義隆在洛。馳戀不忘。貞子亦知之。推其意志深憐之。數以衣服器物厚贈與之。慇到之情無所不至。又贈之和歌。深罄心曲。妾感其恩遂事于貞子。夙夜甚謹。貞子亦加恩愈厚。一日妾眼眶帶淚。言貞子曰。君之遇妾鄭重如斯。假令主人歸國。妾得其寵而豈復恩顧如此乎。因欲去飾爲尼。貞子泣止之曰。嗚呼吾之恤汝有所不至乎。胡其不愛吾如此也。願勿復言。而能事吾則吾幸也。自此益加殊睠。

是一段落

摘註。眷眄。眄音面、懷顧也。罄心曲。罄音磬、盡也、謂盡衷情。眼眶。眶音匡、目匡也、

第十八　登鐵枴峯記　梁田邦美

壬寅秋九月四日。余與速水大屋二生及兒萬虎。買舟指須磨。而往須磨距赤石。水陸各十八里。陸乃走兵庫道。舟行沿瀕而東。地勢抱海負山。而鐵枴峯甲諸山。其麓有三谷。自東當第一者曰一谷。實壽永之亂。平宗盛等所據。攝播之間。有小溪。曰界川。川內百餘歩。有梅一株。秋葉盡脫。古木糅牙。相傳梶原景季臨與平軍戰。折花插箙。世所謂箙梅者。因命其地曰梅畀。畀方

是一小段

又一小段

又一小段

又一小段

夫淡粧以下、見弔數盛以懷古之意是

言猶曰畀川。東僅三里。有平敦盛墓。建浮屠氏五大輪五層塔。高數尺。石面有字。隱々不可讀。又聚沙其傍。爲小塔百十。蓋婦女豎子輩弔古者之爲耳。自墓而東直行一里。左折入福祥寺。門前有大櫻樹。所謂若木櫻者。國訓若讀爲弱。舊幹纔死。新蘖役生。雖經數百載。夭々有穉色。故號弱木。其四旁有欄。不許闌入擅折。寺置觀世音。其背有敦盛影堂。影乃繪畫。亦曽跨連錢馬。畫法陋劣。不足觀。熊谷直實所親畫云。其餘曰小櫻鎧。曰青葉笛。遺物數品。不可信。且野史所載雜劇所演。爛熟人心目。夫淡粧纖眉如閨

緊要之處、

是又一小段

又一小段

是又緊要

又一小段

媛宮娃者。五百年猶且莫也。過其墓觀其蹟。不得不愴々焉。色之薰人甚矣哉。寺南有鐘樓。樓西南有徑通一谷。谷中皆白砂。廣率容兩軌。左右斷崖赤壁如削。松大小千萬本。蒼翠欲滴。西有丘。隆而坦。曰內裏。乃安德帝行在所也。平相國罪惡貫盈。上天殄滅其子臣。雖挾少帝守寶璽。驅十五國新附之兵。以擁上都。欲一恢復。而其勢不可復振矣。遂使幼冲無知之主。罹斯百凶。如迷失子女。韓死溝壑。無所歸於戚。戚家大臣。關係邦基者。可不懼哉。自丘而北上。路窄狹下臨深谷。紅蔦碧荔。與石縈帶。

又一小段

是此章之要旨

澗水濺々鳴。行可二百歩。有怪松。號鐘懸松。相傳源義經襲一谷。道出山田邑。辨慶入邑中寺。挈鐘而從。及將卒絕山下。乃懸諸枝鼓之云。松大二圍。虯龍屈蟠。蓊鬱障日。其蔭可坐五七人。自松少左而樵徑益盤嶮。草篠矮脆。無可攀援。往々蒲伏而上。乃鐵枴峯也。其顚東南臨海。下視無垠。是日也風息浪穩。澄藍如熨。帆影近遠。凝然不動。高野葛城。凡南中名岳。高低迤邐。彷彿煙霧間。摩耶白旗。諸峯連壤接界。皆可俯而撮其髻矣。既而夕陽舂溪。風震林木。凜乎不可居。乃下抵舟中。餔啜叩舷。酣呼而歸。夜將二鼓

是第二段落

矣。余少官美濃。登巖戸山。觀養老瀑泉。後以疾辭。奔走衣食于東都十數年。今而得仲登臨之志。可不謂有幸乎。遂記其概以示同游。又欲以夸東都故人有濟勝之材而未得一卅一登者。

摘註。須磨 在攝津。 赤石 播磨東境、連須磨浦。 槎牙 枝幹屈曲交貌。 夭々 詩周南云、桃之夭々。註、夭々少好貌。 厲 編竹木作之、即栅也。 闌入 闌妄入也。 閨媛宮娃 媛音援、娃音哇、並美女也。 旦莫 旦暮也。 愴々 悲貌。 殄滅 亡滅也。 薄 迫也。 卅 丘也。 碧荔 荔音麗、草名、似蒲。 瀧々 音雙、水激聲也。 矮脆 謂短少而脆弱。 罣 音里、謂無遮眼者。 迤邐 音以里、旁行貌。 彷彿 望不審貌。 撮 音札、謂以三指取物之梢杪。 濟勝之材 謂採究山水之勝材也。

是一小段

第十九 臺灣紀事跋 青山延于

臺灣紀事三卷、記明人鄭成功事也。成功者芝龍之子。而其母乃我平戸之產也。芝龍之客平戸、娶以為妻、生成功。及芝龍事明、身致富貴、使人迎成功及其母。既而芝龍降清。成功不從。方清兵之陷泉洲、軍民皆潰。成功母獨不屈而死。夫以孱弱一婦人、能抗醜虜、不辱其節。可不謂之烈婦哉。當此時、明室既亡。冠帶之國變為左衽。搢紳之士改節易操者、滔々皆是。而成功僅以一彈丸之地、延能抗滔清百萬之兵、竭力明室、始終不渝。忠貞之心、堅如金石。可不謂之忠

又一小段

是此章之主意

是一大段落

臣哉。其出師江南、雖敗衄不振、義氣凜々、足以動天下、使百世之下聞其風者、勇士張膽、懦夫立志。此其有功於名教也大矣夫。芝龍反覆之徒、固無足道。然妻為烈婦、而子為忠臣。忠義貞烈成萃一門。何其盛也。蓋成功母子、雖其忠烈出於天性、亦非我神州風氣之所使然歟。然則鄭氏之有成功、不翅明國之光、亦我神州之華也。我公嘗獲成功書、愛其筆畫遒勁、類其為人。展翫不置。乃命儒臣川口長孺、纂其事蹟。清人嘗為成功傳、頗多遺漏。長孺乃搜索明清間諸書及我朝記載、檃括綴輯、萃為一書。蓋於成功

是一小段

事蹟尤為詳備。公乃使林學士為之序、命臣延于跋其後、將鋟之木、以公於世。嗚呼、我公崇尚文學、奬勵節義、至其有益於名教、推及異邦之人、使為人臣者知以勸。此公之所以有此擧也。然則為我臣子者、其於報國、宜如何哉。

摘註。平戸 在肥前。 孱弱 孱音潺、柔弱也。 渝 易也。 懦 音愞、怯也。 名教 謂名分教法。 遒勁 遒音酋、健也。 檃括 本正屈撓器也、以喩正誤謬。

第二十 藤原長方謗新京 服部元喬

平相國既以威脅遷都福原。爾後朝野草萃。人心不安。相國乃會公卿議兩京臧否。衆畏相國、

是一小段

無敢開口者。藤納言長方獨乃極口毀新京之惡。於是即日定議還舊京。或人謂納言曰。相國狼抗不可觸犯。卿奈何獨盡言暴人之前哉。納言曰。不爾。吾固計此言必合相國心。凡人欲建任己違衆之事。其初必忌異議。都無問它。既乃後稍復有悔。方始與人謀。相國雖猝悔心已生。故會衆有問爾何憚而不極口。當時皆服其明決。相國亦由是知納言。加意薦達。

摘註。臧否 可否也、 猝 音卒、暴疾也、 薦達 進達位官、

第二十一　平宗盛　同

平氏既自沒海。宗盛父子獨被囚入京。觀者宣

以莊語為要旨

擾。有厲數人立看。一人曰。所謂厲憐王。一人曰何也。曰伊平宗第一人。位高望重。而不克治家。既陷反逆。一家自殺而不能同死。苟生就囚。如是乎不知醜甚。固不若吾輩。傍人聞其言有理。驚嘆曰。心智不由形。醜乎厲曰病業耳。釋尊入滅猶爾現病。戒賢智者不免病。厲病那可恥。

摘註。厲 音賴、癩病者、 厲憐王 莊子之語、 病業 業佛語也、謂人生不可免業、 入滅 死也、

第二十二　義經與景時論逆艫　同

源廷尉將襲八島。修舩攝海濱。平三景時為軍

結末是要旨

監。進策曰。請設逆艫。廷尉曰逆艫何。平三曰。陸馬之用進退如意。至於戰艦進不克退。退不克進。令常艫之外。交互逆者設之舳艫。前却自便。廷尉曰。軍令有進無退。猶恐難驅況預視逃方。奚可令日治兵之初。聞此不祥。逆倒千萬。於卿等任意。於我無用。平三起為色曰。見可而進。知難而退。是為良將。若公猪武耳。廷尉曰。猪乎不知。軍唯奮擊克勝。其快於是。

摘註。舳艫 舩前謂舳、舩後謂艫、

第二十三　記卯兵衛谷平事　中井履軒

上毛新田郡有酒井村。秋社張肆為市。屋島村有販魚谷平。適市途經安養寺村。墓樹上烏鵲噪甚。谷平謂墓間有何怪異。旋行瞷之。見文蛇橫碑間。谷平謂是也。頃之蛇不動。漸就視之。則棉絲絲繚矣。牽之則布囊出焉。啓之則金五十兩。封題曰卯兵衛。谷平大駭。尋思謂。安養寺村唯有一卯。多貲善價。數十里內無復多財之卯。渠且適市而遺之也。乃懷金而往焉。卯果在肆。號而問曰。君有所遺歟。卯掉頭曰否否。谷平謂衆而言之。吾之過也。乃去之。鬻酤市散復往焉。就而問曰。君有所遺歟。卯曰否否。谷平謂。猶在

是此章之要旨

他人之室也。亦吾過矣。又去之時。其歸而踵其家。請見卿曰。何所言。谷平曰。君必有所遺也。盍爲我言之。卿曰。否否。谷平愠曰。五十之金。題曰卿者。非君復何卿矣。取囊投其前。因告所以得金者。卿不肯受金。曰。此我遺之。既非吾之有。而子拾之。卽子之財矣。吾何與焉。谷平曰。吾非拾之也。欲還諸君故擧之耳。固相讓皆不肯取。卿又手思之良久。熟視言曰。子強辯抗於我。又能抗於天歟。曰。不能。卿乃曰。我適市。過而拜墓。無事也。夫金。人之所重。而我偶遺之。豈非天乎。鸛噪蛇偃。導子拾之。亦天也。卿兵衛不得違天而

此是見谷平之廉潔。亦緊要處。

是一段落

取金矣。谷平又安得違天而還金焉。谷平嘿然久之。乃言曰。谷平不違天矣。天使他人拾之乎。則他人之有矣。谷平者義不苟取。有拾必訪主而還焉者。今天使不苟取之谷平拾之。則訪主而還焉。是奉天道也。君焉得復辭。言畢趨出。卿猶提囊追之。不及。至歲竟。餽米三苞金二方。爲谷平之壽。歲以爲常。終谷平之身。卿事親孝。親沒將他適必謁墓而告。反亦如之。恒好施與村中之窮乏者賑焉。力業者賞焉。臨終遺命稻麥三倉。雖有急不得輙糶。必交新舊。曰。三倉足以濟一村之饑也。以其善治財也。每施散而財常

是此章之要旨

有餘云。

摘註。秋社張肆謂秋日村社有祠事、而商賈張肆鋪。烏鵲鵲也。棉綿緜緜邦語讀爲眞田。啓開也。沽酤音古、賣買也。踵音鐘、至也。嘿然同默然。苞音包、席俵也。

第二十四　高橋生傳　林鶴梁

高橋生名某。稱喜右衛門。武州川越人。爲人耿逸負氣。健步過人。尤嗜書法。來江戸。客寓數年。困極。仕幕朝横田新五兵衛家。囊無半錢。弗恤也。暇則從事於學書。書一以僧空海爲法。常懷其墨本。時出臨摹。又好遠行。行不必佳山名水。亦不必訪奇技異態之士。唯漫然杖履信足而

說健步。亦是緊要之處。

此是說書法。可觀又緊要。是一小段

又一小段

步耳。有時陟降山阪。跋渉原野。一日行數百里。曰。快矣。旬餘不遠行。意殊嘿々。其在路上小憩。亦展觀空海墨本。好作大字。字方二丈餘。楮墨之費不能自辨。及其欲書也。輙携一巨棒。馳行大師河原。大師河原在都南郊。白沙平鋪。可畫以作字。生乃出空海墨本。熟視久之。意有所會。欣然大呼。躍身揮棒。作數十大字於沙上。字皆活潑飛動。作蛟龍勢。乃環視曰。快矣。初生夢一老人。素衣烏帽。手持巨毫一枝。書法一卷。來與之。既寤以爲空海現身授秘訣也。自是書進一境。生既能大字。而細字則不能作。尤窘於作書

又一小段

札。然家主命之則強書字大尚寸許。其作之呻吟苦惱。屈身縮手。僅作十數字。而既倦極矣。字皆拙甚。殆不可辨。生晩好學。來入吾家塾。余時舉古今天下治亂興亡之際、英雄豪傑之事。以語之。生亦撫掌。大呼曰。快矣。後不知所往。

鶴梁子曰。高橋生之健步大字。雖偏哉亦一能也。古之人。雖有一技一能之微。必收而不棄者。如我楠河州。祿善泣之人。彼孟嘗君養雞鳴狗盜之士。皆是也。想使生逢楠河州、孟嘗君。則不憂其不遇矣。而今世無得其人也。余深爲生惜之。

漢文讀本 卷之二 二十 集英堂藏版

是此章之要旨

摘註。縱逸 謂放肆不從法度也、 負氣 負恃也、 臨摹 書寫也、 嘐々 不快貌、 平舖 舖敍也、 巨毫 大筆也、 書札 簡牘也、

第二十五 島田見山傳 宇田栗園

天保中。以劍術鳴於天下者。江戶有男谷某。柳川有大石某。中津有島田見山。見山少二子十餘歲。而屹成鼎足之勢。幼時學劍於堀某。稍長。遊肥、筑、隅、薩之間。徧求武人。以角其技。方其去筑赴肥也。至高山麓。憩店。會日暮。主人曰。此山險而多怪。君一宿待旦而發如何。見山笑曰。怪當畏我。我豈畏怪者哉。提燈而上。至絕頂。忽有聲。如水大至。燈滅。黮黑不辨咫尺。有物翻頭

是一段落

上。見山知其爲鷙也。植立不動。擬劍向空以俟。其下迫。少焉不復聞羽聲。徐步下山。得人家投宿。平明辭去。後見山語人曰。我以劍術遊歷天下。然遭怪。唯有此事已。

見山在江戶。春日從徒弟數人。觀花于隅田川。堤上有少年五人同飮。見見山來。故箕服以攔路。徒弟皆怒。撫劍。見山徐々行。踏之而過。一人起立捉見山衣領。未及見其下手。少年既仆堤下。二人繼起。左右握見山手。見山大喝一聲。二人亦相枕而仆。餘皆鼠竄。不知所之。見山不敢以告人。其門人久米房之助語予以此事。曰。當

漢文讀本 卷之二 二十一 集英堂藏版

是第二段落 敍見山爲人 又是要旨、

是一小段

又一小段

時吾面見之。先生不獨劍術過人。拳法亦臻其妙如此。

見山猛暴好凌轢人。後折節讀書。痛自貶損。雖然及其鬪技也。對手若不遜。則縱橫刺擊。勢如將斃之。觀者屏息兩手握汗。余之遊江戶也。寓見山家。當此時。徒弟無慮五六十人。又劍客來請比試者。殷轃其門。嘗語余曰。始我志於劍術。恐其不能成。每夜三更詣天中寺。禱於神者三年矣。篤志如此。宜乎其術之造高妙也。余將西歸。見山開燕祖道。出竹刀與身上曰。是乃我遊奥羽時所用也。今以贈子。余喜而受之。別後每

是此章之要旨

是一段落

思見山對此二物。宛如交臂晤言於一室。嗚呼見山以劍術雷鳴於天下今也則亡可惜也益知見山者莫如余。故爲之傳。見山隆鼻深目顴骨如立。軀幹堅實而有膂力矣。

摘註。柳川在筑後、中津在豐前。䰯黒䰯音屈、猝然爲闇黒貌、攔路遮斷路也、段盛也、祖道祭道神也、顴骨音權、輔骨、

○第二十六　獨奕先生傳　　魏禧

膠山黄氏有隱君子。曰在龍。性不治生産。絶世務、而好奕。常閉戸居。戸外人聞子聲丁々然。窺之則兩手各操白黒子。分行相攻殺。或默然目上視而思。或欣然笑也。人稱曰獨奕先生。先生

第二段落

與人無爭。輕財樂施。與鄉人懷其德。嘗避盜踰嶺。嶺半盜起邀先生。先生色不變。盜呵曰、汝何爲者。先生曰、予黄在龍也。盜相顧笑曰、毋驚我公。送之嶺下。盜焚鄰人居。延先生廬。盜群起撲火。火不滅。乃共捶其始禍者。先生兄弟三人。伯善鼓琴。仲好藝花竹。先生好獨奕。或求對亦不辭也。先生閒枰布子。子伯仲常侍局。先生徵問可否。二子各以意對。先生曰、若長于守。若長于攻。然皆偏將材也。使握中權決機。兩陣難哉。年七十有七卒。其獨奕未嘗少衰云。

摘註、奕音繹、碁也、捶音垂、以杖擊也、

叙所以名鹿介者、是緊要處、是一小段

又一小段

第二十七　山中鹿介傳　　服部元喬

山中鹿介雲州人。名幸盛。世仕尼子氏。其兄嘗爲鹿。双角長六尺。挿冑額。後畀幸盛。幸盛身體壯大。冑而臨陣。人望其嶽然。輒已讋服。因號鹿介。自幼勇彊。力兼十夫。年十歲。乃能從軍獲首級。十三復從軍斬敵人。冑裝又爲鹿形。會月之初。因拜月而禱且曰。所不不出三旬以勇名聞者。有如是。未幾伯州小高役。山名氏士菊地音八。素以勇名鳴雲伯間者。幸盛擊而獲之。時年十六。由此名號大震隣國。後常必拜初月以終身云。比二十六歲。已歷大小六十五戰。所佩大

又一小段

是一大段落

刀四尺。提丈四槍。所向無不辟易。是時天下戰爭。各據國雄峙。亦皆相競得爪牙武夫。以爲股心。而尼子氏方盛。衆四万餘人。選勇略特異者十人。令掌軍政。幸盛又爲之魁。而善撫得衆懽心。

毛利氏起於藝州。威服鄰國。方欲覇關西。數來代雲州。尼子經久卒。義久繼。國勢稍衰。永祿六年。毛利氏使吉川元春、小早川隆景將大兵入雲州。攻白鹿城拔之。義久弟倫久。以兵三万襲毛利營。出其不意發。充隆景急勒兵力戰。反爲所敗。皆奔。追急。義久兄弟危。幸盛乃領騎士二

是一小段

百為一隊。止拒之。自斬敵七人。義久兄弟乃得脫歸。九年。毛利元就親將再入雲州。次洗合。分兵絕糧道。塞援路。欲持久而降之。雲州糧匱。國勢益蹙。將士日散亡。諸城不守。數月。乃所餘冨田一城耳。幸盛計其難振。乃勸主降。於是毛利氏以義久歸。遂為寓公。幸盛從至藝州。餘將士亦多降為臣於毛利氏。而尼子氏亡。幸盛乃心獨陰圖復之。無何託事出之丹後。

第二大段落

先是。因州山名禪高。為其臣武田豊前所逐喪。在丹後。遇幸盛遊。杯酒相歡。幸盛乃陰思念。因與我接疆。儻助此人使得復歸。因遂為後圖。今

是一小段

安知不為之奇貨乎。酒酣乃問禪高曰。若今舉君事。左袒必應者。凡幾人。禪高曰。可得百七十餘人。幸盛曰。足矣。君之舊國。他又豈無抱志待君舉者乎。今誠從吾言。密謀一志。則事在一舉。幸盛請從啓行。萬一有緩急。亡國餘衆散在四方。尚八百餘人。幸盛在亦可一呼而致。君其圖之。禪高說。於是密招士衆。定謀刻日。乃與幸盛俱潛入因州。幸盛前徇曰。舊君至。苟知恩義。誰不來屬者。且事克有重賞。得若干人。乃勵衆曰。需事無功。兵利不在多。決死而已、士氣倍奮。於是犒衆合志。鷄鳴起。遲明進。縱火民家。武田聞

變。率兵而出。幸盛復約衆曰。視吾揮麾。直衝彼中。斬敵勿舉首級。勿視小利。唯進無退。既而武田衆大聚圍之。幸盛率戰且進。乘機忽揮曰。衝獲敵首邪。授我頭邪。勇與怯爾。皆殊死戰。一當萬。遂大克之。斬武田父子。乃取鳥羽城。納禪高。禪高大喜。故為幸盛設席內城。使臨以受衆賀。己避次外城。推首功也。既而幸盛與禪高有隙。志不能果。復歸丹後。

第三大段落

初義久族兄勝久。初生而父國久以事自殺。乳母抱隱。幸盛聞其長匿在京師。因復奉之圖復國。乃俱歸雲州。而勝久弟某亦來會。於是雲敵

又一小段

士散亡在外者。稍々來屬。時雲諸城已為毛利氏有。會毛利元就大舉西伐九州。內虛。幸盛乃乘間攻雲諸城。陷之。進據冨戸城。元就還遣隆景攻之。城中乏食無援。出戰亦不利。勝久兄弟夜遁。敵知之追。幸盛止戰。而勝久得脫走隱州。既而幸盛入伯州末見城。乞援於織田氏。時元就卒。輝元代立。使元春將兵三万圍之。城中兵寡。外援不至。幸盛屢戰。勢不能支。乃佯出降。元春雅重其忠烈。與高尾城居之。而隆景以勝久兄弟在隱州。乃慮後患。欲除之。幸盛知其意。密馳人報於隱州。使夫出。途被關吏怪執焉。得幸

第四大段落

是此章之要旨

盛書、闕吏告元春。元春欲誅幸盛。幸盛乃亡、送室家於京、身至但州、迎勝久兄弟、俱走濃州岐阜。居頃之、幸盛赴京、從明智光秀軍、攻丹州、有功。

時織田氏既霸中州、遣世子信忠將兵征和州信貴城。幸盛請從行。先登獲河合將監。由此爲織田氏所遇。織田氏方患關西多不從命、欲絕其東路、以播州上月爲扼吭、築城。因令勝久兄弟及幸盛守之。俄而爲毛利氏所陷。勝久兄弟死焉。臨死、賜幸盛佩刀而訣。且曰、勿死。後事唯屬爾。幸盛泣曰、死臣分耳。嗚呼誰爲我君報

第五大段落

讎者。乃僞伴乞降。毛利氏許之。欲因赴藝謝恩而伺間。途出備中阿部。而毛利氏乃覺其卒有異志。使人誘致阿部水上、殺之。遂見害。死時尚殺傷數人。時年三十四。幸盛須髯甚壯。殺者以爲異、斸而藏焉。傳以相視。或云、以其須莖鑽窓紙、穿如鍼。又相傳、阿部民祈其冢、截瘧。至今莫不驗焉。

摘註。甼 與鬣同、也、 鬣 音悄、義同、朏 音斐、月三日也、初生明之名、 所不不出三句、以勇名聞云々 謂三句之中、必擧以義久歸勇名、如此月明、 以引需事 需待也、謂待事之至、 遲明 待天明也、 扼吭 謂塞要路、 須髯

是一小段

須髯也、 斸 音欲、斲也、

第二十八　招月樓記　　尾藤二州

寒泉先生監常稅務。其職猶唐縣令。以儒冠而涖民。在吾府、朝先生爲始。已而賦者稱均、訟者稱平。其學適用者可知也。就其所居而作樓。時招余輩飲於其上。其治多閒又可知也。樓之所望。唯士民居。無他勝槪。地勢然也。而月出城上。則城上之樹與園中之樹高下陰映。合而爲一。風露澄焉而湍聲時聞。隱然如在山林幽谷中。晝閒塵勢之境、變爲神仙淸樂之界。斯其所得于月獨爲多。先生職務之暇、退適于茲、則境與

是一段落

是所以名樓

是又一小段

是此章之主意

第二段落

月幽。月與思淸灑然其樂焉。當此時也、豈有一物隔其眞趣邪。先生之子公德、余女壻也。以父命問名於余、且爲之記。余廢筆硯業數年。欲辭不得、乃取程伯子閑招月色句、命之曰招月。之樓、以見其爲吏閑暇之意云。嗚呼今之儒者、其明乎經則有之矣。而有能堪吏事者邪。其修乎行則有之矣。而有能堪吏事者邪。即其能堪吏事、亦有能閑又能樂者邪。能閑又能樂然後伯子之詩宜擧以誦也。則斯樓之作、豈非綽々有裕者歟。公德妙齡、其侍先生、有文之尊有師之嚴。其所有事、不持承歡而已。修業請益亦不他

末段以餘意示規箴亦緊要

人求而足焉。乃家庭之訓。家庭之範。守而不墜。能使先生一時之槩。不爲一時之槩。茲先生之心哉。是爲記。

摘註。賦者出賦、稅者、灑然音洒、義同、

第二十九　高砂菴記　大井南塘

是此章之主意

茶人好奇。古今一撥。苟非新非奇。則不足以爲清賞之資宜矣乎茶人之愛奇也。雖然求奇而得奇。非其至者也。不期而遇。不思而得。然後始可謂至奇而已。我府下士渡邊君。酷好茶事。嘗使京師。會有以其名聞有鄰藤公者。公嘉尚其意推其所好。親製花筒賜之。命曰高砂。君甚寶

是一小段

是一段落

愛之。每招客設茶。必揭之壁間。以誇其賜。遂榜其廬曰高砂庵。余在常陽。久聞其奇賞。今春奉命來武陽。職務之餘。未得造其廬。一日假寐夢至一所。小徑幽邃。淨潔可愛。排竹扉而入。則茅屋數椽。扁曰高砂。余恍然曰。是高砂菴也歟。所謂高砂花筒者安在。傍人問余曰。高砂播之勝境也。以松名于世。與茶爐花筒全不干涉。其命名之意。不知何義也。余應之曰。是所以爲雅致也。如使著意爲之。則固無足觀焉。有鄰公必也不取而命花筒。渡邊君亦不取而榜其廬。惟取其風流可賞。是爲高也爾。高砂瀕海。一望開豁。

是一小段

又一小段

怒潮吞日。奔濤噴雪。岸則古松偃蓋。風聲戛玉。颼々飂々。清人氣骨。者我雖足未涉其境。而景象可想見焉。今也爐底炭熾。鼎中湯滾。素濤暗驟。松風倏至。則謂之高砂之勝在一鼎中可也。延客喫一椀。兩腋習々。清風稍生。則謂之高砂之勝在一椀中可也。雖然是皆偶然者。非求而然也。非有鄰公因是命名。非渡邊君因是榜廬。所謂不期而遇。不思而得。豈非奇之至者哉。問者逌爾而笑。余亦欠伸而覺。會渡邊君請言于余。卒敘夢中之語。以爲之記。蓋欲爲君益一奇也。

第二段落

摘註。撥音發、度也、榜標榜也、偃蓋偃偃蹇也、蓋蔽障也、戛玉戛音括、玉相擊聲也、颼々飂々風聲、湯滾滾音混、沸貌、習々詩云、習々谷風、註、習々和舒之貌、逌爾逌音由、寬舒顏色之貌、

第三十　孝子二郎傳　芳野世育

二郎。信濃水内郡冨竹村農夫也。幼而孤獨。與母居。長而無賴。不事生理。好賭。母數規弗聽。後從才吉者游。遂約爲義子。才吉業寓賭者也。居相距里餘。山徑盤回。下臨深溪。樹竹蔽焉。熊狼窟焉。稱爲畏途。二郎每夜往博。母甚危。欲痛懲之。嘗使人扮厲鬼。隱墓間。及其過突然出。二郎十

是一段落
是又一段落
末段是要旨

七。膽氣兼人、直進捕之。其人告以實二郎。又手
抵頭、飲泣久之、曰、噫嘻母氏、憂慮一至於斯乎。
自今而後、吾必絕意于博懋、服農事、以贖前罪。
願爲善謝母氏。乃拉而還、告以其實。母大喜、明
日火賭具、告絕才吉。痛自克壓々力作不倦。二
郎家素貧、加以負債、窮入骨髓。至冬無被褥。乃
脫衣被母身、蒙藁以寢。慨然嘆曰、凍餒母氏、非
人也。憤奮益切、窮日之力、而耕、夜則捆鞋索綯、
功常倍人。以故未出數年、家道稍裕。口體之奉
無缺。怡愉盡歡。鄙鄕父兄之戒其子弟也、曰、爾
曹決勿如二郎。指目以爲阻。今則曰、爾曹如二

是一段落

郎。則於吾足矣。引以爲勸。
摘註。竊賭 音書。謝安傳云、安與兄子玄圍碁、賭別墅。勝之、別墅即竊也。以爲賭物義也。 扮擬裝也。 懋勵勉也。 壓々音尾、不倦意。 捆鞋索綯 捆音困、孟子云、捆屨織席、註捆猶叩椓也、使之堅故叩之、或云綦組也、綯音陶、謂組繩。 怡愉 音飴俞、歡喜之意。

第三十一 記新見新右衛門事 同

文化四年丁卯秋八月十五日、深川應神祠修
祀事。山車爭巧、歌舞競新。觀者傾都鄙而至。永
代橋柱折、幹裂、溺者無算。新右衛門者免焉。事
甚奇。予聞新右家號新見、宇都宮米賈也。億料

是一小段

奇中、大致殷富。已老、親姻規之曰、今所乏者非
財。役智過度、非攝生之道。請絕意商事、優游以
卒歲。新右曰、大善。今秋將有大贏。料所見決不
錯誤。了此一着、而後斂局。就閒、乃抵江戶從事。
果攫數百金。一日、過永代橋。時晚間、五色不辨。
有人焉、如將躍而投水者。電行挈之、少女也。將
脫投、緊抱不鬆。曰、何故泣。曰、理不得不死。願遣
放。諭之曰、諺不云乎、膝猶足相謀、予豈不勝於
膝乎。盍白其實。乃謝曰、妾幼喪父、家道稍落。母
寄食親家、妾鬻身五年、爲某家之婢。未牌奉主
翁之命、齎金三十盾、致諸某氏。途而失之、索搜

是緊要之處
是又一段落
是又緊要

不得。贖乎無資。告實乎家貧。必曰、粗膽虛控作
此匪事。身死則白所以決死也。但明年期滿、阿
母待之、日如年。妾而死、阿母之駭悲爲如何哉。
涕泗雨下。新右多方諭之曰、三十金買生、廉矣。
吾將買之。與以金、且教曰、速還、託事謝遲緩。女
感泣固辭。強與之、問姓名里居。笑曰、余田舍翁。
不告而去。
後數年、携親家年少三輩、觀應神祀事于深川。
及至永代橋、觀者塡溢、肩摩踵躡、步進步退。滿
街如狂。時有女、來牽袖而語。新右曰、無乃誤認
似者。奮肘不顧。女緊抱不放。新右大怒、喝且曰、

何不敬亡狀。年少輩其云我何。時方喧聒。言語不達。唯視吻動色變耳。女極力牽引。遂與年少相失入于橋側茶肆。女謝曰。君豈非我恩人歟。記其年月日此橋上救女事否。新右傾頭顰眉曰。于今五年。因叙往事。曰。妾還以實復主翁。奉金還之。主翁咨嗟久之曰。塗人尚然。吾何忍受其金。雖然末由返璃。吾將權藏以有俟也。及期滿把其金賜妾曰。用以爲母子生活之資。永存其鴻恵焉。推辭不允。乃拜授而歸。具告阿母。相對而泣。當時自誓曰。忽略此恩非人。昏黒間。熟諦視粗認風貌年齒。刻之心肝。常祈神佛曰。得

是此章之要旨

一覩其人。口謝此恩。雖不知何許人。而安知有親故在此間。無有重經過橋上乎哉。因與阿母謀。以所貺金。買茶肆于此。賣茶以活。且日夕注目求之。今而果得覩之。何喜尚焉。且泣且語。言未畢。橋身斷裂。相推而溺。須臾浮屍掩川。可踏焉。濟所帯三人亦在溺中。新右獨得免焉。

世之爲花費者。抛千金而不能折券于斗鐘。滔々皆是。今新右卒然捐三十金于塗人。以拯其死。吞德不口。豈非惻怛之仁哉。亦頼焉以免昏墊。天之應報果昭々矣。彼主翁者。感興厚誼。推金與之。及女之夙夜感刻。用意懇到。久而不衰。

是一小段

皆可嘉尚矣。文化距今僅五十年。而當時人心之淳。乃如此。嗚呼可感也夫。

是一段落

摘註。賈 音古。億料 億同臆、謂心算也。拏 音奴、捉也。不鬆 音麻、義同。未牌 牌勝也、表也、未牌時辰器刻名。粗膽虚揑 粗膽謂膽粗惡也、虚揑音孼、謂構飾虚事。喧聒 聒音活、擾也。璃同之。貺賜也、花費 謂無益費。不能折券于斗鐘 鐘六斗四升也、謂不能捐僅少銭券。昏墊 書益稷篇云、下民昏墊、註昏瞀、墊溺也、謂溺死。

第三十二　遊金剛山記　土屋弘

翠黛横天。群巒擁之。巍然跨河和兩州者。金剛山也。歳之丙寅。吾始得登遊焉。山上有精舍。曰轉法輪寺。曰最上乘院。結構雄偉。古質可觀。有

是一小段

又一小段

又一小段

又一小段

天女祠。有大日堂。有清泉。冷冽甘美。有奇石。狀如世所謂大黒天。名福石。河和之際。以此爲界云。凡山中砂礫。盡作金色。時天將午。紅日下射。光彩燦爛。殆如身在黄金界者。寺北鬱然高聳者。曰大日嶽。是爲絶巓。西下數町。有國見嶺。松林森欝。眺望甚佳。北俯華城。西眺阿山淡島之黛色。茅渟之波光。摩耶明石之風烟。歴々在膝下。傳。元弘之初。楠公築壘於此。俯視敵陣。以爲攻守之計。又下數町。爲千窟城墟。屹立千仞。四山圍合。溪流繞其間。凡三層。其第一境尤狹。上有小祠。祭八幡神。蓋以鎭護城中云。有古松

又一小段

又一小段

又一小段

數株、磊砢蓊鬱、翠梢攙天。其第二第三。地頗平曠。蒿芽生之。無復他異。巖之東北、有左馬頭正儀墓。今存石塔一基。按天授六年正月七日、左馬頭卒於本城。蓋葬於此也。其傍有楠氏臣戰死塚。其東北有瀑泉。名躑躅。飛流十餘丈。壚之南有號風爐谷者。方言呼浴室爲風爐。蓋守城時兵士所洗浴云。其旁五泉所在。荊榛蔓生。皆蘚深封。今不可一一詳之。其南則志磨瀑也。亦高十餘丈。噴沫激瀉、掩映樹間。幽邃可愛。其燒斷雲梯之處、樓櫓雉堞之址。亦隱々可覩。因藉草而坐、仰觀山岳之秀異、俯臨溪流之清激、思

第二段落

是一小段

又一小段

又一小段

古撫今。沈吟數刻。不忍去。既而落日逼崦嵫。淒風肅颯。殺氣襲人。不可久留。乃慨然而降。

此夜宿山下村家。主翁爲余語曰。山凡有三道。其一從森屋村、登百四十町。經千早村、至巔。其一從水分村、登六十六町。而其一屬大和。水有二道。其一從水越嶺、流爲水分川。其一從山上出。經千早東阪、爲千早川。二水至森屋村、合流入石川。又水分村有楠公祠。又有其壘趾。上二十餘町。有赤阪、小根田、若山、猫路山諸城壚。而赤阪尤顯。今猶存王院、城門、合擊、馬埒等之名。又森屋村東南。有下赤阪城址。其上有金胎寺

又一小段

又一小段

是此章之要旨

壘壚。其他有烏帽形岩、龍泉寺城等之跡。凡此數者、皆爲千窟藩屏。犄角應援、以牽制賊軍。此其守禦施設之概也。余於是知建武之事。雖曰由公之精忠大義與智謀神算、而山川城壁之助、亦居多也。既記所見。又并記所聞。以告後游者。時慶應二年夏四月十又五日也。

摘註。精舍 佛閣也、 泠冽 謂水之清潔、 磊砢 堆石之狀也、 攙天 攙音毚、衝也、 荊榛 荊木名、枝生刺、榛木名也、 激瀉 瀉注也、 雉堞 城墻曰雉、左氏傳隱公元年、都城過百雉、註、一雉之牆長三丈高一丈、是也、堞音蝶、城上女牆也、 崦嵫 音炎兹、山名、山海經、鳥鼠同穴山西南曰崦嵫、下有虞泉、日所入處、 馬埒 埒音劣、畫界于外作短垣謂之、即驅馬場也、

是一小段

是此章之主意

又一小段

犄角 犄牛名、謂犄角勢相倚也、

第三十三　題牛山清響　同

双峰楓葉曬錦。秋陽一道瀑泉傳響。巖廊此牛瀑之勝景。而爲我泉之名區。蓋名區得名流。其名顯焉。曩者、祇園氏南海、清人王曉村有詩。於是牛瀑之名顯于世。今也諸子往遊賦詩。而其名益顯。豈可不謂山水之幸哉。然諸子所賦止秋景。此地更有積雪于冬、櫻花于春、而復新綠之于初夏。諸子或未之知耶。想名區之靈。必有竢于名流重游矣。

摘註。曬 音細、暴也、 名流 謂名流之士、

是一段落
是緊要之處

第三十四　熊澤助八聽訟　林長孺

備前國有富民、兄弟爭家貲者、黨援各百餘人。獄官推訊、累年不能斷。熊澤助八代爲獄官、乃召兄弟二人、同坐一堂。時冬日嚴寒、置一火爐于堂中央。終日無所問。及日暮出盤飧、令二人並喫。如此者三日。而助八每隔屏障而坐、命其二兒執事膝下。二兒友愛、如壎如箎。暗令二人聽之。二人心曉其諭己。愧心自然縈胸。初二人入堂、各分座一偏。至是相謂、寒甚、可近火邊。既近、不覺相與執手號哭、宿怨頓消。乃退黨援、止

是一小段

訟云。噫夫數年疑獄、不勞寸舌、而一朝息之、可謂善聽訟者矣。然非其履行有素、取信於人、豈至如此乎。世之爲刑官者其思之。

摘註。家貲　貲同資、　壎　音喧、樂器也、　箎　音馳、樂器也、壎箎唱和爲樂、詩小雅云、伯氏吹壎、仲氏吹箎、　縈胸　縈音營、謂帶繞胸懷、

第三十五　遠藤盛遠　菅亨

遠藤盛遠者、持遠子也。持遠嘗爲瀧口之士。盛遠以父業、繼而備宮掖衛曹。姨母有娘、名阿登麻手、貌姝麗。嫁左金吾校尉源渡。盛遠視而悦之、密戲其婦。婦拒而弗從。盛遠怒而迫之。婦曰、君今不以配偶見鄙、特垂厚情、感佩實深。妾焉

又一小段
末段是要旨

敢固拒。但妾既託身於人。恐不能終始。其如後患何。若不得止、則願殺我夫、而後受命、永締雙翼之契。以終素望、不亦可乎。因囑之曰、夜來室中偃臥者是也。愼勿誤焉。盛遠大悦、約計至於夜闌、懷刃入室、直趣臥內、乃斬其首、裹袖而去。及歸而見之、則婦首也。盛遠驚駭惋歎、不堪悵恨。遂拋冠纓、爲僧。高雄文覺者是也。

摘註。姨母　母之姊妹也、　姝麗　姝音朱、美好之貌、　左金吾校尉　謂左衛門尉、　夜闌　深夜也、　拋冠纓　謂棄官遁世、

第三十六　靜貞烈　服部元喬

源豫州奔後。有人拘其妾靜、致之鎌倉。源將軍

是一小段
此章以靜言爲要旨

及夫人以靜本名妓、俱出鶴岡、召觀其舞。靜固辭數四。不得、乃黽勉起舞。其曲詞意、都無非永懷豫州者。觀者皆爲墮淚。他日鎌倉諸士解音者、相攜往靜客舍、設宴且慰。坐中有梶原景茂。託醉頗出豔言。靜變色、且泣曰、嘗受豫州恩。今縱不死、忍坐被此辱乎。豫州者鎌倉公弟也。今若在、則汝輩可得輒見我面乎。梶原赧慚逡巡。

摘註。赧慚　赧音端、慚愧赤面也、　逡巡　恐懼退縮、

第三十七　博雅學琵琶盲人　同

相阪盲人妙於琵琶、而高棲世外。人不得傳習。

是此章之要旨

是一小段

曲有流泉琢木殊秘不常彈。無能聞得者。王孫博雅專精琵琶。恨未得秘曲。且憂此盲一逝永自此絕。乃欲竊得焉。試造一見。無由發言而還。爾後每夕竊往其菴側。竊聽三年。未嘗有彈。値中秋月陰風凄。乃促伋常往伺之。盲人忽彈琵琶涉調。博雅心中悶癢。冀及秘曲。少頃彈罷。蕭然遣情。嘯咏且歎曰。嗚呼無其人哉。當此寂々。誰當共靜夜思者。亦應語心耳。博雅應聲出。乃通名。且具陳向來事。盲人感歎。終夕晤言。秘曲悉授。世乃稱盲人隱趣博雅好事。至今。

摘註。盲人 或曰、蟬丸也、 王孫博雅 三位源博雅、 悶癢 氣鬱煩痒之貌、

是一小段

是一段落

第三十八　遊松島記　澤元愷

發鹽竈村。舟行十餘里。乃抵松島。松島在海之灣。灣之幅員十有二里。總名曰松島。棊布星列洲嶼之麓不億。鬱々然磊落其間者。蓋八十洲云。民家作村里者十數洲。名號最著者。爲雄島。爲蘿島。爲御島。爲寒潭。爲宮戶。爲楊柳洲。爲冠子洲。若夫蟾蜍小蝸舞鶴浮龜。以形得名者也。其餘似鼻似耳似枅似圈。種々不遑枚擧。皆松樹楚々茂立。是其所以得名也。右接左應。此對彼往。名號且不能悉記。記之鄙陋不足擧錄也。御島有橋而通。島中有古碑。宋僧一山所肇

又一小段

又一小段

又一小段

第二段落

是此章之要旨

也。相傳日本武尊東征之日。次于此島。故其名最著。與御島相對峙。嶸于水中者。曰落雁峯。掛鐘島藤秀衡治水軍之處。觀月墩。有邦君游息之居。名曰觀瀾。舍舟而登。則有佛寺瑞巖禪寺。最巨麗。三都所罕見也。行而登富春之山。山距松島村。可十有五里。有寺曰大仰。記云。大同中田村藤公所創也。既至。日已西落。因請宿。翌後烟瘴晦塞。望之洲嶼明滅。若存若亡。悵然多時。俯仰一室。悶亦已甚。日已停午。寺僧告曰可望。遂登佛殿以觀焉。烟歛雲開。一覽萬狀。嗚呼海內之巨觀。天造之妙境哉。蓋東方日月精華所

又一小段

凝抑是邪。上古神聖所宅。抑是邪。前日所見碧玉盤之上。今則點々錯落。如碁勢相爭。然其間魚龍出沒。鳬雁翱翔。雨暘晦明。陰陽晝夜。變化倏忽。不可端倪者邪。宮戶寒潭諸大洲之外。淼々無際。海舶來湊。以通有無。則蒼生之利用有焉。富乎此山。土人艷稱松島風光。咸聚于此山。信矣。近瞰林麓。懸崖萬仞。索度尋撞。有時乎施焉。亦寰外之想耳。若夫風伯怒號、海若盪涌。波浪如山、洶々然。與松濤相答。夜破旅客之夢。亦令人夢寐不忘哉。余宿富山。僅記其萬一者如此。

摘註。磊落（衆石散布貌、）枅（音鷄、柱上承楝、楝横木也、）楚々（叢盛貌、）崢嶸（音争横、山峻貌、）大同（平城天皇年號、）烟瘴（烟霧也、）雨暘（暘明也、稱雨晴、）淼々（猶渺々也、）蒼生（生民也、）索度尋撞（索度、以繩相引而度也、尋撞、文選西京賦都盧尋撞、註、都盧國人體輕善緣、）海若盪涌波浪（盪音蕩、義同、海蕩動起波浪也、）

第三十九　豹皮錄序　篠崎小竹

豹皮錄六十四卷、肥前碩漢逸人所著也。自標以武將明鑑四字。其書設十目。博輯我邦古人事蹟。各加論斷。其目以封爵諫諍爲首。次以孝子仁人義勇禮制智略忠信。而終於斥候間諜

是一小段　是一段落　又一小段　又一小段　是此章之主意

焉。余聞其一二卷。辭皆俚俗。而體裁蕪雜。如未加修理者。然其引證該備。論評剴切。實如所標。可爲武人明鑑矣。因歎焉曰。有味乎逸人之命此書以豹皮也。豹死留皮。人死留名。五代王鐵槍彥章言之也。吾嘗讀歐陽氏之史、及畫像記。仰慕其爲人。彥章武人。不知書。而其義勇忠信出于天性。事梁數與晉戰。以兵少敗而被擒。莊宗慰諭欲降之。彥章不屈曰。朝事梁。暮事晉。生何面目見天下之人乎。遂死節焉。其忠烈凜々。今猶如生。彼豹死二語。俚而不朽者。非以此乎。今逸人所取。大率彥章其人之類。而逸人編輯

第二段落

之意。益亦彥章之氣概也。故其爲書。雖武弁不知書之人。不難讀。讀則莫不感憤興起矣。其益世道如此。尚何問於辭之俚。與體之蕪雜哉。彥章時。有馮道者。以學士成名。而身事四姓。與契丹。其不知廉恥。至於著書自述。以矜其寵榮。彥章乃以一武夫。爲五代五十餘年第一流之人。矣。學者宜念豹皮之語。以免爲癡頑老子焉。然則此書。豈獨爲武人之明鑑乎哉。

摘註。標（表識也、）該備（該、猶兼也、）剴切（剴、猶適切、）王鐵槍彥章（彥章驍勇絶倫、每臨陣必提鐵槍、故時人號王鐵槍、）歐陽氏之史（宋歐陽脩著五代史、）

第四十　送棚橋大中序　同

此章之主意在此。　是一小段　是一段落　又一小段

學奕者。必受教於勝己者也。然勝己之遠者少益。而勝己之近者多功。其故何也。益遠者其說懸絕。而近則其意易悟也。奕之入品者。謂之初段。進至七八段。謂之上手。謂之名人。皆可以爲人師矣。學奕者。先量我力。知上手名人之不可企及也。就初段二段質我所疑。則悟入自速矣。若吾文藝。雖不與之同科。而有略類焉者。周子曰。士希賢。賢希聖。聖希天。道德文藝皆有然者也。大洲藩士棚橋大中。初遊江都。事一齋佐藤先生。數年而還。從來浪華。與余講習切磋。經歲之間。其功如有倍於江都之遊焉。夫一齋先生。

第二段落

今之上手名人也。予雖劣矣、亦不可不謂入品。大中舍上手名人、而就予之初段、可謂能量其力、而擇所從矣。宜乎其稍進步於文藝、乃當勉而不懈、以望入品、而頃者被召歸藩。實可惜也。奕之相敵者、謂之互先。以其每局互先下黑子也。大洲藩中、與大中互先者不少。歸藩之後、其相與耦戰、錄示其圖。予則將評所以勝負者、以鼓舞其勇氣焉。然此特論文藝耳。至於道德、則藩之近地、有篤山近藤先生在焉。亦今之上手名人也。大中其從而學焉。

摘註。入品（入格也、）懈（音解、怠也、）耦戰（謂二人相對而戰也、）

是一段落

第四十一 雲喩 齋藤拙堂

屬者余糾合同志、刱文會。衆索題目。余乃以雲喩應之。且謂之曰、雲可以喩文。蓋物莫切焉。吾嘗上山巓而覽觀其狀、因有所發悟焉。請爲諸君言之。其始起也、浮々焉如蒸黍、縷々焉如吐絲。散而如綿出篋、鎔而如銀在冶、繞樹而行、拖石而憩、徘徊顧望、躊躇不前。洎騰至於天際、俯仰百變。拖者若練、張者若幔、行者若水、盛者若鱗。突怒者若峯、貏豸者若坡、若馬奔、若虎蹲、若龍躍、若鳳翔。翻爲旌旗、聯爲瓔珞、覆爲蓋、旋爲輪、亘爲樓閣城闕、時爲山嶽。種々異狀、弗可殫

第二段落 是此章之主意

述。俄而洸然潰然洶々然、如浪駭、如濤舂、如陂塘之決、紛々擾亂、如大軍之移動。圍既合、戰既酣、則雨霈然至、不終朝而徧於天下矣。烏虖是可謂天下之至奇至變者也。然皆一氣之變、非有意爲之。故曰、雲無心而出岫。文能如是、亦非其至者歟。請與諸君學之。雖然、雲而不致雨、文而不濟用、雖奇而無益也。易曰、雲上於天需。人之需於雲、非爲雨故歟。方夫旱魃作虐也、百苗槁、百物瘏、人々引領望雲、猶疲民之於天吏。是非望雲也、望雨也。雲而無雨、將何所望焉。唯其油然載雨、行之於下土、使槁者勃然以興、病者

霍然以起。此其所以爲人物所需也。文能如此、而後有用於天下矣。請與諸君勉之。衆唯々而退。遂書其言、以塞課責。

摘註。糾合（會合也、）篋（音匡、盛物竹器、）冶（音野、鑄爐也、）洎（及也、）拖（音佗、曳也、）貏豸（音彼池、漸平貌、）瓔珞（音盈洛、飾頸玉名、）殫（盡也、）洸然潰然（詩邶風云、有洸有潰、怒貌、）洶々然（水涌貌、）易曰雲上於天需（傳云、雲氣蒸而上升於天、必待陰陽和洽、然後成雨、雲方上於天、未成雨也、故爲須待之義、）瘏（音徒、詩云、我馬瘏矣、註、瘏病也、）霍然（音郭、猝遽貌、）

第四十二 讀名花有聲畫 藤田彪

首段是此篇之主意
是一段落
是一小段
第二段落

日出之域、冠絕萬國、而鍾其神秀者、富嶽也。發其英華者、櫻花也。蘊其精氣者、寶劍也。吾友青山伯卿、嘗著刀劍錄。皇家所寶、武門所愛、詳揭具載、無復遺憾。余既寫一本而藏焉。伯卿又嘗賦櫻花、得二百首。其弟季卿和、得百數十首。合為一卷。命曰名花有聲畫。余獲罷、索居者有年于茲。伯卿憐余無聊、以其有聲畫見示。余反覆諷誦、愈讀愈奇。雖身臥蝸廬乎、神魂飄々飛揚於香雲艷雪之中者、眞伯卿之賜也。他日伯卿弟兄、相携攀冨嶽、躋其巔、御萬里之風、餐千秋之雪。心目所寓、洋々發諸詞藻、與斯卷及刀劍之錄並行、豈啻日城三絕盡入青山氏機軸、閉戶居士之受賜、亦不止此也。日夜引領望之。

是一小段

摘註。鍾 猶聚也、 蘊 聚蓄也、 青山伯卿 延于之子、名延光、伯卿其字也、 季卿 青山延昌也、 索居 索散也、謂離群而散居、 無聊 聊音僚、賴也、謂無所聊賴、 餐 音孫、餔也、 機軸 機具也、機以轉軸、杼以持緯、喩著作編輯之事言也、

第四十三 奇童說

伊藤長胤

世之夙敏穎悟者多矣。而其卒也、未必皆賢者也。而古之賢者其始也、未必皆夙敏穎悟者。其果不可為賢者歟。世之所謂、幼而聰敏者、吾知之矣。五歲而誦詩書、則曰奇童也。十五而能焉、則凡人也。十五而講經屬文、則曰

是此章之主意
是一段落
第二段落

奇童也。三十而能焉、則凡人也。世之人、唯見其五歲而誦詩書、十五而講經屬文、以為異乎衆。而望其終身之異乎衆也者過矣。終身之異乎衆者、豈慧俊才辯者之所能遽得乎哉。必也眞積力久、仁漸義漬、薰蒸乎德行之化、漫漬乎禮法之場、而後始可得也已。故世之慧俊才辯者、其卒也、未必皆賢者也。昔者張童子九歲而舉乎禮部。韓文公贈之言曰、少之時、人惟童子之異。及其長也、將責成人之禮焉。成人之禮、非盡於童子所能而已也。善哉言乎。世之人不知出此、徒覩其篇章敏富、酬答辯利、目為神童也、則父兄之無識者、亦從誇詡、吹々惛々、溢美過譽、不嚴規誨、唯聲價馳騰之悅。希得外斗之祿焉。其既得也、其人亦自以為吾事既畢矣。恃材凌衆之意滋、輕儇浮躁之態肆、氣滿志得、學殖荒廢、經史圖書、束之高閣。二十而所得無異十歲。三十而所成異於十五也。不翅弗得就其器、亦且劉推之、并其嘗所粗得者而喪之矣。欲為鄉人不可得也。噫天下之奇材何限也哉。能養有成、則皆可以為賢者矣。而為父兄所貴弄、師友所譸張、賊其美質、吾甚惜之。故書以為戒。

摘註。夙戚夙戚頻數也、仁漸義漬漸漬義同、誇詡詡音、吺々音句、大言也、吺々音昏、窒鄙、惛々義同、輕僄僄音卷、淨躁慧利也、譸張譸音、儔、被誑也、

是此章之主意

第四十四　日本刀　山田方谷

是一小段

日本刀之利。赫然於萬國矣。然懦夫執焉。鑿見狎之。弱將執焉。敵國輕之。庸君執焉。夷狄侮之。而亂臣得以弑其君。賊子得以弑其父。執非其人。果不可賴。然則恃刀不如恃人。磨日本刀。不如磨日本膽也。今也人之不恃。膽之不磨。是非榮辱未襲而不知拒。聲色貨利來侵而不知防。揚々然横三尺秋水。一庸夫當前焉。強夫則悍然抗之。懦夫則戰栗避之。其何問敵國哉。其何問夷狄哉。所謂日本膽何也。曰仁。曰義。曰忠。曰孝。曰夫仁義忠孝。人之固有。而列聖之所恃以維持世道人心於千萬年。善磨之則其光芒威靈。足寒姦賊之心。而禦腥羶之侮矣。嗚呼是人也。直可執日本刀也。故藤原氏能誅入鹿。北條氏能攘蒙古。名和楠氏諸將能復王室。是豈非不恃刀而恃人。不磨刀而磨膽之效耶。不然。赫然日本刀。安知不爲亂臣賊子之用哉。

是一段落

摘註。赫然光輝之貌、庸君庸才之君、腥羶之侮謂外寇、

漢文讀本卷之二終

明治二十六年八月廿八日印刷
同年八月卅一日發行
版權所有
定價金十七錢
著者　鈴木榮次郎　東京市本所區緑町二丁目三番地
發行者　東京府平民　小林八郎　東京市日本橋區通旅籠町十一番地
印刷者　東京府平民　小林清一郎　東京市日本橋區通旅籠町十一番地
發賣所　集英堂本店　東京市日本橋區通旅籠町十一番地
印刷所　集英堂活版所　東京市京橋區山城町六番地

指原安三編輯

漢文讀本

發兌　普及舍

緒言

一予友嘉納治五郎君、嘗承井上文部大臣之旨、而創漢文學會、限以二十員、予亦與焉。其要、在於中等學校教授漢文之順序方法。月定開二會、閱二星霜而後畢焉。予從事著作七年於此矣。因以爲、其順序方法之議則決焉。奈無其用書何、不如新編之、乃藉二學友之力、越年而竣役

明治廿九年八月　　編者識

凡例

一以此編及次編、當第一學年級、紙數凡五十五葉、一時間所授、定爲半葉弱、以下每編、皆用此算而增加焉

一凡始讀漢文者、必難於文字之反點、故此編、首置一句若二三句之格言、先就一二句、悟其反點之大旨、漸次以及一節一段之章法也

一此編及次編、生徒在小學時、大概所聞知、所勞唯字句耳、既聞其事、知其實、字句或雖勞、樂亦在其中矣

一此編及次編、就先哲成章、或斷長去繁、刪定成編、有不署其人名者、非肆爲割裂、欲便初學也

資料8

漢文讀本卷之一目次

漢文讀本 卷一目次 普及舍

漢文讀本 卷一目次 普及舍

漢文讀本卷之一目次終

漢文讀本卷之一

指原安三編輯

一大義滅親(左傳)
一士見危致命(論語)
一臨財毋苟得(禮記)
一節用而愛人(論語)
一言輕則招憂(楊子雲語)
一過則勿憚改(論語)
一貴在於乘時(太公望語)

一當仁不讓於師(論語)
一巧詐不如拙誠(鹽鐵論)
一兄弟如左右手也(後漢書)
一責善朋友之道也(孟子)
一不知其人視其友(史記)
一有陰德必有陽報(世說)
一小惡不止大惡成(三界記)
一大器晚成大音希聲(老子)
一蓬生麻中不扶自直(荀子)
一天無二日民無二王(孔子語)

一世盡忠貞服勞王家(書經)
一奉君忘身狥國忘家(中論)
一桃李不言下自成蹊(漢書)
一寧可玉碎何能瓦全(北齊書)
一民生在勤勤則不匱(楚子箴)
一光陰可惜譬諸逝水(顏之推語)
一病從口入禍從口出(傳玄口銘)
一人無遠慮必有近憂(論語)
一禮儀不愆何恤人言(左傳)
一不義之事有死不爲(鹽鐵論)

一寧人負我無我負人(康濟錄)
一愼終如始則無敗事(老子)
一青取之於藍而青於藍(荀子)
一白沙在泥中與之皆黑(荀子)
一前事之不忘後事之師(漢書)
一兄弟鬩于墻外禦其侮(詩經)
一君子耻其言之過其行(論語)
一凡事豫則立不豫則廢(中庸)
一少成若天性習慣如自然(司馬温公語)
一勁松彰歲寒眞臣見國危(文選)

一死有重於泰山、輕於鴻毛(史記)
一滿招損、謙受益、時乃天道(書經)
一敬勝怠則吉、怠勝敬則滅(六韜)
一君子疾沒世而名不稱焉(論語)
一禍不入愼之門、閉門避禍(朝野僉載)
一瓜田不納履、李下不正冠(文選)
一夫上之化下、若風之靡草(鹽鐵論)
一歲寒、然後知松柏之後凋也(論語)
一猶兩虎相鬪、而駑犬受其弊(國策)
一士有爭友、則身不離於令名(孝經)

一夫守節死難者、人臣之職也(鹽鐵論)
一謂學不暇者、雖暇亦不能學矣(荀子)
一君子貴人而賤己、先人而後己(禮記)
一丈夫爲志、窮當益堅、老當益壯(後漢書)
一玉不琢不成器、人不學不知道(禮記)
一居安思危、思則有備、有備無患(左傳)
一三軍可奪帥也、匹夫不可奪志也(論語)
一憂國忘家、殞軀濟難、忠臣之志也(文選)
一天地之性、人爲貴、人之行、莫大於孝(孝經)
一學者不患才之不贍、而患志之不立(中論)

一遷善則其德日新、遂非則其惡彌積(通鑑)
一以正輔人、謂之忠、以邪導人、謂之佞(鹽鐵論)
一倉廩實而知禮節、衣食足而知榮辱(管子)
一鑑明則塵垢不止、久與賢者處則無過(莊子)
一劍雖利、不礪不斷、材雖美、不學不高(說苑)
一溥天之下、莫非王土、率土之濱、莫非王臣(詩經)
一孝無私樂、父母所憂憂之、父母所樂樂之(太戴禮記)
一善有善報、惡有惡報、善惡無報、時節未到(事林廣記)
一白圭之玷、尙可磨也、斯言之玷、不可爲也(詩經)

一虎狼當路、不治狐狸、先除大害、小害自已(鹽鐵論)
一謹德須謹於至微之事、施恩務施不報之人(菜根談)
一日知其所亡、月無忘其所能、可謂好學也已矣(論語)
一女無明鏡、不知面精粗、士無良友、不知行步虧踰(太公望語)
一千丈之隄、以螻蟻之穴潰、百尺之室、以突隙之烟焚(韓非子)
一勝兵似水、夫水至柔弱者也、然所觸丘陵必爲之

崩（孫子）

一山有猛獸藜藿爲之不採國有忠臣姦邪爲之不起（漢書）

一人臣之於君也猶四支之戴元首耳目之爲心使也（後漢書）

一盛年不重來一日難再晨及時當勉勵歲月不待人（陶淵明語）

一夫兵形象水水之形避高而趨下兵之形避實而擊虛（孫子）

一君子不責人所不及不强人之所不能不苦人所

不好（文中子）

一太山不立好惡故能成其高江海不擇小助故能成其富（說苑）

一兵者凶器也爭者逆德也將者死官也故不得已而用之（司馬法）

一雖有嘉肴弗食不知其旨也雖有至道弗學不知其善也（禮記）

一失火而取水於海海水雖多火必不滅矣遠水不救近火也（淮南子）

一涓涓不塞將爲江河熒熒不救炎炎奈何兩葉不

去將用斧柯（六韜）

一夫吳人與越人相惡也當其同舟而濟遇風其救也如左右手（孫子）

一西門豹之性急故佩韋以緩己董安于之心緩故佩弦以自急（韓非子）

一合抱之木生於毫末九層之臺起於累土千里之行始於足下（老子）

一樹欲靜而風不停子欲養而親不待往而不來者年也不可再見者親也（家語）

一孔子不飲盜泉之流曾子不入勝母之閭名且惡

之而況爲不臣不子乎（鹽鐵論）

一吾嘗終日而思矣不如須臾之所學也吾嘗跂而望矣不如登高之博見也（荀子）

一鸚鵡能言不離飛鳥猩猩能言不離禽獸今人而無禮雖能言不亦禽獸之心乎（禮記）

一爲人臣者盡忠以順職爲人子者致孝以承業君有非則臣覆之父有非則子匿之（鹽鐵論）

一孝弟本無二理兄弟之生雖有先後其初原是一身薄待兄弟即是薄待父母（習是編）

物徂徠

徂徠先生、看書向暮、則出就簷端、簷端亦不可辨字、則入對齋中燈火、以達曉、手無釋卷之時、竟發大名、

小川泰山

小川泰山、年僅七歳、決意讀書。自一執謁於山本北山、雖烈風大雨、未嘗不詣師門。嘗大雪、戴一巨笠赴之、途未半、雪積笠顚蹶、大傷膝焉。人愍扶之、勸令還家、不肯、遂至師許、忍痛受業、自若不異平常。後爲人所仰事。

細井平州

細井平州、幼好讀書、歳十七、遊學於京師、垢衣弊帶、食糲噉蔬、務儉費用。先是、父正長與金五十兩、在於京一年、才費十兩許、以其餘購書數百卷、及歸期馱兩馬而還。鄉里皆以美談之。

川井東村

川井東村、年垂五十、始篤學、而後致孝於父母。常悔往昔之不厚於愛敬、又懼來日之不終養焉。父正次、性好直言、議不苟合、輙與隣里有隙。東村深憂之、懇懇乞和於人。後數年、莫爲之不親睦者、人皆賢之。

同上

或人來訴父之不慈於東村、東村聞之、潸潸涕下。其人怪問其故、東村曰、聽乃言、似梟鳴、甚不祥、可遄去耳。夫詣弊廬、趾也、告不慈、舌也、其趾其舌、孰得而運轉之、無非行親之遺體也。將枝傷根、天地之所不容、不祥莫大焉。語畢復泣。其人憮然自失、扣頭謝罪、後自反責躬、遂孝於父母云。

安藝孝子

安藝有孝子。將出、母曰、雨後土濕、穿木屐而行。孝子曰唯、乃著屐。父睹之曰、天既晴、草履可也。孝子謹脫屐。母又曰、何不穿木屐、則屐。父復曰、草履、則又屐。且

脫、且穿、數回、竟左右各著一隻而行。（角田簡）

隨身公助

隨身公助、太政大臣東三條兼家之隨身也。右近馬場有賭弓、公助與焉、而其射不如人。父武則怒、撻之、然不避、伏受其杖。武則怒解、而去。或人問公助曰、何不避乎。公助曰、我父老而性急、我走必追、追必蹶、我恐若傷其身、故不避焉。聞者歎服。

阿富

阿富、家在大阪内久寶寺街、以鬻紙爲業。父早歿、遺孤四、阿富其第二子也。一夜賊數人突入、擧家皆逃、

獨阿富與長兄仁三郎及弟吉藏在、賊挺刄劫兄、問財所在、時阿富甫十歲、以身蔽弟、出所畜星金、乞購兄、賊怒、刀背連擊阿富、阿富委身刀下曰、殺兒、救兄、無兄如家何、辭氣悽惋、賊相顧、引去。後賊被捕、自白嚮時之情狀、而嗟嘆、市尹召阿富及兄、親問其狀、大賞之、具狀以聞大府、大府賜銀十錠、旌之。實嘉永元年七月十九日也、

水戸中納言光圀

水戸封內有弑父者、吏捕而鞫之、將處極刑。不承曰、我若殺人之父、則當被刑、今我殺吾父、何罪之有。吏以聞、光圀召儒臣曰、以此頑民付汝、宜竭力教導、儒臣教導甚至、未三歲、稍解倫理、始知弑逆之爲大罪、自請受刑、然後誅之、

泉彌八右衛門

備前有兄弟爭田者、更相訴、領主光政命彌八右衛門裁之。彌八右衛門乃寘兄弟於一室、飲食沐浴、皆使供之。未數旬、兄謂弟曰、今所爭田、同耕之何如、弟曰、善哉。以告彌八右衛門、彌八右衛門因教以同胞不可相伐之理、兄弟感泣、遂全天倫、

木下順庵

木下順庵、儒名震海內。加賀侯厚幣、召之、辭曰、先師松永先生之子某、嗣承家業、未得仕途、家道屢空、請用彼、以使得其宿望。侯聞之曰、今之世、交同手足之親、誼比金石之固、一朝於利害所關、則崖岸相向者、比比皆然、如順庵、可謂眞儒。即與松永氏子俱禮聘之、

伊藤冠峯

伊藤冠峯在尾府時、與南宮喬卿情交尤密。其後喬卿自桑名移江戸、約妻子曰、過一年、必使人迎矣。後喬卿罹乎火災、盡喪資給、旣過二年餘、不能迎之。冠峯憐其意、典當田宅、賣却家財、得金十五兩、與之、其妻子使數人護送於江戸。喬卿謝其厚情、而復其金、冠峯辭而不受、

澤田東江

澤田東江、性好施與、無些恡惜、有來告窮者、不論甲乙、傾意救援。故寓門下者、常數十人、家爲之貧却。然不以爲意、曰、有無相通、衆寡相均、天之道也、

望月鹿門

望月鹿門爲幕府侍醫、以國手聞。嘗出行、睹乞兒患痘、還輒煎藥、使人贈之。又往診俳優蝦藏疾、同僚或

諫之、鹿門曰、醫之療人、豈問貴賤。

木蓬萊

木蓬萊、少時家甚貧。然有流氓男女來、立門外乞食者、倒米櫃與焉。蓬萊資性直諒、皎然不自欺、嘗曰、己不善而人譽之、不足以爲喜、己善而人毀之、不足以爲憂。

三浦梅園

三浦梅園自奉節儉、有贏必施、又醵米錢、歉歲出貸、豐年入息、由是免飢寒者多矣。孝子順孫、節婦忠奴湮滅無聞者、梅園爲稱揚顯之、或告之于官、使得褒

賜、或募之郷邑、以爲救助、又自餽米鹽、日月相給、而使奉養無缺。閭閻子弟、有小善必褒焉、有小惡必誡焉。是以人皆憚其嚴、懷其惠、感服之甚、至或合掌拜謝者（角田簡）

田邊晉齋

田邊晉齋嘗詣一友人家、夜深方出。見從僕佇門、不堪寒、勞曰、我適人許、自安飽、使汝等獨至於若此、予不恕也。自是以後、非公事、未嘗夜行矣

西尾傳兵衛

西尾傳兵衛、爲越前侯光通、扈從。嘗饋食於君前、光

通見食中有汚物、示之傳兵衛、傳兵衛受輙食盡。光通怒曰、寡人言唯看、未嘗言食也。傳兵衛謝其疎忽而止。蓋慮其告及廚人也

細川重賢

細川重賢、一日赴某侯宴、取椀舍箸、謝主人曰、年老矣、小遺不能須臾忍也。起而如厠、伴食者進相之、重賢私曰、吾將食、開蓋視內、乃空器也、故虛託而起、吾復坐、卿曰、羹冷換之、必勿告主人、否則膳夫得罪。膳夫聞之感泣

正助

正助、筑前之人也。家貧、能事親、敬長、恤孤、亦非人能所及。一夜有盜、負一苞米去、正助躡之、則村人也。明旦借一苞米於人、負至其家、曰、子昨宵負歸米、是我租稅、請換以此苞。盜大罵曰、吾不盜矣、吾不盜矣。聲聞四隣、隣人驚集、檢其家、果有所竊苞

永田佐吉

美濃有永田佐吉者、夙以長者稱。歲暮懷金、自近江歸、宵道於山中、遇於群盜、併金及衣、皆推與之、徐曰、夜黑失途、請導我于官路。盜詰之、問其居、曰、家在竹鼻、曰、非佐吉君歟、曰、然。盜等因歎曰、凌暴長者、不祥

莫大焉。遂至官路、且復金及衣而去。

中江藤樹

中江藤樹、先躬行後文詞、每引四民訓諭之、人無賢愚、皆服其德。嘗夜自郊外歸、賊數人突出從林中遮路曰、客解囊以供我飮酒。藤樹乃擧錢二百文授之、賊拔刀叱曰、所以求客者、豈止是而已哉、速卸衣裳及佩刀、否則不須多言。藤樹神色自若曰、姑緩之、吾熟慮之、乃瞑目叉手、少頃曰、吾假戰而不利、無輕卸以與汝之理。即撫刀曰、戰者必以姓名相告、我近江人中江與右衛門也、汝等誰。於是賊大驚、投刀羅拜曰、雖三尺童子、莫不知藤樹先生爲聖人者、吾等雖攘攫爲活、豈得加之聖人哉、願先生矜其不知而宥之。藤樹曰、人誰無過、過而能改、善莫大焉。乃說之以人倫、賊感泣、遂率其黨爲良民。

熊澤蕃山

熊澤蕃山、中江藤樹之門人也。蕃山嘗到紀侯、及見一士人、威儀特秀、骨體非常、相與張目注視良久、遂不交一言。見侯曰、余今見一士、不知仕臣乎、將處士乎。侯曰、渠爲吾講兵書、處士由井民部助者也。蕃山正色曰、余熟視其貌、以察其意、君勿復近如彼士。翌

日正雪亦來、見侯曰、昨日退朝、見某衣某形人、未知其爲誰。侯曰、渠說吾以經書、岡山臣熊澤次郎八者也。正雪正色曰、余熟視其貌、以察其意、君勿復近如彼士。嗚呼、一正一邪、然豪傑之於豪傑、眼光相照、如斯其明矣

松平信綱

松平信綱、嘗途遇丸橋忠彌、忠彌跪而拜焉。信綱問侍臣曰、彼跪而拜者爲誰、對曰、丸橋忠彌。信綱曰、彼有反相、天下有事、必爲賊魁。後數月果有變

同上

幕府使人執忠彌、忠彌以善用槍得名。信綱慮其傷人、因教捕之者、使夜立其墻外、呼曰、失火、忠彌登樓而望之、遂入執之

大岡忠相

大岡忠相、爲江戶町奉行、却盜殺旅客、以柿油紙裹其屍、索盜不獲。乃命取紙、浸以水、每葉剝之、中有手簡及諸般簿子、鄉貫人名歷歷可見、因召各人研詰、果獲盜

板倉重宗

江戶强盜發、榜購之百金、數月弗獲。會重宗至自京

師、命造小榜、夜建其旁、曰、賞不多、故不敢告、耳、若更倍焉、必告。明日盜魁視之、意其黨所爲、懼、即自首。

安藤直次

德川秀忠、使重宗爲所司代。重宗曰、臣不才、不能荷大任、敢辭。曰、此汝父之所薦也、何辭之有。重宗曰、縱臣父薦之、臣心所不可、豈敢奉命哉、臣以死辭。

安藤直次素與重宗善、乃至重宗所談話移時、然不及台命事、將辭去。重宗曰、頃將軍以僕爲所司代、僕不才、故辭之、子知之否。直次曰、我亦聞之、子固當不勝其任。重宗曰、子亦以爲然耶。直次曰、否、子非無才

也、腰脫耳。重宗瞿然曰、子謂僕腰脫、何如。直次曰、父薦之、君命之、爲臣子者、固宜就職、苟有蹉跌、則割腹而死耳、今不然、非腰脫何。於是重宗即日奉命。

井伊直孝

初家康與伊達政宗、約賜百萬石封、政宗藏璽書、請于秀忠家光二公、並不允。至家綱時、申請益力、宰執以大君幼冲、辭焉、政宗不服、曰、東照公璽書儼存、雖不請、固當賜封、如約、而閱歷三世、恩命未下、何也、宰執憂之、

直孝曰、予請任之、乃詣政宗邸、曰、子有請于幕府、故來議之、願觀璽書。政宗喜、出而示之、直孝覽訖、即裂之曰、當時東照公之意、雖倍之、且不惜、今則世移勢殊、海內無閒地、將於何處撰之、予恐子不惟不能得、反將禍于子家、故予爲子裂之、意氣壯烈、若相傳然。政宗憮然、侍臣相視愕眙、莫敢動手、既而政宗徐曰、事既至此、莫可奈何、惟後來事、子善圖之、直孝曰、諾。由是事遂寢。

同上

永井尙政、嘗詣直孝許、問居官之要、直孝曰、善哉、問、予少就仕途、經歷諸官、以至於老、不無所得、然不可、

輕授、須齋戒受之、乃刻日。尙政齊戒、着禮衣而至、直孝亦禮服出見、正色誨之曰、諺云、油斷大敵、此一語、不可斯須忘也、是乃敬勝怠之旨。尙政服膺之、終身無敗事。

加茂眞淵妻

加茂眞淵、遠江人、壯鞠於濱松逆旅梅屋、以其女爲妻、晨夕潛心和書、不治家事、爲義父所惱。其妻謂眞淵曰、妾觀子之才、豈爲逆旅主人者乎、妾幸產一男、撫字成立、足以嗣家也、請子決終身之策、揚名天下。眞淵因出奔於京師、從荷田春滿學。爾後妻堅守節、

數十年、眞淵竟以國學聞。

三宅尚齋妻

三宅尚齋、得罪于其君、其趁獄也、屬金貳拾兩於田代氏、以養母。田代氏以爲、夫在囹圄、苦艱無量、爲之妻者、豈可晏然煖飽。自是冬不襲縕袍、夏不用蚊幮、爲人裁縫澣濯、以供奉養、不費一金。後尚齋被赦、田代氏還其金。尚齋怒曰、如此奉養必有闕。田代氏曰、養姑、妾自辨之、所以留金者、豫備君今日之用也。尚齋深感之。

豪商某

豪商某臨終、謂子弟曰、予幸不貧、千金良藥、莫不用焉。然不能飲食已。瀕於死。由之觀之、雖王公貴人、不飢而死者殆希矣。人之處世、衣食不乏則可、豈可逞慾苦人乎、汝等誡諸。

堀秀政

堀秀政、移封于越後、有書其闕政二十餘條、揭于通衢者。有司見之大怒、以示秀政曰、下侮上、罪莫大焉、請亟搜索、以致嚴戮。秀政取而觀之、默然良久、乃起盥漱、整衣再拜而捧之曰、是天使民言也。乃會有司、覈其所言。凡政事之不便民者、悉改之。一國大悅、天

下稱賢君。

中西淡淵

中西淡淵、仕于尾藩竹腰氏、寓邸中。時同僚之人來、告其歸。其人恃寵專權、淡淵贐之以磁盃十枚。取其一枚、破毀之曰、虧盈之象也。其人愕然未言。淡淵曰、與使偶竟奇也、不若使奇待偶。其人感謝、後自抑遜、能愼其身、終身不取敗云。

板倉重矩

板倉重矩、種菜于園中。有客手摘以薦之、扁其廬曰、咬菜軒。一日有客謂重矩曰、昔者君居散官、其咬菜

宜也、今爲老中、猶咬菜、恐來識者之譏。重矩曰、然、大概人情、位高祿多、則忘貧賤時、驕溢以災其身。余不肖、聊以是爲知足之警耳。

本莊宗資

本莊宗資、以盛滿爲戒、常掛五十錢於梁、書其旁曰、三扇。人問其故、曰、吾昔在京貧甚、適關東有命招我、我乃之市、欲買扇三柄、貽一縉紳以叙別。囊中僅有五十錢、市人聞關東招我、不論直而授扇、其窮如此。今日身極榮顯、恐忘寒素、故揭此自警耳。(中村和)

綾部道弘

綾部道弘、豐後人也、自處節儉、不喜華飾。嘗有人遺彩服於其女、遂不許服曰、予少辛勤多年、幸享俸資、煖裉兒女、是君之惠也。夫人情難於儉、而易於奢、予非不愛兒也、不欲使習奢耳。

土井利勝

土井利勝、一日坐便室。偶有唐絲委地長一尺、乃召近臣大野仁兵衛、附之曰、謹勿失也、人或以爲吝。後三年、利勝謂仁兵衛曰、所嘗附絲、尙有否。仁兵衛取諸茄袋中以進、利勝以結其刀帶綻者、召家老寺田與左衛門曰、三年前、吾附此絲於仁兵衛、仁兵衛不

以小物忽之、是重吾命也、宜陞俸三百石、因曰、此絲、西土紅女、蠶桑成之、航海至長崎、崎商買之、又歷京攝、達江戶、轉販千里、豈容以小物忽之哉。今以結刀帶、頗得其用、我以三百石買尺絲、以我爲吝者、不亦謬乎。

池田光政

池田光政家老池田大學、以大珊瑚爲茄袋壓口捺子、嘗帶之以登城、光政見之不悅。其後光政亦佩茄袋、一日召大學親賜之曰、是壓口捺子、我所手作也。大學拜受之。以無患子作之、茄袋亦極惡、大學大愧、

不復佩前茄袋。國中傳聞、奢風自止。

黑田孝高

征韓之役、日根野備中守、使於朝鮮、家貧、不能辨裝、介三好新右衛門、假銀百枚于孝高。已歸、乃與新右衛門往、而謝焉、孝高召厨人曰、屠向所得紅鬣魚、其半身漬諸鹽、他漬味噌、俱貯之、而烹骨進客。二人聞之、以爲吝、心竊賤之。既而酒至、新右衛門出銀還之、孝高却之曰、吾與之耳、非貸之也、奚思還、不受

佐藤周軒

佐藤周軒、巖村侯之老職也。侯妾擧家子、賀妾者、皆

以其爲母侯家重、獨周軒入內、毅然正色曰、汝自今之後、勿恃有好、以驕肆、侯家禍福在茲、汝禍福亦在茲。在坐者竦然改容。

伊藤蘭嵎

伊藤蘭嵎、仁齋先生之五男也、博學能文、類父兄、而擧止端重。其始講紀伊侯之前、對書默然不言。滿坐汗掌、以爲此人生長于陋巷、未慣說大人、則視其魏魏然而然也。侍臣促不應、侯亦怪之。既而蘭嵎徐曰、公在褥、未可講聖人之書也、侯聞之、遽去褥。於是方講說、音吐朗暢、辨論明快、座者皆歎賞曰、眞儒者哉。

德川賴宣

紀伊失火、勢將延及城。家老久野和泉、令人上城屋防火、曰、死勿下、下者斬矣。城因得全。賴宣賞救火者、和泉不與焉。或得間問其故。賴宣曰、天旱風烈、火勢益猛、能得撲滅、和泉之力也。然賞之、後人効焉、以救火故、恐多失干城之士。人皆聞之感服。

德川賴宣母

賴宣生母、曰阿萬。常曰、人君之寶士也。聞塙團右衛門驍勇而喪祿也、年以其度支金五百兩之半賜焉。蓋欲有事屬賴宣也。

伊達政宗

伊達政宗、生甫五歲、嘗出遊佛寺、見不動像、指問近臣曰、此何者。何其顏貌之猛也。對曰、不動明王也。其貌雖猛、其心則慈悲濟衆。政宗曰、武將亦宜如此。

細川三齋

細川三齋好茶、多藏珍器。幕府寵臣某、請觀焉。三齋許之。某至、三齋盛陳武器示之。某曰、予所欲觀者茶器也、非武器也。三齋曰、武將相見、宜如此、何用茶器爲。

松井佐渡

細川忠興臣松井佐渡、有吉賴母、勇武相若。佐渡臨終、告子弟曰、爲士者武而已矣。吾少有才辨、傍學茶及和歌、略通之。而戰功多於賴母。然人反曰、才辨松井、武道有吉。由是觀之、士唯志于武道、若有吉乃可。何必多藝。

本多忠勝

本多忠常、與其弟忠朝較槍。父忠勝見之、曰、我嘗年少位卑、所賴者槍耳。故較槍是務。今以君恩、辱任將帥、當學者陣法也。人各有先務。汝曹思之。

竹中重治

重治一日集子弟、講兵書。其子左京尙少、在坐談未畢、起。重治曰、汝何之。對曰、欲溺。重治曰、寧坐溺。武人論兵、豈有談未終而起者乎。

可兒才藏

有以兵學求仕於福島正則者。可兒才藏謂正則曰、臣嘗與彼共食。彼執飯七、以盛飯。既而餘其食。是不足用也。夫兵者、以察敵强弱多寡爲主。然一飯且不能量之。何以兵學爲。正則曰、然。

中西淡淵姉

有索父讎者。見中西淡淵。淡淵姉竊謂淡淵曰、渠必不能復讎矣、吾見其爪長而置履不整。其人果不以復讎爲念、竟賣烟糊口耳。

後藤又兵衛

征韓之役、黒田長政與諸將約攻敵城。至期、長政丞使又兵衛出哨。報曰、有先我濟川者、君請速進軍。長政曰、何以知之。曰、臣見日本馬矢多自川上流來。以是知之。

花房助兵衛

大阪之役、城兵縱火焚千波。後藤又兵衛謂將士曰、備前兵必來。設伏以待。然不來。或笑之。又兵衛曰、是

必花房助兵衛止之。當時戸川肥後欲乘烟傳城。助兵衛止之曰、後藤在彼、必有伏矣。

富田越後

某之役、諜夜報曰、敵出城布陣。前田利家使越後覘之。還報曰、非敵也。蓋誤認水中木柵以爲人耳。利家曰、何以知之。曰、臣伏地而熟視其物。齊而無有高低。以是知之。利家曰、善。遂進兵。

眞田昌幸

德川秀忠攻信州伊勢崎城。城主眞田昌幸、偶與客圍碁。報曰、月城破矣。昌幸自若。又報曰、羅城破矣。又

自若。又報曰、敵已傳中城矣。昌幸曰、善。徐斂碁子、率三十騎開門突出。勢如烈火。秀忠兵披靡而退。

平岩親吉

大久保忠世、鳥井元忠攻信州上田城。城兵不出。二將侮之、進入郛。伏兵四起、前後夾撃甚急。親吉俄擧烽。昌幸疑其有詭計、趦趄不進。因得收兵而退。

眞田幸村

伊達政宗長騎戰。馬上發銃、乘烟馳突。毎以此得勝於東國。大阪之役、幸村邀政宗軍。乃引兵上譽田阜。就凹處而布陣焉。令兵士皆脫冑委槍、坐以竢指麾。

政宗軍稍進。幸村令曰、冑。相去數十步、令曰、執槍。敵發銃馳至。過槍而沮。又令曰、起。兵士齊進縱之。敵兵大潰而走。幸村徐收兵而退。

眞田信幸

眞田信幸藏南京碟十枚。甚珍愛之。近臣誤墮地壞其一。懼而不出。信幸聞召之曰、人皆有過失。豈惟汝。因命取其碟盡碎之曰、以愛器故使士陷於過失。吾之罪也。今藏此碟、後人必將曰某年某日某人壞其一。非吾志也。終身不復藏器玩。

進藤正次

浮田秀家、敗於關原、遁匿伊吹山。其臣進藤正次、請其寶刀鵜飼國次、謁本多正信曰、予害秀家、獲傳家寶刀、家康獲二刀、爲信。後薩侯告秀家來投、吏詰正次、正次無少怖色曰、我爲吾君策此事、吾君既達薩摩、則我死無遺憾、請速刎予首。家康曰、義士也、置而不問。

澤原孫太郎

大阪城陷、捕明石全登之臣澤原孫太郎、訊其主所在、拷掠莫不至。孫太郎涙下、吏曰、吐實否、孫太郎曰、縱刻骨剔肉、爲臣者豈告其君所在乎。若東軍敗績、而德川公父子竄匿、捕公等、問其所在、則公等必將告之、今以其心擬於我、我甚傷之、故不覺涙下耳。吏默然。家康聞之曰、忠臣也、釋之。

渡邊權兵衞乳母

大阪城陷、渡邊内藏助自刺殺其第二三子、呼乳母曰、攜嫡子來、嫡子時甫六歲。乳母曰、諾、妾衣郎君以白衣、然後攜來。乃起以柿油紙裹嫡子、縋城而下、已縋之至市舍、匿之廁中。數日攜出、東兵捕鞫之、僞曰、妾水谷清兵衞者妻、而斯子母也。乃攜赴京師、入南禪寺爲僧。後德川家宣公召、賜祿五百石、稱渡邊權兵衞。

義猴

東京谷中善光寺坂、有業種樹伊三郎者。畜猴、甚慧能解人意、鍾愛有年。後伊罹疾、頗爲祟患、請治信夫尙貞。每往診、猴必踞待、甚有憂色、與物不食、如諦聽二人之言者然。尙貞竊異焉。已而伊歿、猴悲號哀慕不離柩、欲自縊者再矣。家人驚愕慰喩之、猶且絕食、及至葬、失其所在。多方搜索、得之牀下、以繩繫縛其喉、兩手握其端而殪。因瘞之伊墓前。（芳野世育）

義犬

義犬名駒、江戸本鄉本巷之產也。前高松侯太夫人愛畜之。天保某年、夫人逝矣、歸葬於高松。柩出小石川邸、犬尾之不去。吏以爲不祥、逐之、又來、後捶之不却、如護送柩者。遂從至高松。殯既畢、而義犬不肯離墓。骨立偃伏、哀鳴不歇。人憫之、投以魚肉、不食、如居喪者。衆將率歸東都、義犬不隨、強率至圓龜港、上船、義犬乍嘷吠一聲、躍身沒海。衆遽救、既無及。吏感嘆、聞之侯、侯亦奇之、命瘞之太夫人之墓側、建碑曰義犬之塚。

漢文讀本卷之一終

明治廿九年九月六日印刷
同　年九月九日發行
同三十年二月十八日訂正再版印刷
同　年二月廿二日發行

定價				
卷一、十五錢	卷二、十五錢	卷三、十八錢	卷四、十八錢	卷五、二十錢
卷六、二十錢	卷七、二十錢	卷八、二十錢	卷九、二十錢	卷十、二十錢

編者　東京牛込區西五軒町四十三番地　指原安三
發行者兼印刷者　東京神田區柳原河岸十七番地　辻太
發行所兼印刷　東京神田區柳原河岸十七番地　普及舍

指原安三編輯

漢文讀本

發兌　普及舍

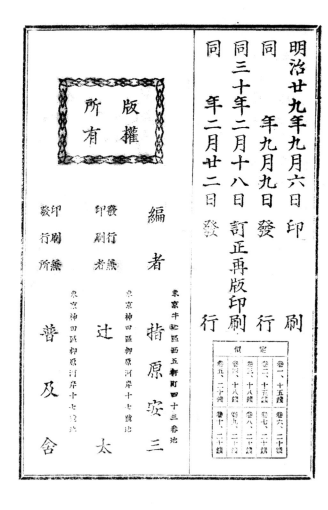

漢文讀本卷之二目次

漢文讀本　卷二目次　普及舍

漢文讀本卷之二目次終

漢文讀本　卷二目次　二　教育書專賣所　普及舍

漢文讀本　卷二目次　普及舍

漢文讀本卷之二

指原安三編輯

北條早雲

早雲在韮山、欲取小田原、難箱根之險、未發也。一日使人言其城主大森藤賴曰、吾獵韮山、其獸逃箱根、願以箱根假我、我得縱獵焉。藤賴許之。早雲率百餘人、皆獵裝踰箱根、先縱牛數十頭、鼓噪隨之、憑高馳下、直入城內。藤賴惶驚、出城奔、早雲遂取小田原。

同上

早雲取小田原據之、蠶食八州、子孫遂滅上杉氏。早雲嘗使儒士說黃石公三略、其首有言曰、主將之法、務攬英雄之心。早雲曰、止矣、吾既得之矣。乃不復使說。

同上

早雲使人宣言、執國中瞽者、盡沒之於海。瞽者聞之、散而之四方。因密用之、以爲間諜。

北條氏康

上杉謙信率騎卒十一萬、來攻小田原。氏康曰、謙信慓悍無前、然以威力劫諸將、諸將必有不服者。我厚集吾兵、不與之抗力、縱其猖獗、坐待其變。乃盡召八州將士、保守小田原。謙信攻之、氏康不肯出戰。會忍城主成田長康、憤謙信無禮、不告而去、將士皆叛謙信歸氏康。

同上

北條氏政嘗侍食於父氏康、以羹和飯、不能調。氏康視之泫然泣下、嘆曰、北條氏其亡矣。夫飯每日食之、而今以羹調飯猶不能調焉、況於國乎。

割田重勝

北條氏出兵上野、陣白井原。鄉人割田重勝以勇著、曰、余且入敵陣中、奪一駿馬。乃粧農夫、囊大豆斗許、詣陣中、呼且賣。會將士走馬爲戲、一人顧曰、汝能騎乎。重勝爲不解曰、大豆升若干錢。士曰、余非問大豆、問汝能騎否。重勝爲痴人狀、指一馬盛裝者、低聲問價幾何。馬卒大笑。或曰、余輩在軍苦無事、盍騎此漢爲笑柄。直拗手足、令騎。重勝泣且呼曰、賜恕、賜恕。衆觀大笑。馬躍奔逸。重勝翻身大呼曰、某本州吾妻邑人割田重勝也。今日辱惠良馬、佗日有事、當鞭此馬立功、報諸君之厚意。言畢、一鞭馳歸。

中山勘解由妻

小田原之役、中山勘解由、嬰八王子城防戰甚務。敵將見之、使降人金子紀伊守、小岩井雅樂助入城諭降之。二人至勘解由所、其妻滿身浴血、匍匐出覘二人曰、子輩不忘舊交而來、謝情之厚。良人既刺殺嫡男及幼子二人自盡、妾亦繼伏劍而未絕、請幸殺妾、言畢飲泣。二人驚曰、吾等奉大將命來宥死、而今亡矣、夫人宜保身以修勘解由君冥福也。妻聞之瞋目罵曰、我以爲汝輩來、將與吾夫同死也。何圖降于敵、與汝輩言、猶汚鐵吾舌、何況假其手而死乎。乃含劍貫喉而死。

鈴木大學妹

某士宅外有一厠、暮夜有怪駭人、人莫敢上厠者。家畜一老婢、一夜更深上厠、暗中忽現一雛僧、覘婢冷笑。婢大喝捕之、入宅點火視之、則一老狸矣。婢罵曰、畜生、敢魅萬物之靈、手搏殺之、合家驚嘆。某士曰、我甞意渠將種也、今得其實矣。强問其姓氏、則北條氏將鈴木大學之妹也

武田信玄

信玄作四旗、各書以孫子四如之語、前軍之旗曰、疾如風。部將馬場信房難之曰、風則疾矣、如易衰何。信玄曰、卿等率前軍進擊、其疾如風、寡人帥中軍以制其後、其徐如林、何患易衰。信房歎曰、君公精兵理、非臣等所及也

同上

信玄年甫十三、一日饋其母蛤。母使侍女齎蛤至信玄所曰、命侍豎擇其大小。信玄乃命擇之、其小者散布之席上、又命數之、得三千七百。因召老輩使射其多少、或曰一萬五千、或曰二萬、信玄哂曰、卿等久以軍伐稱、而今面射蛤、其數皆差矣、以此眼臨戰場測彼我衆寡、不亦殆乎。一坐吐舌

同上

武田信虎攻海口城、城將平賀源内善守、踰月不能拔。會大雪、諸將咸曰、時正窮臘、請旋軍、敵亦必不尾矣、信虎從之。信玄以三百騎殿後、中軍數里、乃舍警軍中曰、勿釋甲、勿卸鞍、秣馬而後食、一軍皆竊嗤曰、大雪如此、何用警爲。五更信玄即發、還向海口、冒雪馳、昧爽傅城。源内已散遣其兵、唯與百人留守。信玄分兵爲二、自率一隊攻城、一隊揚幟于城外、應之。城兵不測其衆寡、不戰而潰、乃斬源内、信虎大驚

同上

信玄誅板垣信形、其士曲淵某狙信玄、欲復主讎也。信玄偵知之、召曲淵諭之曰、闔國士、悉吾股肱也、然汝徒知有信形、而不知有我、何也。今後汝能事我、勿有貳心、立陞俸

同上

信玄問北條氏康曰、河越之戰、公以八千克八万、願得聞其詳。氏康曰、公在焉、僕何敢言。信玄固請、氏康乃談其戰略、信玄稱善。退謂馬場信房曰、氏康手段、吾得之

同上

深澤之役、北條綱成遺其旗、甲人得之、傳觀以爲笑。信玄聞之曰、遺旗辱在司旗、將帥曷與焉。召眞田源治曰、今與此旗于汝、欲使汝勇肖綱成也。綱成聞之、悅曰、信玄一言、足以雪吾遺旗辱矣。綱成驍勇絕倫、苟聞惡言、必決死奮戰、其鋒不可當。故信玄設此言、以慰釋之也

同上

信玄入駿河、北條氏時守蒲原。乃會諸將曰、明旦撤圍、若氏時追躡、莫得抗鬪、彼驍勇勝父、若抗鬪必敗。諜還報、氏時大悅。信玄命勝賴伏兵、乘曉撤兵。城兵

空壁出追、勝賴覘虛入城、內外挾擊、卒斬氏時

武田信繁

武田信繁、信玄弟也。父信虎愛信繁、欲立爲嗣。信玄終逐信虎自立。信繁事信玄謹愼、信玄亦善遇之。天文二十三年八月、從兄擊上杉謙信於川中島、敗之。既而敵將宇佐美定行橫衝甲軍、甲軍不利、濟御幣河退。謙信獨騎來薄麾下、拔刀斫信玄。信玄杆戰、被創脫走。信繁在後軍、聞急馳至、隔河望見謙信、呼而挑戰、相搏河中、死之。信繁嘗誡其子曰、事君勿敢懷二心、雖得殊寵、愼勿出入後庭

岩間大藏

岩間大藏爲人魁梧、而性怯、畏死殊甚。信玄試之戰陣、七戰七北。信玄曰、是不可以常法馭。一日臨戰、俄捕大藏縛之竹牌外、使向敵坐。矢丸雨下、礮聲如雷、大藏膽落神死、無復人色。幸而不中矢丸。於是大藏幡然悟曰、人苟有命、矢丸且不能中、死豈足畏哉。自此每戰鼓勇先登、遂成驍名

山本晴行

武田信玄攻戶田城。村上義清以兵六千來援。武田氏先鋒甘利備前、橫田備中、皆敗死、軍將潰。晴行曰、

敵鋒不易當、使之右顧則克。信玄曰、我軍且不從令、曷能使敵如我意。晴行請麾後隊兵、左旋而出、義清軍右顧。信玄軍旗復振、進擊破之。

馬場信房

信房月賽諏訪明神祠、稍與廟祝善。一日廟祝問曰、子月禱于神不識、果何事。信房曰、我爲甲州士、而不欲赴戰場。廟祝意賤之。然欲聞甲州事、飮之酒。信房醉而眠。廟祝密拔其刀而視之、生銹。益信其爲怯懦也。謂信房曰、子來居于此、則庶幾可以永免兵難矣。信房佯喜、留諏訪三年、國中形勢盡知之。乃歸勸信

玄伐諏訪取之。

同上

德川家康圍長篠、武田勝賴遣信房援之。家康設伏燔柴、爲燒營遁者、以誘之。甲兵欲追之。信房曰、彼烟白矣、非燒營也。令騎往視之、果有伏。

同上

信房自幼至老、大小數百戰、未嘗取敗、未嘗傷軀。或問之故、信房曰、無他術、應變耳。變每出意外、吾循而應之。其要在能視之、若心臆而目眩、欲不敗得乎。

早川幸豐

幸豐學兵法於山本晴行・馬場信房、武田氏亡、仕德川氏。德川氏將鳥居元忠陷北條氏伏兵、勢甚急。元忠問幸豐曰、武田氏兵法、在今日則何如。答曰、我未見武田氏陷伏、然使我指麾今日兵士、可以冀萬一。元忠曰、唯子之所欲爲。於是幸豐與三騎前進上小阜、回旋馬者數次、然後使兵士盡坐、爲欲戰者。敵見之、猶豫不敢進。因收兵徐々而去。

上杉謙信

謙信年甫十八、擧兵於橡尾城、長尾政景率兵七千來攻。謙信望見之曰、至夜敵必旋軍。宇佐美定行曰、

敵遠來、豈有未一戰而旋軍之理耶。謙信曰、敵無輜重、非持久之謀。夜半果撤圍而去。謙信出兵尾擊、政景敗奔。

同上

謙信與其兄三郎戰于柿崎下濱、大破之、追北至米山趾。謙信曰、吾疲矣、請少休焉。宇佐美定行曰、破竹之勢、寧可休哉。謙信爲不聞者、入民舍而臥、鼻息如雷。少焉蹶然起呼曰、可矣。騎馬使吹螺、從鎗破坂下、擊大破之。

同上

謙信圍私市城、城據險負大澤、唯牙城可得而窺。謙信偶見被白衣者數人、立牙城步廊上、影映池水、曰、此必婦人質于城中者。乃毀民屋、以為筏入之澤、鳴鼓吶喊。婦人大驚、爭出牙城。城兵意有內應、或屠腹、或出降、不戰城遂陷。

同上

謙信與北條氏康戰於忍。太田資房密納欵于氏康。謙信察知之、獨至資房壘、執其第三子、曰、佳兒也、可以為吾子、掖而去。於是資房不敢叛。

同上

謙信詣鶴岡祠。關八州之將士從焉。千葉國胤、小山政朝、門閥倶高、爭座次不決。謙信曰、在八州之士、千葉氏可為首、小山氏不可為尾。二人不能爭。

北條丹後

上杉氏部將北條丹後、以熟絹幅一尺、為背旗、畫黑蟻。謙信怪而問其由。對曰、進而最、退而殿、則去敵不遠、敵認之分明。與佗人大背旗無以異。謙信歎賞。

上杉景勝

大阪之役、景勝前鋒進至大和川。景勝召直江兼續曰、今日將前鋒者為誰。對曰、先鋒為安田上總隅田大炊次之。景勝命易之。一慍一喜、二人勇氣自百倍。

甲越二將

謙信出師於河中島、背水陣。信玄知其志在必死、不致戰。候騎報曰、越軍積薪如山。信玄令諸將曰、入夜敵營有火舉、慎勿進擊。及暮、候騎又報曰、越軍將拔營去。諸將爭請進擊。信玄曰、謙信豈及暮拔營者。其夜越軍火起、甲軍不動。天明望見越軍、疏行首嚴陣而待。

毛利元就

元就年甫七歲。其所愛白鷄、為物所取去。時假山側有狐穴。鷄毛狼藉焉。曰、狐殺鷄、乃命侍臣、環穴積柴。母公聞之、馳人止之。元就曰、有家士二人于此、甲恣殺乙、為之君者、置而不問可乎。今鷄非寇于狐、然狐殺之。狐有罪。遂蒸殺之。

同上

有儒臣法橋惠齋者。謂元就曰、主公恩威並行、人皆曰、見湯武于今日。元就曰、湯武之朝、豈有諂諛如汝者乎。

同上

元就與陶晴賢戰于嚴島。晴賢假船於河野氏。元就、亦使人假之曰、得達宮島則還之耳。河野氏聞之曰、言有斤量、必勝矣。乃假三百。果勝。

同上

元就與尼子氏相持。一夜潛行水濱、飛螢蔽水、遠近不斷、而一有斷處。告左右曰、彼處必伏兵也。使左右探偵、果然。

同上

熊谷新左衛門、原宗兵衛、謂尼子義久曰、臣等詣元就請降。元就必延見。因乘際交刺而死、庶可以得志。義久喜而囑之。於是二人相共至元就。許。是日降人

三十餘。元就以次延見之。二人將發、將士環元就而坐、無間可乘。已退。元就曰、今日吾閱降人、其在第六者、容色甚可怪也。乃使武士嚴衛之。二人覘隙而遁歸、謂義久曰、元就鬼神也。

同上

元就出師於出雲、諸將聞尼子晴久病、皆賀之。元就不悅曰、敵將有疾與否、其實未可知。縱令實矣、宜秘之。然今反稱賀何也。蓋恐士卒傳聞、鬪志自弛也

同上

元龜二年六月、元就將死、致諸子於前、取箭數條、自糾爲一束、極力折之、不能斷也。畢抽其一條、隨折隨斷。因戒曰、兄弟猶此箭也。和則濟事、不和則敗事。汝等銘心勿忘。次子隆景進曰、夫兄弟之爭、必起於欲、棄欲思義、何不和之有。元就悅、顧餘子曰、宜從仲兄之言。

小早川隆景

隆景年甫十三、質於周防。已而還、謂元就曰、君驕臣離、周防必亡。後果義隆爲陶晴賢所弑。

同上

陶晴賢弑其主大內義隆、元就欲討之、然衆寡不敵、

詢之於諸將。隆景時年十九、進曰、宜奉勅命以誅賊、軍之勝敗、在義不義、非衆寡也。元就從之、遂討滅之。

吉川元春

元春攻南條元次、元次請和、元春固知其反側、然聽之。元次日夜演戲曲、不省國事、其意蓋在使元春解嚴、而乘虛襲之也。元春因使人言之曰、同演戲曲以爲樂、元次喜之。元春乃以舞者來、其進也歌曰、請舞於君之庭、其退也又歌曰、明日來又來。皆擊鉦鼓爲節、如此者三夜。元次觀之大喜、無復意于襲元春。元春察之、忽變曲節、則舞者拔匕首齊進。元次狼狽棄

城奔。

中島元行母

尼子晴久使尼子刑部大賀駿河率兵一萬攻備中經山城。城將中島元行善守。元行母甲冑被外套、横刀從侍女二十人。元行守中城、則母自巡甕城。元行巡甕城、則母守中城。日夜奔走、以勵士卒。敵遂解圍而去。

三村高德妻

小早川光重攻常山城。城主三村高德善拒。然兵寡、援絶、城將陷。高德母曰、吾當先死。縛刀欄于柱、疾走

貫喉而死。高德妹取其刀、刺乳下、死于其側。高德妻奮曰、吾爲武士妻。寧不能力戰以驚敵耳目耶。乃擐甲被紅衣、揮眉尖刀而出。侍女皆謂同死、執槍從之。開門突出、縱横憤戰、殺敵無算。遂入城、與高德同自刄而死。

織田信長

信長幼時遊于庭。有小蛇出焉。乃握其首、顧侍士曰、如此爲勇乎。侍士曰、是小蛇也。何足以爲勇。信長曰、蛇雖小必有毒。若以小侮之、予主人而幼。汝等亦侮予乎。侍士畏服。

同上

信長嘗從近臣數人、陽爲賽熊野者、經京阪至堺。蓋觀時勢也。齋藤義龍聞之、密遣武士十二人、狙擊之。信長知之、直至其館、按刀怒曰、聞奴輩來狙我。我今寸斬之。眼光如電。武士皆竄服。

同上

有一僧、自稱得神通、遠近景附。信長召見、使侍臣捉其兩手、自斫其頭曰、猶得神通歟否。

同上

信長將出兵於桶峽、詣熱田祠、假睡爲夢者、疾呼者

三、曰、聞神兵擐甲聲。便乘雨進。諸將或諫止、不聽。竟進斬今川義元。

同上

信長知武田氏可亡、密使佐久間信盛告長阪調閑曰、子勸主公大擧入三河。德川氏急、則我君必出援。僕在內及之、則大謀可成。調閑大悅、說勝賴擧兵。諸將皆諫、不聽。於是有長篠之役。

同上

長篠之役、信長於先隊與麾下之間、穿壕樹柵、佯敗而走。甲兵追之、阻柵不能進。銃丸雨下、甲兵欲退、蹈

擊殲之。

同上

上杉謙信使其臣新室原介遣書信長曰、公每與京畿人戰、未觀北人伎倆、請明春擧八州之兵西上、與公相見。信長延見原介曰、爲予語越後公、信長何敢與公角。公來、將脫刀劍、插扇於腰、單騎迎謁于長濱、先導入京。公義人也、信長所辛苦經營地、必不見奪矣。原介復命、謙信哂之。

同上

信長納足利義昭於京師、自館東福寺。京人素恐信長威名、相率竄匿。乃嚴令兵士、秋毫亡侵。遠近聞之、爭出執謁。信長不設畛域、溫顏慰藉。皆曰、吾聞織田公猛如雷霆、今醞藉如是。有一卒犯令、乃命縛樹身、揭罪標示、京師晏然。

同上

足利氏之季、宮闕頹廢、茨墻竹柵、無復門關。群童日來階下、搏土塊以爲戲。時揭簾窺戶、闃如無人。及信長之興、則營宮禁、辨供御、擧廢典、續常職、然後始有可觀。

同上

又連年兵革、所在道路、毀損不修。信長乃命篠岡、坂井、高野、山口四人、修畿內道路。四人測遠近、置驛舍、大道廣四間、支道三間、改迂廻、塡汚地、鑿岩石、除高低、道旁植行樹、津梁關門皆有畫一之法、四閱月成功。至此四方傳稱、商旅雲集、人謳歌其治。

平手政秀

織田信秀卒、子信長嗣、豁達好任俠、躬行不修。其傅平手政秀數諫、不聽。乃爲書切諫曰、君若納臣言、臣雖死不朽矣。遂自殺。信長覽書感泣、自是深自修。後創淸洲、曰政秀寺。

森蘭丸

信長一日手闔障子、紹蘭丸曰、嚮吾入內、偶忘闔障子、汝闔之。蘭丸往視之、旣闔矣。因微開之、又闔之、令有聲。乃入曰、臣見其闔、不見其開也。信長曰、今闔之有聲何也。蘭丸頓首對曰、其實已闔矣、然故開之、而又闔之、使佗人聞其聲、欲實君之言也。

同上

蘭丸知光秀有異志、謂信長曰、臣今朝見其方食失箸、久之始悟、深念如此、非擧大事而何、請速除之。信長不聽、遂所弑。

山內一豊妻

一豊仕織田信長。有東人牽駿馬來于安土而賣之者、衆皆欲獲之、以其價甚貴乃止。一豊亦欲買不能、歎曰、如此駿馬不能獲、則命矣。妻問其價、曰、十金。妻乃起、取金來、置一豊前曰、此可以買馬。一豊熟視、怪之、問其由。妻曰、初妾之嫁于君也、母納此金于鏡奩、戒曰、汝夫有大事、則出之、否則否。妾遵守母訓、不敢忘。妾竊以爲、貧者士之常、忍之不難。聞近日大閱軍馬、此天下之大觀也。妾欲良人之騎駿馬而受主君之賞、故今以獻焉。一豊乃以其金買彼馬、騎以出。信長見之大喜曰、予聞此馬爲東國第一、遠來賣之。予邦內而莫有買者、豈非予恥乎。然渠買之、不獨篤于士道、能雪予恥矣。以此擢用。

柴田勝家

勝家守長光寺城。佐佐木承禎攻之、斷其汲道。城中乏水。承禎遣平井甚介、求成、實覘之也。甚介入見勝家、故起如厠、乞水盥。侍臣二人舁大缸至。甚介盥畢、侍臣棄餘水于庭。甚介反以告承禎、異之。既而水殆竭。勝家乃命出所貯水二石許、使恣飲。將士自以眉尖刀、撞破其缸、請且開門突出。承禎敗奔。

同上

柳瀨之役、佐久間玄蕃使人送中川清秀首。且曰、衆甚疲、當竢明日而還。勝家謂使者曰、便道僅里許、宜亟還。奇捷之利、在收威養鋭。克而懈、殃不可測矣。遣騎趣之、項背相望。玄蕃不聽、遂大敗。

山口重政

佐久間信盛得罪於信長、赴高野山。時信盛家臣皆逃。山口重政獨留。信盛入寒川民舍。聞鄉賊欲殺之、奪財。重政大驚、乃裁書附僕曰、汝須齎此書來、佯呼曰、右府教信盛之使也。僕如教、賊怖而止。

金松彌五兵衛

信長攻淺井長政于木造、敵軍無故騷擾。遣猪子兵助覘之、繼以彌五兵衛。少焉兵助還報曰、敵退矣。言未畢、彌五兵衛至曰、敵進矣。果然。後信長問二人曰、汝等所見各異、何也。兵助對曰、敵輜重遠去、故以爲退。彌五兵衛曰、臣所見亦然。然察長政志在必戰、是以知其進也。信長曰、善。

稻葉一徹

稻葉一徹既服織田氏、而信長意未釋。乃設茗醼、延之茶室、竊使其臣三人託伴接、以刺之。一徹從容入、室朗誦壁間所挂詩曰、雲橫秦嶺家安在、雪擁藍關馬不前。三人就問其義、一徹分解甚詳。信長隔壁聽之、忽然出、謂一徹曰、予初謂汝一武勇男子也。今乃知其有文學如此、疑心頓消焉。一徹頓首而謝。於是命三人各取匕首於懷以示之。一徹亦袖裏出一刀、笑曰、今日之事、僕亦期不徒死耳、

同上

信長欲降雜賀孫一、遣人說之不返。尋遣一徹、孫一從一徹來見信長。曰、先所遣者、何故不返。孫一曰、臣見其人多從騎卒、踵城門呼曰、織田公使臣某。言色

倶勵、臣惡其倨傲、殺之。信長曰、何爲不殺一徹。曰、此人未至城五六里、先使人通姓名。臣自櫓上觀之、鞍馬樸素、從者寡少、至城門下馬、進退不苟、威儀可觀。臣出迎、共語、執禮甚恭、臣安得不與來。信長曰、一徹不辱君命。（廣瀨林外）

星合又十郎夫人

星合又十郎敎房之夫人、飯尾隱岐守信宗之女也。嘗之京、及日闌、人馬繹騷。夫人怪之、上粟田山而望、煙焰蔽天、金鼓震地。曰、京地必有戰爭矣、吾苟爲士妻、懼而逃之恥也。下山至粟田口、道路喧傳、明智光

秀攻本能寺。夫人驚曰、織田公吾之親戚、而爲主君、豈可聞其難而避之乎。叱從者、星奔至本能寺、烈焰騰空、無門可以入。時敵圍南西北三面、唯解東一角、以其有壕也。乃繞出六角地方、有一人白綾裹物、踰屏而來。夫人以爲盜、揮眉尖刀斬之、啓而視、信長首也。夫人雪涙裹之如故、使從者齎至于大德寺。猶進呼曰、光秀何在、莫敢應者。遂赴紫野、有一人尾至曰、大將召汝。夫人又斬之。徐徐入大德寺、自護信長首。驟入于星合城、陳事原委。（安積艮齋）

細川忠興夫人

夫人、明智光秀女也。光秀反、夫人謂忠興曰、妾父圖不軌、妾亦知其終不能保首領、妾實爲之痛恨。良人若與之、其奈世人謗何。言與涙倶下、忠興可其言、（安積艮齋）

寺田彦右衞門母

織田信孝、以其乳母質於秀吉、秀吉磔之。乳母遺其子彦右衞門言曰、親先子死、固其理也。汝勿以吾死傷心、唯盡忠於所事耳。彦右衞門果殉君難。（安積艮齋）

豐臣秀吉

秀吉仕織田信長、未得親近。一日故往近習所庭處

而伏、近習果來、旋焉。秀吉怒、曰、汝何爲者、敢旋人頭上、近習謝之、秀吉曰、不知而旋、又何咎、近習稱其有裁量。爾後稍得親近云

同上

秀吉嘗使於荒木村重、村重饗之。其臣河原林治冬請殺秀吉、村重不可。告之秀吉、秀吉曰、壯士也、召而觴之、且脫腰刀而與之。村重曰、子唯一刀、奈之何、曰、吾非以刀劍仕織田氏者也。一坐服其膽量

同上

秀吉與毛利氏相持于備中。貴價買米、土人樂賣。及明智光秀變起、毛利氏諸將爭欲乘其弊、以糧食不給、遂止

同上

秀吉攻高松、聞明智光秀弑信長、旋軍。遣使于岡山、告以變曰、吾將入京伐光秀、以報主仇、途當過貴國、請謀之。浮田秀家素與光秀善、大悅曰、是天賜秀吉也。秀吉密策駿馬、雜士卒乃發、經吉井川、出片上、至宇根、乃使人言于岡山曰、事急矣、從間道馳、不得至貴國。秀家茫然自失

同上

光秀既服誅、長東正家請錮遺臣。秀吉曰、大憝已戮、脅從莫問。若此徒無所容、則群起爲害、是亦更生一光秀也。置而不問

同上

柴田勝家遣其臣二人申和睦。秀吉延見之、曰、吾意亦然。使者請取據而還。秀吉曰、我亦將遣使者、何用據爲。使者出、秀吉笑曰、北國方雪深、難乎出人馬、故僞和以緩師期也。漢土則子房、本邦則楠公、或能欺我、柴田輩其奈我何

同上

秀吉攻北莊城。見城中火起、直赴越中、伐佐佐成政。竟不見勝家首級、而不以爲意

同上

秀吉西征、島津義久出降。秀吉召見新納忠元、手賜柳葉刀、向及于己。使忠元執其柄。忠元退語人曰、吾見秀吉、欲一擊斃之、及其見之、不覺低頭。武威之盛、一至於此哉

同上

秀吉西征。秋月種長降軍門。秀吉燕服延見、曰、聞卿家藏茶壺號楢柴、可得一見乎、種長取以進。秀吉賞

玩。曰、盍贈孤。種長曰、臣既降、區區玩具何有。秀吉欣然曰、卿久在此、家臣危疑疾、歸安之。乃遣歸。初種長之降秀吉也、家臣皆謂命不測。於是喜出望外、遠近傳聞、爭先來降。

同上

小田原之役、軍中流言曰、德川織田二氏通款城中、衆疑懼。秀吉即從近臣數人、與信雄飲于家康營。明日又與家康飲于信雄營。於是衆意釋然。

同上

秀吉將征朝鮮。先作八道圖、以八色界之、以便攻伐、

目晉州爲丹國、佗黃國青國傚之。蓋亦闇號之意也。

同上

征韓之役、秀吉赴那古耶行營。途詣嚴島祠。令左右取錢一緡、祝曰、投而皆面、必得志。揮手一擲、每錢皆面。擧軍歡呼大喜。因納錢于神庫。蓋豫粘合二錢作兩字也。

同上

秀吉嘗指刀在架者、試當其主、不差分毫。侍臣驚曰、何其神也。秀吉曰、吾就渠等所嗜好而知之耳。秀家與輝元倶好奇麗。其刀以金銀裝之。景勝佩長劍、故以最長者當之。利家起卑賤、存心節儉、以革纒刀欛。江戶大納言大勇、非賴一劍之利者。故其刀無可識者。豈有他術哉。

同上

天正中、畿內飢饉、民多餓死。秀吉乃募民築鴨桂二水隄防、不問老少、運土砂者、皆得錢買米。於是無復餓死者。

同上

秀吉一日使侍臣講漢書。至酈生說封六國後、怪曰、不解不解。及張良借箸止之、乃曰、當然當然。

吉岡掃部寡婦妙林

島津氏三將伊集院美作等攻鶴崎城。城將吉岡掃部寡婦妙林、修守備、設穽以待。三將進兵薄城、陷穽死者百餘人。妙林自被戰袍、提薙刀、率婢三十五人、皆同裝、晝夜巡城中督戰。既而食竭、佯降、數邀饗三將。及豐臣氏前軍至豐前、三將棄城退。妙林豫伏兵歸路、斬三將、獻其首於大友義統。秀吉至豐後、聞之、召妙林。妙林以疾辭。(安積艮齋)

桂忠昉妻

島津義久臣桂忠昉、守平佐城。脇坂安治等來攻。忠

昉妻擐甲、助夫捍禦、乘風散灰、東軍目眯、不能進。因開門突戰、擒之淖中、斬獲頗多(安積艮齋)

木下肥後守

一日諸侯會、談偶及辨慶事。皆曰、安得忠勇若彼者以爲臣。肥後守進曰、僕欲爲義經耳、苟爲義經、群臣皆辨慶也。

南部越後

小田原之役、池田輝政在後門山上、放銃攻城。城內發砲甚急、士卒不能進。越後令向空放銃、銃丸雨下城內、遂得乘城。

太田三樂

小田原之役、太田三樂謂豐公曰、松田尾張守必降。公問其由、對曰、彼勇略絕人、然頃日不敢嚴、是通心于我也。果如其言。

寺山久兼

征韓之役、明將茅國器、圍島津忠長數匝。時忠長兵不盈百、困甚。久兼曰、敵軍後、必有步擔之卒、請試擾之。因竊分兵、發矢銃、卒果大擾、前軍廻顧。忠長乘機奮戰、圍遂解。

曾呂利新左衛門

豐公將微行、近臣諫不聽。相謀曰、非新左、不能止也、乃命之。新左入見公、面覆于地、咯咯作聲。公異問之。新左曰、臣適食怪物、心甚惡焉、故欲嘔耳。公曰、何食。答曰、臣昔者遊北山、逢一怪。人形而翼、鼻長數丈、即世所傳天狗也。將攫臣、臣噉、臣無脫足。乃紿曰、我聞和尙有幻術、請一觀而就死。怪曰、唯汝所欲。臣曰、和尙既魁然、我欲觀其眇然。於是倏乎飛止臣掌、則惴惴如蟻矣。臣因一口呑之。夫天狗神獸也。一喪其威、則爲臣食矣。公笑曰、善。遂止微行。

千利休

利休學茶禮于紹鷗。紹鷗欲試其才、先自灑庭布砂、清楚無塵、然後呼利休掃除。殆無下箒處、乃微撼庭樹、紅葉點綴、雅致可掬。紹鷗大喜、盡授其秘。

加藤清正

征韓之役、清正守蔚山、明將揚鎬圍之、夜設伏、曉焚營而退。城兵欲追、清正不肯曰、敵擧火而退、然不設殿、是將誘我也。久之伏兵稍出、復圍城。

同上

明兵圍蔚山、自山上發砲、亂丸雨注、立斃數人。清正令軍莫得動。明兵以爲卒低、仰架亂發、丸自頂上而過。清正曰、可也、令衆起。明兵以爲中度、萬砲連發、竟不傷一兵。

同上

北道兵使朝克誠逆清正于海汀倉。北兵善射、清正軍不利、卻。會日暮、收入倉內。韓兵沓至、圍之、清正發銃拒之、應手斃千餘人、韓兵退、軍鐵嶺、欲待旦戰。清正夜分兵數千、環敵而伏。明旦大霧、克誠將下嶺、時伏兵齊起、擊之、遂擒克誠。

同上

豐公在名護屋、諸將以狀報于名護屋、連署花押。清

正花押字畫頗重、良久而成。福嶋正則曰、花押易書爲妙、不然、若病得作遺書、不得辨。清正微笑曰、我志在枕戈戰死、遺書無所煩也、押字煩畫、亦何妨。

同上

清正渡海、過颶、舟將覆。梢長訴曰、海神爲祟、若投人于海、庶幾可以免矣。清正正色曰、人命至重、貴賤皆同、殺人自生、豈忍爲哉、無已則以汝曹充之於是水手奮操舟、竟得無恙

同上

清正晩年勤學。嘗語人曰、利家及老好學、一日招宴

淺野幸長及余、爲誦臨大節而不可奪也、君子人與、君子人也、感歎者久之。時余不知學爲何事。近者讀論語、朝夕玩覽不措、始深感其義矣。若使利家至今而存、學術之効、爲何如哉。蓋有所爲而言也

班平次

班平次、適肥求仕、清正問之祿。對曰、嘗有勞於越、故得饘粥之祿、今未功於君、敢言祿、姑廩食足矣。請與下執事約、一鎗五百石可乎。清正曰、諾。未累歲而七戰七勝、竟祿至三千五百石。

貴田孫兵衛母

征韓之役、清正赴國都、命孫兵衛使於名護屋行營。孫兵衛有母、年七十餘、以使事急、不得過省、遣一奴往問安。母仗杖送奴門外曰、汝還語吾兒、勿以吾老爲念、吾餘命不足惜、惟恐兒臨難眷戀私親、墜公事也。孫兵衛聞之感激（安積艮齋）

堀平太左衛門

肥後堀平太左衛門爲家老。有一富人、蚤踵其門、饋魚請見。平太左衛門延見之曰、我與汝無一面識、然今饋以魚、豈欲有所囑乎。苟其事有理、我循理裁之、若夫非理、雖饋數千尾、我敢比汝乎。呵責出之

同上

肥後始設笞刑。平太左衛門召頭目、以笞付之曰、汝以此撻我、勿愛腕力。袒而出背。頭目有難色、平太左衛門叱曰、負主命不忠。頭目不得已撻之。平太左衛門驗楚痛輕重、以定其數。

藪市太郎

肥後藪市太郎爲八代令、役民修築堤防。崖崩、役夫壓死二人。市太郎召死者親戚、謂之曰、二人不幸死于非命。汝等哀悼可想。雖然農民爲君力役、猶武士臨戰場。今俱死力役、亦猶武士陣亡。因准武士陣亡

之例、乃賞以米錢。於是皆感激、不日堤成。

德川家康

家康幼拘于尾。人籠養小禽之能作百鳥聲者、以獻家康。命卻之。侍者問其故。家康曰、我聞、小巧無大智、多藝無逸技。今此禽好倣數聲、必不能自鳴。不足賞也。聞者驚歎。

同上

家康年甫十歲、觀端午石戰。一群三百餘人、一群半之。衆皆就多群。家康命僕就寡群。從者怪問之。家康曰、多群恃衆、其心不一。寡群知寡、戮力勵勇。多軍必敗。果如其言。人皆吐舌。

同上

家康在三河時、有貧民不能養其子者、使富民養之、以爲奴婢。其親戚有富者、許出財贖之。故民無餓死者。

同上

箕形原之戰、家康敗入濱松城、呼飯、盡數椀曰、我今日病矣。就枕鼾睡。甲將山縣昌景追至。城門洞開。曰、此惶遽不遑闚耳。將入。馬場信房曰、軍敗入城、宜撤橋閉門。今城中張燭如晝。是誘我也。猶豫久之。於

是鳥居彦右衛門渡邊半藏率百餘人突出。甲兵不戰而退。

同上

家康敗入濱松城。城中驚擾。高木廣正獲一兇首、而還。家康命貫之鋒、徇城中曰、獲信玄矣。衆乃定。

同上

家康自京師還濱松。一日寒甚、命外套。侍者奉以進。刺繡鶴與紅梅。豐公所遺也。家康曰、我在京師服之、枉從俗耳。今仍服之、此教奢靡於子孫也。卻而不服。

同上

豐公布散樂於聚樂、織田常眞舞龍田、妙不可言。次及船辨慶、家康舞義經、不似焉、觀者大笑。時清正義弘等密相謂曰、險哉常眞、好舞何益、德川氏故爲醜惡之舞、以愚太閤、可畏也、

同上

家康一日見豐公、豐公歷數其寶器曰、凡天下名器、我皆藏之、不知子所藏何物、家康答以無有。豐公問之不已、家康曰、僕有士五百人、白旄所指、雖水火不避、所藏是已。豐公默然有愧色

同上

小田原之役、諸將出浮島原、以迎豐公。豐公緋甲戴唐冠冑、佩金裝劍、金鞍盛矢、手彤弓、騎駿馬。見家康與信雄、下馬撫劍曰、聞公等貳北條、今與決。家康笑曰、君出師之初撫劍、是吉兆也。豐公乃騎馬而行、

同上

太田道灌創城江戸。家康據其墟、以增式廓、經營新成。或怪其無甕城而問之、家康曰、有。或低首沈吟、家康曰、汝不悟耳。夫西則有大阪城、東則陸奥白河關、是吾甕城也、

德川秀忠

家康疾病、謂秀忠曰、吾死、汝統理天下、不知有何妙術。對曰、大人若有不諱、兒將倂諸侯及其質、而還之于其國。若據國叛、一鼓殲之耳。家康曰、果然、吾又何言

台德公乳母

台德公時、米津勘兵衛爲江戸町奉行。山中源左衛門有罪、公使勘兵衛鞫之。源左衛門不敢言其黨與、勘兵衛啗以糞。源左衛門怒曰、士而啗糞、辱莫大焉、吾今言之、汝子實爲之魁。於是株連甚多、乳母子某亦與焉。公欲宥之、然於法不可、乃皆處竄、而待乳母、

愈厚。後乳母疾病、公親臨之、且問所欲言、對曰、將軍能遵守東照公典章、而無有所紛更、是已。公曰、諾、雖然、何所欲、乳母曰、妾富貴至此、一無所欲。公將起、乳母曰、將軍數問妾所欲、妾今得之、豈得非欲宥妾之子乎。若果然、則天下將謂將軍以乳母故、敢犯大法、而來世以此爲口實、妾死猶不瞑矣、言訖死、（安積艮齋）

春日局

局嘗夜歸、過平川門。閽人曰、夜間出入、非有監察之命不能也、局自稱名。閽人以白大閽、大閽曰、無監察之命、天照大神不可入焉、況於春日乎。局大窘、竚于

門外。時方隆冬。寒氣刺骨。久之命下。然後得入局。感其守法嚴正。翌朝遣人謝之。（安積艮齋）

漢文讀本卷之二終

明治廿九年九月六日印刷
同　年九月九日發行
同三十年二月十八日訂正再版印刷
同　年二月廿二日發行

版權所有

編者　東京牛込區西五軒町四十三番地　指原安三
發行者兼印刷者　東京神田區柳原河岸十七番地　辻　太
發行所兼印刷所　東京神田區柳原河岸十七番地　普及舎

定價

卷一、十五錢	卷二、十五錢	卷三、十八錢	卷四、十八錢	卷五、二十錢
卷六、二十錢	卷七、二十錢	卷八、二十錢	卷九、二十錢	卷十、二十錢

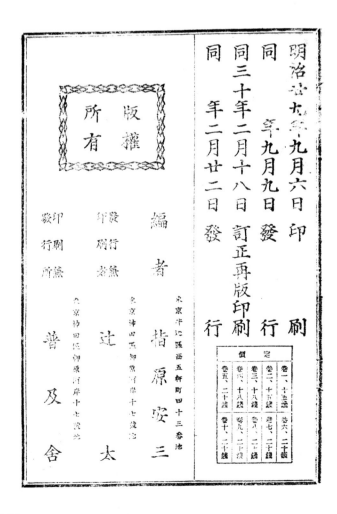

指原安三編輯

漢文讀本

發兌　普及舍

凡例

一前二編者、輯近世雜話、與元龜天正間英雄豪傑之言行、此編、主輯自神武至南北朝間、忠良勳績之傳紀、顧彼見此、則時世之變遷自彰明、而興味亦在其中也、其文多由大日本史、然亦非盡然也

一次編、專輯有興味而益世教者、要之、不啻學漢文、將使少年子弟、涵養其德性於不知不識之間也、教授者亦諒焉

漢文讀本卷之三目次

漢文讀本　卷三目次　普及舍

名和長年（賴山陽）
新田義貞（青山延于）
楠正行（青山延于）
源親房（著者不詳）
兒島高德（賴山陽）
楠正成（大日本史節略）
阿王（中井履軒）

漢文讀本卷之三目次終

漢文讀本 卷三目次 二 普及舍

漢文讀本卷之三

指原安三編輯

道臣命

道臣命、初名日臣命、高皇產靈尊五世孫、天押日命之後也、日臣從神武帝東征、至熊野、帝欲進軍中州、山路險絕、不能復進、夜夢、天照大神曰、我遣頭八咫烏爲鄕導、及覺、頭八咫烏果至、帝曰、此實符夢祥、我皇祖天照大神欲以輔成基業乎、於是日臣帥大來目、披山啓行、從烏所向、遂達菟田下縣、帝嘉有啓行之功、賜名道臣、

及帝卽位於橿原宮、道臣率來目部護衛宮門、明年帝論功、

賜宅地於築坂邑、以寵異焉、使大來目居于畝傍山西、後號來目邑、詔褒道臣忠勇、世掌軍事、

可美眞手命

可美眞手命、父曰櫛玉饒速日命、饒速日嘗乘天磐船、降于河內河上哮峰、遂至大倭鳥見白庭山、娶其土豪長髓彥妹三炊屋姬、生可美眞手、因居于此、長髓彥以爲神人、奉之爲君、

及神武帝東征、長髓彥悉衆邀之、王師戰不利、帝引軍而退、更進至菟田、誅魁帥兄猾等、遂討長髓彥、軍猶無利、時天陰雨氷、有金色鵄集于帝弓弭、曄煜如流電、賊軍迷眩、不能力戰、長髓彥遣使言曰、嘗有天神之子降於此者、稱櫛玉饒速

日命、娶我妹而生兒、因君事之、天神之子、豈有二種乎、何得更稱天神子、以奪吾地、帝曰、天神之子亦多、汝所君事、實天神子者、必有其徵、長髓彥乃取饒速日天羽羽矢及步靫、爲徵、帝曰、事不虛也、帝亦徵以天羽羽矢步靫、長髓彥覩之敬畏、然兵已構、勢不可復止、終無歸順之志、饒速日固知天神之意、專屬天孫、而長髓彥愎狠、不可曉諭、遂殺之、帥衆歸于帝、帝褒寵焉、是爲物部氏遠祖

元年正月帝即位、詔可美眞手宿侍殿內、可美眞手率內物部、樹矛盾、嚴儀衛、明年二月、詔褒其忠勤、委以股肱之任、俾子孫世職

野見宿禰

垂仁天皇七年、大和有當麻蹶速者、長大多力、自以爲天下無敵、謂、願請比試、乃令郡國擇其對、出雲薦野見宿禰、與蹶速相撲、踢折其肋骨、斃之、遂被擢用、朝廷觀相撲、蓋始于此

（巖垣松苗）

田道間守

田道間守、垂仁帝九十年、命遣常世國、求非時香果、田道間守泛海度險、竟至常世國、得非時香果而歸、實景行帝元年三月也、時垂仁帝既崩、因奠香果于山陵、曰、臣受命天朝、遠往絕域、萬里蹈浪、遙度弱水、夫常世國、神仙秘區、非世俗之所能到也、是以往來之間、自歷十年、豈期能凌波瀾、更向本土、幸賴威靈、僅得還來、而天皇既崩、不得復命、臣生何益、乃

拜山陵、號慟而絕、聞者莫不隕涕、帝哀其忠誠、葬之伏見陵側、非時香果、今所謂橘也

日本武尊

日本武尊、名小碓尊、一名日本童男、幼有雄傑之氣、及壯容貌魁偉、身長一丈、力能扛鼎、景行帝二十七年八月、熊襲反、十月使日本武尊討之、時年十六、至熊襲國、察其形勢地理、賊魁川上梟帥、適宴其親族、日本武尊被髮飾爲童女狀、藏劍襦中、密入與其婦女雜處、梟帥一見悅之、執手同席、屬杯戲狎、夜闌衆散、梟帥被酒、日本武尊拔劍刺其胸、未殊、曰、姑待之、吾有所言、汝爲誰、曰、吾是大足彥天皇之子、名日本童男、梟帥曰、吾國中之強力者也、人無不懾服者、吾嘗多遇勇

武、未有若皇子者、吾雖賤陋、願上尊號、可乎、皇子許諾、梟帥乃曰、自今以後、應稱日本武皇子、言訖刺殺之、由是世稱日本武尊、既誅殺醜類、熊襲悉平、明年二月、還京奏曰、臣賴天皇之靈、一擧戮熊襲之魁帥、西州既謐、帝美其功、寵異之

神功皇后

神功皇后、稱氣長足姬、稚日本根子彥太日日天皇之曾孫、氣長宿禰王之女也、母曰葛城高額媛、幼而聰明叡智、貌姿極壯麗、仲哀天皇二年春正月甲子、立爲皇后、時熊襲闕朝貢、天皇將親征、遣使勅皇后會於穴門、先是有爲言者曰、熊襲割據西僻、併大隅薩摩二國、私通使外蕃、欲籍其力以蠶食西國、至此果叛

八年春正月壬午、幸筑紫、秋九月己卯、詔群臣議進討、皇后奏曰、熊襲負險怙衆、勢甚猖獗、蓋籍力於外蕃也、今與其征熊襲、寧征外蕃、外蕃服、則熊襲自降矣、天皇疑之、乃登山望海、曠遠無所見、嘆曰、有海無國、何事冒險、且我祖宗創業垂統、豈有所遺邪、武内宿禰亦諫之、不聽、乃進討熊襲、不克而還

九年春二月戊申、天皇崩於橿日宮、皇后秘喪不發、令宿禰密奉梓宮、從海路至穴門、殯於豐浦宮、於是皇后解髮臨海曰、吾賴皇祖之靈、欲涉海西征、今濯髮海水、若有驗乎、髮分爲兩、即投海濯之、髮自分焉、乃結爲兩髻、謂羣臣曰、興師動衆、國之安危、實係於斯、事若不成、羣臣獲罪、吾甚傷焉、故吾

暫假男裝、以資雄略、上倚神祇之靈、下籍羣臣之助、以征外蕃、事成功在羣臣、不成乃吾罪也、羣臣皆曰、陛下爲天下計臣等敢不奉詔、秋九月己卯、令諸國繕船練甲

既而軍衆至、於是使海人烏麻呂偵察隔海之國、還報曰、無所見也、又遣名草、數日而還曰、西北有山、雲氣如帶、蓋有國也、乃卜日將發、皇后親執斧鉞、令三軍曰、金鼓無節、旌旗錯亂、則士卒不整、多慾貪財、懷私内顧、則必爲敵擒、敵雖寡勿輕、雖强勿屈、奸暴勿赦、降服勿殺、勝者必賞、走者必罰、皇后適有身、乃取石挿腰祝曰、願班師日產於茲土

冬十月辛丑、遂發和珥津、大魚夾船、風帆如箭、不勞艣楫、直抵新羅、此時潮水大溢、新羅王震慄、不知所爲、謂衆曰、建國

以來、未嘗聞如此之變、天或將以我國爲海乎、言未訖、舟師蔽海而進、旌旆如雲、金鼓震天、新羅王望見之讋伏、既而悟曰、吾聞、東有神國、曰日本、有聖主、曰天皇、是乃神兵也、豈可拒乎、乃封圖籍、素組面縛、素旆來降曰、永爲飼部、春秋獻馬梳馬鞭、年貢男女之調、又誓曰、非東日出西、且阿利那禮河逆流、河石昇爲星辰、而闕春秋之朝、廢梳鞭之貢、天神地祇殛之、衆欲殺王、皇后曰、殺降不祥、乃解其縛、爲飼部、進至國都、封府庫、收圖籍、樹所杖之矛於國門、以爲功標、王質其子、獻金銀綾羅八十艘、定爲永制、高麗百濟聞風來降曰、從今以後、永稱西蕃、調貢無怠、因命定内官家、於是三韓皆服、振旅而還、十二月辛亥、產皇子於筑紫、是爲應神天皇、亦稱胎

中天皇、先是熊襲亦平矣

武内宿禰

及仲哀帝征熊襲、而崩于筑紫、武内與皇后謀、秘不發喪、后潛以梓宮附武内、遷于穴門、時軍國多務、而不得葬、殯于豐浦宮而歸、后親征三韓、還至筑紫、生應神帝、奉帝還京、會麛坂忍熊二皇子、擧兵徼於播磨、后聞之、帥舟師赴難波、使武内奉帝出南海、武内至紀伊水門、與后會日高、后命武内及武振熊、擊忍熊、武内率精兵、出山背、至菟道、屯河北、與忍熊相持、謀令三軍、椎結藏弦于髻、匿其佩刀、別佩木刀、稱后令誘忍熊曰、我無貪天下、懷幼兒從君王耳、願共斷弦捨兵、以相講和、然則君王登天位、以高枕安席、專制萬機、乃令軍士

斷弦解兵、悉投之河、忍熊信之、亦斷弦解兵、武內乃下令、出所藏刀弦、渡河掩擊、忍熊敗走、武內累破之、斬獲甚衆、忍熊窮蹙、赴水死

千熊長彥

應神帝時、百濟新羅朝貢、新羅路刧百濟使人、奪其貢物、以其國賤物、相易而獻、朝廷詰問百濟使、百濟使以實對、於是勅遣長彥於新羅責之、己巳歲遣荒田別鹿我別、將兵擊新羅破之、諸軍皆歸、獨長彥至百濟、與其王肖古盟于辟支山、又登古沙山、共坐磐石上、肖古誓曰、自今以後、永稱西蕃、春秋朝貢、乃與長彥歸其國都、禮待加厚、自是歲貢不絕、實長彥之力也

調伊企儺

調伊企儺、難波人也、爲人勇烈、欽明帝時、副紀男麻呂問新羅之罪、軍敗被執、伊企儺不屈、新羅拔刀逼之、脫其褌、露其臀、使向日本而呼曰、日本王將啗我臗脽、伊企儺大呼曰、新羅王啗我臗脽、新羅王大怒、益加侵辱、伊企儺辭色不變、遂遇害

阿倍比羅夫

阿倍比羅夫、或稱阿倍引田臣、崇峻帝二年、敕觀察北陸道諸境、齊明帝時爲越守、四年、率舟師一百八十艘、伐蝦夷、蝦夷乞降、又伐肅愼、獲生羆二羆皮七十張、歸而獻之明年再入蝦夷、以後方羊蹄爲政所、遂伐肅愼、虜四十九人

以歸、六年、又率戰艦二百、伐肅愼、肅愼乞和、比羅夫不聽、進攻其柵、終破賊、虜五十餘人

天智帝稱制、與前將軍阿曇比羅夫等救百濟、時爲大華下後將軍、尋與前將軍上毛野稚子等討新羅、與唐兵戰、不利、百濟諸將隨王師來投

和氣清麿

太宰主神中臣習宜阿曾麻呂、媚附道鏡、矯宇佐八幡神教曰、令道鏡即位、則天下太平矣、道鏡聞之、稍懷覬覦、帝惑之、召和氣清麿謂之曰、朕昨夜夢八幡太神使來白、太神欲憑汝姊法均有言、汝宜代之往受神教、臨發、道鏡瞋目按劍謂清麿曰、太神欲令我即位、故使卿請命、因誘以美官、清麿遂

詣神宮請教、太神憑人曰、我國家開闢以來、君臣分定矣、以臣爲君、未之有也、天日之嗣、必立皇緒、無道之人、宜早掃除、清麿還奏、道鏡大怒、改其姓名別部穢麿、流于大隅、使人殺之於道、使者未發、會勅使來獲免、藤原百川感其忠烈、割其封戶給之

藤原高房

藤原高房爲美濃介、威惠兼施、屬託不行、發奸擿伏、境無盜賊、時管下有堤防壞、俗傳有神不欲畜水、前司不敢修、高房曰、苟利於民、死不恨、乃發夫修堤、民賴其利、席田郡有妖巫、種類爲群、吏懼不敢入其邑、高房單騎赴之、捕其徒刑之、治大行、

橘妙沖

橘妙沖、逸勢之幼女也、承和九年、逸勢連坐伴健岑謀逆之事、掠拷不服、減死配流於伊豆國、妙沖不勝離愁、其出京日、悲泣徒步以從之、監送者叱而令止、妙沖不聽、晝止夜行、遂得不與父相離、逸勢行到遠江國板築驛、終于逆旅、妙沖攀號盡哀、既葬、廬墓、日夜不去、削髮爲尼、自名妙沖、行人皆爲之流涕、嘉祥三年五月壬辰、有詔、追贈逸勢正五位下、使歸葬于本土、妙沖大喜、負柩還京、一時稱爲孝女、

藤原保則

備中介藤原保則、爲備前權守、初備中饑民、多流亡爲盜、前守喜苛政、囚徒塡獄、保則政存大體、務本禁末、田闢戶滋、外戶不閉、轉備前、知僚吏有奸贓者、分與己俸曰、子久疲學官、始得微官、宜勉廉節期榮進、特爲仰事俯育、屈受汚名、貧累善人耳、吾薄俸相資、謹勿犯官物、(賴山陽)

藤原鎌足

藤原鎌足、天兒屋根命二十一世之孫也、天兒屋根命、爲瓊瓊杵尊輔臣、其孫天種子命、仕神武帝有功、至皇極帝時、蘇我入鹿、挾不臣之心、闚闟社稷、鎌足慨然有匡濟之志、竊察宗室諸王有爲之主、乃屬意於天智帝、然不能通情、一日陪天智帝蹴鞠於法興寺槻樹下、帝鞋隨鞠而脫、鎌足跪奉之、帝亦跪受之、自是相善、倶布肺腑、無所伏藏、然恐數會人生嫌疑、託學周孔之道於南淵先生、每相往來、密謀于路、無計不相協、

四年六月、三韓朝貢、天智帝告石川麻呂曰、三韓進調之日、卿當讀表、吾欲入誅入鹿、卿宜知其意、石川麻呂諾、及期天皇御大極殿、入鹿爲人多疑、晝夜帶劍、鎌足教俳優調誘之、入鹿笑而解劍、天智帝自執長槍、鎌足持弓矢警備、使海犬養勝麻呂授匣中兩劍於子麻呂綱田、斬入鹿、子麻呂恐甚、以水送飯、即反吐、鎌足叱而遣之、子麻呂等猶畏縮不發、天智帝先入急擊入鹿、子麻呂等相繼而進、遂斬殺入鹿、其父蝦夷亦伏誅、事竟平

坂上田村麿

坂上田村麿身長五尺八寸、胸厚一尺二寸、身重二百一斤

眼如蒼隼、鬚髯如金線、有膂力、延曆中、爲近衞少將、兼越後守、桓武帝將征蝦夷、田村麿與百濟俊哲、赴東海道、閱士馬、檢戎器、俄爲征夷副使、從大將軍大伴弟麿討蝦夷、殺略甚多、以功任陸奧出羽按察使、兼陸奧守鎭守府將軍、尋拜征夷大將軍、奉勅檢校諸國夷俘、

二十年、陸奧蝦夷復反、授節刀討之、及凱旋、遷近衞權中將、

二十一年、築陸奧膽澤城、鎭壓蝦夷、夷酋大墓公阿氐利爲、盤具公毋禮率部落五百餘人降、役竣、將二酋歸京、請放還本部、以招黨類、公卿曰、野性獸心、叛服無定、今賴朝威獲此梟帥、若許奏請、是所謂養虎遺患也、乃斬於河內植山、

二十二年、又赴陸奧、築志波城、大同初、任中納言、兼中衞大

將、奏曰、陸奧出羽、郡司之任、職員有限、而邊要之事、頗異中國、望請擬任幹才勇決之人、以爲防守警衛之備、於是敕聽正員之外、擬任郡司軍役、二年、改中衛府爲右近衛府、田村麿居府如舊、兼侍從兵部卿、進正三位

弘仁二年、薨於粟田別業、年五十四、賜絁布米及役夫二百人、帝不視事一日、敕使就第傳宣、贈從二位、賜山城宇治郡栗栖村水陸田山林三町爲墓地、使其屍立棺中向平安城而葬之、并甲冑劍矛弓箭糒鹽瘞之、官使監護其事、是後國家將有事、則其冢鳴動云、大將每出征、先詣而禱焉、其所佩劍、藏之御府、曰坂上寶劍、帝親贊其像、深哀惜焉

菅原道眞

菅原道眞、歷事五朝、尤爲宇多帝所親任、隨事獻替、多所匡救、及被配于太宰府、閉門不出、託文墨自遣、雖謫居無憀、未嘗忘忠愛之意、一日遇重陽、賦詩曰、去年今夜侍清凉、秋思詩篇獨斷腸、恩賜御衣猶在此、捧持每日拜餘香、聞者莫不感歎

紀長谷雄

右少辨紀長谷雄、生而穎敏、成童志學、受業大藏善行、後從菅原道眞學、道眞初未奇之、及見其詩、歎曰、不意詞藻至此、自是屢相唱和、三善清行嘗與長谷雄論文、詬罵曰、自古無有不才博士、今始於汝、長谷雄不校、人服其雅量、

藤原保昌

袴垂、京都大盜、夜見藤原保昌吹笛獨行、欲劫奪之衣、踵行里許、數欲發、心坐畏難、既抽及逼從、保昌徐停笛、顧問其名、袴垂屈伏、自首作劫袴垂者也、保昌曰、奴、久聞之、叱使從後、復吹笛徐行、到家取一袴、與之曰、奴不足殺、後乏求我、勿復作爾（服部南郭）

源賴光

源賴光、嘗夜過弟賴信宅宴飲、適見繫一人於廐中、問彼何人、賴信曰、鬼同丸者也、賴光曰、彼固多力、何不嚴其縛、賴信乃令繫以鐵鎖、鬼同丸聞而怨之、爾夜賴光醉臥賴信家、鬼同丸脫鎖逃出、潛上藻井、將伺便刺之、賴光召從士警衛、鬼同丸不得發、聞其往鞍馬、欲要諸路、乃赴鞍馬、至市原、殺野

牛、匿身其間、以待之、既而賴光至、源綱、公時、平定道、平季武從賴光、見牛群遊、令從士射之、綱見斃牛射之、牛突然而起、鬼同丸跳出、揮刀逼賴光、賴光挺刀斬之、遂墜其首、人服其勇武（青山延于）

源賴義

天喜五年、賴義親督一千八百餘人、擊貞任於碕柵、時大風雪、人馬凍餒、貞任率精兵四千餘、出戰于鳥海、賴義大敗、士卒死亡殆盡、賴義僅得脫焉、有相模人佐伯經範、賴義素厚遇之、及軍敗、不知賴義所在、以問亡卒、對曰、將軍爲賊所圍、從兵不過數騎、竟必難脫、經範曰、我事將軍三十年、齒及耳順、而將軍亦逼懸車、今當覆滅之時、何不相從地下乎、遂馳

入賊中、從兵二三騎亦相謂曰、我公既爲將軍死節、吾曹豈得獨生、相與衝陣而死、其得士心率此類也

源義家

源義家、伊豫守賴義長子也、小字源太、初賴義夢八幡神賜劍、覺而異之、既而其妻有身、生義家、年甫七歲、加元服於石清水宮、因號八幡太郎、爲人勇武明決、最妙騎射、永承中、從賴義擊安倍貞任於陸奧、戰於鳥海柵、大爲貞任所敗、義家馬中矢、藤原則明奪賊馬授之、義家奮戰連射、所向披靡、賊嘆其驍勇以爲神、康平五年、攻衣川關大破之、貞任伏誅、東陲用兵凡十餘年、陸奧平定、義家之功居多

藤原光賴

平治元年、權中納言藤原信賴、左馬頭源義朝、擧兵反、幽帝於黑戶御所、矯詔召群卿、左衞門督藤原光賴、束帶而朝、時信賴列群卿之上、光賴謂參議藤原長方曰、今日朝班、何無位次、直前坐信賴上、信賴畏怖而色沮、光賴厲聲曰、聞今日有旨召諸卿、所議何事、一坐皆不能對、信賴竟不出一言、光賴振衣而起、召弟惟方、責其黨賊、惟方悔悟、奉帝潛幸六波羅、官軍得展力者、光賴與有功焉

藤原長方

左大辨藤原長方、爲人剛直、當事敢言、無所回避、安德帝之徙於新都也、平清盛集百官、議兩京利害、衆皆承意、盛稱福原之美、長方獨抗議、以爲不便、清盛不懌而罷、俄而清盛奉

帝還舊京、後及源賴朝起、帝召群臣議、長方進言曰、賴朝擧兵、數月之間、四方應之、斯政事不恊天意之所致也、宜使法皇聽政如初、基房復職、行德政以收人心、則庶幾天意可回、禍亂可弭矣、聞者皆失色、清盛意頗悔悟

杵淵重光

杵淵重光、信濃人、事富部家俊、養和元年、城長茂擊源義仲、家俊隷之、戰于橫田河原、爲西七郞廣助所斬、廣助繫其首於馬鞍而去、先是重光以讒見黜、不從軍、慨然以爲、我雖廢斥、不宜晏然而寧處、徑至戰所、覘其存沒、而不見家俊之幟、疑沮彷徨、訊諸儕輩、始知其戰死、乃馳入陣中、望見廣助、呼曰、子非西七郞耶、我是富部殿從兵杵淵重光也、嚮奉使命在外、忽及於難、願一見主君之首、以畢使命、揚鞭而進、廣助知其不可當、策馬而走、重光勵聲曰、汝爲吾主之讐、我竟不汝赦、急追及之、搏而墮馬、輒斬其首、置家俊首側、揮淚曰、臣以無罪、譴斥家居、自揣臨陣立功、則庶足以披瀝悃衷、至則主君既隕命、無復可奈何、今得殲讐敵、以慰冥魂、言訖上馬、左手提二首、右手揮刀、大呼曰、富部殿爲西七郞隕命、杵淵重光立報其讐、汝等可來與較、敵兵三十七騎、爭先來戰、重光衝突縱橫、殺十餘人、自被數創、不能復戰、乃擲廣助首、啣刀而死、擧軍嘆惜焉

齋藤實盛

源義仲既敗平軍於篠原、手塚太郞光盛、獲甲首以獻曰、錦

袍獨軍、老健善鬪、問名不告、聲東音也、義仲曰、無乃實盛乎、實盛年高、鬚髮何得黑、樋口二郎其故也、召而視之、泣曰、嗟、眞也、實盛嘗爲兼光言、白頭臨陣、不宜與少壯較、即後焉斥爲老怯、不若染鬚髮而鬪也、果然、即起濯首、鬚髮忽變白、在座者皆爲垂涕、軍令、非將帥弗聽服錦袍、實盛臨發請曰、臣越產也、今向越、是臣之死所也、古語不言、衣錦歸故鄉、臣衣錦而斃、死且不朽、臣老矣、必不復、宗盛惻然、時出赤錦袍賚之、至是果衣錦而死（中井履軒）

眞田與一

治承四年八月、源賴朝、稱受以仁王詰、傳檄四隣、陣于石橋山、相模人大庭三郎義親、帥師與伊東祐親俱圍石橋、義親

弟有股野五郎景久、皆驍勇在軍前、賴朝曰、誰能取渠者、岡崎四郎擧其子眞田與一、命爲先鋒、曰、擒於夫二子、與一欣然率其族騶下、其夜月黑、馬上馘一將、視之不是、投之、馬驚入敵中、竟與景久遇、相搏墜地、輾轉下山坂、止于水匡、擒景久騎其背、喚從者取首、莫屬者、敵將長尾者來勠力、問上者股野與、下者眞田與、景久曰、上者爲與一、與一亦曰、下者爲與一、長尾貳之、就摸其甲、與一以足蹈長尾胸、卻倒十步外、急引腰刀刺景久、不入、睨而視之、與室俱噬、室血膠不可拔、長尾起斫與一、竟殺之（中井履軒）

熊谷直實

一谷之戰、熊谷直實追擒一將、視其粉面涅齒、年可二八、問

名、不告、唯言疾取首、憫欲逸之、顧見追騎在後、泣曰、君不免也、卒害之、既而訪之、經盛之子也、名敦盛、是日曙前、城中笛聲起、寥亮動人、先登之士、莫不慘然、及敦盛死、錦囊韜笛在腰、直實視之、不覺涕墮曰、齡與直家比、直家被創、吾心如裂、况此乎、請歸其元（中井履軒）

畠山重忠

源賴朝、遣弟範賴義經討義仲、重忠將五百餘騎、從義經赴宇治、義仲聞東兵大至、撤橋板拒守、東軍不得濟、義經欲觀諸將意、議曰、待水勢衰而濟乎、將易路而由淀芋洗也、重忠進曰、河流慓疾、人所稱道、非暴至者、春時雪消水漲、有增而無減、治承之戰、足利忠綱涉之、非鬼非神、彼亦人焉爾、重忠

請爲諸軍試之、乃誡厲士卒、亂流而濟、重忠馬中矢、乃潛行水底、大串重親失馬而溺、扶持投之岸上、乘副馬而進、諸軍繼濟、大戰敗之、義仲從弟長瀨義員出逆重忠、重忠揮刀直進、義員不戰而走、進入京師、與義仲戰六條河原、斬其將二河賴致、義仲敗走、於是重忠從義經俱謁法皇、諸軍追擊義仲、重忠恐其或逸義仲、亦率兵躡之、及三條河原、隔河射戰、義仲稍卻、重忠遂濟河、時有一騎兵、力戰衝陣、重忠問成清曰、彼健鬪者誰也、對曰、是義仲妾鞆繪者、今井兼平之妹也、重忠笑曰、彼義仲所愛、我當生擒之、搖兵馳之、義仲來救、接戰數合、重忠追捉鞆繪鎧袖、鞆繪揮鞭疾馳、馬騰袖斷、重忠釋而去（大日本史）

佐々木高綱

頼朝有駿馬二、曰池月、曰磨墨、梶原景時有寵、其子景季年少鋭勇、於是請得池月以先登、頼朝曰、乞焉者多、吾不與也、顧俺頼等、戰不能克、吾且親往、此吾乘也、乃賜磨墨、諸將士皆發、明日佐々木高綱自近江來謁、頼朝問曰、聞女在近江、盍直從軍入京乎、高綱對曰、臣如從軍、不敢期生、欲一見君訣別、且奉指揮也、馳三日乃達、臣唯一馬、罷不可用、故後期在此、頼朝喜、因謂之曰、女能爲我先登於宇治乎、曰能、臣居河上、識其淺深也、於是遂出池月賜之、高綱感喜、謝曰、君聞高綱未戰死、則不能先登也、聞未死而戰、則先登者高綱也、拜舞而出、頼朝呼返戒之曰、景季等乞焉、而不與、女記之、對

曰、諾、時大軍陣于浮島原、景季視群馬、無過磨墨者、牽而上高丘、誇示於衆、已而高綱僕牽池月至、過丘下、景季問曰、誰乘、僕對曰、佐々木氏之乘、景季大慍曰、不圖公之視彼踰我、我寧與彼死、即扣刀要路而待、高綱望見之、謂其騎曰、彼非梶原耶、公之囑我殆爲是也、漸近、景季呼曰、四郎久濶、彼乘公所賜乎、高綱哂曰、否、吾患無善馬、欲就公廐借之、聞磨墨已賜於子矣、池月不得命矣、子且然、況於高綱乎、然君事方急、不遑顧慮、遂誘廐人竊之矣、後有責問、子幸救解之、景季色解、乃與倶西、俺頼向勢多、義經向宇治、義仲聞之、議戰守、見兵千騎、乃遣今井兼平山木義弘拒勢多、根井行親楯親忠拒宇治、撤橋板、樹柵、張縄於水中守之、二十日、義經以騎

二萬五千至東岸、戒居民避軍、而火其廬舍以布陣焉、超櫓登、具筆硯、書將士功最、曰、將以報鎌倉也、將士皆奮欲戰、義經又發令、而軍囂厖不聞令、乃取平等院鼓、撾於櫓下、一軍屬耳、義經乃令、二萬人中必有善泅者、直前嘗之、我勇士緣橋架防敵、勿使敵射我泅者、泅者爭釋甲而沒、刀截其繩、平山季重澁谷重助熊谷直實等、上架而射、射戰良久、有二騎、鞭馬亂入而進、先者景季、後者高綱、高綱自後紿景季曰、子之馬條慢矣、景季駐馬約條、高綱則超乘而過、上岸自名、景季踵上、義經上功簿、高綱爲先登第一、景季爲第二、畠山重忠以手兵繼渡、行親射之中其馬、重忠泅而達岸、揮刀而進、北兵辟易、義經乃以全軍渡、擊大破之(頼山陽)

那須與一

(上略)日向暮、不可決勝、源平交收兵而退、海上艶裝一小舟、望岸搖來、距岸七八段、轉而横舳而止、源軍疑而視焉、舟中出宮娃、年可十八九、綠衣紅袴、開純紅扇畫旭曦者、挿竿樹之船頭、向岸而招、判官召後藤實基問曰、彼欲何爲、對曰、是麾使我射也、臣意、或者將軍進當箭道、而觀豔姫妓、則欲巧狙而射落也、但扇則似可使射者焉、判官曰、我軍可能射者爲誰、對曰、巧射固多、就中下野國人那須太郎資高之子與一宗高者、力雖稍劣、而手則巧利焉、判官曰、有徵乎、曰、諾、其睹射禽鳥、三必二得矣、乃命召之、與一尙二十左右之男子也、披茶褐戰袍、紅錦飾襟袂、擐青縚甲、佩白帶刀、背負一箙、

二十四枚班羽箭、加插鷹羽鳴鏑一枚、腋繳纏漆弓、脫兜鍪
鎧紐、進而跪馬前、判官曰、宗高、汝射扇正中、令敵軍寓目則
如何、辭曰、臣自料、不知其可能也、若誤射、則永爲我軍弓矢
之辱矣、請更命定能者、判官大怒曰、此行發鎌倉赴西國者、
其豈違義經之令、若毫存枝梧者、須速歸鎌倉也、與一私謂
若再辭、恐成惡意、乃曰、然則其逸、則臣不敢知也、既有命矣、
請嘗試之、乃起鐵驪肥健、駕金稜鞍、以跨之、整頓弓在手、促
轡向汀而步、我兵目送久之言曰、此壯夫定能者、判官亦視
似以爲委得人焉、既的道較遠、驅馬入海一段許、距扇猶有
七段遠近、時二月十有八日、日已加酉、會北風頗烈、高浪打
岸、船乍湧乍陷而漂泛、扇亦不安竿而閃曜、海面則平軍一

行列艤而注目、岸上則源軍並轡而凝視、極爲顯場盛事矣、
與一閉目默禱曰、南無八幡大菩薩、殊我國日光權現、宇都
宮那須湯泉大明神、請令射夫扇正中也、若誤事者、折弓自
裁、面不可再向人也、神欲使一歸本國者、此矢勿使逸焉、既
開目風粗恬、扇如容射者、乃取鳴鏑架上、引滿而發、雖然劣
力、而十二拳飛鏑、響浦長鳴、射斷扇眼上寸許、餘力遠去入
海、扇則揚而舞空、被春風翻弄一再、颯然散落海中、純紅之
扇、夕日映發、委白波、浮沈泛々、舟師擊舷而賞賛、陸軍鼓箙
而懽呼(柴野栗山)

天德寺了伯

上野國佐野天德寺了伯、一日招陶眞、使演平家、曰、我之所

欲聽者、可太哀之事也、陶眞爲演佐々木高綱宇治川先登
事、了伯聽之涕泣交頤、演畢、又演那須宗高射扇的事、了伯
聽之又淚下數行、後謂左右曰、前日陶眞所演平家何如、皆
曰、善、但二曲皆是勇壯、使聽者奮起、然君獨泣之、臣等未解
其意、了伯聞之驚曰、我常以汝等爲肱股心膂、今聽其言、無
足賴者矣、因爲說二士事曰、當時賴朝所愛駿馬、不賜之於
其弟範賴與寵臣景季、而反賜之高綱、高綱感戴曰、我乘此
馬而先登、以報吾君之賜、不能則戰死、不敢生還于鎌倉矣、
其志可哀也、言畢揮淚、又曰、如那須宗高、以善射拔擢于稠
人之中、若射而不中、則馬上屠腹入海死耳、其志不亦悲乎、
我每臨戰場、深體二士心、故聽平家至二士事、不覺淚下、汝

等則不然、此其勇氣、徒觸事激發、而非出於中心者也、豈足
賴乎、左右慚服、(安積艮齋)

微妙

微妙者、洛陽之名妓也、建仁中、往在鎌倉、大樹賴家觀其舞
於比企能員之第、擊節歎賞、能員曰、此女遠至於洛、豈無志
願、大樹親問之、微妙涕泣、不背出言、大樹屢問、而後乃言、妾
父右兵衛尉爲成、建久某年、因讒下獄、後放于奧州、母亦不
堪其憂而死、時妾甫七歲、無兄弟、無親昵、煢々子立、形影相
弔、昕晡只無勝想父耳、雖然無由知其存否、妾以爲、若學歌
舞、以買人之愛憐、庶幾或得通信於父、是妾之所以知舞也、
今日何幸、辱承温問、伏攄下情、不勝悲懼之至、言訖又泣、辭

色甚哀、滿堂爲之慘淵、大樹乃遣使於奧州、以問渠父、二位禪尼喜其孝衷、甚加恩意、後十數日、使者反命曰、微妙父爲成死於奧州、微妙哭泣瀕絕、久而後蘇、頓入壽福寺爲女僧、更名持蓮、禪尼益憫、賜宅於深澤里居之、數召會晤于持佛堂云

北條時宗

文永七年、時宗執權、當此時、宋氏爲胡元所滅、諸隣國皆服於元、獨我邦不通使聘、元主忽必烈、令韓人致書於我曰、不服則尋兵、朝廷欲答之、下鎌倉議、時宗以其書辭無禮、執爲不可、元主復遣使者趙良弼來、時宗令太宰府逐之、凡元使至、前後六反、皆拒不納、十一年十月、元兵可一萬、來攻對馬、

地頭宗助國死之、轉至壹岐、守護代平景隆死之、事報六波羅、令鎭西諸將赴拒、少貳景資力戰、射殪虜將劉復亨、虜兵亂奔、而元主必欲遂初志、後宇多天皇建治元年、元使者杜世忠、何文著等九輩、至長門、留不去、欲必得我報、時宗致之鎌倉、斬于龍口、以上總介北條實政、爲鎭西探題、遣東兵衞京師、西兵衞者、悉從實政、益築太宰府水城、省冗費、充兵備、弘安二年、元使周福等、復至太宰府、復斬之、元主聞我再誅使者、則憤恚、大發舟師、合漢胡韓兵凡十餘萬人、以范文虎將之、入寇、四年七月、抵水城、舳艫相銜、實政將草野七郎、潛以兵艦二艘、邀擊于志賀島、斬首二十餘級、虜列大艦、鐵鎖聯之、彀弩其上、我兵不得近、河野通有奮前、矢中其左肘、通

有益前、仆檣架虜艦、登之、擒虜將玉冠者、安達次郎、大友藏人、踵進、虜終不能上岸、收據鷹島、時宗遣宇都宮貞綱、將兵援實政、未到、閏月、大風雷、虜艦敗壞、少貳景資等、因奮擊鏖虜兵、伏屍蔽海、海可步而行、虜兵十萬、脫歸者纔三人、元不復窺我邊、時宗之力也(賴山陽)

藤原資朝

藤原資朝、家號日野、文學過人、後醍醐帝特優待、帝密圖興復、以資朝及藤原俊基爲謀主、佯裝爲修驗者、潛行東國、以結兵士、美濃人土岐賴貞、多治見國長、有勇名、資朝養緣得見、會賴貞國長番京師、資朝欲引爲同謀、而慮不聽則事泄、乃與俊基及大納言藤原師賢、中納言藤原隆資、左衞門督

藤原實世、僧游雅玄基、武人足助重範等、數延賴貞國長、深相交驩、每會聚、皆露髻散髮、坐無位次、令婦女二十餘人著單紗衣、以行酒、名爲無禮講、宴語款熟、終以計告之、賴貞等傾心相謀、又恐外議、召僧玄慧說唐韓愈集、至赴潮州詩、衆咸曰、是不祥之言、當今但當講孫吳耳、遂罷之、既而事洩、北條高時遣人收資朝及俊基、以至鎌倉、屬侍所、尋流于佐渡、居七年、及高時遷於帝隱岐、令佐渡守護本間山城入道殺資朝

日野阿新丸

阿新丸者、日野資朝之子也、時年十二、與母避害匿於洛西、一日聞父之將見殺、不勝哀痛、自度適佐州、與父同死、乃請

於母、母不聽、固請而行、訪父于本間氏、本間入道雖深感其孝志、而不許輒見父、阿新怨徹心骨、既而入道族人本間三郎殺資朝、入道因使緇侶火化其柩、收骨以授阿新、阿新獲骨、攀慕怨號、絕而又蘇、自謂、入道不許一見父於生前、此怨不可不報、乃竢深夜人定、潛闞入道之寢室、而不得、偶見本間三郎臥于一室、阿新以爲、是直斬我父首者也、殺之亦安得非復讎之義、因將入其室、室中有燈火、阿新憂之、時有飛蛾、紛々集於窓紙、阿新少開其窓、蛾即入內、燈火爲之滅、阿新訢然、即逼彼之臥席、先蹴其枕、急拔利刀以剌其心、且絕其吭、人未之知、阿新退欲自殺、於是又謂、我有母、不可不養也、有君、不可不仕也、父志、不可不繼也、若不免死則已、幸而

得免、忠孝其庶幾乎、乃欲竊逃、而門閉、深池四周、無復有徑、池邊多修竹、阿新試升一竿、至其末端、則竹自偃於池上、身遂得到岸、急赴海濱、海濱尚遠、追者將近、危殆不可言矣、偶遇一行者、行者曰、美哉少年、將何適乎、阿新以實告、行者感泣曰、我不救是人、行法其何用也、即負阿新而走、口唱秘咒、僦船同乘、追阿新者百餘人、既臨海濱、則船稍遠

藤原師賢

後醍醐帝圖誅北條高時、師賢首預焉、既而事洩、高時捕藤原資朝等、師賢屛居北山、及高時遣人執僧圓觀、藤原俊基等、朝廷震恐、師賢乃復出仕、高時遣兵將遷帝、師賢及藤原藤房、夜奉帝出禁中、至三條河原、命師賢著袞龍衣、乘御輿、

詐稱帝、幸延曆寺、以欺賊兵、僧徒奉迎、衛護甚謹、居之西塔、賊兵來攻、僧徒拒破之、既而議、將以本院爲行宮、衆悉來集、促駕、會風揚輿簾、見師賢袞衣而坐、衆皆愕然、相率而去、師賢乃遁如笠置、笠置陷、與藤房等扶帝出奔、路相失就虜、高時流之于下總、囚千葉貞胤家、師賢少好學、不以榮辱經心、其在配所、每想及君、未嘗不歔欷流涕、自誦曰、主憂則臣辱、主辱則臣死、時時諷詠自遣、是冬病薨、年三十二、贈太政大臣、謚曰文貞

護良親王

護良親王、天資穎敏、幼爲帝所寵異、拜兵部卿、會皇太子邦良薨、儲貳未定、帝屬意護良、而北條高時違詔、以後伏見帝

長子量仁爲太子、故不得立、遂往梨本佛寺爲僧、更名尊雲、嘉曆二年、敘三品、爲延曆寺座主、居大塔、時人因稱大塔宮、帝深嫉高時擅權、每欲除之、尊雲與贊密謀、遂廢講讀、專習武事、穀擊精妙、趫捷如飛、既而謀泄、高時大懼、乃圖行廢立、元弘元年秋、遣二將、率兵三千入京師、尊雲諜知其謀、即夜馳使奏曰、高時遣兵、將遷乘輿于絕島、殺臣尊雲也、陛下乘夜幸奈良、假御衣于近臣、陽爲行幸至本寺、揚言車駕避賊、賊聞之、必盡銳來逼、則本寺僧徒、勢不得不力拒、延及數日、漸徵畿內官軍夾攻、殲賊必矣、今禁旅未集、城壁未立、而賊兵奄至、何以禦之、國家安危、在此一舉、願陛下速用臣計、不然則大事去矣、帝乃從之

村上父子

村上義光稱彦四郎、子義隆稱彦五郎。元弘之亂、父子與赤松則祐平賀三郎等從護良親王逃十津河。熊野別當定遍索之急。護良去如吉野山。土人芋瀨莊司以兵要路。護良計無所出。遣從者說以投託之意。莊司對曰、定遍窮求官軍黨與、錄名以報鎌倉。臣今欲納大王而不能也。然過前行亦所不敢。請留錦旗若近臣一兩人、得以爲辭。護良默然未應。則祐進曰、見危授命、是士之職。臣請留死。平賀三郎曰、從行之士、皆大王股肱、不可失也。宜以旗見授。護良從之、得過。

義光適後矣。過莊司擁衆荷錦旗而還。義光直前奪旗。莊司錯愕不顧而去。護良喜曰、吾得此三人、於平天下何有。至吉

野築城守之。敵以大兵來攻。外城已陷。護良親戰數合、退與左右酌酒慨歌。義光鎧被矢如蝟毛、來跪曰、臣拒中城數時、適聞歡聲。來敵相會、賊勢甚强、城不可支。臣請賜大王鎧裝、詭爲大王死。大王乘間遁去。護良曰、死則同死。何忍相棄。義光勵聲曰、圖大事者、惡爲此言。起自解護良鎧。護良顧曰、卿忠易生不忘。我儻得免、厚爲修福。不免、從地下。遂行。

義光乃被鎧登譙樓。義隆來欲偕死。義光曰、亟去、爲王拒後。勿徒死。義隆泣訣。義光遙望護良去遠、大呼敵軍曰、今上第三子護良引决。汝等行受天誅。見我自刄以爲法。乃割腹抽腸擲壁而斃。賊四集、就斬其首解去。既而吉野執行岩菊丸將兵數百追及護良。義隆單身留鬪、斬數人、身被二十餘創、潰腹死。護良終獲免。義隆年十八矣。

菊池父子

菊池武時稱二郎、肥後人也。後削髮號寂阿。武時六世祖能隆、承久之役、奉敕勤王。祖武房、文永弘安間、擊蒙古賊有功。元弘三年、帝幸船上。武時與少貳貞經大友貞宗協謀勤王、密奏行在。帝嘉獎、賜錦旗以勵其義。

鎭西探題北條英時在博多、聞其謀、召武時。武時覺事洩、乃使告少貳貞經大友貞宗、出兵戮力。貞宗顧望未時答。貞經亦聞王師數敗于京師、疑懼不安、遂斬武時使者、送首英時。武時悔怒曰、恨爲豎子所前却。今吾出兵、豈假手汝輩。即率家兵百五十人而出。比過櫛田祠、馬跼不進。武時罵曰、我赴

戰。神何得咎騎過哉。取雙鏑矢、連射祠扉。於是馬行如初。人後見巨蛇中矢死祠中云。武時進攻北條英時。兵皆輕死、鋒鋭。英時窘迫、將自盡。會少貳貞經大友貞宗率數千兵赴援。武時度不可克、乃分兵五十、附長子武重、誡曰、我今赴義授命、固其分也。汝急還國、完城聚兵、以報乃父之讎。武重固請同死。不許。揮淚而去。武時遂督餘兵冒陣歿。時年四十二。

帝還京師、錄諸臣功。新田楠名和等皆陪席。楠正成進奏曰、元弘之勳勞、實難辨優劣。然而如臣等僥倖承恩。如武時、應敕致命者、宜爲功臣第一。帝頷之。武時十五子、武重、武敏、賴隆、武茂、經重、隆舜、武吉、武光、武義、武尙、武豐、武士、武隆、武澄、武方、皆勤王。

名和長年

名和氏、本村上氏、世居伯耆名和、承久之役、有名和行秋者、濤、與孫行高從官軍、事敗奪邑、行高四子、長高、長重、長生、氏高、皆有武幹、後醍醐帝至名和港、令源忠顯登岸、問逸人豪族可倚者、答以長高、忠顯乃踵其家、家方宴、忠顯直入傳詔、長高未答、長重進曰、人之所重名而已矣、今忝受帝者自托、事無成否、皆足以揚大名於天下、長高乃決意、計奉帝于船上山、令長重等五人、擐甲走迎帝、跪御舟傍、帝欣然、長重被薦于甲背、負帝上山、籍木葉進食、長高欲移倉粟于山、募村民能運一擔者、賞錢五百、一日致五千餘石、乃盡燒其宅、率五百騎、以護行在、因樹植柵、列屝爲垣、氏高造布旗數百、煤

印近國諸豪章識、張之山上、明日、佐佐木淸高以兵三千、自山前後來攻、望見旗章、不敢進、我兵蔽林而射、射殺一將、敵八百騎乃來降、淸高在山後、未之知也、更兵急攻、會日且入、大雷雨、長重、長生、乘而疾擊、擠賊于谷、墜千餘人、淸高單舸逃去、帝授長高左衛門尉、兼伯耆守、賜名長年、子弟拜官有差、富士名義綱、塩谷高貞、以千餘騎至、山陰山陽豪族、來屬數十姓、而兒嶋高德從備前往(賴山陽)

兒嶋高德

兒嶋氏、本三宅氏、世居備前兒嶋、兒嶋範長者、爲備後守、子高德、稱備後三郎、帝之在笠置也、範長、高德、欲赴援、聞笠置陷、楠氏敗、乃止、已而聞帝西遷、高德謂其衆曰、吾聞、志士仁

人、有殺身以爲仁、見義不爲、無勇也、盍要奪駕以擧義、衆奮從之、伏舟坂山而待、久之不至、遣人候之、曰駕向山陰道、乃間道至杉坂、則已過矣、衆乃散去、高德悵恨不能去、乃變服尾駕而行數日、欲一見帝有所言、而不得間、於是夜入帝館、白櫻樹而書之曰、天莫空勾踐、時非無范蠡、旦日、護兵聚視、不能讀也、乃奏之、帝熟視之、欣然、心知有勤王者也(賴山陽)

新田義貞

義貞、源義家十世之孫也、世食上野新田郡世良田、楠正成之據千劍破也、義貞從東軍攻之、竊懷歸順之志、與其臣舟田義昌共謀、欲得護良親王令旨、以擧義、義昌以計請而得之、義貞大悅、明日遂稱疾還鄉里、日會宗族子弟、謀誅高時、

及六波羅兵失利、高時益發大兵、徵糧郡縣、以世良田素多豪富、特課以錢六十萬、限五日辨、遣吏催督、義貞執而梟之、高時大怒、將移兵來討、義貞乃與弟義助、率大舘宗氏、堀口貞滿、巖松經家、里見義胤等百五十人、至生品祠前擧義旗、其日薄暮、越後、甲斐、信濃諸源、相繼來會、比至武藏、衆至二萬餘、聲勢大振、與高時將櫻田貞國、北條泰家、戰累破之、進至關戶、分軍三道並進、大舘宗氏攻極樂寺坂、敗死、義貞乃率精兵二萬、夜從間道赴之、敵兵數萬、固守坂上柵、多列戰艦于海岸、軍不得輙過、義貞乃下馬、面海禱潮退、解佩刀投之海、及曉、潮退四五里、戰艦皆隨而漂去、義貞大喜、麾衆直入府中、守坂敵兵駭愕、不得赴拒、江田行義、堀口貞滿諸軍

繼進、所在縱火、適風怒甚、煙焰蔽空、府第悉焚、衆乘勢掩擊、殺獲無算、高時遂逃葛西谷、擧族自殺(青山延于)

楠正成

楠正成、河內人、左大臣橘諸兄之裔也、世居金剛山西、父曰正康、其妻禱志貴山毘舍門而生正成、故小字曰多聞、既長爲兵衛尉、元弘元年、帝避北條高時兵幸笠置寺、四方少勤王者、帝頗憂之、適夢、紫宸殿前庭有一大樹、南枝最榮、樹下設南面座、百官班列、忽有二丱角來跪、指座泣奏、普天之下、無處容聖體、唯此座、可以坐也、覺而自占、木傍南楠、意將有楠氏者出、俾朕再正位南面也、召寺僧快元問之、對以正成、帝謂所夢殆是、遣藤原藤房徵之、正成即詣行在、帝使藤房

傳命曰、卿應命即至、允足深嘉、今日之事、一以煩卿、卿其有何策以決廟勝、詳陳其所見、正成對曰、逆賊暴虐、自取禍譴、天誅所加、莫不勝也、但東兵勇而無謀、若以力爭、則武藏相模之兵、天下無敵焉、以謀屈之、則易與也、然成敗兵家常事、或遇小衄、願勿煩聖慮、有臣存焉、何患不濟、辭歸城赤阪

尋還金剛山、城千劍破據之、使平野將監守赤阪、明年春、高時復大發兵、遣二階堂貞藤、圍護良親王於吉野、大佛高直攻千劍破、阿曾時治攻赤阪、平野將監拒守旬餘、城有暗渠、爲賊所泄、時又久旱、兵士困渴、賊仍以火箭焚樓櫓、將監力盡而降、賊送六波羅斬之、會貞藤陷吉野、親王南走、貞藤與時治兵、悉集千劍破、軍聲大熾

城東西臨谷、南北蔽塹、斗拔數十仞、周可一里、賊恃其衆、蟻附急攻、城中大發矢石拒之、賊死傷無算、令吏十二人注之、三日夜不絕書、乃令軍中禁擅進、安營環守

城有泉五道、每日得水五斛許、正成患其乏、作大槽數百貯水、汨以黃土養其性、每雨引屋溜於槽、水常得足、而賊疑其外汲也、令名越越前守兵三千守東溪、正成伺守者稍怠、黎明出兵擊走之、獲其旗幕、翌日張之城上、呼曰、此昨日名越殿所遺、煩部下人、願來取之、越前守愧忿、率兵五千、拔柵進薄、城兵下巨木、又從櫓連射、賊死傷略盡、懼不敢攻、益成持久之計

正成乃縛藁人數十、被甲持兵、夜置城外、壯士五百、潛蔽其

下、昧爽皷譟誘敵、伺其來擊、徐發數箭、逡巡入城、時方昏霧、賊衆不曉、競赴藁人、城上乃連下巨石、殺傷八百餘人

賊爲飛橋、欲騰入、城中叢擲火炬、喞筒灌油、橋燒斷、賊墜崖谷、焚死數千人

會近郡民兵、奉護良親王令、截賊糧道、賊兵大困、逃亡相繼、仲時、時益、又遣宇都宮公綱、助高直、公綱以手下兵千人、疾攻、不能拔、會帝幸伯耆、諸將攻克六破羅、賊皆解圍而去、車駕還闕、正成乃率兵七千、迎謁于兵庫、帝親勞之曰、大業速成、皆卿之力、正成拜謝曰、不賴陛下威靈、臣曷得出重圍、復有今日、詔前驅入京師

楠正行

正平三年正月、賊將高師直、將兵八萬侵河內、河內守楠正行等、與師直戰於四條畷、死之、初師直之入寇也、正行詣行宮、奏曰、曩者先臣正成、展微力平强敵、以安宸憂、無幾天下復亂、逆徒入寇、終致死於湊川、臣時年十一、遺言遣歸河內、糾合義旅、欲殄滅兇逆、俾宇內再歸皇化也、臣年既壯、常恐一旦嬰疾、孤負遺命、方今師直師泰來犯、實臣報効之秋也、若非獲彼首、則臣必授首於彼、雌雄之決、在此一戰、願得一拜龍顏而去、言畢泣下、帝慰諭之、正行頓首而出、率衆拜後醍醐帝廟、題和歌於如意輪堂壁曰、加倍羅自斗、加禰氏於毛倍泣、阿豆佐由美、奈幾嘉儒珥以流、奈烏曾斗斗牟流、至是果戰死(青山延于)

阿王

南北之時、赤松光範爲津守護、屢爲楠正儀所窘、憤懣不知所出、其隷宇野氏之子阿王、父死于墨江之役、年十歲、告光範曰、楠氏父讐也、請往事之、待以歲月、必可得志矣、光範曰、汝年少耳、死事者之子也、吾弗忍矣、阿王曰、年大豈得事焉、乃遣之、阿王抵赤阪、獨與一僮彷徨城下、有人訊之、曰、我爲宇野六郎之子、父死而族人奪宗、躬無所容、將投丘壑、自託緇流也、其人以歸、告于正儀、正儀哀之、寘于左右、正儀素仁惠、推心善視之、阿王亦勤敏服役、居數歲、正儀益器之、嘗授以邑、阿王辭以未有軍功、浮屠氏之法、爲死者禱福、以七紀數、於是宇野六郎死之七年、遭其忌、阿王感念、將欲以是夜刺正儀、適正儀以阿王年大也、召而冠之、賜名曰正寬、慶以御賜兜鎧、阿王感激無地、侍坐抵夜、得間既起身、而平日恩義弗可棄也、加以晝日之遇、弗忍也、正儀又從容背坐、無復防閑、勉强自厲、竟弗能也、出而哭之慟、衆愕共視之、阿王具告之實曰、吾唯有死而已矣、將抽刀自刺、爲所奪、乃髡髮爲僧、入山中、以正寬爲其號、以終其身云(中井履軒)

源親房

准三位源親房、遭亂間關流離、艱難備嘗、未嘗一日忘王室、深嘆中興不終、皇統垂絕、乃推本皇祖建國之意、爲正統記、上起神代、下迄興國、揭皇統於已微、以明神器之有歸、其顯微扶正、頗有合春秋遺旨云(著者不詳)

漢文讀本卷之三終

明治廿九年九月六日印刷
同　年九月九日發行
同三十年二月十八日訂正再版印刷
同　年二月廿二日發行

定價				
卷一、十五錢	卷二、十五錢	卷三、十八錢	卷四、十八錢	卷五、二十錢
卷六、二十錢	卷七、二十錢	卷八、二十錢	卷九、二十錢	卷十、二十錢

版權所有

編者　東京牛込區西五軒町四十三番地　指原安三
發行兼印刷者　東京神田區柳原河岸十七番地　辻太
印刷兼發行所　東京神田區柳原河岸十七番地　普及舍

指原安三編輯

漢文讀本

發兌　普及舍

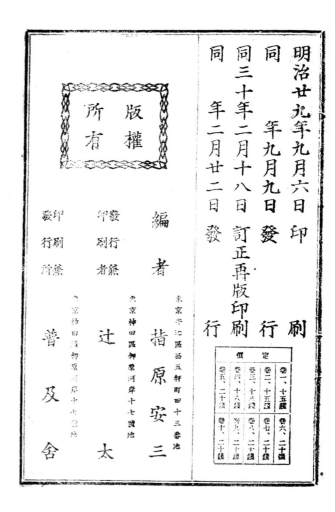

漢文讀本卷之四目次

漢文讀本卷之四目次終

漢文讀本卷之四

指原安三編輯

小河仲栗

小河仲栗、嘗與大村人同、乘船下淀河、其人誤溲客衣、客大阪俠少、與其徒五六人、將起甘心、其人叩頭謝罪、舟中皆爲之解諭、而不聽、仲栗熟視久之、徐起曰、止、豈有大阪之俠爲人所溲者、因扶其人、復溲之曰、溲亦死、不溲亦死、均死、不若溲而死之快也、攘臂按刀、目眦裂、鬚髮竪、俠少大驚、投水而逃(中村和)

塚原卜傳

土佐人塚原卜傳、善擊劍、自號曰無手勝家、嘗游近江、舟涉矢走、同載可六七人、中有一士人、年三十七八、以劍術自誇、傍若無人、卜傳曰、我亦少擊劍、然不欲勝於人、欲不負於人耳、士曰、何言之遜也、家法曰何、卜傳答以無手勝、士曰、既曰無手勝、子之劍、實爲冗物、但不知無手而能勝否、卜傳曰、我之刀、本爲活人劍、雖然對惡人、則變爲殺人刀矣、士聞之大怒、叱舟子曰、速達舟于岸、我將與渠決勝負、卜傳指一孤島曰、彼地可以決勝負、舟已達岸、士一躍上岸、拔長劍罵曰、來、卜傳曰、臨事寧靜、我家法也、徐徐攝裳、脫兩刀付舟子曰、何用劍爲、因親操棹立舷頭、撑岸開舟、呼曰、盍游泳而來以決勝負、無手勝之秘是已、士頓足怒罵、而舟去已遠(中村和)

江州少年捕盜

江州某郊盜窟也、殺越人於貨、不知其數、暮夜無來往其郊者、邑人相集、語及郊盜、一少年曰、我能縛之、擧坐而笑、少年說之不捨、衆或輓之、或推之、或擧田蠶家貲、以爲之賭、少年裹一日糧、腰三草鞋、不復挾一刀、但行縢裹脚、以便馳走、薄暮尾盜於郊、盜將劫之、少年急走無跡、盜室刀去、少年又尾呼曰、我正縛盜、盜又追、少年亦走、盜去、少年又尾、盜呼曰、汝本勇强之士乎、少年曰、吾草莽之產、懦而無力、迎風則僵、負風則伏、盜笑矣、少年曰、我視汝人耳、無翰無鱗、縱巧爲三屈、而復踵人所踵、吾亦人耳、豈不踵人所踵、遂窮巢穴、以縛汝矣、何難之有、盜怒急逼、少年又走、急逼則急走、緩逼則緩走、

遠追則遠去、近追則近去、如此數回、時及五鼓、少年屢食糧、更著鞋、以故體健膽壯、盜飢且疲、勇氣爲之萎沮、遂言少年曰、子拙而制巧、懦而御勇、噫、何人也、吾本士人、不過到此、我腰有刀、家世所珍、吾亦屢試、實尤物也、願以奉子、更冀聞子姓字、少年曰、子之與吾、得相知於相讎之際、何以姓字爲、吾所欲獲者、唯子而已、吾若獲子、刀自屬吾、盜强曰、雌雄佩刀、願以奉子、少年諾、乃指路傍樹曰、子投雙刀於其下、吾就受之、盜投之而去數步、少年曰、遠去、盜復去數步、少年曰、未可、盜復去數步、少年進取雙刀、并以帶之、熟視彼無備、直前僵之、遂以縛之、邑衆怪其歸遲、各手炬來、遇諸閭門外、衆視愕然、少年大言曰、子黨之田蠶家貲、悉皆我有、衆惜其賭、不與、

少年怒條其本末、訟諸邑吏、吏嘉勇且有計、以爲下卒（栗山歷

太田忠兵衛

慶長中、大內演散樂、使貴賤縱觀、有吉岡建法者、善擊劍、是日橫恣無禮、衛士呵之、建法拔刀一擊斃之、所司代板倉勝重、揮眉尖刀向之、忠兵衛止之曰、制奴臣之力足矣、勝重授之眉尖刀曰、以此斬渠、忠兵衛叱曰、奴無禮、延頸就戮、時建法憩于紫宸殿階下、應之曰、敵我者、非汝而誰、忠兵衛拋眉尖刀曰、戮奴何用此物、爲拔刀乃前、建法將起而仆、忠兵衛大聲呼曰、起、斬僵者、非丈夫也、建法起、忠兵衛即擊斃之、勝重稱嘆、爲陞俸、後謂之曰、建法之劍術罕比、其僵也、是天棄之也、汝不就斬之、其勇有餘、而其氣則驕矣、恐非擊虛之道、

如何、忠兵衛對曰、誠然然、斬敵之僵者、而反爲其斬脚者、往々有之、夫僵有虛實、渠之僵也虛矣、縱令實矣、斬之豈容易、臣又以爲、僵者則虛矣、而欲近則斬之、此實也、不論虛實、僵而不起者、未之有、其將起、必拒身、斬敵之念已虛矣、擊其虛斃之、不太費力、此臣所以勝也、勝重稱善（中村和）

柳生但馬

柳生但馬、以善用刀、鳴於海內、一日有客、詣門請見曰、僕有不與戴天之仇、搜索數年、今始得焉、明日將鬪、顧僕蚤遣家難、未嘗學刀、唯恐不鬪勝、而忝親之耻、公之用刀、天下無比、敎僕以一言勝仇之術、死且不朽、且言且泣、但馬曰、用刀多方、不可若是其幾也、雖然事已迫矣、莫如之何、但有一法秘

不他傳、余憐子之志、莫之敢惜焉、客叩頭乞敎、但馬曰、以刀鋒斬人者敗、以刀盤斬人者勝、吾子遇仇、要以刀盤擊碎其首而已、客拜謝去、明日遇仇、果勝（上野尙志）

小宮山內膳

武田勝賴大敗、將保天目山、士人皆叛不欲往、匿近邑田野、僕圉皆亡、土屋昌恒、秋山紀伊執鞚、阿部加賀濕非常陪持鎗、先是勝賴近習小宮山內膳遇讒被黜、來謂昌恒曰、吾近蒙譴在外、欲盡臣節則忤主公之意、委順則虧臣節、願被寬宥、以死報國、因問長坂釣閑何在、昌恒對曰、昨自鶴瀨逸去、跡部大炊如何、曰亦逸矣、小山田將監如何、曰將監與秋山攝津亡去已經旬日、內膳流涕曰、荷恩之士、相踵逃去、主公

之命窮矣、昌恒紀伊相對悲泣、勝賴忸怩謝之、安積覺曰、小宮山內膳之父丹後、以武田世臣、事信玄、守上野松枝城、頗以驍勇著名、內膳剛直、不忝爾所生、數忤佞幸權貴、故勝賴惡之、及與小山田將監忿爭、勝賴信讒逐之、夫遭讒廢黜、而無怨懟之色、此固人臣之分、未足揄揚、而能從容處之者既鮮矣、至於放逐在外、而赴君之難、慷慨激烈、見危授命者、則千百人中難得一二、豈非曠世義士也哉、北條高時之滅也、大佛陸奧守貞直之士本間山城左衛門、蒙譴屛居于家、赴難力戰、自屠以報主、擧世稱之、內膳之處義、殆無所愧、語曰、疾風知勁草、世亂識忠臣、若內膳者、其可以爲人臣之勸矣、谷合某有詩曰、計盡命窮天目山、山頭已見血痕殷、佞臣既

迺好臣叛、獨有逐臣投主難、(安積覺)

鳥居勝高

武田勝賴、大擧攻長篠、築壘于鳶巢山、分兵絕其糧道、奧平信昌、與松平伊昌、厲衆堅守、家康使小栗大六乞援於信長、信長不果出、奧平貞能、自往固請、信長許之、未至、信昌出戰卻敵、焚其竹栖、勝賴攻奪其甕城、益修攻具、鑿地道、環塹柵、攻擊連晝夜、信昌謂其衆曰、孰能出促援兵者、鳥居勝高、素倜强、稱强右衛門、進曰、臣請往矣、信昌許之、夜縋而出、至家康營、致信昌命曰、城兵未疲、鉛硝亦具、所缺者糧耳、不急救之、則信昌自殺、以免士卒、家康召見、慰勞之曰、信長既在途、吾亦將以明日出、因留勝高、自從、辭曰、城中延領遲報、臣不

忍留也、即夜馳歸、將踰柵入城、爲敵邏兵所執、勝賴命解縛、諭之曰、汝往語城兵、信長、家康不能來、宜速出降也、則吾厚賞汝矣、勝高曰、諾、乃使甲士十餘人露刀擁之至于城下、勝高仰城大呼曰、諸君努力、大兵來援、不出三日、言未畢、刀叢而死(賴山陽)

鳥居忠吉

家康幼、寓今川氏、義元總攝參州政令、命忠吉及松平次郎左衛門、交番鎭岡崎、忠吉悼家國衰、欲復舊業、竭力理財、充府庫、家康年十五、入岡崎、逗數日、忠吉導之、偏觀府庫錢穀曰、今公雖播越于駿、而本州兵士、皆舊臣、他日召聚復祖業、不可無儲也、故臣平素悉精力、充牣府庫、不使義元知、臣衰

老、且暮入地、公善自貴重、及稍長、乃歸岡崎、養舊臣、以此財可矣、家康流涕、感其忠貞、後數年、義元死、家康歸、財豐而用足、遂開浩基、忠吉之力也(安積艮齋)

鳥居元忠

鳥居元忠者、忠吉之子也、德川家康征上杉氏、使元忠與內藤家長、松平家忠、松平近政、留守伏見、曰、東征之後、大阪擧兵、此城當其衝、必當先攻之、吾知汝等忠貞、故留之、善守勿怠、咸對曰、臣等當竭力拒戰、繼之以死、後大阪果擧兵、毛利秀元遣使喻之開城、元忠對曰、寡君使予守此、安得開城、若欲得之、宜攻而取焉、乃嚴兵堅守、令曰、兵寡不得相救、當各守其所而死之、若畏死者、去之可也、吾不敢怨、衆踴躍從令、

前此宇治茶商上林竹庵來居、元忠麾之使去、竹庵曰、小人久承德川公重恩、且辱君知遇、雖商賈不忍臨難而去、願從君死、元忠義而許之、大會將士、置酒叙訣、談笑如平時、既而秀元諸將來攻、凡九萬三千餘人、城兵僅千八百餘、皆分必死、敵四面環攻、蟻附而登、城兵善拒、死者山積、乃列砲連發、響如萬雷、屋瓦皆震、城兵不屈、益竭力拒戰、敵不能登、是夕島津氏督精兵來攻、銳甚、城兵殆不能支、元忠自自譙樓觀之、率兵突出、擊卻之、城中俄有叛者縱火、敵見之爭登、城遂陷、家忠近政及臣僕皆死、元忠帳下二百十餘兵亦死、殘卒勸元忠自裁、不然、恐將死奴隸之手、元忠曰、我所以悉力拒敵者、非求生邀名也、第欲縻敵於此、少抒關東之難、則死奴

隷之手、何愧焉、汝等亦皆鼓勇殺敵、勿亟死、乃率殘兵入万衆中、殺傷數十人、敵兵披靡即收兵、敵復競至、元忠回戰擊破、如是者數次、從兵皆死、存者三十餘、無一不被重創、敵爭進圍之、元忠大怒、奮擊潰圍、入牙城、則殘卒已殲、因挾偃月刀、踞石待敵、雜賀孫市、舞槍而進、元忠呼曰、我城將也、孫市偃槍而跪曰、我輩刺大將、不恭、宜自盡、元忠嘉其有禮、脫甲割腹作十字、呼曰、到孫市進馘之、時年六十二(安積艮齋)

鳥居成次

鳥居成次者、元忠之子也、石田三成被俘、家康以其爲父讐也、付成次囚之、成次視之、解縛使浴、與衣服藥餌、曾無怨色、翌日上言、先人爲國家授命、非與三成私鬪也、臣亦不敢獨讎之、蓋三成即天下之仇、非臣可私誅、願還之、家康深感其妙年有識、允之(安積艮齋)

山田長正

暹羅國在南天竺、隋志稱爲赤土、暹與羅解、本爲二國、當元之時、合爲一、周回萬里、物豐人繁、號爲善國、而我山田長正覇於此云、長正字仁左衛門、或曰、伊勢祠宮之隷、或曰、尾張人、自稱織田右府之孫、少而礌落有大志、不事商販作業、好譚兵、雄傑自喜、流落寓於駿府、元和初、天下始定、士之求仕者、皆干侯伯、長正弗屑曰、此間無立功名處、唯游海外、或可以展吾志耳、時下海無禁、府有經商二人、曰瀧、曰太田、將航海回易臺灣、艤舟於大阪、長正請附乘之、二人不許、長正乃

先到大阪、求二人之舟、入而匿焉、既而二人至、揚帆而發、長正乃從艙間出申前請、二人大驚、不能如之何、許之、既到臺灣、商事畢將俱還、長正曰、某在鄕國、殆不能自存、姑欲留此土、覓喫飯處、二人方患長正之狂、心私喜、委而去之、方此之時、支那姦民稱日本甲螺、誘我邦邊民、占據臺地、長正通覽地方、蕞爾一嶋、且已有主、不可有爲也、又附饟舶、西遊暹羅、會邦內騷亂、四隣交侵、而六昆最强、暹羅國主出師禦之、長正見其行軍無紀律、私言其必敗、既而果然、人或傳其語聞於國主、國主奇之、召見長正、詢方畧、長正指畫陳策、鑿鑿可用、國主大喜、擢長正爲上將軍、往禦六昆、時本邦人流寓暹羅者衆、長正糾合數百人、雜以土兵、亡慮萬餘人、皆爲日本裝、聲言日本援兵大至、六昆軍沮、因縱兵奮擊大破之、六昆王憤甚、傾國來寇、兵數十萬、長正曰、敵衆强盛、難與爭鋒、唯以謀撓之、破之易易耳、分軍爲三、一伏山陰、一艤海澨、長正親率其一、出於海陸之間、進挑戰、兵既交、佯敗走、六昆兵追之、將及、號砲俄發、海陸二軍、吶喊齊進、火鎗亂發、長正視機反之、夾擊敵軍、前後擊之、大破六昆兵、殺數万人、遂追北長驅入其都、擒六昆王以歸、威震遠近、四隣爭送款於暹羅、於是國主大賞長正、妻以其女、封六昆及西皮留之地、號曰晻普良、晻普良蓋諸侯王之謂也、久之國主年既高、頗倦勤、使長正攝行國事、於是晻普良之名、噪於印度諸國、而本邦地隔遠、未聞知也、數歲、瀧太田復回易海外、行到暹羅、既入其界、

迓勞之使皆至、相迎入館、少焉有吏來戒、王召見二人、二人初不知其故、心頗疑懼、且從吏入見、王冠服在交椅上、金珠粲目、儀衛甚盛、二人俯伏膝行、不敢仰視、及退就館、飮食供御、如待貴客者、意益不安、既夜復有吏傳呼至曰、王來、二人驚出迎、王便服入坐、笑拍二人之肩曰、故人無恙、二人愕眙仰視、乃長正也、長正自備說其發跡之由、二人叩頭謝曰、鄙人愚蒙、嘗相從於塵埃中、無禮獲罪多矣、不意大王能自致於寥廓之上也、長正曰、予之有今日、實由二子之賜、抑人有德於我、可不報哉、既罷、厚賜遺之、本邦商旅聞之、多游於羅、長正皆善遇之、長正雖富貴、而常懷桑梓不置、每臨戰遙禱於駿府淺間之神、軍輒勝、至是命工摹繪當時戰鬪之狀爲

扁、附商船獻於淺間廟、以報賽焉、又屢牒執政、納方物於大府、不失恭順之意、頃之、國主殂、世子代立、長正退就封、先是國主之妃與其近臣姦亂、謀除國主、畏長正而不發、及長正去、遂弑之、長正聞之、則謀與兵討之、二姦大懼、募人潛往毒之、長正死、時寬永十年也、長正無子、有一女名阿因、勇武有父風、親將其衆、欲復父讎、屢敗暹羅之兵、通國震恐、盡發屬國之兵、來戰、衆寡不敵、阿因遂敗亡、其下逃歸於本國、長正之弟某在江戸、聞長正獲志、欲往從之、適有人傳長正之死、乃止（齋藤正謙）

濱田彌兵衞

臺灣在支那東南海中、古無聞焉、明天啓初、海澂人顏振泉、聚衆據之、招我邦邊民入其黨、因自稱日本甲螺、猶謂頭目、我日本謂頭目爲加志羅、音近甲螺、故遂訛稱耳、先是、泉州人鄭芝龍、少流落、往來我邦、因入振泉之黨、及振泉死、衆推芝龍爲甲螺、雄視海上、後受明將之撫、去移閩中、我邊民代之爲甲螺、而紅毛夷來借地、約歲輸鹿皮三万、既而築城郭據之、役使土人如奴隸、不復輸幣、且我商船往印度者、過其近海、爲被殺掠、甲螺不能如之何、適本邦商人濱田某至、衆交訴之、圖報復、某許之、某字彌兵衞、長崎人也、勇而有謀、弟某字小左衞門、子某字新藏、並有膽略、力兼數人、乃與甲螺之黨二十八人、還請之大府、大府允之、檄長崎代官末次平藏、備船募卒、附之於彌兵、彌兵盡裝其從兵數百爲農丁、被蓑

笠、持鍬钁、行到臺灣海口、請守吏曰、日本之氓、聞臺地土廣人寡、中多萊蕪、欲移住以開墾之、守吏以告甲必丹、弗信、以哨船圍之數重、不遽許上陸、使人來言曰、汝之來必非好意、不然、何從人之多也、彌兵曰、唉、公何疑人之甚邪、假使日本欲畧海外之國、當遣猛將精兵來、日本素不乏其人、奚使我儕小民之爲、守吏撿舟中、僅有數十副防身刀、其他唯有耕耨之具而已、還備告甲必丹、甲必丹意稍解、乃許衆登陸、彌兵得入城謁見甲必丹、請受廛爲氓、弗許、請還本邦、亦弗許、留數月、屢入請之、甲必丹依違不答、彌兵謂衆曰、甲必丹不許我去留、其意不可測也、大丈夫入不測之地、當死中求活耳、衆憤然欲死之、一日昧爽、彌兵父子三人入城、衆從之留

於門外、三人挺身排闥而進、甲必丹猶寢在牀、驚起叱曰、汝等入人閨閣、何無禮也、彌兵咆哮奮前、擒甲必丹於牀、自懷出匕首擬其喉曰、汝有死罪、尙何告人之無禮耶、左右欲及之、小左新藏拔刀遮立、瞋目叱之、左右披靡不敢迫、甲必丹惶急、乞饒命甚哀、彌兵曰、汝欲生、何不停城上放礮、甲必丹曰、謹奉命、曰、汝嚮所掠之貨、倍數還之、甲必丹曰、唯命之從、從兵聞變、走入闘於庭、其後入者、爲礮被傷、彌兵乃左手扼甲必丹之臂、右手執匕首倶起、小左新藏擁其前後而出、夷卒不敢動、甲必丹傳命停放礮、令其卒艤蠻舶一隻、及日本船二隻、裝貨山積、彌兵入而撿之、乃欲拉甲必丹去、甲必丹曰、島民皆仰某指揮、某去則倀倀乎無所歸焉、某有一男、年

十二歲、願代某從去、公幸垂愛憐、使某全父子之情、非敢所望也、彌兵許之、乃質其子及頭目數人、歸報於鎭臺、鎭臺稟大府、厚賞之、於是彌兵之名震一時、時寛永五年也(齋藤正謙)

鄭成功

鄭成功、初名森、字大木、明平國公芝龍之子也、母田川氏、我肥前國平戶士人之女、初芝龍流落來客于平戶、稱老一官、娶田川氏、寛永元年(明天啓四年)生成功於島中、島中萬火齊明、芝龍心異之、成功生七歲、從父歸明、後又迎母共居安平、十五年(清崇禎十一年)成功年十五、補弟子員、試高等、風儀整秀、倜儻有大志、讀書穎敏、不治章句、有術士視之驚曰、此奇男子、骨相非凡、命世之才也、及隆武帝立、一見偉之、撫其背曰、惜無一女

配卿、卿當盡忠吾家、賜姓朱改今名、拜御營中軍都督、賜尙方劍、儀同駙馬、自是中外稱國姓爺而不名、尋封忠孝伯、恩寵日隆、成功感激思報効、而芝龍稍專權、懷異志、與清人通聲問、成功患之、一日見隆武愁悶而坐、泣奏曰、陛下鬱鬱不樂、得無以臣父故耶、臣受厚恩、義無反顧、請以死扞陛下矣、清兵入福州、芝龍退屯安海、爲清將所誘欲降附、諸將不從、成功痛哭而諫、芝龍不聽、單騎往降、清兵至安海、大肆淫掠、成功母乃登城樓(中略)自殺投河水、清兵吐舌曰、婦女尙能爾、倭人勇決不負所聞也、清將挾芝龍而北、作書招成功、成功不至、芝龍曰、兒不至、北朝其疲於奔命乎、福州既失、隆武爲清兵所執死、成功雖遇主列爵、未嘗豫兵事、意氣容貌猶

儒生也、既遭國難、諫父不從、且痛母死非命、慷慨激烈、謀起義兵、詣孔廟焚所著儒服、拜辭而去、所善壯士願從者九十餘人、乘三巨艦、行收兵南澳、得數千人、既而遣閩唐王即位、改元永曆、奉正朔、自南澳歸、軍聲頗震、乃畧漳泉潮惠諸州、守將多降、軍律肅然、兵士無淫畧、至孺子婦女、與軍行爭道、清主乃累命滿漢諸將來攻、輙擊敗之、於是東南諸州連年騷擾、師出無利、清主患之、親下勅招諭、成功亦不報、益修器械舟楫北上、自閩及浙、欲復南京、以桑梓之誼、屢乞於我、我不詳其事情、終不報、然成功兵勢甚盛、分所部爲七十二鎭、以厦門爲根本之地、改爲思明州、蓋意不忘明室也、立儲賢儲材二館、察言賓客二司、設印局軍器諸局、令六官分理庶

政、擇賢任之、諸宗室頗給贍之、諸縉紳避亂至者、禮待之、凡有所便宜封拜、乃朝服北向、遙拜望座疏而焚之、其所施爲、鼓動一世、於是、永曆遣使晉成功爵爲延平郡王、命圖恢復、自成功起兵、至是十三年、實萬治元年也、(明永曆十二年 清順治十五年)成功謂其將甘輝曰、今奉勅何得遲延、將速取金陵、以定南都、輝亦贊成之、乃議大舉、部署諸將、戈船八十隻、揚帆北上、略浙江諸洲縣、二年、(明永曆十三年 清順治十六年)七月、進攻陷鎭江、遂攻金陵、破孚、清兵退守本城、成功破儀寶通濟二門、逼正陽門、城旦夕將降、江南大震、清主命內大臣達素等、發精兵二十万、俄至、成功兵疲不能敵、且前鋒余新狃勝輕敵敗死、師遂敗績、萬禮、甘輝等皆死之、成功乘流出海、還廈門、三年、(明永曆十四年 清順治十七年)五月達

素率滿漢大兵、分道來侵、成功擊殲之、達素僅以身免、還福州自殺、竟成功之世、清兵不敢來窺嶋焉、寬文二年、(明永曆十五年 清順治十八年)成功自金陵喪敗、地蹙軍孤、永曆棲塵南裔、聲問不通、存亡難詳、然猶奉正朔、將遷地謀恢復、適有紅毛通事南安人也、與臺灣甲必丹歸一有隙、走廈門、謂成功曰、公何不取臺灣、公家之故土也、臺地沃野千里、爲四省要害、橫絕大海、實覇王之區、紅毛蠢爾醜虜、因中國騷劇、竊占據之、破而取之易易耳、成功大喜、三月、親率兵三千二百人、揚帆至鹿耳門、門水淺沙膠、海舶至此、必易舟而入、故險易守、此時水適漲丈餘、成功得便戰艦銜尾而進、紅夷大驚以爲自天而下、成功引兵登陸、攻赤崁城、城亂石疊、高數丈、厚丈餘、用火煅之、化爲石灰、以砲擊城、城堅不受砲、城中紅夷千餘人、驅臺民數千、入而同守、且徵援兵於咬𠺕吧、咬𠺕吧將領謂、據廈門之虛、則臺灣之圍自解矣、乃率兵攻廈門、廈門留守洪旭迎擊走之、城久之不拔、臺民或告成功曰、城外高山有水流、下城濠、貫城而過、城中無井泉、所飲唯此一水、若塞其水源、三日而告變矣、從之、紅毛勢窮、以巨艦十餘隻決戰、成功兵自艦上銃窗入、奪其五隻、餘盡焚燬之、殺夷兵六百人、火及城板、歸一退保一堡、成功使告之曰、臺地吾先人所開創、吾復故土則足矣、珍寶諸物、任爾載去、非吾所需也、於是歸一降、送之還國、成功就居其城、改臺灣爲安平鎭、尋又改東寧、赤嵌城爲承天府、總曰東都、設府曰天興萬年、土番皆受約束、旣

而聞清遷界令下、嘆曰、沿海數萬里、盡委而棄之、英雄無用兵之地、然收拾餘燼、息兵休農、以俟時至、猶未晚也、於是、制法律、興學校、計丁庸、養老幼、臺人大安、二年、(明永曆十六年 清康熙元年)正月清主福臨殂、子玄曄立、改元康熙、使吳三桂攻永曆於緬甸、酋內叛、執永曆致於軍前、三桂絞而殺之、明亡、成功憤惋得疾、五月、卒于東寧、年三十九、子經嗣、清兵數來侵、輒擊郤之、清將屢贈書招之、終弗從、出兵攻閩廣諸州、天和元年(清康熙二十年)正月、經卒于東寧、經爲人仁孝、頗得士民之心、在位凡十九年、猶奉明正朔、佩招討大將軍印、子克塽嗣、仍稱永曆三十五年、猶幼、政出多門、鄭氏之業衰、清將偵知之、乃圖大舉、三年(清康熙二十二年)三月、清兵到澎湖、臺將迎戰、殺傷過當、清益發兵、

分道來侵、舳艫千里、克塽終不能抗、告降、清主受而優待之、封漢軍公、自成功始起義、迄此凡三十八年、而明之正朔、始盡於天壤間、清主嘗謂其臣曰、成功明室遺臣、而非吾亂臣賊子也、康熙三十九年、特詔令成功及子經喪歸葬于南安焉(齋藤正謙)

赤穗邸會議

先是赤穗邸報至國、國老大石內藏助良雄及用事臣大野九郎兵衛某與其餘群臣會議庭上、良雄曰、主辱臣死、此誠吾輩死節之秋也、然死固非難、而處死實難、諸君欲以何死哉、坐中壯士皆曰、有枕是城以死耳、亦何議、良雄曰、諸君言固然、但人臣之義、猶有可自効於國者、當盡力爲耳、今主家

既滅、無力以復之、獨有介弟大學君、可以奉先君之祀、某等宜以死請台墀、爲先君立後焉、而台墀不聽、則乘城決戰以死而從先君於地下、固其所也、九郎兵衛等皆首鼠兩端、議未決而罷、後二日、良雄復會衆、述前議、九郎兵衛曰、不可、夫據城以請、是要上也、其爲先君立後也、可冀乎、吾輩雖死、何益之有、適足負悖逆之名、以累先君耳、良雄曰、不然、士所守者義也、士而無義必辱、今臨大節、不以大義自白、而顧以畏死苟免、唯唯奉上爲務、不亦無恥之甚乎、吾所最恨者、使天下人聞之、以爲赤穗數世養士、無一人知大體者、亦辱先君之名也、今縱無尺寸以補於國、而又辱先君之名、爲何如、衆皆曰、大石君議是也、九郎兵衛不得已亦從之、良雄於是撰

多川九郎左衛門、月岡治右衛門、使東都、口授意指而遣之、因與衆約以後二日、復會城上、曰、當閉城固守、以俟官使至、乃歸死耳、及期衆赴會者五十五人、餘其不至、良雄曰、官使至且有日、而衆反離如此、夫以赤穗一城、招天下兵、雖擧全國之衆、猶恐不能支一日、況此蕞爾之衆、尙不足以守一面、而欲以此戰焉、則吾見其兵朝交而城夕拔、徒以弄兵爲天下笑、不如因官使以此意自陳、然後相與自殺城上、以明志爲愈、於諸君何如、衆曰、甚善、良雄曰、請與諸君盟、可乎、皆曰可、乃出盟書以示之、衆各署姓名押字點血、良雄於衆中讀已、乃曰、吾於今見諸君報主之志矣、當與諸君決計在今日耳、但有一事於此、願與諸君謀而決之、何如、衆曰、願聞之、良

雄曰、先君怒義英無禮、戮之於鈞庭、不克而獨罹於禍、是義英吾君之讐也、今義英在矣、吾與諸君義不與共戴天、竊爲諸君計、莫若相與戮力共謀、以討義英殺之、均之死也、徒死於此、孰與報仇以死、不幸事不就、猶足以伸大義於天下、衆踊躍曰、僕等慮不及此、願以身殉之(室直淸)

襲吉良氏第

是日詰旦、良雄與同仇士十數輩、倶詣泉岳寺、謁赤穗侯墓、相對悲泣不自勝、既出使人請寺主僧曰、某等欲各屛迹僻遠之地、離散在近、故約來貴寺、共謁亡主之墓耳、顧思一別之後、再會無因、戀戀不忍遽去、請爲我具薄饍、得與接一日之歡、因取白金三百兩貽之、寺主僧延衆堂上、設食、衆食已、

謝衆僧曰、吾就眠矣、公等不來、有所須當請耳、因閉戶密語久之、申明約束、備爲區畫、至日中辭去、遂馳還市中家、各淨除屋內、謝遣奴僕云、欲以明旦發赴京、今夜往就友人家爲便、皆以布襆裹衣物而肩之、乃步西赴本庄、堀部金丸嘗僦舍居兩國橋西、矢藏之巷、去本庄爲近、以故約衆來過與俱、至薄暮、金丸就本庄茶肆主人晚食、主人妻與金丸相識、問曰、暮夜至此何故、金丸曰、汝不聞、大學君藝州安置、吾輩無所依賴、加之米價騰貴、儲資不給、今與舊同僚謀、欲且歸赤穗之邑爲農、約以明旦俱發、但日出凍消、行路泥濘、不若夜途爲便、汝趣具六十人食、當與衆來食、從此發、予之黃金三兩乃去、有頃衆皆至金丸舍、金丸爲設杯酒與飲、比及夜半、

金丸遂與衆俱造茶肆主人就食、金丸謂主人曰、汝今何業、豈止於賣酒食耶、主人曰、近日酒食不售、有人勸與俳諧家謀、賣句題字、募課試錢、諸君知獲幾何、市人事細利亦可笑、衆中有一人曰、句題何如、主人曰、何乃其、其人曰、此好題也、吾今爲汝成之、因高吟曰、何乃其、岩遠毛洞、桑乃弧、吟已、衆相謂曰、吾今行矣、遂分爲三處、一適堀邊武庸之舍、一適杉野治房之舍、一適前原宗房之舍、皆爲同仇士在吉良氏宅側者、於是、良雄等四十七人、皆就宇下解裝、出衣物更服、既而畢、來會兩國橋上、衆咸衷甲、以韋夾甃在頭、襲韋短服、各杖短槍代棍、如往救火者狀、用組若綃紗爲縚、約衣以便刺擊、又爲語相應答、裂帛爲二小幟、書姓名其上、縫其端於左

右之袂、令幅自動搖、同仇相辨以爲驗、衆各頸笳、約先獲仇人者吹以相聞、令卒擔鐵挺竹梯斧釿之屬以從、遂進至吉良氏第、三面鬪之、因部其衆爲三隊、各皆聯四人爲一、令左右相救、無爲敵所獲、令衆曰、毋殺婦人、走者毋追、待初笳俱發、竟事出、以鑼聲相聚、毋相後、令已、先捕其後門隔街亭守者、戒無敢揚聲、使人以刃守之、笳發、衆呼曰、火、乃急梯屋推壁、從三處入、先入者拔門楗、檎門者三人、又使人守之、門啓、衆亂入、且呼曰、故內匠頭淺野氏舊臣、以報主仇來、所請者上野君首耳、欲禦者出、不敵我者、我不敢害、義英家人格鬪者、皆伏刃下、其餘多藏匿不出、衆直進入義英寢室、求義英不見、衆以手試床蓐、微暖、曰、人去未久、急令搜索宅中、不得、

見廚房有室、彷彿聞有人聲、外施金鎖、若人未嘗入者、衆曰、此有謀也、以斧破之、果有三人匿其中、衆喜曰、賊在此、乃趨之、相戒曰、試以其擊地、有陷[illegible]不可知、衆輒入、其一人逆衆奮戰以死、其一人走、其一人縮首伏匿於什器之間、衆引出之、罵曰、鄙夫、汝知上野君所乎、知則告我、赦汝、不然我殺之、不應、又問、又不應、間光興怒以鎗突倒、如六十許人、著縞在中、皆曰、豈此上野君耶、夫疵在乎、視之、裸而視之果在、武林隆重手刃之、以其首出、召所檎三人遞視之、皆曰、我君也、笳又發、衆皆抃躍相賀、乃斬幟帛、裹義英首、而懸之槍于執之、又索子義固、不得、將出、衆呼曰、左兵衛君盍出、人取乃父頭去、盍出、遂不見、於是、良雄令鑼者擊鑼、衆聚爲一處、不損一

人傷者數輩而已（室 直清）

祭亡君之靈

良雄等行至泉岳寺、衆皆持兵入門、寺僧大恐、良雄謂寺僧曰、某等非逋逃之徒、今所以來此、欲一告祭故君墓、而敢有所擾亂、公等姑爲我閉門、無使外人來擾、乃盥漱已、求紙筆、書告祭之辭、懷之、衆亦盥漱從之、先使取水洗義英首、盛以槖盤、置之墓前、又使人從寺僧借香爐案、設之槖盤外、良雄進至墓前、焚香自呼名、拜謁退、衆亦如之、良雄又進至墓前、懷中出匕首拔之、置諸碑跗上、鋒及外向、衆皆圜墓跪坐、良雄乃出祭文讀之曰、維元祿十五年十二月五日、前所謂竊生之臣、大石良雄等、再拜稽首、謹告于亡君故內匠公之靈、

衆皆拜伏、又讀曰、去年三月十四日、我公與吉良上野君有事於朝、臣等卑賤、固不與知、竊以事情料之、雖臣等亦知其有深怨積怒、非得已也、但不幸仇人未得、而公賜死國除、繼之以室家遷徙、大學君被囚、雖事出官裁、職仇人之由、臣等不忠不材、不能折衝禦侮於前、又不能排難解紛於後、使我公身死世絕、一朝而亡祖宗百年之業、亦臣等之罪也、今乃倍朝命、謀仇人、雖固知非公敬上之意、然臣等既食君祿、宜死君事、茍視君仇人、而不爲之報、仰有以慙不共戴天之言、俯無以酬不同蹈地之義、他日苟徒抱恥而死、亦何面目以見我公於地下乎、由是臣等相議、誓以死報、自始謀此事來、棄妻子、離親戚、奔走東西、不遑寧處、衝冒雨雪、并日而食、一

以間視仇家、不失機會爲務、而衰老之臣、若多病者、恐不及事、溘先朝露、則相勸急於致死者屢矣、然又恐輕擧輒敗、重爲世笑、以貽我公之辱、是以曠日持久、而不敢發、亦有待焉耳、遂以前夜四更、往攻吉良氏、賴天之明、君之靈、得仇人、以首來獻、自今以往、某等有以復公、而死無憾矣、此匕首、昔公在時、割所愛以賜良雄者、今謹還上、公有靈、請以此甘心仇人、以快當日之怨、臣良雄等、再拜稽首謹告、讀畢、起取盤上首、以匕首擊之三、乃復焚香拜退、衆亦如之、皆泣數行下

（室 直清）

忠義碑

大石君諱良雄、稱內藏助、其本出自鎭守府將軍藤原秀鄕、

秀鄕之胄、有食江之大石莊者、因以地氏、應仁之亂、擧族戰歿無嗣、會小山泰朝之孫久朝居京師、大石小山本同宗、因後之、後六世至良勝、始臣于淺野長重、及長重子長綱改封赤穗、從移焉、實君之曾大父也、父良昭娶池田氏、生君、良昭早世、君年十五承重大父良欽、歷事淺野長友及長矩、世祿千五百石、爲人溫寬有度、不爲齷齪自用、雖爲長臣、於事無所預、元祿十四年三月、詔使至幕府、長矩陪伴、坐以私忿、及傷吉良義英於府中、大不敬論死、君在赤穗、聚城士三百、誓曰、讎在、義不與活、枕城死耳、既而又曰、據城亦似叛、不如退而自殺、城士從之者數十人、刺血盟誓、君乃曰、可矣、死未晚也、時擧城恇擾、不知所爲、而君日坐官廨、引見吏民、凡外內

諸事、處決如流、自城儲庫積文武諸器、以至錢鈔租稅之微、具備文簿、莫不明較、四月、除道迎使者、致城而去、出遊京師、狂縱無行、往往披僧衣、攜妓醉市、讎家偵知、以爲無能爲也、明年、君與子良金、變姓名來江戶、俾神崎則休、茅野常成、佯爲估販、往來讎家、伺察動靜、義英避仇、率常外宿、會十二月十四日、客飲抵夜、君諜知之、乃率同盟四十五人、按第圖、申令號、鐵巾衷甲、乘曉梯屋斫門、前後競入、劫縛一人、索蠟燭之、每室明如晝、奮鬪亂搜、殺傷數十人、唯逃者、若婦人不害、遂殺義英於室側、褫衣裹首、乃吹器、歛衆、戒火灌爐、留具名書於廳前、相率退于芝之泉岳寺、祭首長矩墓、遣吉田兼亮、富森正因告大目付仙石久尙曰、謹竢誅、即日分抱君等四

十六人、於細川綱利、松平定直、毛利綱元、水野忠之之許、十六年二月四日、各賜自盡、許葬長矩墓側、時君年四十五、初娶石束氏、生子、三男三女、長乃良金、死年十六、二男幼、二女夭、嗟夫、君之擧事、結徒動衆、恣及貴者、徵之法令、罪固當誅、而意將謂、寧觸法於當世、不可負恩於地下、身可韲、志不可奪、其豈有爲而發哉、是以君擧止自若、束身就死、毫靡所憾、而其氣烈之所磅礴、雖天地爲震蕩、士風頹以奮、民薾頹以植、謂之千載一人可也、族姻收君鎧、埋之大石古壘之址、建石勒事、並刻四十五人姓名、四十五其人也、心則一也已、良金稱主稅、君之長子、信淸稱瀨左衛門、君之族弟、吉田兼亮稱忠左衛門、子兼貞稱澤衛門、兼亮與君協謀、前後規爲多

類之云、原元辰稱總衛門、方衆之洶擾、與兼亮俱助君、綜理衆事、使莫壅滯、片岡高房稱源五衛門、間瀨正明稱久太夫、子正辰稱孫九郎、小野寺秀和稱十內、子秀富稱幸衛門、礒貝正久稱十郎左衛門、堀部金丸稱彌兵衛、武庸稱安兵衛、金丸之義兒也、金丸老而壯慨、武庸以勇敢聞、衆之濟事、父子之功謀居多、近松行重稱勘六、富森正因稱助衛門、臨訣、母與所著襯衣曰、汝得死所矣、潮田高教稱又丞、赤垣重賢稱源藏、奥田重盛稱孫大夫、子行高稱定衛門、矢田助武稱五郎衛門、早水滿堯稱藤左衛門、間光延稱喜兵衛、二子光興稱十次郎、光風稱新六、光興與武林隆重得義英殪之、光與遂斬之首、中村正辰稱勘助、菅谷政利稱半丞、不破正種

稱數衛門、入讎第、擊殺爲最多、千馬光忠稱三郎兵衛、岡野包秀稱金衛門、木村貞行稱岡衛門、貝賀友信稱彌左衛門、大高忠雄稱源五、諜得讎家飲會其謀也、岡島常樹稱八十衛門、武林隆重稱唯七、倉橋武幸稱傳介、村松重直稱喜兵衛、子秀直稱三太夫、杉野次房稱十平次、勝田武堯稱新左、衛門、前原宗房稱伊助、矢頭教兼稱衛門七、父長助病將死、授甲教兼曰、必以復讎、教兼終奉其言、死年纔十八、神崎則休稱與五郎、茅野常成稱和助、横川宗利稱勘平、三村包常稱次郎左衛門、在赤穗從事厨所、職祿最下、至是死節

（栗山愿）

蒲生君藏墓表

常陸　藤田一正撰

昔者中郎氏、學周孔之道、養素丘園、高尚其事、一出而翊中宗中興之運、再造邦家、經綸鴻業、大織冠之勳塞天地、是以藤姓之胤、世秉國鈞、實與社稷同休戚、而枝葉蔓延、殆遍于海內、其盛也、學士紹明、欲傳令名於不朽、製碑文以示後世云、距今千有餘歲、其文雖不可得而見、然大人君子墓碑有文、蓋此爲始、淡海文忠公、在大寶養老之際、奉詔刊脩律令、其喪葬令曰、凡三位已上、及別祖氏宗、并得營墓、凡墓皆建碑、記具官姓名之墓、當此之時、朝野尙文、亡論其名公鉅卿、迺至遐邇僻壤國造郡領之墓、亦有立石銘文者矣、其後浮屠盛行、而塋祭之禮先廢、文章與時運汙隆、而紀述德業、莫或之聞、慶元已來、偃武修文、操觚之士稍衆、碑碣之撰不尠、

亡論其閥閱之家、迺至文人儒士、山林隱逸之流、苟有稍足稱述者、亦皆有以立石銘文者矣、嗚呼、君藏關東布衣、發憤著書、欲明我神皇之道於中國、徵之以西土周孔之教、終身轗軻、齎志以歿、曾無一資半給之潤其身、而尺寸之功、不克施諸當世、然其浩然之氣、記諸文章、卓卓其不朽者、可以與古人爲徒矣、其墓之有表、豈得已哉、君藏諱秀實、一名夷吾、字君平、下野人也、本福田氏之子、自改氏蒲生、蒲生淡海望族也、系出藤原朝臣秀鄕、至會津參議氏鄕而大顯、先世屢遷徙野奥之間、其宗爲有土之君者、亡嗣絕祀、既百數十年矣、君藏迺其庶孽苗裔云、東野之俗素彊悍、君藏少以氣自豪、讀書不治章句、慨然有經濟之志、及壯好遊、足跡殆遍天

下之半、然未嘗登仕路、故雖身在都會乎、常有山林樸茂之氣、其平生所持論、未嘗少自貶以求售、故圓枘方鑿、俗儒哄以爲極迂極濶、而君藏自信愈篤、恒謂其友曰、吾以編戶餘夫、不能治生商賈、又不肯仕官爲吏、以干升斗之祿、讀書作爲文章、亦不能與曲學阿世之徒爲伍、朝薤暮鹽、坐取困窮、子亦知其所以然乎、吾少時嘗在家讀書、先祖母自旁語我曰、昔蒲生氏之自會津徙封宇都宮也、其庶孽有帶刀某者、食祿三千石、納邑豪福田氏女爲妾、有身、適會蒲生氏再封會津、帶刀亦隨而徙焉、時留其妾父家、既而生男、妾父母愛之、不忍其遠別、佯告以女子、因鞠于其家、後冒母姓、遂爲編戶之民、是於汝高祖之父也、汝讀書者、善記之、吾於是發憤

立志、講究古學、欲修曠世之墜典、以報國恩之萬一、庶幾乎其不忝先祖矣、吾生也晚、不逢大化大寶之世、大織淡海二公之相業、非所企及、雖然在其位者行其道、不在其位者行其言、稽古徵今、通達國體、王政之要、在納民軌物、俾在上之人明祀典、以教孝敬、四海之內、各以其職助祭、則天祖之所以照臨六合者、萬世無墜矣、富諸侯以奮武衛、安百姓以固邦本、是吾願也、昇平二百年、不値天慶天正之亂、秀鄕氏鄕兩朝臣之將略、無復所施、雖然、安不忘危、古之善教、天下雖安、所可虞者、夷狄盜賊、正名分以定民志、禁左道以塞亂源、使吾說獲行、則遠宴安之煩毒、驅戎狄之豺狼、不曾致一時摧陷廓清之功、俾斯民永無被髮左衽之患矣、斯吾志也、志

顧如此、悠悠之徒、曷足共談哉、君藏又曰、仲尼稱吾志在春秋、春秋經世之志道名分、周公之遺法存焉、故爲政正名、夫子所先、戎狄是膺、周公之訓、今世俗儒、以文亂名、俗吏因權亂法、亂法者罪止其身、亂名者其言載簡册、流毒於後世、夫神州天地之正氣也、陰陽所和、寔爲中國、中和見乎穀、而甘美豐饒、文教所及、其養以給、精英發乎鐵、而堅剛銳利、武威所加、其功以成、限以天地、莫有外遠、開闢以來、天祖之胤、世世傳統、君臣上下之分、嚴乎無窮、宇宙之間、孰能及我神州者、故日出處天子、日沒處天子、雖交大國、不肯苟讓者、惜夫名也、今俗儒不知名分、動缺國體、苟眩乎小大之勢、而不顧其名、則愛新覺羅氏之正朔、亦可稟而奉之、鄂羅斯國之察罕汗、亦可稱爲女帝也、可乎哉、丁卯歲、北虜擾邊、君藏時在江戶、聞之憂憤、廼著不恤緯五篇、詣國老門下、上書獻之、不報、先是君藏嘗聞古先帝王之山陵、或有荒廢者、欲告之當路、以圖修復、躬自歷視其地、參考古圖舊記、作山陵志、平生精力、半在此書、書成獻之京師及關東諸公用事者、有司嫌其論建非處士所宜、召詰之、君藏乃引律文、謫故事以對、於是君藏慷慨、自奮欲爲天下言世人之所難言者、雖由是獲禍而不顧也、時人目君藏以狂妄、殆將罹不測之罪、蓋或有知君藏之爲人者、憫而救之、因獲免、君藏素剛腸、不能俯仰當世、以取容、廼澆以酒、時或劇飲大醉、頹然自放、而憂國之念、未嘗頃刻忘也、間居講學、以懲忿窒欲、不敢與世抗爲務、

廼號其所居之菴曰脩靜、以自警、謂脩身在此、而成名亦在此、教授之暇、專力著述、始君藏著藉賦役等諸論、號曰今書、以規當世得失、至是更撰職官志、欲以次編神祇姓族等志、併與山陵爲九志、未及悉成、以疾沒于江戶僑居、時文化十年癸酉七月五日也、享年四十有六、君藏壯而丁家艱、服除、遊歷四方、故晚而娶、其配多氏、紅葉山伶官某之女、無子、君藏之沒也、其交遊尤親且舊者、相聚而哭之曰、斯人也、作山陵志者、其於喪祭之禮、最致意焉、不幸無嗣、喪事之責在朋友、其可不盡心乎、廼葬之江戶北郊谷中龍興山臨江寺域內、旣而以余與君藏久識也、託以表墓之文、廼書以遺之、使之鐫諸石曰

嗚呼、君藏、每以關東布衣自稱、雖不免隨窮、猶爲天下奇男子、豈可與彼閭里儒梟號稱先生者同年而語哉、吾聞、其臨終、猶稱天地之正氣、且有三寶之說云、留精靈於天地之間、將俟其人而授之、古之所謂死而不亡者、其君藏之謂乎、噫、微斯人、吾誰與歸、

文政元年歲在戊寅秋八月、

故側用人兼學校奉行藤田君碑

弘道館總教臣青山延光奉命撰并書

安政二年十月二日、我水戶側用人兼學校奉行藤田君沒於江戶藩邸、兩公悼惜、命歸葬鄉里、明年景山公親題其碑、曰表誠、命臣延光爲之文、延光謹案、藤田氏之先、蓋出自參

議小野篁、考諱一正、始仕我文公、終於彰考館總裁、妣丹氏、君諱彪、字賓卿、稱虎之介、後更諱之進、號東湖、君幼而奇穎、稍長嗜武藝、不甚喜讀書、年踰弱冠、慨然自奮曰、絳灌無文、隨陸無武、古人所笑、丈夫奈何不學、遂刻苦讀書、尋喪父、襲二百石、補進物番、爲彰考館編脩、攝總裁事、君致書總裁、論館中五事、議論剴切、文辭雄健、人始知其專力家學、哀公病篤、繼嗣未定、當路頗有異論、物議沸騰、一國寒心、君憤激將赴江戶、策之不吉、投策曰、臣子赴難、何問吉凶、遂與諸同志、馳至江戶、謁支藩守山侯、論繼嗣事、言甚切至、侯許諾、數日公薨、有遺命傳國景山公、君聞之、即時上途還水戶、景山公旣襲封、知君有異才、擢爲郡奉行、三遷至側用人班馬廻頭、

公方綱羅一國人才、布列內外、皆號爲稱職、而至於通古今、達事體、則君蓋爲之冠、故公眷遇尤渥、入則參預機密、出則應對四方、議論風生、事無留滯、公每出新令、君一秉筆、頃刻而成、辭理明暢、他人精思不能及、當時謀議之臣、不爲乏人、而至於氣魄之大、智慮之明、遇盤錯而不挫、處紛擾而不亂、則不得不推君爲全才、凡公之施爲、光明正大、一新天下之耳目者、君尤有力焉、君容貌魁岸、眼光射人、人一見服其聰明、而愛才容衆、人有寸長、推奬不措、雖在劇職、常延異能之士、酣暢談論、盡其所懷、時或詩賦唱酬、詞采煥發、其餘事亦能使人屈服、當此時、海內之士、論人才者、必屈指於君、而聲名震天下矣、弘化元年、幕府譴命公傳國世子南山公、君亦

獲罪、屏居小梅別墅、是後再攻家學、綜覽群書、數歲聽還鄉里、尋亦得與親故往來、遠近來乞教者、日塡門、嘉永六年、公受命幕府、議防海之政、乃召君至江戶、復原職、天下想望風采、而君夙憤夷狄之猖獗、計畫甚熟、然所持論或與時牴牾、君慨然賦詩、有寶刀難染洋夷血、却憶常陽舊草廬之句、讀者扼腕、而其報國之誠、則確然不撓、南山公親書誠之進三字、賜之、以換前稱云、公又以君才兼文武、命總督學政、食六百石、無何江戶地大震、君以是日沒、享年五十、葬於水戶城西常盤原先人墓側、所著有回天詩史常陸帶館記述義、君娶山口氏、子四人、長小野太野、夭、次健、嗣家、次任、次信、女五人、長適原田成德、餘尙幼、初君先人講究實學、涵畜淵邃、未

及施而歿、君天資豪爽、夙有大志、一旦遭遇、以明大義正人心爲己任、以敬神奮武爲政教根本、蓋無不本於家學者、故施之事業、猶取諸篋笥、而慷慨激烈、每遇大事、以死自誓、無所廻避、亦皆遵遺訓也、嘉永中夷舶屢來、邊境繹騷、 天子深憂之、而嘉景山公留意邊備、繇此君名亦嘗得上聞、訃至京師、 天子震悼、有失人之歎云、聞者感動、益爲天下惜焉、

銘曰 名家之後、實生魁雄、謂天果無意耶、何以能遺吾公、謂天果有意耶、何爲不畢其功、天固不可知也、人孰不知其誠忠、忠精凜凜、震動 宸聰、孰謂臣子之誠不達 九重乎

國體　　藤田東湖

日出之鄉、陽氣所發、地靈人傑、食饒兵足、上之人、以好生愛

民爲德下之人、以一意奉上爲心、至於其勇武、則皆根諸天性、此國體之所以尊嚴也、抑所謂勇武者、非惟勁悍猛烈、以逞其威、蓋亦必發於忠愛之誠

天日嗣　同上

古者稱天皇曰須明良美古登、須明良之爲言、統御也、美古登之爲言、尊稱也、蓋猶統御宇內之至尊云爾、又稱天業曰阿麻都斐都岐、阿麻都斐者、天日也、都岐者、繼嗣也、蓋謂必日神之胤、然後可繼皇緒也、爾來天日之嗣、世奉神器、以君臨萬姓、群臣之胤、亦皆世其職、以翊戴皇室、此蓋神州建基之大端也

皇統一世　同上

赫赫神州、自天祖之命天孫、皇統一姓、傳諸無窮、天位之尊、猶日月之不可踰、則萬世之下、雖有德匹舜禹、智侔湯武者、亦唯有一意奉上、以亮天功而已、萬一有唱其禪讓之說者、凡大八洲臣民、鳴鼓攻之可也、况藉口託名之徒、豈可使遺種於神州乎

內省養氣　同上

蘇軾有言、道理貫心肝、忠義塡骨髓、直須談笑於死生之間、余深服斯語、亦擧以勖子弟、以爲蘇氏斯語、可以注孟氏浩然之氣也、夫浩然之氣、孟子既曰以直養、又曰集義所生、又曰配義與道、其所以示人、反覆丁寧、不一而足、推其說、則大學所謂心廣體胖、中庸不愧屋漏、論語內省不疚者、皆浩然

之地、而非胸中別有一箇盛大之物也、後世黃吻耳學之徒、或以豪放磊落跌蕩不羈者、爲浩然之氣、大非孟子之本意、何者豪放跌蕩之人、闊畧於小廉曲謹、稱鄉愿者萬萬、而苟欠愼獨內省之工夫、則不能無行不慊於心、小不慊則斯氣欿然餒於中、安在於其爲浩然哉、必道理貫心肝、忠義塡骨髓、然後正氣充實於中、及其至、則可塞於天地間矣、

菅家遺誡　菅原道眞

凡神國一世無窮之玄妙者、不可敢窺知、雖學漢土三代周孔之聖經、革命之國風、深可加思慮也、凡國家所要、雖欲論涉古今究天人、其自非和魂漢才、不能闞其閫奧矣、

日本刀　山田方谷

日本刀之利、赫然於萬國矣、然懦夫執焉、嬰兒狎之、弱將執焉敵國輕之、庸國執焉、夷狄侮之、而亂臣得以弑其君、賊子得以弑其父、執非其人、果不可歎、然則恃刀不如恃人、磨日本刀、不如磨日本膽也、今也人之不恃、膽之不磨、是非榮辱來襲、而不知拒、聲色貨利來侵、而不知防、揚揚然橫三尺秋水、一庸夫當前焉、強夫則悍然抗之、懦夫則戰栗避之、其何問敵國哉、其何問夷狄哉、所謂日本膽、何也、曰仁、曰義、曰忠、曰孝、夫仁義忠孝、人之固有、而列聖之所恃以維持世道人心於千万年、善磨之、則其光芒威靈、足寒姦賊之心、而禦腥膻之侮矣、嗚呼、是人也、直可執日本刀也、故藤原氏能誅入鹿、北條氏能攘蒙古、名和楠氏諸將能復王室、是豈非不恃

刀而恃人、不磨刀而磨膽之效耶、不然、赫然日本刀、安知不爲亂臣賊子之用哉

記誦　貝原益軒

記誦、是讀書第一法、不多讀、則不能記、不記、則無由考究義理、故記誦、誠是學者之要務、然記誦之須於少壯之時、苟到强壯之時、雖强記誦、然易忘失、徒勞力而已

子弟　同上

子弟居家、則順父母、宜兄弟、敦親戚、在外、則汎愛衆親仁、凡接人倫、平心和氣慈愛恭敬、懲忿窒欲、自反責已、有忍有容、而居常以爲善爲樂、此學者自初學至終身、爲日用當務之工夫、一生之事業、先須於此立基本

立志　同上

君子之所務、若迂遠、而其得效也、却近速者、由務本而已矣、爲學之道、以立志爲本、夫學者百行未立、百善未行者、由志之不立也、德之不修、過之不改、亦須責其志、今之學者、平日之工夫、大率專乎講讀、而疎乎進修、是以經義雖通、德業未立、此其志、唯在于彼、而不在于此也、夫進修之道、須以厚人倫克勤善行、爲專務、以改過治性、爲急切、以省察自訟、爲機要、以慈祥仁厚、爲恒心、以刻薄暴怒、爲蟊賊、以謙遜、爲可尙、以克伐、爲可恥、以好毀人之短、揚人之非、爲至戒、樂道人之善、惡稱人之惡、此可爲敦行君子也、夫學者之立志也、須以至君子、爲標的、於乎、陽氣之所發、金石亦透、精神之所至、無所不成焉、苟立志如斯、則奚憂不至乎君子哉、

好學　伊藤東涯

人爲學而不進、非無才也、不唯怠惰自棄爲然、多困於私意、役於小智、沾沾自喜、不肯親師友、卒終於無聞、畢竟好學之志不篤故也、君子之於學也、食無求飽、居無求安、敏於事、而愼於言、亦可以足矣、孔子曰、就有道而正、然後謂之好學、有旨也夫、

示三上仲敬　柴野栗山

力人之養力也、飲之生熟、失度不食、魚之多骨不食、娼妓之養美也、日食豆腐滓、以悅澤其肌膚、又減食忍飢、以纖細其腰肢、夫力之爲用、止爲一搏之勝而已矣、美之爲用、止爲一夫之悅而已矣、而以力人娼妓之智、猶能自惜自愛乃爾、大丈夫將繼往開來、出則濟此民於仁壽、處則傳斯文於將來、今乃艶乎一醉一飽之快、以危性命者、何哉、孟子曰、飲食之人、人賤之矣、蓋以娼妓力人是不如也

示熟生　同上

籠養小鳥者、捕獲鶯雛、患其聲澁濁、就老鶯善鳴者、使學其聲、俗謂之附子、雛初在籠、遷躍上下、瞭然無少頃靜、忽聞老鶯一哢、便戢翼凝立、如諦聽者、越時始能動身、既而低弄、如學之者、又如羞澁怕人聞者、如此一兩日、乃能放喉縱囀、音響瀏亮、可愛云、嗚呼、微彼小禽、尙思好其聲、而知希賢、可以人而不如鳥乎、癸卯二月十三日、聞之神川生、書以示熟生、

君子有五樂

佐久間象山

君子有五樂、而富貴不與焉、一門知禮義、骨肉無釁隙、一樂也、取予不苟、廉潔自養、內不愧於妻孥、外不怍於衆民、二樂也、講明聖學、心識大道、隨時安義、處險如夷、三樂也、生乎西人啓理窟之後、而知古聖賢所未嘗識之理、四樂也、東洋道德、西洋藝術、精粗不遺、表裏兼該、因以澤民物、報國恩、五樂也

快

篠崎小竹

好快惡不快、人之常情也、何謂快、所聽適耳、所視適目、所齅且食、適鼻與口、四體百骸、莫所不適、謂之快也、然是身之快、非心之快、何謂心之快、惡惡如惡臭、心則快矣、好善如好色、心則快矣、心苟不快、則身所以爲快者、必歸於不快矣、然則快之本在心、而不在身、故快字從心、君子先心之快、而後身之快、故心常快焉、而終身不失身之快矣、小人肆身之快、而不顧心之快否、故心益不快、而身之快、亦隨亡矣、君子小人之辨、在決其所快之先後而已、故快字又從夬

練心膽

中村栗園

士不可以不練心膽、練心則智慮出焉、練膽則勇決生焉、可以充廟堂之用、可以應軍國之務、心膽豈可不練哉、然此二者、深藏於身腹中、非如丹砂絲布之可以入手練也、然則練之如何、曰、練丹砂以鼎火、練絲布以水灰、而練心膽以文武之道、文學熟而武藝精、是乃心膽之所練也、何以言之、有二人於此、同學文武之道、其一人則篤志刻意、磨以歲月、智識朗發、而弓馬劍槍、亦皆究其壼奧、筋肉硬堅、能堪寒暑、投之於機務繁劇之地、而不迷、寘之於干戈倥偬之間、而不懼、此豈非學熟藝精、心膽練焉者乎、其一人則雖學之、而心常在於鴻鵠矣、智識闇昧、骨力柔輭、使之治事、錯亂無條、使之當敵、顧望不前、此豈非學與藝未精熟、故心膽不練焉者乎、均是人也、而其智愚勇怯、相判如此者、無他、在其練心膽與否而已、甚矣心膽之不可不練、而文武之道、不可不精熟也、吾嘗見獵師與蜑丁、殪鳥獸捕鱗介、一則走乎千尺之山、一則投乎萬尋之淵、皆視巉巖洪波、如坦途平地、而毫不畏避者、何也、以平素習練其術、有所自恃故爾、賤業猶然、況於文

武之道乎

虛心平氣

尾藤二洲

讀書偶獲一說、質諸古人而恊焉、徵諸今世而弗悖焉、欣然自喜、以爲至理、他日無事、獨坐窓下、倏思之、恊焉者猶有不恊也、弗悖焉者、猶有悖也、是何其見之瞭乎後、而眊乎前哉、論事偶獲一義、考諸古人而合焉、驗諸今世而弗謬焉、快然自足、以爲至道、他日無事、獨坐窓下、倏思之、合焉者猶有不合也、弗謬焉者、猶有謬也、是何其知之昭于後、而昏于前哉、嗚呼、我知之矣、蓋心不虛則蔽、氣不平則蕩、當其獲之之時也、欣然快然者、其氣爲之蕩也、以爲至理、以爲至道者、其心爲之蔽也、他日能覌之者、其心虛、其氣平也、今夫水之性、眞

淸可鑑、而有土汨之、方圓之不能察、苟心蔽氣蕩、寧不謬紫於朱乎哉、是故舍其所執而讀之、無讀不通、忘其所持而論之、無論不當、優柔厭飫以之、講習切劘以之、凡書之微旨、事之得失、莫不氷釋理順焉、譬諸出於荊棘觀於平原、正路與旁徑、宛在目中、豈難於擇而由之乎、豈不誠欣然快然乎、横渠先生曰、濯去舊見、以來新意、夫唯虛平、可得而來之、

漢文讀本卷之四終

漢文讀本 卷四 普及舍

明治廿九年九月六日印刷
同　年九月九日發行
同三十年二月十八日訂正再版印刷
同　年二月廿二日發行

定價	
卷一、十五錢	卷六、二十錢
卷二、十五錢	卷七、二十錢
卷三、十八錢	卷八、二十錢
卷四、十八錢	卷九、二十錢
卷五、二十錢	卷十、二十錢

編者　東京牛込區西五軒町四十三番地　指原安三
發行者兼印刷者　東京神田區柳原河岸十七番地　辻太
發行所兼印刷　東京神田區柳原河岸十七番地　普及舍

指原安三編輯

漢文讀本

發兌　普及舍

凡例

一前編、專輯邦人之言行與事實、此編、宜輯漢人著作之文、然本邦大家之文、不讓漢人者甚多矣、且在本學年級以前、其理解之力、或未足讀論說序跋等、而其記事紀行等、皆以係本邦之山川、使讀者覺自然之興味、故輯本邦大家之傑作、以充三學年級云

漢文讀本卷之五目次

漢文讀本　卷五目次　普及舍

漢文讀本卷之五目次終

漢文讀本卷之五

指原安三編輯

鼠

伊藤東涯

中宵不寢、聞鼠耗聲、投枕而橋之、鼠駭而逸、有間而來、又橐橐也、如鋸本然、如嚙枯箕然、主人擊床而響之、其聲止、暫而復嚙、叱而怖之、而不去、主人乃明其釭、手其械、截其走路、竟斃之于櫖櫨之間、世之玩法、而取禍者、何以異此、國有典刑、聖有謨訓、天有必然之道、可以其時或寛而玩焉以招覆滅也哉

鼠說

賴山陽

我室有鼠、夜齕我書、逐則去、瞑則來、謀諸侍僮、僮曰、臣有策焉、乃夜機于室隅、側立方量、棲之盆、措糠于量也、誓曰、毋喧、今夜三鼓必禽之、曰、諾、皆寐、我佯瞑、燭下睨焉、鼠跡糠而來、環盆而窺、稍入盆、然不敢食其在于量者、食其遺于盆者而去、我曰、事去矣、鼠去而來者數、翹翹而攀量、量俄然覆、僮聞之、走而至、右抑量而左擊盆、陳之我前曰、獻禽矣、尾曳于外、其內啾啾然、我曰、此苟知足乎、若安得奏功、僮哂曰、何獨鼠、夫戀於世、蹈危機而陷焉者、何獨鼠、我嘿然頃焉曰、縱之

猫說

栗山潛鋒

西隣老爺家畜一猫、撫愛百端、膝之有年矣、竊盜塵汚、一不以問、雖其家人、不得輒罵、以故飲食、大率猫之餕也、吾家每

食、遽焉必來、伺候案前、其頭與睛隨箸上下、家人厭之、或投與骨、則奔就之、齧噬未盡、乃復如初、村有怯犬、街兒所鞭、猛狗見逐、無所得食、往往在吾堂下、每爲猫投骨、揚尾帖耳、欣欣然欲復就之、猫圓目不瞬、藏爪縮身、爲向鼠狀、犬逡巡而去、朝餐晡食、以之爲常、犬既無食、日以怯懦、猫以爲得其術、益以不畏、乍會逸犬過堂下、猫卒然直前、欲復脅之、逸犬乃銜而去、今世之挾勢恃外、以侮其下者、未有不爲逸犬之得也

槑犬說

鹽谷簀山

杏菴翁家畜槑犬、白黑班毛、縮其鼻、睅其目、性狡、善解人意、動作一承顏、俛頭帖耳而匍匐者、乞食也、掉頭搖尾而躑躅

者、喜得食也、置焉而不與不敢食、與則食、與爲而叱則守之、竢再與、生蟲生魚、嗅而不嚼、見異服異狀、則張爪齔齒、吠吼跳躍、如將噬齧者也、予一日過翁家、翁指之曰、渠有六德、子知之乎、善解人意、非知乎、俛頭帖耳而匍匐者、非禮乎、與則食、不與則不食者、非義乎、與而叱則守之者、非信乎、不嚼生物者、非仁乎、吠異狀者、非勇乎、吾愛槑犬有取于此也、子爲記之、吾聞、古之人、取孝於烏者有焉、取義於蟻者有焉、取仁於虎狼者亦有之、未有取六德於禽者也、吁、犬也非人也、何爲乎具此德、而人或不能、然天下槑犬多矣、而未聞有如此犬者、蓋由其教習成熟與否也、然則天下病不教耳、苟教之如翁之犬、誰不全六德、況固有此德者哉、因書以爲戒

猿說　齋藤竹堂

猿之演劇也、衣冠焉、而爲士大夫、裙帶焉、而爲婦女、且立且坐、且周旋、且進退、擧古忠臣烈婦之情狀、一一依倣、視之儼然人也、而或擲一菓于其前、則翻然自失、故態頓發、側衣冠曳裙帶、匍匐往食之、雖觀者嗤笑、弗自知也、嗚呼、猿自飾而爲人、見菓而爲猿、唯一菓而人猿判焉、然今學君子于聲音笑貌、而其節變于斗升之利者、是亦斗升、而君子小人判焉、與猿何異

駱駝說　齋藤拙堂

駝之爲物、其大倍蓰牛馬、頸長腹張、背有兩峰、脚三折、長鬣而非馬、岐蹄而非牛也、近西洋人、貢之於我、我邦人少見多

怪、初駭其詭異、終笑其蠢癡、紛然喧於都市云、吾聞、駝之在西城、能察熱風、能知伏流、能負千斤之重、日行七百里之遠、其能過牛馬遠矣、西人常資以爲用、唯見其材能、未見其詭異也、今來在此、地殊而用異、徒充詭觀、遂嗤笑之、不亦寃乎、嗟呼、以出群之材、居非其地、用違其性、終身默默、不得自效、而爲世人之笑者、皆駝類也、悲夫

捕雀　賴山陽

雀小黠善畏、望食而不敢下、鴉多智、善就利避害、鴉之所在、雀則下之、故捕雀者、以鴉爲招、縶鴉之足、環散粟而隱網其傍、鴉俯啄粟也、群雀望視之、嘖嘖然、蓋相告曰、彼在焉、我可以往也、連翼而下、百啄喧爭、而網已掩之矣、嗚呼、彼自謂智

且巧、莫或敢侮予、而爲食縶其手足、貪戀不能自脫、而視之者、不以爲可憫、而以爲可與歸、胥溺於禍機、而兩不悟也、可不哀哉

醜女說　藤澤東陔

里之女子、容甚醜、行年三十、不售焉、問其領、則蝤蠐、問其齒、則瓠犀、盻目倩笑、而螓首蛾眉、信如此、殆盡美矣、然謂之醜、何也、曰、其鼻欿而呀然、夫鼻之隆起而上、或譬之山、今欿之、衆美廢矣、不啻容已、行亦有之、其惟孝乎、人之高行也

習說一　尾藤二洲

兩兒相嬉、在于閭巷之中、跨竹而走、驅犬而鬪、其所爲莫不相似也、稍長、各異趨舍、日疎月遠、其所爲、莫不相反、訖其壯

也、乃一猪一龍、奚啻韓子所言而已哉、嗚呼、此何故也、豈非習使之然也歟、是故習可以成智、可以爲愚、可以爲賢、可以爲不肖、習之於人、所係其不大乎、吾視馬之習于火者、聞災即嘶、見燄即馳、與常馬慄而却走者、殆如殊其類、故君子愼乎習、習而不懈、何憂其無成焉、夫子曰、性相近也、習相遠也、習之於人、其可不愼哉

習說二　尾藤二洲

攀絕壁蹈懸厓而眩焉、乃人之情、而山中之民、不眩也、涉狂濤歷驚瀾而懾焉、乃人之情、而海上之民、不懾也、夫絕壁懸厓、銜天且欲顚、狂濤驚瀾、捲地且忽倒、彼奚爲而不眩懾也、習使之然也、故習而熟之、山海之險、猶可夷視、況事近于人

情者乎、然世之爲學者孜孜矻矻、非不勤焉、而言行才藝百職之務、終不能充其志者何也、是豈非以習之不熟邪、嗚呼、山中之民善其事、而吾不能也、海上之民善其事、而吾不能也、卽其孜孜矻矻、惡在其爲習也、是以君子其考也洽、其思也精、循循不已、繹繹其逹、無不明焉、無不察焉、而言行才藝、百職之務、凡其所習、無之而不自得焉、乃可以攀絕壁、可以蹈懸厓、可以涉狂濤、可以歷驚瀾、天下之事、何不可爲之有、此君子之所以爲習也歟、抑君子之所以不器也哉

蝸說

松崎慊堂

松子倦誦臥竹床、久雨乍晴、林庭瀟洒、地潤而苔滑、有蝸上牆而行、行而兩角觸觸而警、警而縮縮而首尾俱藏入殼中、

松子喟然嘆曰、蝸哉蝸哉、夫得潤而行、何似夫遇時而行者邪、觸警而縮、何似夫言而當忌諱、自反而引咎者邪、縮而藏、何似夫不用而自善者邪、古之人以汝名廬、抑亦以此歟、蝸哉蝸哉、何甚似君子乎、又嘆曰、得潤而行、何似夫得幸而進者邪、觸警而縮、何似夫外剛而內荏者邪、縮而藏、何似夫緘口畏罪、而固其祿位者邪、古之人以汝爲醯、抑亦以此歟、蝸哉蝸哉、何甚似小人哉、夫君子以似汝而爲君子、小人以似汝而爲小人、故甚好汝而又甚惡汝焉、好汝則但恐其不爲汝、惡汝則但恐其爲汝也、是以欲居汝廬而爲君子、又欲食汝醯、而不爲小人矣、是故先作汝說

雜說一

中井履軒

人而能充其性者、鮮矣、物而不率其性者、未之有也、今人之不肖、詬之爲禽獸、禽獸何辜、有不捉鼠之猫邪、有不執爵之鶺邪、有不嘬膚之蚊邪、有不攫腐之鳶邪、有不春北而秋南之鴻雁邪、有不夏出而冬蟄之蛇蚯邪、夫人有仁義之性、而能履仁義之行者、天下幾人、人亦可以愧於禽獸

雜說二

中井履軒

猫之捉鼠、虎之食人、性也、人皆愛於猫之性、而憎於虎之性、果是獲愛憎之二道乎哉、夫所以愛於猫者何也、豈不以其爲人除鼠害邪、然有時乎、偸脯盜炙、食雞鳴、與鼠同害也、人亦隨而笞之、雖然、猫固無二性也、鼠與脯炙雞鳴、皆其所欲也、捉鼠之被愛、偸脯盜炙、食雞鳴之取憎、至死不悟、其理也、

虎固以食人憎於人、然以其能食田豕也、聖人列之八蜡、尸祝而送迎焉、人之肉、田豕之肉、其爲味一也、虎其有二性乎哉、是故人之於禽獸、論其功罪而賞罰之、可也、愛憎於其性、不可也、人之私言爾、噫、鼠之害於人、至小而有能殺之、則人喜而愛之、祿食而撫之、顧人之害於鼠、動係於性命、其爲害也大矣、鼠而有知、其德虎也、不啻人之於猫

雜說三

中井履軒

馬牛之服轅負犁、有天性邪、將人之智而役之邪、抑馬牛幸有技、而供人之役邪、將不幸有才、而自苦其躬邪、一自有服轅負犁之事、深山幽谷、無復馬牛、今夫才能賢知之人、伏於草澤、不爲世用、適然保其性而自樂焉、視之馬牛自苦其躬、

相去不亦遠乎、雖然、既才能賢知、而不爲世用、是亦馬牛之弗如也、馬牛不求役於人、而人自役之、有才能賢知之人、則不知役也、蓋有任其責者、但其人與馬牛之幸不幸、則弗可知矣、必有辨

棋説

塩谷簣山

棋機也、寓兵機者也、故有守有攻、有正有奇、虚虚實實、陰陽開闔、寓變化于法度之中、存紀律于縱横之間、方其對局也、必先察彼此之情、審彊弱之勢、算定而後下子、以正合、以奇戰、餌而食之、利而誘之、怒而撓之、卑而驕之、要險擊之、設伏陷之、掎角擒縱、離合出沒、回死乎生、轉敗乎勝、始而處女、終而脱兎、如風如火、如山岳不動、爲魚麗、爲六花、爲常山蛇勢、

整整肅肅、不可犯、紛紛紜紜、不可亂、陷死地而勝、如韓信破趙、出其不意、如李愬襲蔡城、以術誑敵、如孫臏獲龐涓、轉敗爲勝、如田單復七十餘城、千態萬狀、出沒變幻、靡有窮已、蓋雖勝敗無常、大抵得機者勝、失機者敗、機者猶如弩牙、一發不回、間不容髮、故能知機者、惟爭一著、如豐太閤之趨賤嶽、如平右府之襲桶峽、先則制人、後則爲人所制、一先一後、勝敗係焉、善知其機、而後棋可爲也、予不解棋、好觀人圍棋、殆忘寢食、始知爛柯之不虚、恨不生于戰國間、獲見良將謀士、神變鬼化、決機乎兩陣之間也、作棋説

鏡説

山田方谷

岐蘇深谷中有村焉、其民未嘗知有鏡矣、有好事者、齎夫玻璨而往、欲戸戸而示之、造一戸、其主翁與兄友愛篤摯、而兄新歿、乃鑑視己影、以爲兄之靈現形也、擁鏡大哭、絮語縷縷不止、鏡主大笑、急取鏡去、又造一戸、其主強暴壯夫、與兄相仇視、絶往來、亦一鑑以爲兄至、大怒戟手向之、則鏡中之影亦戟焉、益怒、極力一擊、鏡立片碎矣、嗚呼、亦愚矣、抑茫茫天地、大鏡也、森羅萬象、一影子也、則人之處世接物、恩讎順逆、親疎從違、千境萬界、現乎目前者、豈非吾心身之影子乎、然而喜恩怒讎、樂順憂逆、愛親惜疎、好從惡違、惱亂心身、無所底止、非岐蘇村民之愚而何、何以免其愚、曰、自反以求心身而已矣

題畫

古賀侗庵

謂之蘭亭則有月、稱爲桃李園則無花、然吾觀其山水清遠、竹樹葱倩、亦自一勝境、其人瀟灑、實右軍青蓮之儔、則覽者借以滌胸襟、陶性情可矣、何必問其爲晉爲唐與否邪

題瀑布圖

安井息軒

劃然拋於巖、樹搖草靡、紅驚綠翻、豎衝激震撼、鳴動四壁、石上對酌者三人、仰顧指點、笑容可掬、不問知其爲青蓮輩也、幅無款識、然徵之紙與墨、蓋亦數百年之物、噫、孰作此尤物、使予得一洗塵喧、而悠然日臥匡廬之中也

題寒江獨釣圖

頼山陽

僕西遊下筑後河、時方臘月、瑟縮舴艋中、如凝凍蠅、欲出瓢酒抗敵寒威、顧無下物、見枯蘆間漁翁信宿、就乞小魚數尾、

舟子又爲擷寒芹、相倶數酌、而雨霰忽至、不暇架篷、急蔽篷於頭、而相酬酢也、今觀此圖於南洞相公之座、憶起往事、已五裘葛矣、因爲相公述之、如相公、居則深簷、出則大輿高蓋、豈知人間所遇有如此哉

題寒江獨酌圖後　佐藤一齋

謂富貴不如貧賤者、是矯語也、謂貧賤不如富貴者、是俗語也、夫其戴蓑笠、被襏襫、繋艇於寒巖之下、投竿於黄蘆之灣、是漁郎溪丁之所寄、非王公大人之所宜、今南洞相公、出此圖、徵題門客、不一而足、殆似繾綣於此、無乃其出於矯歟、坦謂、不然、其所云不如者、皆自苦樂起相、夫著相苦樂、究竟不見其可樂矣、唯達者超然於苦樂之外、然後富貴貧賤、無所

往而不樂、尚何殊與俗之有、公既雍容於巖廊崇高之上、而又不厭夫釣漁荒涼之所寄、殆兩忘苦樂、而得之者非邪、今徵及坦、乃漫題之

書挿秧圖後　齋藤竹堂

水田縱横、婦孺數十人、蓑笠相屬、秧針挿地、歷歷然如碁子之在局面、是圖中所有、一覽便自見之、若乃晴日射背、汗滴禾下、細雨濕衣、袖袂皆重、手已倦而拮据、足將顚且停立、是圖中所無、非瞑目意想、不可得覩、可見之景于圖而知、不可見之情于圖外、是謂善覩此圖者矣

題富士山圖　古賀侗庵

登蓮嶽之絶巓、以四望、山如蟻垤、而海似盆、風在下、而雲霧

衣袂、令人胸豁神王、翩乎有遺世之想、是亦人生之至快樂也、人之希享斯快樂者、滔滔皆是、而克酬素志者、不過億萬中之一二、予觀世人之談富士、詳確明晰、瞭然如曾躋攀者、及考其實、彼未始步趾、特覽丹青攸描、强不知爲知、乃知言之易、而其至難在於行之也、今人於聖賢之大道、未始踐行其一端、及宣之於口、則横說竪說、流暢不窮、類踐履已熟者、又奚異於目擊畫圖之山、以資雄辨者哉、斯弊在吾儕儒生爲最甚、予展斯圖、不覺汗涔涔下、非獨嘆畢生不獲償登嶽之願而已也

跋淺草八勝圖後　佐藤一齋

余嘗謂、夫深山邃谷、斷崖絶壁、於勝概則爲贍矣、而非公侯

設都之所宜、曠原沃野、莽蒼之地、固宜拓而都焉、而又乏於景物、武藏之域、古稱多原野、而江都尤其曠平也、故雖地得其宜、而勝概則不足焉、而獨有墨沱之水、繚繞迂曲、地幽而望濶、外此則寥寥矣、侍講成島君東岳、世居墨沱西壖、性有山水癖、而以其轂於朝也、登山之屐、恒錮於都城之間、是以每閒居、輒手披山經地志、目涉而心遊之、故雖未能親蹈其境、而已知天下勝概、不止夫區區墨沱之勝也、雖然、山經地志、竊其彷彿而已、寧如得之於目前之爲眞且可樂乎哉、間者屬其友人、製淺草八勝圖、又自作近體詩題之、卷成、寄余跋之、顧余觔然一布衣也、固宜丘壑自放、而今不能然、是爲愧耳、今之人莫不朶頤於軒冕貨具也、即其逃丘壑者、亦或

不免焉、獨成島君則蚤登朝署、而夢寐山林者、拷焉哉、此擧雖小也、亦可以見其志尙一端矣、雖然、他年君得退老於家、勝具未衰、以恣山水之遊、而余亦幸時脫塵羈、則將相從以遂志願也、今題玆卷、以爲左劵

地圖飜刻題言　渡邊樵山

方今之急務、莫先於講地理、地理明、然後能知彼之形勢情狀、文物兵制、可得言、而所以待之之方、思過半矣、佐藤某、有見于此、取洋人所作萬國地圖之最新且詳者而訂之、將刻梓以公于世、可謂勉矣、抑講地理者、或以是圖爲津筏、則五洲之茫洋、庶幾可得其針路而濟也、予故題數言慫慂使終其緒云爾、文久二年壬戌九月

書輿地全圖後　齋藤竹堂

吾邦刻輿地圖、自長猩赤水以下、亡慮數種、然輿地上之形勢、今古自異、古未闢而今闢者、與古强大而今亡滅者、固亦有之、而猶執古圖以概今地、其不謬者幾希、但西人航海日廣、古之茫洋不可測識者、今視之瞭然若指掌、故輿地之說、不得不以西人爲絕精也、吾箕作君玉海、地學既精、屬者取赤水所刻、更與西圖參互考訂、遂造一圖、而以說附焉、蓋其圖小而說簡、然亦今之輿地、非古之輿地也、則斯圖一出、雖古圖皆束閣可矣、且就斯圖睹之、所謂帝國莫臥兒古圖皆載、而此則無矣、蓋其亡也、距今不過數年、亦形勢之一變耳、因思、五洲中稱帝僅數國、而今亡其一矣、若吾邦土壤、不若彼之廣、而儼然以帝國稱、萬古不變、則吾輩生育于此、不亦幸乎、展此圖者、須如是觀、雖然、彼西東貿易、互相交結、而吾邦獨一鎖不通、則其環視窺望于外者多矣、安可不以自備耶、展斯圖者、又須如是觀

題洋舶圖　齋藤竹堂

天下有無海之國矣、西洋是也、西洋非無海、而舟舶之利、可以凌濤萬里而無患、是我之海、乃彼之地也、余嘗遊長崎觀蘭船、儼然如一城、壁四圍皆銅、上植三柱、擧帆數十片、隨風而轉之、順逆皆進、船腹穿孔、以置巨砲數門、有變輒發其內、百司衆職、及所須服食之物、莫不皆備、是彼之舶、乃我之城也、彼唯築城于舶、故可轉海于地、嘗聞、英夷西洋之一島耳、而南侵北略、至與滿淸爭雄、使我有西顧之憂者、亦舶也、我之講海防者常曰、彼長于船、而短兵格鬪、我之所長、出于我所長、雖彼之舶、不足恐也、殊不知攻守異勢、彼大舶蔽海而至、而我坐待之、氣已沮、長技將安出、且或欲進戰于海中、而小舟仰出其下、彼苟一擊、輒虀粉矣、此二者、安見其必勝哉、然則彼之舶、我亦可造乎、曰可也、我素無鳥銃、而西洋之銃、遂爲我銃、則昔日所無之銃、可有于今日、而今日所無之舶、獨不可有于他日耶、故我之舶、特未造而已、造則我亦可轉海于地、而格鬪之技、固其所長、是我兼有彼我之長、而彼無我之長、並失彼之長、我由是而縱橫馳騁、雖稱雄萬國可也

題群盲評古器圖　川北温山

群盲擁鼎而立、有握鉉爲弓者、有撫腹爲鐘者、有抱足爲柱者、有執耳爲盤者、均之不見全鼎、而喧嘩不已、有一老盲、偏摩深察、傲然喩群盲曰、某所握者鉉也、某所撫者腹也、某足也、某耳也、此之謂鼎云、衆咸服焉、一盲曰、已得聞其名、請問其用如何、老盲不能答、由識者觀之、則執一端者誠陋矣、乃擧全體而諳其名、不知其所以用、則亦不爲得焉、嗚呼、聖人不再興、吾人之爲經也、不爲群盲者幾希矣、經術之難、奚翅古器之比哉

書俄羅斯圖志後　鹽谷宕陰

偉哉、俄羅斯之猛於斷也、其初建國、比達王微行、遊於他邦船廠火器局、講習工藝、還國傳授、方佛蘭西之來侵、底利亞

王擧國遷避、空其都城、待佛軍深入、潛回縱火擊之、夫比達王時、其臣應不乏材俊、是之不遣、躬親爲工人、以肆業、比之瞿曇氏逃山以開教、可謂勞倍而功蓰矣、蝮蝎螫手、人皆知斷臂之可以免毒、而猶豫不忍者、十常八九、底利尼王、一朝擧其城闕宮室、府庫倉廩、燔爲灰燼、而不之吝、雖晉人之焚朱雀桁、明太宗之遷田横諸島之民、未可同年而語也、上既如是、故其部落、至有生兒女三四歲、卽託之親朋鞠育教誨、男至堪從軍、女至可婚配、始取之者、事雖如不近人情、而變陋爲文、矯枉爲直、亦不可無此斷決也、夫以亡國之餘燼、崛起勃興、横亙歐亞、延及墨利加、建振古未曾有之國、以稱雄四海、凡此鴻業偉畧、唯斷乃成矣、吾觀滿淸所以待英國、沿

海民戶、有當遷避者焉、西洋器備、有當仿造者焉、有識之士、上疏建白之、或著書議之、而大臣如穆彰阿耆英輩、不釆不納、褎如充耳、聞俄羅斯之風、幾何其不苶然恨死耶

題豐公裂封册圖　渡邊樵山

予嘗讀史、至豐公延明韓之使者、而受其封册、罵而裂之、未嘗不爲公惜也、曰、嗚呼、受之與裂之、均爲失策、以予觀之、既受之、又裂之、未若初不受之之爲愈也、何則方是之時、假令李昭割三道與我、而朱翊鈞以我爲何王歟、奚遽得封爲朝鮮王、至爲明國皇帝、則斷無是理、固不待智者而後知也、公既受册、然後始知其爲欺弄也、則不亦已晩乎、此特由不學之過耳、嗚呼、以公之雄才傑略、而不學則猶且不免乎如此

失國體、而況於庸劣駑下之人乎、惜乎使當時君臣略通書史、則豈有受幺麽髯奴之欺、而取嗤於外邦、貽辱於後世乎哉、雖然、公則猶有可言者、及其悔悟、裂之目不暇瞬、使觀者心寒體顫、固不害其爲雄才傑略也(下略)

題藺相如奉璧圖　安井息軒

眇然小丈夫耳、力不足以維雞、貌不足以加人、而浩氣所發、滿堂慴伏、以秦政之暴、不能少折其節、終完璧以還、甚矣氣之能伸萬物之上也、然氣生於志、志奮於義、義苟失矣、匹夫猶且侮之、安能逞於虎狼之秦哉、相如唯知此義也、故他日屈於廉頗、如四體無骨、亦能使頗肉袒謝罪、而趙國賴以安、世之悻悻者、獨快其折秦、而不知其所以能折之、則別有在

焉、抑末矣

題赤壁圖後　　安積艮齋

天下何地無月、何處無風、而赤壁獨以風月聞者、非以有蘇子文章耶、夫文章非有金石之堅也、非有山嶽之重也、發諸心、形諸言、著諸篇翰爾矣、而金石可泐、山嶽可崩、惟文章赫赫然照映于宇宙之間、月爲之加明、風爲之加清、江山爲之加雄壯、所謂不朽之盛事者非歟、彼周郎竭智力、以精兵三萬、破曹瞞數十萬之衆、可謂千古奇功矣、而蘇子乃提三寸不律、詠風月於盃酒談笑之間、使百世之下、讀其文想見其人、吟諷贊嘆之不已、而善畫者、又摸寫之以傳、則蘇子三寸不律之功、反出于周郎精兵三萬之上矣、文章之盛如此、況

聖賢君子道德之懿、照映于宇宙者哉

臺灣記事跋　　青山拙齋

臺灣記事三卷、記明人鄭成功事也、成功者芝龍之子、而其母乃我平戸之產也、芝龍之客平戸、娶以爲妻、生成功、及芝龍事明、身致富貴、使人迎成功及其母、既而芝龍降清、成功不從、方清兵之陷泉州、軍民皆潰、成功母獨不屈而死、夫以孱弱一婦人、能抗醜虜、不辱其節、可不謂之烈婦哉、當此時、明室既亡、冠帶之國、變爲左衽、搢紳之士、改節易操者、滔滔皆是、而成功僅以一彈丸之地、迺能抗滿清百萬之兵、竭力明室、始終不渝、忠貞之心、堅如金石、可不謂之忠臣哉、其出師江南、雖敗衄不振、義氣凜凜、足以動天下、使百世之下、聞

其風者、勇士張膽、懦夫立志、此其功於名教也大矣、夫芝龍反覆之徒、固無足道、然妻爲烈婦、子爲忠臣、忠義貞烈、咸萃一門、何其盛也、蓋成功母子、雖其忠烈出天性、亦非我神州風氣之所使然歟、然則鄭氏之有成功、不翅明國之光、亦我神州之華也、我公嘗獲成功書、愛其筆畫遒勁類其爲人、展翫不置、乃命儒臣川口長孺、纂其事蹟、清人嘗爲成功傳、頗多遺漏、長孺乃搜索明清閒諸書、及我朝記載、檃括綴輯、萃爲一書、蓋於成功事蹟、尤爲詳備、公乃使林學士爲之序、命臣延于跋其後、將鋟之木、以公於世、嗚呼、我公崇尚文學、奬勵節義、至其有益於名教、推及異邦之人、使爲人臣者知以勸、此公之所以有此舉也、然則爲我臣子者、其於報國、宜如

何哉

題鞭駘錄　　鹽谷宕陰

駑馬可致千里耶、曰可、何以知其可也、吾聞之荀卿氏、曰、騏驥一日而千里、駑馬十駕、則亦及之矣、使荀卿妄人耶、則已、苟荀卿之非妄人耶、則必不敢欺後人也、然則十駕之術如何、曰、鞭之鞭之、鞭之而又鞭、今日行十里、明日行十里、行行不息、百年如一、必至所志、斃而後已、其是庶幾及之與、予駑駘也、而有志於千里、以古人爲鞭、揮之以氣、以追騏驥之風、寧中道而斃、不願蠢蠢然帖耳乎阜櫪閒也

題靜寄餘筆後　　長野豐山

伯樂閉戸而坐、隱几而夢、有萬馬過其門、跳踉騠嘶、諍然而

嗚、伯樂之夢自若也、一馬後至、咬然一鳴、其音如虎、伯樂俄然而覺、卒然而起、徙跣而走、出門而視焉、果乎駿也、夫未嘗見其肥腯純庬也、一聞其聲、而知其駿、何也、蓋通駿之神也、世之爲萬馬鳴者幾人矣、如吾二洲先生者、其亦駿乎駿者耶、咬然一鳴、無人能別於萬馬也、然則讀此書者、惟能通先生之神者、斯知先生之駿哉

題妍醜一覽

鹽谷宕陰

吾目無涕、但聽忠孝節烈之事輙泣矣、幼時從家慈觀演戲忠臣藏者、絃歌鼓笛之音、紅紫錦綺之色、眩目湧耳、而余獨咽泣不能語、詰且照鏡、則雙睫紅腫如毬、家慈笑語人曰、之子平日未嘗泣、而今乃如此、何其與辦慶安宅關之事似也、

回憶四十餘年、嗚呼、老矣、而家弟又爲此傳、殆俾罕肝液而潤之、何也

書兒島高德扁字後

安井息軒

右有待二字、兒島高德熱血書也、初在南部封内和加郡妙見寺、後寺廢、移爲三春府學扁、參之田原侯、公裔孫也、使其臣某摸刻之、筆勢雄渾、若龍蟠澤、亦足以想見其爲人矣、案史、後醍醐帝之狩隱岐也、公欲要而奪之、伏於備之三石、偶駕從播入、因、公聞而喟、單騎赴因、自行宮庭樹而書之曰、天勿空勾踐、非時無范蠡、帝早起見之、心竊恃之、越一年、從隱幸伯、會義旅東西並起、終相與滅北條氏、公扈駕入京、時人以爲榮焉、及足利高氏之反、公常出入於戎馬間、既而時事

日乖、楠廷尉死於山陽、新田中將亡於北陸、中興諸將、前後相繼殉國、而公亦蒙重傷、不能健鬪、士卒散亡幾盡、遂祝髮爲僧、改名志純、潛往於奧、住妙見寺、當是之時、高氏既擁立北帝、總兵馬之權、割棄州郡、攬海內豪傑之心、士之狗利祿者、爭歸之、南雖正統、偏安於山陬、獨楠氏有河泉二州、以翼戴之、兵力單弱、僅能自守、而四方割據之豪、委心於南者、肥有菊池氏、豫有河野氏、勢有北畠氏、毛有新田氏、皆世秉忠義、誓與南朝存亡、然隔居諸州、相距數百里、不能糾合以討賊、日與四隣戰、以爲聲援而已、奧大州也、力足以抗天下、而伊達南部二氏、猶奉源鎭守之遺教、不敢視時勢而貳其心、公之往奧、蓋欲假奧之力、以謀回復也、於是書有待二字、以

扁於堂、陽取之法實無邊、身則有待之語、而其意則有在焉、蓋公邃於學、識高而慮遠、其所爲一根於理義、而終不能成其志、齎恨入地、豈大有所厭棄而然耶、抑二氏之才、不足有與爲也、嗚呼、公雖無殊功乎、一心於王室、百折不撓、死而後已、非古所謂烈丈夫者邪、而史乘欽略、其詳不可得而聞、豈不惜哉、今也洋氣日惡、或將有大於南北爭統之事者、不知誰能百折不撓、如公所爲、使百世之下興起於片言隻字、而不能自已者也

故河攝泉三州守贈正三位中將楠公贊

朱舜水

忠孝著乎天下、日月麗乎天、天地無日月、則晦蒙否塞、人心

廢忠孝、則亂賊相尋、乾坤反覆、余聞、楠公諱正成者、忠勇節烈、國士無雙、蒐其行事、不可概見、大抵公之用兵、審強弱之勢於幾先、決成敗之機於呼吸、知人善任、體士推誠、是以謀無不中、而戰無不克、誓心天地、金石不渝、不爲利回、不爲害怵、故能興復王室、還於舊都、諺曰、前門拒狼、後門進虎、廟謨不臧、元兇接踵、搆殺國儲、傾移鍾簴、功垂成而震主、策雖善而弗庸、自古未有元帥妬前、庸臣專斷、而大將能立功於外者、卒之以身許國、之死靡他、觀其臨終訓子、從容就義、託孤寄命、言不及私、自非精忠貫日、能如是整而暇乎、父子兄弟、世篤忠貞、節孝萃於一門、盛矣哉、至今王公大人、以及里巷之士、交口而誦說之不衰、其必有大過人者、惜乎載筆者、無

所考信、不能發揚其盛美大德耳

書畫帖引

鹽谷簣山

聚丹青墨妙于一幅之內、罔論識與不識、飄然而投、飄然而揮、爲雲煙、爲龍蛇、爲奇石怪岩、顏筋柳骨、倪山孫水、詭態百出、變幻超忽、雖一草孤木片翰零墨、曲有妙趣、猶會巨匠名流乎一堂之上、而各鬪其伎藝也、雖則尺幅之帖、亦足以觀一時文苑之盛矣、展觀之餘、書此以還之

近古史談引

鹽谷宕陰

春首南風揚沙、破窓簌簌、塵坌滿几席、頭涔涔痛、偶士廣袖此卷來示、屬予題言、讀其英主猛對之事、如耳暗啞叱咤之聲、讀其武夫悍卒畸人俠客之事、如目橫槊舞劍扼腕揚眉之容、讀其忠義狷介節烈之事、令人想整襟正色、琢廉礪隅之狀、於是拍案呼快、命爵引滿、頭風頓愈、憶昔從山陽賴氏於京師、晡間侍酒、縱譚前古英雄事蹟、以爲常、嘗曰、余弱冠遊江都、在尾藤二洲塾、翁杯酌間、好說戰國事、醇乎篤行君子、而其中乃有如此者焉、余曰、亦非由有所謂日本膽邪、士廣平生磨才硯墨、瀟灑風流文士、而兜牟氣象、見于毫端如此、亦無乃此由乎、夫左右文武者、姚姒子姬之教皆爾、而我民之於武、獨有不待教者焉、加之以學、健而順、質而義、以奉公守官、衞社稷保黎元、此所以萬古一姓、表東海而雄於宇宙也、士廣之著是書、意其在於此哉、乙卯孟陬念三日、題于鶡森巷九里香園

松陰快談序

長野豐山

余之僑居京城也、軒外有古松一株、夭矯蟠軒、如遊龍舞鳳、余撫而愛之、及日之沒山、月之飛空、則涼影參差、中庭如流、時有稚子、高吟曰、水上清風非有著、松間明月本無塵、余臥而聽之、不覺躍然而起、拍手和之、已而歎曰、此境界一味、恨無人共享之矣、居久之、聞足音跫然、則有二三客提壺而來、余爲設席松陰、與之啜苦茗、酌淡酒、陶然以樂、古人云、又得浮生半日閑、我輩之閑、豈特半日而已哉、於是、余爲之商搉古今、評品文詩、其餘及山水花木書畫筆墨之末、銜口而發、無所擇也、一談一笑、未嘗不抵掌稱快也、乃謂客曰、子亦嘗聽稚子之吟詩乎、水風不著、松月無塵、是得我談之意、且彼

偶然高吟以自快焉、我聽而悅之、不知客亦能悅吾之談否、然悅之亦可、不悅亦可、我快吾談、奚以問人之悅與不悅哉、容啞然而笑、且去又來、固無妨於我之閑也、積日累月、談益多端、因自錄之、稍積爲卷、名曰松陰快談、亦非以快人也、以自快耳、夫月之夕、松之陰、乃繙我書而快誦之、安知不復有旁人拍手稱快者哉

新選年表序　　藤田東湖

神代邈矣、不敢輙述、橿原奠都、距今實二千五百十有五年、皇統緜緜、罔有究極、嗚呼盛哉、漢土人文夙開、而運祚屢遷、卜年不甚永、洋夷各國興亡不一、雖自稱一千八百餘年、唯依其教祖始生之年紀耳、豈可與神皇相承萬世不易之域

同年而語哉、下總淸宮子栗、著新選年表、書爲三欄、上揭神州、中紀漢土、下列洋夷、於是異邦之興廢存亡、歷歷可撿、然後皇朝之所以冠絕宇內者、一目瞭然、不復待辨也、抑蟹文之夷、往往富彊、火技艦製、愈新愈奇新、包藏禍心、不啻封豕長蛇、治不忘亂、古之善教、修文奮武、實今日之急務、在上君子、謚有見於此、拮据綢繆、不一而足、則若斯書、亦必在所攷焉、我藩豐田天功、嘗著靖海全書、附以觀世年表、體裁與斯書、大同小異、未知精麤詳畧何如也、姑書以俟他日參考云

本學提綱序　　齋藤拙堂

古者有和魂之語、鈴屋翁一拈出之、以爲口實、揭示後進、至今日、人人言之、陋者或借此自便、謂苟有和之心魂足矣、奚

以漢之才學爲、殊不知此語本出源氏物語、愚管抄等書、皆配漢才言之、與今日人人所言者異、且菅家遺戒云、國學之要、自非和魂漢才、不能窺其閫奧、其言如此、而意亦可知也、由此觀之、古者所謂和魂者、既非今日所謂和魂、而今日所云國學者、又非古者所云國學、古者所云國學、必有資於漢之才學、豈獨國史、律令、和歌、物語之謂哉、蓋我列聖、廓然大公、不置彼我於胸中、彼言而是、我取以爲法、彼行而善、我遵以爲典、毫無蔽拙護陋之見、雖今日國家之制亦然、故其建學敎士、不止於國史律令和歌物語、是非所謂佗石攻玉之意歟、雖然、近世儒士耳目濡染於漢籍、或尊彼而卑我、不屑讀國典、無論和歌物語、有不知國史律令爲何者者、本末之

倒置、亦太甚矣、豈其可耶、浪華萩原某、世所謂國學者流、而頗涉漢籍、憫國學者之固陋、而憂漢學者之紕繆、慨然著書、矯而正之、以諭世、名曰本學提綱、屬序於余、余漢學者、而頗涉國典者也、宗孔子之學、而不失大和魂者也、甚嘉此書之中今日學者之弊也、爲之書鄙見、助而張之、以寘於簡端

續八大家文讀本序　　賴山陽

余嘗私修國史、至豐臣氏事、蓋有投筆而歎者、豐臣公之出師海外也、或說宜以能漢文者從、公笑曰、惡用漢文爲、我直將使彼用我文耳、嗚呼、此言也、可以警文士之陋矣、今季德此編、亦得非豐公所笑耶、且季德仕係武籍、不以長槍大劍效力國家、而顧費精於此區區者、何乎、夫我自有文、無須於

彼、猶我自有穀帛、無須於彼、須於彼者、止於藥物、其佗襍貨、有無無益、無無損、至如書籍、累累而來、布滿海內者、亦舍經史、概屬無益之尤者、爲文章家言、則沈氏八家之選、既已無用於我、而又在我附益之乎、吾反復考之、而後知其有不然也、季德生際右文之世、固將隨時淬厲自圖報效、奚擇於文武、且文武之相須久矣、假使豐公之時得武辨解文如季德者、充其採用、言聽謀從、則必不興此黷武之師、即興亦得彼之要領、而施我機宜、不至如當日之失乎肯綮、禍結不解必也、夫我非無文也、而終不及彼、資於彼用於我、何爲不可、苟以我所自有爲足乎、雖所謂藥物、不必須彼之參耆硝黃、參耆硝黃之必須於彼、可以知文亦必須於彼也、要以其辨是非、

別利害、言之簡明、傳之不謬者、漢文之用、寧可廢哉、夫文莫善於漢、漢人善用之、而八家其最善者也、譬之金鐵刀劍、彼同有之、而不及我之利、用之亦不及我之妙、而我擊刺趫捷、人人皆然、然必有專門傳法焉者、彼其辨是非、別利害、歷代所記載、皆有可觀、而必以八家爲法、亦猶此爾、蓋選於八家者、沈氏最晩出、稱精當、季德折衷宋元明淸諸選、以補不足、合此二者、而後其法大備、猶學劍者歷試各家、考較衆論、斷長補短、定爲一譜、就焉而熟習、其於防己制敵、不復他求也、抑其起伏開闔、頓挫擻脫諸法、文與劍同、劍有此法、而期於防己制敵而已、文有此法、期於辨是非、別利害而已、拘乎其法、而失其所以爲法、則季德之擧、終爲無用矣、故余於其索

序、言之、以警讀者、勿使後之英雄、如豐公其人者、嗤秉此書也

送駒留伯盛移居沼津序　安積艮齋

予識駒留伯盛於海鷗文社、其爲人英穎、喜文章、酒酣耳熱、談辨如雲、洵足壯吾黨之氣、今將徙沼津、沼津在富士峰下、伯盛擧目即見之、請以此論文可乎、夫富士千仞削成、八面玲瓏、爲衆嶽之宗、文之骨格、宜如是也、否則卑矣、三峰插天、上有太始之雪、下界未曙、先受旭光、燦如金芙蓉、文之風神、宜如是也、否則陋矣、噴雲吐煙、曳而爲縞帶、聚而爲樓閣、奔而爲怒濤、散而爲擘絮、文之變態、宜如是也、否則套矣、至其盤三州、亘萬古、巍然爲大邦巨鎭、則以神氣充塞其中也、文

以氣爲主、亦當如是、否則散以緩矣、由此觀之、富士乃造物者一大文章、而開闔馳驟、抑揚頓挫之法皆具焉、伯盛仰而觀之、俯而思之、必有所自得、而文之長進、沛乎其不可禦也、他日復來參文社、則人將推爲藝林中之芙蓉峰矣、吾雖老尙能拭目觀之

送小田廷錫序　賴山陽

長門獨嘯翁、以豪傑之資、隱於醫、予聞其名、而恨不及見也、今玆得見其從子廷錫、廷陽業儒學於江戶、而歸訪予平安偶居、問予以文章之法、出其橐中之稿、才藻蔚然、邁越等倫、夫以廷錫之才、與大都群俊周旋、又何以予言爲也、無以則有一焉、今之文、不患其不麗、患其不明、不患其不當、患其不

鬯、不明不鬯、所以弱也、故文貴先立意、意立則氣昌、氣昌則辭達、辭達則采色光芒、皆由是出焉、譬諸醫方、古文如古方、近文如近方、近方求其備、古方務其達、達者何也、有以桂爲主者、有以蔘爲主者、有以朮苓爲主者也、藥之從之者、佐其主之力而已、近方不然、一劑之內、有桂、有蔘、有朮苓、往往不下十餘味、求其備也、而支離散漫、藥力不健、近文之富麗、而乏氣勢者、毋乃類此乎、廷錫藥籠之中、物能充矣、吾欲其用之約以達也、行矣、廷錫、歸閲其叔父之方、必不以吾言爲非矣

送賴承緒序　　長野豐山

昔人稱、山水秀麗之氣、能生偉人、余及讀賴山陽之文、大知

其不然也、山陽安藝人、而安藝固多佳山水、然先是、未聞有人能發揮其秀麗者、及山陽氏出、以雄偉奔放之文、與鏗鏘高逸之詩、發而形之、其聳拔嵯岈、滔汨洋洪之勢、莫不奔輳於筆下焉、於是安藝山水秀麗之氣、灑灑灑入眉目、觀者駭愕、從而託之、曰、山水之秀氣、果生若人矣、殊不知藉偉人之筆、以發山水之秀也、且夫山陽好遊、單身走千里、其所經歷、山川觸於目、而動於心者、幼發之詩文、巖壑爲之生彩、濤瀾爲之增色、豈獨安藝一州而已哉、否則天下山水之美何限、而求卓犖奇偉、如山陽其人者、寥乎無聞焉、然則非山川之秀能生偉人、而偉人能發山川之美耳、山陽已沒一年、其子承緒、來見余於江門赤水之湄、余觀其人、秀氣溢於眉宇、山

陽之典型存焉、噫、承緒、必能不墜家聲者、必能不失爲卓犖奇偉之人者、而承緒之祖、春水先生、學行高於一世、天下靡不知其爲偉人也、先生生山陽、山陽生承緒、乃知非山川能生偉人、而偉人之家、教訓相承、以能育若人也、承緒之還也、就余乞言、余豈知言者哉、然世人以賴氏世出異材、詭託之山川茫渺之說、而不知其原於家訓之有素也、余乃推其所由、以解世人之惑、且以爲贈

送大槻士廣西遊序　　松崎慊堂

大槻氏舊爲奧中庶族、自玄澤先生以洋學通明、奉朝請大府、而族子清臣以盤井郡吏顯、其弟子繩以經行修飾、陞仙臺府督學、於是今則爲一方名門、先生之季子士廣、又能蹈

厲鼓舞、以文藻稱於昌平國庠、君子謂、宿學偉才、同時悉萃於槻氏門、仙臺府得人之盛見於此矣、歲二月、士廣將游上國、經山陽南海、赴鎭西、豁其胸衿、以名山勝水弘其學識、以積德高才、訪余於羽澤之空山、問途所由、取一言以別、余鎭西人也、少經士廣之所欲赴、以來於此、今老矣、猶能歷指名山勝水之可遊者以告之、其如積德高才、則余寡交、今又老居窮山、不能遍識、士廣自物色之可矣、苟有謂不識子而見拒者、出斯言以示之、知我者謂我言是也、不知我者豈有聞子父兄之風而不延之者乎、酒酣推其背起之曰、去矣、去矣、嵐山芳野花候將及、遲一刻則不可

贈高山仲繩序　　樺嶋石梁

高君仲繩、其由之勇、而黠之狂者耶、可謂奇士矣、爲人魁岸惡惡如讎、語及忠孝必泣、其行天下、如適莽蒼、性不避貴權、曰、七尺之軀、三尺之劍、無殿諸侯、非勇而何、不拘拘於禮俗、不汲汲於名利、嘗喪其祖妣、廬冢上四年、學者嗷嗷、君斷然行之、好風鑒而不妄假人、坐酣、擧豁眼、引大觥、上下千古、嘐嘐然非狂而何、今歲官徵君於都、蓋由其升聞也、於是士之苟與君同氣類者、皆揚眉抵掌、莫不唶唶爲賀焉、既而視君之歸、落莫空囊、如有失者、於是士之苟與君同氣類者、又皆張目怒膽、莫不憤憤爲吊焉、夫高君、卓犖不屑一世者也、斯徵也、遇固無益損于君、不遇豈足輕輶于君哉、然則遇與不遇於君何賀何吊、雖然由我觀之、褒貶黜陟、國有常典、不可

易矣、抑何官徵君之如彼、而遣君之如是也、不知官之以毀譽待人、猶漢之於河東守耶、抑君之所爲實孚于此、而有未孚于彼耶、將天之抑屈君、乃欲使君勉其所不足、而要玉成於中行耶、嗚呼高君仲繩、其由之勇、而黠之狂者耶、可謂奇士矣、孔子曰、由也好勇過我、無所取材、又曰狂簡斐然成章、不知所以裁之、然則古之所貴于勇于狂者、裁焉而已矣、夫子逝矣、誰歟今之裁仲繩者

送松本實甫序　　川北温山

吾黨論卓落慷慨之士、必推實甫、實甫會津人、夙游于昌平黌、學成就、仕不得志於有司、年垂五十、而未畜妻孥、一條槍一篋書、居常嚚嚚、客至輒置酒論兵、遠謀奇策、卓然出人意

表、每聞海國有外夷之警、奮然搤腕曰、予往焉矣、嘗講兵於北邊、遂跡蝦夷不毛之地、西游於長崎、囑雪乎阿蘇嶽、歷南紀四州而歸、歲之三月、羽倉縣令航於八丈洲、撫居民、議海防、文武之良、皆願從事焉、實甫曰、予往焉矣、乞予言、予曰、子當平世不忘亂、似矣、抑縣令從事、非子之宜、八丈之治、非子之任、遠謀奇策、不施諸北邊鄉里、而試諸南海無人之境、抑何說耶、會津侯賢明、子不從事於此、而遠從彼、又何耶、實甫曰、安知不南顧之爲北顧、今日之卷懷、爲異日之施用哉、予往焉矣、序以壯其行

送岡永世襄序　　安井息軒

唯無家也、故四海無非其家、唯無財也、故萬物無非其財也、

人皆營營、而我獨晏晏、人皆戚戚、而我獨悠悠、意適則止、興盡則去、擧天下之物、無足以累其心、世襄之於斯世、何其綽然有餘裕也、予與世襄交二十年、觀其所遇、昔劇而今閒、昔羸而今健、昔富貴而今貧困、今之勝於昔者二、豈非以其勞於形、而逸於心耶、而杖履所到、文人韵士、爭延之相與哦詩揮毫、品水評山、欣歡暢適、不知飢寒之迫其後、則其一者、亦不足爲世襄憂、宜矣其能超然於事物之外也、甲寅七月、世襄從關西來曰、與子別三年、請竭一夕之歡、予喜其淡於名利、而厚於故舊也、援而止之、而世襄爲予止九閱月、頃者卒然來告曰、時氣調矣、禽鳥和鳴、而埋沒於車轍馬跡之閒、恐江山笑人、我將北吾踵、予不能復止、出送之門曰、青山無盡、

江湖之水湛然、徃矣世襄、北地雖僻乎、必有與子同此樂者、惜予未能從子而放浪於江山之間也

送安井仲平東遊序

鹽谷宕陰

嘗觀於當今之學徒、其在庠校、孜孜勤苦者有矣、及退庠則倦焉、退庠而不倦者有矣、及畜妻子則衰焉、畜妻子而不衰者有矣、及獲祿位則廢焉、獲祿位而不廢者有矣、逢一患嬰一災則挫焉、蓋其退庠而倦者、其志小者也、畜妻子而衰者、其器狹者也、獲祿位而廢者、其意滿者也、逢一患嬰一災而挫者、其氣不剛者也、吾觀於當今之學徒、衆矣、其能退庠而不倦、畜妻子而不衰、獲祿位而不廢、逢災患而不沮不挫、若我安井仲平者、未多覩也、仲平飫肥人、眇然小丈夫、狀寢陋

甚、歲之甲申、來入昌平學、居三年、矻矻不少懈、讀書眼透紙背、識慮高卓、議論出人意表、予深畏事之、歸鄉後、歲數次必有書至、大率激憤慷慨、以僻壞乏師友爲言、其藩士之來于東者、僉云、仲平少時孤介、短於容人、今則直而平、方而恕、接衆諧和、事長有禮、闔藩敬信、至參預國事、致身奉公、所建白、皆切時務、有著績可傳述、而講學則益勤矣、間從其君祗役江戸、所居舍湫隘樸陋、塵埃滿席、而讀書之燈常烱烱、時從師友、出其新得、輙即驚人、戊戌歲、遂辭官挈家、來就學於江戸、居無幾而逢火、資財蕩盡、未踰年、季女又病瘂夭、仲平自降祿爵離桑梓、孑然僑居乎三千里外、竄突未黔、累逢不虞之難、人倫之變、皆人所不能堪、而志氣不少撓、讀書日必盈

寸、作文年可以囊計、齡垂五十、俛焉刻厲、不知頭之將蒼、此豈今世之士哉、仲平巧心計、自云、吾於數術、不學而能焉、以予觀之、其稟於天者、於智特深、古人云、性敏者、多不好學、仲平以最敏之質、嗜學甚於酒色、故格致日新、識度日躋、治家善審出入之計、不虞之變、待之有備、推而至邦國天下、其於利病得失、確有成算、咸可施行、謂之非今世之士、非過譽也、予賦性鈍、百事皆拙、而於算最瞢、以故治產無撿、終歲栖栖、精神殆乎耗、自有妻孥、業覺日退、而事君無狀、未能涓埃益乎國、居恒觀於仲平、以自勵、然惟恐其終身不能及也、今茲季夏、仲平欲濟刀禰河、登日光山、還軼北總、游于水府、觀名公賢佐之所經綸、然後東入陸奧、縱覽金華松洲之勝、輿衣

川高館之陳蹟、壯其意氣、以益爲進學之資、其驚人者、將滋不可測也、嗚呼可畏也哉

養魚記

安積艮齋

庭中有洿池、方僅二三丈、荒廢久矣、己亥之夏、浚之使深、疏之使通、植矮樹於岸、又引隣池之委以注之、有風則細波如縠、無風則平瀦如鑑、天光雲影、往來其上、而筧泉之聲潺潺然、每夜深人靜、屢以爲雨至也、因命童買小魚數十頭養之、張鬐掉尾、或游或潛、洋洋焉若相樂於江湖、予亦觀而樂之、因感、魚冥頑無知之物也、惟其無知、故不動於慾、囿之以勺水而不悲、放之以江海而不喜、一遊一泳、不願于外、是能樂天者也、蓋天之生萬物、各有大小、小之不可爲大、猶大之不

可為小、小者不必美、大、大者不必淩小、各全其所稟、安其所遇、此之謂樂天、而人也物之靈、乃欲逞溪壑之慾、戚戚如在囹圄、何也

自來亭記　　坂井虎山

有亭一字、突如臨海、海之碧、山之翠、四面環擁、以集勝於此亭之間、而主之者、香洲醫師大橋氏也、余一日舟遊此地、因過焉、主人置酒亭上、乞命名、余曰、闃然幽、廓然曠、宇甚小、觀甚大、請名之曰自來之亭、不求於山、而山自來、不求於海、而海自來、是謂之地之勝、今夫王公之園、將相之墅、無非取於山與海成其趣者、然地苟不勝也、則求寸海尺峯而不可得、於是、伐樹木、夷民屋、起層臺、構飛閣、以始得望雲樹烟波于

彷彿間、如是而曰、山自來海自來、可也乎、主人曰、有旨哉言、茂樹栖鳥、深潭集魚、淸風明月誰呼誰延、今吾新作此亭、未始請先生、而先生自來、亦此勝之所致歟、余曰、此特山海游觀之適而已矣、我且進子、以子之所能嚮吾至子之門、醫者來乞治其目、跛者來乞治其脚、以至内熱外邪痛心而疾首者、亦皆莫不來乞治其苦、彼其所以來者、子豈戸造家至以請之邪、術成於此、而名施於彼、彼之來亦自來也、嗚呼、子常觀於亭、而益精其術、則彼之自來、必有倍于今者矣、主人喜曰、敢不受教、因為記

奇石亭記　　長野豐山

亭以石名、取於其多也、石以奇名、取於其形也、亭塞其北、三

面閒曠、以坐而觀者、大竹老松、檜柏楓杉、粲然成林、而莫如石之多且奇焉也、若龍焉而鱗疊、若鳳焉而翼張、鶴仰而軒、鶚奮而攫、猊而踞、虎而蹲、羆斯跧、象斯馴、馬之立、牛之臥、似豹者、似駝者、如兎鹿狒尨然者、或倚於松下、或聳於竹間、與檜柏楓杉雜處而互出、客之步而遊者、愛而撫之、駭而避之、贊其奇而詫其怪、婦女嬰兒、一見膽墜、莫不驚怖啼呼而走、且僵焉、石之奇觀極於此矣、宋米元章好奇石、見輒拜之、儻使觀於此、則必將疲於僕僕爾亟拜也、昔黄初平叱白石悉化為羊、吾意使初平遊此亭、試以其變幻之術、則翼者飛、蹲者起、乍騰乍躍、忽哮忽咆、鬪而相噬、怒而相搏、敗鱗殘甲、破牙折角、蹂躙狼藉、艸木為之震動、朽壤為之墳起、其為奇觀、

豈不更盛乎哉、然初平豈易遭哉、今姑記其奇形怪狀之大略、以示好石如元章其人者

近水樓記　　佐藤一齋

近水樓臺先得月、非古人之句乎、樓之景勝、一句盡之、所以得名也、乃菅君君質所居焉、君質世為松山藩巨室、為人澹泊、虛懷容物、有藻鑑、又好文、時復筆生波瀾、余締契已在十餘年前矣、曩圖其景、遠徵記於余、余未見茲樓、筆不易下也、雖然、一天月華、無遠近、無古今、地隔千里、而人則熟之、況復其為人澹泊、猶水也、虛懷容物、猶水也、藻鑑、水也、波瀾、水也、是則親見之矣、尙何見其冷然潤、洋然動者、而後謂之水云已乎、余今復登吾樓、以把月華、俯仰想像、神馳魂飛、在彼近

水之樓、則月無別光、千里同歡、乃是余與君質之神交、水在近而月亦得矣、不復拘拘乎形迹之見與不見焉、可歟、今姑此之爲記、若夫景勝之美、到者即知、不必待余記也

春雨樓記

藤森天山

嘉永乙未歲、予再來江戸、一貧如洗、無以營居宅、僦屋數椽於城東横坊以寓焉、固商賈闤闠之區、車塵馬蹄、喧囂雜遝加之朝歌夜絃、醉呶之聲、雜錯乎室廬之傍、家人苦之、寓有小樓、理以爲讀書之所、未有以名焉、時方春也、細雨如油、燈火烱然、於是隱几而坐、朗吟好雨知時節之什、久之、四隣人定、車馬聲絕、遶檐點滴如琴筑、雖絃歌之響未全歇、聽之深洸不異雲外仙樂、恍然忘身在塵囂之境、怡然心樂之、既而

說曰、昔者陸放翁官成都、後歸田園、聽雨有作云、憶在錦城歌吹海、七年夜雨不曾知、夫放翁在成都繁華之地、歌吹喧聒、亂耳動心、其不知夜雨之奇、亦宜矣、余之在土浦、非成都繁華之比、而十餘年、亦未嘗覺夜雨之奇、臻于此也、吁、其故何也、豈人之性情、哀樂之感、有各異邪、曰、非然、蓋人之靜躁繫於心、非以其境也、放翁之在成都、周旋簿書期會之間、而民社之責、好爵之求、雜然萃於方寸之中、故其心躁、心躁則其聽不聰、其不知夜雨之奇、非以歌吹也、官守累之心也、余之在土浦、雖非有官守、主人延爲西席、付以毓英之任、以菲才膺恩遇、後又重以正民俗聽訟獄之事、是以夙夜勞瘁、自竭駑力、唯其付託無效、而失其明是懼、後謝病來江戸、無所累於心、雖在塵囂之間、不異寬閑之野、靜而聽之、所以覺其奇也、然則人之哀樂、初未相異也、於是自幸、自謂人生之樂、莫樂於無累於心、今雖貧且病矣、擺脫塵累、俯仰一樓、得聽春雨而樂之、豈非人間之淸福邪、遂以名吾樓焉、其明年、又爲貧所驅、不能安其居、移寓於城西麴坊之傍、地隘陋、無樓居、越明年、一二知己憐余淸貧、爲買宅於三絃濟之西、宅傍有隙地、可起小樓、然不欲多累人、故未敢議也、今茲乙卯夏、游於下毛、鄕人謬聞余之虛名、乞書者沓至、輒贈金爲潤筆、獲十餘金、既歸自謀、是意外之獲、皇天將以成吾樓邪、乃召工命之、不日成之、丹雘不飾、方僅十笏餘、上可列坐數人、亦扁曰春雨樓、永矢不諼吾樂也、是歲重九、瀹蔬、賖酒、請所常

往來明山公子、羽倉君、及安井仲平、芳野叔果、藤田賓卿、鹽谷毅侯、田口文藏、而落之、既卜其晝、繼之以燭、明山公子、羽倉君、藤田賓卿、以夜半散去、其餘四子、則或吟哦、或敲枯碁、各罄其歡、達明朝而罷、是亦閑者之一適、故於記其樓並識之

靜古館記

林鶴梁

佐嘉穀堂古賀先生、新築館於其鄕金毘羅山、名之曰靜古、蓋取山靜似太古之句也、頃使其鄕人永山德夫命長孺爲之記、而長孺未嘗履其地、奚能得而記之哉、雖然、先生既名之以靜古、則其山之勝景、可想而得焉也、因問德夫曰、山有花乎、曰、有焉、有竹乎、曰、有焉、有溪乎、曰、有焉、苟有花、則二三

月之候、風香雨紅乎、曰、然、苟有竹、則流翠欲滴、淸凉可掬、所謂六月秋者乎、曰、然、苟有溪、則水落石出、苔碧沙明、扁舟繫灣、小橋截綠、雪於奇、而月於勝乎、曰、然、人之住此山者幾多、曰、無幾也、經此山而往來者幾多、曰、無幾也、然則鳥啼雲繞、泉響磬答、而伐木丁丁、聞乎數里之外者有焉乎、曰、然、予乃歎曰、宜哉先生之以靜古名此館也、天下苟有花紅竹凉溪淸之地、則士女遊賞、蹤相錯也、此山獨寂寞如此、可謂靜矣、而先生在此、讀古書、臨古帖、慕古人、行古道、無不往而古焉、則可謂古矣、夫靜而古、靜古之名、良不誣也、因書德夫所以語余者、爲記、質之先生

蓬蒿廬記

長野豐山

河肥有快翁、姓石、字子禎、其爲人潔且曠也、年且七十、濶步健啖、馬文淵所謂老益壯者也、翁嘗請故西城侍讀柴學子、扁其廬、曰蓬蒿、一日翁引余造其廬、指其庭、且告曰、昔張仲蔚幽居養生、所處蓬蒿沒人、賢而然也、我則懶而然也、不知者、觀我扁額、以爲仲蔚自居也、子以爲如何、余瞠目不答、爲問曰、翁豈將以諷世邪、余歷觀今世、登其堂則潔也、問其主人則汚也、觀其庭則曠如也、其主人胸中有荊棘、能刺人、不啻有蓬之心也、如此者、紛紛何限焉、而翁則否、其胸中洒然如洗、不橫一物、可謂潔且曠矣、而翁濶步健啖、老益壯、豈懶哉、則翁之蓬蒿、將以諷世也、翁大噱曰、否、子何言之深也、我飮食於斯、起居於斯、以養其懶、如此而已、雖然、子之言亦足

以發我一嘯焉、因遂追書之、嗚呼、快翁哉

笑社記

賴山陽

余嘗與二三友人飮酒而樂、哄然而笑、又旬餘相謂曰、前日之咲、可復尋乎、遂以笑相命、會曰笑會、社曰笑社、或聞而笑曰、社之有名、必有義也、以咲名社、不亦太淺易耶、余笑而答曰、子所以爲易、吾所以爲難也、唐人詩曰、人生難遇開口笑、又曰、一月主人笑幾回、相逢相値且銜杯、夫使笑而易事也、則何謂之難遇、而屈指數之於三旬間哉、蓋會心之友難獲、適意之事難有、二者合矣、可以一笑矣、而不會於其時、笑終不可成矣、咲其不難哉、雷曰天笑、颶曰海笑、以天與海之冥漠、猶有時而咲矣、春山如咲、是山亦有時而咲矣、人其可無

咲也、人亦有不幸欲笑不得者、衛君以一嚬一笑爲大故、是終其身而笑幾回焉、奚啻一月哉、故位愈高、則笑愈難、吾儕小人、猶幸未難於笑也、故以我之得笑、笑彼之不得笑、猶之斥鷃笑大鵬耶、各安其分、各樂其樂、而咲其可笑、是我黨之笑也、苟不可笑而笑、脅肩諂笑、病於夏畦、將以求分外之樂、不爲鬼神所咲者幾希、則謂之辱我笑矣、我社之相盟於笑其義如此、子乃易而咲之、吾笑子之咲、吾笑也、或笑而去、終書其語、示社中之士、且誡而約之曰、我黨之笑、不可不自重也、夫陶陸、處士也、惠遠、山僧也、一回之咲、其聲乃聞數千載、不啻廬瀑之喧豗、是無他、獲可笑之友、而有可笑之事焉爾、陳圖南聞陳橋之變、則大笑墜驢、是圖南會可笑之時也、我

二三友人、同生於驢處之世、唯咲之謀、誰如得此笑之難哉、然則相逢相値、莞然銜杯、酒不必醇、肴不必肥、絲竹管絃、不必資咲也、夫巧笑之倩、歌以侑觴、人誰不樂、而或以一咲傾家國、非資我黨之笑者也、如我黨、則所謂巡簷索梅花笑可耳、而一回之笑、宜必有詩以紀其咲、勿使梅花笑我寂寥也、皆笑曰、諾、是爲笑社記、

辨慶笈記　　栗山潜鋒

世傳辨慶之事特怪矣、而至圖其眞、又極魁磊奇偉勇奮威力之狀、而或謂此美丈夫也、所畫特非眞、豈其當時之人、視其瑰恢之表、輙以爲傑、傳翼增添、奇其所爲、以欺天下之耳目耶、將其後世好事之徒、聞其志宕氣壯、想像面貌如何、誤

寫圯上之進履、以爲鴻門之擁盾耶、今皆未知是非之孰在也、抑其世之所像、雖或未眞乎其外、而既眞其內矣、說者之言曰、辨慶熊野之產、土人亦以爲榮、指牟婁郡田邊別當湛增宅址之側曰、此其所生處、至其道計敵制奇、脫危決機之爲、則孫吳之畧、蘇張之辨、與夫賁育之勇、互出遞見、無測端倪、而論其志、危難之間、終始一心、履鋒鏑、蹈水火、濱百死之不悔、猶史氏敘古之忠貞、以發露其烈膽義肝也、即所謂特怪者也、然一士之微、死于東奧之僻、至今言君臣者、必稱義經辨慶焉、則俗之所傳、豈皆誣哉、宜乎其片言隻字、必珍襲之、而一物之遺、猶收以寶愛之也、熊野本宮祠官和田氏、名廣高、上世以來居熊野、而天子每幸、以其家爲行宮、家藏一

古笈、廣若干、袤若干、朴質刓剝、固非今之製、傳以爲辨慶之所負、予嘗遊常州月山教寺、視一笈、亦古物也、寺僧言、源廷尉之笈、製造廣袤與之無少異也、予以和田氏之所傳、亦爲不必誣也、今天下之書、藏在我彰考館、予方與修史、而名山石室之秘、頗有所考搜焉、則今之所記、世亦不必爲悉誣也、是可以爲之記云、

夢登富嶽記　　齋藤拙堂

齋藤子當晝讀書、炎曦赫然、草木不動、鬱熱煩懣、如坐甑中、瞑然廢卷者數矣、有白衣人、忽自外來、蒼顏白髮、貌甚奇古、立余前揖曰、吾嶽神也、聞子久有登游之願、故來相迎、余愕焉答揖曰、幸甚、老人跨一竹杖、使余騎其尾、轉眄離地數百

尺、杖化爲龍、行走如電。余瞑目從之、食頃呼曰、至矣、開眼則曠然、老人爲余指點曰、彼滉瀁限天地者、南海也、微白如小鏡者、諏訪湖也、近而愛鷹、足柄諸山、圍繞羅立、遠而淺間、溫嶽諸峯、若拱若揖、若俯伏、以至於煙雪之間、千山棋點、萬水縈帶、不能盡辨、在五之所駐、西行之所過、源平之所勝敗、今川武田之所興滅、皆集目前、俯仰慨然、俄而有泛然如絮帽者、老人曰、雲也、有彷彿如兒啼者、曰、雷也、有閃爍如金盤穿雲而出者、曰、日也、適風蓬蓬然大起、萬里豁然、東至於蝦夷、唐太、西至於渤海朝鮮、收之襟帶之間、余於是悠然有小天下齊萬物之意、拊髀而歌曰、謂天大兮如一盂、謂地廣兮如一塊、紛擾擾兮幾英雄、噫蛩蟻兮爭古塊、老人擊節而和曰、

人世如夢、富貴浮雲、不如天上與飛僊群既遙遙聞喔咿、老人曰、天鷄鳴矣、子當去、余自恨塵根未脫悵也悵辭別、復在飛龍背、行聞鷄聲漸近、愕然驚寤、則身橫臥書案間、家鷄方報午、乃知其夢也、悵然自失者久之、既而歎曰、余於富嶽寤寐欲一游、今幸遂之矣、雖然、是夢也、不足副其願也、然天地亦夢耳、人生所謂富貴榮達者、惡有其非黃粱南柯者耶、然則此游爲夢可、爲眞亦可、余本生長東海、得熟識嶽面、及西遷、又過其麓、今追想之、亦如夢寐、何獨以此游爲夢哉、書以記之、不使夢成其爲夢也、丙戌仲夏、蕉鹿齋主人戲記

漢文讀本卷之五 終

明治廿九年九月六日印刷
同　年九月九日發行
同三十年二月十八日訂正再版印刷
同　年二月廿二日發行

定價				
卷一、十五錢	卷二、十五錢	卷三、十八錢	卷四、十八錢	卷五、二十錢
卷六、二十錢	卷七、二十錢	卷八、二十錢	卷九、二十錢	卷十、二十錢

編者　東京牛込區東五軒町四十三番地　指原安三
發行者兼印刷者　東京神田區柳原河岸十七番地　辻太
發行所兼印刷　東京神田區柳原河岸十七號地　普及舍

指原安三編輯

漢文讀本

發兌　普及舍

漢文讀本卷之六目次

漢文讀本　卷六目次　普及舍

福善禍淫論
同志會籍申約

中井竹山
伊藤仁齋

漢文讀本卷之六目次終

漢文讀本卷之六

指原安三編輯

進學三喩

柴栗山

甲午春、予省親南國、以未知攝播勝槩、欲因以窮之、乃陸路赴室津、中路偶有感、得進學之方、書以自警、且以喩二三友人

三月二十二日詰旦、輕裝取路東寺南、暮春天氣、風日和煦、加以西山吉峰大士像啓龕、都人士女、相將行香、輿者、騎者、步者、負者、抱者、絡繹載路、吾以獨行心孤、謾與路人問語相勞、乞火吹烟、分果醫渴、行相詠謔、以自慰、但予以前途遼遠、

心遽脚忙、不能與近郊遊人、差馳逍遙、與一人言、未了、又及前者語、如此數人之後、顧初與言者、既在數里之後、不復可辨眉目也、半日後、則山轉林蔽、杳不見其影響也、吾思、與嚮數人、擧足進步、校之一步之間、其所爭雖多、不能以寸、惟積數分之多、故漸進而先也、初其數十百步之間、前後亦便旋佇立之頃、猶可一蹶而及焉、半日後、非復一蹶之可庶幾矣、如此而至乎十日之後、則雖有輕車駿馬、將無所可企望矣、我羸弱難於步、而彼非皆老幼婦女也、然而吾所以能漸先彼而進者、何也、此無佗、彼之所期、在十數里之內矣、故其心怠也、吾之所期、在數百里之外矣、故其心勤也、我於是曉學之方焉、請諸君期於數百里之外、而無忽一步之功也可

勝尾山、出大士殿門、而有二道、其左者達箕尾瀑、右者山路也、時方營佛殿、取材山後、右者回以廣坦、其左者低入谷中、蓊鬱不似正路、余惑、欲待人來而問、俄有大阪二賈人至、一僮子挑擔而先、輕輕就右路、粗不置疑、余號而問之、云欲適箕尾、行歌不顧而去、余謂是習於此者、乃從之、行二里許、過山脊路又岐、左從其稍夷者、既轉山腰、則欹側茅塞、不可遂進也、乃反取山脊右路入林、路益分益細、縱橫如縷、無適可從、顧問賈人、云皆始來于此者、吾於是知爲所誤、俯聽谷底、如聞水泉潺潺、余嘗聞人言、山行失道、當沿水而下也、乃不復謀賈人、直尋水聲而下、下盡峽間成澗、澗渴無水、沙土之上、如微有人行跡、石岈岈如劍戟、榛莽又蒙其上、不可容步

也、諸人皆欲反、余叱曰、迷既遠矣、反之更勞、使奴開草擠荊棘而先、余勇奮從之、枝之針刺、見擠者挺而來、勢如風雨、急避之、石稜嚙蹠者、毒於砭、上護頭目、下虞脾脚、仆而起者八九、體膚被鉤刺、皆見血、顧視賈人、色如土、亦相踵而進、顚頓狼狽、數十折、始得小澗、橫前遂循澗數里、僅得復正路、至箕尾、此日、欲盡西攝勝、投兵庫驛宿、以失道之故、不達十餘里、至西宮驛、則既昏黑矣、余因思、初寺前不有新路曠坦、則與賈人固不迷矣、又賈人僮子、若能知疑而問、則余亦必審而後由焉、亦不迷矣、惟新路既可悅、又以僮子妄自信、遂誤人至此、使余有前路十餘里未達之嘆也、嗚呼、人壽幾何、轉瞬成翁、學誤失正路、雖則能不遠而復、亦一日迷、則後來造詣、

必有一日之未達矣、一年迷、則其造詣、亦必有一年之不達矣、臨死必有不勝其悔者也、諸君請務從古人所由、無爲輕俊快意之言所誤、枉費精神功力、臨死而有悔也可

西宮驛、二里而菟原部、右顧則摩耶山、翹然雲表、余心神飄飄、早在其嶺焉、但行旅既二日、加以前日妄行、頗疲頓、怨之從奴、口難於言登陟、奴曉吾意曰、雖然羸矣、經此地、或不可屢、縱他日復由此、晴雨難知、恐終失佳境、何不乘此春和一探也、余欣然、乃右取道田間、陂陀高下、行數十里、初不甚躋、至山下、村肆既高於滄海地數十丈、隔海東平臨攝泉二州、山川城邑、繡錯碁峙、五色相合、形勢交蔽、皆可得之掌上、亦可樂也、余坐店上久之、顧奴曰、此亦足矣、即抗峯絕巘、亦未

必奇於此、奴奮曰、既至此矣、唯此一土阜、可躍而越、何公之羸也、乃脫擔寓之店主人、輕身跳足而起、於是、決策而登、土阪極峻、舉趾高於帶、行數折、氣息喘喘、喉間成聲、汗浹背面、鼻尖成滴、率不能數十步、輒佇立相顧、奴見余有沮色、乃曰、公勉焉、少頃、奴請有以相酬也、乃又崎嶇十餘里、得坪處、藉草向之指掌者、皆可脚蹴、而平臨者、皆可俯而瞰、蔽者皆露、舍者皆吐、萬奇躍躍、呈伎於前、其望比山下、又數十倍蓰、其樂可知也、奴笑而進曰、奴願奉此酬、公勞如何、阪既窮七八分、前路不復峻、公無謂數步之勞而不遂也、余領之、果阪道稍夷、可平步而進、但山門內頗峻絕、左右僧房、皆倚巖砌石以爲基、高或數十丈、自下而上、層層成級、以夾石磴、磴之長

者、或數百千級、既據層巓而坐、東北望可盡河內、其抗然對揖者、金剛諸山也、轉而南泉紀、又南一帶如雲者、則阿與紀斷處、浩波蕩天、直可挹南溟、近而淡路島和田崎、又近而湊川生田川、源豫州之所走、賊楠河州之所殉義、足利新田之所興滅、其阨塞、當時所爭據以自保者、山則可盡面勢、川則可窮源委、悵然弔昔人於千歲、潸然不覺泣下之、又悲其所爭之微、噓然笑之、忽望仙人於高岳、有御長風超南溟之懷、悲歡非集、笑哭失端、方寸之內、頃刻百變、其哀其樂、口不能喻、嗒然悠然、兀然忘然、奴與店主人、圜視而驚、恐余之狂、相勸而下、余曰、思向使余怯險憚勞、中道而廢、則安能得享此忘死之樂哉、故能勝一層之勞、能享一層之樂、能勇百層千

層之勞者、能造千百層之樂地、愈勞則愈樂、經曰、困而學、又樂以忘憂、其所困、即其所樂之地乎、諸君其無怯憚十數年勞困、而失終身之樂地也可

黑瀧山

齋藤竹堂

上毛之地多奇勝、而黑瀧山尤爲佳處、但以在西南陬僻、故好遊之士罕至、歲庚子三月、予欲探毛中山水、至富岡訪田子逸、因商探勝次第、子逸首擧黑瀧以對、翌十六日、將往遊、經下仁田、渡鏑川、溪石森峭、流水清澈、已覺非塵境、更西得牧水、沿岸而行、淙潺之聲、半日盈耳、如鼓樂爲前導、而笙簫起于左右也、從小澤左折、始與溪水別、上半里、石壁磊落相對、嵌空如屋宇、人自其間過、天光穿透如綫、其上峻磴盤旋、

如篆烟繞屋、夾路老杉、蓊薈蔽天、四顧寥闃、萬響皆絕、乍聞人語在頭上、仰則紅閣隱見于樹間、乃知其爲寺也、寺門內、三岩並峙、如鼎脚、曰品字岩、左岩盤據如巨山、右岩險峭數十丈、勢逼霄漢、中岩稍卑、瀑布自其巓落、濺珠噴玉、下與石鬪、激射四散、瀉入潭中、盈科復流、狀如奔蚪、寺後石級斜上、有不動祠、祠傍石室、藏開山潮音和尙遺骨、其下有瀑、比前差小、東有書庫、藏一切經、詣寺住僧年六十餘、說開山和尙事、併及詞藝談、頗可聞、蓋和尙舊住館林、爲常憲公所崇尙、後禮遇稍怠、乃燬其寺而去、開此山爲隱栖所、常唫咏于煙霞泉石之間、以終其身云、遺集今藏在寺、吐屬淸遠、皆可誦也、寺前五峯、環列如排指、曰五老峯、絕頂有觀音岩、眺遠殊

勝、下有洞竇、廣可容數人、溪水遶其底、匯曲成灣、皆勝處也、予欲造觀、石銹峭厲、藤葛被之、無復蹊徑可尋、而寺中唯一雛僧、不勝導也、乃止、夜就枕、見月影在窗、竹樹交映、余心動、不能復寢、遂起、行至瀑下、月光與瀑布相輝發、白銀動盪、光彩不定、時夜參半、烟鳥皆定、覺水聲怒吼倍大、蓋靜極故爾、山中有異禽、磔磔作聲、明日詢之僧、曰、是木魚鳥也、下路自山之西、岩竅淵接二三里、崖石磥砢、水簾層次、而下有大櫻樹、盤拏如龍、花稠密、芬馥橫發山上、芳樹遍植、蕾皆未放、此間稍暖、故然、南下里許、與牧水合、是爲至砥澤之路

金洞山

齋藤竹堂

凡所貴於山者、不在肉而在骨、肉豐則山雖大、不免爲凡山、

唯多骨、故石壁峭拔、奇態橫生、是金洞之勝、所以冠天下、余從砥澤經下仁田、東北循溪、榛棘莽莽沒人、天將暮、望金洞、唯見秀崖千仞、縹渺雲表而已、夜投岩高寺宿焉、寺在山腹、堆嵐疊綠、壓人衣枕、夢魂亦冷、次日由寺後躋級、謁武尊祠、有洞、曰金洞窟、洞外絕壁嵌空、置長淸道士碑、道士爲開山祖、事載在碑中、愈登、石脊欹側、如半圮橋、度之、巨石倚疊折裂不合、若縫衣之綻、腹貼石而出、其背鬚眉皆摩、曰摩鬚岩、大日峯在其上、眺覽頗豁、曰金剛峰、曰彌陀嶽、矗矗臚列、如排戟聯甲、曰天狗岡、曰鬼面岩、奇醜爭出、如高僧誦呪、百鬼蹲伏、曰天燭峯、卓立如綠燭、曰天柱岩、刺空類柱梁、余坐峯頂、四山之勝咸萃、猶將軍坐車上、而三軍兵士、環向聽命

也、兩峰之觀既畢、乃登東峰、見石門、巍立數十丈、是爲第一門、從門內過、亂崖攢簇、有小祠、余慮前路峻絕、腰刀爲累、脫之置祠下、又恐爲人奪去、導曰、山靈擁護、必無此患、因如其言、得第二門、形偏倚、如半彎明月、第三門不甚高、而廣容數人、第四門、洞然豁大、如數間屋、門外臨絕壑、仰視無底、奇崖遶之、或欹或直、或俯或仰、如危梯、如飛橋、如挺芝駢筍、詭態異狀、應接爲之不暇、自恨不爲飛翔之鳥奔逸之猱絕巘窮谷、一時遍到耳、風方至、搖搖欲落、乃下里許、得妙義祠、堂宇偉麗、祠後有徑、可達巓、余欲倩導、而不許獨客造巓、且聞不及金洞之觀遠甚、廼止、噫、金洞爲山非甚大、而秀峭絕特、雖寸崖卷石、皆超絕平凡、譬猶高士名流之皮膚毛孔、無一點

塵俗氣也、天下之山、其誰無媿於此焉、雖然、吾能搜冠天下之山、而未能爲冠天下之人物、豈亦得無尤媿耶

陪遊笠置山記　　齋藤拙堂

文政十年九月、我公撫封、移鎭上野城、因巡上笠置山、修故事也、山屬城州、爲後醍醐帝蒙塵處、今係我藩封域、在上野城西五里、十五日子夜、駕出城門、雙戟啓行、沿路燎炬如晝、臣謙承之侍讀、得載筆從、比明、老幼夾道觀欣欣然、十六日食時、達笠置、邑屋稠密、夾木津川、入館傳餐而出、公更獵服着韈芒鞋步行、群下均服從之、山在南岸臨水、曲折如屛、渡川就之、繞行西北隅、盤迴而上、山高十町而已、太平記爲十八町者誤、入憩福壽院、此行、謙囑圖書局、齎太平記、乃取之、

爲公讀笠置條、曰、參河人足助二郎重範守城門、以勁弓長箭、射殪賊將二人、此爲嚮所過阪上雙石對峙處、今仍稱爲第一城門是也、曰、及賊逼陴、寧樂般若寺僧兵、累以巨石投賊、賊人馬虀粉、因自取潰、積屍塡谷、此亦在城門外、其傍今呼爲地獄谷、可以相證、至賊將陶山藤三、小見山二郎開道襲行在、曰、此爲山之東北也、公乃從左右出院門、側有懸鐘、形甚古雅、係建久年製、有欵識、字皆遒勁、按、此寺白鳳十一年創置、天平勝寶四年、創正月堂、歷代修建、號爲宏壯、建文中、僧解脫又築般若堂、此鐘亦當時所造、及元弘兵燹後、不能復舊、獨此鐘爲古物、命僧敲之數行、聲鏗鏗然、杵止響騰、曰黃鐘調也、過護法祠、左折、有一大石、頹然橫峙上、曰藥師

石、其西有彌勤石、皆高十丈許、凋稱之、其右高及其半者爲文珠石、舊各鐫佛像、罹災滅、彌勤獨存頭上圓光、文珠漫剝、僅存痕跡、右折過佛殿下而北、有胎藏金剛二石、皆四丈許、曲折相連、其下開裂丈餘、欻然成竅、竅之深黑、其右隨金剛東面者、鐫虛空藏石高潤器等二石、佛身專之、鐫刻分明、尤爲奇偉、此皆僧侶黠者所設、當時不能護王法、伏賊魔、眞不靈頑物耳、又北數十步得石門、門石長六丈餘、兩傍蟠石、疊起承之、其下空洞、可數人並行、左傍一小洞、入數十步、得一竇、纔出如兒離母體、呼曰胎內竇、此間怪岩爭立、古木蓊鬱、使人凛然、纔出石門、豁然山水可觀、過大鼓石、即之鼕鼕鳴、其下曰觀音谷、實爲賊所涉間路、謙爲公指東北一村曰、此

爲飛鳥路村、係柳生氏之封、當時其民實導賊將、經此襲路行宮、本邑之民醜之、至今五百餘年、不通婚嫁、言及之唾罵、臣嘗質之土人、且問曰、今尙然邪、其人瞋目扼腕曰、萬劫如此爾、臣以此知民心之好義、出於天性也、昔者先君祐信公、來觀嘉之、稱爲義鄕、親製古風一篇、爲公誦之、公竦聽久之、又西數百步、有不動岩、半垂在崖下、而平等岩在其背、公欲往觀之、侍臣止之、遣數人攀岩肩、匍匐而行、峻險難措足、號爲蟻徑、過徑、即平等岩、岩坦平廣袤數丈、下臨絕壑、岩上有一圓石、高及人頷、重可數千斤、以手撼之、則兀兀動搖、而終不可轉也、號爲搖岩、遂從登、行在舊趾、爲中峰最高處、帝之夢楠公、楠公之上謁陣營、蓋皆在此、今唯見老樹欝葱、榛莽

蕪穢耳、爲之慨然、穿林而西得坪、吏預設屋亭休歇焉、崖上有一石、呼爲吹螺岩、道官軍鳴海螺處、下山來時所駕樓船猶在焉、藩祖高山公、從伐大阪時所用、泝上流數町、遡山麓、怪岩錯出、老木紅黃相間、命士民習舟者撒網、獲鯉數十頭獻焉、日下春、還館、命烹鯉賜宴、歸入城門、夜正三鼓、此山在封域中、尤爲名勝、故督學臣津阪孝綽、既有記詳之、此行所過既殊、不可不敢重錄以備參考、謹按太平記、當時官軍護行在者、三千餘人、皆伊賀伊勢之兵也、今我公撫二伊、而有之、今日所從士卒數百人、其中必多義軍之裔、且行在之受圍、在元弘元年九月、此行正值其時、追撫往事、感念殊深、夫爲人臣子者、常則勤恪、變則伏義授命、無古今之異、謙職忝風

教、從遊豫、飽飲食、而徒然無述焉、臣所懼也、因謹記如此

下岐蘇川記　　齋藤拙堂

天保丁酉四月、余竣役、與兩藩士俱自江戶還、取路東山、舍輿步行、旁探名勝、五月四日、下十三嶺、晚宿伏見驛、連日崎嶇、經涉山間、頗疲、至奴輩把槍荷鎧者、或瘏痛不能起、且聞水路之勝熟矣、因謀賃舟下岐蘇川、至桑名、殆二十里、不一日而達、乃召舟人戒之、翌日夙起、趨水濱求舟、舟人家在前岸樹林中、閉戶未起、阻以灘聲喧豗、累呼不達、脣焦舌燥、久之乃應、與其兒艤舟來迎、日已加辰、乃發、舟狹長、薄板爲之、呼爲鵜飼、兒纔十三歲耳、父在舳、兒在艫、各持榜操縱甚習、灘急舟走、兩崖欝巒、一時皆搖、當前所見、倏忽在後、唯見岸

行山走、而不覺舟移、山皆石身戴土、松爲之髮、而紅杜鵑粧點於其間、腥血如滴、又處處有水簾懸焉、縱縱灑灑、墜於潭石上、石皆奇狀、羅列兩岸、或特立若柱、或折裂若門、或若渴驥飲澗、或若臥牛橫道、五色陸離相間、皴率作大小斧劈、間有作荷葉披麻者、濯波浪以出、交替去來、不暇應接、蓋譎詭變幻中、帶清秀深穩之態、非荊關之筆倪黃之手、不能狀也、雖僕隸輩、不解山水之趣者、皆連呼奇不絕聲、忽遇一大岩屹立水中、舟殆觸之、少誤則虀粉矣、衆懼而默、舟人笑振桅避之、輒掠岩角過、如此者數處、未嘗差絲毫、但經岩際、波激船舞、飛沫撲人、衣袂盡濕、回視僕從、各握兩把汗、殆無人色、舟人甚閑暇、從容吹烟而坐、視上流船倂力挽上者、難易懸

絕、已而離峽、漸平遠、犬山城露於翠微上、粉壁鮮明、衆望見歡然、比至城下、又有暗礁齧舟、砉然欲裂、衆復相顧瞿然、過此以往、漁舟相望、歌唱互答、衆心初降矣、蓋始發抵此、爲陸行半日之程、不一餉時而至、其快可知矣、嘗讀盛廣之酈道元所記、誇稱江水迅急之狀、至唐李白述其意云、千里江陵一日還、平生竊疑以爲文人虛談、今過此際、始知其不誣也、但舟行甚迅、不能深玩峽中之勝、爲可恨已、又三里、抵笠松、鳴鐘方報巳、登憩岸上店、目猶眩、仰見屋椽、動搖不定、瞑坐良久乃止、進鱒、脆美媚口、此行跋踄山谷、蔬食彌旬、獲之以解菜飯、已復入舟、岸愈濶、水愈緩、險阻已遠、無復可觀、枕藉而臥、風方逆、舟人用力、搰搰甚勞、艫聲喧聒、使人煩寃、午下、

稍得風便、揚帆復走、衆乃睡熟、比醒達於桑名、日尚高、謝遣舟人、登陸而行、至四日市宿焉、自伏見至此、殆爲二日半路程、道上行見家家插菖蒲彩旗、翩然翻風、衆在行旅、倥偬涉日、殆忘月日、至是乃知屬端午節、不圖今日舟行爲吊屈之舉、斯亦奇矣、且舟凌危險、布帆無恙、免爲汨羅之鬼、不亦厚幸乎、蓋天下之至奇至美者、每在於艱難危險之地、不獨山水之勝也、求之者、比於入虎穴探龍頷、危而後有所獲矣、余於是有所感焉、未可以語千金之子也、姑記之、以示苦學勵行之人

遊墨水記

鹽谷宕陰

今玆春、考甫記、偕友相誘、游墨西之超然樓、樓係松本豎員下條氏別墅、余適病齒不赴、後數日、齒喧痛除、乃拉童子以游墨堤、意欲踐於前遊也、抵三圍里、則花木兩三株、欣欣邀人、古歌可詠、芳山之口、一樹先導者、想應與此同趣、行數百步、樹滋多、花滋穠、清流碧晴、左右映帶、其對岸樓閣、高低隱見于綠蘋翠楊之表、所謂超然樓、應在此際、時有游舫載妓過其下、因戲口占曰、昨日樓頭會李杜、今日樓下見楊妃、凡墨堤十里、兩畔皆櫻、淡紅濃白、隨步媚人、遠者如招、近者欲語、間有少曲折、自第一曲、東北行三四折、以至木母寺而窮、曲曲周顧、花幔蔽地、恍疑無路、排而進、則有白雲坌湧、杳不見際涯、低回之頃、肌骨皆香、使人欲化爲仙、既而夕陽在林梢、落霞飛晃、閃閃爭垂柳疎松之間、長流滾滾、潮滿石鳴、西

仰芙蓉、突兀萬仞、東瞻波山、翠鬟如拭、又宇內之絕觀也、先師慷叟嘗語予、吾歷覽京師及芳山之花、然風趣莫及墨水者焉、洵然須臾天陰風起、落英繽紛、游人匆忙散去、而暮鐘之聲、洸洸度花間、余於是愴然有感焉、天有陰霽、花有開落、而人亦不能無老少盛衰、自顧叟年加七、飄然尚復嘻矣、今春所拔舉子數十人、大率青年妙齡、前途萬里、皆邦家之英也、自今以往、其人學益進、才益秀、以供天下之用、則與此地之花、眞足競其美、儻或一擧自高、頹惰委靡、如落花化泥、則吾輩無狀、白首即地、以謝謬選、未足贖過也、既遊之後數日、僚友會超然樓者、各有記若詩篇見示、不堪技癢、乃追記之、以殿於卷尾云、慶應改元乙丑、花朝後三日

杉田村觀梅記

佐藤一齋

余幼時、陪家君杖屨、遊杉田村觀梅、今二十餘年、怳乎如夢、思再往、而未能、去歲、從天瀑林公、訪金橋櫻花、其爲偉觀、不獨吾武罕覯、而雖他州、亦或無之、時謂、吾武之勝槩、惟有杉田與金橋、以花爲勝、是不可以無記、因備記其遊矣、杉田則猶有竢焉、今春、氷霜早解、天氣和煦、於是、觀梅之興動、乃拉三谷恂南、平出濟士、以正月八日發、投宿金河驛、是日、朝雨霽而尙曀、薄暮西北風起、逆旅主人曰、此風盡夜而歇、盍買舟、杉田距此四里而遠、不如一葦杭之近且便、謀諸二子、議不諧、乃止、翌早風未歇、發抵程谷驛、左折曰石灘阪、氷筍沒鞋、阪盡、原田豁如、回顧不二山、積雪與朝暾輝映、成淡紅色、

右秦左笥、屹然對峙、亦一白一青、殊爲佳觀、迤邐下原、歷太田村、井戶谷村、抵大岡村、遇農夫問路、農夫曰、自關村而入、二里而遠、經赤穗山、險而捷、乃就捷徑、果險、造其巓、樹木轇轕、茅茷蒙密、穿數百武、蜿蜒而下、則倏復軒豁、東南是海、左爲錦屛、右爲金澤、山麓爲森村、次中原村、稍南爲杉田村、可目歷而指數、風已歇、海面如熨、於是、知逆旅主人之言不吾欺、然得此佳境、勞亦可償也、既抵森村、田間往往見梅、幽馥時來襲人衣裾、左見禪宇、曰林香菴、又數百武爲中原村、野水分流、淸澈可鑑、而梅花掩映之、渡橋南百餘武、是爲杉田村、得一巨刹、曰東漸寺、多梅、有鐘、永仁六年鑄造、實五百年外物、銘亦奇古可玩、余饑鬪、村有老農、曰善惡居士、頗解韻

事、既出寺、路遇一禿翁、因就問之、翁即居士也、喜甚、引至其廬、環廬皆梅、不知其幾數株、居士曰、公等暫解裝、逍遙村中可也、田家無可供者、兎將炊梅花飦、幸一宿以觀夜梅、頗足淸賞、余謝之、乃出穿林間、先攀妙觀寺後山、至山腹、回瞻伽藍、埋沒梅花中、一村皆白雲世界、極其巓俯瞰、花光雲影、遠近相含、而海灣晶晶然、磨一大鏡、漁艓往來於其間、誠爲絕景、不獨在梅花而已、既下山、而南有小塢、置八幡祠、祠外百步、左右皆梅、有石華表、表外即農戶、園圃相隣、其梅皆奇絕、有徑可歷觀、一家所植、凡四五十株、老樹一根七八幹、根圍過合抱者、率六七章、有仆而復起、起而復仆、成虬龍狀者、有半身枯而花尙繁者、有長條倒水、如山猿伸臂爭掬澗泉者、

有全幹若蘚、不露樹皮者、有根株蟠屈、如獰獸者、有鐵枝百出、如兵戟相交者、其餘種種異狀、不勝具擧、至於此花之冷艶、與香之馥郁、固不可得而名狀、村南有寺、曰妙法寺、照水梅一株、蟠梅一株、皆老、野梅亦無數、又南百數武有山、水繞其麓、淙淙然入海、水涓一農戸、老樹殊多、花最稠、是爲一村盡處、遂左沿海濱而返、居士候門曰、何晏也、飦熟已久、乃入就地爐環坐、少頃、童子具饌、香氣薰然、不問而知其爲梅花飦、飦製、蓋梅花去蔕、漬以鹹水、和飦炊之、色微黃、極爲異味、健啖數椀、又設村醪、海參腸、蘿蔔羹、皆土產、既而月光破昏林間玲瓏、於是興復發、席樹下、煮苦茗、二子拈韻構思、余亦漫作賦一篇、(賦略)賦成、月亦沉、乃入臥其廬、翌拂曉、起步林

間、淸馥滿園、殊有佳致、頃之、居士來促曰、僻陬之境、歸路易迷、老馬之智可用也、吾既具焉、余與二子皆耽戀不能去、既而日漸高、將辭去、因寫賦并詩留之、居士亦折花數枝贈余、二子遞抱持之、夔夔然如奉盈、如執玉、惟恐顚越而壞之、余則騎而先焉、踰山回顧、忽爲一抹霞、天豈秘靈境者歟、抵程谷驛、舍騎而步、路歷蒲田村、亦名梅、二子欲留觀之、余掉頭曰、否否、既飽於大牢矣、復有所下筯耶、不顧而去、二子追躡、遂以薄暮歸、是夜亦月淸、甁揷數枝、對花作記、予以配金橋遊記、時文化四年壬月初十日也

耶馬溪圖卷記　　賴山陽

余嘗讀昔人畫、疑其山貌太奇峭、恐非天壤間所有、畫人一

時興到、鼓舞其筆墨耳、及觀豐耶馬溪、乃知造物奇怪、畫手亦有寫不到者也、歲戊寅、遊鎭西、過海、南望彥山於雲際、已覺其有異矣、既經二肥薩隅、還寓豐後隈邑、臘月五日、入豐前、過一水北來、蓋發源彥山者、沿焉而東數十里昏黑、覺左右峰巒皆非凡、山溪相迫處、鑿山腹爲道、人穿牖取明、余買炬以入、過牖、窺見月在溪水朗然、宿民家、翌大霧、待霽乃發、復沿溪東、愈東愈奇、群峰夾水攢竦、如春筍矗立、有土載石者、石挾土者、全石者、全石破裂成洞穴者、兩石相鬪、其一欲仆者、石數層累成夏雲狀者、而樹自石罅橫生縱生倒生而上指、叢生蔽石、如與石爭勢而欲勝之、石又自樹中奮躍而出、而石陰皆苔、紫綠相間、或沒石半面、或沒全身、又如援樹

攻石者、大抵峰勢石皴、如董巨刻意圖、時窮冬、多老木葉脫、槎牙瘦古、皆倪黃筆法、而苔蘚若渴者、王叔明也、古人筆墨、不吾欺也、至柿阪憩孤店、店面石壁數丈、飛泉懸焉、仰則更有高峯、不知其幾十丈、余急釋所佩酒瓢、命燖之、竈突蕭然、會一獵師新獲豪猪、割而煮之、肪脆如水、連引數太白、又行、溪又數曲、隨峯勢上下、或激雷噴雪、或渟膏凝碧、峰影爲之或碎或全、似水妬山而亂其影也、至屈智林、溪稍開、有小村、過一橋、自此行溪北、開者益開、數十里、詣古城正行寺、寺主含公余故人、竢余既久、余先詫曰、君州山水大奇、含公曰、更有奇者、使子目之、居二日、與含公南行、行田塍間、至仙人巖、巖石突立山頂、含公指示余、余不甚賞、其明、又經田塍、至羅

漢寺、寺据山、鑿山作洞、壑橋梁狀、安五百像、余復不甚賞、宿寺前逆旅、挑燈而談、余曰、山不得水、不生動、石不得樹、不蒼潤、所以余賞馬溪、而不賞仙巖、至於羅漢、則人工耳、然皆馬溪之支裔矣、且馬溪、溪山相追、無田塍礙目、而其路坦夷、眞可遊也、然爲二豐通道、過者慣看、況公等生長此土、宜不覺其奇也、余則再遊不可期、將復溯之以諦觀之、含公褰袂與偕、早發、過一水、北出馬溪口、峰容樹色、忽覺迥別、自淺入深、自平入奇、泝前數曲者、一曲奇於一曲、比諸前遊、更可喜也、復至嶧下孤店、店主識余面、驚曰、是前喫猪客也、有何幹再來此耶、余曰、欲看山耳、曰山有何好看、吾不禁子看也、遂席溪畔、與含公傾瓢一醉、宿山寺、明雨、借轎而還、山峰得雨、皆

變幻作態、或前以爲一山者、分爲數峰、如群仙駢肩、露其半身、萬松振鬣鼓濤於雲中、又如廿五菩薩奏樂而至也、還至屈智林、含公慮吾酒盡、預戒家僮、馱樽於馬來、取醉宿阿保村、翌歸寺、又三日辭去、踰海東歸、自海雲中顧望鎭西山岳、其屬豐前者、皆有別態、彥山其尤大者、耶馬山脈水理、蓋皆自彥山發、故獨絕耳、余足跡幾半海內、弱冠東遊、得妙義山、以爲無雙、今馬溪百里、如妙義者、不知幾十峰、謂之海內第一、或不誣也、己卯之臘、肱囊得爾時寫山粉本數紙、戲以意接屬之、爲橫長一卷、又記其由、併錄所得詩九首、余詩文笨拙、不足狀其髣髴、況畫乎、後有能者如董巨倪黃之流、者蹋其境而補成之、庶幾不負此山水、然目此山水、爲海內第一

者、乃自賴子成始、圖爲含公取去、備後故友橋元吉、亦好山水、請爲寫一本、諾而未果、今茲己丑、護母至尾路、留旬日、乃踐前約、而舊圖不在、尋諸胸臆、冥搜默運、覺山精水神、或來助我、遂能成此、屈指已十二年矣、憶當時歸帆外、豐山依依如相送者、今猶在目中也

讀書餘適　安井息軒

（上略）天保十三年七月二十一日、晴、發米澤、正北望一巨山、形如弦月、而積雲羃之、不問知其爲月山也、米澤勤於農桑、本年淫雨瀰夏、民慮其或不稔焉、而比日殘炎爍金、田稼勃興、如鋪靑氈、土最宜桑、葉大如巨人掌、行村鎭間、繰車雷鳴、達於四境、麻田以北則旱田中多種苧、所謂越後寧樂諸布、

皆資於此、又每數十步、置石於路傍、高廣二尺餘、厚半之、謂之憩石、蓋山民搬運、負而不擠、疲則安打苞於石、倚身以息、凡奧羽山中皆然、而此獨置之、亦足以見政令之修矣、是日熱、渴甚、乞茶於店、輒酌水與之、曰、封內暑月無烹茶者、雖巨室亦然、果然夏日則飮水矣、宿新關、去府城十里

二十二日、晴、驛以北、路小多石、磽确艱步、山勢至此一束、而最上川奔於其間焉、大椎有關、致大街所與傳、始許過關、上杉氏之地盡於此矣、又里曰內野、買漁舟渡最上川、至待程村、得一異橋、兩岸埋巨木三、而橫出其端、如此者三層、上出於下谷四五尺、幅如橋廣、架三大木於上層、橫敷厚板、長十餘丈、不施一柱、予嘗經岐岨、其橋亦如之、蓋山水暴漲、悍如

奔馬、非是無能耐久也、未位至大沼、其寺曰大行、有墾田百二十石、子院三十六、皆道流也、既飯、觀浮嶋院、主使雛冠導、沼長三町、廣四分長之一、有四灣、正南一灣、張繩限之、導夫曰、是爲奥院諸島、不得妄游、有老道士、開店賣酒麵、聞之吐舌三寸、顧予而笑、時觀者數十人、忽一人絕叫曰、前嘴出一島矣、注視久之、微動東徙、心方異之、既而東南灣亦出一島、皆大一丈許、彼此相近、一小島又出其間、悠然而東、將相觸擊、忽復相避、若有物使之然、良久、西灣東渚、復各出一島、往來浮游、不常其鄉、皆大如初、其未遊也、蘆葦尨茸、與岸無別、耆然而離、則島也、衆人益神之、念呪禮拜、以祈福田、殊可厭也、日夕西風大至、蘆靡水浪、群島爭奔、須臾盡著東岸矣、案、

漢土嶺外、地狹田少、土人縛木爲筏、編竹爲簣、敷土於上、種以蔬菜、久焉、草木生之、筏朽簣腐、則根荄封之、遂成浮洲、謂之葑田、蘇東披嘗聽盜田之訟、以其可移働已、葑會意、言草封也、今事雖殊、而理則同、豈方士狡獪、豫施是術、以愚後世乎、其浮游往來者、風因地而轉、島因風而轉、故北風向北者、必西南灣也、西風向西者、必東南灣也、地變風亦隨而變、其不相觸擊者以此、獨正南灣曲而邃、島入不能出、是以張繩限之耳、顧而詰道士、復笑而不應、將歸、一巨島出西南灣、廣二丈許、東徙太疾、會日已沒、割愛而去、宿大行院、雛冠頗喜文字、請書所賦詩、辭以並拙、堅執不可、時餘興未盡、謾書與之、

二十三日、晴、下山一里半、地勢始平、曰大矢村、西北望月山、近在眉宇上、距此十有餘里、高可知矣、至左澤、渡最上川、路益易、凉風徐來、比之昨日冒暑攀險、不啻霄壤、然殘山剩水、無足記者、天與人半、不與人全、世事常然、勿怪焉爾、宿山形、秋元侯治焉、商家三千、最上氏之遺也、地又據奥羽孔道、以故雖蕞爾六萬石、猶不失舊貫云

二十四日、陰、離郭一里、雲如潑墨、雷聲殷然、是日山行、心頗患之、既雲淡雷止、風自面來、極與踰嶺爲宜、山麓曰關根、置關征行旅、士人則否、嶺躬入奥、少下有太士堂、老衲守之、蓋自羽關根至奥笹谷、登降三里、惟此可築宅、而煙火絕遠、非平民所能栖、仙臺先侯憫行旅之勞、特置此庵、以供茶烟、或

遇風雪、亦得投宿以免凍死、是可法也、笹谷亦有關、乃仙臺所置、法與關根同、晡後雷雨大至、宿川崎驛、

二十五日、川崎之野胡子花盛開、有數種、粗莖而淡紅者最佳、豈古者所謂粗本胡子者非邪、行二里、渡一橋、亦無柱、溪深而山峻、朝霧湧上、出驛來見一奇山、隱見霧中、即此也、溪則名取川上流、沿而東者數里、至牟庭、折而北行、踰一嶺、多奇松、皆如故意剪裁者、曰鍵取嶺、東南望海、渺然無際、拜日光廟、十有八日、始脫山圍、意殊暢然、渡廣瀨川圮橋、是爲仙臺北郭、始見瓦屋、行一里、宿國分街、始食海鮮、

二十六日、陰、命逆旅氏買錢一貫六百文、不能辨、午後微雨而晴、游愛宕邱、在城之東半里、東南望金華、北眺七森、西則

青葉山、伊達侯治焉、其足爲廣瀨川、逶邐東流、至荒濱入海、川北士大夫夾坊而居、幅員一里半、嚴然東陬一大邑也、邱南則大年寺、頗壯麗、子院十餘、亦占一山之巓、自元和建櫜、府朝創一國一城之制、乃太平眞象、法至善也、而侯國不虞之備、則不可以少焉、是以擇形勝之地、建置寺觀、以寓犄角之勢、亦事理不能已者、列國皆然、而此其尤也、取原路而還、至瑞鳳寺、上方有貞山公廟、守僧導而觀之、前殿西向、扁曰瑞鳳、金碧眩目、其北竹樓、祭器藏焉、旋而出後、廟宇嚴然、中安巨龕、華麗無比、塑像正衣冠、結趺而坐、短軀晳面、眼光射人、嘗聞、公眇一目、而威神橫生、徵以此像、豈亦傳聞失實乎、廟左右有碑二十一、皆殉死人也、隔一小阜、二廟同宮、南方東面爲義山公像、稍小、亦有殉死碑、其北爲雄山公廟、制畧同、而遞減其度、雄山則易像爲碑、殉死墳亦無、蓋以其卒在嚴祖嚴禁之後耳、出寺左、渡評定橋、又左至大橋、長七十步、橋以南爲內郭、雉堞石壁、隱見於松杉間、規模宏大、與封境稱、偶有伍伯輩、譏察行旅、不過橋而還

二十七日、雨、仙臺封境六十四萬石、實收至二百萬、侯國之富、無出其右者、然申酉凶荒、死亡數萬人、物價踊貴、上下皆困、制鈔鑄錢、百方支吾、而莫能救其窮、爲近者請浪華富商某掌其國計、出納建廢、一聽其所爲、置相樸雜劇於躑躅岡、每朝擊鼓狥於市、以募觀者、其他游手浮食之氓、爲諸邦所驅者、亦皆受而容之、橫絃擁鼓、陸續於途上、今茲邦君始就

國、例徵散樂數十人於京師及寧樂、偶有與予同館者、云、三月出京、歸思如衝、未知何日得西我轅也、館人獨語曰、路費未辨、安說歸也

二十八日、予早起疾呼曰、晴矣、松島可游、皆蹶然而起、蓐食而發、少焉、雲自北來、霅然四合、雨復從而至矣、千里之行、惟爲此游、夙志將償、而天又厄之、可恨也、然勢不可已、決意而前、便路過躑躅岡、櫻樹百餘章、皆七八十年物、花晨可想、東十餘町曰宮城野、古者以胡子花名、國風所謂粗本萩者是也、至則杳無影響、惟亂草間、虫聲喞喞、聊洗我耳而已、又東曰燕澤、有碑文四行、（碑文略）字多省畫、篆籀雜出、土人謂之蒙古碑、按史、元世祖忽必烈已蕩平海西、狡焉思闚東境、數修聘於我、不報、文永十一年冬、元人寇邊、擊却之、既而謀知我俗信浮屠教、遣禪僧來間、而終不能得要領、弘安四年、忽必烈遣其將范文虎等、大擧侵筑紫、神風簸蕩、賊軍覆沒、我兵乘機奮擊、大敗之平戶島、捕虜三萬人、赦于闐、莫青、吳萬三人遣歸、是碑文建、在其明年、明以弔其敗也、然恐我覺其間、故糢糊其辭、闕畧其字、而又置之僻遠之境、其志可憫、而其情可憎矣、鎌倉圓覺寺開祖曰佛光、胡僧也、世傳以爲是碑戒師、（中略）多賀城址在燕澤東一里、其碑西向、額題一西字、示不背京師也、首署多賀城三字、其文則記京與四至里數、及城所築修、寶字六年十二月一日惠美朝獦建焉、朝獦押勝第二子、天平寶字四年、爲東海道節度使、任終歸京、八

年、押勝與弓削道鏡爭寵、欲幽上皇而誅道鏡、朝獦與謀、事露伏誅、其人蓋不足言也、然据是碑所記、當時形勢制度、畧可得而尋、文之不可以已也如此、(中略)至鹽釜市、約略三百戸、妓館居半、神居小邱上、祠宇宏麗、祭用雅樂、巫覡輩方肆五常樂、鏗鏘可聽、下觀鹽釜、凡四口、經四尺八寸、深五寸餘、紫黑色、中湛潮水、其一經四尺、深一寸五分、黃赤色、每年七夕前夜、祭而易水、相傳神所用以烹鹽也、土人則云、初有七口、其三沈于海、釜淵是也、或云、凡六、一沈于釜淵、一埋于釜田、要之頑人瞽說、無足辨論、然今所存、實爲古物、惟黃赤色者、制質皆異、恐屬後人贋造也、未牌乘舟於鹽灶之浦、天亦適晴、舉面六七町、兩山起伏、灣嶼互出、赤松生焉、海風所盪、

皆爲異體、隨東隨瀾、境亦隨益奇、凡半里、左得籬嶋、鹽灶至此、所謂千賀浦也、左大臣源融之謫、與也、設宴於籬嶋以賞月、以故其名特顯、嶋以東爲松嶋、右嶠始斷、遙見外洋、爲羽柴崎、其東則靑海嶋、外洋諸嶋走於其間、巨者、小者、長者、聳者、穹隆者、凹而廣者、凸而狹者、雙相提携者、倏忽轉換、如觀過門之客、凡十有五、舟子一一指名之、而陋不與文入、可恨也、舟益進、外島皆伏而不見、前面忽得一奇島、如白犬昂首而顧、曰裸島、凡松島東西五里、南北半之、有三大嶋以限外洋、其內小嶋八十有八、其處外者幾倍之、皆石身而松衣、獨是嶋不生寸草、故冒是名、遂有不孝爲裸之謠、可笑也、又一奇嶋偃臥于右、有巨孔、朗如圓月、其上穹隆爲輪者、宛然架

橋、曰架橋嶋、靑海嶋亦斷、復見外嶋、前者居半、而勢面又變、或先見而後伏、或後出而先退、遠近交錯、紛如弄丸、眞一大活畫哉、衆嶋復伏、海面益瀾、無足觀者、名曰海原、時應接既繁、目饑欲食、傍人絕叫曰、奇嶋出於左矣、盱眙而視、前第一嶋爲箕輪、形如其名、石特怪麗、次爲冑嶋、高而平、乃石山戴土者、淺草上松樹扶疎、邦君游覽、矢魚於此、次則鞍架、次則鐙、皆因冑得名、形亦略肖、既而衆嶋群湧、不可名狀、左右互出、前後相映、乃舉中最勝處也、一轉達岸、投扇氏、時日將沒、遽呼白登樓、至暝無所見而後休、夜海嘯、雨兆也

二十九日、陰、游瑞巖寺、入門行杉一町餘、子院夾之、左右各六、堂宇壯麗、楹彫桷丹、多名書畫、又有藩祖貞山公之像、聞

之即眇一目者、前曰觀月崎、有邦君觀瀾之亭、豐公賜聚樂之觀以作之、麗不可言、皆以無導不觀焉、率渚而西、渡一橋、曰雄嶋、有廟庵三宇、碑尤多、率俳歌者流所爲、唯賴賢一碑、書法遒美、文亦雅淡可誦、聊爲雄嶋吐氣、宋僧一山所書也、惜爲海風潮雨所剝蝕、字畫漸漫、又數十年則沒字碑矣、或曰、依壺碑法、作屋以覆之、猶可保其無虞、悠悠世路、誰爲此間事、以惠後世者、可慨也已、還觀五大堂、連架二橋、橫五寸板於梁上、空亦如之、俯見海潮、使人發悸、堂不甚壯、相傳藤原秀衡所創以祈五子之福也、豈前知其敗、而不可奈何、姑佞外鬼、以冀萬一邪、然以秀衡之豪富、祈寵子之福、而其規模止此、古今奢儉之度、可以槪見矣、亦多碑、人之好名、往往

乃爾、然石猶未苦、身之與名、同歸乎盡、無復終讀其文者、則亦何所益哉、松島赴富山、舟行尤便、是日陰、慮蓬底無所見、遂取旱路、行一里餘、右折而達于麓、寺在山背、入門南面、群島聚於下、長者龍臥、高者虎踞、簇簇乎群羊之相將、奮乎兩猊之相鬪、或父坐而兒拜、或主顧而奴走、昨日所觀以爲一巨嶋者渙然四散、峙爲數嶋、奇態異狀、不可勝數、而山嘴斗入於礜者、分爲數枝、水灣其間、如鏡如玦、如菱截其半、布置之妙、有巧畫不能狀者、既而乍雨乍晴、則甲滅而乙生、丙濃而丁淡、呼吸之間、變幻萬狀、少焉風蓬然而起、濕雲離飛、則全然復出松嶋之勝、蓋盡於此矣、雨之功亦偉哉、或曰、月更勝、乃又曰、未如雪之爲最可賞、是二者固不能無望焉、然予

遜矣西土之人、求之吾州、其能與是觀者、其與有幾、予獨何人、冐此盛寵、而雨奇晴好、又兩收之、則雪月之念、亦可以已矣、忽憶、先君子性好游、尤眷眷於松嶋、然少孤貧、既長、爲微官所羈、嘗一役江戶、一學京師、療目於筑、而洗痾於隅、此外未嘗出州境、凡有事涉松嶋者、輒記俗乘、必終讀之、暇則撒米於盆、聚爲嶋形曰、此爲某嶋、此爲某灣、未知能相肖否、今也天幸、得略窮其勝、筆雖不能文、而心能記之、手畫口陳、悉其梗概、其觀必有如目觀者、而皇天罔極、無所歸訴、悽然久之、下自山後、復出官道、泝鳴瀨河而東、多巨木塔、高丈餘、面書佛語、尾云、爲申酉餓死、見一老父而問之曰、餓死如何、嚬額而答曰、此至津頭、只三町、至一日有倒尸三十五、其存者、

亦皆氣息淹淹、於是比村建議、穿五大穴、而叢埋之、穴二百五十人、皆良民也、嗚呼、悴矣、宿小野驛、去松嶋三里、(下略)

大高忠雄寄母書(漢譯)　赤松滄洲

雄東行期已迫、乃一去、長無奉侍之日、痛心之極、如何可道、而事實出于不得已、亦唯母所具悉也、嗚呼、雄遇先公、無異衆人、則永在膝下、奉甘旨、或無不可焉、獨奈何辱蒙拔擢、日侍左右、恩遇之厚、非衆人比、是以變故以來、食不甘、寢不安、悄悄心目、不能須臾忘、是區區之所以不能已也、雄聞、主憂臣辱、主辱臣死、況主而辱且死、爲之臣者、如之何、其可一日生存也、亡論先公之陷罪、而社稷之不血食、職吉良子之由、即念、先公當日不能遂其所欲、遂含怨怒而沒、吾曹一日生

存、如痛苦彌年、宜速致微命、以從先公于地下、而隱忍至今日、以大學君禁錮未釋、而竊冀其蒙赦而奉先祀也、雖則大學君奉先祀、而吾曹固從先公於地下矣、唯其處置、有輕重難易之異耳、近聞、大學君永放安藝、吾曹又何顧慮之有、於是乎、將作重且難者、以報先公於地下矣、相識者猶謂、大學君不蒙恩命、而吉良子不被罪責、以此二事、訴之、庶幾吉良子被責讓、而大學君從末減矣、若猶不蒙明察、而後舉事、未晚、吾曹乃以爲、是大不可也、苟有所上請、不得而發事、殆乎似怨上而仇之、大負先公敬事之意、唯當一心遂先公一朝不遂之志、以報地下、而已矣、故今決定、與同志輩俱東去、兒輩沒後、罪或連及、苟然、母宜逍遙就刑、必勿過自盡、嗚呼、縱

罪不及、既無一男存、寥寥凄凄、何取依焉、豫思之、五內如割、何心能任、然而又思、吾母賢明、昔時臨別、不作尋常婦女悲痛之態、輒以名義勉勵吾曹、使方寸不亂、吾曹豈可不以此奮起哉、雄今年三十一、弟富二十七、甥秀二十三、並皆壯而健、臨期先登、豈在他族、請勿復過慮、姊妹及乳母、亦復同痛、喻之勿令深傷、吾母平日奉佛、請時閑步、詣城外諸寺、燒香供花、以消閑散憂、庶亦養生之一助也、臨書哽咽、淚筆俱下、唯願加湌自愛

與大久保子親書　藤田東湖

彪啓、子親足下、不相見久矣、南望不啻、向者辱花翰、兼惠佳品、當時欲即裁書答謝、稽緩遷延、遂以至今日、彪之懶慢亦

甚、然其間每親朋相會、未嘗不談及足下、每永夜獨懷、未嘗不念及足下、則固非彼世俗交友、兄弟其文、胡越其情者之比、想足下亦不深咎彪、客冬、加藤隣、歸自江戶、道足下亦有江戶之行、兼審起居佳勝之狀、頗慰鄙懷、嗚呼、足下負超倫之才、業已勵精刻苦、猶不自足、屢遊都會、徧訪諸家、益廣其聞見、則才學之進、當與筑波香澄、爭其高大耳、彪也不幸、蚤丁家艱、游學不遂、加之弱冠爲吏、志躓才蹷、碌碌屈首於薄書之間、足下誠憐彪固陋、不惜分其餘光、都會所獲之異聞奇說、瓌偉跌宕、可驚可喜者、指陳開說、使彪免井底蛙之譏、亦幸矣、岳忠武集一本、聊呈梧右、韋編不裝、幸恕簡疎、彪之先人、平生不甚喜詩文、獨於志士仁人之集、酷愛之、誦讀不

已、嘗有編李忠定宋忠簡岳忠武遺文、爲三忠集之志、不果不祿、彪未暇紹述、適潮來人宮本某聞之、慨然欲廣其傳、迺上諸所謂活字版者、岳集先就、所呈即是、蓋頗不能無魯魚之誤、然至於其赤心血誠、凜凜若嚴霜白日者、固非一二字何所能累、亦復奚傷、時春寒尚在、千萬自重、不宣

答藤田斌卿書　林鶴梁

斌卿足下、四月二十九日、相良芳太郎來、達斌卿手書、書意懇懇、感入肺腑、僕素切瞻望、忽獲此書、喜不自禁、且卜日佳召、將以摳趨、及期、寒疾暴作、不可以風、未由往見、誠以悵惘、今疾少差、醫戒勿出、乃作一書以請教、僕聞、聖賢不爲已甚也、而有時乎爲之、不好辨也、而有時乎好之、周室東遷之後、

邪說誣世、譎詐暴行、殺父之子、弑君之臣、往往而有、孔子懼作春秋、乃使亂臣賊子不得作、其功至大矣、然春秋天子之事也、以匹夫而擬天子、不亦已甚哉、及七雄爭强之時、異說益熾、紀綱益弛、聖人之法益圮、孟子懼作七篇、使楊墨之徒、不得橫行、其功亦盛矣、然以其英邁之氣、出過激之論、不亦好辨哉、是孔孟皆好辨爲已甚也、然使孔孟不出於此、則安足以爲孔孟哉、孔孟能出於此、是後世之所以仰望師尊焉、而其憂世恤民之意、亦可謂深且厚也、然則其自謂不好辨不爲已甚者、何也、此論其常而已、方時勢衰亂之時、不若斯之激、則未足以救之、是以斷然爲此、不敢小顧也、雖然、其爲已甚也、不害於道、而其好辨也、不傷於義、是聖賢之所以能

處變也、我神州開闢以來、皇統一定、綿々弗絕、與彼海外帝王、動輙革命者、固不可同年而道也、昔時風俗淳朴、民皆知義、其後大亂相繼、群雄哮闞、蒼生魚爛、殆數百年、而人士尚能輕死重義、節操堅貞、卓越乎萬邦、豈不美哉、今也昇平既久、上有明主賢相、洪摸碩畫、秩然不棼、雖異域三代之盛時、恐不能過之也、雖然、僕觀當今人、節義之風衰、而俗儒之說大行、夫士氣之萎薾不振、未有甚於此時者也、復之之方、不必在位者獨任之也、書生建言、多唱節義、挽淳推漓、曉曉不已、則遠近響應、人々自能振起、然後士氣可奮也、往昔貞享元祿之間、文章尚未甚盛、方是之時、京有仁齋東涯、江戶有徂徠鳩巢、皆首唱文章、以指麾人士、則人士和之不敢後、乃

不數年、而文章之盛、殆抗乎西土、至今愈益彬彬者、實伊物諸子之力也、夫伊物諸子、皆任在儒生耳、而其驗如此、故曰、復古之任、不必在上之人、而在于書生矣、雖然、當今書生、或冒貨利、或修邊幅、或媚王侯、以姦諛竊寵、要皆荀子所謂偸儒耳、安知有所謂節義者哉、是以當今書生、無一人能以復古爲己任、建旗鼓、招後進者、詰之則曰孔子不爲已甚也、孟子不好辨也、苟學孔孟者、豈可敢爲過激之事哉、噫、亦陋矣、僕久慨于此、竊不自量、常有復古之志、而末學線才、安勝其任哉、側聞、斌卿先君子幽谷先生、嘗唱節義于常陸、常陸之士、翕然從之、而其門下士會澤恒藏諸子、行業赫赫、皆先君子之力也、而先君子之說、未周于海內、視之伊物諸子、猶膠

之漸也、語曰、據高而呼、聲不加疾、而聞者遠、夫伊物諸子、居天下大都之衝、而先君子乃僻在東陬、故爾歟、今斌卿乃在江戶、若能奉家學、以從事於復古之任、則其勢豈難爲哉、但未知斌卿所志與僕所言、同異果何如也、若斌卿能如僕所期、眞不愧爲孔孟之徒矣、僕雖不敏、願附驥尾、以遂宿志、斌卿若曰此大業、無位者決不可爲、姑善吾身、以待來者、則僕竊爲斌卿不取也、僕與斌卿、未有一面之識、敢猥布腹心、如此、狂妄冒瀆、其罪夥矣、然斌卿既辱惠書、又叨佳召、僕安敢不傾倒所懷、以答其意、幸斌卿恕其罪、而察其意、惠以教誨、感曷可言、伏竢伏竢、五月二十三日、林長孺再拜

上中川親王書　森田節齋

大和處士森田益、誠惶誠恐、頓首再拜、奉書中川親王殿下、益竊謂、自古天下、有非常之變、必生非常之英傑、以濟之、弘安之變、有若北條時宗、元弘之亂、有若大塔宮、方今外夷連窺邊陲、實皇國開闢以來之變也、天下豈無大塔宮時宗其人乎、以益觀之、殿下及水戶權中納言其人也、殿下相鳳闕於西、納言佐幕府於東、共以一身任國家之安危、天下之士皆曰、二公在焉、西虜雖猖獗、可以無虞矣、既而殿下遇姦吏之毒、在幽囚中數年、納言仆而復起、遂以病薨、萬生遑々、不知所嚮、幸而主上聖明、拔殿下於幽囚中、擧爲輔翼、而幕府亦擧納言子刑部卿、以輔其政、於是四海如再見日月、歡聲載路、今春有人傳殿下罹篤疾、殆將不起、益聞之、竊爲天下

憂之、門人三宅高幸、蒙殿下寵遇、久列近臣、頃自京歸、詳陳貴恙復常之狀、益欣躍之餘、不顧卑賤、因高幸奉一書、以陳所志、唯殿下諒察焉、益山野之鄙人、素無家國之責者、然亦皇國之一民也、今生天下多事之時、欲竭力王事、自顧質愚才短、一無所長、唯少小喜讀書作文、常謂、文有大小難易、自度其能而爲之、可以立功矣、又謂、不獨刀劍爲殉國之具、文筆亦殉國之具也、文筆爲殉國之具姑舍之、益請、先論文之大小難易、方今操觚之士、好議防海事、夫海防策豈易乎、非胸貯萬古、氣呑八荒者、不能也、且方今支那學遍五大洲、外夷往復書、亦并用漢文、然國體所關、誤一言貽恥於外國、豈可輕爲之乎、是皆文之大而難者也、爲人傳記、條理分明、不

失其實、是文之小而易者也、夫大而難之文、非益所能也、小而易之文、益自以爲能之、況小而易之文、當今之時爲之、其功未必不勝大而難之文也、益請、爲殿下陳之、非敢爲放言高論、而誑殿下也、夫方今之務、在作士氣、作士氣、無如監古氣節之士、監古氣節之士、無如監今氣節之士、而今氣節之士、莫如櫻田十七士、及阪下六士、十七士、期萬死不顧一生、斃權臣於一擊、名聲震海內、延及外國、六士則雖志不成、亦足以破權臣之膽焉、要之、此二事、可謂空前絕後之擧矣、然而天下氣節之士、不止此也、京都及列藩之士、以議時事、就囚被刑者、數十百人、雖如徒死無益於國者、然啓櫻田阪下之擧者此輩也、其忠何可沒乎、益謹拜覩壬戌八月二日之

詔勅、凡死事者、以禮收葬、使子孫祭祀不絕、是叡念深憐氣節之士、欲其有後也、既欲其有後、則欲其傳後也亦明矣、蓋叡念欲命史臣傳之、而未遑也、益不肖、固非其任、然自度其能、如前所陳、則未必不能之也、如使益奉令得執筆、益倣遷史列傳體裁、先敘京師及列藩氣節之士、次之以櫻田十七士、坂下六士、其他憂國死事之士、採收無漏、或別記之、或合序之、錯綜變化、要覩其忠義之迹、且夫好善疾惡、人心之所同然也、益又倣劉向附孽嬖於列女傳後、序姦臣長野主膳、島田左近之徒、別爲姦賊傳、以附氣節傳後、讀氣節傳者益知姦賊可疾、讀姦賊傳者、益知氣節可貴、則其感發人心何如也、不獨此而已也、西夷已解漢文、今傳其書於彼、彼知皇

國有人、必將膽落氣沮矣、側聞、攘夷之廟議已決、戰期在近、所恃以維持國家者、獨有志士耳、志士集輦下者數千人、皆不待召募而來、以待攘夷之令、彼雖無求於當世、豈無求於千載之後乎、若使此輩讀之、其奮發興起、必有倍平生者矣、則其書之有功於當世、豈區區海防策之比乎哉、益故曰、小而易之文、當今之時爲之、其功未嘗不勝大而難之文也、果非爲放言高論、而誑殿下也、雖然、益言亦未免過激、何者益所稱姦賊、其子孫多存、益此言恐觸其意、然不直則不見、益雖以此罹禍、不少怨悔、嗚呼、十七士以一劍斃權臣、益則欲以筆鋒誅姦賊於既死、豈敢惜一死乎、益故曰、不獨刀劍爲殉國之具、文筆亦殉國之具也、願殿下憐益愚直、使益得奉

令書之、則益專用力於此、編成一書、以垂勸懲於後世、是益之志願也、納言雖薨、遺文存焉、讀之猶有生氣、想殿下亦必有所嗜矣、使益得寓目、雖未仰清光、亦可以自壯焉、益誠惶誠恐、頓首再拜

阿部比羅夫　齋藤竹堂

海外之域、非我地也、我無故而擊之、雖一戰而克、遂奄有之、然君子不爲也、神功皇后之征三韓也、論者以爲新羅援熊襲令叛、故后舍熊襲而擊新羅、根本既拔、則枝葉自服、此史之所不載、而事理所必有、吾亦以此知阿部比羅夫東征之由矣、比羅夫受齊明命征蝦夷、遂伐肅愼、獲生羆二羆皮七十張、再征蝦夷、建府于後方羊蹄、更伐肅愼、虜四十九人以

歸、方斯時、叛者蝦夷耳、肅愼非我地也、我伐我叛者可也、而伐非我地之肅愼、何也、且蝦夷性愚、可以威服恩懷而無變、後世且然、而當時之蝦夷、反亂相踵、不可制服、前比羅夫者、有御諸別田道之征、而其後茢田田村諸將又征之、然僅克輙復叛、數百年奧羽之地、無復一日之安、豈蝦夷之性、愚弱於後世、而倔强于當時耶、顧亦肅愼靺鞨之徒、爲之後援、猶熊襲叛於筑紫、而新羅援之之故耳、然則叛者、蝦夷也、使之叛者、非蝦夷也、前後諸將、皆知征蝦夷、而不知拔蝦夷之本、獨比羅夫奮踐荒漠不毛之地、赴海外不可知之域、侵冒蠻烟胡氛而不恤、直欲拔而取之、是與皇后之征韓、何異哉、皇后之兵、上下一致、精勁靡比、故一擧拔之、而比羅夫以一將

帥之力、自率部屬、而事遠略、一再征討、所獲不過數獸皮與數十生虜、若此時朝廷出兵繼之、必使拔巢窟而移府于其地、左征右略、益圖恢廓、海外數千里之域、皆已沾王化矣、三韓地與漢近、故屬我并屬漢、我欲專之而不能、是皇后之業所以未幾而衰也、若東北則固無斯患、我苟取之、可以傳萬世、而爲王家之外府、今乃急於圖西、而略於東北、後方羊蹄之府、後世無復修者、致使今日鄂虜韃夷、環視其外、漸成蠶食之勢、嗚呼、誰知千載之前、且伐非我之地、而千載之後、轉致我地爲外所窺之患哉

北條時宗　賴山陽

國朝自置太宰府以還、非無外寇、然止於三韓小醜、未有如

元寇之可患也、而防而郤之、使彼懲而不復窺者、北條時宗之力也、世俗之稱此役者、曰、賴宗廟之靈、颶風大作、不血刄而克、是不足言也、稱有開識者、乃咎時宗武人無謀慮、殺元使者、所以來此寇、賴襄曰、殺使者來、不殺亦來、殺之速其來耳、何則忽必烈志在呑滅我邦、以其所以滅趙宋者、來擬於我、先遣使來書、因我不受、乃用兵剪屠慘酷、以示其威、期我懼而服也、又遣使、猶以和議爲言、使我聽之、則我爲趙宋矣、稱藩納幣、一不如其意、將又加兵焉、彼既得我要領、乘我罷敝、大擧而來、其勢便於攻宋、宋阻一江、我環大海、宜若易守也、其實有難焉者、彼攻宋自一面來、攻我自四面來、扼吾要喉、斷吾糧道、杜絕吾兵之策應、其禍豈可勝言哉、而當時廷

議、必如宋之君臣、苟免近禍、而不恤其後、兵民之心、亦如宋之將士、不敢決於防禦、如時宗則雖未知宋事、而能慮及此也、以爲不若早絕之以速其來之易防也、是以斬其使以示不懼、以報彼前日之寇辱、而決我後日之守心、誰謂之無謀慮乎、吾以爲宗廟之靈、誘時宗之衷、以決此計、不在颶風也、是故時宗之所以處元防元、不唯濟當時、皆可爲後法、曰、所以處元則然、所以防元如何、襄曰、節用蓄力、不內自擾敝、以逸待勞、因其方面之兵食而遣一將令之而已、曰、彼幸自一面來耳、自四面來、則何以防之、襄曰、四面皆有兵食在我所令之、襄備論之、使後世萬有一逢如忽必烈者、必以趙宋爲戒、而以時宗爲法

元弘建武之事

安積艮齋

王室之不振久矣、貞觀而下、政出於外戚、平治以來、權移于武將、至于正治以降、則陪臣擅天下之柄、冠履顚倒、玄黃易位、何皇綱之不張、一至於此也、後鳥羽上皇震怒、欲召兵誅北條氏、而不克、三帝蒙塵、其慘有不忍言者、逮後醍醐帝慨然將戮鯨鯢而張皇綱、雖一旦播遷于隱岐、然誥勅之所感動、海內豪俊、爭先赴義、卒能殪北條氏、以雪先帝之宿憤、而數百年已移之權、復歸于王室、可謂英主矣、特惜其紀綱不肅、而竟不能恢鴻業耳、夫國家之有紀綱、猶人身之有筋脈也、筋脈井然、經緯錯綜于五臟六腑百骸之間、而無所結轖、則血氣灌輸、肌膚充盈、毛髮皆有光潤、故明君必以正紀綱

爲主、綱以提其要、紀以理其細、凡生殺與奪、黜陟賞罰之類、莫非紀綱所理也、若夫紀綱不正、則賞罰錯亂、以至于亂、帝之播遷于隱岐也、北條氏餘怒未弭、其威暴之烈、如猛熛迅雷之不可遏、而天下之將士、奮不顧身、棄妻子、辭墳墓、百戰而殪强虜、將以受茅土之封、傳榮利於子孫也、然而天下甫定、帝侈心即生、惟遊宴是耽、冀賞與者、簇擁闕下、而主司者不敢輒班賜、行貨賂者得重祿、不行者不獲一級、或與又奪之、或封之東、遽移之西、新田氏、楠氏、中興之元勳也、而與二州、足利氏功不及二將也、而與三州、甚則奪赤松則村播摩守護職、而賜之以佐用莊、后妃僧尼、歌童舞兒、非有汗馬之勞、而皆賜食邑、天下殆無餘地、賞罰錯亂、將士解体、是以足

利氏攘臂一呼、則天下之士不復問順逆、應之者如影響、而天下復歸于亂矣、然楠氏、新田氏、竝竭力於王室、而忠臣義士、角立于海內、苟委楠氏而經畫之、天下之事、尙有可爲者、而帝不聽其言、遂馴致于楠氏殉國、宸輿駐蹕芳山林巒之間、當是時、雖有智者、亦莫如之何矣、推究其敗亂之由、無他、以紀綱不肅而已矣、嗚呼、帝以英武之資、投千歲一時之機、殆復丕業於盛世、而竟以紀綱不肅敗、讀史至此、不能不掩卷三歎息焉

豐臣太閤

青山晩翠

天下不能無强弱、國家不能無盛衰、而英雄豪傑、將大有爲於積衰積弱之餘、必也踔厲風發、一新天下之耳目、然後能

變衰弱爲強盛、譬之、暴雷猛雨、飄忽震蕩、萬物殆爲之摧碎、然後天地開霽、日月如新、故英雄事業、不可以常理論也、我神國嘗強矣、殊域震懾、朝貢相屬、而彼一叛、則王師出征、故神后征韓之後、在應神朝、則二伐新羅、在仁德朝、則一伐新羅、在雄畧朝、則一伐新羅、二伐高麗、在欽明朝、則二伐新羅、一伐高麗、在推古朝、則一伐新羅、在齊明朝、則一伐肅愼、當是時、視絕域如四境、視海濤如坦途、故徵兵四方、萬里濟海、而天下不以爲勞、其強盛蓋如此、中古以降、王室稍衰、一變而天下之政出於相門、再變而兵馬之權歸於武人、四海之內、猶有不畏皇威者、何問海外、鬼界一小嶋耳、源右將欲伐之、而公卿難之、夫以彈丸黑子之地、武人欲伐之、而廷議難

之、又何怪武人之跛扈哉、其衰弱蓋如此、源氏亡而王室困於北條、北條亡而又制於足利、於是積衰積弱、有不可勝言者矣、南北一統、而足利氏之橫日甚、彼傲然以爲、天子我家所立、廢立唯吾所欲、則其有無固不足爲之輕重、而明國之大、彼亦嘗聞之、乃謂彼土廣國富、我既不能及、則籍其力、以濟我貧弱、此亦良策、於是脩使於明、得其爵號、以誇天下、得其錢貨、以布天下、可亦甚矣、當是時、明國視我猶蕃國、足利氏視明主猶君上、而天朝之尊、則天下不敢復問、衰弱之極至此、祖宗之憤、固將有所待而發焉、故織田右府興、而天下復知尊王室、豐太閤興、而王室之尊殆復於古、至征韓一役、蓋將振皇威於積衰積弱之餘、祖宗之靈實有賴焉、顧其所

以謀之者、未必無私意、然而天將一振皇威、則太閤之擧、不可謂非天下之公也、十万之師一渡海、而八道瓦解、不可謂不伸神國之威也、而明主猶欲以一王號解兵、此亦以足利氏視太閤、而太閤一怒、明國震駭、不可謂不雪祖宗之恥也、皇威於是乎赫然震於絕域矣、異日愛新覺羅氏之幷呑明國、威毒亦甚、彼豈不垂涎於我、然畏懾歛手、不敢噬嚙者、太閤之力也、孰謂征韓一役、無功於神國乎

神道辨

津阪東陽

世所傳神道家言、幻妄不經、誣神瀆道、余甚惛焉、適讀先儒之說、實獲我心矣、於是竊不自揆、謹述以終其義云、了介熊澤氏曰、今世所謂神道者、非古之神道也、要是方士之流耳、

恭觀皇朝三寶之爲德也、天祖精爽所憑、威靈萬古、鎭護國家、固非夏鼎秦璽之比也、爰竊稽之、此乃上古神書、而我國之聖經也、當時未有文字、故託諸物、以傳懿訓、猶易之卦爻設象以致意也、故其勅曰、如瓊之妙、如鏡之明、且提神劍以平天下、蓋玉之温潤、象仁也、鏡之靈明、象智也、劍之神武、象勇也、是天下達德、而萬世之明教、其於人君之道、不容於闕一也、夫能觀於三寶之象、明其義以爲訓、深信篤行而有得焉、則神道之能事畢矣、何必言語文章之爲哉、芳洲雨森氏曰、天下之大、四海之衆、非仁則不育、非明則不燭、非武則不整、此乃天理之常經、而帝道之定規也、緬惟、在昔神聖之道、傳三寶以表德、一曰璽、二曰劍、三曰鏡、璽者仁也、劍者武也、

鏡者明也、明以燭之、武以斷之、而仁以成之、必也三寶兼備、而後天下平矣、是上古神聖之所以繼天立極、垂萬世之教也、蓋彼堯舜之訓著於言、我神聖之教託於器、意旨所存、其揆一也、於是三寶之傳也、列聖親相授受、奉以周旋、弗敢失墜、永護皇祚、奄鎭寰宇、亙千萬世、一帝系統、聖緒神績、極天無墜、寔世界萬國之所以不能企及也、嗟呼、二先生之發揮神道也、直破千古拘攣、昭昭若掲日月、卓識一致、恰合符節、誠質諸鬼神而無疑、百世以俟聖人而不惑矣、夫神道之義、舍此乎何求、可謂有大造於吾道矣、彼神道者流、不知乎此、乃執巫祝之説、雜以釋老異端之言、謾逞荒誕譎怪、以塗人之耳目、其誣神瀆道、可勝嘆也哉、宋司馬温公嘗論君德、曰

仁、曰明、曰武、其略云、仁者、非嫗煦姑息之謂也、興教化、修政治、養百姓、利萬物、此人君之仁也、明者、非煩苛伺察之謂也、知道義、識安危、別賢愚、辨邪正、此人君之明也、武者、非彊亢暴戾之謂也、唯道所在、斷之不疑、奸不能惑、佞不能移、此人君之武也、三者兼備、則國治彊、闕一則衰、闕二則危、三者無一則國亡、臣平生力學所得盡在此矣、善哉其言之也、庶亦可以充三寶之訓也、蓋三寶之設、其重在於道、而不在於器、人君之德盡于此矣、若徒喪璧守櫝、豈神聖之意乎哉、於戲、三寶表德、神道設教、至矣盡矣、蔑以尚焉、堯舜周孔所以立教、亦不外是矣、聖經賢傳、千章萬句、莫往而非是三者之訓也、夫我素有道、若是之備、而風俗之美、誠爲君子國矣、但風

氣之相後也、以天屬吾民之不[illegible]、未有能憲章其道者、獨西方有聖人者出、開物成教、其教先我而備矣、所謂天民之先覺者也、於是我先王取法於彼、翊亮神道、尊揚風化、徽猷宏闡、庶績咸熙、三寶德輝、光被四表、舊邦維新、郁郁乎文哉、蓋樂取於人以爲善、聖人之大公、他山之石、可以攻玉、何必事出於己、而後爲貴乎、苟可以裨補國家之道、則豈論海之內外哉、是我先王之志、所以宏遠也、然則欲窮神道之理、須從事於儒學、苟斯文既通、即吾道自明、夫何秘訣別傳之有哉、宋儒有言、學苟知本、六經皆我注脚、神道之學、借彼助此、亦如是也、抑亦後世儒者、身在廬山中、不識廬山眞面目、或有以夷自居、稱西土爲中華者、此眞舍其家而觀他人之室、

怨其父、而稱異人之翁、不但不曉事、悖禮莫甚焉、遂人猶禁稱諸者罰之、設使子產在、不免於鄧析之戮矣、於是神學者流、憤激自奮、耻假他方之教、浪毀聖人、強斥儒學、噫、亦矯枉過正、祗見其不知量爾、且夫神聖之事、固可理攻、而不可以遂求也、況古事記之語、神代紀之文、言多譬況、託物寓意、約風騷之比興、古之辭爲爾、讀者不以文害辭、不以辭害志、斯得之矣、要之洪荒之世、事蹟不詳、紀載無憑、其及修史、皆取諸傳聞、影響茫昧、難于盡信、楊朱所謂三皇之事、若存若亡、五帝之事、如覺若夢、孰能究其實哉、故吾於神代紀、止取二三策、疑以傳疑、存而不論可也、彼講神學者、求知其不可知、強爲之説、妄逆誇闡、肆傳怪誕、且以其借喩之語、皆指實言

之、穿鑿傅會、誣古惑世、其遠神道也遠矣、信乎擬人之前、不可說夢也、嗚呼、神道爲邪說亂、殆將陷爲左道、賴因先儒之考、得明其大義也、然苟非其人、未可與共語之、不河漢其言者幾希矣

道論　賴山陽

道一而已矣、道之在天下也、猶日月也、日月者、天下之日月也、非一國所私有也、道亦然、父子君臣夫婦、無國無之、而慈孝忠義、有別不雜、皆存於自然、非有待於人作也、我邦列聖、保民如子、不讓堯舜禹湯、其風俗、尊君親上、相愛相養、又有過唐虞三代之民、則雖無經籍、其道固具在、時未有名而教之曰仁曰義者耳、譬若人家同是一里也、而居之有舊有新、

某巷陌、某井溝、皆有名目、記以帳簿、新者必問於舊者而知之、舊者曰是吾巷陌井溝也、可乎、今天下之仁義也、儒者指而私之曰、是漢之道也、有稱國學者、斥而外之曰、是非我之道也、皆非也、道豈有彼此、載之以文、彼較舊於我、彼來而貢之、我取而用之、與釀冶織縫之工何異、載籍者、織縫釀冶也、而仁義者、蠶也、桑也、麴米銅鐵也、以麴米銅鐵蠶桑、爲自彼來者、儒者之見也、欲廢織縫釀冶者、國學者之說也、故曰、皆非也、夫道一也、則學亦一也、寧有所謂國學云者乎、陋哉、且夫先王已取而用之、著爲令典矣、而敢非議之、是議先王之典者矣、而幸免於誅也

公論論　安東省菴

或問曰、公論謂何、曰、天曰天、地曰地、東曰東、西曰西、南北亦然、夏曰夏、冬曰冬、春秋亦然、暑曰暑、寒曰寒、晝曰晝、夜曰夜、火曰火、水曰水、五行皆然、白曰白、黑曰黑、五色皆然、是曰是、非曰非之類、謂之天下之公論也、天曰地、東曰西、夏曰冬、暑曰寒、晝曰夜、火曰水、白曰黑、是曰非之類、謂之一人之私言也、曰、此雖童子易辨、何待教也、曰、是非之心、人皆有之、我有善、人譽之、我有惡、人毀之、是是非非之公論也、我無善、人譽之、我無惡、人毀之、是非非是之私言也、已何與焉、然不能無善惡之心、心一誘於外、則不至顚倒繆迷、上下四方易位者鮮矣、不忠乎忠、忠乎不忠、不善人乎善人、善人乎不善人之類、自古皆然、況似是之非、雖智者難辨也、昭公不知禮、夫子

目爲知禮、子證父攘羊、夫子以爲不直、蓋諱君之惡、父子相隱、天理人情之至也、是是之非、而是非之是、亦公論之非公論、而非公論之公論也、不可不知焉、夫學所以明是非也、群弟子問孔孟、欲明是非也、孔孟告之、眞是眞非之謂也、何謂易辨哉、然未知之、則求知之、既知之、則不宜忘之也、人言是、我亦言是、人言非、我亦言非、此是處世之道也

福善禍淫論　中井竹山

栽者培之、傾者覆之、天之常經、滿招損、謙受益、人之定理、福善禍淫、亦如是焉、然青史取載、君子而膺禍、小人而獲福、不可勝數、豈懿訓嘉謨、果無驗耶、非也、是說也猶史遷傳伯夷也、考伯夷一傳、反覆商推、終以天意爲不可測、要在自訴其

不平、然由君子觀之、實非蛙管豹之見耳、夫天道至博、天理至正、就其大者觀之、一定之歸、粲然非然、亘萬世而不紊、就其小者察之、萬殊之變、紛紜轇轕、殆不可端倪、譬諸四時、其温涼寒燠代遷之序、驗以一日、春而寒、秋而燠、旦温而夕寒、莫之能均、量以一歲、冬不葛、夏不絮、分至啓閉、莫之能違、推之人事、農夫之甽也、勤者禾必稔、然百畝之稼、豈無數粒之秕哉、惰者禾必疵、然百畝之稼、亦豈無數粒之登哉、今以一日之寒燠、疑歲功之不成、以數粒之登秕、謂農工之無益、可乎哉、觀于此、亦足以見造化之大、天豈若木刻印板然者、是故善之受福、淫之取禍、天下公共之理、通人大觀、無復可疑焉、堯舜帥天下以仁、終以致雍熙之福、桀紂帥天下以暴、終

以速覆亡之禍、他如古今之興廢治亂賢不肖之得失成敗、其爲福爲禍、出一轍、合一契、豈不昭昭哉、禹曰、惠迪吉、從逆凶、惟影響、此之謂也、世人率見一善不必福、一淫不必禍、遂謂天意弗可究詰、輙藉口於隨夷跖蹻、實亦寒燠登秕之說爾、君子知其大者、所見皆天下之公、故其孜孜爲善、始不與福期、流離顚沛、泰然不撓、安富尊榮、若將固有、詩曰、求福不回、是也、小人知其小者、所見皆一己之私、故其孜孜行淫、自謂禍可幸免、驕奢縱逸、揚揚自得、傾覆敗亡、噬臍靡及、書曰、自作孽、不可逭、是也、嗚乎、聖賢所標、禍福吉凶、常經而已、定理而已、豈可以一時之變、一身之過揣摩乎爾、古人有言、人衆勝天、天定亦能勝人、可謂知言矣

同志會籍申約

伊藤仁齋

夫道之在于天下也、猶日月星辰之麗于天也、道不可須臾離、則學亦不可以不一日講焉、蓋講學之要、莫若麗澤之益、麗澤之益、莫若屢相親近焉、且人有三不幸、而貧賤患難不與焉、生而不知學、一不幸也、學而不遇賢師友、二不幸也、遇賢師友、而不能得其要領、三不幸也、然則人而可不廣求交道乎、去年冬間、同志嘗會于某所、相共議曰、朋友之間、孰不欲數相晤會、證其所得也耶、然而所以契闊阻絕、每不能罄其交歡者、無他、亦由迂途之阻、雨雪之妨、加以世事多故爲爾、若非爲設會約、嚴立課程、極論熟講、一其同異、則吾輩日就荒蕪、學遂無成立之日矣、盍各締盟約、成平生之素志乎、

於是同志皆願預于會、繇又議曰、奢不可以致遠、約可以持久、凡集會之初、務從節儉、爲是若赴會于各人所、恐拘拘俗習、而或至於奢、非耐久之道也、於是以弊廬、定爲會集之所、各齎一茗一果、爲會日之具、不許設其餘、大凡每月三會而止、若有事則一二會而止、有公事暨父母事、不得赴會者、先期告之會長、會長預卜他日定之、不許以私務遊觀不赴于會、頃又有請入約者、及後生晚進、未知入道之要、故今申定著規約、以爲集會之式、前述之以立會之意、後論之以爲會之要、若夫言詞之所不到、指意之所不暢者、請君亦爲加檃括、以啓導引接之可也、此亦予所大欲聞也

夫聖賢之所以教人、吾之所以求于聖賢者、豈有他哉、亦只

在於盡人之所以爲人之道、而免其爲禽獸而已耳、盡人之所以爲人、而禽獸之爲禽獸、非惟以頭圓足方能言能食、而後爲人也、乃以斯性之貴且靈非物之所能比也、故孝經曰、天地之性、人爲貴、周書曰、惟人萬物之靈、其爲貴爲靈、惟人得以專之、而雖天下之物之多、無得而對焉、然不知向學、則不自知其爲貴爲靈也、雖自知其爲貴爲靈、然踐履不實、則又不足以爲貴爲靈也、唯能知性、爲知爲貴爲靈之眞、唯能盡性、爲盡爲貴爲靈之實、蓋性即天命、命即天理、至善無惡、至粹無雜、至尊無對、至大無外、渾淪通徹、不以古今而異時、不以聖愚而二焉、此謂帝降之衷、此謂天地之中、而人有各受之以生焉、則其可不謂之爲貴且靈也哉、盡焉之謂聖、存

焉之謂賢、塞焉之謂庶民、而所謂盡焉者、盡人之所以爲人之道之謂、而塞焉者、亦流爲禽獸之謂也、可不愼與、然性者、萬物之一原、不可以人己分、不可以內外判、是故君子之學、必本諸身、而盡諸物、其修己則所以成物、安人則所以盡己、蓋人之在於天地間、必有父子也、有君臣也、有夫婦也、有昆弟也、有朋友也、此五者、彝倫之所大、而人之所以不可須臾離者也、去之則異端也、禽獸也、不可以一日立于天地之間、故其知性者、必知彝倫之不可離、而自知其身之不可不修焉、知其身之不可不修、而不知彝倫之不可離、則不仁也、知彝倫之不可離、而不知其身之不可不修、則不智也、不仁不智、不可與入堯舜之道矣、故古之君子、急于聞道、而務于修

德、如饑而求食、如渴而求飲、汲汲遑遑、唯日不足、夫惟以道之不可須臾離焉、而學亦不可不以一日講也、今之君子不然、以爵祿之崇爲通、以功名之著爲高、以文繡之美爲華、以僕從之盛爲榮、富貴是慕、利害是較、而於天性之貴、不自知其爲何物、非惑之甚哉、嗚呼、學之不講、德之不修、聞義不能從、不善不能改、在聖人猶以爲憂、而吾人不自知憂焉、則其欲爲君子乎、欲爲小人乎、不可不自辨其志焉、今時朋友、固不可謂無志于學也、然空弄佔俾、研究訓義、徒從事於議論講說之間、而於所謂不可須臾離之道、還似置之於度外、噫、古昔聖賢之立教也、本非以言語文字教之人也、將欲以使後學者同爲聖賢而已、苟有欲爲聖賢之志、而後讀聖賢之

書、則其志今古相符、彼此相應、猶金之於鎔、硝之於銃、固亦求之難矣、若否、則彼自彼、我自我、如以方枘而入圓鑿、北轅而求之越、亦何益於吾身哉、儻若朋友之間、各立其志、相共誘進、勵其怠惰、資其不逮、而得共進聖人君子之道、則斯會之立、固有益、苟群居終日、聚首縱談、吟哦笑傲、空偸一日之閒而已、則豈立會之本意哉、況乎忠告而善道之、朋友之義也、視人之有過而不言、觀人之不進而不勸、務悅乎人、而從後言、是流俗庸輩之所好、而非君子之所爲也、大凡預斯會者、有善勸之、有過規之、患難相恤、憂苦相慰、而欲務以衆人之心爲心、各盡一家同仁之德、苟挾賢懷智、高自品置、少拂其意、則以怒氣相加、黨同伐異、不能忘己焉、則非所謂盡人

之所以爲人之道者、而流爲禽獸之基、實胚胎於此、其可不
自儆戒乎

漢文讀本卷之六終

漢文讀本 卷六 四十六 教育書專賣所 普及舍

明治廿九年九月六日印刷
同　年九月九日發行
同三十年二月十八日訂正再版印刷
同　年二月廿二日發行

編者 東京牛込區西五軒町四十三番地 指原安三

發行者兼印刷者 東京神田區柳原河岸十七號地 辻太

發行所兼印刷 東京神田區柳原河岸十七號地 普及舍

定價

卷一、十五錢	卷二、十五錢	卷三、十八錢	卷四、十八錢	卷五、二十錢
卷六、二十錢	卷七、二十錢	卷八、二十錢	卷九、二十錢	卷十、二十錢

指原安三編輯

漢文讀本

發兌　普及舍

凡例

一此編而上、用白文爲規則、故首置短章、以便始讀白文者、次用平易記事、漸次由易入難、不復襲本傳之序次焉、若夫蘇武傳、未得謂名文、然漢書則次史記、又不可以不一讀也、故單舉名節者之一傳、而爲他日讀全書之一端耳

漢文讀本卷之七目次

漢文讀本卷之七目次終

漢文讀本　卷七目次　普及舍

漢文讀本卷之七

指原安三編輯

韓詩外傳　漢　韓嬰

一哀公問孔子曰、有智壽乎、孔子曰、然、人有三死、而非命也者自取之也、居處不理、飮食不節、勞過者、病共殺之、居下而好干上、嗜欲無厭、求索不止者、刑共殺之、少以敵衆、弱以侮強、忿不量力者、兵共殺之、故有三死、而非命者自取之也、詩云、人而無儀、不死何爲

一傳曰、不仁之至、忽其親、不忠之至、倍其君、不信之至、欺其友、此三者、聖主之所殺而不赦也、詩曰、人而無禮、不死何爲

一傳曰、聽者自聞、明者自見、聰明則仁愛著、而廉耻分矣、故非道而行之、雖勞不至、非其有而求之、雖強不得、故智者不爲非其事、廉者不求非其有、是以害遠而名彰也、詩云、不收不求、何用不臧

一孔子曰、君子有三憂、弗知、可無憂與、知而不學、可無憂與、學而不行、可無憂與、詩曰、未見君子、憂心惙惙

一晉靈公之時、宋人殺昭公、趙宣子請師於靈公而救之、靈公曰、非晉國之急也、宣子曰、不然、夫大者天地、其次君臣、所以爲順也、今殺其君、所以反天地逆人道也、天必加災焉、晉爲盟主而不救、天罰懼及矣、詩云、凡民有喪、匍匐救之、而況國君乎、於是靈公乃興師而從之、宋人聞之、儼然感說、而晉國日昌、何則以其誅逆存順、詩曰、凡民有喪、匍匐救之、趙宣子之謂也

一君子有主善之心、而無勝人之色、德足以君天下、而無驕肆之容、行足以及後世、而不以一言非人之不善、故曰、君子盛德而卑、虛己以受人、旁行不流、應物而不窮、雖在下位、民願戴之、雖欲無尊、得乎哉(下略)

一子路曰、士不能勤苦、不能輕死亡、不能恬貧窮、而曰我行義、吾不信也、昔者申包胥立於秦廷、七日七夜、哭不絕聲、是以存楚、不能勤苦、焉得行此、比干且死、而諫愈忠、伯夷叔齊餓于首陽、而志益彰、不輕死亡、焉能行此、曾子褐衣縕緒、未嘗完也、糲米之食、未嘗飽也、義不合則辭上卿、不恬貧窮、焉能

行此、夫士欲立身行道、無顧難易、然後能行之、欲行義御名、無顧利害、然後能行之、詩曰、彼已之子、碩大且篤、良非篤脩身行之君子、其孰能與之哉

一玉不琢不成器、人不學不成行、家有千金之玉、不知治、猶之貧也、良工宰之、則富及子孫、君子學之、則爲國用、故勤則安百姓、議則延民命、詩曰、淑人君子、正是國人、正是國人、胡不萬年

一問者曰、夫智者、何以樂於水也、曰、夫水者、緣理而行、不遺小間、似有智者、動而下之、似有禮者、蹈深不疑、似有勇者、障防而清、似知命者、歷險致遠、卒成不毀、似有德者、天地以成、群物以生、國家以寧、萬事以平、品物以正、此智者所以樂於水

也(下略)

一問者曰、夫仁者、何以樂於山也、曰、夫山者、萬民之所瞻仰也、草木生焉、萬物植焉、飛鳥集焉、走獸休焉、四方益取與焉、出雲道風、從乎天地之間、天地以成、國家以寧、此仁者、所以樂於山也(下略)

一孔子觀於周廟、有欹器焉、孔子問於守廟者、曰、此謂何器也、對曰、此蓋爲宥座之器、孔子曰、聞、宥座器、滿則覆、虛則欹、中則正、有之乎、對曰、然、孔子使子路取水試之、滿則覆、中則正、虛則欹、孔子喟然而嘆曰、嗚呼、惡有滿而不覆者哉、子路曰、敢問、持滿有道乎、孔子曰、持滿之道、抑而損之、子路曰、損之有道乎、孔子曰、德行寬裕者、守之以恭、土地廣大者、守之以

儉、祿位尊盛者、守之以卑、人衆兵強者、守之以畏、聰明叡智者、守之以愚、博聞強記者、守之以淺、夫是之謂抑而損之(下略)

赤壁戰

宋 司馬光

初魯肅聞劉表卒、言於孫權曰、荊州與國鄰接、江山險固、沃野萬里、士民殷富、若據而有之、此帝王之資也、今劉表新亡、二子不協、軍中諸將、各有彼此、劉備天下梟雄、與操有隙、寄寓於表、表惡其能而不能用也、若備與彼協心、上下齊同、則宜撫安、與結盟好、如有離違、宜別圖之、以濟大事、肅請得奉命弔表二子、幷慰勞其軍中用事者、及說備使撫表衆、同心一意、共治曹操、備必喜而從命、如其克諧、天下可定也、今不速往、恐爲操所先、

權即遣肅行、到夏口、聞操已向荊州、晨夜兼道、比至南郡、而琮已降、備南走、肅徑迎之、與備會于當陽長阪、肅宣權旨、論天下事勢、致殷勤之意、且問備曰、豫州今欲何至、備曰、與蒼梧太守吳巨有舊、欲往投之、肅曰、孫討虜、聰明仁惠、敬賢禮士、江表英豪、咸歸附之、已據有六郡、兵精糧多、足以立事、今爲君計、莫若遣腹心、自結於東、以共濟世業、而欲投吳巨、巨是凡人、偏在遠郡、行將爲人所併、豈足託乎、備甚悅、肅又謂諸葛亮曰、我子瑜友也、即共定交、子瑜者、亮兄瑾也、避亂江東、爲孫權長史、備用肅計、進住鄂縣之樊口、曹操自江陵、將順江東下、諸葛亮謂劉備曰、事急矣、請奉命、求救於孫將軍、遂與魯肅俱詣孫權、亮見權於柴桑、說權曰、海內大亂、將軍起兵江東、劉豫州收衆漢南、

與曹操共爭天下、今操芟夷大難、畧已平矣、遂破荊州、威震四海、英雄無用武之地、故豫州遁逃至此、願將軍量力而處之、若能以吳越之衆、與中國抗衡、不如蚤與之絕、若不能、何不按兵束甲、北面而事之、今將軍外託服從之名、而內懷猶豫之計、事急而不斷、禍至無日矣、權曰、苟如君言、劉豫州何不遂事之乎、亮曰、田橫齊之壯士耳、猶守義不辱、況劉豫州王室之胄、英才蓋世、衆士慕仰、若水之歸海、若事之不濟、此乃天也、安能復爲之下乎、權勃然曰、吾不能舉全吳之地、十万之衆、受制於人、吾計決矣、非劉豫州、莫可以當曹操者、然豫州新敗之後、安能抗此難乎、亮曰、豫州軍雖敗於長阪、今戰士還者、及關羽水軍、精甲萬人、劉琦合江夏戰士、亦不下萬人、曹操之衆、遠來疲敝、聞、

廹豫州、輕騎一日一夜、行三百餘里、此所謂強弩之末、勢不能穿魯縞者也、故兵法忌之曰、必蹶上將軍、且北方之人、不習水戰、又荊州之民附操者、偪兵勢耳、非心服也、今將軍誠能命猛將統兵數萬、與豫州協規同力、破操軍必矣、操軍破、必北還、如此則荊吳之勢彊、鼎足之形成矣、成敗之機、在於今日、權大悅、與其群下謀之、是時曹操遺權書、曰、近者奉辭伐罪、旄麾南指、劉琮束手、今治水軍八十萬衆、方與將軍會獵於吳、權以示臣下、莫不響震失色、長史張昭等曰、曹公豺虎也、挾天子、以征四方、動以朝廷為辭、今日拒之、事更不順、且將軍大勢、可以拒操者長江也、今操得荊州、奄有其地、劉表治水軍、蒙衝鬭艦、乃以千數、操悉浮以沿江、兼有步兵、水陸俱下、此為長江之險、已與

我共之矣、而勢力衆寡、又不可論、愚謂大計、不如迎之、魯肅獨不言、權起更衣、肅追於宇下、權知其意、執肅手曰、卿欲何言、肅曰、向察衆人之議、專欲誤將軍、不足與圖大事、今肅可迎操耳、如將軍、不可也、何以言之、今肅迎操、操當以肅還付鄉黨、品其名位、猶不失下曹從事、乘犢車、從吏卒、交游士林、累官故不失州郡也、將軍迎操、欲安所歸乎、願早定大計、莫用衆人議也、權歎息曰、諸人持議、甚失孤望、今卿廓開大計、正與孤同、時周瑜受使至番陽、肅勸權、召瑜還、瑜至、謂權曰、操雖託名漢相、其實漢賊也、將軍以神武雄才、兼仗父兄之烈、割據江東、地方數千里、兵精足用、英雄樂業、當橫行天下、為漢家除殘去穢、況操自送死、而可迎之邪、請為將軍籌之、今北土未平、馬超韓遂尚在

關西、為操後患、而操舍鞍馬、仗舟楫、與吳越爭衡、今又盛寒、馬無藁草、驅中國士衆、遠涉江湖之間、不習水土、必生疾病、此數者、用兵之患也、而操皆冒行之、將軍禽操、宜在今日、瑜請得精兵數萬人、進往夏口、保為將軍破之、權曰、老賊欲廢漢自立久矣、徒忌二袁呂布劉表與孤耳、今數雄已滅、惟孤尚存、孤與老賊勢不兩立、君言當擊、甚與孤合、此天以君授孤也、因拔刀斫前奏案曰、諸將吏敢復有言當迎操者、與此案同、乃罷會、是夜瑜復見權曰、諸人徒見操書言水步八十萬、而各恐懾、不復料其虛實、便開此議、甚無謂也、今以實校之、彼所將中國人、不過十五六萬、且已久疲、所得表衆、亦極七八萬耳、尚懷狐疑、夫以疲病之卒、御狐疑之衆、衆數雖多、甚未足畏、瑜得精兵五萬、自

足制之、願將軍勿慮、權撫其背曰、公瑾、卿言至此、甚合孤心、子布文表諸人、各顧妻子、挾持私慮、深失所望、獨卿與子敬與孤同耳、此天以卿二人贊孤也、五萬兵難卒合、已選三萬人、船糧戰具俱辦、卿與子敬程公、便在前發、孤當續發人衆、多載資糧、為卿後援、卿能辦之者誠決、邂逅不如意、便還就孤、孤當與孟德決之、遂以周瑜程普為左右督將、兵與備并力逆操、以魯肅為贊軍校尉、助畫方略、劉備在樊口、日遣邏吏於水次、候望權軍、吏望見瑜船、馳往白備、備遣人慰勞之、瑜曰、有軍任、不可得委署、儻能屈威、誠副其所望、備乃乘單舸、往見瑜曰、今拒曹公、深為得計、戰卒有幾、瑜曰、三萬人、備曰、恨少、瑜曰、此自足用、豫州但觀瑜破之、備欲呼魯肅等共會語、瑜曰、受命不得妄委署、

若欲見子敬、可別過之、備深愧喜、進與操遇於赤壁、時操軍衆、已有疾疫、初一交戰、操軍不利、引次江北、瑜等在南岸、瑜部將黃蓋曰、今寇衆我寡、難與持久、操軍方連船艦、首尾相接、可燒而走也、乃取蒙衝鬬艦十艘、載燥荻枯柴、灌油其中、裹以帷幕、上建旌旗、豫備走舸、繫於其尾、先以書遺操、詐云欲降、時東南風急、蓋以十艦最著前、中江擧帆、餘船以次俱進、操軍吏士、皆出營立觀、指言蓋降、去北軍二里餘、同時發火、火烈風猛、船往如箭、燒盡北船、延及岸上營落、頃之、烟炎張天、人馬燒溺死者甚衆、瑜等率輕銳繼其後、雷鼓大震、北軍大壞、操引軍從華容道步走、遇泥濘、道不通、天又大風、悉使羸兵負草塡之、騎乃得過、羸兵爲人馬所蹈藉、陷泥中、死者甚衆、劉備周瑜水陸並進、追操至南郡、時操軍兼以飢疫、死者太半、操乃留征南將軍曹仁、橫野將軍徐晃守江陵、折衝將軍樂進守襄陽、引軍北還、周瑜、程普將數萬衆、與曹仁隔江未戰、甘寧請先徑進取夷陵、往、卽得其城、因入守之、益州將襲肅、擧軍降、周瑜表以肅兵益橫野中郎將呂蒙、蒙盛稱肅有膽用、且慕化遠來、於義宜益、不宜奪也、權善其言、還肅兵、曹仁遣兵圍甘寧、寧困急、求救于周瑜、諸將以爲兵少不足分、呂蒙謂周瑜程普曰、留凌公績於江陵、蒙與君行、解圍釋急、勢亦不久、蒙保公績能十日守也、瑜從之、大破仁兵于夷陵、獲馬三百匹而還、於是將士形勢自倍、瑜乃渡江屯北岸、與仁相拒、十二月、孫權自將圍合肥、使張昭攻九江之當塗、不克、劉備表劉琦爲荊州刺史、引兵南徇四郡、武陵

太守金旋、長沙太守韓玄、桂陽太守趙範、零陵太守劉度、皆降、廬江營帥雷緒率部曲數萬口、歸備、備以諸葛亮爲軍師中郎將、使督零陵桂陽長沙三郡、調其賦稅、以充軍實、以偏將軍趙雲領桂陽太守、益州牧劉璋、聞曹操克荊州、遣別駕張松致敬於操、松爲人短小放蕩、然識達精果、操時已定荊州、走劉備、不復存錄松、主簿楊修白操辟松、操不納、松以此怨歸、勸劉璋絕操與劉備相結、璋從之、

習鑿齒論曰、昔齊桓一矜其功、而叛者九國、曹操暫自驕伐、而天下三分、皆勤之於數十年之內、而弃之於俯仰之頃、豈不惜乎、

蘇武

後漢　班固

蘇建、杜陵人也、以校尉從大將軍青擊匈奴、封平陵侯、以將軍築朔方、後以衞尉爲游擊將軍、從大將軍出朔方、後一歲、以右將軍再從大將軍出定襄、亡翕侯、失軍當斬、贖爲庶人、其後爲代郡太守、卒官、有三子、嘉爲奉車都尉、賢爲騎都尉、中子武最知名、武字子卿、少以父任兄弟並爲郎、稍遷至栘中廐監、時漢連伐胡、數通使相窺觀、匈奴留漢使郭吉路充國等、前後十餘輩、匈奴使來、漢亦留之以相當、天漢元年、且鞮侯單于初立、恐漢襲之、迺曰、漢天子我丈人行也、盡歸漢使路充國等、武帝嘉其義、迺遣武以中郎將使持節送匈奴使留在漢者、因厚賂單于、答其善意、武與副中郎將張勝及假吏常惠等、募士斥候百餘人俱、既至匈奴、置幣遺單于、單于益驕、非漢所望也、方欲發

使送武等、會緱王與長水虞常等、謀反匈奴中、緱王者、昆邪王姊子也、與昆邪王俱降漢、後隨浞野侯沒胡中、及衞律所將降者、陰相與謀、劫單于母閼氏歸漢、會武等至匈奴、虞常在漢時、素與副張勝相知、私候勝曰、聞漢天子甚怨衞律、常能爲漢伏弩射殺之、吾母與弟在漢、幸蒙其賞賜、張勝許之、以貨物與常、後月餘、單于出獵、獨閼氏子弟在、虞常等七十餘人欲發、其一人夜亡告之、單于子弟、發兵與戰、緱王等皆死、虞常生得、單于使衞律治其事、張勝聞之、恐前語發、以狀語武、武曰、事如此、此必及我、見犯廼死、重負國、欲自殺、勝惠共止之、虞常果引張勝、單于怒召諸貴人議、欲殺漢使者、左伊秩訾曰、即謀單于、何以復加、宜皆降之、單于使衞律召武受辭、武謂惠等、屈節辱命、雖

生何面目以歸漢、引佩刀自刺、衞律驚自抱持武、馳召毉、鑿地爲坎、置熅火、覆武其上、蹈其背以出血、武氣絶半日復息、惠等哭、輿歸營、單于壯其節、朝夕遣人候問武、而收繫張勝、武益愈、單于使使曉武、會論虞常、欲因此時降武、劒斬虞常、已律曰、漢使張勝謀殺單于近臣、當死、單于募降者赦罪、擧劒欲擊之、勝請降、律謂武曰、副有罪、當相坐、武曰、本無謀、又非親屬、何謂相坐、復擧劒擬之、武不動、律曰、蘇君、律前負漢歸匈奴、幸蒙大恩、賜號稱王、擁衆數萬、馬畜彌山、富貴如此、蘇君今日降、明日復然、空以身膏草野、誰復知之、武不應、律曰、君因我降、與君爲兄弟、今不聽吾計、後雖欲復見我、尚可得乎、武罵律曰、女爲人臣子、不顧恩義、畔主背親、爲降虜於蠻夷、何以女爲見、且單于信

女、使決人死生、不平心持正、反欲鬭兩主觀禍敗、南越殺漢使者、屠爲九郡、宛王殺漢使者、頭縣北闕、朝鮮殺漢使者、即時誅滅、獨匈奴未耳、若知我不降、明欲令兩國相攻、匈奴之禍、從我始矣、律知武終不可脅、白單于、單于愈益欲降之、廼幽武置大窖中、絶不飮食、天雨雪、武臥齧雪、與旃毛幷咽之、數日不死、匈奴以爲神、乃徙武北海上無人處、使牧羝、羝乳乃得歸、別其官屬常惠等、各置他所、武既至海上、廩食不至、掘野鼠去屮實而食之、杖漢節牧羊、臥起操持、節旄盡落、積五六年、單于弟於靬王弋射海上、武能網檠繳紡弓弩、於靬王愛之、給其衣食、三歲餘王病、賜武馬畜服匿穹廬、王死後人衆徙去、其冬丁令盜武牛羊、武復窮厄、初武與李陵俱爲侍中、武使匈奴明年陵降、不

敢求武、久之、單于使陵至海上、爲武置酒設樂、因謂武曰、單于聞陵與子卿素厚、故使陵來說足下、虛心欲相待、終不得歸漢、空自苦亡人之地、信義安所見乎、前長君爲奉車、從至雍棫陽宮、扶輦下除、觸柱折轅、劾大不敬、伏劒自刎、賜錢二百萬以葬、孺卿從祠河東后土、宦騎與黃門駙馬爭船、推墮駙馬河中溺死、宦騎亡、詔使孺卿逐捕、不得、惶恐飮藥而死、來時太夫人已不幸、陵送葬至陽陵、子卿婦年少、聞已更嫁矣、獨有女弟二人、兩女一男、今復十餘年、存亡不可知、人生如朝露、何久自苦如此、陵始降時、忽忽如狂、自痛負漢、加以老母繫保宮、子卿不欲降、何以過陵、且陛下春秋高、法令亡常、大臣亡罪夷滅者數十家、安危不可知、子卿尚復誰爲乎、願聽陵計、勿復有云、武曰、武

父子、亡功德、皆爲陛下所成就、位列將、爵通侯、兄弟親近、常願肝腦塗地、今得殺身自效、雖蒙斧鉞湯鑊、誠甘樂之、臣事君、猶子事父也、子爲父死、無所恨、願勿復再言、陵與武飲數日、復曰、子卿壹聽陵言、武曰、自分已死久矣、王必欲降武、請畢今日之驩、效死於前、陵見其至誠、喟然歎曰、嗟乎、義士、陵與衛律之罪、上通於天、因泣下霑衿、與武決去、陵惡自賜武、使其妻賜武牛羊數十頭、後陵復至北海上、語武、區脫捕得雲中生口、言、太守以下吏民皆白服、曰、上崩、武聞之、南鄉號哭歐血、旦夕臨數月、昭帝即位數年、匈奴與漢和親、漢求武等、匈奴詭言武死、後漢使復至匈奴、常惠請其守者、與俱得夜見漢使、具自陳道、教使者、謂單于言、天子射上林中得鴈、足有係帛書、言、武等在某澤

中、使者大喜、如惠語以讓單于、單于視左右而驚、謝漢使曰、武等實在、於是李陵置酒賀武曰、今足下還歸、揚名於匈奴、功顯於漢室、雖古竹帛所載、丹青所畫、何以過子卿、陵雖駑怯、令漢且貰陵罪、全其老母、使得奮大辱之積志、庶幾乎曹柯之盟、此陵宿昔之所不忘也、收族陵家、爲世大戮、陵尚復何顧乎、已矣、令子卿知吾心耳、異域之人、壹別長絕、陵起舞、歌曰、徑萬里兮度沙幕、爲君將兮奮匈奴、路窮絕兮矢刃摧、士衆滅兮名已隤、老母已死、雖欲報恩、將安歸、陵泣下數行、因與武決、單于召會武官屬、前以降及物故、凡隨武還者九人、武以元始六年春至京師、詔武奉一太牢謁武帝園廟、拜爲典屬國、秩中二千石、賜錢二百萬、公田二頃、宅一區、常惠、徐聖、趙終根、皆拜爲中郎、賜

帛各二百匹、其餘六人、老歸家、賜錢人十萬、復終身、常惠後至右將軍、封列侯、自有傳、武留匈奴凡十九歲、始以彊壯出、及還須髮盡白、武來歸明年、上官桀子安與桑弘羊及燕王蓋主謀反、武子男元與安有謀、坐死、初桀安與大將軍霍光爭權、數疏光過失、予燕王令上書告之、又言、蘇武使匈奴二十年不降、還迺爲典屬國、大將軍長史無功勞、爲搜粟都尉、光顓權自恣、及燕王等反誅、窮治黨與、武素與桀弘羊有舊、數爲燕王所訟、子又在謀中、廷尉奏請逮捕武、霍光寢其奏、免武官、數年、昭帝崩、武以故二千石與計謀立宣帝、賜爵關內侯、食邑三百戶、久之、衛將軍張安世薦武明習故事、奉使不辱命、先帝以爲遺言、宣帝即時召武、待詔宦者署、數進見、復爲右曹典屬國、以武耆節老

臣、令朝朔望、號稱祭酒、甚優寵之、武所得賞賜、盡以施予昆弟故人、家不餘財、皇后父平恩侯、帝舅平昌侯、樂昌侯、車騎將軍韓增、丞相魏相、御史大夫丙吉、皆敬重武、武年老、子前坐事死、上閔之、問左右、武在匈奴久、豈有子乎、武因平恩侯自白、前發匈奴時、胡婦適產一子通國、有聲問來、願因使者致金帛贖之、上許焉、後通國隨使者至、上以爲郎、又以武弟子爲右曹、武年八十餘、神爵二年、病卒、甘露三年、單于始入朝、上思股肱之美、迺圖畫其人於麒麟閣、法其形貌、署其官爵姓名、唯霍光不名、曰大司馬大將軍博陸侯姓霍氏、次曰衛將軍富平侯張安世、次曰車騎將軍龍額侯韓增、次曰後將軍營平侯趙充國、次曰丞相高平侯魏相、次曰丞相博陽侯丙吉、次曰御史大夫建平

侯杜延年、次曰宗正陽城侯劉德、次曰少府梁丘賀、次曰太子太傅蕭望之、次曰典屬國蘇武、皆有功德、知名當世、是以表而揚之、明著中興輔佐、列於方叔召虎仲山甫焉、凡十一人、皆有傳、自丞相黃霸、廷尉于定國、大司農朱邑、京兆尹張敞、右扶風尹翁歸、及儒者夏侯勝等、皆以善終、著名宣帝之世、然不得列於名臣之圖、以此知其選矣

贊曰、李將軍恂恂如鄙人、口不能出辭、及死之日、天下知與不知、皆爲流涕、彼其中心誠信於士大夫也、諺曰、桃李不言、下自成蹊、此言雖小、可以喩大、然三代之將、道家所忌、自廣至陵、遂亡其宗、哀哉、孔子稱、志士仁人、有殺身以成仁、無求生以害仁、使於四方、不辱君命、蘇武有之矣

項羽本紀

漢　司馬遷

項籍者、下相人也、字羽、初起時年二十四、其季父項梁、梁父即楚將項燕、爲秦將王翦所戮者也、項氏世世爲楚將、封於項、故姓項氏、項籍少時學書不成、去學劍又不成、項梁怒之、籍曰、書足以記名姓而已、劍一人敵、不足學、學万人敵、於是項梁乃教籍兵法、籍大喜、畧知其意、又不肯竟學、項梁嘗有櫟陽逮、乃請蘄獄掾曹咎書、抵櫟陽獄掾司馬欣、以故事得已、項梁殺人、與籍避讎於吳中、吳中賢士大夫、皆出項梁下、每吳中有大繇役、及喪、項梁常爲主辦、陰以兵法部勒賓客及子弟、以是知其能、秦始皇帝游會稽、渡浙江、梁與籍俱觀、籍曰、彼可取而代也、梁掩其口曰、毋妄言、族矣、梁以此奇籍、籍長八尺餘、力能扛鼎、才

氣過人、雖吳中子弟、皆已憚籍矣、秦二世元年七月、陳涉等起大澤中、其九月、會稽守通謂梁曰、江西皆反、此亦天亡秦之時也、吾聞先即制人、後即爲人所制、吾欲發兵、使公及桓楚將、是時桓楚亡在澤中、梁曰、桓楚亡、人莫知其處、獨籍知之耳、梁乃出誡籍持劍居外待、梁復入與守坐、曰、請召籍使受命、召桓楚、守曰、諾、梁召籍入、須臾、梁眴籍曰、可行矣、於是籍遂拔劍斬守頭、項梁持守頭、佩其印綬、門下大驚、擾亂、籍所擊殺數十百人、一府中皆慴伏、莫敢起、梁乃召故所知豪吏、諭以所爲起大事、遂擧吳中兵、使人收下縣、得精兵八千人、梁部署吳中豪傑爲校尉侯司馬、有一人不得用、自言於梁、梁曰、前時某喪、使公主某事、不能辦、以此不任用公、衆乃皆服、於是梁爲會稽守、籍爲

裨將、徇下縣、廣陵人召平、於是爲陳王徇廣陵、未能下、聞陳王敗走、秦兵又且至、乃渡江、矯陳王命、拜梁爲楚王上柱國、曰、江東已定、急引兵西擊秦、項梁乃以八千人渡江而西、聞陳嬰已下東陽、使使欲與連和俱西、陳嬰者、故東陽令史、居縣中、素信謹、稱爲長者、東陽少年殺其令、相聚數千人、欲置長、無適用、乃請陳嬰、嬰謝不能、遂彊立嬰爲長、縣中從者得二万人、少年欲立嬰便爲王、異軍蒼頭特起、陳嬰母謂嬰曰、自我爲汝家婦、未嘗聞汝先古之有貴者、今暴得大名、不祥、不如有所屬、事成猶得封侯、事敗易以亡、非世所指名也、嬰乃不敢爲王、謂其軍吏曰、項氏世々將家、有名於楚、今欲擧大事、將非其人、不可、我倚名族、亡秦必矣、於是衆從其言、以兵屬項梁、項梁渡淮、黥布蒲將

軍、亦以兵屬焉、凡六七万人、軍下邳、當是時、秦嘉已立景駒爲楚王、軍彭城東、欲距項梁、項梁謂軍吏曰、陳王先首事、戰不利、未聞所在、今秦嘉倍陳王而立景駒、逆無道、乃進兵擊秦嘉、秦嘉軍敗走、追之至胡陵、嘉還戰一日、嘉死、軍降、景駒走死梁地、項梁已幷秦嘉軍、軍胡陵、將引軍而西、章邯軍至栗、項梁使別將朱鷄石餘樊君與戰、餘樊君死、朱鷄石軍敗亡走胡陵、項梁乃引兵入薛、誅鷄石、項梁前使項羽別攻襄城、襄城堅守不下、已拔、皆阬之、還報項梁、項梁聞陳王定死、召諸別將會薛計事、此時沛公亦起沛往焉、居鄛人范增、年七十、素居家、好奇計、往說項梁曰、陳勝敗固當、夫秦滅六國、楚最無罪、自懷王入秦不返、楚人憐之至今、故楚南公曰、楚雖三戶、亡秦必楚也、今陳勝

首事、不立楚後而自立、其勢不長、今君起江東、楚蠭起之將、皆爭附君者、以君世世楚將、爲能復立楚之後也、於是項梁然其言、乃求楚懷王孫心民間爲人牧羊、立以爲楚懷王、從民所望也、陳嬰爲楚上柱國、封五縣、與懷王都盱台、項梁自號爲武信君、居數月、引兵攻亢父、與齊田榮司馬龍且軍、救東阿、大破秦軍於東阿、田榮卽引兵歸、逐其王假、假亡走楚、假相田角亡走趙、角弟田間故齊將、居趙不敢歸、田榮立田儋子市爲齊王、項梁已破東阿下軍、遂追秦軍、數使使趣齊兵、欲與俱西、田榮曰、楚殺田假、趙殺田角田間、乃發兵、項梁曰、田假爲與國之王、窮來從我、不忍殺之、趙亦不殺田角田間、以市於齊、齊遂不肯發兵助楚、項梁使沛公及項羽別攻城陽、屠之、西破秦軍濮陽東、

秦兵收入濮陽、沛公項羽乃攻定陶、定陶未下、去、西略地至雝丘、大破秦軍、斬李由、還攻外黃、外黃未下、項梁起東阿、西北至定陶、再破秦軍、項羽等又斬李由、益輕秦、有驕色、宋義乃諫項梁曰、戰勝而將驕卒惰者敗、今卒少惰矣、秦兵日益、臣爲君畏之、項梁弗聽、乃使宋義使於齊、道遇齊使者高陵君顯、曰、公將見武信君乎、曰、然、曰、臣論武信君軍必敗、公徐行則免死、疾行則及禍、秦果悉起兵益章邯、擊楚軍、大破之定陶、項梁死、沛公項羽去外黃攻陳留、陳留堅守不能下、沛公項羽相與謀曰、今項梁軍敗、士卒恐、乃與呂臣軍俱引兵而東、呂臣軍彭城東、項羽軍彭城西、沛公軍碭、章邯已破項梁軍、則以爲楚地兵不足憂、乃渡河擊趙、大破之、當此時、趙歇爲王、陳餘爲將、張耳爲相、

皆走入鉅鹿城、章邯令王離涉間圍鉅鹿、章邯軍其南、築甬道而輸之粟、陳餘爲將、將卒數萬人、而軍鉅鹿之北、此所謂河北之軍也、楚兵已破於定陶、懷王恐、從盱台之彭城、幷項羽呂臣軍、自將之、以呂臣爲司徒、以其父呂靑爲令尹、以沛公爲碭郡長、封爲武安侯、將碭郡兵、初宋義所遇齊使者高陵君顯在楚軍、見楚王曰、宋義論武信君之軍必敗、居數日、軍果敗、兵未戰而先見敗徵、此可謂知兵矣、王召宋義與計事而大說之、因置以爲上將軍、項羽爲魯公、爲次將、范增爲末將、救趙、諸別將皆屬宋義、號爲卿子冠軍、行至安陽、留四十六日不進、項羽曰、吾聞秦軍圍趙王鉅鹿、疾引兵渡河、楚擊其外、趙應其內、破秦軍必矣、宋義曰、不然、夫搏牛之蝱、不可以破蟣蝨、今秦攻趙、戰勝

則兵罷、我承其敝、不勝則我引兵鼓行而西、必擧秦矣、故不如先鬭秦趙、夫被堅執鋭、義不如公、坐而運策、公不如義、因下令軍中曰、猛如虎、狠如羊、貪如狼、彊不可使者、皆斬之、乃遣其子宋襄相齊、身送之至無鹽、飮酒高會、天寒大雨、士卒凍饑、項羽曰、將僇力而攻秦、久留不行、今歲饑民貧、士卒食芋菽、軍無見糧、乃飮酒高會、不引兵渡河、因趙食、與趙併力攻秦、乃曰、承其敝、夫以秦之彊、攻新造之趙、其勢必擧趙、趙擧而秦彊、何敝之承、且國兵新破、王坐不安席、掃境内而專屬於將軍、國家安危、在此一擧、今不恤士卒、而徇其私、非社稷之臣、項羽晨朝上將軍宋義、即其帳中、斬宋義頭、出令軍中曰、宋義與齊謀反楚、楚王陰令羽誅之、當是時、諸將皆慴服、莫敢枝梧、皆曰、首立楚者

將軍家也、今將軍誅亂、乃相與共立羽爲假上將軍、使人追宋義子、及之齊殺之、使桓楚報命於懷王、懷王因使項羽爲上將軍、當陽君蒲將軍皆屬項羽、項羽已殺卿子冠軍、威震楚國、名聞諸侯、乃遣當陽君蒲將軍、將卒二萬渡河救鉅鹿、戰少利、陳餘復請兵、項羽乃悉引兵渡河、皆沈船、破釜甑、燒廬舍、持三日糧、以示士卒必死、無一還心、於是至則圍王離、與秦軍遇、九戰、絶其甬道、大破之、殺蘇角、虜王離、涉間不肯降、自燒殺、當是時、楚兵冠諸侯、諸侯軍救鉅鹿、下者十餘壁、莫敢縱兵、及楚擊秦、諸將皆從壁上觀、楚戰士無不一以當十、楚兵呼聲動天、諸侯軍無不人人惴恐、於是已破秦軍、項羽召見諸侯將、入轅門、無不膝行而前、莫敢仰視、項羽由是始爲諸侯上將軍、諸侯皆屬

焉、章邯軍棘原、項羽軍漳南、相持未戰、秦軍數却、二世使人讓章邯、章邯恐、使長史欣請事、至咸陽、留司馬門三日、趙高不見、有不信之心、長史欣恐、還走其軍、不敢出故道、趙高果使人追之、不及、欣至軍報曰、趙高用事於中、下無可爲者、今戰能勝、高必疾妬吾功、戰不能勝、不免於死、願將軍孰計之、陳餘亦遺章邯書曰、白起爲秦將、南征鄢郢、北阬馬服、攻城畧地、不可勝計、而竟賜死、蒙恬爲秦將、北逐戎人、開楡中地數千里、竟斬陽周、何者、功多秦不能盡封、因以法誅之、今將軍爲秦將、三歲矣、所亡失以十万數、而諸侯並起滋益多、彼趙高素諛日久、今事急、亦恐二世誅之、故欲以法誅將軍、以塞責、使人更代將軍、以脫其禍、夫將軍居外久、多内郤、有功亦誅、無功亦誅、且天之亡秦、

無愚智皆知之、今將軍内不能直諫、外爲亡國將、孤特獨立、而欲常存、豈不哀哉、將軍何不還兵與諸侯爲從、約共攻秦、分王其地、南面稱孤、此孰與身伏鈇質、妻子爲僇乎、章邯狐疑、陰使侯始成使項羽、欲約、約未成、項羽使蒲將軍、日夜引兵渡三戶、軍漳南、與秦戰、再破之、項羽悉引兵擊秦軍汙水上、大破之、章邯使人見項羽欲約、項羽召軍吏謀曰、糧少、欲聽其約、軍吏皆曰、善、項羽乃與期洹水南殷墟上、已盟、章邯見項羽、而流涕爲言趙高、項羽乃立章邯爲雍王、置楚軍中、使長史欣爲上將軍、將秦軍爲前行、到新安、諸侯吏卒、異時故繇使屯戍過秦中、秦中吏卒、遇之多無狀、及秦軍降諸侯、諸侯吏卒乘勝、多奴虜使之、輕折辱秦吏卒、秦吏卒多竊言曰、章將軍等、詐吾屬降諸侯、

今能入關破秦、大善、即不能、諸侯虜吾屬而東、秦必盡誅吾父
母妻子、諸將微聞其計、以告項羽、項羽乃召黥布蒲將軍計曰、
秦吏卒尙衆、其心不服、至關中不聽、事必危、不如擊殺之、而獨
與章邯長史欣都尉翳入秦、於是楚軍夜擊阬秦卒二十餘萬
人新安城南、行略定秦地、函谷關有兵守關、不得入、又聞沛公
已破咸陽、項羽大怒、使當陽君等擊關、項羽遂入、至於戲西、沛
公軍霸上、未得與項羽相見、沛公左司馬曹無傷、使人言於項
羽曰、沛公欲王關中、使子嬰爲相、珍寶盡有之、項羽大怒曰、旦
日享士卒、爲擊破沛公軍、當是時、項羽兵四十萬、在新豐鴻門、
沛公兵十萬、在霸上、范增說項羽曰、沛公居山東時、貪於財貨、
好美姬、今入關、財物無所取、婦女無所幸、此其志不在小、吾令

人望其氣、皆爲龍虎、成五采、此天子氣也、急擊勿失、楚左尹項
伯者、項羽季父也、素善留侯張良、張良是時從沛公、項伯乃夜
馳之沛公軍、私見張良、具告以事、欲呼張良與倶去、曰、毋從倶
死也、張良曰、臣爲韓王送沛公、沛公今事有急、亡去、不義、不可
不語、良乃入、具告沛公、沛公大驚曰、爲之奈何、張良曰、誰爲大
王爲此計者、曰、鯫生說我曰、距關、毋內諸侯、秦地可盡王也、故
聽之、良曰、料大王士卒、足以當項王乎、沛公默然、曰、固不如也、
且爲之奈何、張良曰、請往謂項伯言、沛公不敢背項王也、沛公
曰、君安與項伯有故、張良曰、秦時與臣遊、項伯殺人、臣活之、今
事有急、故幸來告良、沛公曰、孰與君少長、良曰、長於臣、沛公曰、
君爲我呼入、吾得兄事之、張良出要項伯、項伯即入見沛公、沛

公奉卮酒爲壽、約爲婚姻、曰、吾入關、秋毫不敢有所近、籍吏民
封府庫、而待將軍、所以遣將守關者、備他盜之出入、與非常也、
日夜望將軍至、豈敢反乎、願伯具言臣之不敢倍德也、項伯許
諾、謂沛公曰、旦日不可不蚤自來謝項王、沛公曰、諾、於是項伯
復夜去、至軍中、具以沛公言報項王、因言曰、沛公不先破關中、
公豈敢入乎、今人有大功而擊之、不義也、不如因善遇之、項王
許諾、沛公旦日從百餘騎、來見項王、至鴻門、謝曰、臣與將軍僇
力而攻秦、將軍戰河北、臣戰河南、然不自意能先入關破秦、得
復見將軍於此、今者有小人之言、令將軍與臣有郤、項王曰、此
沛公左司馬曹無傷言之、不然籍何以至此、項王即日因留沛
公與飮、項王項伯東嚮坐、亞父南嚮坐、亞父者范增也、沛公北

嚮坐、張良西嚮侍、范增數目項王、擧所佩玉玦、以示之者三、項
王默然不應、范增起出、召項莊謂曰、君王爲人不忍、若入前爲
壽、壽畢、請以劍舞、因擊沛公於坐殺之、不者若屬皆且爲所虜、
莊則入爲壽、壽畢、曰、君王與沛公飮、軍中無以爲樂、請以劍舞、
項王曰、諾、項莊拔劍起舞、項伯亦拔劍起舞、常以身翼蔽沛公、
莊不得擊、於是張良至軍門、見樊噲、樊噲曰、今日之事何如、良
曰、甚急、今者項莊拔劍舞、其意常在沛公也、噲曰、此迫矣、臣請
入與之同命、噲即帶劍擁盾入軍門、交戟之衞士、欲止不內、樊
噲側其盾以撞、衞士仆地、噲遂入、披帷西嚮立、瞋目視項王、頭
髮上指、目眥盡裂、項王按劍而跽曰、客何爲者、張良曰、沛公之
參乘樊噲者也、項王曰、壯士、賜之卮酒、則與斗卮酒、噲拜謝、起

立而飲之、項王曰、賜之彘肩、則與一生彘肩、樊噲覆其盾於地、加彘肩上、拔劍切而啗之、項王曰、壯士、能復飲乎、樊噲曰、臣死且不避、巵酒安足辭、夫秦王有虎狼之心、殺人如不能擧、刑人如恐不勝、天下皆叛之、懷王與諸將約曰、先破秦入咸陽者王之、今沛公先破秦入咸陽、毫毛不敢有所近、封閉宮室、還軍霸上、以待大王來、故遣將守關者、備他盜出入與非常也、勞苦而功高如此、未有封侯之賞、而聽細說、欲誅有功之人、此亡秦之續耳、竊爲大王不取也、項王未有以應、曰、坐、樊噲從良坐、坐須臾沛公起如廁、因招樊噲出、沛公已出、項王使都尉陳平召沛公、沛公曰、今者出未辭也、爲之奈何、樊噲曰、大行不顧細謹、大禮不辭小讓、如今人方爲刀俎、我爲魚肉、何辭爲、於是遂去、乃

令張良留謝、良問曰、大王來何操、曰、我持白璧一雙、欲獻項王、玉斗一雙、欲與亞父、會其怒、不敢獻、公爲我獻之、張良曰、謹諾、當是時、項王軍在鴻門下、沛公軍在霸上、相去四十里、沛公則置車騎、脫身獨騎、與樊噲夏侯嬰靳彊紀信等四人、持劍盾步走、從酈山下、道芷陽間行、沛公謂張良曰、從此道至吾軍、不過二十里耳、度我至軍中、公乃入、沛公已去、間至軍中、張良入謝曰、沛公不勝桮杓、不能辭、謹使臣良奉白璧一雙、再拜獻大王足下、玉斗一雙、再拜奉大將軍足下、項王曰、沛公安在、良曰、聞大王有意督過之、脫身獨去、已至軍矣、項王則受璧置之坐上、亞父受玉斗、置之地、拔劍撞而破之、曰、唉、豎子、不足與謀、奪項王天下者、必沛公也、吾屬今爲之虜矣、沛公至軍、立誅殺曹無

傷、居數日、項羽引兵西屠咸陽、殺秦降王子嬰、燒秦宮室、火三月不滅、收其貨寶婦女而東、人或說項王曰、關中阻山河四塞、地肥饒、可都以霸、項王見秦宮室皆以燒殘破、又心懷思欲東歸、曰、富貴不歸故鄉、如衣繡夜行、誰知之者、說者曰、人言楚人沐猴而冠耳、果然、項王聞之、烹說者、項王使人致命懷王、懷王曰、如約、乃尊懷王爲義帝、項王欲自王、先王諸將相、謂曰、天下初發難時、假立諸侯後以伐秦、然身被堅執銳首事、暴露於野、三年滅秦、定天下者、皆將相諸君與籍之力也、義帝雖無功、故當分其地而王之、諸將皆曰、善、乃分天下、立諸將爲侯王、項王范增疑沛公之有天下、業已講解、又惡負約、恐諸侯叛之、乃陰謀曰、巴蜀道險、秦之遷人皆居蜀、乃曰、巴蜀亦關中地也、故立

沛公爲漢王、王巴蜀漢中、都南鄭、而三分關中、王秦降將、以距塞漢王、項王乃立章邯爲雍王、王咸陽以西、都廢丘、長史欣者、故爲櫟陽獄掾、嘗有德於項梁、都尉董翳者、本勸章邯降楚、故立司馬欣爲塞王、王咸陽以東至河、都櫟陽、立董翳爲翟王、王上郡、都高奴、徙魏王豹爲西魏王、王河東、都平陽、瑕丘申陽者、張耳嬖臣也、先下河南郡、迎楚河上、故立申陽爲河南王、都洛陽、韓王成因故都、都陽翟、趙將司馬卬定河內、數有功、故立卬爲殷王、王河內、都朝歌、徙趙王歇爲代王、趙相張耳、素賢、又從入關、故立耳爲常山王、王趙地、都襄國、當陽君黥布、爲楚將、常冠軍、故立布爲九江王、都六、鄱君吳芮、率百越佐諸侯、又從入關、故立芮爲衡山王、都邾、義帝柱國共敖、將兵擊南郡、多功、因

立敖爲臨江王、都江陵、徙燕王韓廣爲遼東王、燕將臧荼從楚救趙、因從入關、故立荼爲燕王、都薊、徙齊王田市爲膠東王、齊將田都、從共救趙、因從入關、故立都爲齊王、都臨菑、故秦所滅齊王建孫田安、項羽方渡河救趙、田安下濟北數城、引其兵降項羽、故立安爲濟北王、都博陽、田榮者數負項梁、又不肯將兵從楚擊秦、以故不封、成安君陳餘棄將印去、不從入關、然素聞其賢、有功於趙、聞其在南皮、故因環封三縣、番君將梅鋗功多、故封十萬戶侯、項王自立爲西楚霸王、王九郡、都彭城、漢之元年四月、諸侯罷戲下、各就國、項王出之國、使人徙義帝曰、古之帝者、地方千里、必居上游、乃使使徙義帝長沙郴縣、趣義帝行、其群臣稍稍背叛之、乃陰令衡山臨江王擊殺之江中、韓王成

無軍功、項王不使之國、與俱至彭城、廢以爲侯、已又殺之、臧荼之國、因逐韓廣之遼東、廣弗聽、荼擊殺廣無終、幷王其地、田榮聞項羽徙齊王市膠東、而立齊將田都爲齊王、乃大怒、不肯遣齊王之膠東、因以齊反、迎擊田都、田都走楚、齊王市畏項王、乃亡之膠東就國、田榮怒、追擊殺之即墨、榮因自立爲齊王、而西擊殺濟北王田安、幷王三齊、榮與彭越將軍印、令反梁地、陳餘陰使張同夏說說齊王田榮曰、項羽爲天下宰、不平、今盡王故王於醜地、而王其群臣諸將善地、逐其故主趙王、乃北居代、餘以爲不可、聞大王起兵、且不聽不義、願大王資餘兵、請以擊常山、以復趙王、請以國爲扞蔽、齊王許之、因遣兵之趙、陳餘悉發三縣兵、與齊幷力擊常山、大破之、張耳走歸漢、陳餘迎故趙王

歇於代、反之趙、趙王因立陳餘爲代王、是時漢還定三秦、項羽聞漢王皆已幷關中、且東、齊趙叛之、大怒、乃以故吳令鄭昌爲韓王、以距漢、令蕭公角等擊彭越、彭越敗蕭公角等、漢使張良徇韓、乃遺項王書曰、漢王失職、欲得關中、如約即止、不敢東、又以齊梁反書遺項王曰、齊欲與趙幷滅楚、楚以此故無西意、而北擊齊、徵兵九江王布、布稱疾不往、使將將數千人行、項王由此怨布也、漢之二年冬、項羽遂北至城陽、田榮亦將兵會戰、田榮不勝、走至平原、平原民殺之、遂北燒夷齊城郭室屋、皆阬田榮降卒、係虜其老弱婦女、徇齊至北海、多所殘滅、齊人相聚而畔之、於是田榮弟田橫、收齊亡卒、得數萬人、反城陽、項王因留、連戰未能下、春、漢王部五諸侯兵、凡五十六萬人、東伐楚、項王

聞之、即令諸將擊齊、而自以精兵三萬人、南從魯出胡陵、四月、漢皆已入彭城、收其貨寶美人、日置酒高會、項王乃西從蕭、晨擊漢軍、而東至彭城、日中大破漢軍、漢軍皆走、相隨入穀泗水、殺漢卒十餘萬人、漢卒皆南走山、楚又追擊至靈壁東睢水上、漢軍却、爲楚所擠、多殺漢卒十餘萬人、皆入睢水、睢水爲之不流、圍漢王三匝、於是大風從西北而起、折木發屋、揚沙石、窈冥晝晦、逢迎楚軍、楚軍大亂壞散、而漢王乃得與數十騎遁去、欲過沛收家室而西、楚亦使人追之沛、取漢王家、家皆亡、不與漢王相見、漢王道逢得孝惠魯元、乃載行、楚騎追漢王、漢王急、推墮孝惠魯元車下、滕公常下收載之、如是者三、曰、雖急不可以驅、柰何棄之、於是遂得脫、求太公呂后、不相遇、審食其從太公

呂后、間行求漢王、反遇楚軍、楚軍遂與歸報項王、項王常置軍中、是時、呂后兄周呂侯爲漢將兵居下邑、漢王間往從之、稍稍收其士卒至滎陽、諸敗軍皆會、蕭何亦發關中老弱未傅悉詣滎陽、復大振、楚起於彭城、常乘勝逐北、與漢戰滎陽南京索間、漢敗楚、楚以故不能過滎陽而西、項王之救彭城、追漢王至滎陽、田橫亦得收齊、立田榮子廣爲齊王、漢王之敗彭城、諸侯皆復與楚而背漢、漢軍滎陽、築甬道、屬之河、以取敖倉粟、漢之三年、項王數侵奪漢甬道、漢王食乏、恐、請和、割滎陽以西爲漢、項王欲聽之、歷陽侯范增曰、漢易與耳、今釋弗取、後必悔之、項王乃與范增急圍滎陽、漢王患之、乃用陳平計、間項王、項王使者來、爲太牢具、擧欲進之、見使者、佯驚愕曰、吾以爲亞父使者、乃反

項王使者、更持去、以惡食食項王使者、使者歸報項王、項王乃疑范增與漢有私、稍奪之權、范增大怒曰、天下事大定矣、君王自爲之、願賜骸骨歸卒伍、項王許之、行未至彭城、疽發背而死、漢將紀信說漢王曰、事已急矣、請爲王誑楚爲王、王可以間出、於是漢王夜出女子滎陽東門、被甲二千人、楚兵四面擊之、紀信乘黃屋車、傳左纛、曰、城中食盡、漢王降、楚軍皆呼萬歲、漢王亦與數十騎、從城西門出走成皐、項王見紀信、問漢王安在、信曰、漢王已出矣、項王燒殺紀信、漢王使御史大夫周苛、樅公、魏豹守滎陽、周苛樅公謀曰、反國之王、難與守城、乃共殺魏豹、楚下滎陽城、生得周苛、項王謂周苛曰、爲我將、我以公爲上將軍、封三萬戶、周苛罵曰、若不趣降漢、漢今虜若、若非漢敵也、項王

怒烹周苛、幷殺樅公、漢王之出滎陽、南走宛葉、得九江王布、行收兵、復入保成皐、漢之四年、項王進兵圍成皐、漢王逃、獨與滕公出成皐北門、渡河走脩武、從張耳韓信軍、諸將稍稍得出成皐、從漢王、楚遂拔成皐、欲西、漢使兵距之鞏、令其不得西、是時彭越渡河擊楚東阿、殺楚將軍薛公、項王乃自東擊彭越、漢王得淮陰侯兵、欲渡河南、鄭忠說漢王、乃止壁河內、使劉賈將兵佐彭越、燒楚積聚、項王東擊破之、走彭越、漢王則引兵渡河、復取成皐、軍廣武、就敖倉食、項王已定東海來、西與漢俱臨廣武而軍、相守數月、當此時、彭越數反梁地、絕楚糧食、項王患之、爲高俎、置太公其上、告漢王曰、今不急下、吾烹太公、漢王曰、吾與項羽俱北面受命懷王、曰約爲兄弟、吾翁即若翁、必欲烹而翁、

則幸分我一桮羹、項王怒、欲殺之、項伯曰、天下事未可知、且爲天下者、不顧家、雖殺之無益、祇益禍耳、項王從之、楚漢久相持未決、丁壯苦軍旅、老弱罷轉漕、項王謂漢王曰、天下匈々數歲者、徒以吾兩人耳、願與漢王挑戰、決雌雄、毋徒苦天下之民父子爲也、漢王笑謝曰、吾寧鬪智、不能鬪力、項王令壯士出挑戰、漢有善騎射者樓煩、楚挑戰三合、樓煩輒射殺之、項王大怒、乃自被甲持戟挑戰、樓煩欲射之、項王瞋目叱之、樓煩目不敢視、手不敢發、遂走還入壁、不敢復出、漢王使人間問之、乃項王也、漢王大驚、於是項王乃即漢王、相與臨廣武間而語、漢王數之、項王怒、欲一戰、漢王不聽、項王伏弩射中漢王、漢王傷、走入成皐、項王聞淮陰侯已擧河北、破齊趙、且欲擊楚、乃使龍且往擊

之、淮陰侯與戰、騎將灌嬰擊之、大破楚軍、殺龍且、韓信因自立
爲齊王、項王聞龍且軍破、則恐、使盱台人武涉往說淮陰侯、淮
陰侯弗聽、是時彭越復反下梁地、絕楚糧、項王乃謂海春侯大
司馬曹咎等曰、謹守成皐、則漢欲挑戰、愼勿與戰、毋令得東而
已、我十五日、必誅彭越定梁地、復從將軍、乃東行、擊陳留外黃、
外黃不下數日、已降、項王怒、悉令男子年十五已上、詣城東、欲
阬之、外黃令舍人兒年十三、往說項王曰、彭越彊刼外黃、外黃
恐、故且降待大王、大王至、又皆阬之、百姓豈有歸心、從此以東、
梁地十餘城皆恐、莫肯下矣、項王然其言、乃赦外黃當阬者、東
至睢陽、聞之皆爭下項王、漢果數挑楚軍戰、楚軍不出、使人辱
之五六日、大司馬怒、渡兵汜水、士卒半渡、漢擊之、大破楚軍、盡

得楚國貨賂、大司馬咎、長史翳、塞王欣、皆自剄汜水上、大司馬
咎者、故蘄獄掾、長史欣、亦故櫟陽獄吏、兩人嘗有德於項梁、是
以項王信任之、當是時、項王在睢陽、聞海春侯軍敗、則引兵還、
漢軍方圍鍾離眛於滎陽東、項王至、漢軍畏楚、盡走險阻、是時
漢兵盛食多、項王兵疲食絕、漢遣陸賈說項王、請太公、項王弗
聽、漢王復使侯公往說項王、項王乃與漢約、中分天下、割鴻溝
以西者爲漢、鴻溝而東者爲楚、項王許之、即歸漢王父母妻子、
軍皆呼萬歲、漢王乃封侯公爲平國君、匿弗肯復見、曰、此天下
辨士、所居傾國、故號爲平國君、項王已約、乃引兵解而東歸、漢
欲西歸、張良陳平說曰、漢有天下大半、而諸侯皆附之、楚兵罷
食盡、此天亡楚之時也、不如因其機而遂取之、今釋弗擊、此所

謂養虎自遺患也、漢王聽之、漢五年、漢王乃追項王、至陽夏南、
止軍、與淮陰侯韓信、建成侯彭越期、會而擊楚軍、至固陵、而信
越之兵不會、楚擊漢軍大破之、漢王復入壁、深塹而自守、謂張
子房曰、諸侯不從約、爲之奈何、對曰、楚兵且破、信越未有分地、
其不至固宜、君王能與共分天下、今可立致也、即不能、事未可
知也、君王能自陳以東傳海、盡與韓信、睢陽以北至穀城、以與
彭越、使各自爲戰、則楚易敗也、漢王曰、善、於是乃發使者告韓
信彭越曰、幷力擊楚、楚破、自陳以東傳海、與齊王、睢陽以北至
穀城、與彭相國、使者至、韓信彭越皆報曰、請今進兵、韓信乃從
齊往、劉賈軍從壽春、並行、屠城父至垓下、大司馬周殷叛楚、以
舒屠六、擧九江兵、隨劉賈彭越、皆會垓下、詣項王、項王軍壁垓

下、兵少食盡、漢軍及諸侯兵、圍之數重、夜聞漢軍四面皆楚歌、
項王乃大驚曰、漢皆已得楚乎、是何楚人之多也、項王則夜起
飮帳中、有美人名虞、常幸從、駿馬名騅、常騎之、於是項王乃悲
歌慷慨、自爲詩曰、力拔山兮氣蓋世、時不利兮騅不逝、騅不逝
兮可奈何、虞兮虞兮奈若何、歌數闋、美人和之、項王泣數行下、
左右皆泣、莫能仰視、於是項王乃上馬騎、麾下壯士、騎從者八
百餘人、直夜潰圍、南出馳走、平明、漢軍乃覺之、令騎將灌嬰以
五千騎追之、項王渡淮、騎能屬者百餘人耳、項王至陰陵、迷失
道、問一田父、田父紿曰、左、左、乃陷大澤中、以故漢追及之、項王
乃復引兵而東、至東城、乃有二十八騎、漢騎追者數千人、項王
自度不得脫、謂其騎曰、吾起兵至今、八歲矣、身七十餘戰、所當

者破、所擊者服、未嘗敗北、遂覇有天下、然今卒困於此、此天之亡我、非戰之罪也、今日固決死、願爲諸君決戰、必三勝之、爲諸君潰圍、斬將、刈旗、令諸君知天亡我、非戰之罪也、乃分其騎以爲四隊、四嚮、漢軍圍之數重、項王謂其騎曰、吾爲公取彼一將、令四面騎馳下、期山東爲三處、於是項王大呼馳下、漢軍皆披靡、遂斬漢一將、是時赤泉侯爲騎將、追項王、項王瞋目而叱之、赤泉侯人馬俱驚、辟易數里、與其騎會爲三處、漢軍不知項王所在、乃分軍爲三、復圍之、項王乃馳復斬漢一都尉、殺數十百人、復聚其騎、亡其兩騎耳、乃謂其騎曰、何如、騎皆伏曰、如大王言、於是項王乃欲東渡烏江、烏江亭長檥船待、謂項王曰、江東雖小、地方千里、衆數十万人、亦足王也、願大王急渡、今獨臣有

船、漢軍至、無以渡、項王笑曰、天之亡我、我何渡爲、且籍與江東子弟八千人、渡江而西、今無一人還、縱江東父兄憐而王我、我何面目見之、縱彼不言、籍獨不愧於心乎、乃謂亭長曰、吾知公長者、吾騎此馬五歲、所當無敵、常一日行千里、不忍殺之、以賜公、乃令騎皆下馬步行、持短兵接戰、獨籍所殺漢軍數百人、項王身亦被十餘創、顧見漢騎司馬呂馬童曰、若非吾故人乎、馬童面之、指王翳曰、此項王也、項王乃曰、吾聞漢購我頭千金邑万戸、吾爲若德、乃自刎而死、王翳取其頭、餘騎相蹂踐爭項王、相殺者數十人、最其後、郎中騎楊喜、騎司馬呂馬童、郎中呂勝、楊武各得其一體、五人共會其體皆是、分其地爲五、封呂馬童爲中水侯、封王翳爲杜衍侯、封楊喜爲赤泉侯、封楊武爲吳防

侯、封呂勝爲涅陽侯、項王已死、楚地皆降漢、獨魯不下、漢乃引天下兵欲屠之、爲其守禮義、爲主死節、乃持項王頭視魯、魯父兄乃降、始楚懷王初封項籍爲魯公、及其死、魯最後下、故以魯公禮葬項王穀城、漢王爲發哀、泣之而去、諸項氏枝屬、漢王皆不誅、乃封項伯爲射陽侯、桃侯、平皐侯、玄武侯皆項氏、賜姓劉氏、

太史公曰、吾聞之周生曰、舜目蓋重瞳子、又聞項羽亦重瞳子、羽豈其苗裔邪、何興之暴也、夫秦失其政、陳涉首難、豪傑蠭起、相與並爭、不可勝數、然羽非有尺寸、乘勢起隴畝之中、三年遂將五諸侯滅秦、分裂天下、而封王侯、政由羽出、號爲覇王、位雖不終、近古以來、未嘗有也、及羽背關懷楚、放逐義帝而自立、怨

王侯叛己、難矣、自矜功伐、奮其私智、而不師古、謂覇王之業、欲以力征、經營天下五年、卒亡其國、身死東城、尙不覺悟、而不自責過矣、乃引天亡我、非用兵之罪也、豈不謬哉

漢文讀本卷之七終

明治廿九年九月六日印刷
同　年九月九日發行
同三十年二月十八日訂正再版印刷
同　年二月廿二日發行

定價				
卷一、十五錢	卷二、十五錢	卷三、十八錢	卷四、十八錢	卷五、二十錢
卷六、二十錢	卷七、二十錢	卷八、二十錢	卷九、二十錢	卷十、二十錢

編者　東京牛込區西五軒町四十三番地　指原安三
發行兼印刷者　東京神田區柳原河岸十七號地　辻太
印刷兼發行所　東京神田區柳原河岸十七號地　普及舍

指原安三編輯

漢文讀本

發兌　普及舍

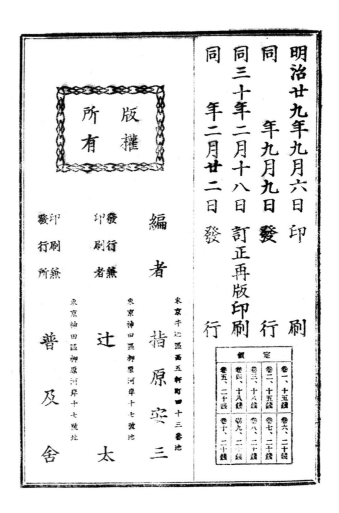

漢文讀本卷之八目次

漢文讀本卷之八目次終

漢文讀本卷之八

指原安三編輯

信陵君

漢　司馬遷

魏公子無忌者、魏昭王少子、而魏安釐王異母弟也、昭王薨、安釐王即位、封公子爲信陵君、是時范雎亡魏相秦、以怨魏齊故、秦兵圍大梁、破魏華陽下軍、走芒卯、魏王及公子患之、公子爲人、仁而下士、士無賢不肖、皆謙而禮交之、不敢以其富貴驕士、士以此方數千里、爭往歸之、致食客三千人、當是時、諸侯以公子賢、多客、不敢加兵謀魏十餘年、公子與魏王博、而北境傳擧烽、言趙寇至、且入界、魏王釋博、欲召大臣謀、公子止王曰、趙王

田獵耳、非爲寇也、復博如故、王恐、心不在博、居頃、復從北方來傳言曰、趙王獵耳、非爲寇也、魏王大驚曰、公子何以知之、公子曰、臣之客、有能探得趙王陰事者、趙王所爲、客輒以報臣、臣以此知之、是後魏王畏公子之賢能、不敢任公子以國政、魏有隱士、曰侯嬴、年七十、家貧爲大梁夷門監者、公子聞之、往請、欲厚遺之、不肯受曰、臣修身潔行數十年、終不以監門困故、而受公子財、公子於是乃置酒大會賓客、坐定、公子從車騎、虛左自迎夷門侯生、侯生攝弊衣冠、直上載公子上坐、不讓、欲以觀公子、公子執轡愈恭、侯生又謂公子曰、臣有客在市屠中、願枉車騎過之、公子引車入市、侯生下見其客朱亥、俾倪故久立、與其客語、微察公子、公子顏色愈和、當是時、魏將相宗室賓客滿堂待

公子擧酒、市人皆觀公子執轡、從騎皆竊罵侯生、侯生視公子色終不變、乃謝客就車、至家、公子引侯生坐上坐、徧贊賓客、賓客皆驚、酒酣、公子起爲壽侯生前、侯生因謂公子曰、今日嬴之爲公子亦足矣、嬴乃夷門抱關者也、而公子親枉車騎、自迎嬴於衆人廣坐之中、不宜有所過、今公子故過之、然嬴欲就公子之名、故久立公子車騎市中、過客、以觀公子、公子愈恭、市人皆以嬴爲小人、而以公子爲長者能下士也、於是罷酒、侯生遂爲上客、侯生謂公子曰、臣所過屠者朱亥、此子賢者、世莫能知、故隱屠間耳、公子往數請之、朱亥故不復謝、公子怪之、魏安釐王二十年、秦昭王已破趙長平軍、又進兵圍邯鄲、公子姉爲趙惠文王弟平原君夫人、數遺魏王及公子書、請救於魏、魏王使將

軍晉鄙將十萬衆救趙、秦王使使者告魏王曰、吾攻趙、旦暮且下、而諸侯敢救者、已拔趙、必移兵先擊之、魏王恐、使人止晉鄙、留軍壁鄴、名爲救趙、實持兩端以觀望、平原君使者冠蓋相屬於魏、讓魏公子曰、勝所以自附爲婚姻者、以公子之高義、爲能急人之困、今邯鄲旦暮降秦、而魏救不至、安在公子能急人之困也、且公子縱輕勝、棄之降秦、獨不憐公子姉邪、公子患之、數請魏王、及賓客辨士、說王萬端、魏王畏秦、終不聽公子、公子自度終不能得之於王、計不獨生而令趙亡、乃請賓客、約車騎百餘乘、欲以客往赴秦軍、與趙俱死、行過夷門、見侯生、具告所以欲死秦軍狀、辭決而行、侯生曰、公子勉之矣、老臣不能從、公子行數里、心不快、曰、吾所以待侯生者備矣、天下莫不聞、今吾且

死、而侯生曾無一言半辭送我、我豈有所失哉、復引車還、問侯生、侯生笑曰、臣固知公子之還也、曰、公子喜士、名聞天下、今有難、無他端而欲赴秦軍、譬若以肉投餒虎、何功之有哉、尙安事客、然公子遇臣厚、公子往而臣不送、以是知公子恨之復返也、公子再拜、因問、侯生乃屛人間語曰、嬴聞晉鄙之兵符常在王臥內、而如姬最幸、出入王臥內、力能竊之、嬴聞、如姬父爲人所殺、如姬資之三年、自王以下、欲求報其父讎、莫能得、如姬爲公子泣、公子使客斬其讎頭、敬進如姬、如姬之欲爲公子死、無所辭、顧未有路耳、公子誠一開口請如姬、如姬必許諾、則得虎符、奪晉鄙軍、北救趙而西却秦、此五霸之伐也、公子從其計、請如姬、如姬果盜晉鄙兵符、與公子、公子行、侯生曰、將在外、主令有

所不受、以便國家、公子即合符、而晉鄙不授公子兵、而復請之、事必危矣、臣客屠者朱亥、可與俱、此人力士、晉鄙聽大善、不聽、可使擊之、於是公子泣、侯生曰、公子畏死邪、何泣也、公子曰、晉鄙嚄唶宿將、往恐不聽、必當殺之、是以泣耳、豈畏死哉、於是公子請朱亥、朱亥笑曰、臣乃市井鼓刀屠者、而公子親數存之、所以不報謝者、以爲小禮無所用、今公子有急、此乃臣效命之秋也、遂與公子俱、公子過謝侯生、侯生曰、臣宜從、老不能請、數公子行日、以至晉鄙軍之日、北鄕自剄、以送公子、公子遂行、至鄴、矯魏王令、代晉鄙、晉鄙合符、疑之、擧手視公子曰、今吾擁十萬之衆、屯於境上、國之重任、今單車來代之、何如哉、欲無聽、朱亥袖四十斤鐵椎、椎殺晉鄙、公子遂將晉鄙軍、勒兵下令軍中曰、

父子俱在軍中、父歸、兄弟俱在軍中、兄歸、獨子無兄弟、歸養、得選兵八萬人、進兵擊秦軍、秦軍解去、遂救邯鄲、存趙、趙王及平原君、自迎公子於界、平原君負韊矢、爲公子先引、趙王再拜曰、自古賢人、未有及公子者也、當此之時、平原君不敢自比於人、公子與侯生決至軍、侯生果北鄉自剄、魏王怒公子之盜其兵符矯殺晉鄙、公子亦自知也、已却秦存趙、使將將其軍歸魏、而公子獨與客留趙、趙孝成王德公子之矯奪晉鄙兵而存趙、乃與平原君計、以五城封公子、公子聞之、意驕矜、而有自功之色、客有說公子曰、物有不可忘、有不可不忘、夫人有德於公子、公子不可忘也、公子有德於人、願公子忘之也、且矯魏王令、奪晉鄙兵、以救趙、於趙則有功矣、於魏則未爲忠臣也、公子乃自驕

而功之、竊爲公子不取也、於是公子立自責、似若無所容者、趙王掃除自迎、執主人之禮、引公子就西階、公子側行辭讓、從東階上、自言辠過、以負於魏、無功於趙、趙王侍酒至暮、不口忍獻五城、以公子退讓也、公子竟留趙、趙王以鄗爲公子湯沐邑、魏亦復以信陵奉公子、公子留趙、公子聞趙有處士毛公藏於博徒、薛公藏於賣漿家、公子欲見兩人、兩人自匿、不肯見公子、公子聞所在、乃間步往、從此兩人游、甚歡、平原君聞之、謂其夫人曰、始吾聞夫人弟公子、天下無雙、今吾聞之、乃妄從博徒賣漿者游、公子妄人耳、夫人以告公子、公子乃謝夫人去、曰、始吾聞平原君賢、故負魏王而救趙、以稱平原君、平原君之游、徒豪擧耳、不求士也、無忌自在大梁時、常聞此兩人賢、至趙、恐不得見、

以無忌從之游、尙恐其不我欲也、今平原君乃以爲羞、其不足從游、乃裝爲去、夫人具以語平原君、平原君乃免冠謝、固留公子、平原君門下聞之、半去平原君、歸公子、天下士復往歸公子、公子傾平原君客、公子留趙十年不歸、秦聞公子在趙、日夜出兵東伐魏、魏王患之、使使往請公子、公子恐其怒之、乃誡門下、有敢爲魏王使通者死、賓客皆背魏之趙、莫敢勸公子歸、毛公薛公兩人往見公子曰、公子所以重於趙、名聞諸侯者、徒以有魏也、今秦攻魏、魏急、而公子不恤、使秦破大梁、而夷先王之宗廟、公子當何面目立天下乎、語未及卒、公子立變色、告車趣駕、歸救魏、魏王見公子、相與泣、而以上將軍印授公子、公子遂將魏安釐王三十年、公子使使遍告諸侯、諸侯聞公子將、各遣將、

將兵救魏、公子率五國之兵、破秦軍於河外、走蒙驁、遂乘勝、逐秦軍至函谷關、抑秦兵、秦兵不敢出、當是時、公子威振天下、諸侯客進兵法、公子皆名之、故世俗稱魏公子兵法、秦王患之、乃行金萬斤於魏、求晉鄙客、令毀公子於魏王、曰、公子亡在外十年矣、今爲魏將、諸侯將皆屬、諸侯徒聞魏公子、不聞魏王、公子亦欲因此時、定南面而王、諸侯畏公子之威、方欲共立之、秦數使反間、僞賀公子、得立爲魏王未也、魏王日聞其毀、不能不信、後果使人代公子將、公子自知再以毀廢、乃謝病不朝、與賓客爲長夜飮、飮醇酒、多近婦女、日夜爲樂、飮者四歲、竟病酒而卒、其歲魏安釐王亦薨、秦聞公子死、使蒙驁攻魏、拔二十城、初置東郡、其後秦稍蠶食魏、十八歲而虜魏王、屠大梁、高祖始微少

時、數聞公子賢、及即天子位、每過大梁、常祠公子、高祖十二年、從擊黥布還、為公子置守冢五家、世世歲以四時奉祠公子、

太史公曰、吾過大梁之墟、求問其所謂夷門、夷門者、城之東門也、天下諸公子、亦有喜士者矣、然信陵君之接巖穴隱者、不恥下交、有以也、名冠諸侯、不虛耳、高祖每過之、而令民奉祠不絕也、

樂毅

漢 司馬遷

樂毅者、其先祖曰樂羊、樂羊為魏文侯將、伐取中山、魏文侯封樂羊以靈壽、樂羊死、葬於靈壽、其後子孫因家焉、中山復國、至趙武靈王時、復滅中山、而樂氏後有樂毅、樂毅賢、好兵、趙人舉之、及武靈王有沙丘之亂、乃去趙適魏、聞燕昭王以子之之亂、而齊大敗燕、燕昭王怨齊、未嘗一日而忘報齊也、燕國小辟遠、力不能制、於是屈身下士、先禮郭隗、以招賢者、樂毅於是為魏昭王使於燕、燕王以客禮待之、樂毅辭讓、遂委質為臣、燕昭王以為亞卿、久之、當是時、齊湣王彊、南敗楚相唐眛於重丘、西摧三晉於觀津、遂與三晉擊秦、助趙滅中山、破宋、廣地千餘里、與秦昭王爭重為帝、已而復歸之、諸侯皆欲背秦而服於齊、湣王自矜、百姓弗堪、於是燕昭王問伐齊之事、樂毅對曰、齊霸國之餘業也、地大人眾、未易獨攻也、王必欲伐之、莫如與趙及楚魏、於是使樂毅約趙惠文王、別使連楚魏、令趙嚪秦以伐齊之利、諸侯害齊湣王之驕暴、皆爭合從、與燕伐齊、樂毅還報、燕昭王悉起兵、使樂毅為上將軍、趙惠文王以相國印授樂毅、樂毅於

漢文讀本 卷八

是幷護趙楚韓魏燕之兵、以伐齊、破之濟西、諸侯兵罷歸、而燕軍樂毅獨追至臨菑、齊湣王之敗濟西、亡走保於莒、樂毅獨留徇齊、齊皆城守、樂毅攻入臨菑、盡取齊寶財物祭器、輸之燕、燕昭王大說、親至濟上勞軍、行賞饗士、封樂毅於昌國、號為昌國君、於是燕昭王收齊鹵獲以歸、而使樂毅復以兵平齊城之不下者、樂毅留徇齊五歲、下齊七十餘城、皆為郡縣以屬燕、唯獨莒即墨未服、會燕昭王死、子立為燕惠王、惠王自為太子時、嘗不快於樂毅、及即位、齊之田單聞之、乃縱反間於燕、曰、齊城不下者兩城耳、然所以不早拔者、聞樂毅與燕新王有隙、欲連兵且留齊南面而王齊、齊之所患、唯恐他將之來、於是燕惠王固已疑樂毅、得齊反間、乃使騎劫代將、而召樂毅、樂毅知燕惠王之不善代之、畏誅、遂西降趙、趙封樂毅於觀津、號曰望諸君、尊寵樂毅、以警動於燕齊、齊田單後與騎劫戰、果設詐誑燕軍、遂破騎劫於即墨下、而轉戰逐燕、北至河上、盡復得齊城、而迎襄王於莒、入於臨菑、燕惠王後悔使騎劫代樂毅、以故破軍亡將失齊、又怨樂毅之降趙、恐趙用樂毅而乘燕之弊以伐燕、燕惠王乃使人讓樂毅、且謝之曰、先王舉國而委將軍、將軍為燕破齊報先王之讎、天下莫不震動、寡人豈敢一日而忘將軍之功哉、會先王棄羣臣、寡人新即位、左右誤寡人、寡人之使騎劫代將軍、為將軍久暴露於外、故召將軍、且休計事、將軍過聽以與寡人有隙、遂捐燕歸趙、將軍自為計則可矣、而亦何以報先王之所以遇將軍之意乎、樂毅報遺燕惠王書(中畧)於是燕王復

漢文讀本 卷八

以樂毅子樂閒爲昌國君、而樂毅往來復通燕、燕趙以爲客卿、樂毅卒於趙、樂閒居燕三十餘年、燕王喜用其相栗腹之計、欲攻趙、而問昌國君樂閒、樂閒曰、趙四戰之國也、其民習兵、伐之不可、燕王不聽、遂伐趙、趙使廉頗擊之、大破栗腹之軍於鄗、禽栗腹樂乘、樂乘者、樂閒之宗也、於是樂閒奔趙、趙遂圍燕、燕重割地以與趙和、趙乃解而去、燕王恨不用樂閒、樂閒既在趙、乃遺樂閒書曰、紂之時、箕子不用、犯諫不怠、以冀其聽、商容不達、身祇辱焉、以冀其變、及民志不入、獄囚自出、然後二子退隱、故紂負桀暴之累、二子不失忠聖之名、何者、其憂患之盡矣、今寡人雖愚、不若紂之暴也、燕民雖亂、不若殷民之甚也、室有語不相盡、以告鄰里、二者寡人不爲君取也、樂閒樂乘怨燕不聽其計、二人卒留趙、趙封樂乘爲武襄君、其明年、樂乘廉頗爲趙圍燕、燕重禮以和、乃解、後五歲、趙孝成王卒、襄王使樂乘代廉頗、廉頗攻樂乘、樂乘走、廉頗亡入魏、其後十六年、而秦滅趙、其後二十餘年、高帝過趙、問樂毅有後世乎、對曰、有樂叔、高帝封之樂鄉、號曰華成君、華成君、樂毅之孫也、而樂氏之族、有樂瑕公、樂臣公、趙且爲秦所滅、亡之齊高密、樂臣公善修黃帝老子之言、顯聞於齊、稱賢師、

太史公曰、始齊之蒯通、及主父偃、讀樂毅之報燕王書、未嘗不廢書而泣也、樂臣公學黃帝老子、其本師號曰河上丈人、不知其所出、河上丈人教安期生、安期生教毛翕公、毛翕公教樂瑕公、樂瑕公教樂臣公、樂臣公教蓋公、蓋公教於齊高密膠西、爲曹相國師、

田單

漢　司馬遷

田單者、齊諸田疏屬也、湣王時、單爲臨淄市掾、不見知、及燕使樂毅伐破齊、齊湣王出奔、已而保莒城、燕師長驅平齊、而田單走安平、令其宗人盡斷其車軸末、而傅鐵籠、已而燕軍攻安平、城壞、齊人走爭塗、以轊折車敗、爲燕所虜、唯田單宗人、以鐵籠故得脫、東保即墨、燕既盡降齊城、唯獨莒即墨不下、燕軍聞齊王在莒、幷兵攻之、淖齒既殺湣王於莒、因堅守距燕軍、數年不下、燕引兵東圍即墨、即墨大夫出與戰敗死、城中相與推田單曰、安平之戰、田單宗人、以鐵籠得全、習兵、立以爲將軍、以即墨距燕、頃之燕昭王卒、惠王立、與樂毅有隙、田單聞之、乃縱反間於燕、宣言曰、齊王已死、城之不拔者二耳、樂毅畏誅而不敢歸、以伐齊爲名、實欲連兵南面而王齊、齊人未附、故且緩攻即墨以待其事、齊人所懼、唯恐他將之來、即墨殘矣、燕王以爲然、使騎劫代樂毅、樂毅因歸趙、燕人士卒忿、而田單乃令城中人食必祭其先祖於庭、飛鳥悉翔舞城中下食、燕人怪之、田單因宣言曰、神來下教我、乃令城中人曰、當有神人爲我師、有一卒曰、臣可以爲師乎、因反走、田單乃起、引還東鄉坐、師事之、卒曰、臣欺君、誠無能也、田單曰、子勿言也、因師之、每出約束、必稱神師、乃宣言曰、吾唯懼燕軍之劓所得齊卒、置之前行、與我戰、即墨敗矣、燕人聞之如其言、城中人見齊諸降者盡劓、皆怒堅守、唯恐見得、田單又縱反間曰、吾懼燕人掘吾城外冢墓、僇先人、可

敎育書專賣所

爲寒心、燕軍盡掘壟墓、燒死人、即墨人從城上望見、皆涕泣、其欲出戰、怒自十倍、田單知士卒之可用、乃身操版插、與士卒分功、妻妾編於行伍之間、盡散飲食饗士、令甲卒皆伏、使老弱女子乘城、遣使約降於燕、燕軍皆呼萬歲、田單又收民金、得千鎰、令即墨富豪遺燕將曰、即墨即降、願無虜掠吾族家妻妾、令安堵、燕將大喜許之、燕軍由此益懈、田單乃收城中、得千餘牛、爲絳繒衣、畫以五采龍文、束兵刃於其角、而灌脂束葦於尾、燒其端、鑿城數十穴、夜縱牛、壯士五千人隨其後、牛尾熱怒而奔燕軍、燕軍夜大驚、牛尾炬火、光明炫燿、燕軍視之、皆龍文、所觸盡死傷、五千人因銜枚擊之、而城中鼓譟從之、老弱皆擊銅器爲聲、聲動天地、燕軍大駭敗走、齊人遂夷殺其將騎刧、燕軍擾亂

奔走、齊人追亾逐北、所過城邑、皆畔燕而歸田單、兵日益多、乘勝、燕日敗亡、卒至河上、而齊七十餘城、皆復爲齊、乃迎襄王於莒、入臨淄而聽政、襄王封田單、號曰安平君

太史公曰、兵以正合、以奇勝、善之者出奇無窮、奇正還相生、如環之無端、夫始如處女、適人開戶、後如脫兎、適不及距、其田單之謂邪

初淖齒之殺湣王也、莒人求湣王子法章、得之太史嬓之家、爲人灌園、嬓女憐而善遇之、後法章私以情告女、女遂與通、及莒人共立法章爲齊王、以莒距燕、而太史氏女遂爲后、所謂君王后也

燕之初入齊、聞畫邑人王蠋賢、令軍中曰、環畫邑三十里、無入、以王蠋之故、已而使人謂蠋曰、齊人多高子之義、吾以子爲將、封子萬家、蠋固謝、燕人曰、子不聽、吾引三軍而屠畫邑、王蠋曰、忠臣不事二君、貞女不更二夫、齊王不聽吾諫、故退而耕於野、國既破亾、吾不能存、今又刧之以兵、爲君將、是助桀爲暴也、與其生而無義、固不如烹、遂經其頸於樹枝、自奮絕脰而死、齊亾大夫聞之曰、王蠋布衣也、義不北面於燕、況在位食祿者乎、乃相聚如莒、求諸子、立爲襄王

魯仲連

漢　司馬遷

魯仲連者、齊人也、好奇偉俶儻之畫策、而不肯仕官任職、好持高節、游於趙、趙孝成王時、而秦王使白起破趙長平之軍、前後四十餘萬、秦兵遂東圍邯鄲、趙王恐、諸侯之救兵、莫散擊秦軍、

魏安釐王使將軍晉鄙救趙、畏秦、止於蕩陰不進、魏王使客將軍新垣衍間入邯鄲、因平原君謂趙王曰、秦所爲急圍趙者、前與齊湣王爭彊爲帝、已而復歸帝、今齊湣王已益弱、方今唯秦雄天下、此非必貪邯鄲、其意欲復求爲帝、趙誠發使、尊秦昭王爲帝、秦必喜、罷兵去、平原君猶預未有所決、此時魯仲連適游趙、會秦圍趙、聞魏將欲令趙尊秦爲帝、乃見平原君曰、事將奈何、平原君曰、勝也何敢言事、前亡四十萬之衆於外、今又內圍邯鄲、而不能去、魏王使客將軍新垣衍令趙帝秦、今其人在是、勝也何敢言事、魯仲連曰、吾始以君爲天下之賢公子也、吾乃今然後知君非天下之賢公子也、梁客新垣衍安在、吾請爲君責而歸之、平原君曰、勝請爲紹介、而見之於先生、平原君遂見

新垣衍曰、東國有魯仲連先生者、今其人在此、勝請爲紹介、交之於將軍、新垣衍曰、吾聞、魯仲連先生、齊國之高士也、衍、人臣也、使事有職、吾不願見魯仲連先生、平原君曰、勝既已泄之矣、新垣衍許諾、魯仲連見新垣衍而無言、新垣衍曰、吾視居此圍城之中者、皆有求於平原君者也、今吾觀先生之玉貌、非有求於平原君者也、曷爲久居此圍城之中而不去、魯仲連曰、世以鮑焦爲無從頌而死者、皆非也、衆人不知、則爲一身、彼秦者、棄禮義而上首功之國也、權使其士、鹵使其民、彼即肆然而爲帝、過而爲政於天下、則連有蹈東海而死耳、吾不忍爲之民也、所爲見將軍者、欲以助趙也、新垣衍曰、先生助之將奈何、魯連曰、吾將使梁及燕助之、齊楚則固助之矣、新垣衍曰、燕則吾請以

從矣、若乃梁者、則吾乃梁人也、先生惡能使梁助之、魯連曰、梁未睹秦稱帝之害故耳、使梁睹秦稱帝之害、則必助趙矣、新垣衍曰、秦稱帝之害何如、魯連曰、昔者齊威王嘗爲仁義矣、率天下諸侯而朝周、周貧且微、諸侯莫朝、而齊獨朝之、居歲餘、周烈王崩、齊後往、周怒、赴於齊曰、天崩地坼、天子下席、東藩之臣、因齊後至、則斮、齊威王勃然怒曰、叱嗟、而母婢也、卒爲天下笑、故生則朝周、死則叱之、誠不忍其求也、彼天子固然、其無足怪、新垣衍曰、先生獨不見夫僕乎、十人而從一人者、寧力不勝而智不若耶、畏之也、魯仲連曰、嗚呼、梁之比於秦、若僕邪、新垣衍曰、然、魯仲連曰、吾將使秦王烹醢梁王、新垣衍怏然不悅曰、噫嘻、亦太甚矣、先生之言也、先生又惡能使秦王烹醢梁王、魯仲連

曰、固也、吾將言之、昔者九侯、鄂侯、文王、紂之三公也、九侯有子而好、獻之於紂、紂以爲惡、醢九侯、鄂侯爭之彊、辨之疾、故脯鄂侯、文王聞之喟然而嘆、故拘之羑里之庫百日、欲令之死、曷爲與人俱稱王、卒就脯醢之地、齊湣王將之魯、夷維子爲執策而從、謂魯人曰、子將何以待吾君、魯人曰、吾將以十太牢待子之君、夷維子曰、子安取禮而來吾君、彼吾君者天子也、天子巡狩、諸侯辟舍、納筦籥、攝衽抱機、視膳於堂下、天子已食、乃退而聽朝也、魯人投其籥、不果納、不得入於魯、將之薛、假途於鄒、當是時鄒君死、湣王欲入弔、夷維子謂鄒之孤曰、天子弔、主人必將倍殯棺、設北面於南方、然後天子南面弔也、鄒之羣臣曰、必若此、吾將伏劍而死、固不敢入於鄒、鄒魯之臣、生則不得事養、死

則不得賻襚、然且欲行天子之禮於鄒魯、鄒魯之臣不果納、今秦、萬乘之國也、梁、亦萬乘之國也、俱據萬乘之國、各有稱王之名、睹其一戰而勝、欲從而帝之、是使三晉之大臣、不如鄒魯之僕妾也、且秦無已而帝、則且變易諸侯之大臣、彼將奪其所不肖、而與其所賢、奪其所憎、而與其所愛、彼又將使其子女讒妾、爲諸侯妃姬、處梁之宮、梁王安得晏然而已乎、而將軍又何以得故寵乎、於是新垣衍起再拜謝曰、始以先生爲庸人、吾乃今日知先生爲天下之士也、吾請出、不敢復言帝秦、秦將聞之、爲郤軍五十里、適會魏公子無忌奪晉鄙軍、以救趙、擊秦軍、秦軍遂引而去、於是平原君欲封魯連、魯連辭讓、使者三、終不肯受、平原君乃置酒、酒酣起前、以千金爲魯連壽、魯連笑曰、所貴於

天下之士者、爲人排患釋難、解紛亂、而無取也、即有取者、是商賈之事也、而連不忍爲也、遂辭平原君而去、終身不復見、其後二十餘年、燕將攻下聊城、聊城人或讒之燕、燕將懼誅、因保守聊城、不敢歸、齊田單攻聊城、歲餘士卒多死、而聊城不下、魯連乃爲書、約之矢、以射城中、遺燕將、書(中略)燕將見魯連書、泣三日、猶預不能自決、欲歸燕、已有隙、恐誅、欲降齊、所殺虜於齊甚衆、恐已降而後見辱、喟然歎曰、與人刃我、寧自刃、乃自殺、聊城亂、田單遂屠聊城、歸而言魯連、欲爵之、魯連逃隱於海上曰、吾與富貴而詘於人、寧貧賤而輕世肆志焉

太史公曰、魯連其指意、雖不合大義、然余多其在布衣之位、蕩然肆志、不詘於諸侯、談說於當世、折卿相之權

漢文讀本 卷八 普及舍

廉頗藺相如

漢 司馬遷

廉頗者、趙之良將也、趙惠文王十六年、廉頗爲趙將、伐齊大破之、取晉陽、拜爲上卿、以勇氣聞於諸侯、藺相如者、趙人也、爲趙宦者令繆賢舍人、趙惠文王時、得楚和氏璧、秦昭王聞之、使人遺趙王書、願以十五城請易璧、趙王與大將軍廉頗諸大臣謀、欲予秦、秦城恐不可得、徒見欺、欲勿予、即患秦兵之來、計未定、求人可使報秦者、未得、宦者令繆賢曰、臣舍人藺相如可使、王問何以知之、對曰、臣嘗有罪、竊計欲亡走燕、臣舍人相如止臣曰、君何以知燕王、臣語曰、臣嘗從大王與燕王會境上、燕王私握臣手曰、願結交、以此知之、故欲往、相如謂臣曰、夫趙彊而燕弱、而君幸於趙王、故燕王欲結於君、今君乃亡趙走燕、燕畏趙其勢必不敢留君、而束君歸趙矣、君不如肉袒伏斧質請罪、則幸得脫矣、臣從其計、大王亦幸赦臣、臣竊以爲其人勇士有智謀、宜可使、於是王召見、問藺相如曰、秦王以十五城、請易寡人之璧、可予不、相如曰、秦彊而趙弱、不可不許、王曰、取吾璧、不予我城、奈何、相如曰、秦以城求璧、而趙不許、曲在趙、趙予璧、而秦不予趙城、曲在秦、均之二策、寧許以負秦曲、王曰、誰可使者、相如曰、王必無人、臣願奉璧往使、城入趙、而璧留秦、城不入、臣請完璧歸趙、趙王於是遂遣相如奉璧西入秦、秦王坐章臺見相如、相如奉璧奏秦王、秦王大喜、傳以示美人及左右、左右皆呼萬歲、相如視秦王無意償趙城、乃前曰、璧有瑕、請指示王、王授璧、相如因持璧卻立倚柱、怒髮上衝冠、謂秦王曰、大王欲得璧、

漢文讀本 卷八 普及舍

使人發書至趙王、趙王悉召羣臣議、皆曰、秦貪、負其彊、以空言求璧、償城恐不可得、議不欲予秦璧、臣以爲布衣之交、尚不相欺、況大國乎、且以一璧之故逆彊秦之驩、不可、於是趙王乃齋戒五日、使臣奉璧、拜送書於庭、何者、嚴大國之威以脩敬也、今臣至、大王見臣列觀、禮節甚倨、得璧傳之美人、以戲弄臣、臣觀大王無意償趙王城邑、故臣復取璧、大王必欲急臣、臣頭今與璧俱碎於柱矣、相如持其璧睨柱、欲以擊柱、秦王恐其破璧、乃辭謝、固請、召有司案圖、指從此以往十五都予趙、相如度秦王特以詐佯爲予趙城、實不可得、乃謂秦王曰、和氏璧天下所共傳寶也、趙王恐、不敢不獻、趙王送璧時、齋戒五日、今大王宜亦齋戒五日、設九賓於庭、臣乃敢上璧、秦王度之、終不可彊奪、遂

許齋五日、舍相如廣成傳舍、相如度秦王雖齋、決負約不償城、乃使其從者衣褐懷其璧、從徑道亡、歸璧於趙、秦王齋五日後、乃設九賓禮於庭、引趙使者藺相如、相如至、謂秦王曰、秦自繆公以來、二十餘君、未嘗有堅明約束者也、臣誠恐見欺於王而負趙、故令人持璧歸間至趙矣、且秦彊而趙弱、大王遣一介之使至趙、趙立奉璧來、今以秦之彊、而先割十五都予趙、趙豈敢留璧而得罪於大王乎、臣知欺大王之罪當誅、臣請就湯鑊、唯大王與羣臣孰計議之、秦王與羣臣相視而嘻、左右欲引相如去、秦王因曰、今殺相如、終不能得璧也、而絕秦趙之驩、不如因而厚遇之、使歸趙、趙王豈以一璧之故欺秦邪、卒廷見相如、畢禮而歸之、相如既歸、趙王以爲賢大夫、使不辱於諸侯、拜相如

爲上大夫、秦亦不以城予趙、趙亦終不予秦璧、其後秦伐趙、拔石城、明年、復攻趙、殺二萬人、秦王使使者告趙王、欲與王爲好會於西河外澠池、趙王畏秦、欲毋行、廉頗藺相如計曰、王不行、示趙弱且怯也、趙王遂行、相如從、廉頗送至境、與王訣曰、王行、度道里會遇之禮畢還、不過三十日、三十日不還、則請立太子爲王、以絕秦望、王許之、遂與秦王會澠池、秦王飲酒酣曰、寡人竊聞趙王好音、請奏瑟、趙王鼓瑟、秦御史前書曰、某年月日、秦王與趙王會飲、令趙王鼓瑟、藺相如前曰、趙王竊聞秦王善爲秦聲、請奉盆缻秦王、以相娛樂、秦王怒不許、於是相如前進缻、因跪請秦王、秦王不肯擊缻、相如曰、五步之內、相如請得以頸血濺大王矣、左右欲刃相如、相如張目叱之、左右皆靡、於是秦

王不懌、爲一擊缻、相如顧召趙御史書曰、某年月日、秦王爲趙王擊缻、秦之羣臣曰、請以趙十五城爲秦王壽、藺相如亦曰、請以秦之咸陽爲趙王壽、秦王竟酒、終不能加勝於趙、趙亦盛設兵以待秦、秦不敢動、既罷、歸國、以相如功大、拜爲上卿、位在廉頗之右、廉頗曰、我爲趙將、有攻城野戰之大功、而藺相如徒以口舌爲勞、而位居我上、且相如素賤人、吾羞、不忍爲之下、宣言曰、我見相如必辱之、相如聞、不肯與會、相如每朝時、常稱病不欲與廉頗爭列、已而相如出、望見廉頗、相如引車避匿、於是舍人相與諫曰、臣所以去親戚而事君者、徒慕君之高義也、今君與廉頗同列、廉君宣惡言、而君畏匿之、恐懼殊甚、且庸人尚羞之、況於將相乎、臣等不肖、請辭去、藺相如固止之曰、公之視廉

將軍孰與秦王、曰、不若也、相如曰、夫以秦王之威、而相如廷叱之、辱其羣臣、相如雖駑、獨畏廉將軍哉、顧吾念之、彊秦之所以不敢加兵於趙者、徒以吾兩人在也、今兩虎共鬬、其勢不俱生、吾所以爲此者、以先國家之急而後私讎也、廉頗聞之、肉袒負荊、因賓客至藺相如門謝罪曰、鄙賤之人、不知將軍寬之至此也、卒相與驩爲刎頸之交、是歲廉頗東攻齊、破其一軍、居二年廉頗復伐齊幾、拔之、後三年、廉頗攻魏之防陵安陽、拔之、後四年、藺相如將而攻齊、至平邑而罷、其明年、趙奢破秦軍閼與下、趙奢者、趙之田部吏也、收租稅、而平原君家不肯出、趙奢以法治之、殺平原君用事者九人、平原君怒、將殺奢、奢因說曰、君於趙爲貴公子、今縱君家而不奉公、則法削、法削則國弱、國弱則

諸侯加兵、諸侯加兵、是無趙也、君安得有此富乎、以君之貴奉公如法、則上下平、上下平則國彊、國彊則趙固、而君爲貴戚、豈輕於天下邪、平原君以爲賢、言之於王、王用之治國賦、國賦太平、民富而府庫實、秦伐韓軍於閼與、王召廉頗而問曰、可救不、對曰、道遠險狹、難救、又召樂乘而問焉、樂乘對如廉頗言、又問趙奢、奢對曰、其道遠險狹、譬之猶兩鼠鬭於穴中、將勇者勝、王乃令趙奢將救之、兵去邯鄲三十里、而令軍中曰、有以軍事諫而死、秦軍軍武安西、秦軍鼓譟勒兵、武安屋瓦盡振、軍中候有一人言急救武安、趙奢立斬之、堅壁留二十八日不行、復益增壘、秦間來入、趙奢善食而遣之、間以報秦將、秦將大喜曰、夫去國三十里、而軍不行、乃增壘、閼與非趙地也、趙奢既已遣秦

間、乃卷甲而趨之、二日一夜至、令善射者去閼與五十里而軍、軍壘成、秦人聞之、悉甲而至、軍士許歷請以軍事諫、趙奢曰、內之、許歷曰、秦人不意趙師至此、其來氣盛、將軍必厚集其陣以待之、不然必敗、趙奢曰、請受令、許歷曰、請就鈇質之誅、趙奢曰、胥後令邯鄲、許歷復請諫曰、先據北山上者勝、後至者敗、趙奢許諾、即發萬人趨之、秦兵後至、爭山不得上、趙奢縱兵擊之、大破秦軍、秦軍解而走、遂解閼與之圍而歸、趙惠文王賜奢號爲馬服君、以許歷爲國尉、趙奢於是與廉頗藺相如同位、後四年、趙惠文王卒、子孝成王立、七年、秦與趙兵相距長平、時趙奢已死、而藺相如病篤、使廉頗將攻秦、秦數敗趙軍、趙軍固壁不戰、秦數挑戰、廉頗不肯、趙王信秦之間、秦之間言曰、秦之所惡、獨

畏馬服君趙奢之子趙括爲將耳、趙王因以括爲將代廉頗、藺相如曰、王以名使括、若膠柱而鼓瑟耳、括徒能讀其父書傳、不知合變也、趙王不聽、遂將之、趙括自少時學兵法、言兵事、以天下莫能當、嘗與其父奢言兵事、奢不能難、然不謂善、括母問奢其故、奢曰、兵死地也、而括易言之、使趙不將括即已、若必將之、破趙軍者必括也、及括將行、其母上書言於王曰、括不可使將、王曰、何以、對曰、始妾事其父時、爲將身所奉飯飲而進食者以十數、所友者以百數、大王及宗室所賞賜者、盡以予軍吏士大夫、受命之日、不問家事、今括一旦爲將、東向而朝、軍吏無敢仰視之者、王所賜金帛、歸藏於家、而日視便利田宅可買者買之、王以爲何如其父、父子異心、願王勿遣、王曰、母置之、吾已決矣、

括母因曰、王終遣之、即有如不稱、妾得無隨坐乎、王許諾、趙括既代廉頗、悉更約束、易置軍吏、秦將白起聞之、縱奇兵、佯敗走、而絕其糧道、分斷其軍爲二、士卒離心、四十餘日、軍餓、趙括出銳卒自搏戰、秦軍射殺趙括、括軍敗、數十萬衆遂降秦、秦悉阬之、趙前後所亡、凡四十五萬、明年、秦兵遂圍邯鄲、歲餘幾不得脫、賴楚魏諸侯來救、乃得解邯鄲之圍、趙王亦以括母先言、竟不誅也、自邯鄲圍解五年、而燕用栗腹之謀曰、趙壯者盡於長平、其孤未壯、擧兵擊趙、趙使廉頗將、擊大破燕軍於鄗、殺栗腹、遂圍燕、燕割五城請和、乃聽之、趙以尉文封廉頗爲信平君、爲假相國、廉頗之免長平歸也、失勢之時、故客盡去、及復用爲將、客又復至、廉頗曰、客退矣、客曰吁、君何見之晚也、夫天下以市

道交、君有勢、我則從君、君無勢則去、此固其理也、有何怨乎、居六年、趙使廉頗伐魏之繁陽、拔之、趙孝成王卒、子悼襄王立、使樂乘代廉頗、廉頗怒、攻樂乘、樂乘走、廉頗遂奔魏之大梁、其明年、趙乃以李牧爲將而攻燕、拔武遂方城、廉頗居梁久之、魏不能信用、趙以數困於秦兵、趙王思復得廉頗、廉頗亦思復用於趙、趙王使使者視廉頗尚可用否、廉頗之仇郭開、多與使者金、令毀之、趙使者既見廉頗、廉頗爲之一飯斗米肉十斤、被甲上馬、以示尚可用、趙使還報王曰、廉將軍雖老、尚善飯、然與臣坐頃之三遺矢矣、趙王以爲老、遂不召、楚聞廉頗在魏、陰使人迎之、廉頗一爲楚將、無功、曰、我思用趙人、廉頗卒死於壽春、李牧者、趙之北邊良將也、常居代鴈門、備匈奴、以便宜置吏、市租皆

輸入莫府、爲士卒費、日擊數牛饗士、習射騎、謹烽火、多間諜、厚遇戰士、爲約曰、匈奴即入盜、急入收保、有敢捕虜者斬、匈奴每入、烽火謹、輒入收保、不敢戰、如是數歲、亦不亡失、然匈奴以李牧爲怯、雖趙邊兵、亦以爲吾將怯、趙王讓李牧、李牧如故、趙王怒召之、使他人代將、歲餘、匈奴每來出戰、出戰數不利、失亡多、邊不得田畜、復請李牧、李牧杜門不出、固稱疾、趙王乃復彊起使將兵、李牧曰、王必用臣、臣如前、乃敢奉令、王許之、李牧至如故約、匈奴數歲無所得、終以爲怯、邊士日得賞賜而不用、皆願一戰、於是乃具選車、得千三百乘、選騎、得萬三千匹、百金之士五萬人、彀者十萬人、悉勤習戰、大勒畜牧、人民滿野、匈奴小入、佯北不勝、以數千人委之、單于聞之、大率衆來入、李牧多爲奇

陳、張左右翼擊之、大破殺匈奴十餘萬騎、滅襜襤、破東胡、降林胡、單于奔走、其後十餘歲、匈奴不敢近趙邊城、趙悼襄王元年、廉頗既亡入魏、趙使李牧攻燕、拔武遂方城、居二年、龐煖破燕軍、殺劇辛、後七年、秦破趙、殺將扈輒於武遂城、斬首十萬、趙乃以李牧爲大將軍、擊秦軍於宜安、大破秦軍、走秦將桓齮、封李牧爲武安君、居三年、秦攻番吾、李牧擊破秦軍、南距韓魏、趙王遷七年、秦使王翦攻趙、趙使李牧司馬尚禦之、秦多與趙王寵臣郭開金、爲反間、言李牧司馬尚欲反、趙王乃使趙葱及齊將顏聚代李牧、李牧不受命、趙使人微捕得李牧、斬之、廢司馬尚、後三月、王翦因急擊趙、大破殺趙葱、虜趙王遷及其將顏聚、遂滅趙

太史公曰、知死必勇、非死者難也、處死者難、方藺相如引璧睨柱、及叱秦王左右、勢不過誅、然士或怯懦而不敢發、相如一奮其氣、威信敵國、退而讓頗、名重太山、其處智勇、可謂兼之矣

管晏

漢　司馬遷

管仲夷吾者、潁上人也、少時常與鮑叔牙游、鮑叔知其賢、管仲貧困、常欺鮑叔、鮑叔終善遇之、不以爲言、已而鮑叔事齊公子小白、管仲事公子糾、及小白立爲桓公、公子糾死、管仲囚焉、鮑叔遂進管仲、管仲既用、任政於齊、齊桓公以霸、九合諸侯、一匡天下、管仲之謀也、管仲曰、吾始困時、嘗與鮑叔賈、分財利、多自與、鮑叔不以我爲貪、知我貧也、吾嘗爲鮑叔謀事、而更窮困、鮑叔不以我爲愚、知時有利不利也、吾嘗三仕、三見逐於君、鮑叔

不以我爲不肖知我不遭時也吾嘗三戰三走鮑叔不以我爲怯知我有老母也公子糾敗召忽死之吾幽囚受辱鮑叔不以我爲無恥知我不羞小節而恥功名不顯於天下也生我者父母知我者鮑子也鮑叔既進管仲以身下之子孫世祿於齊有封邑者十餘世常爲名大夫天下不多管仲之賢而多鮑叔能知人也管仲既任政相齊以區々之齊在海濱通貨積財富國彊兵與俗同好惡故其稱曰倉廩實而知禮節衣食足而知榮辱上服度則六親固四維不張國乃滅亡下令如流水之源令順民心故論卑而易行俗之所欲因而予之俗之所否因而去之其爲政也善因禍而爲福轉敗而爲功貴輕重愼權衡桓公實怒少姬南襲蔡管仲因而伐楚責包茅不入貢於周室桓公

實北征山戎而管仲因而令燕脩召公之政於柯之會桓公欲背曹沫之約管仲因而信之諸侯由是歸齊故曰知與之爲取政之寶也管仲富擬於公室有三歸反坫齊人不以爲侈管仲卒齊國遵其政常彊於諸侯後百餘年而有晏子焉晏平仲嬰者事齊靈公莊公景公以節儉力行重於齊既相齊食不重肉妾不衣帛其在朝君語及之即危言語不及之即危行國有道即順命無道即衡命以此三世顯名於諸侯越石父賢在縲紲中晏子出遭之途解左驂贖之載歸弗謝入閨久之越石父請絕晏子戄然攝衣冠謝曰嬰雖不仁免子於厄何子求絕之速也石父曰不然吾聞君子詘於不知己而信於知己者方吾在縲紲中彼不知我也夫子既以感寤而贖我是知己知己而無禮固不如在縲紲之中晏子於是延入爲上客晏子爲齊相出其御之妻從門間而闚其夫其夫爲相御擁大蓋策駟馬意氣揚揚甚自得也既而歸其妻請去夫問其故妻曰晏子長不滿六尺身相齊國名顯諸侯今者妾觀其出志念深矣常有以自下者今子長八尺乃爲人僕御然子之意自以爲足妾是以求去也其後夫自抑損晏子怪而問之御以實對晏子薦以爲大夫

太史公曰吾讀管氏牧民山高乘馬輕重九府及晏子春秋詳哉其言之也既見其著書欲觀其行事故次其傳至其書世多有之是以不論論其軼事管仲世所謂賢臣然孔子小之豈以爲周道衰微桓公既賢而不勉之至王乃稱霸哉語曰將順其

美匡救其惡故上下能相親也豈管仲之謂乎方晏子伏莊公尸哭之成禮然後去豈所謂見義不爲無勇者邪至其諫說犯君之顏此所謂進思盡忠退思補過者哉假令晏子而在余雖爲執鞭所忻慕焉

司馬穰苴

漢 司馬遷

司馬穰苴者田完之苗裔也齊景公時晉伐阿甄而燕侵河上齊師敗績景公患之晏嬰乃薦田穰苴曰穰苴雖田氏庶孽然其人文能附衆武能威敵願君試之景公召穰苴與語兵事大說之以爲將軍將兵扞燕晉之師穰苴曰臣素卑賤君擢之閭伍之中加之大夫之上士卒未附百姓不信人微權輕願得君之寵臣國之所尊以監軍乃可於是景公許之使莊賈往穰苴

既辭、與莊賈約曰、旦日日中、會於軍門、穰苴先馳至軍、立表下漏、待賈、賈素驕貴、以爲將已之軍、而己爲監、不甚急、親戚左右送之留飲、日中而賈不至、穰苴則仆表決漏、入、行軍勒兵、申明約束、約束既定、夕時莊賈乃至、穰苴曰、何後期爲、賈謝曰、不佞大夫親戚送之、故留、穰苴曰、將受命之日、則忘其家、臨軍約束、則忘其親、援枹鼓之急、則忘其身、今敵國深侵、邦內騷動、士卒暴露於境、君寢不安席、食不甘味、百姓之命、皆懸於君、何謂相送乎、召軍正問曰、軍法、期而後至者、云何、對曰、當斬、莊賈懼、使人馳報景公、請救、既往、未及反、於是遂斬莊賈、以狥三軍、三軍之士、皆振慄、久之、景公遣使者、持節赦賈、馳入軍中、穰苴曰、將在軍、君令有所不受、問軍正曰、軍中不馳、今使者馳、云何、正曰、當斬、使者大懼、穰苴曰、君之使、不可殺之、乃斬其僕、車之左駙、馬之左驂、以狥三軍、遣使者還報、然後行、士卒次舍、井竈、飲食、問疾醫藥、身自拊循之、悉取將軍之資糧享士卒、身與士卒平分糧食、最比其羸弱者、三日而後勒兵、病者皆求行、爭奮出爲之赴戰、晋師聞之、爲罷去、燕師聞之、度水而解、於是追擊之、遂取所亡封內故境、而引兵歸、未至國、釋兵旅、解約束、誓盟而後入邑、景公與諸大夫郊迎勞師、成禮然後反歸寢、既見穰苴、尊爲大司馬、田氏日以益尊於齊、已而大夫鮑氏高國之屬害之、譖於景公、景公退穰苴、苴發疾而死、田乞田豹之徒、由此怨高國等、其後及田常殺簡公、盡滅高子國子之族、至常曾孫和、因自立爲齊威王、用兵行威、大放穰苴之法、而諸侯朝齊、齊威王使大夫追論古者司馬兵法、而附穰苴於其中、因號曰司馬穰苴兵法

太史公曰、余讀司馬兵法、閎廓深遠、雖三代征伐、未能竟其義、如其文也、亦少褒矣、若夫穰苴區區爲小國行師、何暇及司馬兵法之揖讓乎、世既多司馬兵法、以故不論、著穰苴之列傳焉

伍子胥

漢 司馬遷

伍子胥者、楚人也、名員、員父曰伍奢、員兄曰伍尚、其先曰伍擧、以直諫事楚莊王、有顯、故其後世有名于楚、楚平王有太子名曰建、使伍奢爲太傅、費無忌爲少傅、無忌不忠於太子建、平王使無忌爲太子取婦於秦、秦女好、無忌馳歸報平王曰、秦女絕美、王可自取、而更爲太子取婦、平王遂自取秦女、而絕愛幸之、生子軫、更爲太子取婦、無忌既以秦女自媚于平王、因去太子而事平王、恐一旦平王卒而太子立殺己、乃因讒太子建、建母蔡女也、無寵於平王、平王稍益疏建、使建守城父、備邊兵、頃之、無忌又日夜言太子短於王曰、太子以秦女之故、不能無怨望、願王少自備也、自太子居城父、將兵、外交諸侯、且欲入爲亂矣、平王乃召其太傅伍奢考問之、伍奢知無忌讒太子於平王、因曰、王獨奈何以讒賊小臣、疏骨肉之親乎、無忌曰、王今不制、其事成矣、王且見禽、於是平王怒、囚伍奢、而使城父司馬奮揚往殺太子、行未至、奮揚使人先告太子、太子急去、不然將誅、太子建亡奔宋、無忌言於平王曰、伍奢有二子、皆賢、不誅且爲楚憂、可以其父質而召之、不然且爲楚患、王使使謂伍奢曰、能致汝

二子則生、不能則死、伍奢曰、尙爲人仁、呼必來、員爲人剛戾忍詢、能成大事、彼見來之幷禽、其勢必不來、王不聽、使人召二子曰、來吾生汝父、不來今殺奢也、伍尙欲往、員曰、楚之召我兄弟、非欲以生我父也、恐有脫者後生患、故以父爲質、詐召二子、二子到、則父子俱死、何益父之死、往而令讎不得報耳、不如奔他國、借力以雪父之恥、俱滅無爲也、伍尙曰、我知往終不能全父命、然恨父召我以求生而不往、後不能雪恥、終爲天下笑耳、謂員可去矣、汝能報殺父之讎、我將歸死、尙既就執、使者捕伍胥、伍胥貫弓執失、嚮使者、使者不敢進、伍胥遂亡、聞太子建之在宋、往從之、奢聞子胥之亡也、曰、楚國君臣且苦兵矣、伍尙至楚、楚幷殺奢與尙也、伍胥既至宋、宋有華氏之亂、乃與太子建俱

奔於鄭、鄭人甚善之、太子建又適晉、晉頃公曰、太子既善鄭、鄭信太子、太子能爲我內應、而我攻其外、滅鄭必矣、滅鄭而封太子、太子乃還鄭、事未會、會自私欲殺其從者、從者知其謀、乃告之於鄭、鄭定公與子產誅殺太子建、建有子名勝、伍胥懼、乃與勝俱奔吳、到昭關、昭關欲執之、伍胥遂與勝獨身步走、幾不得脫、追者在後、至江、江上有一漁父乘船、知伍胥之急、乃渡伍胥、伍胥既渡、解其劍曰、此劍直百金、以與父、父曰、楚國之法、得伍胥者、賜粟五萬石、爵執珪、豈徒百金劍耶、不受、伍胥未至吳而疾、止中道乞食、至於吳、吳王僚方用事、公子光爲將、伍胥乃因公子光以求見吳王、久之、楚平王以其邊邑鍾離與吳邊邑卑梁氏俱蠶、兩女子爭桑相攻、乃大怒、至於兩國擧兵相伐、吳使

公子光伐楚、拔其鍾離居巢而歸、伍子胥說吳王僚曰、楚可破也、願復遣公子光、公子光謂吳王曰、彼伍胥、父兄爲戮於楚、而勸王伐楚者、欲以自報其讎耳、伐楚未可破也、伍胥知公子光有內志、欲殺王而自立、未可說以外事、乃進專諸於公子光、退而與太子建之子勝耕於野、五年而楚平王卒、初平王所奪太子建秦女、生子軫、及平王卒、軫竟立爲後、是爲昭王、吳王僚因楚喪、使二公子將兵往襲楚、楚發兵絕吳兵之後、不得歸、吳國內空、而公子光乃令專諸襲刺吳王僚而自立、是爲吳王闔廬、闔廬既立、得志、乃召伍員以爲行人、而與謀國事、楚誅其大臣郤宛伯州犂、伯州犂之孫伯嚭亡奔吳、吳亦以嚭爲大夫、前王僚所遣二公子將兵伐楚者、道絕不得歸、後聞闔廬弑王僚自

立、遂以其兵降楚、楚封之於舒、闔廬立三年、乃興師、與伍胥伯嚭伐楚、拔舒、遂禽故吳反二將軍、因欲至郢、將軍孫武曰、民勞未可、且待之、乃歸、四年、吳伐楚、取六與灊、五年、伐越、敗之、六年、楚昭王使公子囊瓦將兵伐吳、吳使伍員迎擊、大破楚軍於豫章、取楚之居巢、九年、吳王闔廬謂子胥孫武曰、始子言郢未可入、今果何如、二子對曰、楚將囊瓦貪、而唐蔡皆怨之、王必欲大伐之、必先得唐蔡乃可、闔廬聽之、悉興師與唐蔡伐楚、與楚夾漢水而陳、吳王之弟夫概將兵請從、王不聽、遂以其屬五千人擊楚將子常、子常敗走奔鄭、於是吳乘勝而前、五戰遂至郢、己卯、楚昭王出奔、庚辰、吳王入郢、昭王出亡、入雲夢、盜擊王、王走鄖、鄖公弟懷曰、平王殺我父、我殺其子、不亦可乎、鄖公恐其弟殺

王、與王奔隨、吳兵圍隨、謂隨人曰、周之子孫、在漢川者、楚盡滅之、隨人欲殺王、王子綦匿王、己自爲王、以當之、隨人卜與王於吳、不吉、乃謝吳、不與王、始伍員與申包胥爲交、員之亡也、謂包胥曰、我必覆楚、包胥曰、我必存之、及吳兵入郢、伍子胥求昭王、既不得、乃掘楚平王墓、出其尸、鞭之三百、然後已、申包胥亡于山中、使人謂子胥曰、子之報讐、其以甚乎、吾聞之、人衆者勝天、天定亦能勝人、今子故平王之臣、親北面而事之、今至于僇死人、此豈其無天道之極乎、伍子胥曰、爲我謝申包胥曰、吾日暮途遠、吾故倒行而逆施之、於是申包胥走秦告急、求救於秦、秦不許、包胥立於秦廷、晝夜哭、七日七夜、不絕其聲、秦哀公憐之曰、楚雖無道、有臣若是、可無存乎、乃遣車五百乘、救楚擊吳、六

月、敗吳兵於稷、會吳王久留楚求昭王、而闔廬弟夫槩、乃亡歸自立爲王、闔廬聞之、乃釋楚而歸、擊其弟夫槩、夫槩敗走、遂奔楚、楚昭王見吳、有內亂、乃復入郢、封夫槩于堂谿、爲堂谿氏、楚復與吳戰、敗吳、吳王乃歸、後二歲、闔廬使太子夫差將兵伐楚、取番、楚懼吳復大來、乃去郢、徙於鄀、當是時、吳以伍子胥孫武之謀、西破彊楚、北威齊晉、南服越人、其後四年、孔子相魯、後五年、伐越、越王句踐迎擊、敗吳於姑蘇、傷闔廬指、軍卻、闔廬病創將死、謂太子夫差曰、爾忘句踐殺爾父乎、夫差對曰、不敢忘、是夕闔廬死、夫差既立爲王、以伯嚭爲太宰、習戰射、二年後、伐越、敗于越夫湫、越王句踐、乃以餘兵五千人、棲於會稽之上、使大夫種、厚幣遺吳太宰嚭以請和、求委國爲臣妾、吳王將許之、伍

子胥諫曰、越王爲人、能辛苦、今王不滅、後必悔之、吳王不聽、用太宰嚭計與越平、其後五年、而吳王聞齊景公死、而大臣爭寵、新君弱、乃興師北伐齊、伍子胥諫曰、句踐食不重味、弔問死疾、且欲有所用之也、此人不死、必爲吳患、今吳之有越、猶人之有腹心疾也、而王不先越、而乃務齊、不亦謬乎、吳王不聽、伐齊、大敗齊師於艾陵、遂滅鄒魯之君以歸、益疏子胥之謀、其後四年、吳王將北伐齊、越王句踐用子貢之謀、乃率其衆以助吳、而重寶以獻遺太宰嚭、太宰嚭既數受越賂、其愛信越殊甚、日夜爲言於吳王、吳王信用嚭之計、伍子胥諫曰、夫越、腹心之病、今信其浮辭詐僞、而貪齊、破齊、譬猶石田、無所用之、且盤庚之誥曰、有顚越不恭、劓殄滅之、俾無遺育、無使易種於茲邑、此商之所

以興、願王釋齊而先越、若不然、後將悔之無及、而吳王不聽、使子胥於齊、子胥臨行、謂其子曰、吾數諫王、王不用、吾今見吳之亡矣、汝與吳俱亡無益也、乃屬其子於齊鮑牧、而還報吳、吳太宰嚭既與子胥有隙、因讒曰、子胥爲人、剛暴少恩猜賊、其怨望恐爲深禍也、前日王欲伐齊、子胥以爲不可、王卒伐之、而有大功、子胥恥其計謀不用、乃反怨望、而今王又復伐齊、子胥專愎彊諫、沮毀用事、徒幸吳之敗、以自勝其計謀耳、今王自行、悉國中武力以伐齊、而子胥諫不用、因輟謝佯病不行、王不可不備、此起禍不難、且嚭使人微伺之、其使於齊也、乃屬其子於齊之鮑氏、夫爲人臣、內不得意、外倚諸侯、自以爲先王之謀臣、今不見用、常鞅鞅怨望、願王早圖之、吳王曰、微子之言、吾亦疑之、乃

使使賜伍子胥屬鏤之劍曰、子以此死、伍子胥仰天嘆曰、嗟乎、讒臣嚭爲亂矣、王乃反誅我、我令若父霸、自若未立時、諸公子爭立、我以死爭之於先王、幾不得立、若既得立、欲分吳國與我、我顧不敢望也、然今若聽諛臣言、以殺長者、乃告其舍人曰、必樹吾墓上以梓、令可以爲器、而抉吾眼縣吳東門之上、以觀越寇之入滅吳也、乃自剄死、吳王聞之、大怒、乃取子胥尸、盛以鴟夷革、浮之江中、吳人憐之、爲立祠於江上、因命曰胥山、吳王既誅伍子胥、遂伐齊、齊鮑氏殺其君悼公、而立陽生、吳王欲討其賊、不勝而去、其後二年、吳王召魯衞之君、會槖皐、其明年、因北大會諸侯於黃池、以令周室、越王句踐襲殺吳太子、破吳兵、吳王聞之乃歸、使使厚幣與越平、後九年、越王句踐遂滅吳殺王

夫差、而誅太宰嚭、以不忠於其君、而外受重賂與己比周也、伍子胥初所與俱亡故楚太子建之子勝者、在於吳、吳王夫差之時、楚惠王欲召勝歸楚、葉公諫曰、勝好勇而陰求死士、殆有私乎、惠王不聽、遂召勝、使居楚之邊邑鄢、號爲白公、白公歸楚三年、而吳誅子胥、白公勝既歸楚、怨鄭之殺其父、乃陰養死士、求報鄭、歸楚五年、請伐鄭、楚令尹子西許之、兵未發、而晉伐鄭、鄭請救於楚、楚使子西往救、與盟而還、白公勝怒曰、非鄭之仇、乃子西也、勝自礪劍、人問曰、何以爲、勝曰、欲以殺子西、子西聞之、笑曰、勝如卵耳、何能爲也、其後四歲、白公勝與石乞襲殺楚令尹子西、司馬子綦於朝、石乞曰、不殺王不可、乃刼之、王如高府、石乞從者屈固、負楚惠王亡走昭夫人之宮、葉公聞白公爲亂、

率其國人、攻白公、白公之徒敗、走亡山中自殺、而鹵石乞而問白公尸處、不言、將烹、石乞曰、事成爲卿、不成而烹、固其職也、終不肯告其尸處、遂烹石乞、而求惠王復立之

太史公曰、怨毒之於人甚矣哉、王者尙不能行之於臣下、况同列乎、向令伍子胥從奢俱死、何異螻蟻、棄小義雪大恥、名垂於後世、悲夫、方子胥窘於江上、道乞食、志豈嘗須臾忘郢耶、故隱忍就功名、非烈丈夫、孰能致此哉、白公如不自立爲君者、其功謀亦不可勝道者哉

商君

漢 司馬遷

商君者、衞之諸庶孽公子也、名鞅、姓公孫氏、其祖本姬姓也、鞅少好刑名之學、事魏相公叔座爲中庶子、公叔座知其賢、未及

進、會座病、魏惠王親往問病、曰、公叔病、有如不可諱、將奈社稷何、公叔曰、座之中庶子公孫鞅、年雖少有奇才、願王擧國而聽之、王嘿然、王且去、座屛人言曰、王即不聽用鞅、必殺之、無令出境、王許諾而去、公叔座召鞅謝曰、今者王問可以爲相者、我言若、王色不許我、我方先君後臣、因謂王、即弗用鞅、當殺之、王許我、汝可疾去矣、且見禽、鞅曰、彼王不能用君之言任臣、又安能用君之言殺臣乎、卒不去、惠王既去、而謂左右曰、公叔病甚、悲乎、欲令寡人以國聽公孫鞅也、豈不悖哉、公叔既死、公孫鞅聞秦孝公下令國中求賢者、將修繆公之業、東復侵地、廼遂西入秦、因孝公寵臣景監、以求見孝公、孝公既見衞鞅、語事良久、孝公時時睡弗聽、罷、而孝公怒景監曰、子之客妄人耳、安足用邪

景監以讓衛鞅、衛鞅曰、吾說公以帝道、其志不開悟矣、後五日、復求見鞅、鞅復見孝公、益愈、然而未中旨、罷、而孝公復讓景監、景監亦讓鞅、鞅曰、吾說公以王道、而未入也、請復見鞅、鞅復見孝公、孝公善之、而未用也、罷而去、孝公謂景監曰、汝客善、可與語矣、鞅曰、吾說公以霸道、其意欲用之矣、誠復見我、我知之矣、衛鞅復見孝公、公與語、不自知厀之前於席也、語數日不厭、景監曰、子何以中吾君、吾君之驩甚也、鞅曰、吾說君以帝王之道、比三代、而君曰、久遠、吾不能待、且賢君者、各及其身顯名天下、安能邑邑待數十百年、以成帝王乎、故吾以彊國之術說君、君大說之耳、然亦難以比德於殷周矣、孝公既用衛鞅、鞅欲變法、恐天下議己、衛鞅曰、疑行無名、疑事無功、且夫有高人之行者、

固見非於世、有獨知之慮者、必見敖於民、愚者闇于成事、知者見於未萌、民不可與慮始、而可與樂成、論至德者、不和於俗、成大功者、不謀於衆、是以聖人苟可以彊國、不法其故、苟可以利民、不循其禮、孝公曰、善、甘龍曰、不然、聖人不易民而教、知者不變法而治、因民而教、不勞而成功、緣法而治者、吏習而民安之、衛鞅曰、龍之所言、世俗之言也、常人安於故俗、學者溺於所聞、以此兩者、居官守法可也、非所與論於法之外也、三代不同禮而王、五伯不同法而霸、智者作法、愚者制焉、賢者更禮、不肖者拘焉、杜摯曰、利不百、不變法、功不十、不易器、法古無過、循禮無邪、衛鞅曰、治世不一道、便國不法古、故湯武不循古而王、夏殷不易禮而亡、反古者不可非、而循禮者不足多、孝公曰、善、以衛

鞅爲左庶長、卒定變法之令、令民爲什伍、而相收司連坐、不告姦者腰斬、告姦者與斬敵首同賞、匿姦者與降敵同罰、民有二男以上不分異者、倍其賦、有軍功者、各以率受上爵、爲私鬭者、各以輕重被刑、大小僇力本業、耕織致粟帛多者、復其身、事末利及怠而貧者、舉以爲收孥、宗室非有軍功論、不得爲屬籍、明尊卑爵秩等級、各以差次、名田宅臣妾衣服、以家次、有功者顯榮、無功者雖富無所芬華、令既具、未布、恐民之不信己、乃立三丈之木於國都市南門、募民有能徙置北門者、予十金、民怪之、莫敢徙、復曰、能徙者予五十金、有一人徙之、輒予五十金、以明不欺、卒下令、令行於民、期年、秦民之國都、言初令之不便者以千數、於是太子犯法、衛鞅曰、法之不行、自上犯之、將法太子、太

子君嗣也、不可施刑、刑其傅公子虔、黥其師公孫賈、明日、秦人皆趨令、行之十年、秦民大說、道不拾遺、山無盜賊、家給人足、民勇於公戰、怯於私鬭、鄉邑大治、秦民初言令不便者、有來言令便者、衛鞅曰、此皆亂化之民也、盡遷之於邊城、其後民莫敢議令、於是以鞅爲大良造、將兵圍魏安邑、降之、居三年、築冀闕宮庭於咸陽、秦自雍徙都之、而令民父子兄弟同室內息者爲禁、而集小都鄉邑聚爲縣、置令丞、凡三十一縣、爲田開阡陌封疆、而賦稅平、平斗桶權衡丈尺、行之四年、公子虔復犯約、劓之、居五年、秦人富彊、天子致胙於孝公、諸侯畢賀、其明年、齊敗魏兵於馬陵、虜其太子申、殺將軍龐涓、其明年、衛鞅說孝公曰、秦之與魏、譬若人之有腹心疾、非魏幷秦、秦即幷魏、何者、魏居嶺阨

之西都安邑、與秦界河、而獨擅山東之利、利則西侵秦、病則東收地、今以君之賢聖、國賴以盛、而魏往年大破於齊、諸侯畔之、可因此時伐魏、魏不支秦、必東徙、東徙、秦據河山固、東鄉以制諸侯、此帝王之業也、孝公以爲然、使衞鞅將而伐魏、魏使公子卬將而擊之、軍旣相距、衞鞅遺魏將公子卬書曰、吾始與公子驩、今俱爲兩國將、不忍相攻、可與公子面相見盟、樂飮而罷兵、以安秦魏、魏公子卬以爲然、會盟已飮、而衞鞅伏甲士、而襲虜魏公子卬、因攻其軍、盡破之、以歸秦、魏惠王兵數破齊秦、國內空、日以削、恐、乃使使割河西之地、獻於秦以和、而魏遂去安邑、徙都大梁、梁惠王曰、寡人恨不用公叔座之言也、衞鞅旣破魏還、秦封之於商十五邑、號爲商君、商君相秦十年、宗室貴戚、多怨望者、趙良見商君、商君曰、鞅之得見也、從孟蘭臯、今鞅請得交、可乎、趙良曰、僕弗敢願也、孔丘有言、曰推賢而戴者進、聚不肖而王者退、僕不肖、故不敢受命、僕聞之、曰非其位而居之、曰貪位、非其名而有之、曰貪名、僕聽君之義、則恐僕貪位貪名也、故不敢聞命、商君曰、子不說吾治秦與、趙良曰、反聽之謂聰、內視之謂明、自勝之謂彊、虞舜有言、曰自卑也尙矣、君不若道虞舜之道、無爲問僕矣、商君曰、始秦戎翟之敎、父子無別、同室而居、今我更制其敎、而爲其男女之別、大築冀闕、營如魯衞矣、子觀我治秦也、孰與五羖大夫賢、趙良曰、千羊之皮、不如一狐之掖、千人之諾諾、不如一士之諤諤、武王諤諤以昌、殷紂墨墨以亡、君若不非武王乎、則僕請終日正言而無誅、可乎、商君曰、語

有之矣、貌言華也、至言實也、苦言藥也、甘言疾也、夫子果肯終日正言、鞅之藥也、鞅將事子、子又何辭焉、趙良曰、夫五羖大夫、荊之鄙人也、聞秦繆公之賢、而願望見、行而無資、自粥於秦客、被褐食牛、期年、繆公知之、擧之牛口之下、而加之百姓之上、秦國莫敢望焉、相秦六七年、而東伐鄭、三置晉國之君、一救荊國之禍、發敎封內、而巴人致貢、施德諸侯、而八戎來服、由余聞之、欵關請見、五羖大夫之相秦也、勞不坐乘、暑不張蓋、行於國中、不從車乘、不操干戈、功名藏于府庫、德行施于後世、五羖大夫死、秦國男女流涕、童子不歌謠、舂者不相杵、此五羖大夫之德也、今君之見秦王也、因嬖人景監以爲主、非所以爲名也、相秦不以百姓爲事、而大築冀闕、非所以爲功也、刑黥太子之師傅、殘傷民以駿刑、是積怨蓄禍也、敎之化民也、深於命、民之効上也、捷於令、今君又左建外易、非所以爲敎也、君又南面而稱寡人、日繩秦之貴公子、詩曰、相鼠有禮、人而無禮、人而無禮、何不遄死、以詩觀之、非所以爲壽也、公子虔杜門不出、已八年矣、君又殺祝懽、而黥公孫賈、詩曰、得人者興、失人者崩、此數事者、非所以得人也、君之出也、後車十數、從車載甲、多力而駢脅者爲驂乘、持矛而操闟戟者、旁車而趨、此一物不具、君固不出、書曰、恃德者昌、恃力者亡、君之危若朝露、尙將欲延年益壽乎、則何不歸十五都、灌園於鄙、勸秦王顯巖穴之士、養老存孤、敬父兄、序有功、尊有德、可以少安、君尙將貪商於之富、寵秦國之敎、畜百姓之怨、秦王一旦捐賓客而不立朝、秦國之所以收君者、豈

其微哉、亡可翹足而待、商君弗從、後五月、而秦孝公卒、太子立、公子虔之徒、告商君欲反、發吏捕商君、商君亡、至關下、欲舍客舍、客人不知其是商君也、曰、商君之法、舍人無驗者坐之、商君喟然歎曰、嗟乎、爲法之敝、一至此哉、去之魏、魏人怨其欺公子卬而破魏師、弗受、商君欲之他國、魏人曰、商君、秦之賊、秦彊而賊入魏、弗歸不可、遂內秦、商君既復入秦、走商邑、與其徒屬發邑兵、北出擊鄭、秦發兵攻商君、殺之於鄭黽池、秦惠王車裂商君以狥、曰、莫如商鞅反者、遂滅商君之家、

太史公曰、商君、其天資刻薄人也、跡其欲干孝公以帝王術、挾持浮說、非其質矣、且所因由嬖臣、及得用、刑公子虔、欺魏將卬、不師趙良之言、亦足發明商君之少恩矣、余嘗讀商君開塞耕戰書、與其人行事相類、卒受惡名於秦、有以也夫、

伯夷

漢　司馬遷

夫學者、載籍極博、猶考信於六藝、詩書雖缺、然虞夏之文可知也、堯將遜位、讓於虞舜、舜禹之間、岳牧咸薦、乃試之於位、典職數十年、功用既興、然後授政、示天下重器、王者大統、傳天下、若斯之難也、而說者曰、堯讓天下於許由、許由不受、恥之逃隱、及夏之時、有卞隨務光者、此何以稱焉、太史公曰、余登箕山、其上蓋有許由冢云、孔子序列古之仁聖賢人、如吳太伯伯夷之倫、詳矣、余以所聞、由光義至高、其文辭不少概見、何哉、孔子曰、伯夷叔齊、不念舊惡、怨是用希、求仁得仁、又何怨乎、余悲伯夷之意、睹軼詩可異焉、其傳曰、伯夷叔齊、孤竹君之二子也、父欲立

叔齊、及父卒、叔齊讓伯夷、伯夷曰、父命也、遂逃去、叔齊亦不肯立而逃之、國人立其中子、於是伯夷叔齊、聞西伯昌善養老、盍往歸焉、及至、西伯卒、武王載木主、號爲文王、東伐紂、伯夷叔齊叩馬而諫曰、父死不葬、爰及干戈、可謂孝乎、以臣弑君、可謂仁乎、左右欲兵之、太公曰、此義人也、扶而去之、武王已平殷亂、天下宗周、而伯夷叔齊恥之、義不食周粟、隱于首陽山、采薇而食之、及餓且死、作歌、其辭曰、登彼西山兮、采其薇矣、以暴易暴兮、不知其非矣、神農虞夏、忽焉沒兮、我安適歸矣、于嗟徂兮、命之衰矣、遂餓死于首陽山、由此觀之、怨耶非耶、或曰、天道無親、常與善人、若伯夷叔齊、可謂善人者非耶、積仁潔行如此、而餓死、且七十子之徒、仲尼獨薦顏淵爲好學、然回也屢空、糟糠不厭、而卒蚤夭、天之報施善人、其何如哉、盜跖日殺不辜、肝人之肉、暴戾恣睢、聚黨數千人、橫行天下、竟以壽終、是遵何德哉、此其尤大彰明較著者也、若至近世、操行不軌、專犯忌諱、而終身逸樂富厚、累世不絕、或擇地而蹈之、時然後出言、行不由徑、非公正不發憤、遇而禍災者、不可勝數也、余甚惑焉、儻所謂天道是邪非邪、孔子曰、道不同、不相爲謀、亦各從其志也、故曰、富貴如可求、雖執鞭之士、吾亦爲之、如不可求、從吾所好、歲寒然後知松柏之後凋、舉世混濁、清士乃見、豈以其重若彼、其輕若此哉、君子疾沒世而名不稱焉、賈子曰、貪夫狥財、烈士狥名、夸者死權、衆庶馮生、同明相照、同類相求、雲從龍、風從虎、聖人作而萬物覩、伯夷叔齊雖賢、得夫子而名益彰、顏淵雖篤學、附驥尾而

行益顯、巖穴之士、趨舍有時、若此類、名堙滅而不稱、悲夫、閭巷之人、欲砥行立名者、非附青雲之士、惡能施於後世哉

漢文讀本卷之八終

明治廿九年九月六日印刷
同　年九月九日發行
同三十年二月十八日訂正再版印刷
同　年二月[illegible]二日發行

定價	
卷一、十五錢	卷六、二十錢
卷二、十五錢	卷七、二十錢
卷三、十八錢	卷八、二十錢
卷四、十八錢	卷九、二十錢
卷五、二十錢	卷十、二十錢

編者　東京牛込區西五軒町四十三番地　指原安三
發行兼印刷者　東京神田區柳原河岸十七號地　辻太
印刷兼發行所　東京神田區柳原河岸十七號地　普及舍

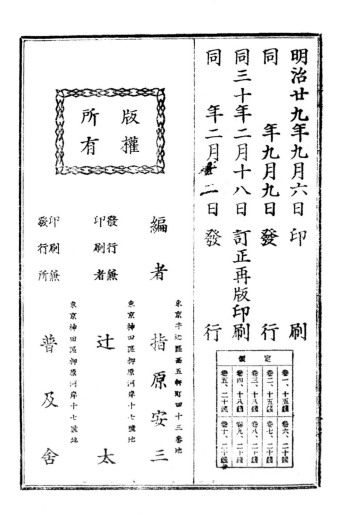

漢文讀本

指原安三編輯

發兌　普及舍

凡例

一以此編及次編、爲中等漢學科之終、故欲務輯漢土歷代名家之文、然其書充棟不啻、非區區一二三冊之所可能收得也、於是輯歷代大家中若干、以爲二編、是所謂九牛之一毛耳、然善熟讀精通於此二編、而後見全牛、必所觸皆解

一凡在初學時、宜隘而精、不宜博而荒、唯博維眈、而不能精通、則必不可解其學之眞味也、故細心翫味、能精通於此、他日又不要師於漢文、而經典百家、獨見自解其眞味矣、敎授者亦當要注意於玆矣

漢文讀本卷之九目次

敎育書專賣所　普及舍

漢文讀本卷之九目次終

普及舍

漢文讀本卷之九

指原安三編輯

藺相如完璧歸趙論

明　王世貞

藺相如之完璧、人皆稱之、予未敢以爲信也、夫秦以十五城之空名、詐趙而脅其璧、是時言取璧者情也、非欲以窺趙也、趙得其情、則弗予、不得其情、則予、得其情而畏之、則予、得其情而弗畏之、則弗予、此兩言決耳、奈之何、既畏而復挑其怒也、且夫秦欲璧、趙弗予璧、兩無所曲直也、入璧而秦弗予城、曲在秦、秦出城而璧歸、曲在趙、欲使曲在秦、則莫如棄璧、畏棄璧、則莫如弗予、夫秦王既按圖以予城、又設九賓齋而受璧、其勢不得不予

敎育書專賣所　普及舍

城、璧入而城弗予、相如則前請曰、臣固知大王之弗予城也、夫璧非趙璧乎、而十五城秦寶也、今使大王以璧故、而亡其十五城、十五城之子弟、皆厚怨大王以棄我如草芥也、大王不予城、而紿趙璧、以一璧故、而失信於天下、臣請就死於國、以明大王之失信、秦王未必不返璧也、今奈何使舍人懷而逃之、而歸直於秦、是時秦意未欲與趙絕耳、令秦王怒而僇相如於市、武安君十萬衆壓邯鄲、而責璧與信、一勝而相如族、再勝而璧終入秦矣、吾故曰、藺相如之獲全於璧也、天也、若其勁澠池、柔廉頗、則愈出而愈妙於用、所以能完趙者、天固曲全之哉

吳山圖記

明　歸有光

吳長洲二縣、在郡治所、分境而治、而郡西諸山、皆在吳縣、其最

普及舍

高者、穹隆、陽山、鄧尉、西脊、銅井、而靈巖、吳之故宮在焉、尙有西子之遺跡、若虎邱、劍池、及天平、尙方、支硎、皆勝地也、而太湖、汪洋三萬六千頃、七十二峰、沉浸其間、則海內之奇觀矣、余同年友、魏君用晦、爲吳縣、未及三年、以高第召入爲給事中、君之爲縣、有惠愛、百姓扳留之不能得、而君亦不忍於其民、由是好事者、繪吳山圖以爲贈、夫令之於民、誠重矣、令誠賢也、其地之山川草木、亦被其澤而有榮也、令誠不賢也、其地之山川草木、亦被其殃而有辱也、君於吳之山川、蓋增重矣、異時吾民、將擇勝於巖巒之間、尸祝於浮屠老子之宮也、固宜、而君則亦既去矣、何復惓惓於此山哉、昔蘇子瞻稱、韓魏公去黃州四十餘年、而思之不忘、至以爲思黃州詩、子瞻爲黃人刻之於石、然後知賢

者於其所至、不獨使其人之不忍忘而已、亦不能自忘於其人也、君今去縣已三年矣、一日與余同在內庭、出示此圖、展玩太息、因命余記之、噫、君之於吾吳、有情如此、如之何而使吾民能忘之也

滄浪亭記

明 歸有光

浮圖文瑛、居大雲庵、環水、即蘇子美滄浪亭地也、亟求余作滄浪亭記、曰、昔子美之記、記亭之勝也、請子記吾所以爲亭者、余曰、昔吳越有國時、廣陵王鎭吳中、治園於子城之西南、其外戚孫承佑、亦治園於其偏、迨淮南納土、此園不廢、蘇子美始建滄浪亭、最後禪者居之、此滄浪亭爲大雲庵也、有庵以來二百年、文瑛尋古遺事、復子美之構於荒殘滅沒之餘、此大雲庵爲滄

「趙魏之障也趙亡」之下加左句
則魏且爲之後、趙魏、又楚燕齊諸國之障也、趙魏亡

浪亭也、夫古今之變、朝市改易、嘗登姑蘇之臺、望五湖之渺茫、群山之蒼翠、太伯虞仲之所建、闔閭夫差之所爭、子胥種蠡之所經營、今皆無有矣、亭與庵何爲者哉、雖然、錢鏐因亂攘竊、保有吳越、國富兵強、垂及四世、諸子姻戚、乘時奢僭、宮館苑囿、極一時之盛、而子美之亭、乃爲釋子所欽重如此、可以見士之欲垂名於千載、不與澌然而俱盡者、則有在矣、文瑛讀書喜詩、與吾徒遊、呼之爲滄浪僧云

信陵君救趙論

明 唐順之

論者以竊符爲信陵君之罪、余以爲此未足以罪信陵也、彊秦之暴亟矣、今悉兵以臨趙、趙必亡、趙魏之障也、趙亡、則楚燕齊諸國爲之後、天下之勢、未有岌岌於此者也、故救趙者、亦以救

魏、救一國者、亦以救六國也、竊魏之符、以紓魏之患、借一國之師、以分六國之災、夫奚不可者、然則信陵果無罪乎、曰、又不然也、余所誅者、信陵君之心也、信陵一公子耳、魏固有王也、趙不請救於王、而諄諄焉請救於信陵、是趙知有信陵、不知有王也、平原君以婚姻激信陵、而信陵亦自以婚姻之故、欲急救趙、是信陵知有婚姻、不知有王也、其竊符也、非爲魏也、非爲六國也、爲趙焉耳、非爲趙也、爲一平原君耳、使禍不在趙、而在他國、則雖撤魏之障、撤六國之障、信陵亦必不救、使趙無平原、或平原而非信陵之姻戚、雖趙亡、信陵亦必不救、則是趙王與社稷之輕重、不能當一平原公子、而魏之兵甲、所恃以固其社稷者、祇以供信陵君一姻戚之用、幸而戰勝可也、不幸戰不勝、爲虜

於秦、是傾魏國數百年社稷、以殉姻戚、吾不知信陵何以謝魏王也、夫竊符之計、蓋出於侯生、而如姬成之也、侯生教公子以竊符、如姬爲公子竊符於王之臥內、是二人亦知有信陵、不知有王也、余以爲信陵之自爲計、曷若以脣齒之勢、激諫於王、不聽則以其欲死秦師者、而死於魏王之前、王必悟矣、侯生爲信陵計、曷若見魏王而說之救趙、不聽則以其欲死信陵君者、而死於魏王之前、王亦必悟矣、如姬有意於報信陵、曷若乘王之隙、而日夜勸之救、不聽則以其欲爲公子死者、而死於魏王之前、王亦必悟矣、如此則信陵君不負魏、亦不負趙、二人不負王、亦不負信陵君、何爲計不出此、信陵知有婚姻之趙、不知有王、內則幸姬、外則鄰國、賤則夷門野人、又皆知有公子、不知有王、

漢文讀本　卷九

則是魏僅有一孤王耳、嗚呼、自世之衰、人皆習於背公死黨之行、而忘守節奉公之道、有重相而無威君、有私讎而無義憤、如秦人知有穰侯、不知有秦王、虞卿知有布衣之交、不知有趙王、蓋君若贅旒久矣、由此言之、信陵之罪、固不專係乎符之竊不竊也、其爲魏也、爲六國也、爲竊符猶可、其爲趙也、爲一親戚也、縱求符於王、而公然得之、亦罪也、雖然魏王亦不得爲無罪也、兵符藏於臥內、信陵亦安得竊之、信陵不忌魏王、而徑請之如姬、其素窺魏王之疎也、如姬不忌魏王、而敢於竊符、其素恃魏王之寵也、木朽而蛀生之矣、古者人君持權於上、而內外莫敢不肅、則信陵安得樹私交於趙、趙安得私請救於信陵、如姬安得銜信陵之恩、信陵安得賣恩於如姬、履霜之漸、豈一朝一夕也哉、由此言之、不特衆人不知有王、王亦自爲贅旒也、故信陵君可以爲人臣植黨之戒、魏王可以爲人君失權之戒、春秋書葬原仲、翬帥師、嗟夫、聖人之爲慮深矣

尊經閣記　　明　王守仁

經、常道也、其在於天謂之命、其賦於人謂之性、其主於身謂之心、心也、性也、命也、一也、通人物、達四海、塞天地、亙古今、無有乎弗具、無有乎弗同、無有乎或變者也、是常道也、其應乎感也、則爲惻隱、爲羞惡、爲辭讓、爲是非、其見於事也、則爲父子之親、爲君臣之義、爲夫婦之別、爲長幼之序、爲朋友之信、是惻隱也、羞惡也、辭讓也、是非也、是親也、序也、別也、信也、皆所謂心也、性也、命也、通人物、達四海、塞天地、亙古今、無有乎弗具、無有乎弗同

漢文讀本　卷九

無有乎或變者也、是常道也、以言其陰陽消長之行、則謂之易、以言其紀綱政事之施、則謂之書、以言其歌詠性情之發、則謂之詩、以言其條理節文之著、則謂之禮、以言其欣喜和平之生、則謂之樂、以言其誠僞邪正之辨、則謂之春秋、是陰陽消長之行也、以至誠僞邪正之辨也、一也、皆所謂心也、性也、命也、通人物、達四海、塞天地、亙古今、無有乎弗具、無有乎弗同、無有乎或變者也、夫是之謂六經、六經者非他、吾心之常道也、是故易也者、志吾心之陰陽消息者也、書也者、志吾心之紀綱政事者也、詩也者、志吾心之歌詠性情者也、禮也者、志吾心之條理節文者也、樂也者、志吾心之欣喜和平者也、春秋也者、志吾心之誠僞邪正者也、君子之於六經也、求之吾心之陰陽消息而時行

焉所以尊易也、求之吾心之紀綱政事而時施焉所以尊書也、求之吾心之歌咏性情而時發焉所以尊詩也、求之吾心之條理節文而時著焉、所以尊禮也、求之吾心之欣喜和平而時生焉所以尊樂也、求之吾心之誠僞邪正而時辨焉所以尊春秋也、蓋昔聖人之扶人極、憂後世而述六經也、猶之富家者之父祖、慮其產業庫藏之積其子孫者、或至於遺亡散失、卒困窮而無以自全也、而記籍其家之所有以貽之、使之世守其產業庫藏之實積、種種色色具存於其家、其記籍者、特名狀數目而已、而世之學者、不知求六經之實於吾心、而徒考索於影響之間、牽制於文義之末、硜硜然以爲是六經矣、是猶富家之子孫、不務守視享用其產業庫藏之實積、日遺亡散失、至爲窶人丐夫、

而猶囂囂然指其記籍曰、斯吾產業庫藏之積也、何以異於是、嗚呼、六經之學、其不明於世、非一朝一夕之故矣、尙功利、崇邪說、是謂亂經、習訓詁、傳記誦、沒溺於淺聞小見、以塗天下之耳目、是謂侮經、侈淫詞、競詭辨、飾奸心盜行、逐世壟斷、而猶自以爲通經、是謂賊經、若是者、是幷其所謂記籍者、而割裂棄毀之矣、寧復知所以爲尊經也乎、越城舊有稽山書院、在臥龍西岡、荒廢久矣、郡守渭南南大吉、既敷政於民、則慨然悼末學之支離、將進之以聖賢之道、於是使山陰令吳君瀛拓書院而一新之、又爲尊經之閣於其後、曰、經正則庶民興、斯無邪慝矣、閣成、請予一言以驗多士、予既不獲辭、則爲記之若是、嗚呼、世之學者、得吾說而求諸其心焉、則亦庶乎知所以爲尊經也已、

象祠記

明 王守仁

靈博之山、有象祠焉、其下諸苗夷之居者、咸神而祠之、宣慰安君、因諸苗夷之請、新其祠屋、而請記於予、予曰、毀之乎、其新之也、曰、新之、新之也何居乎、曰、斯祠之肇也、蓋莫知其原、然吾諸蠻夷之居是者、自吾父吾祖、遡曾高而上、皆尊奉而禋祀焉、舉而不敢廢也、予曰、胡然乎、有鼻之祀、唐之人蓋嘗毀之、象之道、以爲子、則不孝、以爲弟、則傲、斥於唐、而猶存於今、壞於有鼻、而猶盛於茲土也、胡然乎、我知之矣、君子之愛若人也、推及於其屋之烏、而況於聖人之弟乎哉、然則祠者、爲舜、非爲象也、意象之死、其在干羽既格之後乎、不然、古之驁桀者豈少哉、而象之祠獨延於世、吾於是蓋有以見舜德之至、入人之深、而流澤之

遠且久也、象之不仁、蓋其始焉耳、又烏知其終之不見化於舜也、書不云乎、克諧以孝、烝烝乂、不格姦、瞽瞍亦允若、則已化而爲慈父、象猶不弟、不可以爲諧、進治於善、則不至於惡、不底於姦、則必入於善、信乎、象蓋已化於舜矣、孟子曰、天子使吏治其國、象不得以有爲也、斯蓋舜愛象之深、而慮之詳、所以扶持輔導之者之周也、不然、周公之聖、而管蔡不免焉、斯可以見象之見化於舜、故能任賢使能、而安於其位、澤加於其民、既死而人懷之也、諸侯之卿、命於天子、蓋周官之制、其殆倣於舜之封象歟、吾於是蓋有以信人性之善、天下無不可化之人也、然則唐人之毀之也、據象之始也、今之諸苗之奉之也、承象之終也、斯義也、吾將以表於世、使知人之不善、雖若象焉、猶可以改、而君

子之修德、及其至也、雖若象之不仁、而猶可以化之也

深慮論

明 方孝孺

慮天下者、常圖其所難、而忽其所易、備其所可畏、而遺其所不疑、然而禍常發於所忽之中、而亂常起於不足疑之事、豈其慮之未周與、蓋慮之所能及者、人事之宜然而出於智力之所不及者天道也、當秦之世、而滅諸侯、一天下、而其心以爲周之亡、在乎諸侯之彊耳、變封建而爲郡縣、方以爲兵革可不復用、天子之位、可以世守、而不知漢帝起隴畝之中、而卒亡秦之社稷、漢懲秦之孤立、於是大建庶孽而爲諸侯、以爲同姓之親、可以相繼而無變、而七國萌簒弑之謀、武宣以後、稍剖析之而分其勢、以爲無事矣、而王莽卒移漢祚、光武之懲哀平、魏之懲漢、晉

之懲魏、各懲其所由亡而爲之備、而其亡也、蓋出於所備之外、唐太宗聞武氏之殺其子孫、求人於疑似之際而除之、而武氏日侍其左右而不悟、宋太祖見五代方鎭之足以制其君、盡釋其兵權、使力弱而易制、而不知子孫卒困於敵國、此其人皆有出人之智、蓋世之才、其於治亂存亡之幾、思之詳、而備之審矣、慮切於此、而禍興於彼、終至亂亡者、何哉、蓋智可以謀人、而不可以謀天、良醫之子、多死於病、良巫之子、多死於鬼、豈工於活人、而拙於謀子也哉、乃工於謀人、而拙於謀天也、古之聖人、知天下後世之變、非智慮之所能周、非法術之所能制、不敢肆其私謀詭計、而唯積至誠、用大德、以結乎天心、使天眷其德若慈母之保赤子、而不忍釋、故其子孫、雖有至愚不肖者、足以亡國、

而天卒不忍遽亡之、此慮之遠者也、夫苟不能自結於天、而欲以區々之智、籠絡當世之務、而必後世之無危亡、此理之所必無者、而豈天道哉

豫讓論

明 方孝孺

士君子立身事主、既名知己、則當竭盡智謀、忠告善道、銷患於未形、保治於未然、俾身全而主安、生爲名臣、死爲上鬼、垂光百世、照燿簡策、斯爲美也、苟遇知已、不能扶危於未亂之先、而乃捐軀殞命於既敗之後、釣名沽譽、眩世炫俗、由君子觀之、皆所不取也、蓋嘗因而論之、豫讓臣事智伯、及趙襄子殺智伯、讓爲之報讎、聲名烈烈、雖愚夫愚婦、莫不知其爲忠臣義士也、嗚呼、讓之死固忠矣、惜乎處死之道、有不忠者存焉、何也、觀其漆身

呑炭、謂其友曰、凡吾所爲者極難、將以愧天下後世之爲人臣而懷二心者也、謂非忠可乎、及觀斬衣三躍、襄子責以不死於中行氏、而獨死於智伯、讓應曰、中行氏以衆人待我、我故以衆人報之、智伯以國士待我、我故以國士報之、即此而論讓有餘憾矣、段規之事韓康、任章之事魏獻、未聞以國士待之也、而規也章也、力勸其主從智伯之請、與之地、以驕其志、而速其亡也、郄疵之事智伯、亦未嘗以國士待之也、而疵能察韓魏之情以諫智伯、雖不用其言以至滅亡、而疵之智謀忠告、已無愧於心也、讓既自謂智伯待以國士矣、國士、濟國之士也、當伯請地無厭之日、縱欲荒暴之時、爲讓者、正宜陳力就列、諄諄然而告之曰、諸侯大夫、各安分地、無相侵奪、古之制也、今無故而取地於

人、人不與而吾之忿心必生、與之則吾之驕心以起、忿必爭、爭必敗、驕必傲、傲必亡、諄切懇告、諫不從、再諫之、再諫不從、三諫之、三諫不從、移其伏劍之死、死於是日、伯雖頑冥不靈、感其至誠、庶幾復悟、和韓魏、釋趙圍、保全智宗、守其祭祀、若然則讓雖死猶生也、豈不勝於斬衣而死乎、讓於此時、曾無一語開悟主心、視伯之危亡、猶越人視秦人之肥瘠也、袖手旁觀、坐待成敗、國士之報、曾若是乎、智伯既死、而乃不勝血氣之悻悻、甘自附於刺客之流、何足道哉、何足道哉、雖然、以國士而論、豫讓固不足以當矣、彼朝爲讐敵、暮爲君臣、靦然而自得者、又讓之罪人也、噫、

賣柑者言　　明　劉基

杭有賣果者、善藏柑、涉寒暑不潰、出之曄然、玉質而金色、剖其中、乾若敗絮、予怪而問之曰、若所市於人者、將以實籩豆、奉祭祀、供賓客乎、將衒外以惑愚瞽乎、甚矣哉爲欺也、賣者笑曰、吾業是有年矣、吾業賴是以食吾軀、吾售之、人取之、未聞有言、而獨不足子所乎、世之爲欺者不寡矣、而獨我也乎、吾子未之思也、今夫佩虎符、坐皐比者、洸洸乎干城之具也、果能授孫吳之畧耶、峩大冠、拖長紳者、昂昂乎廟堂之器也、果能建伊皐之業耶、盜起而不知禦、民困而不知救、吏奸而不知禁、法斁而不知理、坐糜廩粟而不知恥、觀其坐高堂、騎大馬、醉醇醴、而飫肥鮮者、孰不巍巍乎可畏、赫々乎可象也、又何往而不金玉其外、敗絮其中也哉、今子是之不察、而以察吾柑、予默默無以應、退而

思其言、類東方生滑稽之流、豈其忿世嫉邪者耶、而託於柑以諷耶、

上高宗封事　　宋　胡銓

謹按、王倫本一狎邪小人、市井無賴、頃緣宰相無識、遂擧以使虜、惟務詐誕、欺罔天聽、驟得美官、天下之人、切齒唾罵、今者無故誘致虜使、以詔諭江南爲名、是欲臣妾我也、是欲劉豫我也、劉豫臣事醜虜、南面稱王、自以爲子孫帝王萬世不拔之業、一旦豺狼改慮、捽而縛之、父子爲虜、商鑒不遠、而倫又欲陛下效之、夫天下者、祖宗之天下也、陛下所居之位、祖宗之位也、奈何以祖宗之天下、爲犬戎之天下、以祖宗之位、爲犬戎藩臣之位、陛下一屈膝、則祖宗廟社之靈、盡汙夷狄、祖宗數百年之赤子、

盡爲左衽、朝廷宰執、盡爲陪臣、天下士大夫、皆當裂冠毀冕、變爲胡服、異時豺狼無厭之求、安知不加我以無禮如劉豫也哉、夫三尺童子至無知也、指犬豕而使之拜、則怫然怒、今醜虜則犬豕也、堂々天朝、相率而拜犬豕、曾童孺之所羞、而陛下忍爲之耶、倫之議乃曰、我一屈膝、則梓宮可還、太后可復、淵聖可歸、中原可得、嗚呼、自變故以來、主和議者、誰不以此啗陛下哉、而卒無一驗、是虜之情僞已可知矣、陛下尙不覺悟、竭民膏血而不恤、忘國大讎而不報、含垢忍耻、擧天下而臣之甘心焉、就令虜決可和、盡如倫議、天下後世謂陛下何如主、況醜虜變詐百出、而倫又以奸邪濟之、梓宮決不可還、太后決不可復、淵聖決不可歸、中原決不可得、而此膝一屈、不可復伸、國勢陵夷、不可

復振、可爲痛哭流涕長大息也、向者陛下間關海道、危如纍卵、當時尙不肯北面臣虜、況今國勢稍張、諸將盛銳、士卒思奮、只如頃者、醜虜陸梁、僞豫入寇、固嘗敗之于襄陽、敗之于准上、敗之於渦口、敗之於淮陰、較之前日蹈海之危、已萬々矣、儻不得已而遂至於用兵、則我豈遽出虜人下哉、今無故而反臣之、欲屈萬乘之尊、下穹廬之拜、三軍之士不戰而氣亦索、此魯仲連所以義不帝秦、非惜夫帝秦之虛名、惜夫天下大勢有所不可也、今內而百官、外而軍民、萬口一談、皆欲食倫之肉、謗議洶洶陛下不聞、正恐一旦變作、禍且不測、臣切謂、不斬王倫、國之存亡、未可知也、雖然、倫不足道也、秦檜以腹心大臣而爲之、陛下有堯舜之資、檜不能致陛下如唐虞、檜欲導陛下如石晉、近者

禮部侍郎曾開等引古誼以折之、檜乃厲聲曰、侍郞知故事、我獨不知、則檜之遂非狠愎、已自可見、而乃建白令臺諫從臣僉議可否、是乃畏天下議已、而令臺諫從臣共分謗耳、有識之士、以爲朝廷無人、吁可惜哉、孔子曰、微管仲、吾其被髮左衽矣、夫管仲、霸者之佐耳、尙能變左衽之區、爲衣冠之會、秦檜、大國之相也、反驅衣冠之俗、歸左衽之鄕、則檜也、不唯陛下之罪人、實管仲之罪人矣、孫近附會檜議、遂得參知政事、天下望治、有如饑渴、而近伴食中書、漫不可否事、檜曰、虜可講和、近亦曰、可和、檜曰、天子當拜、近亦曰、當拜、嗚呼、參贊大政、徒取充位如此、有如虜騎長驅、尙能折衝禦侮耶、臣竊謂、秦檜孫近亦可斬也、臣備員樞屬、義不與檜等共戴天、區區之心、願斬三人頭、竿之藁

街、然後羈留虜使、責以無禮、徐興問罪之師、則三軍之士、不戰而氣自倍、不然、臣有赴東海而死耳、寧能處小朝廷、求活耶

讀孟嘗君傳

宋 王安石

世皆稱孟嘗君能得士、士以故歸之、而卒賴其力、以脫於虎豹之秦、嗟乎、孟嘗君、特雞鳴狗盜之雄耳、豈足以言得士、不然、擅齊之強、得一士焉、宜可以南面而制秦、尙何取雞鳴狗盜之力哉、夫雞鳴狗盜之出其門、此士之所以不至也

贈黎安二生序

宋 曾鞏

趙郡蘇軾、予之同年友也、自蜀以書至京師遺予、稱蜀之士曰黎生安生者、既而黎生攜其文數十萬言、安生攜其文亦數千言、辱以顧予、讀其文、誠閎壯雋偉、善反覆馳騁、窮盡事理、而其

材力之放縱、若不可極者也、二生固可謂魁奇特起之士、而蘇君固可謂善知人者也、頃之、黎生補江陵府司法參軍、將行、請予言以爲贈、予曰、予之知生、既得之於心矣、乃將以言相求於外邪、黎生曰、生與安生之學於斯文、里之人皆笑以爲迂闊、今求子之言、蓋將解惑於里人、予聞之、自顧而笑、夫世之迂闊、孰有甚於予乎、知信乎古、而不知合乎世、知志於道、而不知同乎俗、此予所以困於今而不自知也、世之迂闊、孰有甚於予乎、今生之迂、特以文不近俗、迂之小者耳、患爲笑於里人、若予之迂大矣、使生持吾言而歸、且重得罪、庸詎止於笑乎、然則若予之於生、將何言哉、謂予之迂爲善、則其患若此、謂爲不善、則有以合乎世、必違乎古、有以同乎俗、必離乎道矣、生其無急於解里

人之惑、則於是焉必能擇而取之、遂書以贈二生、幷示蘇君、以爲何如也

上樞密韓太尉書　　宋　蘇　轍

太尉執事、轍生好爲文、思之至深、以爲文者氣之所形、然文不可以學而能、氣可以養而致、孟子曰、我善養吾浩然之氣、今觀其文章、寬厚宏博、充乎天地之間、稱其氣之小大、太史公行天下、周覽四海名山大川、與燕趙間豪俊交遊、故其文疎蕩、頗有奇氣、此二子者、豈嘗執筆學爲如此之文哉、其氣充乎其中、而溢乎其貌、動乎其言、而見乎其文、而不自知也、轍生十有九年矣、其居家所與遊者、不過其鄰里鄉黨之人、所見不過數百里之間、無高山大野可登覽以自廣、百氏之書、雖無所不讀、然皆古人之陳迹、不足以激發其志氣、恐遂汨沒、故決然捨去、求天下奇聞壯觀、以知天地之廣大、過秦漢之故都、恣觀終南嵩華之高、北顧黃河之奔流、慨然想見古之豪傑、至京師、仰觀天子宮闕之壯、與倉廩府庫城池苑囿之富且大也、而後知天下之巨麗、見翰林歐陽公、聽其議論之宏辨、觀其容貌之秀偉、與其門人賢士大夫遊、而後知天下之文章聚乎此也、太尉以才略冠天下、天下之所恃以無憂、四夷之所憚以不敢發、入則周公召公、出則方叔召虎、而轍也未之見焉、且夫人之學也、不志其大、雖多而何爲、轍之來也、於山見終南嵩華之高、於水見黃河之大且深、於人見歐陽公、而猶以爲未見太尉也、故願得觀賢人之光耀、聞一言以自壯、然後可以盡天下之大觀而無憾者

矣、轍年少、未能通習吏事、嚮之來、非有取於斗升之祿、偶然得之、非其所樂、然幸得賜歸待選、使得優游數年之間、將以益治其文、且學爲政、太尉苟以爲可教、而辱教之、又幸矣

六國論　　宋　蘇　轍

嘗讀六國世家、竊怪天下之諸侯、以五倍之地、十倍之衆、發憤西向、以攻山西千里之秦、而不免於滅亡、常爲之深思遠慮、以爲必有可以自安之計、蓋未嘗不咎其當時之士、慮患之疎、而見利之淺、且不知天下之勢也、夫秦之所與諸侯爭天下者、不在齊楚燕趙也、而在韓魏之郊、諸侯之所與秦爭天下者、不在齊楚燕趙也、而在韓魏之野、秦之有韓魏、譬如人之有腹心之疾也、韓魏塞秦之衝、而蔽山東之諸侯、故夫天下之所重者、莫如韓魏也、昔者范雎用於秦而收韓、商鞅用於秦而收魏、昭王未得韓魏之心、而出兵以攻齊之剛壽、而范雎以爲憂、然則秦之所忌者可見矣、秦之用兵於燕趙、秦之危事也、越韓過魏而攻人之國都、燕趙拒之於前、而韓魏乘之於後、此危道也、而秦之攻燕趙、未嘗有韓魏之憂、則韓魏之附秦故也、夫韓魏諸侯之障、而使秦人得出入於其間、此豈知天下之勢耶、委區々之韓魏、以當強虎狼之秦、彼安得不折而入於秦哉、韓魏折而入於秦、然後秦人得通其兵於東諸侯、而使天下徧受其禍、夫韓魏不能獨當秦、而天下之諸侯、藉之以蔽其西、故莫如厚韓親魏、以擯秦、秦人不敢逾韓魏、以窺齊楚燕趙之國、而齊楚燕趙之國、因得以自完於其間矣、以四無事之國、佐當寇之韓魏、使

韓魏無東顧之憂、而爲天下出身以當秦兵、以二國委秦、而四國休息於內、以陰助其急、若此可以應夫無窮、彼秦者將何爲哉、不知出此、而乃貪疆埸尺寸之利、背盟敗約、以自相屠滅、秦兵未出、而天下諸侯已自困矣、至於秦人得伺其隙以取其國、可不悲哉

上梅直講書　宋　蘇軾

軾每讀詩至鴟鴞、讀書至君奭、常竊悲周公之不遇、及觀史、見孔子厄於陳蔡之間、而絃歌之聲不絕、顏淵仲由之徒相與問答、夫子曰、匪兕匪虎、率彼曠野、吾道非耶、吾何爲於此、顏淵曰、夫子之道至大、故天下莫能容、雖然、不容何病、不容然後見君子、夫子油然而笑曰、回使爾多財、吾爲爾宰、夫天下雖不能容、

而其徒自足以相樂如此、乃今知周公之富貴、有不如夫子之貧賤、夫以召公之賢、以管蔡之親、而不知其心、則周公誰與樂其富貴、而夫子之所與共貧賤者皆天下之賢才、則亦足以樂乎此矣、軾七八歲時、知始讀書、聞今天下有歐陽公者、其爲人如古孟軻韓愈之徒、而又有梅公者、從之遊、而與之上下其議論、其後益壯、始能讀其文詞、想見其爲人、意其飄然脫去世俗之樂、而自樂其樂也、方學爲對偶聲律之文、求升斗之祿、自度無以進見於諸公之間、來京師逾年、未嘗窺其門、今年春、天下之士、群至於禮部、執事與歐陽公實親試之、軾不自意獲在其二、既而聞之、執事愛其文、以爲有孟軻之風、而歐陽公亦以其能不爲世俗之文也而取、是以在此、非左右爲之先容、非親舊

爲之請屬、而嚮之十餘年間、聞其名而不得見者、一朝爲知己、退而思之、人不可以苟富貴、亦不可以徒貧賤、有大賢焉而爲其徒、則亦足恃矣、苟其僥一時之幸、從車騎數十人、使閭巷小民、聚觀而贊歎之、亦何以易此樂也、傳曰、不怨天、不尤人、蓋優哉游哉、可以卒歲、執事名滿天下、而位不過五品、其容色溫然而不怒、其文章寬厚敦朴而無怨言、此必有所樂乎斯道也、軾願與聞焉

刑賞忠厚之至論　宋　蘇軾

堯舜禹湯文武成康之際、何其愛民之深、憂民之切、而待天下以君子長者之道也、有一善、從而賞之、又從而詠歌嗟歎之、所以樂其始而勉其終、有一不善、從而罰之、又從而哀矜懲創之

所以棄其舊而開其新、故其吁俞之聲、歡休慘戚、見於虞夏商周之書、成康既沒、穆王立而周道始衰、然猶命其臣呂侯、而告之以祥刑、其言憂而不傷、威而不怒、慈愛而能斷、惻然有哀憐無辜之心、故孔子猶有取焉、傳曰、賞疑從與、所以廣恩也、罰疑從去、所以愼刑也、當堯之時、皐陶曰殺之三、堯曰宥之三、故天下畏皐陶執法之堅、而樂堯用刑之寬、四岳曰、鯀可用、堯曰、不可、鯀方命圮族、既而曰試之、何堯之不聽皐陶之殺人、而從四岳之用鯀也、然則聖人之意、蓋亦可見矣、書曰、罪疑惟輕、功疑惟重、與其殺不辜、寧失不經、嗚呼、盡之矣、可以賞、可以無賞、賞之過乎仁、可以罰、可以無罰、罰之過乎義、過乎仁、不失爲君子、過乎義、則流而入於忍人、故仁可過也、義不可過也、古者賞不

以爵祿、刑不以刀鋸、賞之以爵祿、是賞之道、行於爵祿之所加、而不行於爵祿之所不加也、刑以刀鋸、是刑之威、施於刀鋸之所及、而不施於刀鋸之所不及也、先王知天下之善不勝賞、而爵祿不足以勸也、知天下之惡不勝刑、而刀鋸不足以裁也、是故疑則擧而歸之於仁、以君子長者之道待天下、使天下相率而歸於君子長者之道、故曰、忠厚之至也、詩曰、君子如祉、亂庶遄已、君子如怒、亂庶遄沮、夫君子之已亂、豈有異術哉、時其喜怒而無失乎仁而已矣、春秋之義、立法貴嚴、而責人貴寬、因其褒貶之義、以制賞罰、亦忠厚之至也、

范增論　　宋　蘇　軾

漢用陳平計、間疏楚君臣、項羽疑范增與漢有私、稍奪其權、增大怒曰、天下事大定矣、君王自爲之、願賜骸骨歸卒伍、歸未至彭城、疽發背死、蘇子曰、增之去善矣、不去羽必殺增、獨恨其不早耳、然則當以何事去、增勸羽殺沛公、羽不聽、終以此失天下、當於是去耶、曰否、增之欲殺沛公、人臣之分也、羽之不殺、猶有君人之度也、增曷爲以此去哉、易曰、知幾其神乎、詩曰、相彼雨雪、先集維霰、增之去、當於羽殺卿子冠軍時也、陳涉之得民也、以項燕扶蘇、項氏之興也、以立楚懷王孫心、而諸侯叛之也、以弑義帝、且義帝之立、增爲謀主矣、義帝之存亡、豈獨爲楚之盛衰、亦增之所與同禍福也、未有義帝亡、而增獨能久存者也、羽之殺卿子冠軍也、是弑義帝之兆也、其弑義帝、則疑增之本也、豈必待陳平哉、物必先腐也、而後蟲生之、人必先疑也、而後讒

入之、陳平雖智、安能間無疑之主哉、吾嘗論、義帝天下之賢主也、獨遣沛公入關、不遣項羽、識卿子冠軍於稠人之中、而擢以爲上將、不賢而能如是乎、羽既矯殺卿子冠軍、義帝必不能堪、非羽弑帝、則帝殺羽、不待智者而後知也、增始勸項梁立義帝、諸侯以此服從、中道而弑之、非增之意也、夫豈獨非其意、將必力爭而不聽也、不用其言、而殺其所立、羽之疑增、必自是始矣、方羽殺卿子冠軍、增與羽比肩而事義帝、君臣之分未定也、爲增計者、力能誅羽則誅之、不能則去之、豈不毅然大丈夫也哉、增年已七十、合則留、不合則去、不以此時明去就之分、而欲依羽以成功名、陋矣、雖然、增高帝之所畏也、增不去、項羽不亡、嗚呼、增亦人傑也哉、

留侯論　　宋　蘇　軾

古之所謂豪傑之士、必有過人之節、人情有所不能忍者、匹夫見辱、拔劍而起、挺身而鬭、此不足爲勇也、天下有大勇者、卒然臨之而不驚、無故加之而不怒、其所挾持者甚大、而其志甚遠也、夫子房受書於圯上之老人也、其事甚怪、然亦安知其非秦之世、有隱君子者出而試之、觀其所以微見其意者、皆聖賢相與警戒之義、而世不察、以爲鬼物、亦已過矣、且其意不在書、當韓之亡、秦之方盛也、以刀鋸鼎鑊、待天下之士、其平居無事夷滅者、不可勝數、雖有賁育、無所獲施、夫持法太急者、其鋒不可犯、而其勢未可乘、子房不忍忿忿之心、以匹夫之力、而逞於一擊之間、當此之時、子房之不死者、其間不能容髮、蓋亦危矣、

千金之子、不死於盜賊、何哉、其身可愛、而盜賊之不足以死也、子房以蓋世之才、不爲伊尹太公之謀、而特出於荊軻聶政之計、以僥倖於不死、此圯上老人所爲深惜者也、是故倨傲鮮腆而深折之、彼其能有所忍也、然後可以就大事、故曰、孺子可敎也、楚莊王伐鄭、鄭伯肉袒牽羊以迎、莊王曰、其主能下人、必能信用其民矣、遂舍之、句踐之困於會稽、而歸臣妾於吳者、三年而不倦、且夫有報人之志、而不能下人者、是匹夫之剛也、夫老人者、以爲子房才有餘、而憂其度量之不足、故深折其少年剛銳之氣、使之忍小忿而就大謀、何則非有平生之素、卒然相遇於草野之間、而命以僕妾之役、油然而不怪者、此固秦皇之所不能驚、而項籍之所不能怒也、觀夫高祖之所以勝、項籍之所以敗者、在能忍與不能忍之間而已矣、項籍唯不能忍、是以百戰百勝、而輕用其鋒、高祖忍之、養其全鋒而待其斃、此子房敎之也、當淮陰破齊而欲自王、高祖發怒、見於詞色、由是觀之、猶有剛强不能忍之氣、非子房其誰全之、太史公疑子房以爲魁梧奇偉、而其狀貌乃如婦人女子、不稱其志氣、嗚呼、此其所以爲子房歟

喜雨亭記　　宋　蘇　軾

亭以雨名、志喜也、古者有喜、則以名物、示不忘也、周公得禾以名其書、漢武得鼎以名其年、叔孫勝敵以名其子、其喜之大小不齊、其示不忘一也、予至扶風之明年、始治官舍、爲亭於堂之北、而鑿池其南、引流種樹、以爲休息之所、是歲之春、雨麥於岐

山之陽、其占爲有年、既而彌月不雨、民方以爲憂、越三月乙卯乃雨、甲子又雨、民以爲未足、丁卯大雨、三日乃止、官吏相與慶於庭、商賈相與歌於市、農夫相與忭於野、憂者以喜、病者以愈、而吾亭適成、於是擧酒於亭上、以屬客而告之曰、五日不雨、可乎、曰、五日不雨則無麥、十日不雨、可乎、曰、十日不雨則無禾、無麥無禾、歲且薦饑、獄訟繁興、而盜賊滋熾、則吾與二三子、雖欲優游以樂於此亭、其可得耶、今天不遺斯民、始旱而賜之以雨、使吾與二三子、得相與優游而樂於此亭者、皆雨之賜也、其又可忘耶、既以名亭、又從而歌之曰、使天而雨珠、寒者不得以爲襦、使天而雨玉、饑者不得以爲粟、一雨三日、伊誰之力、民曰太守、太守不有、歸之天子、天子曰不然、歸之造物、造物不自以爲功、歸之太空、太空冥冥、不可得而名、吾以名吾亭

放鶴亭記　　宋　蘇　軾

熙寧十年秋、彭城大水、雲龍山人張君之草堂、水及其半扉、明年春、水落、遷於故居之東、東山之麓、升高而望、得異境焉、作亭於其上、彭城之山、岡嶺四合、隱然如大環、獨缺其西一面、而山人之亭、適當其缺、春夏之交、草木際天、秋冬雪月、千里一色、風雨晦明之間、俯仰百變、山人有二鶴、甚馴而善飛、旦則望西山之缺而放焉、縱其所如、或立於陂田、或翔於雲表、暮則傃東山而歸、故名之曰放鶴亭、郡守蘇軾、時從賓佐僚吏、往見山人、飲酒於斯亭而樂之、挹山人而告之曰、子知隱居之樂乎、雖南面之君、未可與易也、易曰、鳴鶴在陰、其子和之、詩曰、鶴鳴于九皐

聲聞于天、蓋其爲物、清遠閒放、超然於塵埃之外、故易詩人以比賢人君子、隱德之士、狎而玩之、宜若有益而無損者、然衞懿公好鶴、則亡其國、周公作酒誥、衞武公作抑戒、以爲荒惑敗亂、無若酒者、而劉伶阮籍之徒、以此全其眞而名後世、嗟夫、南面之君、雖清遠閒放如鶴者、猶不得好、好之則亡其國、而山林遯世之士、雖荒惑敗亂如酒者、猶不能爲害、而況於鶴乎、由此觀之、其爲樂、未可以同日而語也、山人欣然而笑曰、有是哉、乃作放鶴招鶴之歌曰、鶴飛去兮西山之缺、高翔而下覽兮擇所適、翻然斂翼、宛將集兮、忽何所見、矯然而復擊、獨終日於澗谷之間兮、啄蒼苔而履白石、鶴歸來兮東山之陰、其下有人兮、黃冠草履葛衣而鼓琴、躬耕而食兮、其餘以汝飽、歸來歸來兮、西山不可以久留

三槐堂銘　宋　蘇　軾

天可必乎、賢者不必貴、仁者不必壽、天不可必乎、仁者必有後、二者將安取衷哉、吾聞之、申包胥曰、人多者勝天、天定亦能勝人、世之論天者、皆不待其定而求之、故以天爲茫茫、善者以怠、惡者以肆、盜跖之壽、孔顏之厄、此皆天之未定者也、松柏生於山林、其始也、困於蓬蒿、厄於牛羊、而其終也、貫四時、閱千歲、而不改者、其天定也、善惡之報、至於子孫、則其定也久矣、吾以所見所聞考之、而其可必也審矣、國之將興、必有世德之臣、厚施而不食其報、然後其子孫能與守文太平之主、共天下之福、故兵部侍郎晉國王公、顯於漢周之際、歷事太祖太宗、文武忠孝、

天下望以爲相、而公卒以直道不容於時、蓋嘗手植三槐於庭曰、吾子孫必有爲三公者、已而其子魏國文正公相眞宗皇帝於景德祥符之間、朝廷清明、天下無事之時、享其福祿榮名者、十有八年、今夫寓物於人、明日而取之、有得有否、而晉公修德於身、責報於天、取必於數十年之後、如持左契、交手相付、吾是以知天之果可必也、吾不及見魏公、而見其子懿敏公、以直諫事仁宗皇帝、出入侍從將帥、三十餘年、位不滿其德、天將復興王氏也歟、何其子孫之多賢也、世有以晉公比李栖筠者、其雄才直氣、眞不相上下、而栖筠之子吉甫、其孫德裕、功名富貴、略與王氏等、而忠恕仁厚、不及魏公父子、由此觀之、王氏之福、蓋未艾也、懿敏公之子鞏與吾遊、好德而文、以世其家、吾是以錄之銘曰、嗚呼休哉、魏公之業、與槐俱萌、封植之勤、必世乃成、既相眞宗、四方砥平、歸視其家、槐陰滿庭、吾儕小人、朝不及夕、相時射利、皇卹厥德、庶幾僥倖、不種而穫、不有君子、其何能國、王城之東、晉公所廬、鬱鬱三槐、惟德之符、嗚呼休哉

潮州韓文公廟碑　宋　蘇　軾

匹夫而爲百世師、一言而爲天下法、是皆有以參天地之化、關盛衰之運、其生也有自來、其逝也有所爲、故申呂自嶽降、傳說爲列星、古今所傳、不可誣也、孟子曰、我善養吾浩然之氣、是氣也、寓於尋常之中、而塞乎天地之間、卒然遇之、則王公失其貴、晉楚失其富、良平失其智、賁育失其勇、儀秦失其辯、是孰使之然哉、其必有不依形而立、不恃力而行、不待生而存、不隨死而

亡者矣、故在天爲星辰、在地爲河嶽、幽則爲鬼神、而明則復爲人、此理之常、無足怪者、自東漢以來、道喪文弊、異端並起、歷唐貞觀開元之盛、輔以房杜姚宋、而不能救、獨韓文公起布衣、談笑而麾之、天下靡然從公、復歸於正、蓋三百年於此矣、文起八代之衰、而道濟天下之溺、忠犯人主之怒、而勇奪三軍之帥、此豈非參天地關盛衰浩然而獨存者乎、蓋嘗論天人之辨、以謂人無所不至、惟天不容僞、智可以欺王公、不可以欺豚魚、力可以得天下、不可以得匹夫匹婦之心、故公之精誠、能開衡山之雲、而不能回憲宗之惑、能馴鱷魚之暴、而不能弭皇甫鎛李逢吉之謗、能信於南海之民、廟食百世、而不能使其身一日安於朝廷之上、蓋公之所能者天也、其所不能者人也、始潮人未知學、公命進士趙德爲之師、自是潮之士、皆篤於文行、延及齊民、至於今號稱易治、信乎孔子之言、君子學道則愛人、小人學道則易使也、潮人之事公也、飲食必祭、水旱疾疫、凡有求必禱焉、而廟在刺史公堂之後、民以出入爲艱、前太守欲請諸朝作新廟、不果、元祐五年、朝散郞王君滌來守是邦、凡所以養士治民者、一以公爲師、民旣悅服、則出令曰、願新公廟者聽、民懽趨之、卜地於州城之南七里、期年而廟成、或曰、公去國萬里、而謫於潮、不能一歲而歸、沒而有知、其不眷戀於潮也審矣、軾曰、不然、公之神在天下者、如水之在地中、無所往而不在也、而潮人獨信之深、思之至、焄蒿悽愴、若或見之、譬鑿井得泉、而曰水專在是、豈理也哉、元豐元年、詔封公昌黎伯、故榜曰昌黎伯韓文公之廟、潮人請書其事於石、因作詩以遺之、使歌以祀公、其辭曰、

公昔騎龍白雲鄕、手抉雲漢分天章、天孫爲織雲錦裳、飄然乘風來帝旁、下與濁世掃秕糠、西遊咸池略扶桑、草木衣被昭回光、追逐李杜參翺翔、汗流籍湜走且僵、滅沒倒影不能望、作書詆佛譏君王、要觀南海窺衡湘、歷舜九嶷弔英皇、祝融先驅海若藏、約束蛟鱷如驅羊、鈞天無人帝悲傷、謳吟下招遣巫陽、犦牲雞卜羞我觴、於粲荔丹與蕉黃、公不少留我涕滂、翩然被髮下大荒、

前赤壁賦

宋 蘇軾

壬戌之秋、七月旣望、蘇子與客泛舟遊於赤壁之下、淸風徐來、水波不興、擧酒屬客、誦明月之詩、歌窈窕之章、少焉月出於東山之上、徘徊於斗牛之間、白露橫江、水光接天、縱一葦之所如、凌萬頃之茫然、浩浩乎如馮虛御風、而不知其所止、飄飄乎如遺世獨立、羽化而登仙、於是飲酒樂甚、扣舷而歌之、歌曰、桂棹兮蘭槳、擊空明兮泝流光、渺渺兮予懷、望美人兮天一方、客有吹洞簫者、依歌而和之、其聲嗚嗚然、如怨如慕、如泣如訴、餘音嫋嫋、不絕如縷、舞幽壑之潛蛟、泣孤舟之嫠婦、蘇子愀然正襟危坐、而問客曰、何爲其然也、客曰、月明星稀、烏鵲南飛、此非曹孟德之詩乎、西望夏口、東望武昌、山川相繆、鬱乎蒼蒼、此非孟德之困於周郞者乎、方其破荊州、下江陵、順流而東也、舳艫千里、旌旗蔽空、釃酒臨江、橫槊賦詩、固一世之雄也、而今安在哉、況吾與子漁樵於江渚之上、侶魚鰕而友麋鹿、駕一葉之扁舟、

擧匏樽以相屬、寄蜉蝣於天地、渺滄海之一粟、哀吾生之須臾、羨長江之無窮、挾飛仙以遨遊、抱明月而長終、知不可乎驟得、託遺響於悲風、蘇子曰、客亦知夫水與月乎、逝者如斯、而未嘗往也、盈虛者如彼、而卒莫消長也、蓋將自其變者而觀之、則天地曾不能以一瞬、自其不變者而觀之、則物與我皆無盡也、而又何羨乎、且夫天地之間、物各有主、苟非吾之所有、雖一毫而莫取、惟江上之淸風、山間之明月、耳得之而爲聲、目遇之而成色、取之無禁、用之不竭、是造物者之無盡藏也、而吾與子之所共適、客喜而笑、洗盞更酌、肴核既盡、杯盤狼籍、相與枕藉乎舟中、不知東方之既白

後赤壁賦

宋　蘇軾

是歲十月之望、步自雪堂、將歸於臨皐、二客從予、過黃泥之坂、霜露既降、木葉盡脫、人影在地、仰見明月、顧而樂之、行歌相答、已而歎曰、有客無酒、有酒無肴、月白風淸、如此良夜何、客曰、今者薄暮、擧網得魚、巨口細鱗、狀如松江之鱸、顧安所得酒乎、歸而謀諸婦、婦曰、我有斗酒、藏之久矣、以待子不時之需、於是攜酒與魚、復遊於赤壁之下、江流有聲、斷岸千尺、山高月小、水落石出、曾日月之幾何、而江山不可復識矣、予乃攝衣而上、履巉巖、披蒙茸、踞虎豹、登虯龍、攀棲鶻之危巢、俯馮夷之幽宮、蓋二客不能從焉、劃然長嘯、草木震動、山鳴谷應、風起水涌、予亦悄然而悲、肅然而恐、凜乎其不可留也、反而登舟、放於中流、聽其所止而休焉、時夜將半、四顧寂寥、適有孤鶴、橫江東來、翅如車

輪、玄裳縞衣、戛然長鳴、掠予舟而西也、須臾客去、予亦就睡、夢一道士、羽衣蹁躚、過臨皐之下、揖予而言曰、赤壁之遊樂乎、問其姓名、俛而不答、嗚呼噫嘻、我知之矣、疇昔之夜、飛鳴而過我者、非子也耶、道士顧笑、予亦驚悟、開戶視之、不見其處

管仲論

宋　蘇洵

管仲相威公、霸諸侯、攘夷狄、終其身齊國富强、諸侯不敢叛、管仲死、豎刁、易牙、開方用、威公薨於亂、五公子爭立、其禍蔓延、訖簡公、齊無寧歲、夫功之成、非成於成之日、蓋必有所由起、禍之作、不作於作之日、亦必有所由兆、故齊之治也、吾不曰管仲、而曰鮑叔、及其亂也、吾不曰豎刁、易牙、開方、而曰管仲、何則豎刁、易牙、開方三子、彼固亂人國者、顧其用之者、威公也、夫有舜而

後知放四凶、有仲尼而後知去少正卯、彼威公何人也、顧其使威公得用三子者、管仲也、仲之疾也、公問之相、當是時也、吾意以仲且擧天下之賢者以對、而其言乃不過曰豎刁、易牙、開方三子非人情不可近而已、嗚呼、仲以爲威公果能不用三子矣乎、仲與威公處幾年矣、亦知威公之爲人矣乎、威公聲不絕耳、色不絕於目、而非三子者、則無以遂其欲、彼其初之所以不用者、徒以有仲焉耳、一日無仲、則三子者、可以彈冠而相慶矣、仲以爲將死之言、可以縶威公之手足耶、夫齊國不患有三子、而患無仲、有仲、則三子者、三匹夫耳、不然天下豈少三子之徒哉、雖威公幸而聽仲、誅此三人、而其餘者、仲能悉數而去之耶、嗚呼、仲可謂不知本者矣、因威公之問、擧天下之賢者以自代、則

仲雖死、而齊國未爲無仲也、夫何患三子者、不言可也、五伯莫盛於威文、文公之才、不過威公、其臣又皆不及仲、靈公之虐、不如孝公之寛厚、文公死、諸侯不敢叛晋、晋襲文公之餘威、猶得諸侯之盟主百餘年、何者、其君雖不肖、而尙有老成人焉、威公之薨也、一敗塗地、無惑也、彼獨恃一管仲、而仲則死矣、夫天下未嘗無賢者、蓋有有臣而無君者矣、威公在焉、而曰天下不復有管仲者、吾不信也、仲之書、有記其將死、論鮑叔、賓胥無之爲人、且各疏其短、是其心以爲是數子者、皆不足以託國、而又逆知其將死、則其書誕謾、不足信也、吾觀史鰌以不能進蘧伯玉、而退彌子瑕、故有身後之諫、蕭何且死、擧曹參以自代、大臣之用心、固宜如此也、夫國以一人興、以一人亡、賢者不悲其身之

死、而憂其國之衰、故必復有賢者、而後可以死、彼管仲者、何以死哉

心術　宋　蘇洵

爲將之道、當先治心、泰山崩於前、而色不變、麋鹿興於左、而目不瞬、然後可以制利害、可以待敵、凡兵上義、不義雖利勿動、一動之爲利害、而他日將有所不可措手足也、夫唯義、可以怒士、士以義怒、可與百戰、凡戰之道、未戰養其材、將戰養其力、既戰養其氣、既勝養其心、謹烽燧、嚴斥候、使耕者無所顧忌、所以養其材、豐犒而優游之、所以養其力、小勝益急、小挫益厲、所以養其氣、用人不盡其所欲爲、所以養其心、故士常蓄其怒、懷其欲而不盡、怒不盡則有餘勇、欲不盡則有餘貪、故雖幷天下、而士不厭兵、此黃帝之所以七十戰、而兵不殆也、不養其心、一戰而勝、不可用矣、凡將欲智而嚴、凡士欲愚、智則不可測、嚴則不可犯、故士皆委己而聽命、夫安得不愚、夫惟士愚、而後可與之皆死、凡兵之動、知敵之主、知敵之將、而後可以動於險、鄧艾縋兵於蜀中、非劉禪之庸、則百萬之師、可以坐縛、彼固有所侮而動也、故古之賢將、能以兵嘗敵、而又以敵自嘗、故去就可以決、凡主將之道、知理而後可以擧兵、知勢而後可以加兵、知節而後可以用兵、知理則不屈、知勢則不沮、知節則不窮、見小利不動、見小患不避、小利小患、不足以辱吾技也、夫然後有以支大利大患、夫惟養技而自愛者、無敵於天下、故一忍可以支百勇、一静可以制百動、兵有長短、敵我一也、敢問、吾之所長、吾出而用

之、彼將不與吾校、吾之所短、吾蔽而置之、彼將强與吾角、奈何、曰、吾之所短、吾抗而暴之、使之疑而却、吾之所長、吾陰而養之、使之狎而墮其中、此用長短之術也、善用兵者、使之無所顧、有所恃、無所顧、則知死之不足惜、有所恃、則知不至於必敗、尺箠當猛虎、奮呼而操擊、徒手遇蜥蜴、變色而却步、人之情也、知此者、可以將矣、袒裼而按劍、則烏獲不敢逼、冠冑衣甲、據兵而寢、則童子彎弓殺之矣、故善用兵者、以形固、夫能以形固、則力有餘矣

朋黨論　宋　歐陽修

臣聞、朋黨之說、自古有之、惟幸人君辨其君子小人而已、大凡君子與君子、以同道爲朋、小人與小人、以同利爲朋、此自然之

理也、然臣謂小人無朋、惟君子則有之、其故何哉、小人所好者利祿也、所貪者貨財也、當其同利之時、暫相黨引以爲朋者、僞也、及其見利而爭先、或利盡而交疏、則反相賊害、雖其兄弟親戚、不能相保、故臣謂小人無朋、其暫爲朋者、僞也、君子則不然、所守者道義、所行者忠信、所惜者名節、以之修身、則同道而相益、以之事國、則同心而共濟、終始如一、此君子之朋也、故爲人君者、但當退小人僞朋、用君子之眞朋、則天下治矣、堯之時、小人共工驩兜等四人爲一朋、君子八元八愷十六人爲一朋、舜佐堯、退四凶小人之朋、而進元愷君子之朋、堯之天下大治、及舜自爲天子、而皐夔稷契等二十二人並立於朝、更相稱美、更相推讓、凡二十二人爲一朋、而舜皆用之、天下亦大治、書曰、紂

有臣億萬、惟億萬心、周有臣三千、惟一心、紂之時、億萬人各異心、可謂不爲朋矣、然紂以亡國、周武王之臣三千人爲一大朋、而周用以興、後漢獻帝時、盡收天下名士囚禁之、目爲黨人、及黃巾賊起、漢室大亂、後方悔悟、盡解黨人而釋之、然已無救矣、唐之晩年、漸起朋黨之論、及昭宗時、盡殺朝之名士、或投之黃河曰、此輩淸流、可投濁流、而唐遂亡矣、夫前世之主、能使人人異心不爲朋、莫如紂、能禁絕善人爲朋、莫如漢獻帝、能誅戮淸流之朋、莫如唐昭宗之世、然皆亂亡其國、更相稱美推讓而不自疑、莫如舜之二十二人、舜亦不疑而皆用之、然而後世不誚舜爲二十二人朋黨所欺、而稱舜爲聰明之聖者、以能辨君子與小人也、周武之世、擧其國之臣三千人共爲一朋、自古爲朋

之多且大、莫如周、然周用此以興者、善人雖多而不厭也、嗟乎、治亂興亡之迹、爲人君者、可以鑒矣

縱囚論　宋　歐陽修

信義行於君子、而刑戮施於小人、刑入於死者、乃罪大惡極、此又小人之尤甚者也、寧以義死、不苟幸生、而視死如歸、此又君子之尤難者也、方唐太宗之六年、錄大辟囚三百餘人、縱使還家、約其自歸以就死、是以君子之難能、期小人之尤者以必能也、其囚及期而卒自歸無後者、是君子之所難、而小人之所易也、此豈近於人情哉、或曰、罪大惡極、誠小人矣、及施恩德以臨之、可使變而爲君子、蓋恩德入人之深、而移人之速、有如是者矣、曰、太宗之爲此、所以求此名也、然安知夫縱之去也、不意其

必來以冀免、所以縱之乎、又安知夫被縱而去也、不意其自歸而必獲免、所以復來乎、夫意其必來而縱之、是上賊下之情也、意其必免而復來、是下賊上之心也、吾見上下交相賊、以成此名也、烏有所謂施恩德、與夫知信義者哉、不然、太宗施德於天下、於玆六年矣、不能使小人不爲極惡大罪、而一日之恩、能使視死如歸、而存信義、此又不通之論也、然則何爲而可、曰、縱而來歸殺之無赦、而又縱之而又來、則可知爲恩德之致爾、然此必無之事也、若夫縱而來歸而赦之、可偶一爲之爾、若屢爲之、則殺人者皆不死、是可爲天下之常法乎、不可爲常者、其聖人之法乎、是以堯舜三王之治、必本於人情、不立異以爲高、不逆情以干譽

五代史伶官傳序　　宋　歐陽修

嗚呼、盛衰之理、雖曰天命、豈非人事哉、原莊宗之所以得天下、與其所以失之者、可以知之矣、世言、晉王之將終也、以三矢賜莊宗而告之曰、梁吾仇也、燕王吾所立、契丹與吾約爲兄弟、而背晉以歸梁、此三者吾遺恨也、與爾三矢、爾其無忘乃父之志、莊宗受而藏之於廟、其後用兵、則遣從事、以一少牢告廟、請其矢、盛以錦囊、負而前驅、及凱旋而納之、方其係燕父子以組、函梁君臣之首、入於太廟、還矢先王、而告以成功、其意氣之盛、可謂壯哉、及仇讎已滅、天下已定、一夫夜呼、亂者四應、倉皇東出、未見賊而士卒離散、君臣相顧、不知所歸、至於誓天斷髮泣下沾襟、何其衰也、豈得之難、而失之易歟、抑本其成敗之迹、而皆

自於人歟、書曰、滿招損、謙得益、憂勞可以興國、逸豫可以忘身、自然之理也、故方其盛也、擧天下之豪傑、莫能與之爭、及其衰也、數十伶人困之、而身死國滅、爲天下笑、夫禍患常積於忽微、而智勇多困於所溺、豈獨伶人也哉

五代史宦者傳論　　宋　歐陽修

自古宦者亂人之國、其源深於女禍、女色而已、宦者之害非一端也、蓋其用事也近而習、其爲心也專而忍、能以小善中人之意、小信固人之心、使人主必信而親之、待其已信、然後懼以禍福而把持之、雖有忠臣碩士列于朝廷、而人主以爲去已疎遠、不若起居飮食前後左右之親、爲可恃也、故前後左右者日益親、則忠臣碩士日益疎、而人主之勢日益孤、勢孤則懼禍之心

日益切、而把持者日益牢、安危出其喜怒、禍患伏於帷闥、則嚮之所謂可恃者、乃所以爲患也、患已深而覺之、欲與疎遠之臣、圖左右之親近、緩之則養禍而益深、急之則挾人主以爲質、雖有聖智、不能與謀、謀之而不可爲、爲之而不可成、至其甚則俱傷而兩敗、故其大者亡國、其次亡身、而使姦豪得借以爲資而起、至抉其種類、盡殺以快天下之心而後已、此前史所載宦者之禍、常如此者非一世也、夫爲人主者、非欲養禍於內、而疎忠臣碩士於外、蓋其漸積而勢使之然也、夫女色之惑、不幸而不悟、則禍斯及矣、使其一悟、捽而去之可也、宦者之爲禍、雖欲悔悟、而勢有不得而去也、唐昭宗之事是已、故曰、深於女禍者、謂此也、可不戒哉

梅聖兪詩集序　　宋　歐陽修

予聞、世謂詩人少達而多窮、夫豈然哉、蓋世所傳詩者、多出於古窮人之辭也、凡士之蘊其所有、而不得施於世者、多喜自放於山巓水涯之外、見蟲魚草木風雲鳥獸之狀類、往往探其奇怪、內有憂思感憤之鬱積、其興於怨刺、以道羈臣寡婦之所歎、而寫人情之難言、蓋愈窮則愈工、然則非詩之能窮人、殆窮者而後工也、予友梅聖兪、少以蔭補爲吏、累擧進士、輒抑於有司、困於州縣、凡十餘年、年今五十、猶從辟書爲人之佐、鬱其所蓄、不得奮見於事業、其家宛陵、幼習於詩、自爲童子、出語已驚其長老、既長、學乎六經仁義之說、其爲文章、簡古純粹、不求苟說於世、世之人、徒知其詩而已、然時無賢愚、語詩者、必求之聖兪、

聖俞亦自以其不得志者、樂於詩而發之、故其平生所作、於詩尤多、世既知之矣、而未有薦於上者、昔王文康公嘗見而歎曰、二百年無此作矣、雖知之深、亦不果薦也、若使其幸得用於朝廷、作爲雅頌、以歌詠大宋之功德、薦之淸廟、而追商周魯頌之作者、豈不偉歟、奈何使其老不得志、而爲窮者之詩、乃徒發於蟲魚物類羈愁感歎之言、世徒喜其工、不知其窮之久而將老也、可不惜哉、聖俞詩既多、不自收拾、其妻之兄子謝景初、懼其多而易失也、取其自洛陽至於吳興以來所作、次爲十卷、予嘗嗜聖俞詩、而患不能盡得之、遽喜謝氏之能類次也、輒序而藏之、其後十五年、聖俞以疾卒於京師、余既哭而銘之、因索於其家、得其遺稿千餘篇、幷舊所藏、掇其尤者六百七十七篇、爲一十五卷、嗚呼、吾於聖俞詩、論之詳矣、故不復云

相州晝錦堂記　　宋　歐陽修

仕宦而至將相、富貴而歸故鄕、此人情之所榮、而今昔之所同也、蓋士方窮時、困阨閭里、庸人孺子、皆得易而侮之、若季子不禮於其嫂、買臣見棄於其妻、一旦高車駟馬、旗旄導前、而騎卒擁後、夾道之人、相與駢肩累迹、瞻望咨嗟、而所謂庸夫愚婦者、奔走駭汗、羞愧俯伏、以自悔罪於車塵馬足之間、此一介之士、得志於當時、而意氣之盛、昔人比之衣錦之榮者也、惟大丞相魏國公、則不然、公相人也、世有令德、爲時名卿、自公少時、已擢高科、登顯仕、海內之士、聞下風而望餘光者、蓋亦有年矣、所謂將相而富貴、皆公所宜素有、非如窮阨之人、僥倖得志於一時、

出於庸夫愚婦之不意、以驚駭而誇耀之也、然則高牙大纛、不足爲公榮、桓圭袞裳、不足爲公貴、惟德被生民、而功施社稷、勒之金石、播之聲詩、以耀後世而垂無窮、此公之志、而士亦以此望於公也、豈止誇一時而榮一鄕哉、公在至和中、嘗以武康之節、來治於相、乃作晝錦之堂於後圃、既又刻詩於石、以遺相人、其言以快恩讎、矜名譽、爲可薄、蓋不以昔人所誇者爲榮、而以爲戒、於此見公之視富貴爲何如、而其志豈易量哉、故能出入將相、勤勞王家、而夷險一節、至於臨大事、決大議、垂紳正笏、不動聲色、而措天下於泰山之安、可謂社稷之臣矣、其豐功盛烈、所以銘彝鼎而被絃歌者、乃邦家之光、非閭里之榮也、余雖不獲登公之堂、幸嘗竊誦公之詩、樂公之志有成、而喜爲天下道也、於是乎書

祭石曼卿文　　宋　歐陽修

維治平四年七月日、具官歐陽修、謹遣尙書都省令史李敭至於太淸、以淸酌庶羞之奠、致祭於亡友曼卿之墓下、而弔之以文曰、嗚呼、曼卿、生而爲英、死而爲靈、其同乎萬物生死、而復歸於無物者、暫聚之形、不與萬物共盡、而卓然其不朽者、後世之名、此自古聖賢、莫不皆然、而著在簡册者、昭如日星、嗚呼、曼卿、吾不見子久矣、猶能髣髴子之平生、其軒昂磊落、突兀崢嶸、而埋藏於地下者、意其不化爲朽壤、而爲金玉之精、不然、生長松之千尺、產靈芝而九莖、奈何荒烟野蔓、荆棘縱橫、風凄露下、走燐飛螢、但見牧童樵叟、歌吟而上下、與夫驚禽駭獸、悲鳴躑躅

而伊嚶、今固如此、更千秋而萬歲兮、安知其不穴藏狐貉與鼯
鼪、此自古聖賢亦皆然兮、獨不見夫纍纍乎曠野與荒城、嗚呼、
曼卿、盛衰之理、吾固知其如此、而感念疇昔、悲涼悽愴、不覺臨
風而隕涕者、有愧夫太上之忘情、尚饗

瀧岡阡表　　宋　歐陽修

嗚呼、惟我皇考崇公、卜吉於瀧岡之六十年、其子修、始克表於
其阡、非敢緩也、蓋有待也、修不幸、生四歲而孤、太夫人守節自
誓、居窮自力於衣食、以長以教、俾至於成人、太夫人告之曰、汝
父爲吏、廉而好施與、喜賓客、其俸祿雖薄、常不使有餘曰、毋以
是爲我累、故其亡也、無一瓦之覆、一壠之植、以庇而爲生、吾何
恃而能自守耶、吾於汝父知其一二、以有待於汝也、自吾爲汝

漢文讀本　卷九　普及舍

家婦、不及事吾姑、然知汝父之能養也、汝孤而幼、吾不能知汝
之必有立、然知汝父之必將有後也、吾之始歸也、汝父免於母
喪方逾年、歲時祭祀、則必涕泣曰、祭而豐、不如養之薄也、間御
酒食、則又涕泣曰、昔常不足、而今有餘、其何及也、吾始一二見
之、以爲新免於喪適然耳、既而其後常然、至其終身、未嘗不然、
吾雖不及事姑、而以此知汝父之能養也、汝父爲吏、嘗夜燭治
官書、屢廢而歎、吾問之、則曰、此死獄也、我求其生不得爾、吾曰、
生可求乎、曰、求其生而不得、則死者與我皆無恨也、矧求而有
得耶、以其有得、則知不求而死者有恨也、夫常求其生、猶失之
死、而世常求其死也、回顧乳者抱汝而立於旁、因指而歎曰、術
者謂、我歲行在戌將死、使其言然、吾不及見兒之立也、後當以

我語告之、其平居教他子弟、常用此語、吾耳熟焉、故能詳也、其
施於外事、吾不能知、其居於家、無所矜飾、而所爲如此、是眞發
於中者耶、嗚呼、其心厚於仁者耶、此吾知汝父之必將有後也、
汝其勉之、夫養不必豐、要於孝、利雖不得博於物、要其心之厚
於仁、吾不能教汝、此汝父之志也、修泣而志之不敢忘、先公少
孤力學、咸平三年、進士及第、爲道州判官、泗綿二州推官、又爲
泰州判官、享年五十有九、葬沙溪之瀧岡、太夫人姓鄭氏、考諱
德儀、世爲江南名族、太夫人恭儉仁愛而有禮、初封福昌縣太
君、進封樂安安康彭城三郡太君、自其家少微時、治其家以儉
約、其後常不使過之、曰、吾兒不能苟合於世、儉薄所以居患難
也、其後修貶夷陵、太夫人言笑自若、曰、汝家故貧賤也、吾處之

漢文讀本　卷九　普及舍

有素矣、汝能安之、吾亦安矣、自先公之亡二十年、修始得祿而
養、又十有二年、列官於朝、始得贈封其親、又十年、修爲龍圖閣
直學士尚書吏部郎中、留守南京、太夫人以疾終於官舍、享年
七十有二、又八年、修以非才、入副樞密、遂參政事、又七年而罷、
自登二府、天子推恩、褒其三世、蓋自嘉祐以來、逢國大慶、必加
寵錫、皇曾祖府君、累贈金紫光祿大夫太師中書令、曾祖妣、累
封楚國太夫人、皇祖府君、累贈金紫光祿大夫太師中書令兼
尚書令、祖妣、累封吳國太夫人、皇考崇公、累贈金紫光祿大夫
太師中書令兼尚書令、皇妣、累封越國太夫人、今上初郊、皇考
賜爵爲崇國公、太夫人進號魏國、於是小子修泣而言曰、嗚呼、
爲善無不報、而遲速有時、此理之常也、惟我祖考、積善成德、宜

享其隆、雖不克有於其躬、而賜爵受封、顯榮褒大、實有三朝之錫命、是足以表見於後世、而庇賴其子孫矣、乃列其世譜、具刻於碑、既又載我皇考崇公之遺訓、太夫人之所以教而有待於修者、並揭於阡、俾知夫小子修之德薄能鮮、遭時竊位、而幸全大節、不辱其先者、其來有自、熙寧三年、歲次庚戌、四月辛酉朔十有五日乙亥、男推誠保德崇仁翊戴功臣、觀文殿學士、特進行兵部尚書、知青州軍州事、兼管內勸農使、充京東路安撫使、上柱國樂安郡開國公、食邑四千三百戶、食實封一千二百戶、修表

袁州州學記　宋　李　覯

皇帝二十有三年、制詔州縣立學、惟時守令、有哲有愚、有屈力

殫慮、祗順德意、有假官借師、苟具文書、或連數城、亡誦弦聲、倡而不和、教尼不行、三十有二年、范陽祖君無澤知袁州、始至、進諸生、知學官闕狀、大懼人材放失、儒效闊疎、亡以稱上意旨、通判潁川陳君侁、聞而是之、議以克合、相舊夫子廟、陿隘不足改爲、乃營治之東、厥土燥剛、厥位面陽、厥材孔良、殿堂門廡、黝堊丹漆、舉以法、故生師有舍、庖廩有次、百爾器備、竝手偕作、工善吏勤、晨夜展力、越明年成、舍菜且有日、盱江李覯諗於衆曰、惟四代之學、考諸經可見已、秦以山西鏖六國、欲帝萬世、劉氏一呼、而關門不守、武夫健將、賣降恐後、何耶、詩書之道廢、人惟見利而不聞義焉耳、孝武乘豐富、世祖出戎行、皆孳孳學術、俗化之厚、延於靈獻、草茅危言者、折首而不悔、功烈震主者、聞命而

漢文讀本　卷九

釋兵、群雄相視、不敢去臣位、尚數十年、教道之結人心如此、今代遭聖神、爾袁得聖君、俾爾由庠序、踐古人之迹、天下治、則譚禮樂以陶吾民、一有不幸、尤當仗大節、爲臣死忠、爲子死孝、使人有所賴、且有所法、是惟朝家教學之意、若其弄筆墨以徼利達而已、豈徒二三子之羞、抑亦爲國者之憂

諫院題名記　宋　司　馬　光

古者諫無官、自公卿大夫、至於工商、無不得諫者、漢興以來始置官、夫以天下之政、四海之衆、得失利病、萃於一官、使言之、其爲任亦重矣、居是官者、常志其大、舍其細、先其急、後其緩、專利國家、而不爲身謀、彼汲汲於名者、猶汲汲於利也、其間相去何遠哉、天禧初、眞宗詔置諫官六員、責其職事、慶曆中、錢君始書

其名於版、光恐久而漫滅、嘉祐八年、刻著於石、後之人將歷指其名而議之曰、某也忠、某也詐、某也直、某也曲、嗚呼、可不懼哉

岳陽樓記　宋　范　仲　淹

慶曆四年春、滕子京謫守巴陵郡、越明年、政通人和、百廢具興、乃重修岳陽樓、增其舊制、刻唐賢今人詩賦於其上、屬予作文以記之、予觀夫巴陵勝狀、在洞庭一湖、銜遠山、呑長江、浩浩湯湯、橫無際涯、朝暉夕陰、氣象萬千、此則岳陽樓之大觀也、前人之述備矣、然則北通巫峽、南極瀟湘、遷客騷人、多會於此、覽物之情、得無異乎、若夫霪雨霏霏、連月不開、陰風怒號、濁浪排空、日星隱曜、山岳潛形、商旅不行、檣傾楫摧、薄暮冥冥、虎嘯猿啼、登斯樓也、則有去國懷鄉、憂讒畏譏、滿目蕭然、感極而悲者矣

至若春和景明、波瀾不驚、上下天光、一碧萬頃、沙鷗翔集、錦鱗游泳、岸芷汀蘭、郁郁青青、而或長烟一空、皓月千里、浮光躍金、靜影沈璧、漁歌互答、此樂何極、登斯樓也、則有心曠神怡、寵辱皆忘、把酒臨風、其喜洋洋者矣、嗟夫、予嘗求古仁人之心、或異二者之為、何哉、不以物喜、不以己悲、居廟堂之高、則憂其民、處江湖之遠、則憂其君、是進亦憂、退亦憂、然則何時而樂耶、其必曰、先天下之憂而憂、後天下之樂而樂歟、噫、微斯人、吾誰與歸、

嚴先生祠堂記　　宋　范仲淹

先生、光武之故人也、相尚以道、及帝握赤符、乘六龍、得聖人之時、臣妾億兆、天下孰加焉、惟先生以節高之、既而動星象、歸江湖、得聖人之清、泥塗軒冕、天下孰加焉、惟光武以禮下之、在蠱

之上九、衆方有為、而獨不事王侯、高尚其事、先生以之、在屯之初九、陽德方亨、而能以貴下賤、大得民也、光武以之、蓋先生之心、出乎日月之上、光武之量、包乎天地之外、微先生、不能成光武之大、微光武、豈能遂先生之高哉、而使貪夫廉、懦夫立、是大有功於名教也、仲淹來守是邦、始構堂而奠焉、乃復為其後者四家、以奉祠事、又從而歌曰、雲山蒼蒼、江水泱泱、先生之風、山高水長、

書洛陽名園記後　　宋　李去非

洛陽處天下之中、挾殽黽之阻、當秦隴之襟喉、而趙魏之走集、蓋四方必爭之地也、天下當無事則已、有事則洛陽必先受兵、予故嘗曰、洛陽之盛衰、天下治亂之候也、唐貞觀開元之間、公卿貴戚、開館列第於東都者、號千有餘邸、及其亂離、繼以五季之酷、其池塘竹樹、兵車蹂蹴、廢而為邱墟、高亭大榭、烟火焚燎、化而為灰燼、與唐共滅而俱亡、無餘處矣、予故嘗曰、園囿之興廢、洛陽盛衰之候也、且天下之治亂、候於洛陽之盛衰而知、洛陽之盛衰、候於園囿之興廢而得、則名園記之作、予豈徒然哉、嗚呼、公卿大夫、方進於朝、放乎一己之私、自為之而忘天下之治忽、欲退享此得乎、唐之末路是已、

待漏院記　　宋　王禹偁

天道不言、而品物亨、歲功成者、何謂也、四時之吏、五行之佐、宣其氣矣、聖人不言、而百姓親、萬邦寧者、何謂也、三公論道、六卿分職、張其敎矣、是知君逸於上、臣勞於下、法乎天也、古之善相

天下者、自咎夔至房魏、可數也、是不獨有其德、亦皆務於勤耳、況夙興夜寢、以事一人、卿大夫猶然、況宰相乎、朝廷自國初因舊制、設宰相待漏院於丹鳳門之右、示勤政也、乃若北闕向曙、東方未明、相君啓行、煌煌火城、相君至止、噦噦鑾聲、金門未闢、玉漏猶滴、撤蓋下車、於焉以息、待漏之際、相君其有思乎、其或兆民未安、思所泰之、四夷未附、思所來之、兵革未息、何以弭之、田疇多蕪、何以闢之、賢人在野、我將進之、佞人立朝、我將斥之、六氣不和、災眚薦至、願避位以禳之、五刑未措、欺詐日生、請脩德以釐之、憂心忡忡、待旦而入、九門既啓、四聰甚邇、相君言焉、時君納焉、皇風於是乎清夷、蒼生以之而富庶、若然則總百官、食萬錢、非幸也、宜也、其或私讐未復、思所逐之、舊恩未報、思所

榮之子女玉帛、何以致之、車馬玩器、何以取之、姦人附勢、我將陟之、直士抗言、我將黜之、三時告災、上有憂色、構巧詞以悅之、群吏弄法、君聞怨言、進諂容以媚之、私心慆慆、假寐而坐、九門既開、重瞳屢回、相君言焉、時君惑焉、政柄於是乎墮哉、帝位以之而危矣、若然則死下獄投遠方、非不幸也、亦宜也、是知一國之政、萬人之命懸於宰相、可不愼歟、復有無毀無譽、旅進旅退、竊位而苟祿、備員而全身者、亦無所取焉、棘寺小吏王禹偁爲文、請誌院壁、用規於執政者

漢文讀本卷之九 終

漢文讀本 卷九 普及舍

明治廿九年九月六日印刷
同　年九月九日發行
同三十年二月十八日訂正再版印刷
同　年二月廿二日發行

定價				
卷一、十五錢	卷二、十五錢	卷三、十八錢	卷四、十八錢	卷五、二十錢
卷六、二十錢	卷七、二十錢	卷八、二十錢	卷九、二十錢	卷十、二十錢

編者　東京牛込區西五軒町四十三番地　指原安三
發行兼印刷者　東京神田區柳原河岸十七番地　辻太
印刷兼發行所　東京神田區柳原河岸十七番地　普及舍

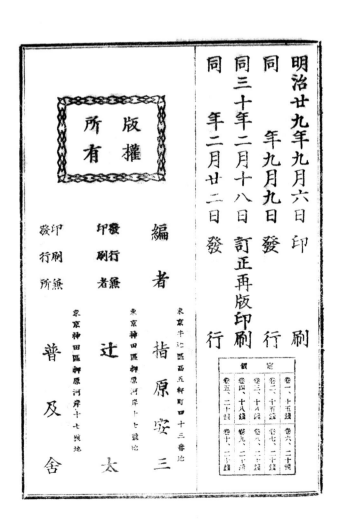

指原安三編輯

漢文讀本

發兌 普及舍

漢文讀本卷之十目次

漢文讀本卷之十目次終

漢文讀本卷之十

指原安三編輯

始得西山宴游記　唐　柳宗元

自余爲僇人、居是州、恒惴慄、其隙也、則施施而行、漫漫而游、日與其徒、上高山、入深林、窮迴溪、幽泉怪石、無遠不到、到則披草而坐、傾壺而醉、醉則更相枕以臥、意有所極、夢亦同趣、覺而起、起而歸、以爲凡是州之山有異態者、皆我有也、而未始知西山之怪特、今年九月二十八日、因坐法華西亭、望西山、始指異之、遂命僕、過湘江、緣染溪、斫榛莽、焚茅茷、窮山之高而止、攀援而登、箕踞而遨、則凡數州之土壤、皆在衽席之下、其高下之勢、岈然洼然、若垤若穴、尺寸千里、攢蹙累積、莫得遯隱、縈青繚白、外與天際、四望如一、然後知是山之特出、不與培塿爲類、悠悠乎與灝氣俱、而莫得其涯、洋々乎與造物者游、而不知其所窮、引觴滿酌、頹然就醉、不知日之入、蒼然暮色、自遠而至、至無所見、而猶不欲歸、心凝形釋、與萬化冥合、然後知吾嚮之未始游、游於是乎始、故爲之文以志、是歲元和四年也、

小石城山記　唐　柳宗元

自西山道口徑北、踰黃茅嶺而下、有二道、其一西出、尋之無所得、其一少北而東、不過四十丈、土斷而川分、有積石橫當其垠、其上爲睥睨梁欐之形、其旁出堡塢、有若門焉、窺之正黑、投以小石、洞然有水聲、其響之激越、良久乃已、環之可上、望甚遠、無

土壤而生嘉樹美箭、益奇而堅、其疏數偃仰、類智者所施設也、噫、吾疑造物者之有無久矣、及是愈以爲誠有、又怪其不爲之於中州、而列是夷狄、更千百年、不得一售其伎、是固勞而無用、神者儻不宜如是、則其果無乎、或曰、以慰夫賢而辱於此者、或曰、其氣之靈、不爲偉人、而獨爲是物、故楚之南、少人而多石、是二者、余未信之、

愚溪詩序

唐　柳宗元

灌水之陽有溪焉、東流入於瀟水、或曰、冉氏嘗居也、故姓是溪爲冉溪、或曰、可以染也、名之以其能、故謂之染溪、余以愚觸罪、謫瀟水上、愛是溪、入二三里、得其尤絕者家焉、古有愚公谷、今余家是溪、而名莫能定、土之居者猶齗齗然、不可以不更也、故

更之爲愚溪、愚溪之上、買小邱爲愚邱、自愚邱東北行六十步、得泉焉、又買居之爲愚泉、愚泉凡六穴、皆出山下平地、蓋上出也、合流屈曲而南爲愚溝、遂負土累石、塞其隘爲愚池、愚池之東爲愚堂、其南爲愚亭、池之中爲愚島、嘉木異石錯置、皆山水之奇者、以余故咸以愚辱焉、夫水、智者樂也、今是溪獨見辱於愚、何哉、蓋其流甚下、不可以灌溉、又峻急多坻石、大舟不可入也、幽邃淺狹、蛟龍不屑、不能興雲雨、無以利世、而適類於余、然則雖辱而愚之可也、甯武子、邦無道則愚、智而爲愚者也、顏子終日不違如愚、睿而爲愚者也、皆不得爲眞愚、今余遭有道、而違於理、悖於事、故爲愚者、莫我若也、夫然則天下莫能爭是溪、余得專而名焉、溪雖莫利於世、而善鑒萬類、淸瑩秀澈、鏘鳴金

石、能使愚者喜笑眷慕、樂而不能去也、余雖不合於俗、亦頗以文墨自慰、漱滌萬物、牢籠百態、而無所避之、以愚辭歌愚溪、則茫然而不違、昏然而同歸、超鴻蒙、混希夷、寂寥而莫我知也、於是作八愚詩、記於溪石上、

捕蛇者說

唐　柳宗元

永州之野產異蛇、黑質而白章、觸草木盡死、以齧人、無禦之者、然得而腊之以爲餌、可以已大風攣踠瘻癘、去死肌、殺三蟲、其始太醫以王命聚之、歲賦其二、募有能捕之者、當其租入、永之人爭奔走焉、有蔣氏者、專其利三世矣、問之、則曰、吾祖死於是、吾父死於是、今吾嗣爲之十二年、幾死者數矣、言之貌若甚戚者、余悲之、且曰、若毒之乎、余將告於蒞事者、更若役、復若賦、則

何如、蔣氏大戚、汪然出涕曰、君將哀而生之乎、則吾斯役之不幸、未若復吾賦不幸之甚也、嚮吾不爲斯役、則久已病矣、自吾氏三世居是鄕、積於今六十歲矣、而鄕鄰之生日蹙、殫其地之出、竭其廬之入、號呼而轉徙、飢渴而頓踣、觸風雨、犯寒暑、呼噓毒癘、往往而死者相藉也、曩與吾祖居者、今其室十無一焉、與吾父居者、今其室十無二三焉、與吾居十二年者、今其室十無四五焉、非死則徙爾、而吾以捕蛇獨存、悍吏之來吾鄕、叫囂乎東西、隳突乎南北、譁然而駭者、雖雞狗不得寧焉、吾恂恂而起、視其缶、而吾蛇尙存、則弛然而臥、謹食之、時而獻焉、退而甘食其土之有、以盡吾齒、蓋一歲之犯死者二焉、其餘則熙熙而樂、豈若吾鄕鄰之旦旦有是哉、今雖死乎此、比吾鄕鄰之死、則已

後矣、又安敢毒邪、余聞而愈悲、孔子曰、苛政猛於虎也、吾嘗疑乎是、今以蔣氏觀之、猶信、嗚呼、孰知賦斂之毒、有甚是蛇者乎、故爲之說、以俟夫觀人風者得焉

種樹郭橐駝傳

唐　柳　宗　元

郭橐駝、不知始何名、病僂、隆然伏行、有類橐駝者、故鄉人號之駝、駝聞之曰、甚善、名我固當、因捨其名、亦自謂橐駝云、其鄉曰豐樂鄉、在長安西、駝業種樹、凡長安豪家富人爲觀遊及賣果者、皆爭迎取養、視駝所種樹、或遷徙無不活、且碩茂蚤實以蕃、他植者雖窺伺傚慕、莫能如也、有問之、對曰、橐駝非能使木壽且孳也、能順木之天、以致其性焉爾、凡植木之性、其本欲舒、其培欲平、其土欲故、其築欲密、既然已、勿動勿慮、去不復顧、其蒔

也若子、其置也若棄、則其天者全、而其性得矣、故吾不害其長而已、非有能碩茂之也、不抑耗其實而已、非有能蚤而蕃之也、他植者則不然、根拳而土易、其培之也、若不過焉則不及、苟有能反是者、則又愛之太殷、憂之太勤、旦視而暮撫、已去而復顧、甚者爪其膚、以驗其生枯、搖其本、以觀其疏密、而木之性、日以離矣、雖曰愛之、其實害之、雖曰憂之、其實讎之、故不我若也、吾又何能爲哉、問者曰、以子之道、移之官理、可乎、駝曰、我知種樹而已、官理非吾業也、然吾居鄉見長人者、好煩其令、若甚憐焉、而卒以禍、旦暮吏來而呼曰、官命促爾耕、勗爾植、督爾穫、蚤繅而緒、蚤織而縷、字而幼孩、遂而雞豚、鳴鼓而聚之、擊木而召之、吾小人輟飧饔以勞吏者、且不得暇、又何以蕃吾生、而安吾性

邪、故病且怠、若是、則與吾業者、其亦有類乎、問者嘻曰、不亦善夫、吾問養樹、得養人術、傳其事以爲官戒也

與韓愈論史官書

唐　柳　宗　元

正月二十一日、某頓首十八丈退之侍者、前獲書、言史事、云具與劉秀才書、及今乃見書藁、私心甚不喜、與退之往年言史事甚大謬、若書中言、退之不宜一日在館下、安有探宰相意、以爲苟以史筆榮一韓退之耶、若果爾、退之豈宜虛受宰相榮己、而冒居館下、近密地、食奉養、役使掌故、利紙筆爲私書、取以供子弟費、古之志於道者、不宜若是、且退之以爲紀錄者有刑禍、避不肯就、尤非也、史以名爲褒貶、猶且恐懼不敢爲、設使退之爲御史中丞大夫、其褒貶成敗人愈益顯、其宜恐懼尤大也、則又

將揚揚入臺府、美食安坐、行呼唱於朝廷而已耶、在御史猶爾、設使退之爲宰相、生殺出入升黜天下士、其敵益衆、則又將揚揚入政事堂、美食安坐、行呼唱於內庭外衢而已耶、則何以異不爲史而榮其號、利其祿者也、又言不有人禍則有天刑、若以罪夫前古之爲史者、然亦甚惑、凡居其位、思直其道、道苟直、雖死不可回也、如回之、莫若亟去其位、孔子之困於魯衞陳蔡宋齊楚者、其時暗、諸侯不能以也、其不遇而死、不以作春秋故也、當其時、雖不作春秋、孔子猶不遇而死也、若周公史佚、雖紀言書事、猶遇且顯也、又不得以春秋爲孔子累、范曄悖亂、雖不爲史、其族亦誅、司馬遷觸天子喜怒、班固不檢下、崔浩沽其直以鬬暴虜、皆非中道、左邱明以疾盲、出於不幸、子夏不爲史亦盲、

不可以爲戒、其餘皆不出此、是退之宜守中道、不忘其直、無以他事自恐、退之之恐、唯在不直不得中道、刑禍非所恐也、凡言二百年文武士多、有誠如此者、今退之曰一人也、何能明、則同職者又所云若是、後來繼今者、又所云若是、人人皆曰我一人、則卒誰能紀傳之耶、如退之、但以所聞知、孜孜不敢怠、同職者、後來繼今者、亦各以所聞知、孜孜不敢怠、則庶幾不墜、使卒有明也、不然、徒信人口語、每每異辭、日以滋久、則所云磊磊軒天地者、未必不沈沒、且亂雜無可攷、非有志者所忍恣也、果有志、豈當待人督責迫蹙然後爲官守耶、又凡鬼神事、眇茫荒惑無可準、明者所不道、退之之智、而猶懼如此、今學如退之、辭如退之、好言論如退之、慷慨自爲正直、行行焉如退之、猶所云若是、則唐史之史述、其卒無可託乎、明天子賢宰相、得史才如此、而又不果、甚可痛哉、退之宜更思、可爲速爲、果卒以爲恐懼不敢、則一日可引去、又何以云行且謀也、今當爲而不爲、又誘館中他人及後生者、此大惑已、不勉已、而欲勉人、難矣哉、

桐葉封弟辨

唐　柳宗元

古之傳者有言、成王以桐葉與小弱弟、戲曰、以封汝、周公入賀、王曰、戲也、周公曰、天子不可戲、乃封小弱弟於唐、吾意不然、王之弟當封邪、周公宜以時言於王、不待其戲而賀以成之也、不當封邪、周公乃成其不中之戲、以地以人、與小弱弟者、爲之主、其得爲聖乎、且周公以王之言、不可苟焉而已、必從而成之邪、設有不幸、王以桐葉戲婦寺、亦將擧而從之乎、凡王者之德、在行之何若、設未得其當、雖十易之不爲病、要於其當、不可使易也、而況以其戲乎、若戲而必行之、是周公敎王遂過也、吾意周公輔成王、宜以道從容優樂、要歸之大中而已、必不逢其失而爲之辭、又不當束縛之馳驟之、使若牛馬然、急則敗矣、且家人父子、尙不能以此自克、況號爲君臣者、是直小丈夫缺々者之事、非周公所宜用、故不可信、或曰、封唐叔、史佚成之、

封建論

唐　柳宗元

天地果無初乎、吾不得而知之也、生人果有初乎、吾不得而知之也、然則孰爲近、曰、有初爲近、孰明之、由封建而明之也、彼封建者、更古聖王堯舜禹湯文武、而莫能去之、蓋非不欲去之也、勢不可也、勢之來、其生人之初乎、不初、無以有封建、封建非聖人意也、彼其初與萬物皆生、草木榛榛、鹿豕狉狉、人不能搏噬、而且無毛羽、莫克自奉自衞、荀卿有言、必將假物以爲用者也、夫假物者必爭、爭而不已、必就其能斷曲直者而聽命焉、其智而明者、所伏必衆、告之以直而不改、必痛之而後畏、由是君長刑政生焉、故近者聚而爲羣、羣之分、其爭必大、大而後有兵有德、又有大者、衆羣之長、又就而聽命焉、以安其屬、於是有諸侯之列、則其爭又有大者焉、德又大者、諸侯之列、又就而聽命焉、以安其封、於是有方伯連帥之類、則其爭又有大者焉、德又大者、方伯連帥之類、又就而聽命、以安其人、然後天下會於一、是故有里胥而後有縣大夫、有縣大夫而後有諸侯、有諸侯而後有方伯連帥、有方伯連帥、而後有天子、自天子至於里胥、其德

在人者、死必求其嗣而奉之、故封建非聖人意也、勢也、夫堯舜禹湯之事遠矣、及有周而甚詳、周有天下、裂土田而瓜分之、設五等、邦羣后、布履星羅、四周於天下、輪運而輻集、合爲朝覲會同、離爲守臣扞城、然而降於夷王、害禮傷尊、下堂而迎覲者、歴於宣王、挾中興復古之德、雄南征北伐之威、卒不能定魯侯之嗣、陵夷迄於幽厲、王室東徙、而自列爲諸侯、厥後問鼎之輕重者有之、射王中肩者有之、伐凡伯誅萇弘者有之、天下乖盭、無君君之心、余以爲周之喪久矣、徒建空名於公侯之上耳、得非諸侯之盛強、末大不掉之咎歟、遂判爲十二、合爲七國、威分於陪臣之邦、國殄於後封之秦、則周之敗端、其在乎此矣、秦有天下、裂都會而爲之郡邑、廢侯衞而爲之守宰、據天下之雄圖、都

六合之上游、攝制四海、運於掌握之內、此其所以爲得也、不數載而天下大壞、其有由矣、亟役萬人、暴其威刑、竭其貨賄、負鋤梃謫戍之徒、圜視而合從、大呼而成羣、時則有叛人、而無叛吏、人怨於下、而吏畏於上、天下相合、殺守劫令而並起、咎在人怨、非郡邑之制失也、漢有天下、矯秦之枉、徇周之制、剖海內而立宗子、封功臣、數年之間、奔命扶傷而不暇、困平城、病流矢、陵遲不救者三代、後乃謀臣獻畫、而離削自守矣、然而封建之始、郡國居半、時則有叛國、而無叛郡、秦制之得、亦以明矣、繼漢而帝者、雖百代可知也、唐興、制州邑、立守宰、此其所以爲宜也、然猶桀猾時起、虐害方域者、失不在於州、而在於兵、時則有叛將、而無叛州、州縣之設、固不可革也、或者曰、封建者、必私其土、子其

人、適其俗、修其理、施化易也、守宰者、苟其心、思遷其秩而已、何能理乎、余又非之、周之事跡、斷可見矣、列侯驕盈、黷貨事戎、大凡亂國多、理國寡、侯伯不得變其政、天子不得變其君、私土子人者、百不有一、失在於制、不在於政、周事然也、秦之事跡、亦斷可見矣、有理人之制、而不委郡邑、是矣、有理人之臣、而不使守宰、是矣、郡邑不得正其制、守宰不得行其理、酷刑苦役、而萬人側目、失在於政、不在於制、秦事然也、漢興、天子之政、行於郡、不行於國、制其守宰、不制其侯王、侯王雖亂、不可變也、國人雖病、不可除也、及夫大逆不道、然後掩捕而遷之、勒兵而夷之耳、大逆未彰、姦利浚財、怙勢作威、大刻於民者、無如之何、及夫郡邑、可謂理且安矣、何以言之、且漢知孟舒於田叔、得魏尚於馮唐、

聞黃霸之明審、覩汲黯之簡靖、拜之可也、復其位可也、臥而委之、以輯一方可也、有罪得以黜、有能得以賞、朝拜而不道、夕斥之矣、夕受而不法、朝斥之矣、設使漢室盡城邑而侯王之、縱令其亂人、戚之而已、孟舒魏尚之術、莫得而施、黃霸汲黯之化、莫得而行、明譴而導之、拜受而退、已違矣、下令而削之、締交合從之謀、周於同列、則相顧裂眦、勃然而起、幸而不起、則削其半、削其半、民猶瘁矣、曷若舉而移之、以全其人乎、漢事然也、今國家盡制郡邑、連置守宰、其不可變也固矣、善制兵、謹擇守、則理平矣、或者又曰、夏商周漢封建而延、秦郡邑而促、尤非所謂知理者也、魏之承漢也、封爵猶建、晉之承魏也、因循不革、而二姓陵替、不聞延祚、今矯而變之、垂二百祀、大業彌固、何繫於諸侯哉、

或者又以爲殷周聖王也、而不革其制、固不當復議也、是大不然、夫殷周之不革者、是不得已也、蓋以諸侯歸殷者三千焉、資以黜夏、湯不得而廢、歸周者八百焉、資以勝殷、武王不得而易、徇之以爲安、仍之以爲俗、湯武之所不得已也、夫不得已、非公之大者也、私其力於己也、私其衛於子孫也、秦之所以革之者、其爲制、公之大者也、其情私也、私其一己之威也、私其盡臣畜於我也、然而公天下之端自秦始、夫天下之道、理安斯得人者也、使賢者居上、不肖者居下、而後可以理安、今夫封建者、繼世而理、繼世而理者、上果賢乎、下果不肖乎、則生人之理亂未可知也、將欲利其社稷、以一其人之視聽、則又有世大夫世食祿邑、以盡其封略、聖賢生於其時、亦無以立於天下、封建者爲之

也、豈聖人之制使至是時乎、吾固曰、非聖人之意也、勢也

箕子碑　唐　柳宗元

凡大人之道有三、一曰、正蒙難、二曰、法授聖、三曰、化及民、殷有仁人、曰箕子、實具茲道、以立于世、故孔子述六經之旨、尤慇勤焉、當紂之時、大道悖亂、天威之動不能戒、聖人之言無所用、進死以併命、誠仁矣、無益吾祀、故不爲、委身以存祀、誠仁矣、與亡吾國、故不忍、具是二道、有行之者矣、是用保其明哲、與之俯仰、晦是謨範、辱於囚奴、昏而無邪、隤而不息、故在易曰、箕子之明夷、正蒙難也、及天命既改、生人以正、乃出大法、用爲聖師、周人得以序彝倫、而立大典、故在書曰、以箕子歸、作洪範、法授聖也、及封朝鮮、推道訓俗、惟德無陋、惟人無遠、用廣殷祀、俾夷爲華、

化及民也、率是大道、叢於厥躬、天地變化、我得其正、其大人歟、於虖、當其周時未至、殷祀未殄、比干已死、微子已去、向使紂惡未稔而自斃、武庚念亂以圖存、國無其人、誰與興理、是固人事之或然者也、然則先生隱忍而爲此、其有志於斯乎、唐某年、作廟汲郡、歲時致祀、嘉先生獨列於易象、作是頌云

應科目時與人書　唐　韓愈

月日、愈再拜、天池之濱、大江之濆、曰有怪物焉、蓋非常鱗凡介之品彙匹儔也、其得水、變化風雨、上下於天、不難也、其不及水、蓋尋常尺寸之間耳、無高山大陵曠途絶險爲之關隔也、然其窮涸不能自致乎水、爲獱獺之笑者、蓋十八九矣、如有力者、哀其窮而運轉之、蓋一擧手一投足之勞也、然是物也、負其異於

衆也、且曰、爛死於沙泥、吾寧樂之、若俛首帖耳、搖尾而乞憐者、非我之志也、是以有力者、遇之熟視之、若無覩也、其死其生、固不可知也、今又有有力者當其前矣、聊試仰首一鳴號焉、庸詎知有力者不哀其窮、而忘一擧手一投足之勞、而轉之清波乎、其哀之命也、其不哀之命也、知其在命、而且鳴號之者亦命也、愈今者實有類於是、是以忘其疏愚之罪、而有是說焉、閤下其亦憐察之

後廿九日復上宰相書　唐　韓愈

三月十六日、前鄕貢進士韓愈、謹再拜言相公閤下、愈聞周公之爲輔相、其急於見賢也、方一食三吐其哺、方一沐三握其髮、當是時、天下之賢才、皆已擧用、姦邪讒佞欺負之徒、皆已除去、

四海皆已無虞、九夷八蠻之在荒服之外者、皆已賓貢、天災時變昆蟲草木之妖、皆已銷息、天下之所謂禮樂刑政敎化之具、皆已修理、風俗皆已敦厚、動植之物、風雨霜露之所霑被者、皆已得宜、休徵嘉瑞、麟鳳龜龍之屬、皆已備至、而周公以聖人之才、憑叔父之親、其所輔理承化之功、又盡章章如是、其所求進見之士、豈復有賢於周公者哉、不惟不賢於周公而已、豈復有賢於時百執事者哉、豈復有所計議、能補於周公之化者哉、然而周公求之如此其急、惟恐耳目有所不聞見、思慮有所未及、以負成王託周公之意、不得於天下之心、如周公之心、設使其時輔理承化之功、未盡章章如是、而非聖人之才、而無叔父之親、則將不暇食與沐矣、豈特吐哺握髮勸而止哉、維其如是、故於今頌成王之德、而稱周公之功不衰、今閣下爲輔相亦近耳、天下之賢才、豈盡擧用、姦邪讒佞欺負之徒、豈盡除去、四海豈盡無虞、九夷八蠻之在荒服之外者、豈盡賓貢、天災時變昆蟲草木之妖、豈盡銷息、天下之所謂禮樂刑政敎化之具、豈盡修理、風俗豈盡敦厚、動植之物、風雨霜露之所霑被者、豈盡得宜、休徵嘉瑞麟鳳龜龍之屬、豈盡備至、其所求進見之士、雖不足以希望盛德、至比於百執事、豈盡出其下哉、其所稱說、豈盡無所補哉、今雖不能如周公吐哺握髮、亦宜引而進之、察其所以而去就之、不宜默默而已也、愈之待命、四十餘日矣、書再上、而志不得通、足三及門、而閽人辭焉、惟其昏愚、不知逃遁、故復有周公之說焉、閣下亦察之、古之士、三月不仕則相弔、故出疆必

載質、然所以重於自進者、以其於周不可、則去之魯、於魯不可、則去之齊、於齊不可、則去之宋、之鄭、之秦、之楚也、今天下一君、四海一國、舍乎此、則夷狄矣、去父母之邦矣、故士之行道者、不得於朝、則山林而已矣、山林者、士之所獨善自養、而不憂天下者之所能安也、如有憂天下之心、則不能矣、故愈每自進而不知愧焉、書亟上、足數及門、而不知止焉、寧獨如此而已、惴惴焉惟不得出大賢之門下是懼、亦惟少垂察焉、瀆冒威尊、惶恐無已、愈再拜

雜說一　唐　韓愈

龍噓氣成雲、雲固弗靈於龍也、然龍乘是氣、茫洋窮乎玄間、薄日月、伏光景、感震電、神變化、水下土、汨陵谷、雲亦靈怪矣哉、雲龍之所能使爲靈也、若龍之靈、則非雲之所能使爲靈也、然龍弗得雲、無以神其靈矣、失其所憑依、信不可歟、異哉其所憑依、乃所自爲也、易曰、雲從龍、既曰龍、雲從之矣、

雜說四　唐　韓愈

世有伯樂、然後有千里馬、千里馬常有、而伯樂不常有、故雖有名馬、祇辱於奴隸人之手、駢死於槽櫪之間、不以千里稱也、馬之千里者、一食或盡粟一石、食馬者、不知其能千里而食也、是馬也、雖有千里之能、食不飽、力不足、才美不外見、且欲與常馬等、不可得、安求其能千里也、策之不以其道、食之不能盡其材、鳴之而不能通其意、執策而臨之曰、天下無馬、嗚呼、其眞無馬邪、其眞不知馬也

師說　　唐　韓　愈

古之學者、必有師、師者、所以傳道受業解惑人也、非生而知之者、孰能無惑、惑而不從師、其爲惑也終不解矣、生乎吾前、其聞道也、固先乎吾、吾從而師之、生乎吾後、其聞道也、亦先乎吾、吾從而師之、吾師道也、夫庸知其年之先後生於吾乎、是故無貴無賤、無長無少、道之所存、師之所存也、嗟乎、師道之不傳也久矣、欲人之無惑也難矣、古之聖人、其出人也遠矣、猶且從師而問焉、今之衆人、其下聖人也亦遠矣、而恥學於師、是故聖益聖、愚益愚、聖人之所以爲聖、愚人之所以爲愚、其皆出於此乎、愛其子、擇師而教之、於其身也、則恥師焉、惑矣、彼童子之師、授之書而習其句讀者也、非吾所謂傳其道解其惑者也、句讀之不

知、惑之不解、或師焉、或不焉、小學而大遺、吾未見其明也、巫醫樂師百工之人、不恥相師、士大夫之族、曰師曰弟子云者、則羣聚而笑之、問之、則曰、彼與彼年相若也、道相似也、位卑則足羞、官盛則近諛、嗚呼、師道之不復可知矣、巫醫樂師百工之人、君子不齒、今其智乃反不能及、其可怪也歟、聖人無常師、孔子師郯子、萇弘、師襄、老聃、郯子之徒、其賢不及孔子、孔子曰、三人行、則必有我師、是故弟子不必不如師、師不必賢於弟子、聞道有先後、術業有專攻、如是而已、李氏子蟠、年十七、好古文、六藝經傳、皆通習之、不拘於時、學於余、余嘉其能行古道、作師說以貽之

獲麟解　　唐　韓　愈

麟之爲靈昭昭也、詠於詩、書於春秋、雜出於傳記百家之書、雖婦人小子、皆知其爲祥也、然麟之爲物、不畜於家、不恒有於天下、其爲形也不類、非若馬牛犬豕豺狼麋鹿然、然則雖有麟、不可知其爲麟也、角者吾知其爲牛、鬣者吾知其爲馬、犬豕豺狼麋鹿、吾知其爲犬豕豺狼麋鹿、惟麟也不可知、不可知則其謂之不祥也亦宜、雖然麟之出、必有聖人在乎位、麟爲聖人出也、聖人者必知麟、麟之果不爲不祥也、又曰、麟之所以爲麟者、以德不以形、若麟之出不待聖人、則謂之不祥也亦宜

進學解　　唐　韓　愈

國子先生晨入太學、招諸生立館下、誨之曰、業精於勤、荒於嬉、行成於思、毀於隨、方今聖賢相逢、治具畢張、拔去兇邪、登崇俊

良、占小善者率以錄、名一藝者無不庸、爬羅剔抉、刮垢磨光、蓋有幸而獲選、孰云多而不揚、諸生業患不能精、無患有司之不明、行患不能成、無患有司之不公、言未既、有笑於列者曰、先生欺余哉、弟子事先生于茲有年矣、先生口不絕吟於六藝之文、手不停披於百家之編、紀事者必提其要、纂言者必鉤其玄、貪多務得、細大不捐、焚膏油以繼晷、恒兀兀以窮年、先生之業、可謂勤矣、觝排異端、攘斥佛老、補苴罅漏、張皇幽眇、尋墜緒之茫茫、獨旁搜而遠紹、障百川而東之、廻狂瀾於既倒、先生之於儒、可謂勞矣、沉浸醲郁、含英咀華、作爲文章、其書滿家、上規姚姒、渾渾無涯、周誥殷盤佶屈聱牙、春秋謹嚴、左氏浮誇、易奇而法、詩正而葩、下逮莊騷、太史所錄、子雲相如同工異曲、先生之於

文、可謂閎其中而肆其外矣、右始知學、勇於敢爲、長通於方、左右具宜、先生之於爲人、可謂成矣、然而公不見信於人、私不見助於友、跋前躓後、動輒得咎、暫爲御史、遂竄南夷、三爲博士、冗不見治、命與仇謀、取敗幾時、冬煖而兒號寒、年豐而妻啼飢、頭童齒豁、竟死何裨、不知慮此、反敎人爲、先生曰、吁、子來前、夫大木爲宋、細木爲桷、欂櫨侏儒、椳闑扂楔、各得其宜、施以成室者、匠氏之工也、玉札丹砂、赤箭青芝、牛溲馬勃、敗鼓之皮、俱收並蓄、待用無遺者、醫師之良也、登明選公、雜進巧拙、紆餘爲妍、卓犖爲傑、校短量長、惟器是適者、宰相之方也、昔者孟軻好辯、孔道以明、轍環天下、卒老於行、荀卿守正、大論是宏、逃讒於楚、廢死蘭陵、是二儒者、吐辭爲經、擧足爲法、絕類離倫、優入聖域、其

遇於世何如也、今先生學雖勤而不由其統、言雖多而不要其中、文雖奇而不濟於用、行雖脩而不顯於衆、猶且月費俸錢、歲靡廩粟、子不知耕、婦不知織、乘馬從徒、安坐而食、踵常途之役役、窺陳編以盜竊、然而聖主不加誅、宰臣不見斥、非其幸歟、動而得謗、名亦隨之、投閒置散、乃分之宜、若夫商財賄之有亡、計班資之崇庳、忘己量之所稱、指前人之瑕疵、是所謂詰匠氏之不以杙爲楹、而訾醫師以昌陽引年、欲進其豨苓也

爭臣論

唐　韓愈

或問諫議大夫陽城於愈、可以爲有道之士乎哉、學廣而聞多、不求聞於人也、行古人之道、居於晉之鄙、晉之鄙人、薰其德而善良者幾千人、大臣聞而薦之天子、以爲諫議大夫、人皆以爲

華、陽子不色喜、居於位五年矣、視其德、如在草野、彼豈以富貴移易其心哉、愈應之曰、是易所謂恒其德貞、而夫子凶者也、惡得爲有道之士乎哉、在易蠱之上九云、不事王侯、高尚其事、蹇之六二則曰、王臣蹇蹇、匪躬之故、夫不以所居之時不一、而所蹈之德不同也、若蠱之上九、居無用之地、而致匪躬之節、以蹇之六二、在王臣之位、而高不事之心、則冒進之患生、曠官之刺興、志不可則、而尤不終無也、今陽子在位、不爲不久矣、聞天下之得失、不爲不熟矣、天子待之、不爲不加矣、而未嘗一言及於政、視政之得失、若越人視秦人之肥瘠、忽焉不加喜戚於其心、問其官、則曰諫議也、問其祿、則曰下大夫之秩也、問其政、則曰我不知也、有道之士、固如是乎哉、且吾聞之、有官守者、不得其

職則去、有言責者、不得其言則去、今陽子以爲得其言乎哉、得其言而不言、與不得其言而不去、無一可者也、陽子將爲祿仕乎、古之人有云、仕不爲貧、而有時乎爲貧、謂祿仕者也、宜乎辭尊而居卑、辭富而居貧、若抱關擊柝者可也、蓋孔子嘗爲委吏矣、嘗爲乘田矣、亦不敢曠其職、必曰會計當而已矣、必曰牛羊遂而已矣、若陽子之秩祿、不爲卑且貧章章明矣、而此其可乎哉、或曰、否、非若此也、夫陽子、惡訕上者、惡爲人臣招其君之過、而以爲名者、故雖諫且議、使人不得而知焉、書曰、爾有嘉謨嘉猷、則入告爾后于內、爾乃順之於外、曰斯謨斯猷、惟我后之德、夫陽子之用心、亦若此者、愈應之曰、若陽子之用心如此、滋所謂惑者矣、入則諫其君、出不使人知者、大臣宰相者之事、非

陽子之所宜行也、夫陽子、本以布衣隱於蓬蒿之下、主上嘉其行誼、擢在此位、官以諫爲名、誠宜有以奉其職、使四方後代、知朝廷有直言骨鯁之臣、天子有不僭賞、從諫如流之美、庶巖穴之士、聞而慕之、束帶結髮、願進于闕下、而伸其辭說、致吾君於堯舜、熙鴻號於無窮也、若書所謂、則大臣宰相之事、非陽子之所宜行也、且陽子之心、將使君人者惡聞其過乎、是啓之也、或曰、陽子之不求聞而人聞之、不求用而君用之、不得已而起、守其道而不變、何子過之深也、愈曰、自古聖人賢士、皆非有求於聞用也、閔其時之不平、人之不乂、得其道、不敢獨善其身、而必以兼濟天下也、孜孜矻矻、死而後已、故禹過家門不入、孔席不暇暖、而墨突不得黔、彼二聖一賢者、豈不知自安佚之爲樂哉、

誠畏天命而悲人窮也、夫天授人以賢聖才能、豈使自有餘而已、誠欲以補其不足者也、耳目之於身也、耳司聞、而目司見、聽其是非、視其險易、然後身得安焉、聖賢者、時人之耳目也、時人者、聖賢之身也、且陽子之不賢、則將役於賢以奉其上矣、若果賢、則固畏天命而閔人窮也、惡得以自暇逸乎哉、或曰、吾聞君子不欲加諸人、而惡訐以爲直者、若吾子之論、直則直矣、無乃傷於德而費於辭乎、好盡言以招人過、國武子之所以見殺於齊也、吾子其亦聞乎、愈曰、君子居其位、則思死其官、未得位、則思脩其辭以明其道、我將以明道也、非以爲直而加人也、且國武子不能得善人、而好盡言於亂國、是以見殺、傳曰、惟善人能受盡言、謂其聞而能改之也、子告我曰、陽子可以爲有道之士

也、今雖不能及已、陽子將不得爲善人乎哉

原道　唐　韓愈

博愛之謂仁、行而宜之之謂義、由是而之焉之謂道、足乎已無待於外之謂德、仁與義爲定名、道與德爲虛位、故道有君子有小人、而德有凶有吉、老子之小仁義、非毀之也、其見者小也、坐井而觀天、曰天小者、非天小也、彼以煦煦爲仁、孑孑爲義、其小之也則宜、其所謂道、道其所道、非吾所謂道也、其所謂德、德其所德、非吾所謂德也、凡吾所謂道德云者、合仁與義言之也、天下之公言也、老子之所謂道德云者、去仁與義言之也、一人之私言也、周道衰、孔子沒、火于秦、黃老于漢、佛于晉魏梁隋之間、其言道德仁義者、不入於楊、則入于墨、不入于老、則入于佛、入

于彼、必出于此、入者主之、出者奴之、入者附之、出者汙之、噫後之人、其欲聞仁義道德之說、孰從而聽之、老者曰、孔子吾師之弟子也、佛者曰、孔子吾師之弟子也、爲孔子者、習聞其說、樂其誕而自小也、亦曰、吾師亦甞師之云爾、不惟擧之於其口、而又筆之於其書、噫後之人、雖欲聞仁義道德之說、其孰從而求之、甚矣人之好怪也、不求其端、不訊其末、惟怪之欲聞、古之爲民者四、今之爲民者六、古之敎者處其一、今之敎者處其三、農之家一、而食粟之家六、工之家一、而用器之家六、賈之家一、而資焉之家六、奈之何民不窮且盜也、古之時、人之害多矣、有聖人者立、然後敎之以相生相養之道、爲之君、爲之師、驅其蟲蛇禽獸、而處之中土、寒然後爲之衣、飢然後爲之食、木處而顚、土處

而病也、然後爲之宮室、爲之工、以贍其器用、爲之賈、以通其有無、爲之醫藥、以濟其夭死、爲之葬埋祭祀、以長其恩愛、爲之禮、以次其先後、爲之樂、以宣其湮鬱、爲之政、以率其怠倦、爲之刑、以鋤其強梗、相欺也、爲之符璽斗斛權衡、以信之、相奪也、爲之城郭甲兵、以守之、害至而爲之備、患生而爲之防、今其言曰、聖人不死、大盜不止、剖斗折衡、而民不爭、嗚呼、其亦不思而已矣、如古之無聖人、人之類滅久矣、何也、無羽毛鱗介、以居寒熱也、無爪牙以爭食也、是故君者、出令者也、臣者、行君之令而致之民者也、民者、出粟米麻絲、作器皿、通貨財、以事其上者也、君不出令、則失其所以爲君、臣不行君之令而致之民、則失其所以爲臣、民不出粟米麻絲作器皿、通貨財、以事其上、則誅、今其法曰、必棄而君臣、去而父子、禁而相生相養之道、以求其所謂清淨寂滅者、嗚呼、其亦幸而出於三代之後、不見黜於禹湯文武周公孔子也、其亦不幸而不出於三代之前、不見正於禹湯文武周公孔子也、帝之與王、其號雖殊、其所以爲聖一也、夏葛而冬裘、渴飮而飢食、其事雖殊、其所以爲智一也、今其言曰、曷不爲太古之無事、是亦責冬之裘者、曰曷不爲葛之之易也、責飢之食者、曰曷不爲飮之之易也、傳曰、古之欲明明德於天下者、先治其國、欲治其國者、先齊其家、欲齊其家者、先脩其身、欲脩其身者、先正其心、欲正其心者、先誠其意、然則古之所謂正心而誠意者、將以有爲也、今也欲治其心、而外天下國家、滅其天常、子焉而不父其父、臣焉而不君其君、民焉而不事其事、孔子之作春秋也、諸侯用夷禮、則夷之、進於中國、則中國之、經曰、夷狄之有君、不如諸夏之亡、詩曰、戎狄是膺、荊舒是懲、今也擧夷狄之法、而加之先王之敎之上、幾何其不胥而爲夷也、夫所謂先王之敎者、何也、博愛之謂仁、行而宜之之謂義、由是而之焉之謂道、足乎已無待於外之謂德、其文、詩書易春秋、其法、禮樂刑政、其民、士農工賈、其位、君臣父子師友賓主昆弟夫婦、其服、麻絲、其居、宮室、其食、粟米果蔬魚肉、其爲道易明、而其爲敎易行也、是故以之爲己、則順而祥、以之爲人、則愛而公、以之爲心、則和而平、以之爲天下國家、無所處而不當、是故生則得其情、死則盡其常、郊焉而天神假、廟焉而人鬼饗、曰、斯道也何道也、曰、斯吾所謂道也、非向所謂老與佛之道也、堯以是傳之舜、舜以是傳之禹、禹以是傳之湯、湯以是傳之文武周公、文武周公傳之孔子、孔子傳之孟軻、軻之死、不得其傳焉、荀與揚也、擇焉而不精、語焉而不詳、由周公而上、上而爲君、故其事行、由周公而下、下而爲臣、故其說長、然則如之何而可也、曰、不塞不流、不止不行、人其人、火其書、廬其居、明先王之道以道之、鰥寡孤獨廢疾者有養也、其亦庶乎其可也

送董邵南序

唐　韓愈

燕趙古稱多感慨悲歌之士、董生擧進士、連不得志於有司、懷抱利器、鬱鬱適茲土、吾知其必有合也、董生勉乎哉、夫以子之不遇時、苟慕義彊仁者、皆愛惜焉、矧燕趙之士、出乎其性者哉、然吾嘗聞、風俗與化移易、吾惡知其今不異於古所云邪、聊以

吾子之行卜之也、董生勉乎哉、吾因子有所感矣、爲我弔望諸君之墓、而觀於其市、復有昔時屠狗者乎、爲我謝曰、明天子在上、可以出而仕矣

送楊少尹序　　唐　韓　愈

昔疏廣受二子、以年老、一朝辭位而去、於時公卿設供張、祖道都門外、車數百兩、道路觀者、多歎息泣下、共言其賢、漢史既傳其事、而後世工畫者、又圖其迹、至今照人耳目、赫赫若前日事、國子司業楊君巨源、方以能詩訓後進、一旦以年滿七十、亦白丞相、去歸其鄕、世常說古今人不相及、今楊與二疏、其意豈異也、予忝在公後卿、遇病不能出、不知楊侯去時、城門外送者幾人、車幾兩、馬幾匹、道路觀者、亦有歎息知其爲賢與否、而太史氏又能張大其事、爲傳繼二疏蹤跡否、不落莫否、見今世無工畫者、而畫與不畫固不論也、然吾聞楊侯之去、丞相有愛而惜之者、白以爲其都少尹、不絕其祿、又爲歌詩以勸之、京師之長於詩者、亦屬而和之、又不知當時二疏之去、有是事否、古今人同不同、未可知也、中世士大夫、以官爲家、罷則無所於歸、楊侯始冠、擧於其鄕、歌鹿鳴而來也、今之歸、指其樹曰、某樹吾先人之所種也、某水某丘、吾童子時所釣遊也、鄕人莫不加敬、誡子孫以楊侯不去其鄕爲法、古之所謂鄕先生沒而可祭於社者、其在斯人歟、其在斯人歟

送李愿歸盤谷序　　唐　韓　愈

太行之陽有盤谷、盤谷之間、泉甘而土肥、草木藂茂、居民鮮少、

或曰、謂其環兩山之間、故曰盤、或曰、是谷也、宅幽而勢阻、隱者之所盤旋、友人李愿居之、愿之言曰、人之稱大丈夫者、我知之矣、利澤施於人、名聲昭於時、坐於廟朝、進退百官、而佐天子出令、其在外、則樹旗旄、羅弓矢、武夫前呵、從者塞途、供給之人、各執其物、夾道而疾馳、喜有賞、怒有刑、才畯滿前、道古今而譽盛德、入耳而不煩、曲眉豐頰、淸聲而便體、秀外而惠中、飄輕裾、翳長袖、粉白黛綠者、列屋而閒居、妬寵而負恃、爭妍而取憐、大丈夫之遇知於天子、用力於當世者之所爲也、吾非惡此而逃之、是有命焉、不可幸而致也、窮居而野處、升高而望遠、坐茂樹以終日、濯淸泉以自潔、採於山美可茹、釣於水鮮可食、起居無時、惟適之安、與其有譽於前、孰若無毀於其後、與其有樂於身、孰若無憂於其心、車服不維、刀鋸不加、理亂不知、黜陟不聞、大丈夫不遇於時者之所爲也、我則行之、伺候於公卿之門、奔走於形勢之途、足將進而趑趄、口將言而囁嚅、處汚穢而不羞、觸刑辟而誅戮、僥倖於萬一、老死而後止者、其於爲人賢不肖何如也、昌黎韓愈、聞其言而壯之、與之酒而爲之歌曰、盤之中、維子之宮、盤之土、可以稼、盤之泉、可濯可沿、盤之阻、誰爭子所、窈而深、廓其有容、繚而曲、如往而復、嗟盤之樂兮、樂且無央、虎豹遠跡兮、蛟龍遁藏、鬼神守護兮、呵禁不祥、飮且食兮、壽而康、無不足兮、奚所望、膏吾車兮、秣吾馬、從子於盤兮、終吾生以徜徉

送孟東野序　　唐　韓　愈

大凡物不得其平則鳴、草木之無聲、風撓之鳴、水之無聲、風蕩

之鳴、其躍也或激之、其趨也或梗之、其沸也或炙之、金石之無聲、或擊之鳴、人之於言也亦然、有不得已者而後言、其謌也有思、其哭也有懷、凡出乎口而爲聲者、其皆有弗平者乎、樂也者、鬱於中而泄於外者也、擇其善鳴者而假之鳴、金石絲竹匏土革木八者、物之善鳴者也、天之於時也亦然、擇其善鳴者而假之鳴、是故以鳥鳴春、以雷鳴夏、以蟲鳴秋、以風鳴冬、四時之相推奪、其必有不得其平者乎、其於人也亦然、人聲之精者爲言、文辭之於言、又其精也、尤擇其善鳴者而假之鳴、其在唐虞、咎陶禹、其善鳴者也、而假以鳴、夔弗能以文辭鳴、又自假於韶以鳴、夏之時、五子以其歌鳴、伊尹鳴殷、周公鳴周、凡載詩書六藝、皆鳴之善者也、周之衰、孔子之徒鳴之、其聲大而遠、傳曰、天將以夫子爲木鐸、其弗信矣乎、其末也、莊周以其荒唐之辭鳴於楚、楚大國也、其亡也、以屈原鳴、臧孫辰孟軻荀卿、以道鳴者也、楊朱墨翟管夷吾晏嬰老聃申不害韓非愼到田駢鄒衍尸佼、孫武張儀蘇秦之屬、皆以其術鳴、秦之興、李斯鳴之、漢之時、司馬遷相如楊雄、最其善鳴者也、其下魏晉氏、鳴者不及於古、然亦未嘗絕也、就其善者、其聲淸以浮、其節數以急、其辭淫以哀、其志弛以肆、其爲言也、亂雜而無章、將天醜其德、莫之顧邪、何爲乎不鳴其善鳴者也、唐之有天下、陳子昂蘇源明元結李白、杜甫李觀、皆以其所能鳴、其存而在下者、孟郊東野、始以其詩鳴、其高出魏晉、不懈而及於古、其他浸淫乎漢氏矣、從吾遊者、李翶張籍、其尤也、三子者之鳴、信善矣、抑不知天將和其聲而

使鳴國家之盛邪、抑將窮餓其身、思愁其心腸、而自鳴其不幸邪、三子者之命、則懸乎天矣、其在上也奚以喜、其在下也奚以悲、東野之役於江南也、有若不釋然者、故吾道其命於天者以解之、

祭十二郎文

唐　韓　愈

年月日、季父愈、聞汝喪之七日、乃能銜哀致誠、使建中遠具時羞之奠、告汝十二郎之靈、嗚呼、吾少孤、及長不省所怙、惟兄嫂是依、中年兄歿南方、吾與汝俱幼、從嫂歸葬河陽、既又與汝就食江南、零丁孤苦、未嘗一日相離也、吾上有三兄、皆不幸早世、承先人後者、在孫惟汝、在子惟吾、兩世一身、形單影隻、嫂嘗撫汝指吾而言曰、韓氏兩世、惟此而已、汝時尤小、當不復記憶、吾時雖能記憶、亦未知其言之悲也、吾年十九、始來京城、其後四年、而歸視汝、又四年、吾往河陽省墳墓、遇汝從嫂喪來葬、又二年、吾佐董丞相於汴州、汝來省吾、止一歲、請歸取其孥、明年丞相薨、吾去汴州、汝不果來、是年、吾佐戎徐州、使取汝者始行、吾又罷去、汝又不果來、吾念汝從於東、東亦客也、不可以久、圖久遠者、莫如西歸、將成家而致汝、嗚呼、孰謂汝遽去吾而歿乎、吾與汝俱少年、以爲雖暫相別、終當久相與處、故捨汝而旅食京師、以求斗斛之祿、誠知其如此、雖萬乘之公相、吾不以一日輟汝而就也、去年孟東野往、吾書與汝曰、吾年未四十、而視茫茫、而髮蒼蒼、而齒牙動搖、念諸父與諸兄、皆康彊而早世、如吾之衰者、其能久存乎、吾不可去、汝不肯來、恐旦暮死、而汝抱無涯

之成也、孰謂少者歿、而長者存、彊者夭、而病者全乎、嗚呼、其信然邪、其夢邪、其傳之非其眞邪、信也吾兄之盛德、而夭其嗣乎、汝之純明、而不克蒙其澤乎、少者彊者而夭歿、長者衰者而存全乎、未可以爲信也、夢也、傳之非其眞也、東野之書、耿蘭之報何爲而在吾側也、嗚呼、其信然矣、吾兄之盛德而夭其嗣矣、汝之純明、宜業其家者、不克蒙其澤矣、所謂天者誠難測、而神者誠難明矣、所謂理者不可推、而壽者不可知矣、雖然、吾自今年來、蒼蒼者或化而爲白矣、動搖者或脫而落矣、毛血日益衰、志氣日益微、幾何不從汝而死也、死而有知、其幾何離、其無知、悲不幾時、而不悲者無窮期矣、汝之子始十歲、吾之子始五歲、少而彊者不可保、如此孩提者、又可冀其成立邪、嗚呼哀哉、嗚呼、

哀哉、汝去年書云、比得軟脚病、往往而劇、吾曰、是疾也、江南之人、常常有之、未始以爲憂也、嗚呼、其竟以此而殞其生乎、抑別有疾而致斯乎、汝之書、六月十七日也、東野云、汝歿以六月二日、耿蘭之報、不知當言月日、東野與吾書、乃問使者、使者妄稱以應之耳、其然乎、其不然乎、今吾使建中祭汝、弔汝之孤與汝之乳母、彼有食可守以待終喪、則待終喪而取以來、如不能守以終喪、則遂取以來、其餘奴婢、竝令守汝喪、吾力能改葬、終葬汝於先人之兆、然後惟其所願、嗚呼、汝病吾不知時、汝歿吾不知日、生不能相養以共居、歿不能撫汝以盡哀、斂不憑其棺、窆不臨其穴、吾行負神明、而使汝夭、不孝不慈、而不得與汝相養以生、相守以死、一在天之涯、一在地之角、生而影不與吾形相

依、死而魂不與吾夢相接、吾實爲之、其又何尤、彼蒼者天、曷其有極、自今以往、吾其無意於人世矣、當求數頃之田於伊潁之上、以待餘年、敎吾子與汝子、幸其成、長吾女與汝女、待其嫁、如此而已、嗚呼、言有窮而情不可終、汝其知也邪、其不知也邪、嗚呼哀哉、尙饗

祭鱷魚文　　唐　韓愈

維年月日、潮州刺史韓愈、使軍事衙推秦濟、以羊一、豬一、投惡谿之潭水、以與鱷魚食、而告之曰、昔先王旣有天下、列山澤、罔繩擉刃、以除蟲蛇惡物爲民害者、驅而出之四海之外、及後王德薄、不能遠有、則江漢之間、尙皆棄之、以與蠻夷楚越、況潮嶺海之間、去京師萬里哉、鱷魚之涵淹卵育於此、亦固其所、今天

子嗣唐位、神聖慈武、四海之外、六合之內、皆撫而有之、況禹跡所揜、揚州之近地、刺史縣令之所治、出貢賦以供天地宗廟百神之祀之壤者哉、鱷魚其不可與刺史雜處此土也、刺史受天子命、守此土、治此民、而鱷魚睅然不安谿潭、據處食民畜熊豕鹿麞、以肥其身、以種其子孫、與刺史亢拒、爭爲長雄、刺史雖駑弱、亦安肯爲鱷魚低首下心、伈伈睍睍、爲民吏羞、以偷活於此邪、且承天子命、以來爲吏、固其勢不得不與鱷魚辨、鱷魚有知、其聽刺史言、潮之州、大海在其南、鯨鵬之大、蝦蟹之細、無不容歸以生以食、鱷魚朝發而夕至也、今與鱷魚約、盡三日、其率醜類南徙於海、以避天子之命吏、三日不能、至五日、五日不能、至七日、七日不能、是終不肯徙也、是不有刺史聽從其言也、不然

則是鱷魚冥頑不靈、刺史雖有言、不聞不知也、夫傲天子之命
吏、不聽其言、不徙以避之、與冥頑不靈、而爲民物害者、皆可殺、
刺史則選材技吏民、操强弓毒矢、以與鱷魚從事、必盡殺乃止、
其無悔

柳子厚墓誌銘　唐　韓愈

子厚、諱宗元、七世祖慶、爲拓跋魏侍中、封濟陰公、曾伯祖奭、爲
唐宰相、與褚遂良、韓瑗、俱得罪武后、死高宗朝、皇考諱鎮、以事
母棄太常博士、求爲縣令江南、其後以不能媚權貴失御史、權
貴人死、乃復拜侍御史、號爲剛直、所與游皆當世名人、子厚少
精敏、無不通達、逮其父時、雖少年已自成人、能取進士第、嶄然
見頭角、衆謂柳氏有子矣、其後以博學宏詞、授集賢殿正字、儁
傑廉悍、議論證據今古、出入經史百子、踔厲風發、率常屈其座
人、名聲大振、一時皆慕與之交、諸公要人、爭欲令出我門下、交
口薦譽之、貞元十九年、由藍田尉拜監察御史、順宗即位、拜禮
部員外郎、遇用事者得罪、例出爲刺史、未至、又例貶州司馬、居
閒益自刻苦、務記覽、爲詞章、汎濫停蓄、爲深博無涯涘、而自肆
於山水間、元和中、嘗例召至京師、又偕出爲刺史、而子厚得柳
州、既至、歎曰、是豈不足爲政邪、因其土俗爲設敎禁、州人順賴、
其俗以男女質錢、約不時贖、子本相侔、則沒爲奴婢、子厚與設
方計、悉令贖歸、其尤貧力不能者、令書其傭、足相當、則使歸其
質、觀察使下其法於他州、比一歲、免而歸者、且千人、衡湘以南、
爲進士者、皆以子厚爲師、其經承子厚口講指畫爲文詞者、悉

有法度可觀、其召至京師而復爲刺史也、中山劉夢得禹錫亦
在遣中、當詣播州、子厚泣曰、播州非人所居、而夢得親在堂、吾
不忍夢得之窮、無辭以白其大人、且萬無母子俱往理、請於朝、
將拜疏、願以柳易播、雖重得罪死不恨、遇有以夢得事白上者、
夢得於是改刺連州、嗚呼、士窮乃見節義、今夫平居里巷相慕
悅、酒食游戲相徵逐、詡々强笑語、以相取下、握手出肺肝相示、
指天日涕泣、誓生死不相背負、眞若可信、一旦臨小利害、僅如
毛髮比、反眼若不相識、落陷穽、不一引手救、反擠之、又下石焉
者、皆是也、此宜禽獸夷狄所不忍爲、而其人自視以爲得計、聞
子厚之風、亦可以少愧矣、子厚前時少年、勇於爲人、不自貴重
顧藉、謂功業可立就、故坐廢退、既退、又無相知有氣力得位者
推挽、故卒死於窮裔、材不爲世用、道不行於時也、使子厚在臺
省時、自持其身、已能如司馬刺史時、亦自不斥、斥時、有人力能
擧之、且必復用不窮、然子厚斥不久、窮不極、雖有出於人、其文
學辭章、必不能自力以致必傳於後、如今無疑也、雖使子厚得
所願爲將相於一時、以彼易此、孰得孰失、必有能辨之者、子厚
以元和十四年十一月八日卒、年四十七、以十五年七月十日
歸葬萬年先人墓側、子厚有子男二人、長曰周六、始四歲、季曰
周七、子厚卒乃生、女子二人、皆幼、其得歸葬也、費皆出觀察使
河東裴君行立、行立有節槪重然諾、與子厚結交、子厚亦爲之
盡、竟賴其力、葬子厚於萬年之墓者、舅弟盧遵、遵涿人、性謹愼、
學問不厭、自子厚之斥、遵從而家焉、逮其死不去、既往葬子厚、

又將經紀其家、庶幾有始終者、銘曰、是惟子厚之室、既固既安、以利其嗣人

阿房宮賦　唐　杜牧

六王畢、四海一、蜀山兀、阿房出、覆壓三百餘里、隔離天日、驪山北構而西折、直走咸陽、二川溶溶、流入宮牆、五步一樓、十步一閣、廊腰縵廻、簷牙高啄、各抱地勢、鉤心鬪角、盤盤焉、囷囷焉、蜂房水渦、矗不知其幾千萬落、長橋臥波、未雲何龍、複道行空、不霽何虹、高低冥迷、不知東西、歌臺暖響、春光融融、舞殿冷袖、風雨凄凄、一日之內、一宮之間、而氣候不齊、妃嬪媵嬙、王子皇孫、辭樓下殿、輦來於秦、朝歌夜絃、爲秦宮人、明星熒熒、開粧鏡也、綠雲擾擾、梳曉鬟也、渭流漲膩、棄脂水也、烟斜霧橫、焚椒蘭也、

雷霆乍驚、宮車過也、轆轆遠聽、杳不知其所之也、一肌一容、盡態極妍、縵立遠視、而望幸焉、有不得見者三十六年、燕趙之收藏、韓魏之經營、齊楚之精英、幾世幾年、取掠其人、倚疊如山、一旦有不能輸來其間、鼎鐺玉石、金塊珠礫、棄擲邐迤、秦人視之、亦不甚惜、嗟乎、一人之心、千萬人之心也、秦愛紛奢、人亦念其家、奈何取之盡錙銖、用之如泥沙、使負棟之柱、多於南畝之農夫、架梁之椽、多於機上之工女、釘頭磷磷、多於在庾之粟粒、瓦縫參差、多於周身之帛縷、直欄橫檻、多於九土之城郭、管絃嘔啞、多於市人之言語、使天下之人、不敢言而敢怒、獨夫之心、日益驕固、戍卒叫、函谷擧、楚人一炬、可憐焦土、嗚呼、滅六國者六國也、非秦也、族秦者秦也、非天下也、嗟夫、使六國各愛其人、則

漢文讀本 卷十 普及舍

足以拒秦、秦復愛六國之人、則遞三世、可至萬世而爲君、誰得而族滅也、秦人不暇自哀、而後人哀之、後人哀之、而不鑑之、亦使後人而復哀後人也

陋室銘　唐　劉禹錫

山不在高、有仙則名、水不在深、有龍則靈、斯是陋室、惟吾德馨、苔痕上堦綠、草色入簾靑、談笑有鴻儒、往來無白丁、可以調素琴、閱金經、無絲竹之亂耳、無案牘之勞形、南陽諸葛廬、西蜀子雲亭、孔子云、何陋之有

弔古戰場文　唐　李華

浩浩乎平沙無垠、敻不見人、河水縈帶、群山糾紛、黯兮慘悴、風悲日曛、蓬斷草枯、凛若霜晨、鳥飛不下、獸鋌亡群、亭長告余曰、

此古戰場也、常覆三軍、往往鬼哭、天陰則聞、傷心哉、秦歟漢歟、將近代歟、吾聞夫齊魏徭戍、荊韓召募、萬里奔走、連年暴露、沙草晨牧、河氷夜渡、地濶天長、不知歸路、寄身鋒刃、腷臆誰訴、秦漢而還、多事四夷、中州耗斁、無世無之、古稱戎夏、不抗王師、文敎失宣、武臣用奇、奇兵有異於仁義、王道迂濶而莫爲、嗚呼噫嘻、吾想夫北風振漢、胡兵伺便、主將驕敵、期門受戰、野竪旄旗、川廻組練、法重心駭、威尊命賤、利鏃穿骨、驚沙入面、主客相搏、山川震眩、聲析江河、勢崩雷電、至若窮陰凝閉、凛冽海隅、積雪沒脛、堅冰在鬚、鷙鳥休巢、征馬踟躕、繒纊無溫、墮指裂膚、當此苦寒、天假强胡、憑陵殺氣、以相剪屠、徑截輜重、橫攻士卒、都尉新降、將軍復沒、屍塡巨港之岸、血滿長城之窟、無貴無賤、同爲

漢文讀本 卷十 普及舍

枯骨、可勝言哉、鼓衰兮力盡、矢竭兮絃絕、白刃交兮寶刀折、兩軍蹙兮生死決、降矣哉、終身夷狄、戰矣哉、骨暴沙礫、鳥無聲兮山寂寂、夜正長兮風淅淅、魂魄結兮天沈沈、鬼神聚兮雲冪冪、日光寒兮草短、月色苦兮霜白、傷心慘目、有如是耶、吾聞之、牧用趙卒、大破林胡、開地千里、遁逃匈奴、漢傾天下、財殫力痡、任人而已、其在多乎、周逐玁狁、北至太原、既城朔方、全師而還、飮至策勳、和樂且閑、穆穆棣棣、君臣之間、秦起長城、竟海爲關、荼毒生靈、萬里朱殷、漢擊匈奴、雖得陰山、枕骸徧野、功不補患、蒼蒼蒸民、誰無父母、提攜捧負、畏其不壽、誰無兄弟、如足如手、誰無夫婦、如賓如友、生也何恩、殺之何咎、其存其沒、家莫聞知、人或有言、將信將疑、悁悁心目、寢寐見之、布奠傾觴、哭望天涯、天

地爲愁、草木淒悲、弔祭不至、精魂何依、必有凶年、人其流離、嗚呼噫嘻、時耶命耶、從古如斯、爲之奈何、守在四夷、

春夜宴桃李園序

唐　李　白

夫天地者、萬物之逆旅、光陰者、百代之過客、而浮生若夢、爲歡幾何、古人秉燭夜遊、良有以也、況陽春召我以烟景、大塊假我以文章、會桃李之芳園、序天倫之樂事、羣季俊秀、皆爲惠連、吾人詠歌、獨慚康樂、幽賞未已、高談轉淸、開瓊筵以坐花、飛羽觴而醉月、不有佳作、何伸雅懷、如詩不成、罰依金谷酒數、

諫太宗十思疏

唐　魏　徵

臣聞、求木之長者、必固其根本、欲流之遠者、必浚其泉源、思國之安者、必積其德義、源不深而望流之遠、根不固而求木之長、

德不厚而思國之安、臣雖下愚、知其不可、而況於明哲乎、人君當神器之重、居域中之大、不念居安思危、戒奢以儉、斯亦伐根以求木茂、塞源而欲流長也、凡昔元首、承天景命、善始者實繁、克終者蓋寡、豈取之易、守之難乎、蓋在殷憂、必竭誠以待下、既得志、則縱情以傲物、竭誠則吳越爲一體、傲物則骨肉爲行路、雖董之以嚴刑、振之以威怒、終苟免而不懷仁、貌恭而不心服、怨不在大、可畏惟人、載舟覆舟、所宜深愼、誠能見可欲、則思知足以自戒、將有作、則思知止以安人、念高危、則思謙沖而自牧、懼滿盈、則思江海下百川、樂盤遊、則思三驅以爲度、憂懈怠、則思愼始而敬終、慮壅蔽、則思虛心以納下、懼讒邪、則思正身以黜惡、恩所加、則思無因喜以謬賞、罰所及、則思無以怒而濫刑、

總此十思、宏玆九德、簡能而任之、擇善而從之、則智者盡其謀、勇者竭其力、仁者播其惠、信者效其忠、文武並用、垂拱而治、何必勞神苦思、代百司之職役哉、

桃花源記

晉　陶　淵　明

晉太原中、武陵人捕魚爲業、緣溪行、忘路之遠近、忽逢桃花林、夾岸數百步、中無雜樹、芳草鮮美、落英繽紛、漁人甚異之、復前行、欲窮其林、林盡水源、便得一山、山有小口、髣髴若有光、便捨船從口入、初極狹、纔通人、復行數十步、豁然開朗、土地平曠、屋舍儼然、有良田美池桑竹之屬、阡陌交通、雞犬相聞、其中往來種作、男女衣著、悉如外人、黃髮垂髫、並怡然自樂、見漁人、乃大驚、問所從來、具答之、便要還家、設酒殺雞作食、村中聞有此人、

咸來問訊、自云、先世避秦時亂、率妻子邑人、來此絕境、不復出焉、遂與外人間隔、問今是何世、乃不知有漢、無論魏晉、此人一一爲具言所聞、皆歎惋、餘人各復延至其家、皆出酒食、停數日、辭去、此中人語云、不足爲外人道也、既出得其船、便扶向路、處處誌之、及郡下、詣太守說如此、太守即遣人隨其往、尋向所誌、遂迷不復得路、南陽劉子驥、高尚士也、聞之、欣然親往、未果、尋病終、後遂無津者

五柳先生傳　晉　陶淵明

先生不知何許人也、亦不詳其姓字、宅邊有五柳樹、因以爲號焉、閑靜少言、不慕榮利、好讀書、不求甚解、每有會意、便欣然忘食、性嗜酒、家貧不能常得、親舊知其如此、或置酒而招之、造飲輒盡、期在必醉、既醉而退、曾不吝情去留、環堵蕭然、不蔽風日、短褐穿結、簞瓢屢空、晏如也、常著文章自娛、頗示己志、忘懷得失、以此自終、贊曰、黔婁有言、不戚戚於貧賤、不汲汲於富貴、其言茲若人之儔乎、銜觴賦詩、以樂其志、無懷氏之民歟、葛天氏之民歟

歸去來辭　晉　陶淵明

歸去來兮、田園將蕪、胡不歸、既自以心爲形役、奚惆悵而獨悲、悟已往之不諫、知來者之可追、實迷途其未遠、覺今是而昨非、舟搖搖以輕颺、風飄飄而吹衣、問征夫以前路、恨晨光之熹微、乃瞻衡宇、載欣載奔、僮僕歡迎、稚子候門、三徑就荒、松菊猶存、携幼入室、有酒盈樽、引壺觴以自酌、眄庭柯以怡顏、倚南窻以

寄傲、審容膝之易安、園日涉以成趣、門雖設而常關、策扶老以流憩、時矯首而遐觀、雲無心以出岫、鳥倦飛而知還、景翳翳以將入、撫孤松而盤桓、歸去來兮、請息交以絕游、世與我而相遺、復駕言兮焉求、悅親戚之情話、樂琴書以消憂、農人告余以春及、將有事於西疇、或命巾車、或棹孤舟、既窈窕以尋壑、亦崎嶇而經邱、木欣欣以向榮、泉涓涓而始流、羨萬物之得時、感吾生之行休、已矣乎、寓形宇內復幾時、曷不委心任去留、胡爲遑遑欲何之、富貴非吾願、帝鄉不可期、懷良辰以孤往、或植杖而耘耔、登東皐以舒嘯、臨淸流而賦詩、聊乘化以歸盡、樂夫天命、復奚疑

陳情表　晉　李密

臣密言、臣以險釁、夙遭閔凶、生孩六月、慈父見背、行年四歲、舅奪母志、祖母劉愍臣孤弱、躬親撫養、臣少多疾病、九歲不行、零丁孤苦、至於成立、既無叔伯、終鮮兄弟、門衰祚薄、晚有兒息、外無期功強近之親、內無應門五尺之童、煢煢孑立、形影相弔、而劉夙嬰疾病、常在牀蓐、臣侍湯藥、未嘗廢離、逮奉聖朝、沐浴淸化、前太守臣逵察臣孝廉、後刺史臣榮擧臣秀才、臣以供養無主、辭不赴命、詔書特下、拜臣郎中、尋蒙國恩、除臣洗馬、猥以微賤、當侍東宮、非臣隕首所能上報、臣具以表聞、辭不就職、詔書切峻、責臣逋慢、郡縣逼迫、催臣上道、州司臨門、急於星火、臣欲奉詔奔馳、則以劉病日篤、欲苟順私情、則告訴不許、臣之進退實爲狼狽、伏惟聖朝以孝治天下、凡在故老、猶蒙矜育、況臣孤

苦、特爲尤甚、且臣少事僞朝、歷職郎署、本圖宦達、不矜名節、今臣亡國賤俘、至微至陋、過蒙拔擢、豈敢盤桓、有所希冀、但以劉日薄西山、氣息奄奄、人命危淺、朝不慮夕、臣無祖母、無以至今日、祖母無臣、無以終餘年、母孫二人、更相爲命、是以區區不能廢遠、臣密今年四十有四、祖母劉今年九十有六、是臣盡節於陛下之日長、報劉之日短也、烏鳥私情、願乞終養、臣之辛苦、非獨蜀之人士及二州牧伯所見明知、皇天后土、實所共鑒、願陛下矜愍愚誠、聽臣微志、庶劉僥倖卒保餘年、臣生當隕首、死當結草、臣不勝犬馬怖懼之情、謹拜表以聞

出師表

蜀　諸葛亮

臣亮言、先帝創業未半、而中道崩殂、今天下三分、益州罷敝、此誠危急存亡之秋也、然侍衞之臣、不懈於內、忠志之士、忘身於外者、蓋追先帝之殊遇、欲報之於陛下也、誠宜開張聖聽、以光先帝遺德、恢弘志士之氣、不宜妄自菲薄、引喩失義、以塞忠諫之路也、宮中府中俱爲一體、陟罰臧否、不宜異同、若有作姦犯科、及爲忠善者、宜付有司、論其刑賞、以昭陛下平明之治、不宜偏私、使內外異法也、侍中侍郎郭攸之費禕董允等、此皆良實、志慮忠純、是以先帝簡拔、以遺陛下、愚以爲宮中之事、事無大小、悉以諮之、然後施行、必能裨補闕漏、有所廣益、將軍向寵性行淑均、曉暢軍事、試用於昔日、先帝稱之曰能、是以衆議擧寵爲督、愚以爲營中之事、事無大小、悉以諮之、必能使行陣和穆、優劣得所、親賢臣遠小人、此先漢所以興隆也、親小人遠賢臣、

此後漢所以傾頹也、先帝在時、每與臣論此事、未嘗不歎息痛恨於桓靈也、侍中尙書長史參軍、此悉貞亮死節之臣、願陛下親之信之、則漢室之隆、可計日而待也、臣本布衣、躬耕南陽、苟全性命於亂世、不求聞達於諸侯、先帝不以臣卑鄙、猥自枉屈、三顧臣於草廬之中、諮臣以當世之事、由是感激、遂許先帝以驅馳、後値傾覆、受任於敗軍之際、奉命於危難之間、爾來二十有一年矣、先帝知臣謹愼、故臨崩寄臣以大事也、受命以來、夙夜憂歎、恐託付不效、以傷先帝之明、故五月渡瀘、深入不毛、今南方已定、甲兵已足、當將率三軍、北定中原、庶竭駑鈍、攘除姦凶、興復漢室、還于舊都、此臣所以報先帝而忠陛下之職分也、至於斟酌損益、進盡忠言、則攸之禕允之任也、願陛下託臣以討賊興復之效、不效則治臣之罪、以告先帝之靈、責攸之禕允等之慢、以彰其咎、陛下亦宜自課、以諮諏善道、察納雅言、深追先帝遺詔、臣不勝受恩感激、今當遠離、臨表涕零、不知所云

再出師表

蜀　諸葛亮

先帝深慮漢賊不兩立、王業不偏安、故託臣以討賊、以先帝之明、量臣之才、固當知臣伐賊、才弱敵彊、然不伐賊、王業亦亡、惟坐而待亡、孰與伐之、是故託臣而弗疑也、臣受命之日、寢不安席、食不甘味、思惟北征、宜先入南、故五月渡瀘、深入不毛、臣非不自惜也、顧王業不可偏安於蜀都、故冒危難、以奉先帝之遺意也、而議者謂爲非計、今賊適疲於西、又務於東、兵法乘勞、此進趨之時也、謹陳其事如左、高帝明并日月、謀臣淵深、然涉險

被創危然後安、今陛下未及高帝、謀臣不如良平、而欲以長計取勝坐定天下、此臣之未解一也、劉繇王朗各據州郡、論安言計、動引聖人、群疑滿腹、衆難塞胸、今歲不戰、明年不征、使孫策坐大、遂幷江東、此臣之未解二也、曹操智計殊絕於人、其用兵也髣髴孫吳、然困於南陽、險於烏巢、危於祁連、偪於黎陽、幾敗北山、殆死潼關、然後僞定一時耳、況臣才弱、而欲以不危定之、此臣之未解三也、曹操五攻昌霸不下、四越巢湖不成、任用李服、而李服圖之、委夏侯、而夏侯敗亡、先帝每稱操爲能、猶有此失、況臣駑下、何能必勝、此臣之未解四也、自臣到漢中、中間期年耳、然喪趙雲陽群馬玉閻芝丁立白壽劉郃鄧銅等、及曲長、屯將七十餘人、突將無前賨叟青羌散騎武騎一千餘人、此皆

數十年之內所糾合、四方之精鋭、非一州之所有、若復數年、則損三分之二、當何以圖敵、此臣之未解五也、今民窮兵疲、而事不可息、事不可息、則駐與行、勞費正等、而不及虛圖之、欲以一州之地、與賊持久、此臣之未解六也、夫難平者事也、昔先帝敗軍於楚、當此時、曹操拊手謂天下已定、然後先帝東連吳越、西方取巴蜀、擧兵北征、夏侯授首、此操之失計、而漢事將成也、然後吳更違盟、關羽毀敗、秭歸蹉跌、曹丕稱帝、凡事如是難可逆料、臣鞠躬盡力、死而後已、至於成敗利鈍、非臣之明所能逆覩也、

游俠傳序

漢 司馬遷

韓子曰、儒以文亂法、而俠以武犯禁、二者皆譏、而學士多稱於

世云、至如以術取宰相卿大夫、輔翼其世主、功名俱著於春秋、固無可言者、及若季次原憲、閭巷人也、讀書懷獨行君子之德、義不苟合當世、當世亦笑之、故季次原憲、終身空室蓬戶、褐衣疏食不厭、死而已四百餘年、而弟子志之不倦、今游俠、其行雖不軌於正義、然其言必信、其行必果、已諾必誠、不愛其軀、赴士之阨困、既已存亡死生矣、而不矜其能、羞伐其德、蓋亦有足多者焉、且緩急人之所時有也、太史公曰、昔者虞舜窘於井廩、伊尹負於鼎俎、傅說匿於傅險、呂尙困於棘津、夷吾桎梏、百里飯牛、仲尼畏匡、菜色陳蔡、此皆學士所謂有道仁人也、猶然遭此菑、況以中材而涉亂世之末流乎、其遇害何可勝道哉、鄙人有言曰、何知仁義、已饗其利者爲有德、故伯夷醜周、餓死首陽山、

而文武不以其故貶王、跖蹻暴戾、其徒誦義無窮、由此觀之、竊鉤者誅、竊國者侯、侯之門仁義存、非虛言也、今拘學或抱咫尺之義、久孤於世、豈若卑論儕俗、與世沈浮而取榮名哉、而布衣之徒、設取予然諾、千里誦義、爲死不顧世、此亦有所長、非苟而已也、故士窮窘而得委命、此豈非人之所謂賢豪間者邪、誠使鄕曲之俠、予季次原憲比權量力、效功於當世、不同日而論矣、要以功見言信、俠客之義、又曷可少哉、古布衣之俠、靡得而聞已、近世延陵孟嘗春申平原信陵之徒、皆因王者親屬、藉於有土卿相之富厚、招天下賢者、顯名諸侯、不可謂不賢者矣、比如順風而呼、聲非加疾、其勢激也、至如閭巷之俠、脩行砥名、聲施於天下、莫不稱賢、是爲難耳、然儒墨皆排擯不載、自秦以前匹

夫之俠、湮滅不見、余甚恨之、以余所聞漢興有朱家、田仲王公、劇孟、郭解之徒、雖時扞當世之文罔、然其私義廉潔退讓、有足稱者、名不虛立、士不虛附、至如朋黨宗彊比周、設財役貧、豪暴侵淩孤弱、恣欲自快、游俠亦醜之、余悲世俗不察其意、而猥以朱家、郭解等令與暴豪之徒、同類而共笑之也

過秦論

漢　賈誼

秦孝公據殽函之固、擁擁州之地、君臣固守、以窺周室、有席卷天下、包擧守内、囊括四海之意、幷吞八荒之心、當是時、商君佐之、内立法度、務耕織、修守戰之備、外連衡而鬪諸侯、於是秦人拱手、而取西河之外、孝公既沒、惠文武昭、蒙故業因遺册、南取漢中、西擧巴蜀、東割膏腴之地、收要害之郡、諸侯恐懼會盟而

謀弱秦、不愛珍器重寶、肥饒之地、以致天下之士、合從締交、相與爲一、當此時、齊有孟嘗、趙有平原、楚有春申、魏有信陵、此四君者、皆明知而忠信、寬厚而愛人、尊賢重士、約從離衡、幷韓魏燕楚齊趙宋衛中山之衆、於是六國之士、有甯越、徐尙、蘇秦、杜赫之屬、爲之謀、齊明、周最、陳軫、召滑、樓緩、翟景、蘇厲、樂毅之徒通其意、吳起、孫臏、帶佗、兒良、王廖、田忌、廉頗、趙奢之朋制其兵、嘗以十倍之地、百萬之衆、叩關而攻秦、秦人開關延敵、九國之師、逡巡遁逃、而不敢進、秦無亡矢遺鏃之費、而天下諸侯已困矣、於是從散約解、爭割地而奉秦、秦有餘力而制其敝、追亡逐北、伏尸百萬、流血漂鹵、因利乘便宰割天下、分裂河山、彊國請服、弱國入朝、施及孝文王、莊襄王、享國日淺、國家無事、及至始

皇、續六世之餘烈、振長策而御宇內、吞二周而亡諸侯、履至尊而制六合、執敲扑以鞭笞天下、威振四海、南取百越之地、以爲桂林象郡、百越之君、俛首係頸、委命下吏、乃使蒙恬、北築長城、而守藩籬、却匈奴七百餘里、胡人不敢南下而牧馬、士不敢彎弓而報怨、於是廢先王之道、燔百家之言、以愚黔首、墮名城、殺豪俊、收天下之兵、聚之咸陽、銷鋒鑄鐻、以爲金人十二、以弱天下之民、然後斬華爲城、因河爲池、據億丈之城、臨不測之谿、以爲固、良將勁弩、守要害之處、信臣精卒、陳利兵而誰何、天下已定、始皇之心、自以爲關中之固、金城千里、子孫帝王、萬世之業也、始皇既沒、餘威振於殊俗、然而陳涉甕牖繩樞之子、甿隸之人、而遷徙之徒、材能不及中人、非有仲尼墨翟之賢、陶朱猗頓

之富、躡足行伍之間、而倔起什佰之中、率罷散之卒、將數百之衆、而轉攻秦、斬木爲兵、揭竿爲旗、天下雲集響應、贏糧而景從、山東豪俊、遂並起而亡秦族矣、且夫天下非小弱也、雍州之地、殽函之固、自若也、陳涉之位、非尊於齊楚燕趙韓魏宋衛中山之君、鉏櫌棘矜、非銛於鉤戟長鎩也、適戍之衆、非抗於九國之師、深謀遠慮、行軍用兵之道、非及鄉時之士也、然而成敗異變、功業相反、試使山東之國、與陳涉度長絜大、比權量力、則不可同年而語矣、然秦以區區之地、致千乘之權、招八州而朝同列、百有餘年矣、然後以六合爲家、殽函爲宮、一夫作難、而七廟墮、身死人手、爲天下笑者、何也、仁義不施、而攻守之勢異也

對楚王問

楚　宋玉

楚襄王問於宋玉曰、先生其有遺行與、何士民衆庶不譽之甚也、宋玉對曰、唯、然、有之、願大王寬其罪、使得畢其辭、客有歌於郢中者、其始曰下里巴人、國中屬而和者數千人、其爲陽阿薤露、國中屬而和者數百人、其爲陽春白雪、國中屬而和者不過數十人、引商刻羽、雜以流徵、國中屬而和者不過數人而已、是其曲彌高、其和彌寡、故鳥有鳳、而魚有鯤、鳳凰上擊九千里、絕雲霓、負蒼天、足亂浮雲、翺翔乎杳冥之上、夫藩籬之鷃、豈能與之料天地之高哉、鯤魚朝發崑崙之墟、暴鬐於碣石、暮宿於孟諸、夫尺澤之鯢、豈能與之量江海之大哉、故非獨鳥有鳳而魚有鯤也、士亦有之、夫聖人瑰意琦行、超然獨處、世俗之民、又安知臣之所爲哉

卜居

楚　屈平

屈原既放三年、不得復見、竭智盡忠、而蔽障於讒、心煩慮亂、不知所從、乃往見太卜鄭詹尹曰、余有所疑、願因先生決之、詹尹乃端策拂龜曰、君將何以教之、屈原曰、吾寧悃悃款款、朴以忠乎、將送往勞來、斯無窮乎、寧誅鋤草茅、以力耕乎、將游大人、以成名乎、寧正言不諱、以危身乎、將從俗富貴、以媮生乎、寧超然高擧、以保眞乎、將促訾慄斯、喔咿嚅唲、以事婦人乎、寧廉潔正直、以自清乎、將突梯滑稽、如脂如韋、以潔楹乎、寧昂昂若千里之駒乎、將氾氾若水中之鳧乎、與波上下、偸以全吾軀乎、寧與騏驥亢軛乎、將隨駑馬之迹乎、寧與黃鵠比翼乎、將與雞鶩爭食乎、此孰吉孰凶、何去何從、世溷濁而不清、蟬翼爲重、千鈞爲輕、黃鐘毀棄、瓦釜雷鳴、讒人高張、賢士無名、吁嗟默默兮、誰知吾之廉貞、詹尹乃釋策而謝曰、夫尺有所短、寸有所長、物有所不足、智有所不明、數有所不逮、神有所不通、用君之心、行君之意、龜策誠不能知此事

漁父辭

楚　屈平

屈原既放、遊於江潭、行唫澤畔、顏色憔悴、形容枯槁、漁父見而問之曰、子非三閭大夫與、何故至於斯、屈原曰、擧世皆濁、我獨清、衆人皆醉、我獨醒、是以見放、漁父曰、聖人不凝滯於物、而能與世推移、世人皆濁、何不淈其泥而揚其波、衆人皆醉、何不餔其糟而歠其釃、何故深思高擧、自令放爲、屈原曰、吾聞之、新沐者必彈冠、新浴者必振衣、安能以身之察察、受物之汶汶者乎、

寧赴湘流、葬於江魚之腹中、又安能以皓皓之白、而蒙世俗之塵埃乎、漁父莞爾而笑、鼓枻而去、歌曰、滄浪之水清兮、可以濯吾纓、滄浪之水濁兮、可以濯吾足、遂去不復與言

遺燕將書

齊　魯仲連

吾聞之、智者不倍時而棄利、勇士不怯死而滅名、忠臣不先身而後君、今公行一朝之忿、不顧燕王之無臣、非忠也、殺身亡聊城、而威不信於齊、非勇也、功廢名滅、後世無稱、非智也、故智者不再計、勇士不怯死、今死生榮辱、尊卑貴賤、此其一時也、願公之詳計、而無與俗同也、且楚攻南陽、魏攻平陸、齊無南面之心、以爲亡南陽之害、不若得濟北之利、故定計而堅守之、今秦人下兵、魏不敢東面、横秦之勢合、則楚國之形危、且棄南陽、斷右

壞、存濟北、計必爲之、今楚魏交退、燕救不至、齊無天下之規、與聊城共據期年之敝、即臣見公之不能得也、齊必決於之於聊城、公無再計、彼燕國大亂、君臣過計、上下迷惑、栗腹以十萬之衆、五折於外、萬乘之國、被圍於趙、壤削主困、爲天下戮、公聞之乎、今燕王方寒心獨立、大臣不足恃、國敝禍多、民無所歸心、今公又以聊城之民、距全齊之兵、期年不解、是墨翟之守也、食人炊骨、士無反北之心、是孫臏吳起之兵也、能已見於天下矣、故爲公計、不如罷兵休士、全車甲歸報燕王、燕王必喜、士民見公如見父母、交游攘臂而議於世、功業可明矣、上輔孤主、以制群臣、下養百姓、以資說士、矯國革俗於天下、功名可立也、意者、亦捐燕棄世、東游於齊乎、請裂地定封、富比陶衞、世世稱寡、與

齊久存、此亦一計也、二者顯名厚實也、願公熟計而審處一也、且吾聞、效小節者、不能行大威、惡小耻者、不能立榮名、昔管仲射桓公中鉤、篡也、遺公子糾而不能死、怯也、束縛桎梏、辱身也、此行也、鄉里不通也、世主不臣也、鄉使管仲窮抑幽囚而不出、慙耻而不見、窮年沒壽、則亦名不免爲辱人賤行矣、臧獲且羞與之同名矣、況世俗乎、故管子不耻身在縲紲之中、而耻天下之不治、不耻不死公子糾、而耻威之不信於諸侯、故兼三行之過、而爲五霸首、名高天下、光燭鄰國、曹子爲魯將、三戰三北、而亡地五百里、鄉使曹子計不反顧、議不旋踵、刎頸而死、則亦名不免爲敗軍禽將矣、曹子棄三北之恥、而退與魯君計、桓公朝天下、會諸侯、曹子以一劍之任、刼桓公於壇坫之上、顏色不變、

辭氣不悖、三戰之所亡、一朝而復之、天下震動、諸侯驚駭、威加吳越、若此二士者、非不能行小節死小恥也、以爲殺身亡軀、絕世滅後、功名不立、非智也、故去感忿之怨、立終身之名、棄忿悁之節、定累世之功、是以業與三王爭流、而名與天壤相弊也、願公擇一而行之、

報燕王書

魏　樂毅

昌國君樂毅、爲燕昭王、合五國之兵、而攻齊下七十餘城、盡郡縣之、以屬燕、三城未下、而燕昭王死、惠王即位、用齊人反間、疑樂毅、而使騎刧代之將、樂毅奔趙、趙封以爲望諸君、齊田單詐騎刧、卒敗燕軍、復收七十餘城、以復齊、燕王悔、懼趙用樂毅、乘燕之敝、以伐燕、燕王乃使人讓樂毅、且謝之曰、先王擧國而委

將軍、將軍爲燕破齊、報先王之讎、天下莫不振動、寡人豈敢一日而忘將軍之功哉、會先王棄群臣、寡人新即位、左右誤寡人、寡人之使騎刧代將軍、爲將軍久暴露於外、故召將軍、且休計事、將軍過聽、以與寡人有隙、遂捐燕而歸趙、將軍自爲計則可矣、而亦何以報先王之所以遇將軍之意乎、望諸君乃使人獻書報燕王曰、臣不佞、不能奉承先王之敎、以順左右之心、恐抵斧質之罪、以傷先王之明、而又害於足下之義、故遁逃奔趙、自負以不肖之罪、故不敢爲辭說、今王使使者數之罪、臣恐侍御者之不察先王之所以畜幸臣之理、而又不白於臣之所以事先王之心、故敢以書對、臣聞賢聖之君、不以祿私其親、功多者授之、不以官隨其愛、能當者處之、故察能而授官者、成功之君

也、論行而結交者、立名之士也、臣以所學者觀之、先王之擧錯、有高世之心、故假節於魏王、而以身得察于燕、先王過擧、擢之乎賓客之中、而立之乎群臣之上、不謀於父兄、而使臣爲亞卿、臣自以爲、奉令承敎、可以幸無罪矣、故受命而不辭、先王命之曰、我有積怨深怒於齊、不量輕弱、而欲以齊爲事、臣對曰、夫齊霸國之餘敎、而驟勝之遺事也、閑於甲兵、習於戰攻、王若欲伐之、則必擧天下而圖之、擧天下而圖之、莫徑於結趙矣、且又淮北宋地、楚魏之所同願也、趙若許約、楚趙宋盡力、四國攻之、齊可大破也、先王曰、善、臣乃口受令、具符節南使臣於趙、顧反命、起兵隨而攻齊、以天之道、先王之靈、河北之地、隨先王、擧而有之於濟上、濟上之軍、奉令擊齊、大勝之、輕卒銳兵、長驅至國、齊

王逃遁走莒、僅以身免、珠玉財寶、車甲珍器、盡收入燕、大呂陳於元英、故鼎反乎歷室、齊器設於寧臺、薊邱之植、植於汶篁、自五伯以來、功未有及先王者也、先王以爲順於其志、以臣爲不頓命、故裂地而封之、使之得比乎小國諸侯、臣不佞、自以爲、奉令承敎、可以幸無罪矣、故受命而弗辭、臣聞、賢明之君、功立而不廢、故著於春秋、蚤知之士、名成而不毀、故稱於後世、若先王之報怨雪恥、夷萬乘之强國、收八百歲之蓄積、及至棄群臣之日、遺令詔後嗣之餘儀、執政任事之臣、所以能循法令、順庶孽者、施及萌隸、皆可以敎於後世、臣聞、善作者、不必善成、善始者、不必善終、昔者伍子胥、說聽乎闔閭、故吳王遠迹至於郢、夫差弗是也、賜之鴟夷而浮之江、故吳王夫差不悟先論之可以立

漢文讀本 卷十 普及舍

功、故沉子胥而弗悔、子胥不蚤見主之不同量、故入江而不改、夫免身全功、以明先王之迹者、臣之上計也、離毀辱之非、墮先王之名者、臣之所大恐也、臨不測之罪、以幸爲利者、義之所不敢出也、臣聞、古之君子、交絕不出惡聲、忠臣去國、不潔其名、臣雖不佞、數奉敎于君子矣、恐侍御者之親、左右之說、而不察疏遠之行也、故敢以書報、唯君之留意焉

漢文讀本卷之十終

明治廿九年九月六日印刷
同　年九月九日發行
同三十年二月十八日訂正再版印刷
同　年二月廿二日發行

定價				
卷一、十五錢	卷二、十五錢	卷三、十八錢	卷四、十八錢	卷五、二十錢
卷六、二十錢	卷七、二十錢	卷八、二十錢	卷九、二十錢	卷十、二十錢

編者　東京牛込區西五軒町四十三番地　指原安三

發行兼印刷者　東京神田區柳原河岸十七號地　辻太

印刷兼發行所　東京神田區柳原河岸十七號地　普及舍

編集復刻版 明治漢文教科書集成
補集Ⅰ 明治初期の「小学」編
（第8巻〜第10巻・別冊1）

２０１７年12月10日 第1刷発行
揃定価（本体８１、０００円＋税）

編・解説者 木村 淳
発行者 小林淳子
発行所 不二出版株式会社
東京都文京区向丘1-2-12
TEL ０３（３８１２）４４３３
印刷所 富士リプロ
製本所 青木製本
乱丁・落丁はお取り替えいたします。

第9巻 ISBN978-4-8350-8162-5
補集Ⅰ（全4冊 分売不可 セットISBN978-4-8350-8160-1）